贵州省农村信用合作社志系列丛书

花溪农商银行志

HUAXINONGSHANGYIN HANGZHI

花溪农商银行志编纂委员会办公室 编

方志出版社
Publishing House of Local Records

图书在版编目(CIP)数据

花溪农商银行志/《花溪农商银行志》编纂委员会办公室编.—北京:方志出版社,2017.12

ISBN 978-7-5144-2899-5

Ⅰ.①花… Ⅱ.①花… Ⅲ.①农村金融—商业银行—概况—贵阳 Ⅳ.①F832.33

中国版本图书馆CIP数据核字(2017)第321928号

花溪农商银行志

编　　者:《花溪农商银行志》编纂委员会办公室
责任编辑:何明忠

出 版 人:冀祥德
出 版 者:方志出版社
地址　北京市朝阳区潘家园东里9号(国家方志馆4层)
邮编　100021
网址　http://www.fzph.org
发　　行:方志出版社图书经销中心
电话(010)67110500
经　　销:各地新华书店
印　　刷:成都市标点制版印务有限责任公司

开　　本:889mm×1194mm　1/16
印　　张:29.25
字　　数:718千
版　　次:2017年12月第1版　2017年12月第1次印刷
印　　数:0001~1000册

ISBN 978-7-5144-2899-5　　定价:668.00元

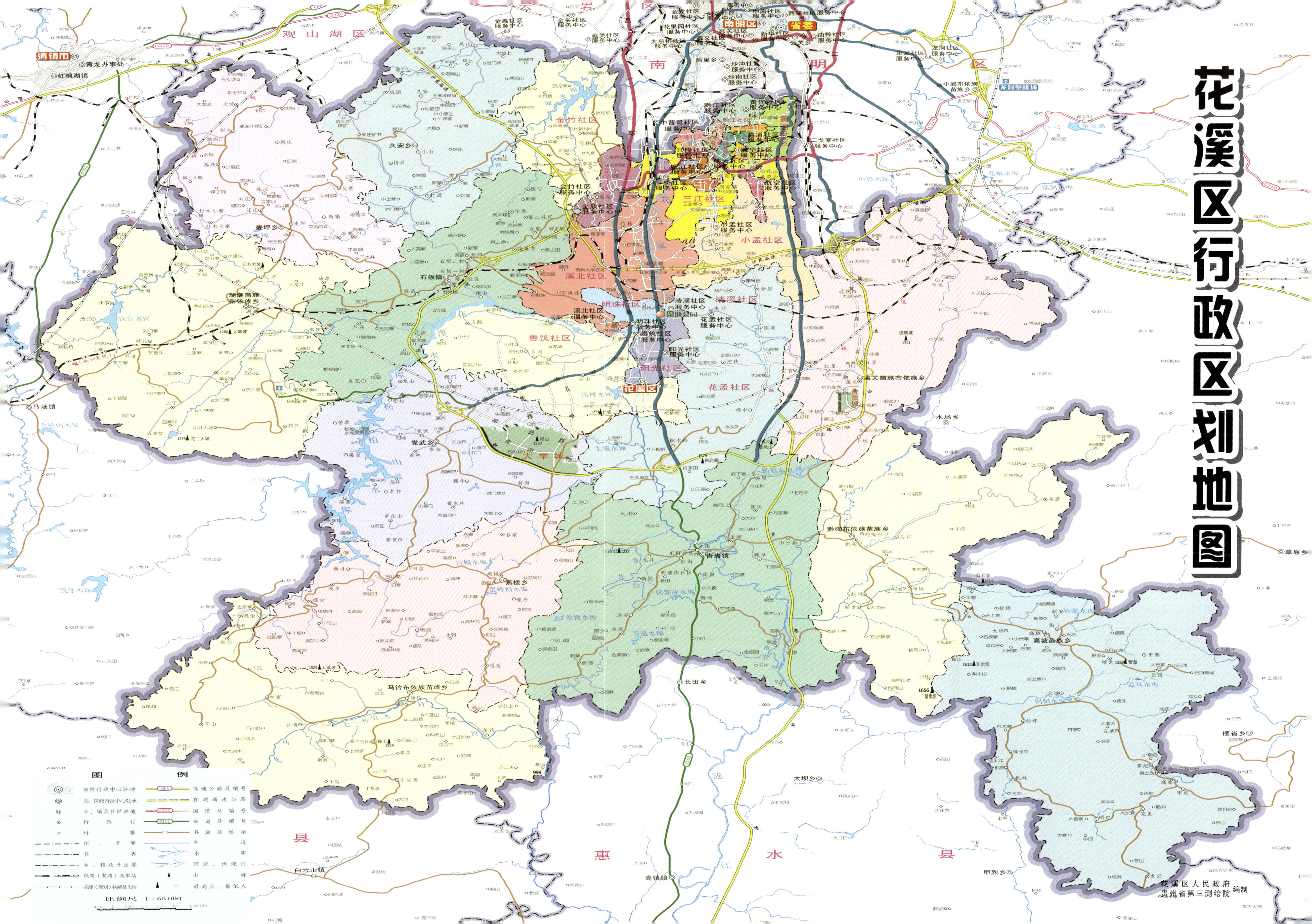
花溪区行政区划地图
观山湖区
南明区
省委
清镇市
青龙办事处
红枫湖镇
马场镇
花溪区
金竹社区
三江社区
小孟社区
溪北社区
明珠社区
清溪社区
贵筑社区
阳光社区
花孟社区
久安乡
麦坪乡
石板镇
湖潮苗族布依族乡
党武乡
燕楼乡
马铃布依族苗族乡
青岩镇
黔陶布依族苗族乡
高坡苗族乡
孟关苗族布依族乡
大学城
龙洞堡机场
长田乡
白云山镇
高镇镇
大坝乡
甲烈乡
摆省乡
草原乡
水场乡
惠水县
松柏山水库
花溪水库
阿哈水库
图例
省级行政中心驻地
县、区级行政中心驻地
乡、镇及社区驻地
行政村
村寨
州、市界
县界
乡、镇及社区界
铁路（复路）及车站
在建（规划）铁路及车站
高速公路及编号
在建高速公路
国道及编号
省道及编号
县道及桥梁
乡道
水库
河流、伏流河
山峰
最高点、最低点
比例尺 1:65 000
花溪区人民政府
贵州省第三测绘院 编制

花溪农商行网点分布图

云岩区
永乐乡
金华镇
南明区
清镇市
S307
G76
贵阳龙洞堡机场
中曹司街道
久安乡
谷脚镇
金竹
G75
石板镇
夏云镇
龙里县
麻芝乡
平坝区
马场镇
羊艾农场
党武乡
水场乡
高峰镇
S001
白云镇
黔陶布依族
苗族乡
燕楼乡
畜牧场
花安高速
马铃布依族
苗族乡
高坡乡
S89
长田乡
凯佐乡
鸿寨乡
羊场
摆省乡
大坝乡
马路乡
白云山镇
高镇镇
岗度乡
甲烈乡
S309

1938 年贵阳县合作社分布图

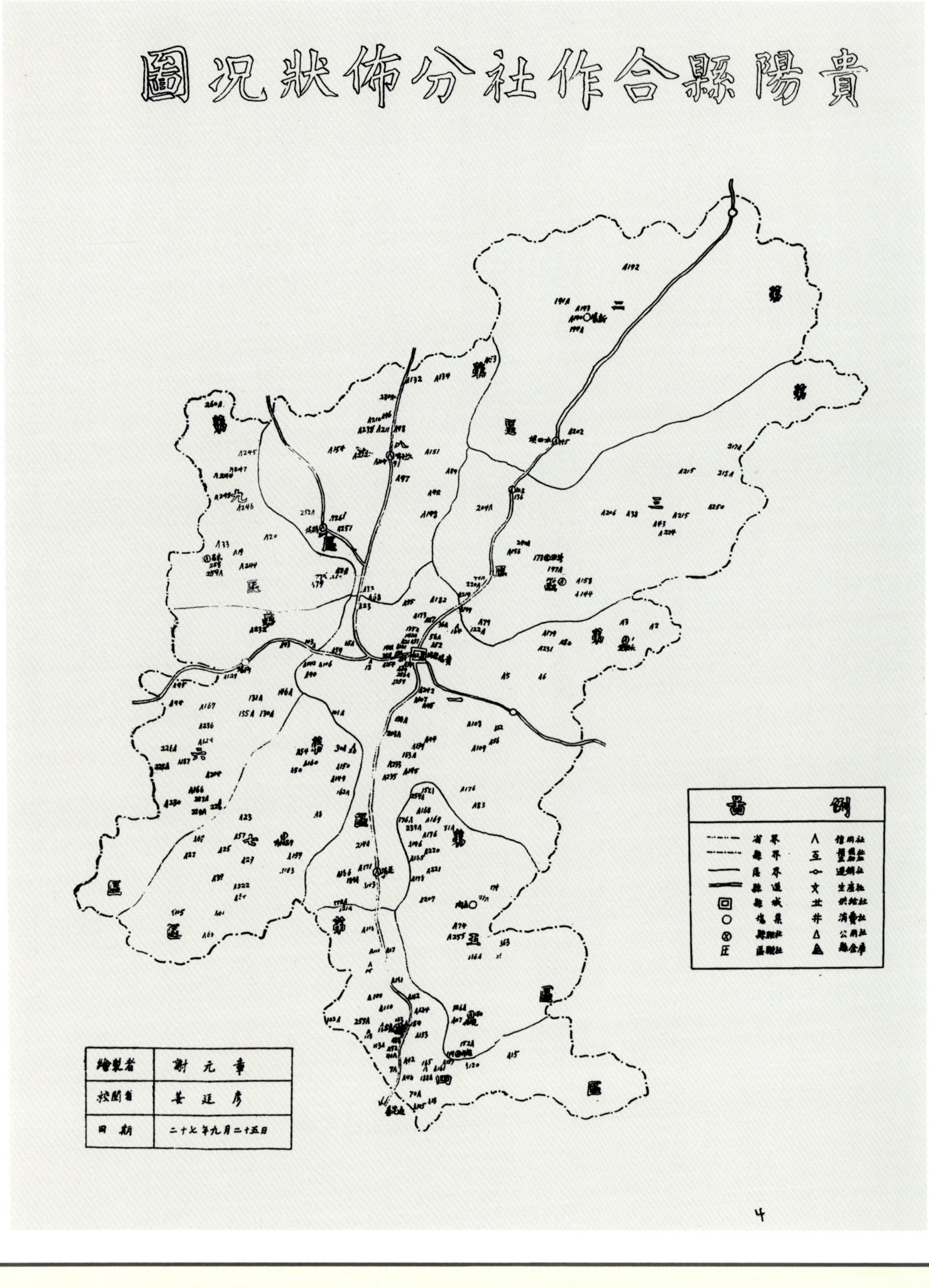

时政要闻

2004 年 1 月 2 日，中共中央政治局常委、国务院副总理黄菊（前排右二）到花溪联社调研

2014 年 4 月 9 日，国务院副总理马凯（前排左）到花溪农商行考察

2004 年 5 月 28 日花溪合行成立，贵州省长石秀诗（前排左七）等领导前来祝贺

2004 年 5 月 28 日，中共贵州省委常委、贵阳市委书记王晓东（左一），市长孙国强（左二）亲临花溪合行挂牌开业仪式

2002年7月1日，中国银监会副主席李伟（左二）考察青岩镇思潜村小额农贷情况

2009年9月3日，中国银监会党委副书记、副主席蒋定之（前排中）到花溪合行调研

2002 年 4 月 23 日，人民银行副行长肖刚（右）到青岩镇杨眉村考察

2011 年 11 月 7 日，省委常委、省委统战部长龙超云（左二）参加花溪合行小微企业金融服务中心揭牌仪式

2011 年 11 月 7 日，参加花溪合行小微企业金融服务中心揭牌仪式的领导和嘉宾合影

2006 年 8 月 21 日，全国政协提案委员会视察花溪合行

2012年6月5日，副省长黄康生（前右）在花溪合行向正在办理小微企业贷款业务的客户了解情况

2004年2月16日，省长助理李军（左三）到花溪联社调研改革情况

2011 年 8 月 20 日，经济学家厉以宁（右二）到青岩支行调研

2004 年 5 月 28 日，省联社理事长刘乃云（左）参加花溪合行开业盛典

2016 年 11 月 15 日，贵州省联社党委书记、理事长宋锐（前左二）到花溪农商行视察

2013 年 11 月 5 日，贵州省联社理事长黄秋斌（左四）到花溪合行调研

2015年5月26日，省联社主任蔡湘（左一）到花溪农商行新大楼建设工地调研

2009年5月26日， 省联社党委副书记王黎明（中）参加花溪合行成立5周年庆祝活动

2011 年 2 月 10 日，贵州省联社副主任袁赞礼（右五）到青岩调研

2013 年 12 月 23 日，贵州花溪农村商业银行股份有限公司创立大会暨第一次股东大会

2011 年 12 月 31 日，花溪区委书记朱桂云（前排中）到花溪合行慰问员工

20 世纪 80 年代，花溪区委书记张文俊（左）与信合职工交谈

1984 年 10 月 27 日，青岩信用社第四届社员代表大会全体代表合影

1984 年 11 月 29 日，马铃信用社第四届社员代表大会全体代表合影

1985 年 1 月，花溪区农村金融系统年度“双先”表彰大会留影

1985 年 4 月，花溪区召开信用社会计出纳会议

1989 年 12 月 21 日，花溪联社召开首届社员代表大会

1993 年花溪联社工作会议，副主任郭福芳（中）作总结讲话

1994 年 3 月 4 日，花溪区信用联社出席年工作会议全体代表合影

1994 年 10 月，花溪联社党支部成立

1997 年，马铃信用社第五届社员代表大会留影

2000 年 4 月 11 日，花溪联社第三届第二次社员代表大会理事会举手通过任命吴勇为联社副理事长，主持联社工作

2004 年 5 月 28 日，花溪合行成立，中央电视台记者采访董事长吴勇

2007 年 9 月 28 日，花溪合行召开党委会成立大会

2007 年 11 月 22 日，花溪合行召开职工代表大会

2008 年 9 月 26 日，花溪合行形象大使选拔赛复赛

2008 年 10 月 17 日，花溪合行召开首届董事会第 29 次会议

2008 年 11 月，花溪合行学士路支行获“中国银行业文明规范服务示范单位”称号，副行长周乐佳（中）赴京领奖

2008 年 12 月，花溪合行的成立，被评选为“贵州骄傲——贵州改革开放 30 年 30 事 30 人”最具影响力 30 事之一

2010 年 3 月 11 日，股东代表大会进行议案表决

2011 年 4 月，花溪合行获中国金融年会“2010 年度最具品牌影响力农村金融机构”董事长吴勇获“2010 年中国农村金融年度人物”，副行长周乐佳赴京代表领奖

2011 年 9 月 9 日，明珠支行搬迁开业

2011 年 12 月 30 日，董事长吴勇获“贵州省优秀企业家”称号

2012 年 12 月，花溪合行获“中国最具影响力十佳县域银行”称号，副行长周乐佳赴京领奖

2013年2月22日，董事长吴勇（左三）病中赴花溪大学城调研

2013年7月27日，花溪合行开展品牌金字塔工程策略营活动

2015 年 11 月 16 日，以花溪农商行为主发起成立的贵安新区发展村镇银行股份有限公司创立大会暨第一次股东大会召开

2015 年 11 月 19 日，贵州省档案局授予花溪农商行企业档案管理三星级奖牌，属贵阳市金融业第一家

2017 年 2 月，花溪农商行召开第 2 次修志工作培训会

团队员工

1981年，花溪公社信用社员工

20世纪80年代，花溪农村信用社员工

1987年11月，花溪区农村信用社财务人员

20 世纪 90 年代，花溪农村信用社退休员工在花溪公园

1993 年 8 月，久安信用社员工欢送吴培玉退休

20 世纪 90 年代，花溪联社营业部员工

2007 年 5 月，花溪合行组织退休员工到杭州西湖旅游

2007 年 9 月，花溪合行的共产党员

2008 年 8 月，花溪合行车友

2010 年 9 月，花溪合行新员工

2011 年 5 月 4 日，花溪合行青年员工

2016年行领导班子成员

2004年花溪合行首届股东大会代表

党委办公室员工

营业部员工

风险管理部员工

基础建设部员工

电子银行部员工

战略规划部员工

财务部员工

纪检监察室员工

行政办公室员工

工会办员工

法律合规部员工

科技信息部员工

授信审批部员工

保卫部员工

业务发展部员工

稽核审计部员工

后勤部员工

高新支行员工

明珠支行员工

人力资源部员工

羊艾支行员工

竹林支行员工

党武支行员工

麒鑫支行员工

霞晖支行员工

湖潮支行员工

马铃支行员工

云上支行员工

小碧支行员工

平桥支行员工

南明支行员工

青岩支行员工

孟关支行员工

石板支行员工

民大支行员工

吉源支行员工

清溪支行员工

燕楼支行员工

华宇支行员工

久安支行员工

合朋支行员工

学士路支行员工

黔陶支行员工

麦坪支行员工

小河支行员工

高坡支行员工

资金营运管理中心员工

村镇银行管理部员工

共青团委员会成员

食堂员工

• 业务管理

20世纪80年代，花溪区农村信用社珠算技能竞赛

1984年10月24日，花溪区召开农村信用社会计会议

1986年6月10日，参加贵阳市信用社会计培训班的花溪区学员

20世纪90年代一赶场日，马铃信用社门前排队办理业务的村民

1992年3月，花溪联社组织主办会计员赴贵阳第一家会计达标信用社——乌当联社参观学习

1993年10月，花溪联社举办新财务会计制度培训班

1994年贵阳市举办农村信用社信贷员培训班，花溪区8名学员参加

1996年6月11日，花溪联社举办业务培训班

2006年5月10日，花溪合行董事长吴勇（左）到高坡乡进村入户指导农户贷款发展生产

2007 年，燕楼分理处员工到村寨开展反假币宣传活动

2011 年 9 月 23 日，花溪合行举办农村贷款业务培训班

2013 年 5 月 8 日，花溪合行组织员工到党武乡开展金融知识万里行活动

2014年4月，花溪农商行自行车金融服务队在乡间

2015年8月6日，花溪农商行员工给农民讲解金融知识

2015年3月26日，花溪农商行到高坡乡甲定村开办金融夜校

2015年8月9日，花溪农商行普及金融知识万里行活动，行文工团员工送文艺下乡

2015年8月9日，麦坪乡农户参与金融知识问答

2015年8月14日，花溪农商行自助贷款机启动仪式

花溪农商行档案管理人员在清理移交会计档案

2016 年 10 月 17 日，花溪农商行高层管理人员到花溪大学城调研

2016 年 12 月 27 日，花溪农商行保安人员在晨训

• 基础设施

1993 年黔陶信用社

2009 年 9 月 4 日， 花溪合行黔陶分理处新楼落成

20 世纪 90 年代湖潮信用社

20 世纪 90 年代石板信用社

花溪合行石板支行

20 世纪 90 年代青岩信用社

1996 年麦坪信用社

2016 年花溪农商行高坡支行

2016 年花溪农商行马铃支行大楼

2016 年，花溪农商行山王庙村服务点

2011 年花溪合行小微企业金融服务中心

2009 年花溪合行大楼

2013 年花溪农商行大楼

20 世纪 90 年代麦坪信用社营业室

1998 年花溪联社营业部大厅

2009 年花溪合行营业部营业大厅

2016年花溪农商行营业大厅

2016年花溪农商行员工食堂厨房

2016年花溪农商行保管箱中心库房

2016年花溪农商行员工停车场

1992 年久安信用社运钞车

1997 年花溪联社运钞车

20 世纪 90 年代花溪联社摩托车

20 世纪 80 年代青岩信用社人字梯

20 世纪 80 年代高坡信用社文件账本柜

20 世纪 90 年代信用社使用的办公计算器

20 世纪 80 年代信用社使用的算盘

20 世纪 80 年代信合人使用的挎包

票据印章

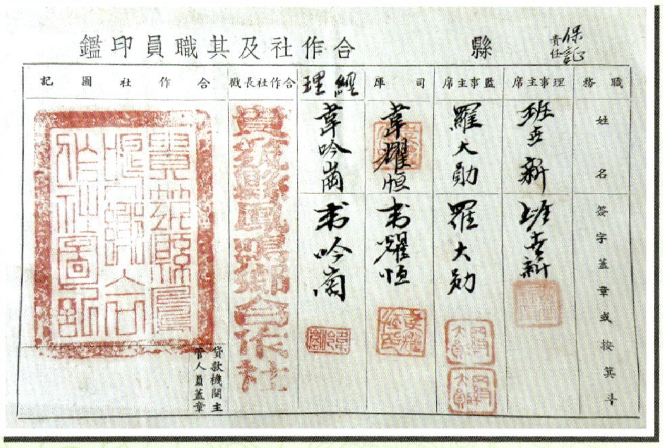
合作社及其職員印鑑

縣

職務	理事主席	監事主席	司庫	經理	合作社長職	合作社圖記
姓名		羅大勋	韋耀恒	韋吟崗	貴筑縣鳳鳴鄉合作社	
簽字蓋章或按箕斗		羅大勋	韋耀恒	韋吟崗		貸款擔保人蓋章

20 世纪 40 年代贵筑县凤鸣乡（青岩新哨村）合作社及职员印鑑

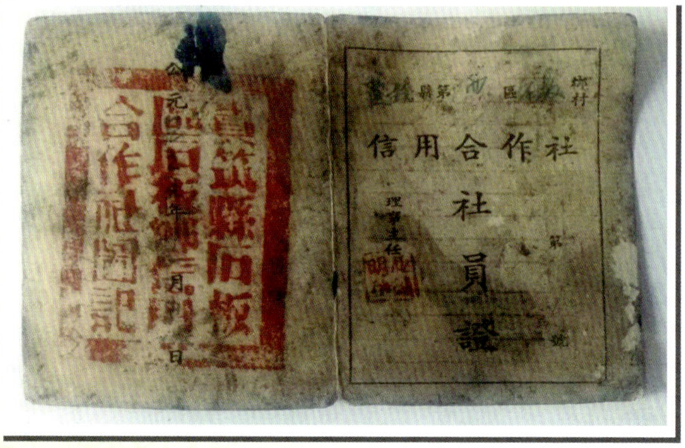
貴筑縣石板信用合作社圖記

貴筑縣第 區 鄉 村

信用合作社

社員證

1954 年贵筑县石板信用社社员证封面

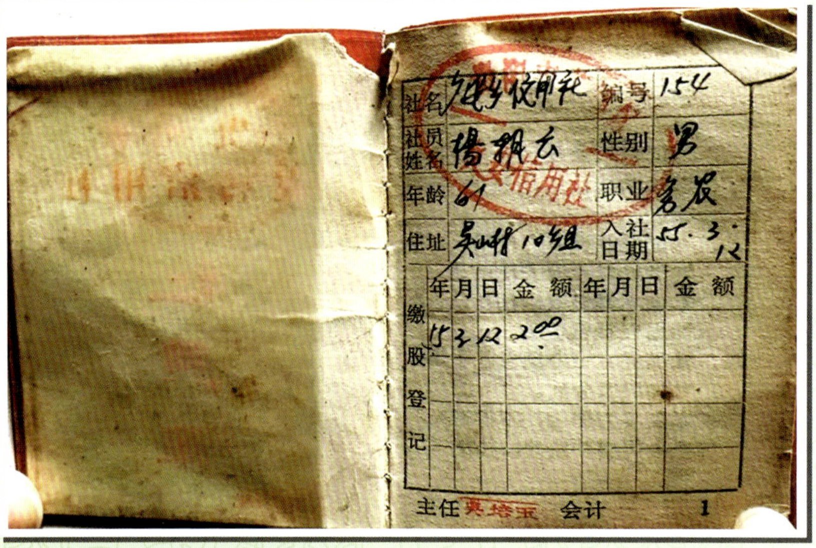
社名		编号	154
社员姓名		性别	男
年龄	61	职业	贫农
住址	10组	入社日期	55.3.12

缴股登记

年	月	日	金额	年	月	日	金额
55	3	12	2.00				

主任 会计

1955 年久安信用社社员证

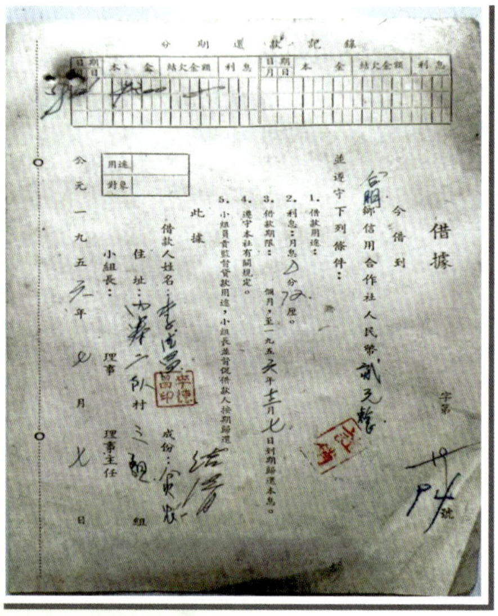
借據

今借到 合朋鄉信用合作社人民幣

1956 年贵筑县合朋信用社借据

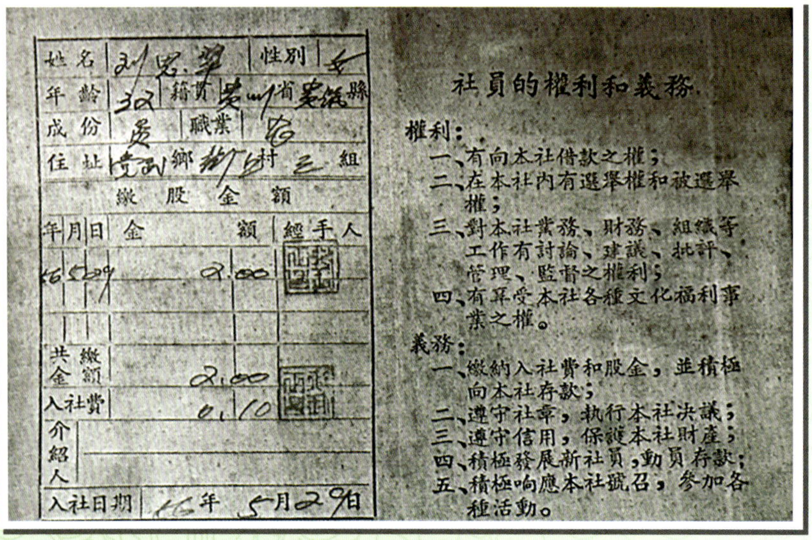
姓名		性別	
年齡	32	籍貫	貴州省貴筑縣
成份	貧	職業	農
住址	党武鄉 村 組		

繳股金額

年月日	金額	經手人
	2.00	
共繳金額	2.00	
入社費	0.10	
介紹人		
入社日期	56年5月29日	

社員的權利和義務

權利：

一、有向本社借款之權；

二、在本社內有選舉權和被選舉權；

三、對本社業務、財務、組織等工作有討論、建議、批評、管理、監督之權利；

四、有享受本社各種文化福利事業之權。

義務：

一、繳納入社費和股金，並積極向本社存款；

二、遵守社章，執行本社決議；

三、遵守信用，保護本社財產；

四、積極發展新社員，動員存款；

五、積極响應本社號召，參加各種活動。

1956 年党武乡信用社社员证内页

借據

1956 年久安乡信用社借据

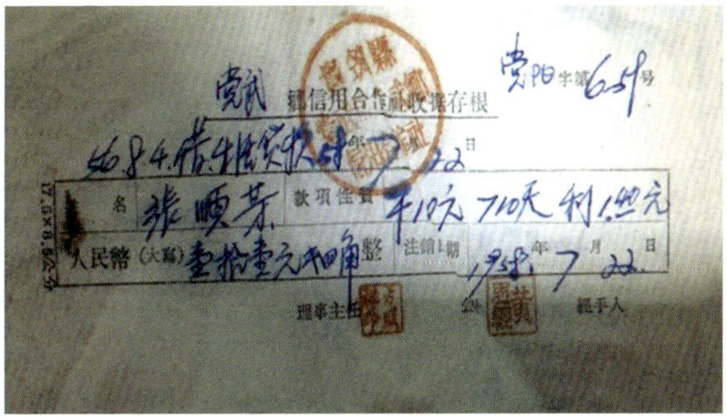

1956 年党武乡信用社贷款收据存根

贵州省农村信用合作社定期定额存单

存入 Ⅱ0345410

人民幣壹拾圓整 存款期限： 月 到期日期 年 月 日

縣 鄉信用合作社

主任 經收人 年 月 日

1958

1958 年贵州省农村信用合作社定期定额存单

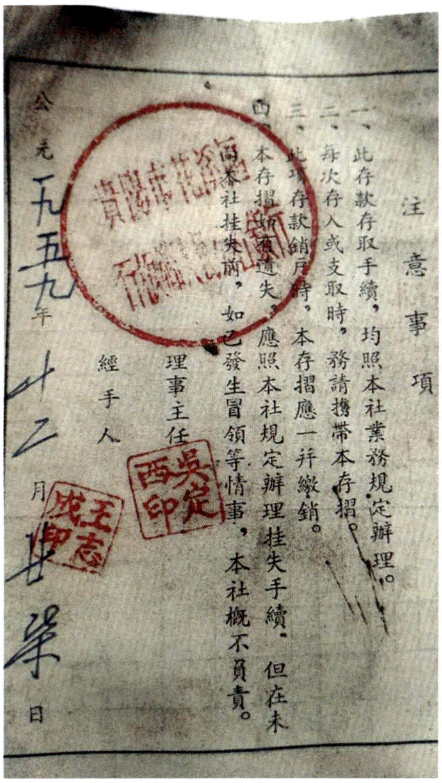
注意事项

一、此存款存取手續，均照本社業務規定辦理。

二、每次存入或支取時，務請携帶本存摺。

三、此項存款銷戶時，本存摺應一并繳銷。

四、本存摺如有遺失，應照本社規定辦理挂失手續，但在未向本社挂失前，如已發生冒領等情事，本社概不負責。

公元一九五九年 月 日

理事主任 經手人

1959 年石板公社钱行（信用社）存折注意事项

20 世纪 50 年代孟关信用社的老账簿

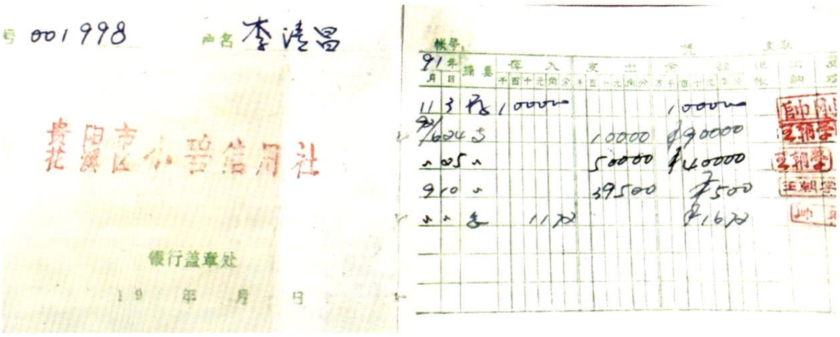

1991 年小碧信用社储蓄存折

孟关信用社印章

1989 年花溪联社活期储蓄存折

企业文化

2012 年 3 月 14 日，花溪合行表彰的先进集体和优秀员工

2008 年 7 月 13 日，花溪合行参加贵州省第十一届“篮协杯”篮球比赛，女队获冠军，男队获亚军

2008 年 5 月 21 日，花溪区举办“合行杯”篮球赛

2008 年 7 月 15 日，花溪合行合唱团参加省国资委多彩贵州合唱大赛获第二名

2009 年 5 月 26 日，花溪合行成立五周年晚会

2010 年 5 月，花溪合行为花溪区政府捐赠“三创一办”活动经费 30 万元

2011 年 1 月 12 日，花溪合行给青岩敬老院送温暖

2011 年 1 月 19 日，花溪合行员工清扫街道大雪

2011 年 1 月 22 日，花溪合行春节联欢晚会上员工舞蹈《欢乐今宵》

2012 年 9 月，花溪合行向高坡甲定村小学捐赠体育器材

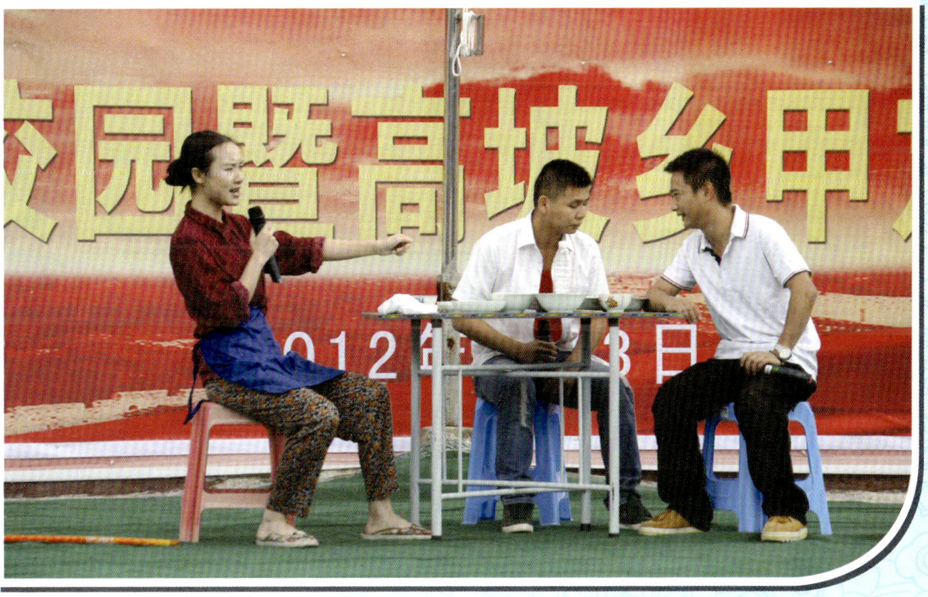

2012 年 9 月，花溪合行用群众喜闻乐见的小品宣传农村金融知识

2013 年 1 月 29 日，花溪爱心协会向贫困学生捐赠

2013 年 7 月，花溪合行向青岩敬老院捐赠价值 30 万元设备物资

2012 年 9 月 9 日，花溪合行篮球队代表省联社参加工行杯贵州省银行业运动会篮球赛夺冠

2013 年花溪合行新年晚会

2013 年 7 月，党委书记吴勇带领员工冒雨进行心手相连活动

2015 年 1 月 31 日，花溪农商行举办自行车大赛

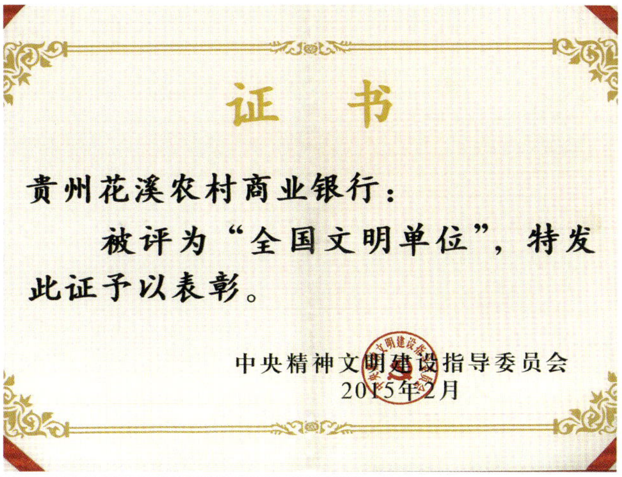

证 书

贵州花溪农村商业银行：

被评为“全国文明单位”，特发此证予以表彰。

中央精神文明建设指导委员会
2015年2月

2015 年 2 月，花溪农商行获“全国文明单位”称号

2015 年 6 月 27 日，贵州省首家“花溪劳模爱心协会”在花溪农商行挂牌，副区长秦永康（左三）前来祝贺

2015 年 11 月，花溪农商行员工参加贵阳市全民健康舞大赛获得一等奖

2016 年 10 月 22 日，花溪农商行第二届职工运动会

2016 年 12 月，孟关支行员工搜集修志资料

2017 年 2 月 14 日，花溪农商行举办第二次修志撰稿人培训班

2017 年 2 月，花溪农商行修志办采访老信合人赵沛霖

2016 年 6 月 16 日花溪农商行“重走长征路”党建拓展训练活动 二十五公里拉练

2016 年 7 月 14 日，花溪农商行重走长征路活动启动仪式

2016 年 12 月 6 日，花溪农商行举办比学赶超职工技能大赛

2016 年 10 月 20 日，花溪农商行举办第二届职工运动会象棋比赛

2016 年 11 月 26 日，花溪农商行举办职工厨艺大赛

2016 年 10 月 27 日花溪农商行举办第二届职工运动会，篮球比赛场

员工书画摄影作品

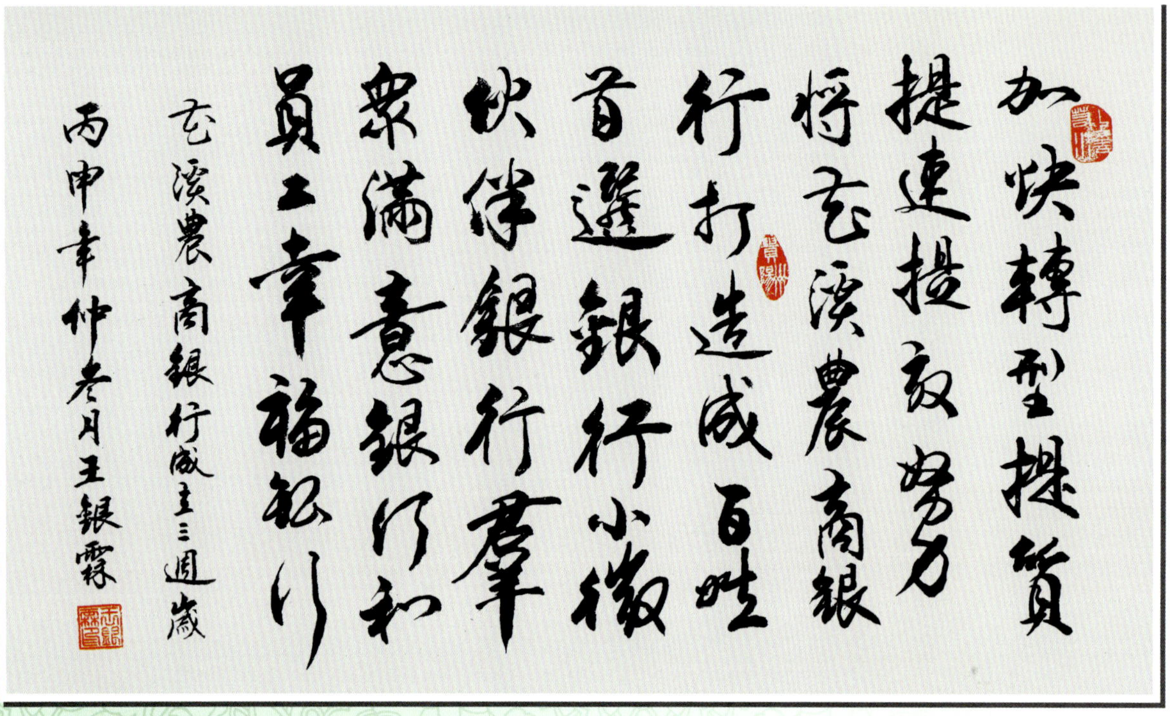

王银霖作品

王启术作品

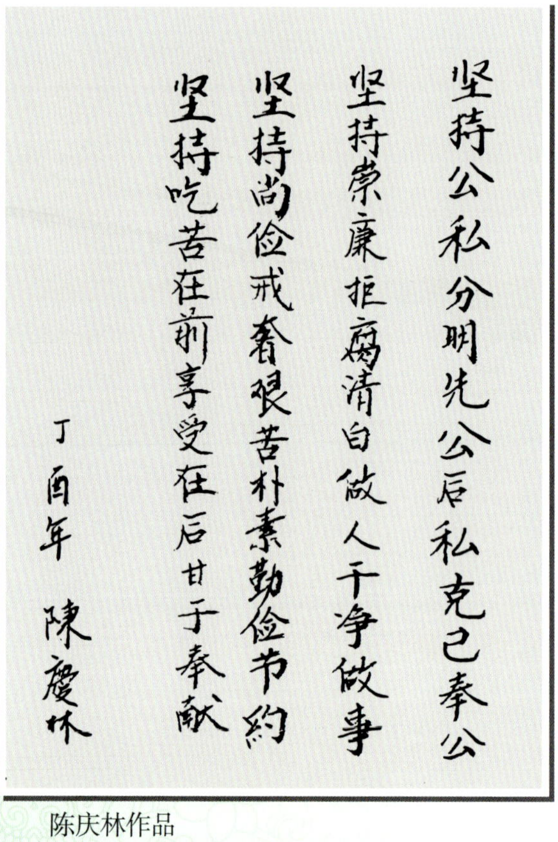

陈庆林作品

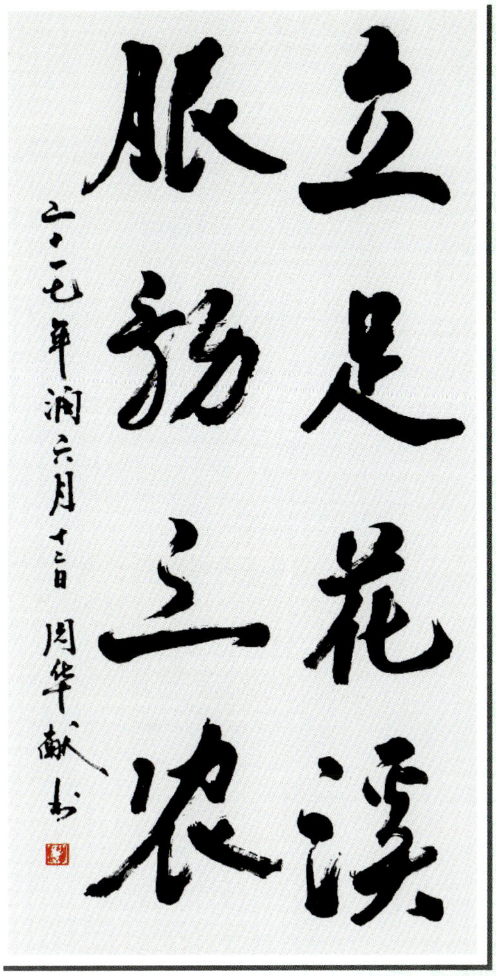

周华献作品

杨继军作品

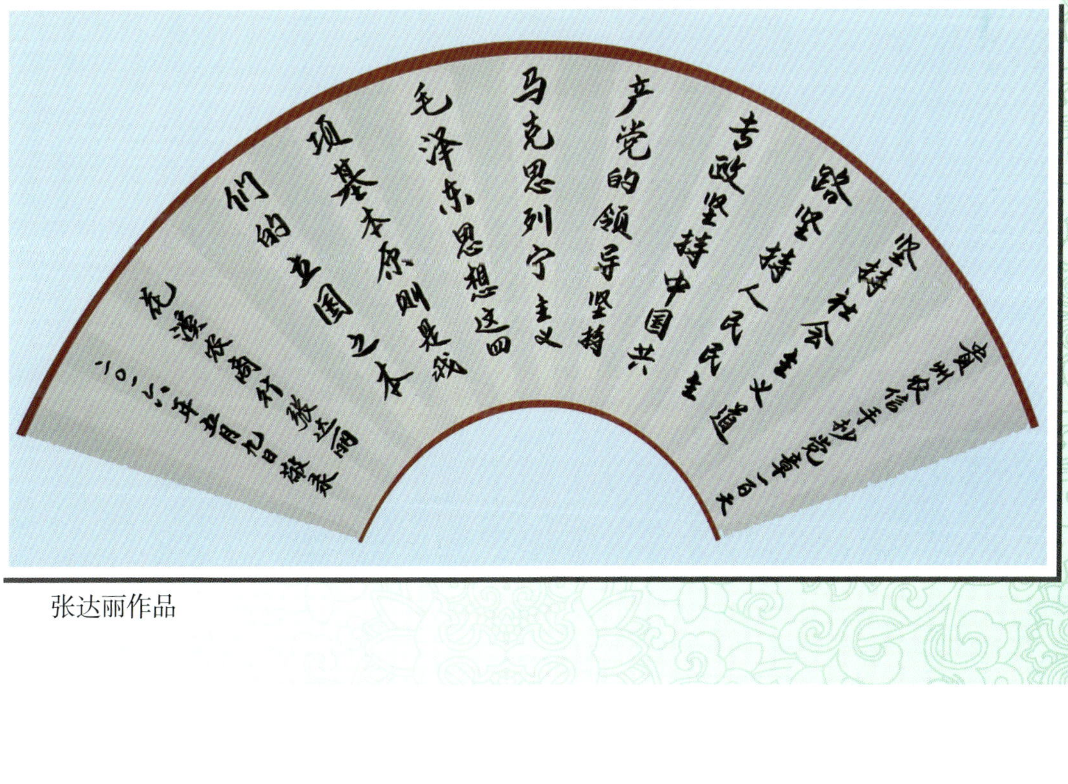

张达丽作品

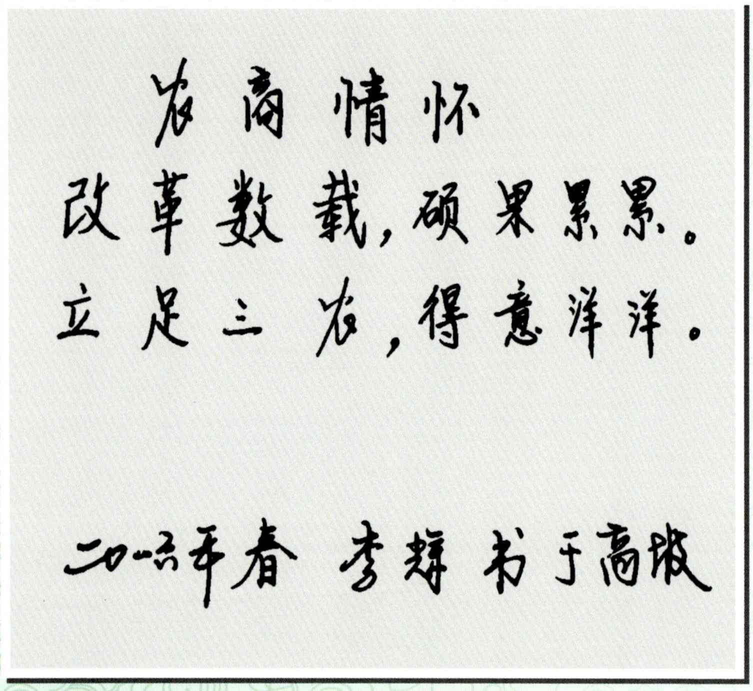

李辉作品

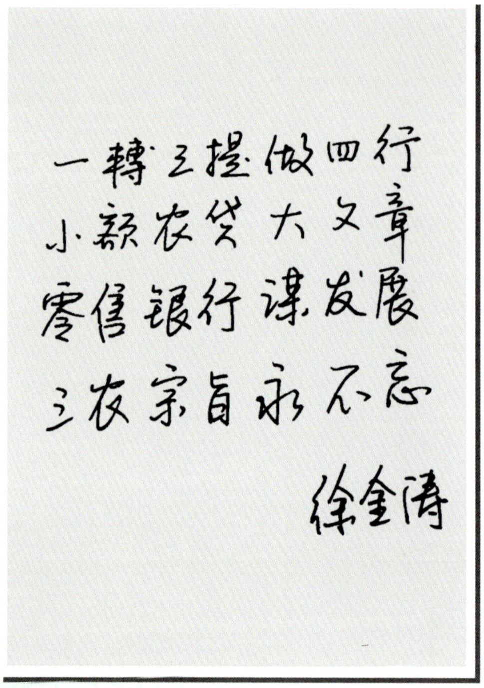

徐金涛作品

向燕作品

郭润作品

李锦艳作品

吴元军作品

雷太勇作品

魏添翼作品

《花溪农商银行志》编纂委员会

主　　任：吴　勇

副 主 任：周乐佳　杨照刚　王　刚　黎希霆　佘　冰　廖　建　王银霖

委　　员：（排名不分先后）

彭　勇　王宇成　杨昌志　夏嘉微　黄　毅
梁　洁　王忠怀　杨乐媛　王　峰　陈鸣明
田　华　何中良　刘朝彬　冯泽刚　王　莉
杨继军　梁晓远　董春媛　李冰峰　龙超林
邱啟佳　龙章忠　徐书萍　潘　敏　陈　沛
黄　锐　李朝叶　徐金涛　陈庆林　张振华
刘远刚　周　兰　王革清　罗秀峰　刘文举
杨　敏　张　清　游　静　申厚斌　王　婷
杨明伟　谢必玉　梅　剑　徐　燕　唐永文

编纂委员会办公室

主　　任：王银霖

副 主 任：张达丽

成　　员：蓬兴武

总　　纂：徐开新

编　　辑：夏秦豫　周年辉　姚　毅　张乡里　孙焰炜　孙厚琦　王世鑫　余　敏　黄　琴　马光珍

图片编辑：孙厚琦　符　蓉

封面题字：吕英儒

封底篆刻：周年辉

封面设计：柯希碧

编　　务：王银霖　张达丽　蓬兴武

《花溪农商银行志》撰稿人员名单

（排名不分先后）

张达丽	罗建军	陶　源	张　凯	夏　艳	王　健
杨　曼	饶　骏	冉晓峰	伍雪梅	吴　丹	苏杨眉
马胜涛	孙秋瑾	吴金鹏	赵　莉	杨正忠	陈林昌
蓬兴武	马艺铭	雷太勇	龙华瑜	黄诗琴	周　玲
宋世贵	吴澜婷	胡莎莎	盛　萍	潘　敏	饶　田
何俐佳	周予洁	李　辰	石　慧	罗　凡	申　燕
安　丽	龚子琪	彭　燕	曹兴燕	龙沛伊	覃　轲
胡　睿	滕建丽	潘丽娟	杨玉兰	李学圣	王云鑫
周燮玉	张　婧	张婷婷	王瑞淋	唐　敏	吴雨薇

序

2014年初，我在花溪农村合作银行改制花溪农商银行不久，特别是看到国务院总理李克强在全国地方志工作会上作“修志问道，以启未来”的题词后，我就萌生编纂《花溪农商银行志》的想法，当时还与区地方志编纂人探讨过此事，但由于整天忙于工作事务，有想法而来不及付之行动。直到2016年9月，贵州省农村信用合作社联合社召开修志工作动员会，我们才按照省联社统一指挥和部署，开展修志工作，修此志书，正当其时。

花溪地区农村信合事业从无到有，从弱到强，从花溪区金融机构中一个不起眼的农村信用社小兄弟到“全国新金融体制构架下第一家农村合作银行”和“中国最具影响力十佳县域银行”，这一路上，花溪农商银行承载改革开放的春风披荆斩棘，经历了60多年坎坎坷坷、波澜壮阔的发展历程。总书记习近平曾经说：“历史是最好的教科书”。我们通过编纂《花溪农商银行志》，弘扬花溪农信事业的历史智慧，对今人和后人，尤其是为广大农村信合人鉴史决策提供依据，是十分有意义的事情。2017年12月，《花溪农商银行志》出版发行，这是全区农村信合人的心愿和一件大喜事，对我本人来说也是一偿夙愿，甚为欣慰。

《花溪农商银行志》以邓小平理论和“三个代表”重要思想、科学发展观为指导，贯彻中国共产党十八大精神，客观记载花溪农村信合事业的历史和现状。主要篇章有大事记、机构沿革、员工、基础设施、业务、管理、党群组织、企业文化、人物等等。这本志书既是我们员工了解花溪农信历史，借鉴花溪农信经验，学习花溪农信人艰苦奋斗、勇于创新精神的好教材，也是花溪农商行展示形象的窗口、对外宣传的工具及与兄弟单位交流合作的桥梁。

《花溪农商银行志》能按计划一年时间顺利完稿付梓，得力于省联社领导的关心和具体指导，得力于全行员工的热心和支持，得力于行修志办几个编辑人员默默无闻的伏案工作。在此，我代表行领导班子向为本志作出贡献的每一个人表示谢意。

希望花溪农商行员工都来“读志、传志、用志”，把花溪农村信用合作事业不断推向前进，使花溪农商行在波澜壮阔的市场经济大海中，乘风破浪，昂首远航。

是为序。

花溪农商行党委书记、董事长

凡　例

一、贵州花溪农村商业银行股份有限公司即原“贵州花溪农村合作银行”“花溪区农村信用合作社联合社”。本志采用简称有“花溪农商行”“花溪合行”“花溪联社”。

二、本志以邓小平理论和“三个代表”重要思想、科学发展观为指导，贯彻中国共产党十八大精神，按照贵州省农村信用合作联社统一指挥和部署，全面、客观记载花溪农信事业的历史和现状，着力弘扬花溪农信的历史智慧。

三、断限：上限溯至花溪地区农村信用合作事业发端，下限断至2016年12月。个别特殊、重大事项延至搁笔。

四、本志行文使用现代语体文，采用述、记、志、传、图、表、录记载方式，横列门类，纵述史实。以篇、章、节、目为层次。目录中只列篇、章、节，目则在记述中体现。图、表不上目录。

五、本志卷首置概述、大事记、专记，卷中设机构、员工、基础设施、业务、管理、党群组织、企业文化、人物、文献等9篇，卷末设附录。

六、入志人物传略遵循“生不立传”原则；中层管理以上人员列人物简介，只记述简历；2016年底在册职工列入《员工篇》员工名录。

七、本志民国时期计量单位，按当时市制记述；1949年11月至1955年3月以前流通的旧人民币，按10000∶1换算。

八、本志资料主要来自花溪区档案馆、本行部、办、室和各支行，部分摘自媒体、采访笔录。资料力求真实、可靠、全面。

目　　录

专　记

第一篇　机　构

第二篇 员 工

第三篇　基础设施

第四篇　业　务

第五篇 管 理

第六篇　党群组织

第七篇 企业文化

第八篇 人 物

文 献

附 录

概述

一

贵州花溪农村商业银行股份有限公司所在的花溪区，位于贵州省中部，是贵阳市城区之一。民国29年（1940年）前，花溪属贵阳县。1941年贵阳设市，市郊置贵筑县，辖今花溪区、白云区、乌当区及观山湖区部分。1958年2月，贵筑县撤销，以原市郊的黔滇、黔桂公路分界，公路以南置花溪区。

花溪区土地面积964.32平方公里，全区常住人口64万人。花溪地势中高、南北低，最高海拔为1656米，最低海拔999米，地貌为中低山、峰丛谷地。全年平均气温16.0℃。

花溪区是著名的风景旅游区，以十里河滩国家城市湿地公园、花溪公园、天河潭、青岩古镇、苗乡高坡最为著名。花溪拥有丰富的科教文化资源，区内有贵州大学、贵州民族大学、省委党校、贵阳城市职业学院等高等院校。

花溪区是贵阳目前经济发展速度最快、最具发展潜力的工业经济区域之一。2016年，花溪区在全省18个城区方阵中综合排名第5位，地区生产总值、固定资产投资、社会消费品零售总额等总量核心指标均位列全省和全市前三，人均GDP、工业增加值均位列全省和全市第一。2016年，花溪区生产总值完成536.91亿元。

二

花溪境内在中华民国时期，交通欠发达，生产落后，农民普遍不富裕。民国25年（1936年）7月，贵州农村合作委员会成立，要求各县建立信用合作社。至民国29年（1940）2月，贵阳县合作社达322个，社员8928人，社股金额22021元。民国31年（1942），花溪地区乡、保（村）信用合作社发展较快。民国时期信用社主要办理救灾、农贷发放等业务，但贷款数额小、贷款面窄，且多被富人把持，在其存续的十余年间收效甚微。这期间省政府虽重视发展合作社，但因物价飞涨，货币贬值，不少农村信用合作社名存实亡，或宣布变更，或宣布解散。

民国32年（1943）2月27日，贵州省合作事业管理处电令贵筑县县长吴椿："查各县乡镇社业经成立，应积极筹备县联合社。"3月15日，贵筑县合作社联合社召开创立大会。联社有团体社员18个，股金每股10元，认股9000股。贵筑县合作社联合社从成立到1949年，因股金大都收不齐，经营管理不善，再加上后几年时局动荡，通货恶性膨胀，大多时间惨淡经营，甚至名存实亡。

新中国成立之后，中国人民银行贵州省分行于1952年决定试办集体所有制的信用合作组织。1954年6月6日，花溪地区新中国第一家信用社——贵筑县四区（石板）麦坪乡农村信用合作社成立。到当年的12月31日，贵筑县建立信用社22个。信用合作社成立以后，组织存款、贷款和收贷事项，支持农业生产，解决农民生产、生活等各方面的困难，帮助农民摆脱高利贷剥削，受到广大农民的欢迎。1957年，各乡基本上都成立了高级农业生产合作社，各乡的农村信用合作社也得到巩固。

1959年4月，中共中央决定把信用社下放给公社管理，花溪区51个农村信用合作社全部并入12个人民公社，原信用社的理、监事会宣布结束并全面清理、办理移交。农村信用社成为人民公社的一个组成部分，原有的组织被打乱，失去信贷工作应有的独立性、民主性和灵活性，正常的信用关系遭到破坏，导致贷款失控。

1960年，中共中央开始恢复农村信用社工作。

1962年，中央规定农村信用社既是集体金融组织，又是国家银行在农村的基层机构。11月，花溪区各农村信用合作社脱离人民公社，恢复信用社性质，并被划归中国人民银行花溪支行管理。1963年11月，根据中共中央、国务院《关于建立中国农业银行统一管理支援农业资金的决定》，花溪区各农村信用合作社划归农业银行花溪支行管理。1965年1月，农业银行与人民银行合并，花溪农村信用社由人民银行花溪支行领导。

1969年12月，花溪各信用社的人权、财权和业务工作改为由公社革命委员会成员、贫下中农代表、信用社干部参加的贫下中农管理委员会掌管，贫下中农管理委员会取代理事会、监事会。

中共十一届三中全会以后，随着农村经济体制改革和社会主义市场经济的确立，花溪区农村信用社进入一个新的历史发展时期。1980年，由人行花溪支行划出部分干部职工筹建农行花溪支行，花溪区农村信用社划归农行花溪支行管理。1984年12月，花溪境内农村信用合作社脱离人民银行隶属关系，划归农业银行管理。

为适应金融业务发展的需要，1989年12月，花溪区成立农村信用社的管理机构——花溪联社，花溪联社成立时由农行花溪支行履行管理职责。1996年9月，花溪区境内各农村信用社正式脱离和农行的行政隶属关系，由中国人民银行花溪区支行履行管理，花溪区农村信用社进入深化改革、稳健发展的新阶段。1998年花溪联社及所辖13家农村信用社“完善法人治理机构”。

2004年，花溪区农村信用社和农村信用合作社联合社改制为花溪合行，这是全国新体制框架下的第一家农村合作银行。花溪合行是经中国银行业监督管理委员会批准的具有独立法人资格合作金融机构，它的组建标志着花溪联社及所辖信用社法人机制的统一。

2013年12月27日，中国银监会贵州监管局同意贵州花溪农商行股份有限公司开业。12月29日，贵州花溪农商行正式挂牌成立。花溪农商行是由境内自然人和非金融企业法人以发起人的资格设立的股份有限公司，具有独立的法人资格，享有由股东入股投资形成的全部法人财产权，依法享有民事权利，并以其全部法人资产独立承担民事责任，不受任何单位和个人的干涉，依法接受银行业监督管理机构的监督管理。

三

花溪农村信用社建立初期，由于农村经济基础薄弱，农民收入较低，存款较少，各项业务发展缓慢。当时，信用社没有办公用房，或租或借民房办理业务。农金员背着挎包，带着帐本，走村窜寨，到农户家中开展工作。贷款对象主要是困难的贫下中农入股社员，贷款数额不大，主要用来解决社员生活和生产方面的困难。三年自然灾害期间，国民经济失调，农村经济遭遇严重困难，农村信用社工作总体没有进展。1966年，受“文化大革命”影响，花溪区部分信用社业务处于半瘫痪状态。在相当长时间内，信用社都处于亏损状态。1966年12月，贵筑县农村信用社的经营，除花溪、青岩、中曹、马铃4个信用社略有盈利外，大多数信用社均亏损。据人民银行花溪办事处革命委员会统计，1968年上半年花溪区14个信用社（高坡信用社未交报表）中，燕楼等8个社亏损12278.11元，久安、麦坪、小碧、石板、马铃等5个社盈余4755.10元。1974年12月，花溪区有信用社14个，其中盈余社仅5个，亏损社9个。1977年6月2日，高坡信用社因亏损申请亏损补贴。有些不可预测的事件甚至导致贷款无法收回，如1964年5月，花溪区大部分乡镇发生重大冰雹灾害，区各农村信用社紧急发放有息或无息救灾贷款，但贷款到期后，多数贷款均未能收回。

1985年1月，花溪农业银行规定全区各信用社独立经营，自负盈亏。1984 年 2 月，花溪区农村信用社开始经营农村工商信贷业务；实行贷款利率可以浮动。1987 年 2 月，花溪区部分乡镇信用社开始从事代理业务，帮助农户发展养殖、种植业，贷款发放对象由当地政府决定，贷款记账实行账外账。当年 8 月 5 日，花溪全区农村信用社开始推行经营承包责任制，农行花溪支行发文指出“对拒不执行的社领导一律以革职论处”。

1999 年 2 月，花溪联社在青岩信用社试行农户小额农贷《资信卡》。2000 年 2 月，花溪联社在全区各乡镇开展农户小额农贷《资信卡》宣传工作，确立以推广农户小额信用贷款促进经营转型的方针，以小贷款赢取大市场，对花溪区 5 万多农户进行建档评级并发放小额信用贷款，将管理模式进行 4 次升级换代，授信金额从推广之初 500 元提升至最高 50 万元。年末实现存款比年初净增 3399 万元，增长 24.7%，贷款增加 4373 万元，财务收入 1201 万元。累计发放“三农”贷款 6126 万元，办理小额农贷资信卡 15652 户，信用社职工人均推广 124 户，推广面达 32.47%。

花溪农商行成立后，除传统的存款、放款、汇兑等主要业务外，先后开办代理、担保、信用卡等中间业务，并开办票据贴现、外汇交易、电话银行、网上银行等新业务，为客户、社员提供更加优质便捷的金融服务。在发展战略上突出“三农”和“小微”业务的优势地位，以支农惠农服务打造地方金融品牌，以“金纽带”打开小微企业金融服务大门。在三农业务方面，花溪农商行致力于信用工程体系建设，主推“小康卡”农户信用贷款，着力提升“三农”金融服务水平。一方面组织客户经理实施定点包户，携带办公设备骑车进村入户，了解农户信贷需求；另一方面加强金融机具进村入户的铺设力度，逐步实现花溪 11 个乡镇 ATM 机的全覆盖，完成花溪 172 个村“诚者信合村村通”助农取款 POS 机的安装铺设，让农户足不出村即可办理“存取汇”等业务，改变农户业务办理成本高的现状。在小微企业金融服务方面，针对小微企业“短、小、频、急”的金融服务特色需求，于 2011 年 11 月 7 日在全省农信系统率先成立首家小微企业金融服务中心，创新推出“商誉通”“商富通”“商宝通”等“金纽带”系列特色产品，同时研究制作“金纽带卡”，以便让客户办理微小贷款时更加“方便、灵活、快捷”，满足小微企业发展阶段的资金需求。小微企业金融服务支持领域遍及农林牧渔业、畜牧、加工、流通、交通运输业、农机制造、建筑业等实体经济支柱产业和民生领域行业。

截至 2016 年底，全行资产总额 283.26 亿元，负债总额 269.94 亿元，各项存款余额 189.21 亿元，各项贷款余额 100.86 亿元；其中：“三农”贷款余额 30.98 亿元，占比 30.72%；小微企业贷款余额 64.43 亿元，占比 63.88%。各项收入 16.05 亿元，实现税后利润 2.53 亿元。按五级分类口径划分，不良贷款余额 2.42 亿元，不良率 2.4%。拨备覆盖率 193.46%。资本充足率 12.15%，核心一级资本充足率为 9.13%，杠杆率 4.41%，核心负债比率 61.55%，流动性比率 42.09%，主要监管指标已达监管评级 2 级。全行 ATM 累计装机数量 140 台，累计交易笔数 353.93 万笔，累计交易金额 63.62 亿元。特约商户累计 713 户，累计装机 907 台。网上银行用户数累计 13489 户，其中个人网银 11726 户，企业网银 1763 户，手机银行开户累计 19640 户。

四

花溪区各乡信用社建立之初，一般一个信用社由 1－3 人从事业务，理事长、监事长大都由生产合作社（初级社、高级社）的领导兼任。信用合作社的大多数从业人员是农业生产合作社的干部、社员，有的不脱产、无固定报酬，且大多数文化水平较低，业务不熟，给农村信用合作社的发展带来不利影响。到1989年联社成立时，员工的数量一直处于饱和状态。自1989年12月联社成立以后，开始对专职管理人员进行公开招聘，并对职工定期进行专业知识和业务技能的培训和测试，以提高员工的整体水平。截止2016年底，花溪农商行共有员工577人（正式员工575人，派遣制员工2人），其中研究生占9.9%，本科生占77.3%，专科生占11.6%，高中生占1.2%。

贵筑县各乡镇信用社成立初期，全县信用社没有一家有属于自己的营业办公用房，大都是借用、租用、合用公产房或民房，有的信用社有人无房，农金员以流动办公或在家办公的方式开展工作。到60年代中后期，部分信用社如青岩、孟关、党武、麦坪、久安等开始筹备资金加上上级拨款补助修建办公用房。这时期修建的办公用房大都是简陋的木板房或砖木结构平房。20世纪80年代起，花溪区各乡镇信用社先后新建、扩建办公营业用房。建房土地向村集体、个体农户购买，有的由政府划拨公共土地。建房面积从百余平方米到数百平方米不等。建房资金以自筹为主。2004年，花溪联社改制为花溪合行后，各支行、分理处办公营业用房的建设速度、建筑规模快速发展。2013年12月，花溪合行改制花溪农商行，同时总行机关和营业部搬迁至清溪路209号12层新办公大楼。2014年以后，总行、各支行网点的营业用房的面积、装修档次得到整体提高，全部实行自动化办公。

成立之初，信用社的本金基本上由社员交的股金组成，每股2.1元（其中0.1元是入社的手续费和工本费），总量不大，小社几千元，大一点的信用社才上万元。后来的花溪联社、花溪合行、花溪农商行阶段，多次进行增资扩股，至2016年末，花溪农商行有股金55000万元，均为投资股。信用社成立初期，社员可以申请退股、办理转移关系、股权可以转让。2014年，花溪农商行规定股东所持的股份不得退股，但可依法转让、继承和赠予。股东按照一定的比例享受股金分红。

花溪联社成立之后，聘用专职管理人员开展各项工作，为成立股室打下基础。1992年9月18日，花溪联社建立股室，设置办公室、会计出纳稽核股和计划信贷股。1995年2月，花溪联社对科室进行调整，设办公室、稽核监察科、会计出纳科、计划信贷科、保卫科。经过多年发展，全行现设有职能部门20个，分支机构48家，包括营业部1家、支行30家，便民服务支行14家，便民服务点3个，网点覆盖原花溪区各乡镇、办事处。金融服务覆盖30个乡镇、社区、办事处，172个村，1220个村民组。

五

在抓好各项业务发展的同时，花溪农商行不断致力创新，打造有影响力的品牌文化。花溪农商行充分发挥农村金融纽带和支农主力军作用，长期以来热心公益事业，宣传诚信文化，积极履行社会责任，形成独有的企业文化，使之成为团结全行职工，联系广大客户，宣传花溪农商行形象的精神纽带，打造出花溪农商行诚信经营、优质服务的良好企业形象，营造诚实守信、文明致富的社会氛围，实现自身发展和地方经济发展的共赢局面。

花溪农商行树立“因农而生，因小而长”的经营理念，坚持以“小”为先，抓“小”不放大，立足“小”字做文章，创新开发“小康卡”农户贷款系列产品，用贵阳市花溪区35%的存款资源发放花溪区90%以上的贷款；创建“小”队伍，服务“三农”；抓牢“小”客户，成就大市场；取得小产品占领农村大市场、小机构搭建服务大平台的成果，实现地方经济、“三农”和农商行共赢发展。

花溪农商行在信用社时期形成的挎包精神基础上，继续发扬敬业精神，为花溪区农户服务。

为方便地处偏远、交通不便的村寨办理业务，花溪农商行成立自行车金融服务队，由客户经理实施定点包户，携带办公设备骑车进村入户，了解农户信贷需求，办理业务。并在172个村设立金融服务办公室，客服经理深入农村，开展调查建档工作。为农户贷款、存款、放款，灵活上下班时间，在农户赶集、农忙时，增开服务柜台，开展现场服务，让农户享受随到随贷的便捷服务。

农村信用社的成立，就是要服务农村、服务农民，直到花溪农商行的建成，一直坚持“服务三农、服务微小企业、服务社区”的市场定位，立足县域，以客户满意为目标，以推动花溪区经济发展为己任，实行“花溪银行、我的银行”的品牌战略，全力推进各项业务发展，为辖区提供优质的金融服务，让区域内“三农、小微企业、社区居民”享受优质、高效、便捷的金融服务。

花溪农商行通过对行徽、行花、行歌等可以反映企业精神面貌的直观形象布置，对员工行为态度、礼仪礼节的培养，来塑造企业形象，增加企业凝聚力；热心社会服务和赞助公益事业，以精准扶贫、捐资助教等方式，塑造有责任、有担当的企业形象；重视企业精神文明建设，恪守行业道德，树立优质服务的良好企业形象。

由于企业文化建设工作成绩显著，花溪农商行于2013年2月被贵州省国资委授予首批“贵州省‘五型企业’暨企业文化建设示范单位”，并于2015年被中央文明委授予“2014年全国文明单位”的荣誉称号。

在从农村信用社到花溪农商行60多年的风雨历程中，信合人艰苦创业、赤心为农、不辞劳作、兢兢业业，各项金融业务得到了稳步发展，经营管理水平不断提高，企业形象大幅提升，经营业绩引人瞩目。这些是一批批信合人勤勤恳恳、艰苦奋斗取得的成果。新时期的农商行继承和发扬优良传统，与时俱进，勇立潮头，用热血和汗水继续谱写更加辉煌的篇章。

大事记

2004年5月28日贵州省省长石秀诗为我行挂牌成立仪式揭牌

明　代

贵阳府（今花溪区）境内民间金融流通存在私人借贷与“合会”两种方式。私人借贷多系亲友急难相助。“合会”属自发组成的金融合作集资组织，花溪地区称“炸会”“合会”“上会”“做会”，合会人数从几人到数十人不等，具体形式主要有：轮会、标会、摇会。设有会长（也称会首、会头）、记账、出纳。合会金额几元至数百、数千元不等。青岩城内有合会组织数十家。

清　代

光绪元年（1875）

青岩镇出现典当行业。城内西街万寿宫旁偏僻小巷内吴姓等三家布匹、杂货商户合作开设典当铺，资本银2500两，名号“三合典”。其业务属以收取实物作质押的一种借贷。抵押物品价值必须比借贷款高出一倍以上，期限“典”为一年，“当”为二年，利息2.5%以上。至1950年人民政府明令取缔典当业，方停止营业。

中华民国时期

民国25年（1936）

7月　贵州农村合作委员会成立，要求各县建立信用合作社。中国农民银行贵阳分行在贵阳县以自然村寨为单位，组织农民试办农村信用合作社，贵阳县境内较大乡村开始出现农村信用合作社组织。

民国26年（1937）

12月14日　贵阳县政府转发省政府训令：省农村合作委员会派驻桐梓县办事处指导员彭济衷“因案撤职乘机潜逃”，令各区公所将其“严缉归案”。

12月31日　农民银行贵阳分行在贵阳县境内建立的农村合作社达百余个。

民国27年（1938）

4月3日　贵州省农村合作委员会发文：令贵阳县政府绘制县合作社位置及交通图呈送备核查。

4月12日　中国农民银行呈报贵阳县政府：有信用社逾期不还农行贷款，屡次催还均置之不理，特请县政府协助催偿。

5月30日　贵阳县政府转贵州省政府农合指字第12号训令：裁撤各县合作指导员办事处，改设指导员室。

7月22日　贵州省政府主席吴鼎昌、省农村合作委员会委员长陈筑山签发省政府训令：各县合作社及合作社区联合社成立、变更、解散、清算、各种登记，依照合作社法及前实业部所颁发规定，应由各县政府办理。

8月　贵阳县农村信用社已达280余个。

9月25日　贵阳县政府完成县合作社位置及交通图，报送贵州省农村合作委员会。

11月2日　贵州省农村合作委员会发文贵阳县政府：查该县政府所送合作社成立登记报单24份、解散登记报单28份、变更登记报单5份，经核尚无不合，准予存转。

11月7日　贵州省政府颁发《贵州省各县县政府经理合作社贷款收付办法》。

民国28年（1939）

2月4日　贵阳县合作金库、贵阳县合作指导员室紧急通知：本日上午敌机轰炸筑市，金库、指导员室被焚，自即日起，一同移至本市和平路（猫猫巷）云南会馆，照常办公。

2月11日　贵州省农村合作委员会指令：查

此次敌机来袭，贵阳合作主任指导员谢元章未能将指导室重要公物救获，导致损失一空。着予申诫一次。仰将遇袭损失之公物文件，详细列单具报，以凭核办。

民国 29 年（1940）

1 月 6 日 花谷镇（今花溪街）信用合作社收到贵阳县政府合作巡回书库藏书 975 册。

2 月 贵阳县合作社社数达 322 个，社员数 8928 人，社股金额 22021 元。

是月 贵阳县合作金库设立生产贷款委员会、农田水利贷款委员会，主要办理垦荒、畜牧、工业等借款。

3 月 14 日 中国国民党贵阳县党部书记长张文开函复贵阳县政府：“贵县函送二十九年元月、二月核准登记之合作社一览表各一份过部，准此，相应函复”。

民国 30 年（1941）

7 月 1 日 贵阳设市，贵阳县更名贵筑县，县治由贵阳市府路移至花溪镇，县政府设财经委员会兼理金库业务。

11 月 18 日 贵州省政府社会部根据全国合作会议决议，拟定公布“消费合作推进办法”，要求合作社应采取责任经理制，理事会必须按期举行会议，听取经理报告。

民国 31 年（1942）

1 月 贵州省合作事业管理处发文电贵筑县政府：兹随电检发合作法规汇编第 3 辑式册，希收列贵县府财产清册保存备查。将民国 31 年合作日历 100 份印发各乡镇、各社、各中心社或专营社每社 1 份，并饬妥为张贴勿得任意损坏为要。

5 月 15 日 花溪镇合作社因多数保社股金未按代表大会决议缴纳，特呈请花溪镇公所派兵警两名分赴各保催缴，贵筑县长吴椿批示：准予派兵。

6 月 5 日 贵筑县筹备成立公务员消费合作社，县长吴椿主持召开筹备会议，议定合作社社员担负保证责任，责任金额为股金额之 10 倍。

6 月 25 日 花溪镇合作社成立 3 月余，尚未收齐股金开业。县长吴椿签发训令：令花溪镇合作社“速催收股金，克日开始业务”。

7 月 5 日 贵筑县政府公务员消费合作社成立，有社员 146 人，入会会费每人 10 元，股金每股 100 元，成立之时已认股 874 股。社员认股大多为 1－3 股，有 2 人各 50 股。会议公推万文渊为理事会主席，罗浮仙为监事会主席，蹇炯才为经理。

7 月 17 日 贵筑县有少数区署、乡公所违背消费合作社章程，“以行政力量分摊他人”认购股金。县政府发文严厉制止，强调“合作社股金应由社员认购，不得取之于民”。

8 月 贵筑县消费合作社在花溪镇开办食堂、旅社，方便社员食宿。

9 月 9 日 贵州公路管理局发函：同意贵筑县政府公务员消费合作社代理花溪车站车票发售业务。

11 月 24 日 贵州省政府发文：令贵筑县政府遵照执行省政府社会部公布的《合作事业工作竞赛办法大纲》。

11 月 30 日 花溪镇合作社股金达 21530 元。

12 月 25 日 贵筑县政府转发省合作事业管理处《现行合作法规汇编》一本，县长吴椿批示：“认真保存，专案移交”。

民国 32 年（1943）

1 月 26 日 贵筑县长吴椿签发指令：固增乡（今马铃谷中村）乡长黄玉廷不负责任催收合作股金影响业务，给予撤职处分；令副乡长汤毓麒限于 2 月 5 日以前，将应收股金收齐。

2 月 27 日 贵州省合作事业管理处电令贵筑县县长吴椿：“查各县乡镇社业经成立，应积极筹备县联合社”。

3 月 1 日 贵筑县县长吴椿签发文各乡镇：“奉令筹组县联合社仰知照”，并令县政府合作股指导员赵良栋前往花溪镇合作社指导筹备建县联社工作。

3月6日 花溪镇居民购买菜油困难，贵筑县政府特购进一批菜油，令消费合作社在花溪市面凭居民户口牌限价定量出售。

3月15日 贵筑县合作社联合社召开创立大会，讨论通过章程，选举7人理事会，选出理事主席赵良栋（县政府职员）；选举7人监事会，选出监事主席杨安盛（国民党贵筑县党部书记）。联合社已有团体社员18个，股金每股10元，已认股9000股。社址设花溪镇中正路（今花阁路）36号。

3月16日 贵筑县长吴椿签发政府训令：批评青岩镇长杨继炎对合作事业推进全不负责，指出合作事业系发展国民经济之基层组织，与抗战工作互相配合进行，该镇长竟敢漠视政令殊属非是，应予申斥。兹再限于本月底前将镇合作社股金如数收齐，开始业务。

3月20日 贵筑县长吴椿签发全衔训令：黔陶乡合作业务员周维启擅离职守、不负责任、影响该乡合作事业推进，给予周维启记大过一次。

4月10日 贵筑县合作社联合社召开第一次理监事联席会，商讨本社应行推进事宜。

4月15日 燕楼乡合作社呈报贵筑县政府：因本社1万余元合作股金无法继续催收，本社资金不敷周转，阻碍举办各种业务。请求派员来社，督饬催收合作股金。贵筑县长吴椿批示："转令该管城区指导员彭达夫，督饬乡公所切实催收"。

4月21日 贵筑县政府发文县合作社联合社：令发贵州省县合作社联合社区办事处设置办法1份，仰即遵照。

4月22日 贵筑县政府发文指令花溪镇长周大启，关于花溪镇呈报要求减免各保（村）原认缴股金2000元一事。县府答复：县合作联社既已成立，花溪镇合作社所有债权债务也应照章合并，通过会议增认社股金已报本府备查，所请减免应缴股金，碍难照准。

4月24日 贵筑县政府指令：收到本县合作社联合社理事主席赵良栋呈请饬本府合作指导员及各乡（镇）长，督催所管辖区域内乡（镇）合作社如期缴纳股金，以利开始业务。呈悉：准如所请，仰即知照。

6月8日 贵筑县政府发文各乡镇：令各乡公所催收合作社股金不得稽延，不得将股金移作他用；所收合作股金应即交各该乡镇合作社，并须收取合作社正式收据。

7月31日 贵筑县合作社联合社清理账目显示：26个乡镇合作社应认股本金130000元，除花溪、黔陶、燕楼等8乡镇社已缴19477元外，其他青岩、石板、中曹等18个乡镇社尚未缴纳。

10月18日 贵筑县政府指令：收到县合作社联合社呈报因物价高，资金不敷周转，拟将食堂部分暂停营业。呈悉：准予该社食堂部分暂停营业，此后关于该社内部清洁，应随时注意，以资表率，仰即遵照，勿违为要。

民国33年（1944）

3月21日 贵筑县合作社联合社呈报贵筑县政府：本社近数月来有路过军队至社中住宿，导致本社营业停止，损失巨大。请求转请滇黔绥靖公署发给禁止驻军牌，以维护营业。

5月14日 青岩镇召开保证责任合作社成立社员大会。

是日 贵筑县合作室派指导员何崇友调查青岩镇合作社组织情况，查后评分81分，作出"准予登记"意见。

6月3日 花溪镇合作社为解决"以经营土地信用贷放社员购赎耕地之资金"，特成立土地信用部。县长吴椿批示："准予备案"。

6月4日 民国财政部宣布废止取缔黄金买卖的有关法令，准许民间自由买卖黄金。

12月 贵筑县合作指导室统计报表显示：全县信用合作社社员数达5418人，其中保（村）信用合作社社员4995人，其他信用合作社社员423人。

民国34年（1945）

1月4日 贵筑县政府发文各乡镇公所：令各

乡镇长以后不得干涉合作社业务，仰即知照。

2月19日 贵阳市各银行（号）始开办票据交换业务。

是月 贵筑县始设金库。金库设会计室，会计室主任由贵州省银行直接管理。

5月15日 孟关乡水头寨召开土地信用合作社成立大会，县合作室和中国农民银行花溪分行派指导员参加。会上选举理事3人、监事3人，议决股金每股国币300元。

6月5日 孟关乡水头寨土地信用合作社呈报贵筑县政府：请求借贷国币128万元，作还债、开荒等资金。

6月30日 石板乡保证责任滥泥保土地信用合作社呈报贵筑县政府：因生活高昂，与私人借债重，请求创立保证责任滥泥保土地信用合作社。贵筑县长胡哲先批示："准予成立"。

7月5日 贵筑县长胡哲先指令：准予水头寨土地信用社成立登记，并函转花溪农民银行，请予核贷。

民国35年（1946）

1月 贵州省银行在贵筑县设立贵筑办事处，设会计系、出纳系，办事处主任由省银行委派。

民国36年（1947）

3月1日 贵阳市政府奉省政府令公告：禁止黄金买卖，违者没收充公。

4月11日 贵筑县长胡哲先指令：准予文萃乡文萃保王刚等组织成立土地信用合作社，并将组织情形、社章程、社职员名册呈府备查。

5月22日 贵州省合作事业管理处发文：令贵筑县政府立即将合作年报表填注完竣，加盖钤记后呈复，勿延为要。此令。贵州省合作事业管理处处长：赵连福。

5至6月 中曹乡第7保、青岩镇第1保、青岩镇第3保、彭官乡湖潮保相继召开合作社创立大会。

6月 贵州省合作事业管理处发文贵筑县政府：各县成立县联合社已达30余社，及应进而组织省联合社，发挥高度效能。定贵州省各县（局）合作社联合社、筹组省合作社联合社、应行办理及注意事项，抄附有关各件，仰即切实督导办理，具报备查为要。贵州省合作事业管理处处长：赵连福。

12月5日 燕楼乡合作社呈报贵筑县政府：呈送十一月份业务放款月报表，请求鉴核备查。

民国37年（1948）

5月 青岩镇第6保合作社呈报贵筑县政府：本社遵照合作社法及同法施行细则之规定召开创立大会，选举理监事，收纳第1次应缴股金组织合作社，兹将应行登记事项开列于后，社章程、社员名册及创立会决议录各1份。请求鉴核，准予登记，颁发登记证。

6月19日 贵筑县长吴开勋签发全衔指令：准予花溪镇第5保合作社筹备会筹备组织合作社，仰将召开成立大会日期报核，以凭派员出席指导。

7月17日 贵州省合作事业管理处发文贵筑县政府：本省合作事业5年计划实施已届第二年各县市局合作业务部份，其实施情形分为上下两期汇报。兹上期（1－6月）已经结束实施，及应比照本处定发表式及填表注意事项，查明据实填报。电仰遵照办理，勿延为要。处长：谢杰民。

8月25日 贵筑县政府发文贵州省合作事业管理处：呈报本县合作事业五年计划业务部份第一年实施情形报告表，请求鉴核备查。

9月1日 贵州省合作事业管理处发文：令各县呈报县合作事业五年计划业务部分第一年实施情况报告。

10月21日 贵州省合作事业管理处发函贵筑县政府：收到呈报青岩镇第八保社成立登记报单，"准予存转"。

10月22日 贵州省合作事业管理处指令：收到贵筑县政府呈复青岩镇第8保社重核登记情形及报单。准予存转，此令。处长：谢杰民。

10月28日 贵州省政府发文贵筑县，训令：

各县亟应以全力健全合作组织，积极开拓其合法之各种业务。举凡生产、运销、消费、供给等重要业务，及其他业务公共福利事业，应视环境之需要，群策群力分别举办。令仰该县切实遵照办理，具报为要。此令。主席：谷正伦，合作事业管理处处长：谢杰民。

11月10日 中国农民银行贵阳分行公函，烦请贵筑县政府洽收转发孟关乡等合作社所购土地债券。

11月22日 贵筑县长吴开勋签发训令：令孟关乡、花溪镇、金华乡、青岩镇等19个乡村土地信用合作社前往中国农民银行贵阳分行换取所购土地债卷。

11月30日 贵州省政府训令：收到贵筑县政府呈送普字第142号合作社成立报告表，经核尚无不合，准予存转。此令。主席：谷正伦。

中华人民共和国时期

1949年

11月24日 贵筑县成立人民政府，县府财政科接管民国贵筑县金库，接收银元138852元。

11月28日 中国人民解放军贵阳市军事管制委员会发布金字第一号布告，宣告中国人民银行发行的人民币为市场流通的唯一合法货币。

1950年

1月 贵筑县人民政府明令在全县禁止民间黄金买卖和使用银元。黄金白银由人民银行县支行按牌价收兑。

1951年

5月1日 人总行作出农村金融工作方针任务：广泛组织农村信用合作工作，在国家银行领导下，互相补充、互相帮助，开展村金融工作。

1952年

9月9日 中国人民银行贵州省分行根据全国首届农村金融会议精神，决定试办集体所有制的信用合作组织，并提出信用合作应贯彻自愿互利、共同经营、自负盈亏的原则。

1953年

9月 贵筑县选派党武乡黄作仁等10名有高小文化程度以上的农村青年，到人民银行贵州省分行举办的农信工作业务骨干培训班学习一个月。经考核合格后返乡参与筹建农村信用社工作。首次考核，贵筑县有黄作仁等3人合格。

1954年

1月9日 中央财政经济委员会批示：今后关于农村信用合作社组织的名称，应按共同纲领的规定称为“信用合作社”。

4月12日 中国人民银行发通函：免征信用合作社和社员存款利息所得税。

5月28日 中共贵筑县委员会发文各区：按照地委布置1954年建信用社16个的任务，除已建的水田、野鸭两个社外，上半年在孟关、把火、牛士连（今麦坪乡）等乡建5个，下半年在歪脚、甲定等乡建9个。

5月 中国人民银行贵筑县支行增设合作信贷股，管理农村信用合作社。

6月6日 花溪地区1949年以后第一家贵筑县四区（石板）麦坪乡农村信用合作社成立，由麦坪、刘庄两个信用组改建为社，无偿借用场坝村农户龙开凤两间民房办公。社员553户，股数586股，收到股金645万元（旧币），存款145万元，放款700万元。

6月28日 贵筑县一区孟关乡信用合作社成立，入户数454户，股数813股，占入股比数67.46%。

6月30日 贵筑县已成立的信用合作社有8区水田信用社、5区野鸭信用社、4区麦坪信用社，有社员2379户，股金2412万元（旧币）。

7月5日 人民银行贵州省分行下发密件《贵州省1954年上半年信用社工作总结与今后初步意见》，指出至6月底止，全省信用社已由1953年的11个发展到199个，第三季度主要任务以组织信用合作，发放农贷保证现金供应为主。

7月16日 贵筑县委政研室统计：贵筑县已成立信用合作社6个，加上信用互助组，共有信用合作组织18个，社员3061人，收到股金3331万元（旧币），存款7128万元，放贷9230万元。

是月 党武、陈亮、吉林、新民（竹林村）等乡成立农村信用合作社，社员需缴股金，每股2元。信用社设员工1至2人。由人民银行贵筑县支行下设的营业所管理。

8月 贵筑县在二区青岩镇及附近的杨眉、歪脚、龙井、新哨等乡及四区石板乡、五区久安乡成立信用社。

9月 农村信用合作社改“农民放款”为“社员贷款”，不需抵押；社员存款利息所得免征利息所得税。

11月 燕楼乡信用社成立，设保管员魏怀周1人，信用社无固定办公场所，无上下班时间，每日魏怀周身背账簿、算盘穿梭于农户家中或在自己家中办公。

12月31日 贵筑县建立信用社22个，社员15630人。认股金16900万元（旧币），收到股金19196万元，已收股金占认股金率为113.5%。

是月 孟关乡信用社股金达8000万元（旧币），存款余额7000万元，贷款20000余万元。

1955年

1月31日 中共贵定地方委员会发文：同意贵定专区中心支行1955年发展与巩固信用合作组织的意见，分配给贵筑县建78个信用社任务。

4月 贵筑县农村信用社协助人民银行营业所兑换新旧人民币，按10000：1兑换。

5月12日 中共贵筑县委员会发文，指示各区委要坚决贯彻全国农村金融会议决定：1955年停止发展信用合作社，全力转向巩固现有的信用合作社。个别县区在秋前要求继续建社者，必须得到省级党政的批准。

6月31日 贵筑县全县信用社存款余额28893元，贷款余额31489元。

9月7日 中共贵筑县委员会农村工作部批转人民银行贵筑县支行《关于发展与巩固信用合作社的几点意见》，同意发展新的信用社。

10月 贵筑县为增加信用社存款量，在全县开展“储蓄运动”，信用社干部进驻乡镇粮管所、粮站，动员农户将卖余粮款存入信用社，提出“多打一双草鞋卖参加储蓄”“多卖一个鸡蛋参加储蓄”等口号。

11月 贵筑县境的7个区（今花溪地区）53个乡镇，实现党中央提出的“乡乡有信用社”要求。各信用社职工1至3人，设主任、会计、出纳、外勤岗位，隶属人民银行贵筑县支行。

12月 贵筑县全县信用社存款达12万元，贷款达14万元。

1956年

1月23日 中共中央政治局提出《1956年到1967年全国农业发展纲要（草案）》，要求在1957年内基本上做到乡乡有信用社，开展农村信贷业务和农村储蓄业务。

8月 贵筑县行政区划调整小乡并大乡，各乡信用社也随着2至4个社合并为一个社，按信用社脱产干部配备标准（大乡信用社最多配脱产干部3人），全县原信用社全脱和半脱产干部121人，留职72人，多余49人安排回家参加农业生产。

9月2日 贵筑县农村信用社64个全脱产干部工资人均25.65元，8个半脱产干部定额津贴人均13.75元。

11月2日 贵州省粮食厅和农行省分行就信用社干部口粮问题联合下文：全脱产干部由国家供应，半脱产干部可向国家仓库出售粮食换粮票，国家补其差额部分。

12月 贵筑县农村信用社的经营，除花溪、青岩、中曹、马铃4个信用社略有盈利外，大多数信用社均亏损。亏损金额由人民银行补贴60%。

1957年

6月22日 中国人民银行贵州省分行发出《关于调整信用社干部待遇的指示》：根据贵州省信用社经营状况，决定信用社干部待遇应低于乡干部，高于农业社干部，平均按现行待遇调低27%。

10月 贵筑县响应贵州省人民委员会“信用社要大力开展农村存款业务”的指示，在全县开展“存款运动”。各乡镇信用社职工和工作队员走村串寨，动员农户积极存款，白天到乡粮站劝说农户存储卖余粮款，晚上到农户家劝说卖鸡蛋存款，打草鞋卖存款。

12月 人民银行贵筑县支行组织力量，按惯例年终检查各信用社工作。

1958年

1月 石板信用社利用召开辩论会、贴大字报、写黑板报等方式对长久拖欠贷款户进行批评教育，收到较好效果，有债务人当场缴纳贷款。

4月 花溪区凯坝、赵司两乡农业社试办供销部和信用部，搞“三社合一”，统一由乡党支部和社管委领导。

6月 花溪区民间出现信用高利贷，人民政府发现即给予取缔。青岩镇东街商户徐锦芝为几个小商户购货发放高利贷，被政府拘查，经教育训戒后释放。

12月20日 中共中央、国务院公布《关于适应人民公社化的形势，改进农村财贸管理体制的决定》，信用社和农村的银行营业所统一更名为“信用部”，划归人民公社管理。

1959年

4月 花溪区51个农村信用合作社全部并入12个人民公社信用部。花溪乡、洛平乡、新民乡、陈亮乡4个乡农村信用合作社并入花溪人民公社信用部，有职工12人，内设主任、会计、出纳、外勤岗位。入股社员1842人，股金5399元。

1960年

1月 燕楼乡信用社不慎失火，烧毁营业用房及账本。后依靠职工记忆，恢复账目数据，账面不符数据列入股本金核算。

1961年

2月 花溪区各信用社贯彻中央“调整充实巩固提高”的八字方针，纠正1958年“大跃进”“浮夸风”时期造成信用社存款参杂“水分”的问题，核准当年信用社实际存款余额。

4月 花溪区农村信用社贷款发放对象贯彻执行党的“以粮为纲”政策。

1962年

6月10日 孟关公社信用社猫洞服务站职工杨春培在有外人（信用社下放职工）在营业室的情况下离开岗位上厕所，放在帆布包里的公款155元不翼而飞。

8月20日 国务院批转中国人民银行《关于信用社干部口粮问题的请示报告》，信用社干部口粮全部改由国家供应。花溪区各农村信用合作社干部开始享受国家商品口粮。

11月 花溪区根据国务院批转中国人民银行《关于恢复农村信用社若干问题的决定》，各农村信用合作社脱离人民公社，恢复信用社性质，划归中国人民银行花溪支行管理。

1963年

6月 人行花溪办事处报告花溪区人委：全区12个信用社全体干部没有领到布票；孟关、花溪两社从生产队吸收6个农民参加信用社工作，没有解决口粮供应问题。

11月 根据中共中央、国务院《关于建立中国农业银行统一管理支援农业资金的决定》，花溪区各农村信用合作社由人民银行划归农业银行花溪支行管理。

1964 年

4 月 8 日 贵州省人民委员会发文：同意调整农村信用合作社干部工资，参照农村供销社干部工资标准，月平均工资掌握在 28 元以内，平均每人增加 6 元。工资标准最高一级 55 元，最低十级 20 元。

5 月 花溪区大部分乡镇遭受重大冰雹灾害，各公社农村信用社紧急发放有息或无息救灾贷款，贷款到期后，多数贷款未能收回。

9 月 花溪区各公社信用社执行中国农业银行下发“关于农村四类分子能否参加信用社和向信用社贷款问题的通知”，对农村中的四类分子（即地主、富农、反革命分子、破坏分子），不得接受其参加信用社，原则上不予贷款。

1965 年

1 月 农业银行与人民银行合并，花溪农村信用社由人民银行花溪支行领导。

6 月 9 日 人行花溪办事处上报花溪、中曹、麦坪、湖潮、久安 5 信用社资金使用不合理情况：贪污 16097.45 元，挪用 2367.21 元，投机倒把 137.00 元，短款 50115.06 元。

12 月 花溪区各农村信用社搞“四清”运动，花溪联社主任兼会计班崇发和久安社项树芝、吴培玉因有经济不清问题，被信用社清除回家务农。项、吴两人 1972 年初得到平反，回信用社工作。

1966 年

5 月 花溪农村信用社的“社员贷款”科目分为“一般社员贷款”“贫下中农贷款”“贫下中农低利贷款”。

6 月 30 日 青岩营业所呈报人行花溪办事处：经公社四清工作队党委审批，同意马铃信用社陈继忠工资调整为 24.50 元，龙玉荣、何启顺两个因犯有贪污错误，目前不调整。燕楼信用社郑时选调为 31 元，魏汤周调为 24.50 元，吴万友不予调整。

8 月 花溪区农村信用社干部职工晚上参加“文化大革命”斗、批、改运动，白天照常工作，有部分信用社业务处于半瘫痪状态。

11 月 孟关乡信用社花 1500 元在孟关街上购买一楼一底木房一间办公。

1967 年

5 月 17 日 人民银行花溪办事处下发关于信用社干部工资调整补发的通知：凡经过“四清”的信用社可以调整补发工资，反之待“四清”结束后再调整补发。

1968 年

12 月 31 日 花溪区除高坡信用社未交报表外，其余 13 社中有麦坪等 5 社盈利 4755 元，燕楼等 8 社亏损 12278 元。

是月 花溪区全区信用社现金余额 25826 元，一般社员放款 130673 元，股金余额 76795 元，个人存款余额 25531 元。

1969 年

6 月 3 日 人民银行花溪办事处革命委员会统计上年花溪区 14 个公社信用社损益情况（高坡信用社未交报表）：燕楼等 8 个社亏损 12278.11 元；久安、麦坪、小碧、石板、马铃等 5 个社盈余 4755.10 元。

12 月 花溪各信用社的人权、财权和业务工作改为由公社革命委员会成员、贫下中农代表、信用社干部参加的贫下中农管理委员会掌管，贫下中农管理委员会取代理事会、监事会。信用社干部实行亦工亦农。

是月 花溪区全区农村信用社股金余额 76795 元，存款 72 万元，贷款 115 万元。一般社员放款 13.06 万元，收回 8556.93 元；贫下中农放款 84466.45 元，收回 6981.40 元；贫下中农低利放款 622.00 元，收回 105.00 元。

1970 年

11 月 7 日 花溪区社队农业贷款由固定资金制改为指标管理。

11 月 17 日 人行花溪区办事处革命委员会发（70）28 号通知：经花溪区革命委员会生产指挥部同意，吸收下乡知青李红海到久安信用社工作，月工资 24.5 元，享受国家粮食供应。

12 月 30 日 燕楼公社信用社一般社员放款数支出 17603.23 元，收入 2735.86 元。

1971 年

2 月 12 日 财政部下发《农村信贷包干试行草案》。

6 月 12 日 中国人民银行贵州省分行根据《调整集体所有制单位部分职工工资办法》，决定调整信用社职工工资。花溪区信用社少数职工工资调升一级。

7 月 花溪、小碧两公社试点成立信用社贫下中农管理委员会。

12 月 31 日 花溪区全区信用社股金 76795 元，现金余额 55850 元，社员贷款 159896 元，固定资产 16483 元。

是年 花溪区农贷资金的发放使用，先由各公社党委、公社革命委员会研究决定后，再由贫下中农管理委员会具体安排。

1972 年

2 月 28 日 马铃公社信用社发生火灾，烧毁 3 间两层楼房、家具、粮食、办公用品、财务账簿及 37.7 元现金。起火原因系乱接电线引起短路。

6 月 30 日 花溪区全区信用社存款余额达 129.8666 万元，存款余额最多为中曹信用社 16.2466 万元，最少为高坡信用社 2.4958 万元。

7 月 花溪信用社自筹资金 800 元，购买花溪公社花溪大队 150 平方米房屋（今花溪菜场口）办公。

10 月 24 日 花溪区革命委员会批复：花溪信用社王忠福等 7 人工资调高二级，每人每月平均增加 7 元。

12 月 31 日 花溪区有高坡等 10 个公社信用社亏损 18666.64 元。其中中曹、石板 2 社上半年盈益，由上年盈益抵补，花溪、青岩等 8 个社应补贴金额 14473.79 元。

1973 年

3 月 12 日 人行花溪区办事处革命委员会发文，下达 1973 年度全区 14 个信用社农贷计划，计划发放 21.2 万元，计划收回 33.1 万元。

3 月 30 日 花溪公社信用社存款余额达 98753 元，其中定期 3444 元，存户 755 户。

11 月 6 日 人行花溪区办事处转发省分行"关于做好 1973 年信用社决算工作的通知"。

1974 年

3 月 27 日 花溪区革命委员会转发人行花溪区办事处《关于在农村建立信用社贫下中农管理委员会的请示报告》，指出贫下中农管理信用社，首要的任务就是要解决好路线、方向是否对头的问题。

5 月 小碧信用社主任周光武转变工作作风，背着行李到二堡生产大队调研，主动发放 1000 余元贷款，购买 17000 斤化肥送到生产队，产生良好效益。

8 月 花溪区各公社信用社纷纷成立贫下中农管理委员会，中曹公社信用社贫下中农管理委员会有 15 人，其中贫农成分 10 人，下中农成分 5 人，中共党员 14 人。文化程度初中 4 人，高小 2 人，初小以下 9 人，15 个委员均为公社、信用社和各大队领导干部。

9 月 26 日 人行花溪区办事处向花溪区委组织部、区财办报告：按 500 户配备 1 个信用社干部的精神，全区缺 8 人，特请示由信用社在非农业人口中寻找补充。

12 月 31 日 花溪区 14 个公社信用社，其中盈余社 5 个，盈余金额 9531.24 元；亏损社 9 个，亏损金额11461.20元。有脱产干部共57人。已建立13个信用社贫下中农管理委员会。

1975年

3月13日 人行贵州省分行发文全省通报：花溪区久安、湖潮两个信用社干部，对投机倒把资本主义破坏活动坚决揭露，不受利诱，敢于斗争，值得表扬。

12月3日 中曹公社信用社文化革命小组呈报人行花溪区办事处革命委员会："关于中曹信用社在银行提现短少情况的报告"。

1976年

8月8日 石板信用社出纳员邹家芬开出支票到石板分理处取现金，长款1000元，区办事处和市支行派员查对无果。次年10月石板信用社再报区办事处解决。

1977年

6月2日 高坡信用社经过社贫下中农管理委员会讨论和公社革命委员会审查，提出：由于受"四人帮"影响，经济基础薄弱，主观努力不够，1976年亏损3502.69元（收入303.99元），特申请亏损补贴。

7月23日 人行花溪区办事处整顿信用社工作组，进驻党武公社信用社一月后撤离，在整社工作中发现存在的首要问题是"在方向道路上没有按党的方针政策办事"，另外还有"贪污、挪用、短款、白条抵库、多吃多占、群众取款找不到人等等现象"。

8月13日 中共花溪区委员会批转人行花溪区办事处《关于整顿信用社工作的请示报告》。指出"部分信用社业务开展不正常，账目混乱，造成亏损，无力支持贫下中农，支持农业学大寨"。

8月25日 马铃公社信用社提前125天超额11.9%完成当年收贷任务。

9月10日 人行花溪区办事处召开整顿信用社工作组第三次碰头会。

1978年

6月3日 燕楼信用社议决：信用社主任借支和职工借支在20元以上，必须经分理处主任批准，职工借支20元以下，由信用社主任批准。

9月 花溪区各公社信用社职工开始调整工资，花溪公社信用社6人，其中4人每人增加5元，2人每人增加3元。

1979年

3月10日 国务院批准中国人民银行总行调整储蓄存款利率，花溪区各信用社吸收社员储蓄存款的利率也照银行利率统一调整。

4月 花溪区各农村信用社由人民银行划归农业银行花溪支行管理。

9月8日 中国农业银行下发《关于进一步加强农村储蓄工作的通知》。

9月21日 党武信用社关于库款短少的处理意见：报请党武公社党委和人行花溪办事处，库款短少查不出任何外因，责任应由出纳员李琼英负责赔偿，先打欠条认账，若今后查出有实证，则再行处理。中共党武公社委员会批示：同意暂按此意见处理。

1980年

4月21日 农行贵州省分行发文《关于做好信用社职工调资工作的通知》，指出"信用社职工的管理、政治待遇、福利待遇和口粮要同银行职工一致起来"。

7月29日 农行花溪支行就黔陶信用社农金员赵国志受贿50元一事，发文全区通报。

12月16日 农行贵阳中心支行批复花溪支行：石板信用社出纳员邹家芬因贪污罪被法院判处有期徒刑10年，其造成信用社4870元的损失，同意报销，从暂付款项转杂项损失。

是年 花溪区全区农村信用社存款突破300万元，贷款达460万元。

1981 年

2 月 17 日 贵州省农行调整信用社社员个人贷款利率。

3 月 1 日 花溪区农村信用社执行省农行新的贷款利率：（1）购买口粮、治病、修建沼气设备的贷款利率 3.6‰；（2）购买农业生产资料，发展家庭养殖，种植业的贷款利率 4.2‰；（3）经营工、商业和服务业的贷款利率 5.1‰；（4）其他用途（购买耐用消费品和建房等）的贷款利率 6.3‰。

7 月 29 日 农行花溪支行信合股转发总行“关于修改对信用社储蓄存款利差补贴办法”的通知。

1982 年

2 月 6 日 农行花溪支行就麦坪信用社迟报现金项目一事，向全区通报批评。

2 月 22 日 农行贵阳中支行通知：“重申信用社发放个人超盈余奖不得超过全年基本工资 20% 的规定”。

3 月 21 日 农行花溪支行发通知全区信用社：收回信用社干部降温费。

6 月 26 日 农行花溪支行批复：同意中曹信用社维修办公用房，目前正值雨季，希抓紧翻盖，所需费用控制在 120 元内开支使用，不能从公积金出账。

10 月 13 日 高坡信用社收到农行贵阳中支行上年的亏损补贴 4488.76 元。

10 月 18 日 农行花溪支行就孟关信用社违章贷款一事，通报全区。

是月 中国农总行党组织提出按照信用社是集体所有制性质的金融组织来办信用社。花溪区明确全区农村信用社属集体所有制企业。

11 月 26 日 农行花溪支行报告花溪区法院：要求被法院判决没收的一辆解放牌卡车退回青岩信用社。

12 月 20 日 农行花溪支行第 7 期农村金融简报：高坡信用社以经济效益为核心，提前超额完成 82 年农贷收回发放任务。

1983 年

4 月 13 日 农行花溪支行发文：对在“文化大革命”中被错处理的信用社钱运隆等 9 名职工，给予每人 150—200 元的困难补助。

5 月 青岩信用社破解 21 年呆账。青岩西街村农民陈玉先，于 1962 年贷款 158 元，拖欠 21 年分文未还，刚进社几个月的 17 岁新职工吴勇初生牛犊不畏虎，数次上门有理有情催款，终于收到债务人首次还款 47 元、利息 54.18 元。

6 月 23 日 中国农业银行下发《关于信用社职工调整工资等问题的通知》，花溪区各信用社 1982 年底以前在编职工均得到升级调资。

1984 年

1 月 2 日 中共中央关于一九八四年农村工作的通知指出：信用社要进行改革，真正办成群众性的合作金融组织，在遵守国家金融政策和接受农业银行的领导、监督下，独立自主地开展存款业务。农村储蓄要优先用于农村，多存可以多贷。

1 月 14 日 马铃信用社被盗，盗贼未能进入存放保险柜的库房，从营业室拿走私人现金、计算器等价值 70 余元财物，。

2 月 花溪区农村信用社开始经营农村工商信贷业务，贷款利率可以浮动。

3 月 8 日 农行花溪支行发通知，要求各信用社必须提取“信用合作发展基金”。

3 月 22 日 省政府转发省农行《关于全面开展农村信用社管理体制改革意见的报告》指出：信用社体制改革的目的是把信用社办成群众性的合作金融组织，独立核算，自负盈亏。

4 月 5 日 农行花溪支行发文通报全区：燕楼信用社主任吴万友值班，却擅离职守，将自己代理业务款 1200 元随身带回家睡觉，盗贼乘机用撬棍拆破砖墙入室，所幸打不开存放现金的保险柜。

5 月 12 日 中曹信用社报告农行花溪支行：

烂泥分社办公用房于4月27日遭受暴风雨袭击，整个房顶被吹翻，阻碍办公，特申请资金修复用房。支行批示：同意支用3000元。

7月23日 农行花溪支行报告农行贵阳中心支行：高坡乡信用社因上年亏损，职工未能调整工资，1984年6月底已扭亏为盈，盈利3498.39元，特请示批准职工调整工资，工资从1983年10月起补发。

10月20日 中曹乡信用社召开社员代表大会，选举产生理事会、监事会。会上分红利1789.55元，每股分红1.5元；公布发展新会员280户，新收到股金1400元。

11月 麦坪乡信用社成立30年来首次清股分红，每股分红1.5元。

是月 石板乡信用社利用乡广播站在全乡广播催促贷款到期农户赶快还款。

12月 花溪境内农村信用合作社脱离人民银行隶属关系，划归农业银行管理。

1985年

1月9日 石板乡信用社总结上年工作反映：在改革开放初期，社职工思想动乱不安，有换班、调动想法。

是月 花溪区贯彻中共中央、国务院《关于进一步活跃农村经济的十项政策》文件精神。农行花溪支行下文规定全区各信用社实行独立经营、自负盈亏体制。

4月1日 农行花溪支行召开花溪区农村信用合作社会计、出纳人员会议。

5月14日 农行花溪支行转发省分行文件：信用社退休职工生活补贴费从5月起每人每月暂按12元发给。

5月15日 农行花溪支行批复：同意久安信用社增设熬凡冲分社机构，人员暂定会计1人、出纳1人、外勤1人。

6月25日 农行花溪支行通知：从1985年7月1日起，正式启用花溪区14个信用社、两个分社、一个储蓄所公章及业务章，原有公章及业务章作废。

1986年

1月3日 国务院发布《中华人民共和国银行管理暂行条例》，规定信用社经营农村存款、贷款、结算、个人储蓄业务，存款、贷款利率根据中国人民银行总行的规定和授权，可以上下浮动。

6月18日 农行花溪支行批复孟关信用社：同意接收邓绍蓉到社工作和招收杨萍为临时合同工。

9月 孟关乡信用社主任赵培玉违纪被判刑，李忠伟主持孟关信用社工作。

11月15日 农行花溪支行就湖潮信用社副主任陈文银擅自离岗，造成信用社被盗一事，通报全区。

12月31日 花溪区农村信用社年末存款达1099万元。

1987年

2月 花溪区部分乡镇信用社开始从事代理业务，帮助农户发展养殖、种植业。贷款发放对象由当地政府决定，贷款记账实行账外账。

4月21日 农行花溪支行转发省分行《关于加强信用社安全措施的通知》。

7月 孟关乡信用社花费6万余元建成340平方米营业用房。

8月5日 花溪全区农村信用社开始推行经营承包责任制，农行花溪支行发文指出“对拒不执行的信用社领导一律以革职论处”。

9月21日 花溪区政府发文批复：同意将久安乡小山村0.64亩土地征为国有，划拨给久安信用社修建办公用房。

12月23日 中曹信用社与中曹信用社烂泥分社分开独立核算。

12月31日 花溪区全区信用社存款余额1336万元，其中农民储蓄存款余额为750万元，贷款余额899万元。

1988 年

1 月 23 日　农行花溪支行向全区农村信用社转发黔农银信（87）字 39 号文：《关于降低 1986 年信用社存款准备金的通知》。

2 月 4 日　农行花溪支行发文：凡参加信用社工作的新同志，要求每人入股 200 元以上，在信用社工作期间不退股。

2 月 10 日　党武乡信用社主持工作的副主任黄作仁拒不执行责任制，信用社连续两年亏损 2.2 万元，并强行发放全额工资。农行花溪支行发文全区通报，免去黄作仁理事会副主任职务，由郭益华主持党武乡信用社工作。

3 月　农行花溪支行发文：下达 1988 年全区各农村信用社 6 项经济计划指标，其中有“存款增长率”“贷款运用率”“贷款逾期收回率”。

4 月 14 日　农行花溪支行发文通报全区：花溪信用社出纳员王晓菜两次挪用库款 1000.8 元，给予开除留用两年的处分。

4 月 27 日　农行花溪支行发文：重申信用社贷款审批程序严密贷款手续，强调必须建立担保和抵押制度，担保人必须具有相当或超过贷款数的经济实力。

5 月 5 日　农行花溪支行发文各信用社，转发省分行《关于提高农民储蓄超任务奖提取比例的通知》。强调奖金按收储工作的好坏发放，不得平均分配。

5 月 7 日　中曹信用社烂泥分社改为金竹信用社。

7 月 18 日　农行花溪支行发文各信用社，转发省分行《农村信用合作社成本管理办法》。

8 月 15 日　农行花溪支行报告区人民银行：花溪镇地处我区文化经济中心，商业网点遍布，经济活跃。为满足花溪镇经济发展的需要和更好地服务广大群众，经我行研究决定，同意拟建花溪镇信用社。业务范围主要为花溪镇所属企业事业、居民、农民服务，办理储蓄、存款、结算、贷款等业务。特请区人民银行审查，报市人民银行办理金融业务许可证。

8 月 19 日　农行花溪支行报告花溪区人民银行：要求在花溪、小河、金竹、青岩等农村信用社开办贵阳市同城交换业务。

1989 年

1 月 20 日　中国人民银行总行、农总行联合发出《关于重申信用社与农行进行脱钩试点有关规定的通知》，继续执行信用社与农行脱钩试点必须经中国人民银行总行、农总行批准的规定，未经批准的，不得进行脱钩试点。

5 月 17 日　农行花溪支行报告农行贵阳市中心支行：花溪区有信用社 15 个，在职职工 93 人，计划新增加具有高中文化程度的男性合同制职工 16 人。

8 月 8 日　花溪区人民政府办公室批复：同意免征黔陶信用社 1987 年应纳营业税 1785.33 元。

9 月 11 日　农行贵阳市中心支行批复：同意修建花溪区信用社联社办公楼和信用社干部培训基地。

10 月 6 日　农行花溪支行请示人行贵阳市分行：需增设小河信用社小河储蓄所。

11 月 21 日　农行花溪支行报告人行贵阳市中心支行：为使花溪区信用社能适应农村经济发展的需要，促进农村商品经济持续稳定的发展，决定成立花溪区信用合作联社，以加强和改善花溪区信用和管理工作。

11 月 27 日　农行贵阳市中心支行批复：同意成立花溪区农村信用合作联社，强调不宜改变信用社的隶属关系。

12 月 21 日　花溪区信用合作社联社召开第一届社员代表大会，成立区联社管委会，社员代表由各基层信用社代表和区联社筹备组人员构成。大会选举潘恭修（时任农行花溪支行行长）兼区联社主任，郭福芳任区联社副主任（主持工作）。代表大会还通过区联社章程。自此农行管理信用社由直接管理改为间接管理。

1990 年

3 月 花溪信用社柜台全部装上防护隔离栏，营业期间安全门全部上锁。

5 月 青岩信用社率先购地修建全区乡级信用社最大的办公营业房，占地面积 703.5 平方米，营业用房 60 平方米，办公区 452 平方米，职工宿舍 186 平方米。

1991 年

6 月 花溪联社购买花溪信合系统的第一辆汽车，系贵州产吉普车。

8 月 20 日 石板信用社职工王国胜收受贿赂 25663 元，贪污库款 16600 元，被花溪区人民检察院以索贿、贪污案逮捕。

10 月 贵州省农村信用合作社在花溪举办全省第一届联社主任培训班。

11 月 30 日 花溪联社发文《关于调整农村信用社部分会计科目的通知》，要求各信用社“如实、准确提供不同性质资金的活动情况，为领导部门规划和指导工作提供可靠数据”。

1992 年

9 月 18 日 农行贵阳市中心支行调整花溪联社领导班子，吴正北（农行花溪支行副行长）主持花溪联社工作，副主任郭福芳改为分管业务。

是日 花溪联社设置办公室和会计、出纳、稽核、计划信贷股。

10 月 花溪区人民政府发放《责任状》考评奖金，花溪、麦坪、金竹三个信用社获一等奖，人均 300 元；孟关、湖潮、青岩、久安四个信用社获二等奖，人均 280 元；小河、党武、高坡三个信用社获三等奖，人均 260 元。

11 月 花溪联社经警小队成立。

1993 年

8 月 18 日 花溪联社对金竹、小河、黔陶、青岩四个信用社 1993 年 1 月至 6 月的存、贷款利率政策执行情况进行检查。抽查存款 106 笔，金额 89139 元，发现未执行分段计息一笔，少计利息 4 笔，计算差错 5 笔。

10 月 27 日 花溪联社举办“新财务制度会计培训班”，各乡镇信用社财务人员 50 余人参加培训。

1994 年

3 月 14 日 花溪联社在花溪学士路租用营业用房，成立营业部。

8 月 4 日 花溪联社召开信贷工作会议，各乡镇信用社主任出席。

9 月 8 日 农总行印发《关于进一步加强县（市）联社建设的意见》，要求充分认识加强县信用联社建设的必要性和紧迫性；进一步明确县信用联社的性质、宗旨、职责。

10 月 18 日 中共花溪联社支部委员会成立。联社全体党员无记名投票、差额选举产生党支部委员会，郭福芳任党支部书记，陈林昌、周乐佳任支部委员。

1995 年

9 月 7 日 花溪联社召开第二届社员代表大会，制定新的章程，确定花溪区农村信用社联社更名为贵阳市花溪区农村信用合作社联合社，明确区联合社是农村信用社的联合组织，属经营、管理、服务型的金融机构，业务经营上接受人民银行监督管理，受农业银行政策领导和业务指导。

10 月 24 日 农行贵阳市分行批复：同意王银霖、刘万民、陈灿富、郭福芳、周乐佳、罗来苇、徐勇、蓬兴武八名委员组成花溪联社第二届管委会。同意潘恭修任主任；陈灿富任常务副主任；郭福芳任副主任。

1996 年

1 月 花溪联社职工吴勇受命到青岩信用社任主任。

2 月 青岩信用社试行发放“小额农贷”，摸索“小”产品开发“大”市场业务经验。

5月28日 花溪联社召开职工代表大会，通过无记名投票选举产生花溪联社首届7人工会委员会，张兴惠任工会主席、陈林昌任组织委员、周乐佳任宣传委员、吴勇任财务委员、谢菊英任女职工委员、陈伟和金梅珍任文体委员。

是日 花溪联社首届女职工委员会成立，张兴惠任主任、王文秀负责群众工作、王俊英负责维权服务、谢菊英负责组织建设、袁丽负责宣传教育。

6月 花溪联社首次使用微机办理业务。

8月14日 花溪联社召开女职工委员会成立大会。张兴惠任工委主任兼工会主席，王文秀负责群众业务工作，谢菊英负责组织建设工作，王俊英负责维权服务工作，袁丽负责宣传教育工作。

8月28日 花溪镇和青岩镇成立农村合作基金会。

9月 花溪区境内各农村信用社与农行脱钩，不再由农业银行花溪支行领导管理，改由花溪联社管理。

10月11日 花溪联社召开共青团代表大会，选举产生共青团联社支部委员会，周乐佳任支部书记，杨宇任组织委员，杨辉任宣传委员。

11月 石板信用社发生向企业透支21万元的不良案件，花溪联社采取措施追回资金19万元，追赃率达92.55%；并免去该社主任职务。小碧信用社出纳王忠林长款2000元，以自己的名字存入临时存款户，违反财务制度，联社解除其劳动合同。

12月 青岩信用社存款年均增速为250万元，贷款年均增速为500万元，每年均有盈利。

1997年

3月11日 花溪联社发文通报：“关于燕楼信用社内部管理松懈、职工违反制度的处罚”，给予该社出纳翁国政停职检查处分；会计周治罚款100元并作书面检查处分；主持工作的副主任胡如华罚款100元处分。

10月17日 花溪联社职工达152人，平均年龄43岁，有中共党员40名。

10月31日 花溪联社副主任郭福芳在任职期间有违规违纪和不廉洁自律行为，贵阳市农村金融体制改革领导小组发文，撤销其联社副主任职务。

11月5日 中共花溪区直属机关委员会发文《关于陈灿富等同志任职的批复》：中共花溪联社支部委员会由陈灿富、陈林昌、王文秀三人组成，陈灿富任书记。

1998年

5月25日 花溪信用社大寨分社开业，有员工4人，租用的营业室设全封闭防护栏。

8月3日 青岩信用社职工杨光珍发现已离柜的储户将6万元当作5万元储蓄，当即向领导报告。花溪联社发文通报表扬，并奖励杨光珍100元。

9月18日 孟关信用社职工罗某与储户冯某因一张百元假钞发生争执，言辞过激。联社发文通报，联社主任亲自与罗某上门向储户赔礼道歉。

11月17日 花溪联社扩股，辖内各农村信用合作社入股，每股10000元，青岩社入股15股；花溪、麦坪、久安、金竹、孟关5社各入股10股；石板，湖潮、小碧3社各入股6股；党武、黔陶、燕楼、高坡4社各入股5股。联社职工人人入股，每股1000元。

12月1日 花溪联社下文：凡信用社职工家属、亲属欠逾期贷款的必须在年底前还清，年底前未还清的一律下岗清收，清收期间每月只发150元生活费。

12月29日 花溪联社召开第三届社员代表大会修定章程，明确花溪联社属自主经营、自负盈亏、自担风险、自我约束，依法享有民事权利，承担民事责任的独立企业法人。

是日 花溪联社第三届社员代表大会选举产生理事会、监事会。理事会成员：陈灿富、吴勇、陈林昌、张兴惠、唐世忠、王银霖、陈伟、李忠伟、游廷栋、周乐佳、张启忠。陈灿富任理事长兼区联社主任，吴勇、陈林昌任副主任。监事会成员：罗来苇、王文秀、谢必玉、李发武、徐勇。罗来苇任监事长。

1999 年

2 月　花溪联社在青岩信用社试行农户小额农贷资信卡。

12 月　青岩信用社试行农户小额农贷资信卡获得成功。

2000 年

1 月　花溪联社 13 个基层信用社一半以上经营亏损，亏损面达 53.8%。

是月　吴勇接任花溪联社副主任，主持联社工作。

2 月　花溪联社在全区各乡镇开展农户小额农贷资信卡宣传工作。

是月　花溪联社确立以推广农户小额信用贷款促进经营转型方针，以小贷款赢取大市场，对花溪区 5 万多农户进行建档评级并发放小额信用贷款，将管理模式进行 4 次升级换代，授信金额从推广之初 500 元提升至最高 50 万元。

3 月 16 日　中央电视台《金土地》栏目专题采访花溪联社副主任吴勇。

4 月 11 日　花溪联社第三届社员代表大会第三次理事会通过，吴勇任副理事长（主持工作）。王银霖任副主任。

5 月 26 日　中国人民银行到花溪检查、指导花溪联社工作，高度评价花溪联社小额农贷工作。

7 月 12 日　中共花溪区直属机关委员会批复：同意成立中共花溪联社总支部委员会及下属支部委员会，吴勇任联社党总支书记，陈林昌任党总支副书记，张振华、王安俊、谢必玉任委员。

8 月 9 日　中国人民银行将花溪联社列为全国农村信用社 10 个支农联系点之一。

9 月 11 日　中国人民银行贵阳中心支行发文向全省农村信用社通报："花溪联社主任陈灿富违规违纪，先后两次组织公费出国旅游"，取消陈灿富花溪联社主要负责人任职资格，撤销其花溪联社理事长、主任职务。

12 月　花溪全区信用社累计发放"三农"贷款 6126 万元，办理小额农贷资信卡 15652 户，信用社职工人均推广 124 户，推广面达 32.47%。

12 月 31 日　花溪联社年末实现存款比年初净增 3399 万元，增长 24.7%，贷款增加 4373 万元，财务收入 1201 万元。

2001 年

1 月 19 日　花溪联社工会举办迎春晚会。

2 月 28 日　中国人民银行贵阳中心支行对吴勇主持联社工作一年来的德、能、勤、绩进行考核。花溪联社 22 名中层以上干部认为吴勇完全具备管理联社的能力，一致提名吴勇为花溪农村信用合作联社主任候选人。

3 月 13 日　花溪联社召开第三届社员代表大会第十次理事会，会上一致通过吴勇担任花溪联社主任。

6 月 21 日　花溪联社成立"三个代表"重要思想学习教育活动领导小组，联社党总支书记、主任吴勇任组长，总支副书记、副主任陈林昌任副组长。

6 月 26 日　花溪联社党总支召开"三个代表"重要思想学习教育动员大会。

7 月 31 日　花溪联社办理小额农贷资信卡 21200 户，推广面达 44.2%。

9 月 13 日　花溪信用社职工陈嘉利用工作之便，收受贷款户价值 1.8 万元摩托车一部，后又将其原价卖给信用社，其行为属收受贿赂。中共花溪区纪律检查委员会予陈嘉开除党籍、解职处分。

2002 年

1 月　花溪联社全面推进小额农贷资信卡换卡、升级工作。

是月　花溪联社获 2001 年"全国农村信用社支农先进单位"。

3月29日 花溪联社召开第四届社员代表大会，通过修改花溪联社章程，选举产生理事会、监事会。理事会成员：理事长吴勇，理事王银霖、陈林昌、谢必玉、张启忠、江弘、杨继军、唐世忠、杨辉。监事会成员：监事长游廷栋，监事胡敏、周兴雄、张振华、蓬兴武、陈恒学、王明亮。理事会召开第一次会议，聘任吴勇为花溪联社主任，王银霖、陈林昌为副主任。

4月23日 中国人民银行副行长肖刚到青岩镇杨眉村视察“小额农贷”工作，花溪区政府常务副区长田平、花溪联社主任吴勇陪同。肖刚表示：“向花溪信用联社投入再贷款资金8000万元”。

7月12日 花溪联社发文：根据国务院有关规定，认定青岩等11个农村信用合作社的经济性质为集体所有制的合作金融组织。

11月8日 中国人民银行下发“关于进一步做好农户小额信用贷款发放和改进支农服务工作的通知”。

12月 花溪联社已设营业部1个，基层信用社9个，网点24个，覆盖全区14个乡镇，成为花溪区农村金融主力军。

是月 花溪联社年末存款余额达30149万元，增长率42.21%，全区平均增长率14.74%，居花溪区各金融机构之首，完成上级行下达计划的169%。

* 花溪联社年末贷款余额达27573万元，增长率65.37%，居花溪区各金融机构之首，全区平均增长率26.23%。

* 花溪联社对34317户农户发放贷款14162万元，占当年贷款投放的62.88%。

* 花溪联社将本社职工养老保险移交社保。

* 花溪联社实现各项资产达43476万元，较年初上升12200万元，增长率39%；各项负债41324万元，比年初上升12050万元，增长率41.16%；各项收入1702万元（其中利息收入1524万元，较上年净增408万元），较上年同期增加413万元，实现无亏损社，全辖盈余143万元。

2003年

1月 花溪联社获贵阳市2002年农村信用社综合目标考核第一名。

3月31日 花溪联社第一季度发放支农资金3172万元，支持农户春耕生产。

4月15日 花溪联社开展干部竞聘工作，38个竞聘职位，42名职工报名，经竞聘领导小组进行资格审查，36名职工获聘任职。

4月 花溪联社团总支被共青团贵阳市委评为“全市先进团组织”。

5月 花溪联社团总支被共青团贵州省委评为“全省先进团组织”。

是月 花溪联社与省旅游学校联合举办每期两周的普通话、礼仪、职业道德培训班两期，对全体员工进行普通话、礼仪、职业道德、服务意识等方面的培训。

6月 花溪联社订制宣传雨伞6000支、一次性磨砂打火机3万只、烟灰缸2000个，赠送客户。

7月1日 中国银监会副主席李伟及合作部长张功平、人行成都分行行长王洪章等到花溪联社调研。李伟称赞花溪联社是全国农村信用社的佼佼者。

7月11日 贵州省银行业协会组织首届“银行之星”评选，花溪联社获“银行之星”称号；联社主任吴勇被评为全省首届十大优秀支行长。

7月30日 中共花溪区直属机关委员会批复：中共花溪联社总支部委员会由吴勇、陈林昌、游廷栋、周乐佳、周兴雄、申厚斌、王安俊七位同志组成。吴勇任书记，陈林昌、游廷栋任副书记。

8月20日 久安信用社新修办公楼竣工。

8月26日 花溪联社举办为期4天的安全保卫培训班，受训员工100余人，重点培训计算机管理、营业、守库押运、安全操作规程和防暴等知识。

是月 青岩信用社被团市委评为市级“青年文明号”。

9月 花溪联社举办为期5天的业务培训班，

对2002年、2003年进社职工及主要岗位人员进行培训，培训内容有会计、出纳、计算机、安全保卫、职业道德、案件分析、消防知识及廉政建设等，分别请公安二科、消防科、监察局等领导进行授课。

10月1日 花溪联社开始清产核资工作，对全区农村信用社固定资产、信贷资产、股金及部分对公存款进行核对，核对面达到95%以上。完善土地和房屋手续，办理全区农村信用社土地使用证及房屋产权证，补办土地使用证14本，面积5886.62平方米。

10月9日 花溪区人民政府成立花溪区农村信用社改革试点工作领导小组，区委副书记、区长田平任组长，花溪联社主任吴勇任领导小组办公室副主任。

是月 花溪联社《合作金融简报》出刊。

11月25日 贵州省长助理李军到花溪联社调研，对联社取得的成绩表示满意。

是月 花溪联社对经警队9个保卫人员进行“56-2”式冲锋枪、“54”式手枪和“64”式手枪实弹射击训练。

12月8日 花溪联社开展“三查”活动，处罚违规人员35人次。

12月18日 花溪联社华宇分社开业。

12月30日 花溪联社大小额支付系统上线。

是月 花溪联社将医疗保险移交社保，全社有194人（含退休职工）参加贵阳市社会医疗保险。

12月31日 花溪联社全面完成各项经营指标，实现年初制定的五个目标（存款余额达4个亿；贷款余额达3.5亿元；不良贷款下降1.8个百分点；各项收入达2400万元；年末盈余300万元），各项存款达44009万元，各项贷款达36252万元，不良贷款4103万元，占比为11.3%，下降4.9个百分点，各项收入2600万元，实现利润261万元。总资产62561万元，总负债59147万元。

是月 花溪联社全年纳税86.55万元。

* 花溪联社全年投入资金431万元进行技防设施改造。全辖25个营业网点中，23个营业网点安装数字监控系统，有监控的营业网点达到92%，较去年增长29.5%，19个营业网点安装防弹玻璃，有防弹玻璃的营业网点达到76%。

2004年

1月2日 中央政治局常委、国务院副总理黄菊到花溪联社考察，对花溪联社小额农贷作为业务品牌给予赞许，并希望花溪农村合作银行及早挂牌，为全国的农村信用社改革试点工作提供经验。

是月 花溪联社向社会招募入股，共入股股金274万元，入股股东38户。其中自然人股东37户，金额125.65万元；法人股东1户，金额149万元。投资股按年利率9%进行分红。

2月6日 贵阳市委书记李军到花溪考察，对筹建花溪农村合作银行工作给予肯定。

2月7日 花溪区人民政府向省银监局出具同意组建花溪农村合作银行的函。

2月8日 花溪联社举行第四届社员代表大会第三次会议，审议通过本社与辖区的农村信用合作社合并改制为花溪农村合作银行；审议通过本社的债权、债务由合并改制后组建的花溪农村合作银行承继；审议通过本社社员股金按自愿原则，以1：1比例转为花溪农村合作银行股份。

2月9日 湖潮、青岩等9家农村信用社分别召开社员代表大会暨筹建农村合作银行动员大会，全体社员代表一致同意将花溪区农村信用社合并改制组建为农村合作银行。

2月12日 《贵阳日报》经济观察版整版登载《“花溪模式”凸现贵州“信改”—贵阳市花溪区农村信用社改革纪实》。

3月27日 花溪区农村信用社改革试点工作领导小组发文：同意成立花溪农村合作银行筹建工作领导小组。组长：吴勇；成员：王银霖、陈林昌、游廷栋。

3月29日 花溪区农村信用社改革试点工作领导小组在《贵阳日报》和《贵阳晚报》发布

“花溪区农村信用社增资扩股公告”。

是月 组建花溪农村合作银行发起人认购股票签名。自然人1314人，最大出资额150000元；法人9户，最大出资额1200000元。出资额合计11247530元，占股本总额37.492%。

4月18日 中国银行业监督管理委员会批准：同意筹建金融体制构架下全国第一家农村合作银行——贵州花溪农村合作银行。

4月23日 花溪合行创立大会暨首届股东代表大会召开，股东代表99人，会议审议通过《花溪农村合作银行章程》。选举产生11人董事会，李萍任董事长；选举产生5人监事会，江弘任监事长。董事会第一次会议聘任吴勇为花溪合行行长、雷志坚为副行长。

是日 花溪合行会计信息部更名为财务信息部，王银霖任经理（兼），饶骏任副经理。

5月27日 中国银监会贵州监管局发文批复：“核准贵州花溪农村合作银行开业。”

5月28日 花溪合行举行揭牌开业庆典，中共贵州省委书记钱运录来函祝贺：希望“再接再厉，深化改革，加强管理，为我省农村信用社的改革与发展发挥示范作用”。省委副书记、省长石秀诗揭牌。省长助理李军、贵阳市委书记王晓东、市长孙国强、省联社理事长刘乃云及花溪区委、区政府、区人大、区政协等领导出席。中国银监会合作部、中共贵州省委办公厅、省人大办公厅、省政府办公厅、省政协办公厅等96家单位来人来函祝贺。

5月31日 人民日报刊登《小额贷款催生出农民的银行——贵州花溪农村合作银行诞生记》。

6月1日 贵阳日报头版全文转载人民日报刊登的《小额贷款催生出农民的银行——贵州花溪农村合作银行诞生记》。

7月13日 贵阳日报刊登《打造品牌业务服务“三农”——记花溪农村合作银行党总支》。

7月29日 花溪合行邀请省检察院预防职务犯罪处处长黎萍到行作预防职务犯罪专题讲座。

是月 中共贵阳市委授予花溪联社党总支“2002－2004年先进基层党组织”称号。

8月31日 花溪合行明珠支行被贵州省银行业协会评为金融业精品网点。

是月 花溪合行全行员工进村入户，对办理小额农贷资信卡的农户进行重新登记、完善手续。

11月 花溪合行针对行营业部以捆钞机损坏为由拒收基层支行上存资金一事，开展找差距、查漏洞、转变工作作风、提高服务质量大讨论，并要求营业部负责人对存在的问题进行反省。

12月 花溪合行年末各项存款为86457万元，较年初增加42448万元，完成全年任务的404%；贷款余额64494万元，较年初增加28241万元；各项收入3716万元，实现利润503万元。

是月 花溪合行全年投入资金700余万元进一步完善基础设施。

* 花溪合行全年发放“双带”致富贷款831万元，发放小额农贷2亿元，累计收回3.6亿元，小额农贷余额1.94亿元，平均每个农户贷款843元，平均每个农民增贷170元。

* 花溪合行全年纳税119.72万元，比上年增加38.3%。

* 花溪合行被评为全省金融安全保卫工作先进集体；明珠支行被授予全省金融机构“精品网点”称号。

2005年

2月 花溪合行各支行、分理处实行二级核算和等级管理，根据考核指标将支行、分理处划分为五个等级，不同等级实行不同的劳动报酬。

3月 花溪合行组织81名中层干部和业务骨干分两期到湖南农村金融职工大学参加培训，每期13天，培训内容有市场营销、客户管理、贷款项目评估、财务分析、理财业务、法律、客户经理、个人贷款业务等。

4月7日 花溪合行麒鑫分理处挂牌营业。

4月12日 中国人民银行副行长苏宁到花溪合行调研，与花溪区委、区政府领导座谈，对信用社的改革发展和支农金融服务给予充分肯定。

4 月 18 日　中国银行业监督管理委员会贵州监管局对花溪合行的法人治理结构、内部控制、信贷、财务会计管理进行序时性现场检查。

5 月 27 日　花溪合行举办成立一周年系列活动，在花溪迎宾馆召开座谈会，省联社、省银监局、人行贵阳中心支行、市委、市政府及花溪区四大班子领导出席会议。

5 月 28 日　《贵阳日报》头版头条载：《全国首家农村合作银行运作一年——花溪农合行示范效应凸现》。

6 月　花溪合行制定出台《贵州花溪农村合作银行干部竞聘方案》。

7 月 12 日　中国银监会贵州监管局对花溪合行下发 7000 余字的现场检查意见书（黔银监办发〔2005〕104 号），肯定自建行以来取得的成效，指出存在的诸多问题，提出整改意见和要求。

7 月 28 日　花溪合行召开专题会议，对中国银监会贵州监管局提出的检查意见，进行逐一落实整改。

12 月　花溪合行全辖区“三农”贷款余额为 37227 万元，占各项贷款余额的 45.29%，其中小额农户贷款余额为 23141 万元，占各项贷款余额的 28.16%。

是月　花溪合行各项存款余额 11.1 亿元，较年初增加 2.5 亿元，市场份额居花溪区金融机构之首，完成本行计划的 178%，完成省联社贵阳办事处下达任务的 62.5%。贷款余额达 8.2 亿元，存贷比例为 58.5%，较年初增加 1.8 亿元，其中正常贷款 8 亿元，占 97.6%，不良贷款 2003 万元，占 2.4%，比年初下降 424 万元。

2006 年

1 月 20 日　花溪合行首届股东代表大会第 3 次会议召开。

5 月 18 日　花溪合行完成花溪区政府“四改一气”（改厨、改圈、改厕、改路、建沼气池）工程信贷资金发放工作。向全区 11000 户农户发放小额信用贷款 1760 万元，每户 1600 元。以日均办理 920 户的速度在 13 天的时间里完成此项工作。

5 月 26 日　花溪合行设立风险管理部。

7 月 24 日　花溪合行计算机应用技能培训班开班。

8 月 21 日　全国政协提案委员会到花溪合行调研。

9 月 1 日　花溪合行组织中层以上 36 名干部到深圳进行为期两天两夜的执行力突破训练。

9 月 14 日　花溪合行篮球队成立。男队队长周乐佳、副队长杨雄；女队队长周兰、副队长张达丽。

10 月 20 日　花溪合行自办刊物《花溪银行》创刊号出版。《花溪银行》月刊全面介绍花溪合行的经营概况和企业文化，设卷首语、高管专栏、经营与管理、特稿传真、焦点热点、支农园地、合行之星、员工之声、信合文化、大事记等 10 个栏目。行刊主编周乐佳，副主编黎希霆、雷太勇。

11 月 6 日　36 名员工组成的花溪合行业余文工团成立。文工团参加贵阳市农村信用社首届文艺汇演，舞蹈《民族服装秀》获第三名。

11 月 9 日　花溪合行召开“我与合行共同成长”大学生座谈会，确定每年 11 月 9 日为“大学生日”。

是日　花溪合行召开高学历人员座谈会。

11 月 20 日　花溪合行完成全区农户新建经济档案，建档 52286 户。评出 AAA 级农户 12521 户，占全区农户的 23.9%；AA 级农户 32103 户，占比为 61.4%；A 级农户 3959 户，占比为 7.6%；等外级农户 471 户，占比为 0.9%；建档但未能评级的农户 3246 户，占比为 6.2%。

12 月 15 日　花溪合行首届董事会第 15 次会议召开，代理董事长吴勇主持会议，审议通过《贵州花溪农村合作银行 2006 年利润分配方案》。

12 月 31 日　花溪合行已发行“信合卡”28695 张，“信合卡”存款余额为 9998.4 万元。

是日　花溪合行各项存款 12.6 亿元，较年初增加 1.4 亿元；各项贷款突破 9.3 亿元，较年初上升 1.1 亿元，其中农业贷款 28913 万元，占比为

30.94%。各项收入8786万元，较去年同期增加1976万元；各项支出8239万元，较去年同期增加1987万元，盈利1832万元，实现净利润547万元。

* 花溪合行全年累计发放支农贷款2.5亿元。

* 花溪合行定2006年为“内部管理年”。全年查处违纪者21人，其中辞退1人，免职2人，警告4人，通报批评2人，待岗11人，离岗收贷1人。

2007年

1月 花溪合行在中层干部中试行车改的基础上推行全员车改制度。

2月2日 贵州省银监局合作处检查组对花溪合行银行承兑汇票等工作进行为期三天的检查，事后向行领导班子成员反馈检查结果。

2月9日 花溪合行召开2007年工作会议，行领导与各支行、分理处分别签订目标责任书，对2006年度“合行之星”优秀员工、先进集体进行表彰。

是日 花溪合行在青少年活动中心举行“合行颂”迎春文艺汇演，行长吴勇致辞，全行员工、家属、退休老同志及董、监事会成员等400余人观看演出。

2月12日 贵州省联社对花溪合行高级管理人员吴勇、江弘、廖建、周乐佳四人进行2006年度履职考核，省联社贵阳办事处主任索美英参加考核会。

2月15日 花溪合行董事会第17次董事会议确定：在2007年度进行定向募股5000万元。

3月5日 花溪合行召开行长办公会议，审议2006年度员工考核结果。

3月10日 花溪合行组织召开中层干部会议，贯彻省银监局2007年全省合作金融监管工作会议精神。

3月14日 花溪合行行长办公会议对王刚等56名员工进行岗位交流。

4月11日 行长吴勇紧急召集副行长江弘、行长助理龙浩、营业部经理周兴雄、云上分理处主任陈庆林等为云上村土地征拔款事宜召开会议，连夜分头逐户与农户签订将土地征拔款存入花溪合行的协议。

4月13日 花溪合行对全行中层干部、主办会计、信贷人员进行信贷业务应知应会培训，并在培训结束后进行闭卷考试。

4月13日 花溪合行与花溪建行签订票据合作协议。

4月14日 花溪合行在花溪法院培训中心召开案件专项治理再动员大会，122名员工参加会议。

4月16日 花溪合行72名员工参加2007年第一期礼仪培训。

是日 花溪合行获省国税、省地税联合授予“2004—2005年度A级纳税信用企业”，获贵阳市工商行政管理局授予2004—2005年度“守合同、重信用”单位称号。

4月20日 《经济信息时报》整版报道花溪合行《小额农贷的花溪模式》。

4月28日 花溪合行公开向社会募集股金5000万元。

5月8日 花溪合行召开中层干部例会，落实增资扩股、存款和不良贷款指标、作风建设等问题。

5月9日 省联社案件专项治理检查组进驻花溪合行，进行为期7天的检查。

5月13日 花溪合行为切实督促广大员工学好信贷业务知识，针对全行中层干部和信贷、会计人员进行第二次信贷业务考试。

5月30日 花溪合行为防止泡沫存款增长，行党总支书记、行长吴勇到平桥分理处、紫光支行、明珠支行3家基层网点调研，提出改进措施。

6月2日 报考花溪合行人员参加2007年度省联社统一考试。

6月6日 花溪合行对会计人员进行非信贷资产知识培训。

6月12日 花溪合行为确保专项票据兑付工作如期完成，召开中层干部例会就不良贷款、业务指标进行任务分配。

6月14日 湖南金融职工大学老师夏汉平，对花溪合行财会人员就财务信贷方面知识进行授课。

6月18日 行长吴勇参加省联社组织召开的农村合作金融改革与发展国际研讨会。

6月21日 花溪合行财务信息部组织主办会计学习支票影像系统和人民币收付业务方面知识。

6月25日 花溪合行增资募股工作结束，募足股金5000万元。

7月6日 花溪合行出台“贵州花溪农村合作银行股东代表产生办法”。

7月9日 花溪合行首届董事会召开第19次会议，选举吴勇为花溪合行董事会董事长。

8月30日 花溪合行在工行培训中心举行庆祝花溪合行成立三周年“我为合行增辉”主题演讲比赛暨征文比赛颁奖仪式。

8月31日 花溪合行紫光支行各项存款突破亿元大关。

9月3日 贵州省信用联社批复：同意花溪合行接收建行花溪区支行西站分理处储蓄业务。

9月8日 花溪合行在法官培训中心召开案件专项治理三季度分析会及全员合规文化教育活动动员大会。

9月12日 花溪合行民院分理处开业。

9月14日 花溪合行云上分理处存款余额突破亿元大关。

9月19日 花溪合行学士路支行乔迁新址开业。

9月26日 世界信用社理事会考察团莅临花溪合行。

9月29日 中共贵州花溪合行总支委员会召开全体党员大会，选举中共花溪合行委员会新一届领导班子，吴勇任党委书记，江弘、周乐佳、廖建、龙浩任委员。

是月 花溪合行成功兑付央行专项票据1000万元。

10月25日 花溪合行聘请省联社财务处王开平讲授银行承兑汇票相关知识。

11月4日 董事长吴勇受天津农村合作银行之邀参加全国地方金融第十一届论坛。

11月9日 花溪合行举办“我为合行增辉”大学生活动日，合行115名本科及以上学历员工欢聚一堂。

11月22日 花溪合行召开首届职工代表大会，按照《工会法》选举产生新一届工会委员会。

11月27日 花溪合行召开首次团员大会，选举共青团花溪合行总支委员会，龙浩为书记，蒋婕、徐燕为副书记。

是日 董事长吴勇主持召开信贷宏观调控问题紧急会议。

12月4日 花溪合行出台“合行之星评选办法（试行）”。

12月17日 中共花溪合行委员会发文：《关于各支部选举结果的批复》同意7个支部委员会人员名单。

12月24日 花溪合行竹林分理处乔迁新址开业。

12月31日 花溪合行召开年终结算总结会，省联社党委书记、理事长刘乃云出席并讲话；董事长吴勇总结2007年工作，部署2008年经营工作；对紫光支行、霞晖分理处、平桥分理处3家亿元单位进行表彰、奖励。

* 花溪合行各项存款160864万元，较年初增长34870万元，增长率28%；各项贷款111648万元，较年初增长18196万元，增长率19%；

* 花溪合行年末存款占全区市场份额32.1%，居全区第一；年末贷款余额占全区市场份额41.29%。

* 花溪合行年末完成第17次董事会议确定的增资扩股计划。

* 花溪合行累计签发银行承兑汇票14629.84万元，他行代开票4935万元。办理贴现1020万元，实现贴现收入19.8万元。

* 花溪合行被中共贵阳市委、市政府授予2005－2007年贵阳市“文明单位”荣誉称号。

2008年

1月1日 花溪区长田平率区领导一行到花溪合行总部慰问职工。

2月19日 花溪合行职工为花溪受凝冻灾害群众捐款829800元。捐款500元以上的员工有：吴勇、廖建、江弘、周乐佳、王银霖、龙浩、黎希霆、周兴芳、马然、周治、龙超林、杨继军。

3月18日 省联社贵阳办案件专项治理工作交叉检查组一行5人到花溪合行进行为期10天的专项检查。

3月28日 花溪合行首届股东代表大会第6次会议在红阳宾馆召开，审议通过《贵州花溪农村合作银行董事会2007年工作报告》及分红方案。

是月 花溪雪凝灾害中，花溪合行及时推出“抓重建、保民生”受灾农户专项贷款，简化手续、利率优惠，发放农户应急救灾贷款6500多万元，惠及农户2840多户。

5月26日 花溪合行在花溪公园1号门广场举行“携手合行、感动2008”庆祝花溪合行成立四周年暨众志成城、抗灾救灾募捐主题活动，为灾区募集捐款263886元，其中，单位捐款200000元，职工捐款54300元，群众捐款9586元。组织全行党员交纳特殊党费28800元，团员交纳特殊团费4800元。

7月2日 在“多彩贵州歌唱大赛”贵州省联社选拔赛中，花溪合行获第一名。

7月5日 花溪合行党委组织77名党员在铜仁地区开展“庆七一、迎奥运、我为党旗增辉”主题活动。

7月10日 花溪合行在花溪工行干校召开首届股东代表大会第5次会议。

7月11日 董事长吴勇、副行长江弘、办公室主任王刚就票据兑付事宜赴北京有关部门汇报情况。

7月13日 贵州省联社纪委书记王良明、监察保卫处处长黄林国到花溪合行黔陶分理处调研。

是日 花溪合行篮球队参加由省体育总会、省篮球协会主办的全民健身与奥运同行2008年“贵航杯”暨贵州省第十一届“篮协杯”篮球比赛，女篮获女子组冠军，男篮获男子组亚军。

7月18日 贵阳地区举办农村信用社“合规文化教育知识竞赛”，花溪合行获第二名。

8月 花溪合行到区内各学校，提供代收学费服务，抽调人员195人次，接送学生出动车辆128次，代收学费8638笔，金额6165.89万元。

8月6日 花溪合行举办珠算、点钞专项技能培训班，170名职工参训。

8月21日 花溪合行举办2008年度计算机技能培训。

8月29日 花溪合行车友俱乐部成立，由148名员工车友组成。

9月17日 花溪合行首届董事会召开第28次会议，审议通过《关于向贵州华特房地产投资有限公司购买我行办公楼的议案》。

10月17日 花溪合行首届董事会召开第29次会议，审议通过：2009年向社会定向募股1亿元。

10月 花溪合行与贵州大学课题组合作编辑出版：贵州花溪合行内部控制体系——《研究与设计》《规章制度》《业务操作流程》三本文献书籍。

11月2日 董事长吴勇受世界金融论坛组委会、第三届中国金融市长年会组委会、世界能源金融大会组委会、世界石油金融大会组委会邀请，赴北京参加“我国农村金融创新发展与区域合作会议”。

11月17日 花溪合行入选贵州报业集团举办的“贵州骄傲—贵州改革开放30年30事30人评选活动”。

11月27日 花溪合行孟关支行举行新建办公大楼落成庆典仪式。

11月28日 花溪合行学士路支行荣获中国银

行业协会颁发的“2008 年度中国银行业文明规范服务示范单位”及省银行业协会颁发的“2008 年度贵州省银行业文明规范服务示范单位”。

11 月 30 日 花溪合行办理银行承兑汇票业务 739 笔，出票金额为 72213 万元，比 2007 年末增加 52648 万元，增幅为 137%。

是日 发放中小企业贷款 88 户，贷款余额近 10000 万元，占总贷款比率 7%。

12 月 22 日 贵州改革开放“30 年 30 事 30 人”评选揭晓，“全国第一家农村合作银行花溪农村合作银行成立（2004）”入选“贵州改革开放 30 年最具影响力事件”。

12 月 30 日 花溪合行各项存款余额 21.5 亿元，较年初上升 5.5 亿元，完成全年任务的 218%；各项贷款余额 14.0 亿元，较年初增加 2.8 亿元；存贷款市场份额居花溪区各金融机构之首。

是月 花溪合行全年创建信用村 1 个、信用组 15 个。

* 花溪合行不良贷款余额 2.46 亿元，较年初下降 7010.27 万元，不良贷款占比为 17.37%，较年初下降 10.92 个百分点。

* 花溪合行完成案件专项治理排查两次，对 17 名中层干部进行离任及经济责任审计，提出整改建议、意见 412 条，处罚违规人员 19 名。

* 学士路支行被评为“2008 年度中国银行业文明规范服务示范单位”和“2008 年度贵州省行业文明规范服务示范单位”。

* 中共贵州省委、省政府授予花溪合行“精神文明建设工作先进单位”。

* 董事长吴勇获中国改革开放 30 周年活动组委会授予的“共和国改革精英”称号。

2009 年

1 月 17 日 花溪合行在花溪青少年活动中心召开家属座谈会暨春节联欢晚会，省联社理事长刘乃云、贵阳办事处主任索美英、花溪区区长田平等出席。

2 月 17 日 花溪合行首届董事会第 30 次会议召开，董事长吴勇主持会议。审议通过《贵州花溪农村合作银行农户小额信用贷款管理办法》《贵州花溪农村合作银行乡（镇）信用村（组）管理办法》《关于修改贵州花溪农村合作银行章程议案》等。

3 月 1 日 董事长吴勇获北京举办的“2008 年中国金融年度大典”的“2008 中国农村金融年度人物”。

4 月 10 日 花溪合行在党武乡设立 3 家“驻村金融服务办公室”，属贵州省首创。

4 月 23 日 麒鑫支行柜员徐文婷慧眼识破贵阳南环线第 6 项目经理部一职工伪造的取款审批证明材料。

6 月 2 日 中共贵州省联社委员会通知：组建中共贵州花溪合行委员会、中共贵州花溪合行纪律检查委员会。吴勇、廖建、江弘、周乐佳任党委委员；吴勇任党委书记；廖建任纪委书记。

6 月 30 日 花溪合行各项存款余额 23.96 亿元，较年初增加 2.43 亿元，完成全年省联社制定计划的 127%；各项贷款余额 17.19 亿元，比年初增加 3.21 亿元，其中：农业贷款 6.7 亿元，占比为 39%。

是月 花溪合行扩大农户授信额度，针对各乡镇农户特点及资金需求变化趋势，区别不同服务对象将农户小额信用贷款额度由 5 万元调整到 30 万元。

* 花溪合行推出“新家园”、“奔小康”、“不用愁”等信贷业务金融产品。

* 花溪合行上半年排查经营网点 25 个，计业务 939687 笔，金额 349742 万元，排查面达到 100%。

* 花溪合行上半年组织 7 次安全检查，提出安全工作隐患整改意见书 45 份，处罚违规人员 8 人，罚款金额 3400 元，处罚保安 6 人，罚款 1200 元。

7 月 14 日 花溪合行党委书记、学习实践科学发展观活动领导小组组长吴勇到高坡平寨村、马铃乡平山村开展帮扶活动。

9 月 27 日 花溪合行组织外地单身职工在黔陶分理处举行中秋茶话会。

11 月 19 日 在国际金融协会、亚太金融业研究中心、中国博鳌经济研究中心等共同主办的“亚洲金融、银行业领袖峰会”上，花溪合行获“亚洲银行·影响力品牌”称号；董事长吴勇获“中国十大最具社会责任银行家”称号。

12 月 10 日 《中华合作时报》、中国农村金融网、省级农村合作金融机构联合推出的“激荡·60 载——新中国成立 60 周年中国农村金融 60 人 60 事征集评选活动”揭晓，花溪合行董事长吴勇获“先锋人物”奖，花溪合行获“60 年 60 事”奖。

2010 年

是年 西南地区发生有气象记录以来最大干旱灾害，花溪合行再次启动救灾专项应急贷款，将 1.3 亿元“及时雨”贷款送到农户手中，确保春耕备耕生产。

3 月 23 日 花溪合行人力资源部组成测评小组，到辖区内的 11 个网点对 16 名即将正式上岗的新员工进行现场民主测评和基本业务技能项目的考试。

4 月 21 日 董事长吴勇被评为“贵州省金融机构空白乡镇便民服务点建设先进个人”。

4 月 贵阳市人民政府授予花溪合行“贵阳市五一劳动奖状”。

5 月 10 日 花溪合行连续 6 年获贵阳市 2004－2009“守合同、重信用”单位称号。

是日 花溪合行民院分理处审贷组长钟世霞成功堵截一高校副教授做假骗贷案。

5 月 13 日 花溪合行首届董事会第 35 次会议召开，董事长吴勇主持会议，审议通过《关于贵州花溪农村合作银行农户投资参股村镇银行的议案》《关于贵州花溪农村合作银行改制方案的议案》《关于贵州花溪农村合作银行加入同业拆借市场的议案》等。

5 月 14 日 花溪合行在黔陶分理处召开“三法一指引”信贷风险研讨会，行领导班子与部分网点负责人 27 人参加。

5 月 19 日 花溪合行押运中心在花溪鸿源路某路段组织防“抢劫”演练。

5 月 28 日 花溪合行成立 6 周年，存款余额增长 4.6 倍，贷款余额增长 3.9 倍，各项资产增长 4.6 倍。

是日 花溪合行在花溪公园一号门前举办“花溪银行成立 6 周年暨三创一办宣传活动”，省联社理事长刘乃云、贵阳办事处主任索美英及花溪区四大班子领导出席。贵州电视台、贵州日报等媒体对活动进行报道。

6 月 10 日 中共花溪合行委员会党校成立，党委书记吴勇任校长，校址设合行培训中心。

6 月 21 日 贵州省人大副主任傅传耀到花溪合行调研。

6 月 29 日 花溪合行召开庆祝建党 89 周年暨“七一”表彰大会，会上党委书记吴勇给全行党员、入党积极分子和各部室、支行、分理处负责人上党课。

6 月 30 日 董事长吴勇获贵州“2009 都市年度人物”称号。

6 月 花溪合行“驻村金融服务办公室”优秀工作人员表彰大会召开。会议表彰张绍珍等 7 名金融服务办工作人员。“驻村金融服务办公室”设立一年来发展到 60 家，有工作人员 133 名。

7 月 20 日 花溪合行组织高、中层管理人员到王武监狱接受警示教育。

7 月 27 日 花溪合行紫光支行第一家“社区金融服务办公室”在溪北居委会挂牌。

8 月 26 日 花溪合行项目拆迁签约仪式在花溪区贵筑办事处云上村三楼会议室举行，花溪区贵筑办事处、云上村、拆迁代办所、花溪合行相关领导及所拆迁村民参加签约仪式。

8 月 31 日 花溪合行响应《省联社关于向甘肃省舟曲县灾区捐款的倡议书》号召，举行捐款活动。捐款 55740 元，其中单位捐款 30000 元。

9月1日 花溪合行2010年新员工培训班开班，28名新员工参加培训。副行长江弘主持开班仪式，副行长周乐佳亲授开班第一课。

9月13日 董事长吴勇获中国银行业协会关于全国农合机构服务三农、支持中小企业先进评选的“最佳领军人物”称号。

9月14日 董事长吴勇率全行各部中层干部到学习培训基地探望参加培训的新员工，并发表讲话。

9月17日 花溪合行在总行四楼会议室举办为期三天的2010年中层干部培训班，行领导及来自全行27个网点、15个部室的67名助理以上中层干部参加本次培训。

9月30日 花溪合行驻合朋综合批发市场金融服务办公室正式揭牌，标志花溪合行“三农”服务网络进一步有序向纵深发展。

10月13日 花溪区人口普查入户摸底启动暨花溪合行捐赠人普工作服仪式在花溪合行总行办公大楼门前举行。区人口普查小组全体工作人员及花溪合行相关人员到场参加本次仪式。花溪合行向花溪区人普领导小组捐赠人普工作服2000件。

10月16日 花溪合行领导班子看望并慰问青岩敬老院的老人以及部分退休职工。

10月25日 花溪合行召开首届董事会第37次会议。

10月30日 欧洲和中国战略合作与发展论坛组委会、中国金融研究院、中国金融网联合举行的“欧洲和中国战略合作与发展论坛”及颁奖盛典在北京国际会议中心举行。花溪合行获“最具社会责任的中国农村金融机构”称号，董事长吴勇获“中国最具责任的银行家”称号。

11月4日 花溪合行首场“普及金融知识暨送文艺下乡活动”在花溪区马铃乡开展。

11月9日 花溪合行在花溪法官培训中心阶梯会议室召开全行干部员工大会，参与会议人员183人。

是日 花溪合行黔陶分理处成功堵截一起骗取客户存折盗取存款案。

11月18日 花溪合行来自各营业网点、部室2009年1月1日后入行的55名员工在四楼参与2010年安全保卫培训。

11月24日 花溪合行在法官培训中心召开落实监管部门检查整改意见暨进一步增强“三农”工作大会。

12月3日 花溪合行召开领导班子“忠实践行宗旨、勤政廉政为民”专题民主生活会，省联社纪委王良明书记到会指导。

12月4日 董事长吴勇等行领导分组开展以“解决网点困难，确保安全运行”为主题的乡镇基层调研活动。

12月5日 花溪合行携手区文明办在青岩镇开展金融知识普及暨送文艺下乡活动。

12月24日 花溪合行2010年度会计决算工作会议召开，董事长吴勇作讲话。

是月 花溪合行小额农户信用贷款产品由“资信卡”更名为“小康卡”。小康卡的发行，促成信贷管理流程嵌入IT平台，简化贷款手续。

12月 根据农村信用社商业银行化的有关规定，麦坪支行的农户股金全部清退完毕。

2011年

1月22日 花溪合行首届董事会第38次会议召开，董事长吴勇主持。会议审议通过《关于贵州花溪农村合作银行发起设立贵州花溪农商行股份有限公司的议案（草案）》等。

3月 花溪合行远程授权系统上线。

4月23日 在中国金融网、中国金融研究院和央视台联合主办的“2011中国金融形势分析暨第七届中国金融（专家）年会”上，花溪合行获评“2010年度最具品牌影响力农村金融机构”，董事长吴勇获评“2010年中国农村金融年度人物”。

5月6日 花溪合行党委、团委、工会、车友俱乐部组织120名员工到龙里草场开展“纪念五四运动92周年”户外活动。

5月28日 花溪合行向花溪区“三创一办”、环卫工人节等公益活动捐款60余万元。

6月1日 花溪合行获“贵阳市2008－2010年度文明单位”称号；青岩支行获“贵阳市2008－2010年度文明窗口”称号。

6月21日 花溪合行党委在区委党校举办为期一天的“忆党史、跟党走，纪念建党90周年”专题党建知识培训班。

8月16日 花溪合行获贵州省2008－2009年度“A级纳税企业”称号。

9月1日 董事长吴勇获花溪区“优秀中国特色社会主义事业建设者”称号。

9月2日 贵州民族学院2011级新生报到日当天，花溪合行紫光片区支行开展“金融知识进校园活动”，近千名新生及家长参加。

10月25日 花溪合行首届董事会第41次会议召开，董事长吴勇主持。会议审议通过《关于制定“贵州花溪农村合作银行‘商誉通’微小贷款实施细则（草案）”的议案》《关于制定“贵州花溪农村合作银行企业评级授信管理办法（草案）”的议案》。

是月 花溪合行对14名违纪员工给予纪律处分，其中，警告2人、记过3人、记大过1人、降级4人、撤职2人、开除2人。

11月6日 花溪合行爱心协会成立，拨付10万元作爱心协会基金。

11月7日 花溪合行成立贵州省农信系统第一家小微企业金融服务中心。省委常委、省委统战部长龙超云，全国政协常委、省工商联主席郑楚平等领导出席揭牌仪式。

11月18日 花溪合行组织中层管理干部和新员工到贵州第一女子监狱接受警示教育。

12月30日 董事长吴勇在贵州省优秀企业管理创新成果表彰会上，获2011年度“贵州省优秀企业家”称号。

是月 中共花溪区爱心协会支部委员会成立，支部书记吴勇，支部副书记江弘、廖建、周乐佳。

2012年

2月 花溪合行获2011年度贵阳市银行业单位安全评估“一等奖”。

3月1日 花溪合行首届董事会第43次会议召开，董事长吴勇主持。会议审议《贵州花溪农村合作银行2011年度信息披露报告》《关于龙浩同志辞去本行副行长职务的议案》等。

4月 花溪合行获贵州省银行业协会颁发的“百佳示范单位”称号。

是月 中国银监会贵州管理局授予花溪合行“2011年度小型微型企业金融服务工作先进单位”称号。

* 董事长吴勇获“贵阳市先进劳动者”称号。

5月 吴勇劳模创新工作室成立，有成员57名，地址设原花溪合行大楼。

6月18日 《贵州日报》载《贵州花溪农村合作银行董事长吴勇获全国农村金融十大品牌创新人物奖》，称其“成为全省乃至全国农信系统改革的践行者、开拓者与示范者”。

7月19日 共青团花溪合行委员会成立大会在花溪合行培训中心召开，70余名团员及青年党员代表参加会议。会议选举蒋婕、梁晓远、杜旭、刘远刚、陈凯、唐荣仁、陈沛、刘丹、王革清、雍朝玉等11人组成共青团花溪合行委员会。委员会举行第一次全体会议，选举蒋婕任团委书记，梁晓远、杜旭任副书记。

7月 中共花溪合行委员会决定：将原10个党支部（有党员157名）调整为18个党支部。

8月10日 花溪合行召开“五型企业”（即学习型、文化型、责任型、和谐型、幸福型）建设工作专题培训会。

8月13日 贵州省委宣传部、省国资委、省委国防工委、省联社到花溪合行就“五型企业”创建工作展开实地考察调研。

9月24日 花溪合行在栖碧山庄开展第五期

“百善孝为先·做有爱心的花溪合行人”道德讲堂活动，邀请贵州仁爱国学交流中心讲师钟中宣讲，360名员工参加。

10月30日 花溪合行获花溪区“敬老文明号”和“爱心企业”称号。

11月7日 花溪合行邀请贵州省书协主席包俊宜等10名书画名家，到行培训中心举办笔会，迎接党的十八大召开。

11月30日 花溪合行党委在花溪栖碧山庄召开全行干部职工大会，学习贯彻中共的十八大精神和贵州省委十一届二次全会精神，全行干部职工350人参加会议。

12月8日 花溪合行在中国县域金融年会组委会、经济日报报业集团等多家权威机构举办的“2012中国县域经济年会”上，获“2012年度中国最具影响力十佳县域银行”称号。

12月30日 花溪合行注册资本达人民币5亿元。

2013年

2月5日 花溪合行被命名为首批“贵州省五型企业暨企业文化建设示范单位”。

3月18日 花溪合行首届董事会第48次会议召开，董事长吴勇主持。会议审议《关于贵州花溪农村合作银行改制组建贵州花溪农商行股份有限公司的议案》《关于贵州花溪农村合作银行原股东股金处置意见的议案》等。

是月 花溪合行推出“新家园”危房改造贷款，投入信贷资金1052.06万元，惠及农户659户。

6月28日 花溪合行召开纪念建党92周年暨反腐倡廉党员大会，党委书记吴勇作了题为《牢记历史，不辱使命，开创花溪银行改革发展新篇章》的廉政党课。会前吴勇带领6名新党员进行入党宣誓。

是日 石板支行保安张学成成功拦截一起抢劫事件。

是月 花溪合行对辖区内信用村组的“小康卡”信用农户贷款实行利息优惠政策。对所在地为信用村的农户，优惠比列为3%，所在地为信用组的农户优惠比列为5%，优惠比例实行累加制度。全区得到利息优惠的农户23207户，利息优惠金额94.3万元。

7月4日 花溪合行邀请广发银行原副行长、上海融至道投资管理咨询有限公司总裁、全国中小商业银行CEO论坛执行主席金海腾作“办好一家商业银行的一般性原理”的主题讲座，花溪合行领导班子成员，各支行、分理处、部室主要负责人参加。

7月8日 花溪合行开展每周一次晚训活动。

7月9日 花溪合行在培训中心举办“推三大工程、聚五心教育、树诚信信合、序改革篇章”庆祝中国共产党建党92周年演讲比赛决赛暨“七·一”表彰晚会，全行400余名员工参加。

7月10日 花溪合行行长助理王银霖、财务部李碧、业务发展部龙章忠、电子银行部饶骏参加黔陶分理处晚训学习活动。黔陶分理处主任罗秀峰汇报2013年上半年的工作情况及2013年下半年的工作打算，晚训内容主要是信贷员如何做好农户客户走访工作、加大对“阳光信贷”义务监督员的联络沟通。

7月11日 花溪合行举行“比学赶超·岗位大练兵”系列活动启动仪式。

7月15日 孟关乡信用乡创建工作动员大会在孟关乡政府会议室召开，全乡各村委会支部书记、村主任、村民代表及孟关乡政府相关职能部门领导、花溪合行农经业务部、孟关支行等70余人参加会议。

8月21日 花溪合行首届董事会第50次会议召开，董事长吴勇主持。会议审议《关于筹建贵州花溪农村合作银行小河支行的议案》《关于周乐佳同志辞去本行副行长职务的议案》等。

8月22日 全国总工会财务部长周建平到花溪合行调研，省总工会副主席杨再春、行董事长吴勇、区总工会副主席廖俊文等陪同。

9月25日 全省农村信用社“五心”教育实践活动“五心与我同行信合助我成长”演讲比赛在安顺举行，花溪合行员工饶田、王宇成代表贵阳办事处参赛，并分别获一等奖、二等奖。

9月27日 花溪合行财务统计部组织新员工财务基础知识培训，行长助理王银霖主持培训。

9月29日 花溪合行接到《贵州银监局关于筹建贵州花溪农商行股份有限公司的批复》。

10月9日 花溪合行接对帮扶工作小组到开阳县联社接对帮扶，董事长吴勇带队。

是日 花溪合行监事长廖建一行4人到石板支行开展每周一次的晚训活动。

10月12日 花溪合行召开重阳节退休职工座谈会，副行长江弘主持会议，党委书记吴勇代表行党委及全体职工向退休老同志表示节日慰问。

10月31日 花溪合行在燕楼乡开展异地值守突发事件防爆应急演练，董事长吴勇担任指挥长。

是日 花溪合行男、女篮球队参加“国酒茅台杯”贵州省职工篮球赛，并双双获冠军。

11月5日 贵州省联社党委书记、理事长黄秋斌到花溪合行调研，要求花溪合行坚定冲刺百亿目标，当好全省信合龙头。

11月15日 花溪合行第29家营业网点花溪大学城支行开业，属大学城内第一家金融机构。

11月20日 花溪合行成为贵州省农信社首家“破百亿”的县域金融机构。

11月30日 花溪合行下辖1家营业部、14家支行、14家分理处、经营网点29个，成为花溪区唯一覆盖所有乡镇的金融机构。

11月 花溪合行完成对全区小微企业建档4652户（花溪区总计9032户，含个体工商户），占全辖的51.5%，评级授信4146户，授信金额28.34亿元，评级面达89.12%。

是月 青岩镇成为花溪区首个“信用镇”，农户贷款利息可优惠8%。

12月2日 花溪合行与贵州多彩贵州城建设经营有限公司在多彩贵州城举行银企战略合作协议签约仪式。

12月23日 贵州花溪农商行股份有限公司创立大会暨第一次股东大会召开，人行贵阳中心支行、省信用联社、贵州银监局、花溪区政府等有关领导出席。会议选举产生第一届董事会，吴勇当选董事长。

12月27日 中国银监会贵州监管局发文批复：同意贵州花溪农商行股份有限公司开业。

12月29日 贵州花溪农商行挂牌。

12月31日 花溪农商行各项存款余额达106.4亿元；各项贷款余额48亿元；各项收入5.4亿元。存款、贷款市场占比居全区金融机构之首。

是月 花溪农商行“小康卡”农户小额信用贷款在全国地方金融第十七次论坛上获“三农双十佳金融产品”称号。

* 花溪农商行建立信用乡6个、信用村62个。

* 花溪农商行全年清收不良贷款107笔、收回本金51.67万元，利息收回86.76万元。

是年 花溪农商行获得中国银行业监督管理委员会监管评级二级行标准，属贵州省唯一获此标准的县域金融机构。

2014年

1月18日 花溪农商行参评的贵州省品牌文化建设成果获“贵州省十佳服务窗口”称号。

是月 紫光支行获2013年贵州省银行业文明规范服务“百佳示范单位”称号。

1月25日 省联社对在2013年存贷款冲刺5000亿元中涌现出的先进单位及个人进行表彰奖励。花溪农商行率先成为全省农信社系统首家破百亿的县域农村金融机构，获2013年存贷款冲刺5000亿元特别贡献奖。紫光支行获2013年度十佳揽存网点、青岩支行获2013年度支农先进单位。党委书记、董事长吴勇在“十年人物”评选中，获“十佳管理之星”称号，紫光支行负责人杨敏被评为2013年小微企业金融服务先进个人，农经业务部负责人黄毅获2013年支农先进个人称号。

2月 花溪农商行成立200人“自行车金融服务队”。他们穿梭于村寨、田间、地头，为居住分散、交通不便农户提供金融服务，被百姓称为“自行车银行”。两个月后，中央电视台到花溪拍摄“大山里的自行车金融服务队”，并在央视7频道播出。

4月1日 贵州农村信用社2014校园招聘会在贵州财经大学北校区足球场举行，来自全省71家农村信用合作联社、11家农村商业银行参加，提供1567个岗位。其中报考花溪农商行的人数有792人。

是月 中国银监会组织包括中央电视台、人民日报、金融时报等9家中央媒体记者组成的新闻采访团到花溪农商行，对农村金融服务情况进行深入采访。

* 花溪农商行作为唯一一个全国农村金融中小机构，参加全国农村金融服务经验交流电视电话会作汇报发言，受到国务院副总理马凯的高度赞扬。

4月9日 中共中央政治局委员、国务院副总理、国务院安全生产委员会主任马凯，工业和信息化部部长苗圩，中国银监会副主席周慕冰等一行调研花溪农商行支持“三农”发展、小微企业情况，对花溪农商行“立足三农、面向社区、支持小微”的服务理念以及取得的成绩予以充分肯定。

4月16日 花溪农商行开通运行高坡支行、麦坪支行、久安支行、燕楼分理处四家业务库异地值守工作。

4月22日 国务院在北京召开全国农村金融服务经验交流电视电话会议，党委书记、董事长吴勇代表农村中小金融机构作《“小”字上做“大”文章》的汇报发言，引起社会各界的广泛关注。

4月28日 花溪农商行营业部被贵阳市总工会授予“工人先锋号”荣誉称号。

4月30日 董事长吴勇获“贵州省五一劳动奖章”。

5月15日 花溪农商行召开2014年消防安全演练动员大会。机关各部室全体干部员工100余人参加。党委书记、董事长吴勇出席会议并发表讲话。

5月16日 花溪农商行与花溪消防大队在总行综合大楼三楼档案室联合进行消防应急演练。

7月7日 花溪农商行第一家跨区域机构小河支行在黄河路1号成立，员工7人，营业房面积3264平方米，设有ATM自助存取款机2台，自助取款机1台，自助贷款机1台、自助服务终端机1台。

8月 花溪农商行128名客户经理组成的“自行车金融服务队”，实施定点包户，携带机具设备骑自行车进村入户解决农户信贷需求。

9月21日 人民日报海外版以《“自行车银行”真新鲜》为题报道花溪农商行成立农村金融“自行车服务队”一事。

11月 中共花溪农商行委员会为便于开展党员思想教育和组织活动，将原有党支部从18个调整为11个。

是月 花溪农商行在花溪172村成立驻村金融服务办，完成“诚者信合村村通”助农取款POS机的安装铺设，让农户足不出村即可办理“存取汇”等业务。

12月2日 华宇支行由清溪路华宇建材城迁至孟关乡国际汽贸城汽车超市，与孟关支行组建孟关片区支行，周兰担任片区支行行长。

12月6日 花溪农商行营业部柜员朱薇娜协助公安机关抓获一名刑事案件在逃通缉犯。

12月30日 董事长吴勇获中国国际商会等联合主办的2014品牌中国年度人物暨第十九届品牌中国高峰论坛——贵州十大品牌人物。

是月 花溪农商行在2014年中国银行业协会创建“最安全银行”主题活动暨“双百”评选活

动中，获2014年度中国银行业安全管理先进单位称号。花溪农商行连续14年无安全保卫责任事故和案件的发生。

* 花溪区小微企业（含个体工商户）总计9032户，花溪农商行建档户数4652户，占全辖的51.5%，评级授信4146户，授信金额28.34亿元，评级面达89.12%。

12月31日 花溪农商行各项收入7.38亿元，实现税后利润2.03亿元，上缴税收1.83亿元。

2015年

1月1日 花溪农商行保管箱中心开业，有保管箱3054个。

1月5日 花溪农商行召开职工大会，总结上年度工作，安排部署2015年工作。

1月7日 花溪农商行党委书记、董事长吴勇获贵州省"行业道德标兵"称号。

1月15日 学士路支行获中国银行业协会2014年"中国银行业文明规范服务五星级营业网点"称号，属全国县域农村金融系统获此称号的唯一一家。

1月20日 花溪农商行在全国"双百"评选活动中，被评为2014年度中国银行业安全管理先进单位的称号。

是日 花溪农商行上线试运行票据打印系统，成功办理首批电子打印票据。

1月24日 由国务院扶贫办组织的第二期全国扶贫小额信贷培训班在北京举行，花溪农商行作为全国唯一一家农村金融机构，行长江弘在会上作题为《"三小四可"模式解困农民信贷》典型经验交流发言。

1月27日 花溪农商行南明支行在贵阳市南明区遵义路326号正式开业。

2月8日 花溪农商行举行2015年定向招聘笔试。为全省农村信用社第一次开展定向招聘，对象仅限于目前在岗且符合条件的选聘到村任职高校毕业生、"一村一大"、"三支一扶"大学生及西部志愿者；或参加过以上基层项目服务现已离岗，持有基层项目服务证书的高校毕业生。此次招收员工20名，有114名考生报考，职位竞争比例近6：1。

2月10日 花溪农商行召开无线移动业务平台启动仪式暨培训会议。

2月13日 花溪农商行金融市场部牵头举办一次融资租赁业务培训。

2月15日 花溪农商行召开2015年党风廉政、案件防控暨业务工作会议。全行干部、员工230人参会。党委书记吴勇作《贵州花溪农商行2014年工作回顾暨2015年党建工作指导意见》；行长江弘作《贵州花溪农商行2015年业务工作安排意见》；监事长邢昉作《贵州花溪农商行2015年反腐倡廉及案件防控工作安排意见》。

2月28日 花溪农商行获"全国文明单位"称号。

是月 花溪农商行获贵州省文明单位称号。

* 学士路支行获2014年度中国银行业文明规范五星级营业网点暨千佳示范单位称号。

* 风险管理部安排专人逐日对全辖网点的逾期贷款进行跟踪监测。

3月6日 花溪农商行举办以"巾帼标兵展风采、爱岗敬业谱新篇"为主题的"三八"妇女节表彰会暨座谈会，对获得"巾帼标兵"、"三八红旗手"、"五好家庭"、"孝顺儿女"荣誉的53名员工进行表彰。

3月10日 贵州省财贸金融系统工会授予吴勇董事长"贵州省财贸金融工会系统关爱员工优秀经营者"称号，授予花溪农商行职工龙超林"贵州省财贸金融工会系统热爱企业优秀员工"称号。

3月24日 花溪农商行获2014年贵州省优秀企业称号；董事长吴勇获2014年贵州省优秀企业家称号。

是日 花溪农商行与省、市、区工会共同开展2015年"贵阳市劳模示范林"营建活动。活动移植的价值50余万元的56株红豆杉幼苗，由花溪农商行提供。农商行董事长吴勇参加活动。

＊　花溪农商行高新支行正式开业。高新支行位于贵阳市高新区长岭南路3号天一国际广场13号楼，营业办公面积2400平方米。

3月31日　花溪农商行召开“三严三实”教育动员会暨“金融夜校”推进会。

3月　花溪农商行在服务的14个乡镇、158个村委会、1047个村民小组和5.6万户农户中，创建信用乡7个、信用村110个、信用组559个，全区3万余户享受到优惠政策。

是月　花溪农商行将平板电脑加入信贷系统，信贷员可用平板和电话卡随时随地登陆信贷系统进行工作，不再受地域和网络的限制。

＊　花溪农商行完成《2014年管理制度汇编》编印工作；内部发行，收录152个制度办法。

4月13日　花溪农商行召开周例会贯彻落实省联社全省农村信用社稽核审计工作会议精神。

4月14日　花溪农商行获评贵州农信2014年度信息、宣传工作先进单位。

4月20日　花溪农商行推行移动办公，为全行80余名信贷员配备平板电脑，采用Windows操作平台在对现有的贷款系统进行移动化操作。

4月30日　董事长吴勇被贵州省省委、省政府授予“贵州省劳动模范”称号。

是月　花溪农商行在青岩古镇的南街、北街、龙井、杨眉、山王庙五个村子新设便民服务支行，安装ATM机13台，为村民及游客打造“十分钟金融服务圈”，解决老百姓在家门口的存取汇问题。1月至4月，青岩镇5家便民服务支行发生16365笔交易，交易金额达3327.32万元，手续费收入达2.48万元。

5月20日　花溪农商行在903会议室举行2015年定向招聘新员工报到会。党委书记、董事长吴勇，党委委员、行长江弘等参加会议，副书记王贵主持会议。

是日　花溪农商行收到中国银行间市场交易商协会的书面通知，获得“中国银行间市场交易商协会会员资格”。

5月28日　花溪农商行召开“普惠金融”服务推进会。董事长吴勇提出：普惠金融工作是场“持久战”，要建立长效服务机制，实现工作的长效化、常态化和科学化。

6月2日　省银监局、贵阳审计中心检查组进驻花溪农商行检查指导工作。

6月3日　花溪农商行实施“村村通”信用工程，边远的农民足不出户便可办理刷卡取款，着力解决“取款难、难取款”的实际问题。只要成为花溪农商行POS机的代理商户，就可以为驻地的村民办理取款、转帐、查询等相关业务。

6月10日　《中国农村信用合作报》报道：花溪农商行五家便民服务支行在青岩镇正式开门营业，并且开创全国首家一次性审批通过14家便民服务支行的先例。

8月2日　花溪农商行男、女篮球队代表省联社参加贵州省财贸金融系统2015年‘信合杯’贵州省职工篮球比赛暨省九运会职工组篮球比赛，双双获冠军。

8月11日　花溪农商行在中国银行间市场成功发行首期同业存单，成为贵州农信系统首家发行同业存单的县域金融机构。

8月14日　花溪农商行在青岩古镇推出自助贷款服务终端，村民只需在家门口的自助贷款终端轻动手指，即可办理在线贷款业务。

10月28日　贵阳市总工会劳模创新工作室创建经验交流会在花溪农商行召开，省、市、区各级工会领导及60余名劳模代表参观吴勇劳模创新工作室。

11月　花溪农商行开办“金融夜校·小康讲堂”，截至月底开办520余场，培训人次达5万余人次。

11月19日　花溪农商行档案工作通过省、市档案星级评估工作组考评验收，被授予“三星”档案单位荣誉称号，属贵阳市金融行业第一家。

贵州省档案管理局为花溪农商行授牌。

11月26日 花溪农商行发起成立的贵安发展村镇银行股份有限公司挂牌，属贵安新区第一家独立法人的股份制地区金融机构，注册资本金6.09亿元。吴勇全票当选第一届董事会董事长。

是月 花溪农商行启动结对帮扶务川县砚山镇回龙村工作，成立大扶贫领导小组，组长吴勇，副组长杨照刚、王刚、黎希霆、余冰、廖建、王银霖。

12月3日 花溪农商行“惠民通”（贵州省农信第一家理财产品）正式发行。

是月 行长江弘获“明理知耻崇德向善”贵州省第二届行业道德标兵。

* 花溪农商行被评为全国文明单位；被中国银行业协会评为“安全银行”；被评为全省AAA级信用企业、全省“守合同重信用”单位。

* 花溪农商行在岗员工达564人，其中硕士研究生学历52人，本科以上学历人员占比85.8%。

* 花溪农商行注册资本达5亿元，有31家支行、14家便民服务支行、3个便民服务点、158个驻村金融服务办、16个园区普惠金融服务办，网点覆盖贵阳市花溪区、经开区、南明区、观山湖区，有在职员工564人。

* 花溪农商行存款余额152亿元，贷款余额86.4亿元，存、贷款市场份额居花溪区金融机构之首。（花溪区存款余额472.8亿元，贷款余额327.67亿元）；总资产规模为236亿元，各项收入12亿元。上缴税收1.24亿元，11年来累计上缴税收近10亿元。

2016年

1月8日 花溪农商行营业部片区成立两部一室，对营业部片区进行统一部署、统一规划、统一管理，对优质文明服务进行统一标准规范。

1月12日 小河支行与贵阳国家经济技术开发区创业促进会签订战略合作协议。

1月14日 花溪农商行召开2015年度党风廉政建设和反腐败工作考核会。行副职及以上中层干部、员工代表参加会议。省联社贵阳党工委考核组组长周乐文带队进行考核，对领导班子党风廉政建设情况进行民主测评并进行人员谈话。

1月19日 云上支行派员工驻扎征收现场开展征收工作，一周时间代理开户累计金额超过3800万元。

1月20日 花溪区人民法院副院长方兴林与执行庭5名主审法官一行6人到花溪农商行参加执行工作交流会。监事长杨照刚率法律合规部、风险管理部、稽核审计部、三农服务部、科技信息部主要负责人参加交流会。

1月25日 花溪农商行在总行10楼会议室举行手机银行贴片卡业务培训，上海方付通商务服务有限公司贵州区沈永安经理为农商行员工进行培训。

2月4日 花溪农商行党委书记、董事长吴勇，纪委书记杨照刚，副行长王刚、黎希霆，工会主席廖建，财务顾问、村镇银行管理部主任王银霖等行领导分赴全辖各基层网点对干部员工及退休老同志进行春节慰问。

3月7日 花溪农商行信用工程年审培训会召开，三农服务部经理申厚斌主持会议并做工作安排，涉农网点负责人及信贷员四十余人参加。

是日 花溪农商行成立扶贫事业部，按照两块牌子一套人马的原则与三农服务部合署办公。

3月8日 花溪农商行在马铃支行举行2016年“三八”节户外活动。

3月15日 花溪农商行在全辖31个网点统一开展“3·15”金融消费者权益保护主题宣传活动，同时总行派出法律合规部、办公室等部门面向公众开展主题宣传活动。

3月18日 湖潮支行芦官便民服务点开业。芦官便民服务点作为花溪农商行在贵安新区的第二家便民服务点，距离贵安新区临时行政中心不到一公里。

3月29日 花溪农商行召开第五次股东大会，董事长吴勇代表董事会向大会作题为“立足新起点，谋求新发展，实现新跨越，在改革创新中实现转型发展”的2015年度董事会工作报告。

3月30日 花溪农商行员工年平均收入从2004年成立之初的7千余元增加14.7万元，增长20倍。在职员工实现人人有车，家家有房。

是月 花溪农商行组织专家学者、知名企业家10人到帮扶的务川县砚山镇回龙村考察调研。

* 高坡支行工作人员利用晚上时间走访高坡乡19个行政村，收回应收未收利息258笔，总计36万元；收回不良贷款9笔，共计13.9万元。

* 杨照刚任中共花溪农商行党委委员、纪委书记、花溪农商行监事会监事长。

4月3日 花溪农商行在高坡乡甲定村开展金融夜校进农村活动。

4月16日 花溪农商行在总行十楼会议室召开2016年“两学一做”学习教育动员、党风廉政、案件防控暨业务分析会。

4月27日 花溪农商行组织中层以上党员领导干部对省联社2016年“两学一做”学习教育动员会进行传达学习。

4月29日 在庆祝“五一”国际劳动节暨全国五一劳动奖表彰大会上，花溪农商行获中华全国总工会授予的“全国五一劳动奖状”，成为贵州省唯一获此殊荣的金融机构。

4月 周乐佳任中共花溪农商行党委委员。

5月4日 花溪农商行在总行十楼会议室组织召开“两学一做”专题推进会、劳模交流会暨“重走长征路”党建拓展训练启动大会，花溪农商行全体领导班子及贵州省五一劳动奖章获得者、清镇农商银行董事长江弘出席大会，全行中层干部、党员及首期参加“重走长征路”的职工150余人参加会议。

5月15日 《工人日报》2版登载《花溪农商行力推普惠金融助当地脱贫》一文。

5月30日 吉源支行由原贵州吉源实业公司办公楼搬迁到南明区龙洞路四季花园办公大楼营业。办公大楼系自投资金4645.1万元购置，有1000余平方米，配备有VIP室、档案室、信贷室、会议室、厨房、餐厅及客户休息区。

5月31日 花溪农商行被贵州省银行业协会评为2015年度优秀通联单位。

是月 花溪农商行被贵州省国家税务局、贵州省地方税务局评为2015年度纳税信用A级纳税人。

6月3日 花溪农商行获得省联社2015年度宣传工作先进集体、省联社2015年度信息工作先进集体称号。

6月30日 贵州省总工会授予吴勇劳模工作室“劳模创新工作室”称号。

是日 花溪农商行召开纪念建党95周年暨“七一”表彰大会，并举行“两学一做”学习教育专题知识竞赛决赛。

6月 周乐佳任花溪农商行行长。

7月1日 花溪农商行党委组织党员领导干部集体收看庆祝中国共产党成立95周年纪念大会直播盛况和省联社2015年度党建工作表彰大会花溪分会场视频会议。行党委委员、副行长王刚获全省农信系统“优秀党务工作者”称号，理财事业部经理王莉获全省农信系统“六先”共产党员称号；花溪农商行贵安片区党支部获贵州省农信系统2015－2016年度“五好”党支部和“样板”党支部称号。

7月5日 花溪农商行举行银行承兑汇票防伪知识培训，全行业务部门员工及基层网点70余名业务骨干参加此次培训。

是日 花溪农商行第一批28台网上银行体验机布放完毕。

7月6日 花溪农商行电子商务化领导小组第一次会议召开。

是日 党武支行信贷员利用下村为老百姓发放征拨款存折的契机，在党武镇翁岗村四组挂起金融夜校横幅，为前来领取存折的老百姓讲解理财、非法集资等内容丰富的金融知识。

7月12日 花溪农商行成为贵州农信首家资产规模突破400亿元大关银行，资产达409.6亿元，较年初增加173.5亿元，各项存款突破200亿大关，达201亿元，较年初增长49.4亿元；各项贷款突破100亿元大关，达100.79亿元，较年初增长14.4亿元。

7月13日 花溪农商行召开2016年上半年业务工作会暨网点服务、机关效能提升推进会，总结分析上半年业务工作，对提升网点服务水平和机关工作效能提出要求。行领导及全行干部员工480余人参加会议。

7月15日 花溪农商行被中国企业联合会、中国企业家协会评为AAA级信用企业

7月25日 《金融时报》刊登普益标准发布的2016年二季度银行理财能力排名，贵州花溪农商行成为贵州农信系统首家唯一上榜机构，在全国农村金融机构综合排名中位列18名。

7月26日 花溪农商行“花钱月享”与“锦上添花”两款全新的储蓄存款产品同时成功上线运营，填补储蓄存款领域的产品创新空白。

7月27日 花溪农商行举办的第四期效能提升与服务标准化训练营结束。训练营连续举办四期，培训面遍及花溪农商行31家支行，参加培训人数达240余人，人均培训时间超过33小时，涉及岗位包括柜员、客户经理、授权主管等。

7月28日 花溪农商行小河支行与贵阳市花溪区小微企业联合商会在小河支行会议室召开座谈会。

7月30日 高坡支行贷款规模突破1亿元，较年初增加860万元。其中涉农贷款占贷款总额的99%，较年初增加900万元；特惠贷款151万元。

是月 花溪农商行孟关、党武、黔陶三家支行的信贷员利用休息时间，开展不良贷款清收行动。

8月2日 花溪农商行党委书记、董事长吴勇，纪委书记、监事长杨照刚一行，前往贵州织金县作精准扶贫调查。

8月3日 花溪农商行在总行十楼会议室组织保安工作培训及在营业部组织开展突发事件应急演练。营业部全体员工及全行保安人员80余人参加。

是日 《人民网》载《花溪农村商业银行湖潮支行推出“金融夜摊”》。

8月5日 花溪农商行组织安全保卫工作培训，特邀请花溪公安分局反恐大队大队长万龙授课。各支行、部室负责人、片区办公室主任、支行安全员和保卫部全体人员70余人参加培训。

8月19日 花溪农商行2016“盛世农商”同业交流会在花溪孔学堂举办。会议邀请清镇农商行、六盘水农商行、六枝联社、金沙联社、遵义县联社、修文联社、长顺联社等13家省内农信机构领导及部门经理参加。

8月24日 花溪农商行与花溪区文明办联合举办一场家庭教育专题讲座。特邀国家级拓展培训师、中国家庭教育讲师李伟作《业绩天下不及妻贤子孝，长袖善舞不及教子有方》的专题讲座。行干部员工80余人到场聆听。

8月25日 花溪农商行获2016年“贵州企业100强”、“贵州民营企业100强”称号。

8月27日 花溪农商行召开帮扶务川县回龙村贫困户座谈会，行领导周乐佳、王刚、黎希霆出席座谈会，监事长杨照刚主持会议。会议决定对回龙村贫困户就读大专以上子女捐助帮扶资金86000元。

8月30日 省联社贵阳党工委综合部主管田洪斌等一行莅临花溪农商行检查指导“两学一做”学习教育情况，

是月 花溪农商行资助织金县熊家场镇白马村小学课桌椅子180套、讲台9张，价值84600元。

9月6日 花溪农商行实行银联特约商户刷卡手续费改革。

是日 花溪农商行2016年第二次“盛世农

商”同业交流会在花溪举办。同业交流会以“携手并进、合作共赢”为主题，来自全国43家农商行、证券机构的70余位业界同仁参会。

9月8日 由深圳银监局消费者权益保护处处长叶良才等6人组成的中国银监会“金融知识进万家”活动第十二督导组到花溪农商行就银行业消费者权益保护工作等进行调研。

9月10日 在贵州省金融工会举办的2016年全省金融系统银行证券保险综合业务技能竞赛银行类比赛中，花溪农商行在零售业务赛项上获一等奖。

9月12日 花溪农商行实现ATM机在各乡镇100%全覆盖。

9月14日 花溪农商行党委书记、董事长、花溪区劳模爱心协会党支部书记吴勇等一行在花溪区总工会带领下开展走访慰问劳模活动。竹林、城北片区等多家支行在9月开展敬老慰问活动。

是日 花溪农商行团委举办“花好月圆乐享青春”青年大学生座谈会，200名青年员工参加。

9月26日 花溪农商行综合办公大楼土建工程项目监理招标在金阳维也纳酒店四楼会议室举行。

9月28日 地处花溪云上村的花溪农商行综合办公大楼举行开工仪式，行领导班子及部分干部职工参加，行长周乐佳宣布工程开工。该工程由贵州建工集团第五建筑工程公司承建。

9月29日 党武支行开展防爆应急演练。

9月 《花溪农商行报》出版。该报半月发行一次，印数300份，版面设置为：A1时政要闻、A2农商服务、A3农商文化、A4廉政党建。

10月15日 花溪农商行举行2016年中层后备干部竞聘大会，竞聘由“笔试+面试演讲+现场民主测评”三个环节组成。全行有128名员工参加。

10月17日 全国第三个扶贫日，花溪农商行开展扶贫募捐活动，518名职工参加活动，捐款57400元。

是日 董事长吴勇、行长周乐佳一行到花溪大学城调研。

10月18日 花溪农商行“支农支小”业务工作碰头会召开。

10月19日 花溪农商行为主发起成立的罗甸县发展村镇银行股份有限公司召开发起人大会，罗甸县委、县政府领导，罗甸县人行领导，花溪农商行领导及6户企业法人和14位自然人发起人参加会议。

10月22日 花溪农商行系统第二届职工运动会在贵州民大田径场举办。比赛项目分田径、球类等7大项、27小项，参加员工452人。

10月27日 花溪农商行招聘大堂经理举行第二轮面试，31名考生参加。纪委书记、监事长杨照刚，党委委员副行长王刚、党委委员黎希霆等组成面试考官队伍。

11月2日 花溪农商行与中国腾讯云、财付通召开流座谈会。腾讯云商务副总监王腾提出能够帮助花溪农商行搭建云平台，财付通高级客户经理李亮表示可以开通贵州农信微信提现。

11月4日 花溪农商行网点服务标准化验收检查总结会召开。贵州省联社检查组组长胡志勇、花溪农商行副行长王刚等相关行部室负责人参加。

11月14日 花溪农商行大学城支行搬迁开业。

11月15日 省联社党委书记、理事长宋锐等一行在行党委书记、董事长吴勇的陪同下，到花溪农商行新区综合办公大楼施工现场视察指导工作。

11月17日 贵阳地区农信社党风廉政警示教育专题讲座在花溪农商行举行，省联社纪委书记郜国祥主讲。

11月21日 花溪农商行党委书记、董事长吴勇率行领导班子到云岩支行、南明支行、小河支行多家网点实地走访，了解工作开展情况。

11月24日 花溪农商行成立上市工作推进领导小组，启动进入资本市场准备工作。领导小组组长吴勇；副组长周乐佳、杨照刚。

11月25日 《花溪农商银行志》编修启动工作会召开。区地方志办公室主任杨忠、《花溪区志》执行主编徐开新、农商行中层以上领导人员、各支行主办会计100余人参加。行长周乐佳主持会议，董事长吴勇总结讲话中要求一年时间完成编修出版工作。

11月30日 花溪农商行行长周乐佳到高坡乡调研"溪南十锦"项目开展情况。

12月1日 花溪农商行华宇支行在贵阳国际汽贸城工程机械市场召开信用园区创建动员大会。

12月6日 花溪农商行举办业务技能大赛，比赛项目分手工点钞、机器点钞、翻打传票、数字录入4项，有86名员工参加。秦晴、段春蓉、袁飞、刘小庆等12人分别获一、二、三等奖。

12月25日 花溪农商行召开2016年终决算工作安排会。会议传达贵州省联社全省农信社2016年终决算工作会议精神。

12月30日 学士路支行入选2016年度中国银行业文明规范服务千家示范单位。

是日 花溪农商行保管箱中心开箱1001个，保管费收入90.35万元，保证金77万元，保管箱使用率达33%。

12月31日 花溪农商行资产总额365.17亿元，各项存款余额189.97亿元，各项贷款余额100.86亿元，各项收入16.05亿元。纳税1.85亿元，12年来累计纳税7.14亿元。存、贷款市场份额居花溪区金融机构之首。

2017年

4月27日 花溪农商行党委书记、董事长吴勇获2016年"全国五一劳动奖章"。

2016年9月6日，花溪农商行举办"盛世农商"同业交流会

专 记

2013年12月23日，花溪农商行党委书记、董事长吴勇在花溪农商行股份有限公司第一次股东大会上

各级领导在花溪农商行

▲2004年1月2日，中共中央政治局常委、国务院副总理黄菊到花溪联社考察，了解小额农贷业务开展情况，仔细查看小额农贷资信卡发放、贷款担保、贷款档案等方面资料，对花溪联社小额农贷作为业务品牌给予赞许，并希望花溪农村合作银行及早挂牌，为全国农村信用社改革试点提供经验。黄菊指出，在农村信用社改革试点中，要明确责任，加强领导，精心组织，深入探索，搞好产权体制改革，逐步建立起自我约束、自我发展的良性循环机制，为在全国推广提供经验。

▲2014年4月9日上午，中共中央政治局委员、国务院副总理、国务院安全生产委员会主任马凯，工业和信息部部长苗圩，中国银监会副主席周慕冰等一行在中共贵州省委常委、常务副省长谌贻琴，中共贵州省委常委、省委秘书长廖国勋，中共贵州省委常委、贵阳市委书记陈刚等省、市领导的陪同下来到花溪农商行平桥支行、小微金融服务中心视察，调研花溪农商行支持“三农”发展、小微企业情况并做重要指示。马凯在视察过程中认真听取花溪农商行党委书记、董事长吴勇有关花溪农商行服务三农、支持小微企业的情况介绍，在视察过程中详细了解三农、小微企业金融产品，询问改制组建农商行后的困难，并亲切与客户交谈，了解农户、小微企业生产经营情况。马凯对花溪农商行“立足三农、面向社区、支持小微”的服务理念及取得成绩予以肯定，高度赞扬花溪农商行的金融服务产品、企业文化和人才队伍建设，并鼓励花溪农商行再接再厉，锐意进取，继续抓好“支农支小”工作，要紧紧围绕以客户为中心。在防范金融风险的前提下，创新金融产品，创新服务模式，提高服务水平，要牢固树立为实体经济服务理念，在转方式、调结构、促转型、惠民生上作出积极贡献。马凯强调，“花溪农商行要在‘小’字上做好‘大’文章”，实现地方经济、“三农”、“小微”和自身发展的多方共赢。

（以下按时间先后排列）

▲2002年4月23日，中国人民银行副行长肖刚到青岩镇杨眉村视察“小额农贷”工作，花溪区政府常务副区长田平、花溪联社主任吴勇陪同。肖刚表示：“向花溪信用联社投入再贷款资金8000万元”。

▲2003年7月1日，中国银行业监督管理委员会副主席李伟率领农村信用试点改革方案调研考察组，在副省长顾庆金、市政府巡视员赵宗哲、区长田平的陪同下，来到青岩信用社进行实地调研，李伟对花溪区信用联社所取得的成绩给予肯定，并详细介绍《农村信用社试点改革方案》。

▲2003年11月25日，贵州省长助理李军到花溪联社调研，对联社取得的成绩表示满意。2004年2月6日，李军到花溪联社考察，对筹建花溪农村合作银行工作给予肯定。

▲2004年5月28日，花溪农村合作银行举行揭牌开业庆典，中共贵州省委书记钱运录来函祝贺：希望“再接再厉，深化改革，加强管理，为我省农村信用社的改革与发展发挥示范作用”。省委副书记、省长石秀诗揭牌。省长助理李军、贵阳市委书记王晓东、市长孙国强、省联社理事长刘乃云及花溪区委、区政府、区人大、区政协等领导出席。中国银监会合作部、中共贵州省委办

公厅、省人大办公厅、省政府办公厅、省政协办公厅等96家单位来人来函祝贺。

▲2005年4月12日，中国人民银行副行长苏宁到花溪合行调研，与花溪区委、区政府领导座谈，对信用社的改革发展和支农金融服务给予充分肯定。

▲2006年8月21日，全国政协提案委员会到花溪合行调研。

▲2010年6月21日，贵州省人大副主任傅传耀到花溪合行调研。

▲2013年12月29日，贵州花溪农村商业银行挂牌开业，副省长黄康生为花溪农村商业银行授牌。

▲2014年7月11日，国务院扶贫办主任刘永富率队到花溪农商行调研小额扶贫信用贷款工作。市政府副市长刘玉海，区委副书记、区政府区长向子琨参加调研。

在花溪农商行，刘永富认真了解农商行的基本情况和业务发展情况，对小额扶贫信贷及其他扶贫工作给予充分肯定，要求花溪农商行要重点面向农村群众和小微企业，不断探索新的扶贫金融服务模式和途径，为贫困人口增收致富并逐步消除贫困做出更大贡献。

▲2015年10月21日，中国普惠金融联席会会长刘克崮、副会长刘张君及中国普惠金融联席会各专家学者一行在省金融办资本市场处处长钟辉、省扶贫办信贷处周福艳处长等有关领导陪同下，视察花溪农商行，召开主题座谈会，听取花溪农商行对花溪区金融扶贫情况的汇报。省联社、省扶贫办及花溪区金融办分别做交流发言，花溪农商行作主题发言。在听取相关部门的交流发言和花溪农商行主题汇报后，刘克崮会长对贵州金融扶贫的亮点工作给予肯定，对花溪农商行在普惠金融方面所做的贡献给予高度评价。刘克崮指出，中国普惠金融联席会此行目的是在全国范围内收集金融扶贫工作中的一些好做法，整理后及时向国务院反馈，将好的经验做法在全国推广开来，以帮助更多贫困户脱贫致富，希望花溪农商行继续坚持服务“三农”的经营宗旨，坚持差异化的服务特色，发挥地方金融机构的地缘、人缘优势，立足社区，面向“三农”和中小企业，满足贵州城乡多元化金融服务需求。

▲2015年12月25日，贵州省国资委党委委员、纪委书记申勇一行在省联社党委委员、纪委书记郃国祥以及省联社驻贵阳市党工委书记周乐文陪同下，赴花溪农商行开展党风建设工作情况调研。花溪农商行党委领导班子成员及各部室、支行负责人参加了调研座谈会。会上，花溪农商行党委书记、董事长吴勇，省联社驻贵阳市党工委书记周乐文及省联社党委委员、纪委书记郃国祥分别就各自单位党风建设工作取得的成效、存在的问题以及在新时期如何开展好党风建设的建议进行汇报。申勇对农信社党风建设取得的成绩表示肯定，并指出，贵州农信纪检工作推进有力，机制体制和工作方法创新取得良好效果。座谈会后，申勇了解花溪农商行信访室建设情况，参观理财中心、小微企业中心、票据中心和自助贷款业务终端。

花溪农村信用合作事业的“首次”

▲1936 年 8 月，花溪地区首次出现官方批准成立的农村信用合作社组织。

▲1937 年 12 月 31 日，农民银行贵阳分行在贵阳县境内建立的农村合作社个数，首次过百。

▲1942 年 5 月，贵筑县（今花溪区）政府首次派兵警协助花溪镇合作社分赴各保（村）催缴股金。

▲1943 年 1 月，贵筑县固增乡（今马铃乡谷中村）乡长黄玉廷不负责任催收合作股金，被撤销职务，属花溪境内第一个因农信工作不力被撤职的乡长。

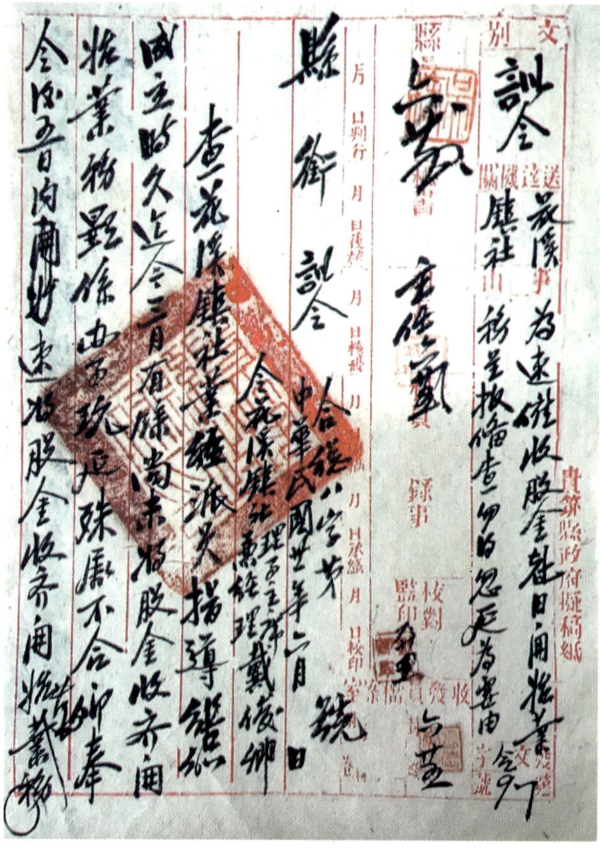

民国 31 年贵筑县县衔训令

▲1943 年 3 月，贵筑县第一个合作社联合社成立，联合社有团体社员 18 个，社址设花溪镇中正路（今花阁路）36 号。

▲1943 年 4 月，贵筑县合作社联合社召开第一次理事监事联席会。

▲1953 年 10 月，贵筑县首次派黄作仁等 10 名农村青年到贵州省农信工作业务骨干培训班学习。

▲1954 年 6 月，花溪地区 1949 年以后第一家贵筑县四区（石板）麦坪乡农村信用合作社成立，由麦坪、刘庄两个信用组改建为社。社员 553 户，股数 586 股，收到股金 645 万元（旧币）。

▲1956 年 8 月，贵筑县首次大批量裁减信用社员工，由 121 人减少到 72 人。

▲1966 年 5 月，花溪各公社信用社的“社员贷款”科目第一次分为“一般社员贷款”“贫下中农贷款”“贫下中农低利贷款”。

▲1971 年 7 月，花溪区第一个信用社贫下中农管理委员会在花溪公社成立。

▲1984 年 11 月，麦坪乡信用社成立 30 年来首次清股分红，每股分红 1.5 元。

▲1989 年 6 月，花溪区农村信用社首次成立工会委员会，郭福芳等 78 位信用社员工加入中国工会组织。

▲1989 年 12 月，花溪联社召开第一届社员代表大会，成立区联社管委会。

▲1991 年 6 月，花溪联社购买花溪信合系统的第一辆汽车，系贵州产吉普车。

▲1991 年 10 月，贵州省农村信用合作社在花溪举办全省第一届联社主任培训班。

▲1994 年 10 月，花溪联社第一个中共支部委员会成立，郭福芳任支部书记，陈林昌、周乐佳任支部委员。

▲1996 年 5 月，花溪联社召开职工代表大会，选举产生花溪联社首届工会委员会，张兴惠任工会主席，陈林昌、周乐佳、吴勇、谢菊英、陈伟、金梅珍任委员。

▲1996 年 10 月，花溪联社首次成立共青团支部，周乐佳任团支部书记。

▲2003 年 7 月，贵州省银行业协会组织首届“银行之星”评选，花溪联社获“银行之星”称号；联社主任吴勇被评为全省首届十大优秀支行长。

▲2004 年 4 月，中国银行业监督管理委员会同意筹建全国金融体制构架下第一家农村合作银行——贵州花溪农村合作银行。

▲2004 年 4 月，花溪合行创立大会暨首届股东代表大会召开，股东代表 99 人，会议审议通过《花溪农村合作银行章程》，选举产生 11 人董事会，李萍当选董事长。

▲2005 年 10 月，花溪合行面向内部职工发行信合借记卡 109 张，属贵州省农信社第一家。

▲2007 年 4 月，花溪合行举办第一期礼仪培训班，72 名员工参加。

▲2007 年 7 月，首次成立中共花溪合行委员会，全体党员大会选举吴勇为党委书记，江弘、周乐佳、龙浩为委员。

▲2007 年 11 月，花溪合行召开首次共青团员大会，选举共青团花溪合行首届总支委员会，龙浩为书记，蒋婕、徐燕为副书记。

▲2007 年 12 月，花溪合行年末存款占全区市场份额 32.1%，存款首次居全区各金融部门第一。

▲2008 年 9 月，花溪合行举办首届形象大使选拔赛。

▲2008 年，花溪合行在党武乡龙山村创建首个信用村。

▲2009 年 4 月，花溪合行在党武乡设立贵州省首批 3 家“驻村金融服务办公室”。

▲2009 年 12 月，花溪合行采购第一批 14 台 ATM 机，贵州省农信社系统第一台 ATM 机在麒鑫支行正式运行，对顾客提供每天 24 小时不间断服务。

▲2010 年 7 月，花溪合行第一家紫光支行“社区金融服务办公室”在溪北居委会挂牌。

▲2011 年 11 月，花溪合行成立贵州省农信系统第一家小微企业金融服务中心。

▲2012 年 5 月，花溪合行在高坡乡甲定村商户王德邦小超市挂出全省农信社第一家“村村通”的牌子。

▲2012 年 10 月，花溪合行作为全省农信社第一批网上银行试点行，面向本行员工发展 318 户网上银行用户。

▲2013 年 11 月，贵州大学城第一家金融机构花溪合行大学城支行开业。

▲2013 年 11 月，花溪合行成为贵州省农信社首家“破百亿”的县域金融机构。

▲2013 年 12 月，花溪农商行股份有限公司第一次股东大会召开，会议选举产生第一届董事会，吴勇当选董事长。

▲2013 年，花溪农商行第一家获得全省监管部门监管评级二级的县域金融机构。

▲2014 年 4 月，花溪农商行作为唯一一个全国农村金融中小机构，在全国农村金融服务经验交流电视电话会上发言。

▲2014 年 4 月，中国银行业协会开展 2014 年度中国银行业创建“最安全银行”主题活动暨“双百”评选活动。花溪农商行作为全省农信社唯一参评单位参与本次评选活动。

▲2014 年 7 月，花溪农商行第一家跨区域机构小河支行在黄河路 1 号成立。

▲2015 年 1 月，花溪农商行保管箱中心开业，是花溪地区唯一一家有保管箱的银行，设置有 3054 个保管箱。

▲2015 年 1 月，花溪农商行上线试运行票据打印系统，成功办理首批电子打印票据。

▲2015 年 1 月，由国务院扶贫办组织的第二期全国扶贫小额信贷培训班在北京举行，花溪农商行作为全国唯一的一家农村金融机构，在会上作典型经验交流发言。

▲2015 年 2 月，花溪农商银行第一次定向招

聘员工。

▲2015 年 2 月，花溪农商行获“全国文明单位”称号，属贵州省农信系统第一家。

▲2015 年 6 月，花溪农商行 5 家便民服务支行在青岩镇开门营业，开创全国首家一次性审批通过 14 家便民服务支行的先例。

▲2015 年 6 月，花溪农商行自主研发的“商誉通”小微企业金融贷款产品，获全国银行业“2014 年服务小微企业二十佳金融产品”称号，成为贵州唯一获此称号的金融机构。

▲2015 年 7 月，贵州省农信社第一台多媒体自助终端在花溪农商行投入运行。

▲2015 年 8 月，花溪农商行男、女篮球队代表省联社参加贵州省第九届运动会职工组篮球比赛，男、女队双双获第一名。

▲2015 年 8 月，花溪农商行全省首次推出“自助贷款一体机”

▲2015 年 8 月，花溪农商行在中国银行间市场成功发行首期同业存单，成为贵州农信系统首家发行同业存单的县域金融机构。

▲2015 年 11 月，花溪农商行发起成立的贵安发展村镇银行股份有限公司挂牌，属贵安新区第一家独立法人的股份制地区金融机构。

▲2015 年 11 月，花溪农商行档案管理工作获贵州省档案管理三星级企业称号，属贵阳市金融行业第一家。

▲2015 年 12 月，花溪农商行全省农信系统第一家理财产品“惠民通”发行。

▲2015 年 12 月，花溪农商行成为全省农信系统首家存款突破 150 亿元的县域金融机构。

▲2016 年 7 月，花溪农商行第一批 28 台网上银行体验机投放使用。

▲2016 年 7 月，花溪农商行成为贵州农信首家资产规模突破 400 亿元大关银行，资产达 409.6 亿元。

▲2016 年 7 月，《金融时报》刊登普益标准发布的 2016 年二季度银行理财能力排名，花溪农商行成为贵州农信系统唯一上榜机构。

小额农贷资信卡小记

花溪地区的小额农贷资信卡于 2000 年初全面推广使用，是花溪联社为推进诚信农民建设，促进联社经营转型，而向符合小额农户信用贷款条件的已评级授信农户发放的一种贷款卡，长期居住在花溪乡镇行政管理区域内的农户均可申请办理并贷款。“小额农贷资信卡”的名称随着花溪农商行的不断发展经历了三次变迁。

“小额农贷资信卡”名称变迁表

阶 段	时 间	名 称	备 注
第一阶段	2000 年 1 月至 2004 年 5 月	小额农贷资信卡	纸质卡片
第二阶段	2004 年 6 月至 2010 年 12 月	贷款证	纸质证书
第三阶段	2011 年 1 月至 2016 年 12 月	小康卡	外观与储蓄卡相似

2010 年 12 月，借信贷系统上线运行之机，为支持辖区内农户与全国同步进入小康，花溪合行将小额农户信用贷款产品由“资信卡”更名为“小康卡”。小康卡的发行，促成将信贷管理流程嵌入了 IT 平台，简化了贷款手续，防止了假借冒名贷款，降低了交易成本，解决了以往农户贷款手续繁琐的问题，使农户在自己的授信限额内贷款更加方便。

“小额农贷资信卡”的名称演变为“小康卡”，授信金额及各类卡的限额也发生了变化。授信金额从推广之初 500 元提升至最高 50 万元，从提出“大力推行普卡（限额 3000 元）、稳健运行银卡（限额 5000 元）、适度发展金卡（限额 10000 元）、慎重发行特卡（限额 20000 元）”，到全面发展普惠金融，推进农村产业结构调整和城镇化建设，形成了与客户共同成长的发展历程。

2013 年 12 月 7 日，全国地方金融第十七次论坛在海南三亚海棠湾召开，花溪合行代表贵州省联社参评的“小康卡”农户小额信用贷款喜获全国三农双十佳金融产品荣誉称号，花溪合行党委委员、副行长江弘代表省联社上台领取奖牌。

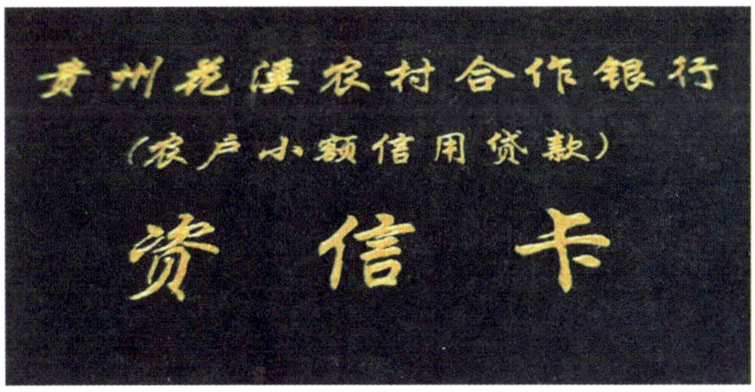

小额农贷资信卡

自小额农贷资信卡推广使用以来，有力支持花溪区辖内群众生产生活发展，促进了当地农村经济的持续稳定，加快了花溪区城镇化建设。经过 16 年的持续运营，现仍再推广使用的“小康卡”已成为深入群众心目中的地方性金融品牌。截止 2016 年 12 月，花溪农商行依托“小康卡”发放的小额信用贷款余额户数 22601 户、余额 207672. 29 万元。

花溪农商银行改制历程

花溪农商银行前身花溪合作银行于 2013 年 4 月 1 日接到贵州银监局明确通知：经提交《关于贵州花溪农村合作银行改制为农村商业银行股份有限公司的请示》和《可行性报告》后，4 月 10 日贵州省联社向花溪合行发出《省联社关于贵州花溪农村合作银行改制组建农村商业银行的批复》，正式同意花溪合行改制组建贵州花溪农村商业银行股份有限公司。

一、筹建工作

筹建工作正式启动后，花溪合行立即部署，根据行的实际，从各支行、分理处抽调相关专业人员参与筹建工作。

（一）为调动全行员工主动参与筹建的积极性，制定了《农村商业银行筹建读本》供全行员工学习。

（二）为确保筹建工作有序进行，一是及时聘请贵州辅正律师事务所对行筹建工作所起草的文件进行修订并提出法律意见书；二是聘请声誉良好、专业水平高的红日会计师事务所，按照银监部门的监管指标体系进行测算，制定清产核资、资产评估方案；三是一切从老股东的利益出发，对行原有的922名股东基本信息进行逐一确认，并对其股金的处置意向进行调查摸底；四是制定切实可行的不良贷款清收方案。

（三）严格按照《花溪农村商业银行2013改革工作时间安排表》开展工作。

1. 召开首届股东代表大会第十二次会议。根据行实际，筹建小组拟定《关于贵州花溪农村合作银行改制为贵州花溪农村商业银行股份有限公司的议案》等9项内容，经行首届董事会第四十八次会议审议通过后，于2013年4月22日召开首届股东代表大会第十二次会议，应到股东代表99名，实到股东代表97名，会议合法有效，9项议案一致审议通过，并形成改制相关决议。

2. 成立筹建工作领导小组。2013年4月10日，经区委区政府同意成立筹建工作领导小组和筹建工作小组。

3. 2013年5月9对老股金处置方案在各营业网点进行公告，公告时间一个月，于2013年6月9日公告结束，公告期间未收到任何意见。

4. 针对政府融资平台贷款5900万元，花溪合行于2013年5月31日全部清收完毕。

5. 认真做好清产核资工作。2013年6月底出具初步《净资产确认书》；7月1日提出净资产分配预案并向银监局提出验收申请；银监局于2013年7月8日至7月26日对合行清产核资工作进行验收，验收过程中对行法律文件、法律程序、信贷资产五级分类情况、清产核资、净资产确认及分配等内容进行逐一检查，针对银监局验收情况进行整改，2013年8月23日上报整改报告。

二、创立大会暨股东大会召开

2013年12月23日，贵州花溪农村商业银行股份有限公司创立大会暨第一次股东大会在贵州花溪农村合作银行综合办公楼10楼会议室召开。

中国人民银行贵阳中心支行党委委员、副行长卢钦，省联社党委副书记王黎明，贵州银监局农村中小金融机构非现场监管处处长张舒袖，党委组织部部长、人力资源部总经理张力，省联社贵阳片区稽核审计中心总经理李显华出席，花溪合行董事长吴勇主持会议。各股东、代理人认真审议贵州花溪农村商业银行股份有限公司筹建工作报告、章程等各项议案，并形成相应决议。经过各位股东充分酝酿，民主协商，选举产生贵州花溪农村商业银行股份有限公司第一届董事会董事、监事会非职工监事。

同时，分别召开第一届董事会第一次会议、第一届监事会第一次会议，选举产生董事长、监事长，聘任行长、副行长、及相关部室负责人；会议审议通过主要管理制度等；人民银行、银监部门、省联社和花溪区区委区政府领导发表重要讲话，大会各项议程圆满完成。

三、获批开业

2013年12月27日，花溪合行获贵州银监局批复：同意贵州花溪农村商业银行股份有限公司开业，并核准《贵州花溪农村商业银行股份有限公司章程》等多项事项。2013年12月29日，贵州花溪农村商业银行挂牌开业，副省长黄康生为行授牌。随后花溪农商行上报《关于分支机构名称变更及开业的请示》《关于李朝叶等23名同志高级管理人员任职资格审核的请示》，不久获贵州银监局批复：同意以下28家分支机构改制更名及开业等多项事项。

从信贷员到董事长

——记银行家吴勇

1965年10月，吴勇生于贵阳市青岩镇。1983年进入信用社工作，从事过信贷员、会计、联社主任等职务，先后荣膺全国五一劳动奖章、贵州省劳动模范、贵州省“五一劳动奖章”、贵州省“明礼知耻、崇德向善”行业道德标兵、贵州省优秀企业家等荣誉，硕士研究生学历，系花溪区第八、九、十届党代会代表，花溪区第十四、十五、十六、十七届人大代表。

无热血不少年 励志报国成为信合人

吴勇从小接受严厉家庭教育，小小年纪就立下了安邦立业报国的理想。但同时，吴勇也是镇里出了名的调皮孩子，因为个子高，打架闹事少不了他的身影。少年时代，吴勇也很羡慕军人，渴望能够真正穿上军装，能够保家卫国，抛洒热血，认为那是一个男人最光荣的事情。

第一年，吴勇悄悄的瞒着全家人报名参军，被母亲、祖母知道后，好说歹说，把吴勇生拉硬拽回家。第二年，吴勇继续跃跃欲试报名参军，发现户口本都找不到了，原来，是母亲担心他“贼心不死”，提前就把户口本锁进了衣柜里。立志参军的吴勇，很不理解母亲做法，气急败坏的质问母亲“为什么要这样做?”母亲告诉他，吴勇的两个亲舅舅，一个牺牲在解放石家庄的战场，一个牺牲在抗美援朝战场，保家卫国光荣啊，可是对至亲来说，谁能够承受得了这份分离之苦，再一次面对生死抉择，母亲和祖母都不舍得让他再次选择穿上军装。一腔热血的吴勇，面对母亲和祖母不舍和挽留，硬是将澎湃的理想按捺下来，静心投入高考的复习中，1982年夏天，吴勇以2分之差，无缘大学，并继续听从了母亲的建议，考取了农村信用社，毅然决然地走上了投身农村金融的道路，开启了一个农村金融改革者充满艰辛而又光辉的不平凡之路。

帮助家乡父老脱贫致富，农民的儿子不忘本

1983年，吴勇进入青岩信用社。今天的青岩古镇，是全国知名的文化旅游景点，国家AAAAA级旅游景区，而三十年前的青岩，很多老百姓都挣扎在贫困线上，种地养殖，靠天吃饭，遇上天灾，那就等着饿肚子。当时的青岩信用社整个联社仅有17万存款，刚入职的吴勇工资是18块钱加上15块钱的“地区差”，也就30多块钱，当时买军大衣要35块钱。也就是说一个月的工资，买不到一件衣服。青岩这么穷，一个铮铮汉子在这里围着农民转，有前途吗？吴勇想到自己和青岩信用社的未来十分苦恼。于是进入信用社的第一年，时常晚上趁家里人睡了，偷偷拿起课本复习，想第二年继续参加高考，毕竟有文化才有出路。于是第二年吴勇继续参加了高考，无奈还是以0.3分之差被淘汰。

经历过两次高考失利的吴勇，冷静下来分析，他并不是个好高骛远的人，既然无缘读书，那就要好好干这份工作，毕竟那时候家里穷，兄弟姊妹又多，十几块钱工资不多，那也是全家人吃饭的口粮。谈起吃饭这件事，吴勇多次提到，今天很多年轻人都喜欢那种走街串巷的火烧洋芋、包谷饭等特色小吃，但是，他最怕闻到包谷饭和洋芋的味道。因为闻到这些味道就让他想起以前煮洋芋吃，盐都没有；吃饭还要搭碎米、搭红苕、

搭洋芋，难以下咽，家里兄弟姊妹多，大的要让给小的吃，生活的艰辛是现在的年轻人想象不到的。

80年代的信用社，年轻人少，有文化的年轻人更少，吴勇时常拿着农户的档案逐户分析，他觉得虽然信用社条件差，基础薄弱，坏账多，但只有信用社可以给农民提供资金，帮助农民群众富裕起来，没有比这更加光荣的职业。好好干，一定有出路。

吴勇坚持发扬老一辈信合员工挎包精神，走千家、进万户、不管春夏秋冬、刮风下雨，经常一人蹬着自行车走村串户，了解贷款农户生产生活情况，掌握他们贷款使用和偿还情况，还多次主动申请到当时条件最苦的马铃乡清收不良贷款。那时候，他带上干粮，蹬着车，在外面就是一天，吴勇跑遍了青岩山山水水、走遍了村村寨寨，对农信社所想、所盼、所求，都了然于心，正因为有了人熟、地熟、情况熟的优势，吴勇经手的贷款到期回收率在全社遥遥领先，经常超额完成任务。

花溪区档案馆藏农村信用合作卷宗记载：青岩西街生产队有个叫陈玉先的社员，1962年向信用社贷款158元，到1983年分文未还，是大名鼎鼎的拖欠户，刚进社几个月的农金员吴勇初生牛犊不畏虎，不厌其烦多次上门，有情、有理、有节催缴，终于打动债务人，破解21年呆账难题，收到还款47元、利息54.18元。1984－1985年，仅仅进入信用社两年，吴勇就连续被评为青岩信用社先进工作者。同志们都评价他坚持原则、办事认真、大公无私，胆子大，敢干事，带有年轻人风风火火的性格，确实和老同志不一样。而吴勇心理深深的明白，为什么明明是老信贷员都无从下手的“赖账户”他也能收回贷款，明明是受了灾，地里种不出粮食的农户，他也敢拍板放贷款，一切都源于他对农户的了解和信任。吴勇说，人这辈子，总是要有点情怀的，不真正和农户“打伙计、攀亲戚、认姊妹”不深入田间地头你怎么了解他们发展状况？何况当地的众多农户，不是不想发展，而是缺少资金，信用社作为农民的银行，责无旁贷要挑起帮助农民追求美好生活的这个担子。于是，那个追求过喇叭裤、长头发，渴望过一身军装，保家卫国的年轻人，变成了常年骑着自行车，背着挎包在田间地头穿梭，晴天一身土、雨天一身泥的信贷员。他看到父老乡亲的生产和生活都十分艰苦，当地老百姓对信用社朴实的真情及对资金的渴望时，让他坚定了信念，一定要把资金和信息送到每家每户去，让农民知道，借钱可以找农信社，就该找农信社！

深入农村、农户的经历奠定了吴勇一生的价值取向，劳动光荣、劳动伟大，帮助劳动人民发家致富重担在肩、义无反顾。农民是我们最温暖的初心，也是最朴实的信仰。这个带着草帽、皮肤黝黑的年轻人，在对工作的付出中，在和农民打交道中看到了别样的诗和远方，这股坚韧力量和勇敢执着，在他的心中根植下了一个实现普惠金融的信念。

立足“小产品”打开“大市场”带领群众脱贫致富

农信社是农民的银行、老百姓的银行，但是由于机制、体制原因，农信社长期以来都没有能够纳入“银行正规军”范畴。吴勇进入信用社工作时，信用社正处于中国农业银行托管时期。他全心全意、热情似火的投入到服务三农中去，但由于收入的悬殊、不值得炫耀的工作身份，曾经不入眼的服务群体，让他不时感到沮丧、心灰意冷，也有过离开的念头，包括吴勇在内的几代农信人梦寐以求的梦想就是有朝一日可以挂上“银行”这块牌子，当看着大银行漂亮的大楼、靓丽的门头，当农信社人都不敢称自己为银行工作者的时候，一个花溪银行的梦想已在他心中萌芽、壮大。

1996年，吴勇因为业绩突出，被组织任命担任青岩信用社主任职务，同时还兼任花溪马铃乡和燕楼乡两家信用社主任，一人兼任三家信用社法人，在贵州农信史上创造了一个特例。与此同时，由于没有正确的经营方向，当时的信用社盲目进军城区市场，一半以上的网点出现亏损现状，要存款无存款，要人才无人才，要市场无市场，已经到了生死的边缘。通过认真研判分析，吴勇带头清收了当时给一家企业贷的最大的一笔贷款80万元，连同青岩信用社200多万的存款，全部投向农村，依靠农户的信用发放贷款。通过300、500、1000元……的小额农贷，帮助农民进行产业规划和还款设计，逐户和农民拓宽发展思路。通过创新引领，吴勇带领团队找到了“小”产品开发“大”市场这个关键，发掘大银行不愿意做的农村市场，顺利实现了扭亏为盈。

2000年，因为带领团队业绩突出，吴勇被任命为当时资产规模不足1亿元，亏损面高达53.8%，不良资产高达46.7%，严重亏损、资不抵债的花溪联社主任。又是一次想象不到的挑战，又是一个亟待破旧立新的转型抉择，时值花溪联社因进入城市战略失误和沉重历史包袱双重压力，但与此同时，政策优势和经验优势也成为吴勇再次迎接挑战的资本。

2000年，人民银行政策开始向农村大幅倾斜，推出了极具惠农价值“小额农贷”。“小额农贷”指为了支持农村经济发展，给农民发放上限为5万元的农村小额信用贷款。吴勇带着从1996年开始在青岩镇自发性发放的“小额农贷”的经验认为，“必须回到农村去，继续抓小客户”，研发“资信卡”小额农户信用贷款，定位服务“三农”，在“小”字上做文章。于是，花溪农村信用社操作新的“小额农贷”轻车熟路。与此同时，吴勇也开始更多的探索小额农贷的规范化管理，对产品的体系设计、风险防范有了更多的思考。很快在2000年就发放“小额农贷卡”1万多户，金额4千万，并实现当年发放、当年收回。2001、2002年，花溪联社的“小额农贷”稳步推进，年度发放“小额农贷”上升到1亿以上，将花溪12家资不抵债信用社扭亏为盈。终于，这个亏损网点超过一半的花溪联社“起死回生”，吴勇在农村市场中找到了自信，更重要的是发现了农村市场的广阔天地。

骨子里带着倔强、不服输、爱较真精神的吴勇，在困难面前从未停止过脚步，用“小产品”满足了“大需求”，依靠“小客户”成就了“大市场”，2000年至2003年，花溪联社存贷款规模翻了4倍，资产规模增长了10倍，创造了让整个农信社称赞的“花溪模式”。然而，花溪银行的梦依然在吴勇心中，从未停止。2003年，国务院颁布《关于印发深化农村信用社改革试点方案的通知》（国发〔2003〕15号），这让卯足干劲的吴勇和他的团队们看到了希望，按照“从严控制，先行试点，逐步发展”的原则，花溪联社成功争取成为全国八家组建农村合作银行的试点之一。当时，吴勇带领团队所取得的成绩引起了党中央、国务院高度重视。2004年1月2日，时任中共中央政治局常委、国务院副总理黄菊亲临花溪信用社调研，作出“这个信用社基础不错，立足服务‘三农’，创新金融品种，工作规范有序，将来试办农村合作银行，要支持”的重要指示。

在短短九个月时间内，吴勇和他的团队集中精力投入到农村合作银行改制中去，白天他们埋头于各类账簿、下乡、调研，晚上和节假日他们加班研究学习政策文件，围绕清理股金、开展发起人征集、回收不良贷款、加快资产确权等重点、难点开展工作。整理股金，他们一户一户的清理、动员，缺乏经验，硬是靠着算盘一笔一笔的进行账务核算，需要复印的资料太多，大家硬是守着复印店彻夜工作，直到机器都罢工。通过不分白天黑夜的努力，于2004年5月28日挂牌成立了全国新体制框架下第一家农村合作银行，确立了“立足花溪、服务三农、支持中小、回报社会”的经营理念和“面向农村，服务农民，发展农业”的市场定位，继续深化改革，于2013年12月29日成功改制挂牌贵州花溪农村商业银行股份有限公司。

改变小机构落后面貌，不忘农信社挂牌银行梦想

通过真情实意的服务农户，找准农村金融主力军的地位，花溪联社逐渐摆脱困境，最终挂牌合行、改制农商行，实现几代农信人最初的梦想。

如今，花溪农商行已经设立31家支行、14家便民服务支行，还在云岩区、南明区设立分支

机构，同时发起设立了贵安发展村镇银行、罗甸发展村镇银行（筹），成为“服务三农、服务小微、服务社区”的农村金融主力军，从弱小中成长，在艰难中前行，依靠在“小”字上做文章走出了一片“大”天地。2011 年，以吴勇名字命名的吴勇劳模创新工作室成立后，花溪农商行将小额农贷总结为“三小”（小产品、小队伍、小客户）、“四可”（金额可高可低、期限可长可短、押品可有可无、利率可上可下）的农村金融服务模式，并提出将“两小一民”（小微企业、小个体工商户、农民）确定为花溪合行农村金融服务的中心。吴勇并未停止创新的步伐，改制农商银行以来花溪农商行通过组建“自行车金融服务队”、铺设助农取款 POS 机、研发自助贷款终端，设置便民服务支行，让“助农脱贫流动服务车”开到田间地头，开设金融夜校普及金融知识，打通金融服务最后一公里，让农户足不出村即可办理“存取汇”等业务，打通金融服务最后一公里。截至 16 年末，花溪农商行服务辖内农户数 5.6 万余户，12 个乡镇，158 个行政村，1045 个村民小组，农户贷款面达 63%，农户贷款余额 23 亿元，农户授信总额达 35.3 亿元，花溪农商行用贵阳市花溪区 35% 的存款资源发放了该区 90% 以上的涉农贷款。

同时，逐步建立起了科学管理体制的花溪农商行也开始了城市战略转型，大力支持辖内“5 个 100 工程”项目、大型商圈、“3 个 20 万”微企发展，为个体工商户、行政事业单位职工、小微企业和园区商户提供资金服务，小微企业金融服务支持领域遍及实体经济支柱产业和民生领域行业，有效帮助本地企业缓解融资难、融资贵问题，仅 2016 年累计发放小微企业贷款 69.84 亿元，小微企业申贷获得率达 100%。

当好企业领头雁牢记职工追求幸福生活的向往

吴勇作为农民的儿子，农村金融工作者，企业大家长，他的身后是花溪区百姓渴望脱贫致富，迈向小康生活的向往，是近 600 名职工团结一致，同心同德干事创业的期望。他始终认为只有拿出只争朝夕、时不我待的紧迫感和责任感才能无愧于这一份信任。2017 年 5 月，吴勇获全国五一劳动奖章荣誉称号，他表示这份荣誉的获得，不仅是代表他个人，更是花溪区百姓对花溪农商行的肯定和信赖以及近 600 名职工的奋斗和努力。很多人说，没有吴勇就没有花溪农商行，但在吴勇看来，恰恰相反，脚下的力量来自于心中的信仰，是广大的老百姓和背后的职工鼓励着、支持着他一次次战胜困难，克服挑战，一步步走上领奖台。为此，他提出“携手同行相伴一生”的企业文化理念，关爱客户发展，关心员工的成长，注重人才的培育，提出打造“以情做事，真情待人”“大家庭”企业文化氛围。

把职工当成亲人，职工才会将企业当自己家，为此吴勇坚持建设“四小工程”，不断提升员工幸福指数。通过办好“小食堂”，改善职工膳食健康；做好“小书屋”，丰富职工精神生活；建好“小宿舍”，优先安置困难职工住房；用好“小汽车”，实行车改解决员工交通问题；为员工发放父母赡养费、二孩生育补助、设立母婴室，帮助职工尽孝心，解决生育后顾之忧；每天为在岗职工及家属提供定制的鲜牛奶，每月为职工做好家政服务，每年春节举办职工家属座谈会。设置“职工子女奖学金”，鼓励职工子女勤学成才，坚持“五必访、五必谈”，体现浓郁“大家庭”氛围。花溪农商行先后成立了文工团、篮球队、车友俱乐部等员工组织，通过开展各类演讲比赛、合唱比赛、主题义演、公益活动等活动提升企业文化内涵。花溪农商行连续 16 年来，没有一桩经济和刑事案件发生，也没有一个员工下岗和退休职工上访事件发生。涌现出贵阳市劳动模范、五一巾帼标兵、工人先锋号等一批先进个人和集体。形成了人心齐、作风正、事业兴的良好面貌，在构筑和谐企业关系，企业文化建设上的突出成绩获贵州省国资委授予“五型企业”、全国文明单位、全国五一劳动奖状等荣誉。

花溪农商行积极支持公益事业，将回报社会作为办好企业的重要方向。我们坚持 21 年不间断慰问花溪区青岩敬老院孤寡老人，捐款 200 余万元资助青岩镇、花溪清华中学等贫困学子，帮助织金白马小学改善教学环境；累计向高坡苗族、马铃布依族等少数民族贫困村寨捐赠物资100多万元用于修建道路、立面改造、危房改造；2010年以来累计捐赠3000余万元用于花溪区生态环境改造、扶贫搬迁及公共文化事业发展。积极实施金融扶贫，创新开发“小康卡·安居贷”产品，发放失地农户新建、维修住房贷款，支持“四在农家美丽乡村”建设。累计发放“特惠贷”精准扶贫农户小额贷款410户，870万元，降低贫困农户的贷款成本。认真落实对务川县砚山镇回龙村结对帮扶工作，帮助贫困户扩宽增收渠道，改善教育医疗条件。因在社会公益方面做出的贡献，2011年，花溪合行获“最具社会责任农村金融机构”称号，2017年花溪农商行获2016年度贵阳市履行社会责任优秀企业称号。

2017年4月27日，董事长吴勇在北京获“全国五一劳动奖章”

董事长吴勇进村入户与农民谈心

第一篇 机构

2013 年 12 月花溪农商行成立

第一章 民国时期信用合作组织

第一节 民间信用合作组织

民国时期，花溪区境内民间金融流通存在私人借贷与“合会”两种形式。

私人借贷多系亲友遇到急难的互助。因花溪地处黔中腹地，历史上交通欠发达，生产较落后，农民普遍不富裕，而且农产品生产周期较长，遇有临时性的困难，只能靠亲戚朋友之间的相互赊欠或借贷来解决，待猪、羊等牲畜出栏或农产品收获后一并偿还。如遇较大的支出，如购买牲畜、修房建屋、婚丧嫁娶等，农村一般以积金会的形式解决，也称“合会”、“上会”、“炸会”、“做会”，具体形式主要有：轮会、标会、摇会。合会设有会长（也称会首、会头）、记账、出纳。一般情况是会长邀约十多二十人开会，需借贷者向大家讲述自己的困难，还差多少钱，需要一个“会”来解决。在得到与会者的认同后，就商定金额（合会金额几元至数百、数千元不等）和时间（一般是一月一次），会首得头会后，可按照商定的次序或抽签的办法确定次序依次每人一次会，会首负责每月到期收取每位会友的会费交给接会人。待每位会员都按时接到一次会费后，该会就自然终止。“老人会”是个特例，它以会友老人逝世的时间为准，一旦哪家会友老人过世，会首就要告知其他会友，将既定的钱物送到丧家，用于操办丧事。这种一家有难，大家帮忙，“换手挠背”的“上会”办法很受百姓欢迎，明代青岩城内就有合会组织数十家。“合会”属自发的金融合作集资组织，但这种零存整取以解决困难的方式只适合货币稳定时期。

花溪城区和较大的乡镇还存在典当铺。有时农民遇到突发的困难，只得将家中稍为值钱的物品送到典当铺，以解燃眉之急。典当铺以半价收，若逾期未赎，便由典当铺处理，当民损失较大。光绪元年（1875），青岩镇已出现较大的典当行。当时城内西街万寿宫旁偏僻小巷内吴姓等三家布匹、杂货商户合作开设典当铺，资本银2500两，名号“三合典”。其业务属以收取实物作质押的一种借贷。抵押物品价值必须比借贷款高出一倍以上，期限“典”为一年，“当”为二年，利息2.5%以上。至1950年人民政府明令取缔典当业，方停止营业。

农村还存在借高利贷的情况。高利贷的利息高过一般利息的数倍乃至十多倍，农民一旦落入高利贷的火坑，很难自拔，利滚利，越积越多，从而使家庭破产，甚至会逼人铤而走险，走向犯罪。高利贷者历来都是人们痛恨的打击对象。

第二节 乡保信用合作社

民国25年（1936）7月，贵州省农村合作委员会成立，要求各县建立信用合作社。贵阳县成立农村合作指导室，万文渊、胡士俊、赵升阶先后担任指导室主任，负责管理、指导全县的生产、消费、运销、供给，以及合作社运营事务。中国农民银行贵阳分行在贵阳县以自然村寨为单位，组织农民试办农村信用合作社，区内较大乡村开始出现农村信用合作社组织。至民国26年（1937）12月，农民银行贵阳分行在贵阳县境内建立的农村合作社达百余个。民国 27 年（1938）8 月，贵阳县农村信用社 280 余个，次年 2 月达 322 个，社员 8928 人，社股金额 22021 元。

各村寨及镇所组建的信用社一般以谋社员的经济利益与生活改善为目的。信用社成立之初，股金的收取及业务的开展并不顺利。民国 31 年（1942）5 月花溪镇合作社因多数保（村）社股金未按代表大会决议缴纳，呈请花溪镇公所派兵警两名分赴各保催缴。6 月 25 日，成立 3 月余的花溪镇合作社，尚未收齐股金开业。民国 32 年（1943）3 月 16 日，因股金收取工作没有完成，青岩镇长杨继炎收到贵筑县县长吴椿签发的政府训令，批评其对合作事业推进全不负责。

民国 33 年（1944）12 月，贵筑县合作指导室统计报表显示：全县信用合作社社员数达 5418 人，其中保（村）信用合作社社员 4995 人，其他信用合作社社员 423 人。民国 34 年（1945）抗日战争胜利后到民国 37 年（1948）3 年时间中，贵筑县农村土地信用合作社断断续续都有建立，民国 37 年（1948）5 月，就有中曹乡第 7 保、青岩镇第 1 保、青岩镇第 3 保、彭官乡湖潮保相继召开合作社创立大会。

民国 37 年（1948）10 月，贵州省政府发文贵筑县，“训令：查保（村）合作社为直接民众之基层经济组成，办理之良窳关系民生至钜。本省保合作社已达 3700 之余社，如能善为运用，发挥应有之效能，不仅可完成养之使命，其余管教卫之间接裨益亦必良多，各县亟应以全力健全其组织，积极开拓其合法之各种业务。举凡生产、运销、消费、供给等重要业务，及其他业务公共福利事业，应视环境之需要，群策群力分别举办。令仰该县切实遵照办理，具报为要”。这期间省政府虽重视发展合作社，但因物价飞涨，货币贬值，不少农村信用合作社名存实亡，或宣布变更，或宣布解散。

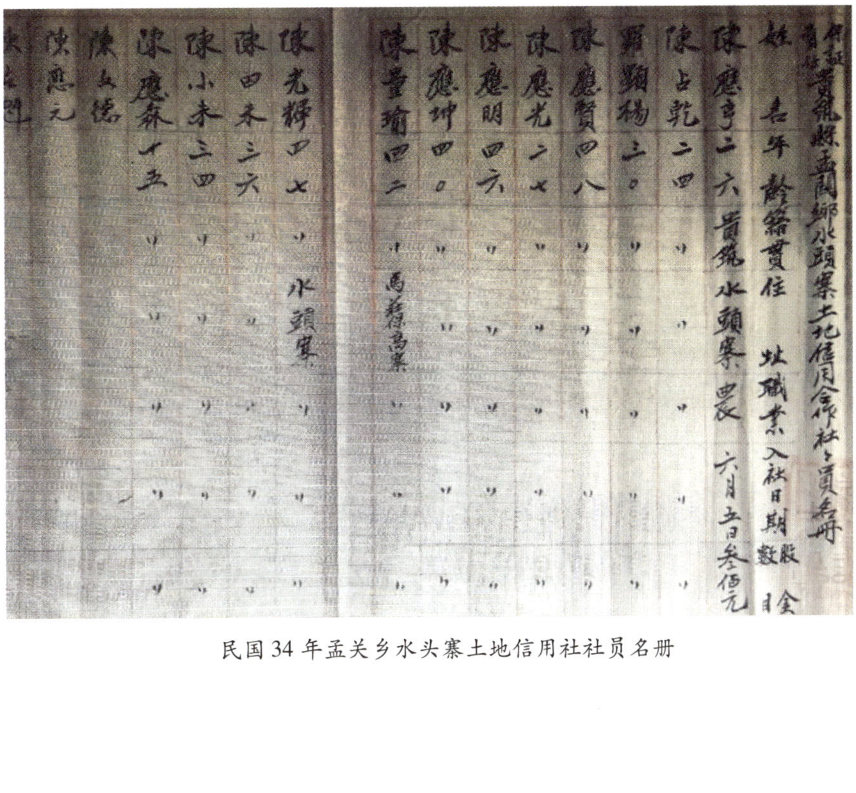

民国 34 年孟关乡水头寨土地信用社社员名册

第三节　贵筑县合作社联合社

民国 32 年（1943）2 月 27 日，贵州省合作事业管理处电令贵筑县县长吴椿：“查各县乡镇社业经成立，应积极筹备县联合社。”3 月 1 日，贵筑县县长吴椿签发文各乡镇：“奉令筹组县联合社仰知照，”并令县政府合作股指导员赵良栋前往花溪镇合作社指导筹备建县联社工作。3 月 15 日，贵筑县合作社联合社召开创立大会，讨论通过章程；选举理事会，选出理事主席赵良栋（县政府职员）；选举监事会，选出监事主席杨安盛（国民党贵筑县党部书记）。联合社有团体社员 18 个，股金每股 10 元，认股 9000 股。社址设花溪镇中正路（今花阁路）36 号。

联社以协助社员改善其业务、帮助其发展、促进其互相联络为宗旨，以贵筑县为业务区域，设理事会和监事会。理事会由理事 7 人组成，执行联社社务。监事会由监事 7 人组成，监察联社社务、理事及监事。理事及监事均由代表大会在代表中选举，理事任期为三年，监事任期为一年。理事会、监事会各设主席一人，由理事、监事分别推选，理事主席总理社务、代表联社，监事主席负责监督联社一切事务。联社设经理一人，由理事聘任，总揽全社业务及对外文件的处理事项，下设会计股、总务业务股，每股设股长一人，营业员、出纳员、事务员、会计员若干人，由经理选用，并报请县政府核委。联社因业务需要分部经营，各部设主任一人，由经理选用并提请理事会聘任，受经理及业务股长的督导。

1943 年 4 月，贵筑县合作社联合社召开第一次理监事联席会，商讨联社应推进事宜。7 月，贵筑县合作社联合社清理账目显示：26 个乡镇合作社应认股本金 13 万元，除花溪、黔陶、燕楼等 8 个乡镇社已缴 1.95 万元外，其他青岩、石板、中曹等 18 个乡镇社尚未缴纳。县联合社创立半年就出现难以为继的局面，如 10 月 18 日，县联合社向县政府呈报：因物价高，资金不敷周转，拟将食堂部分暂停营业。贵筑县政府指令：准予该社食堂部分暂停营业。

贵筑县合作社联合社从成立到 1949 年，因股金大都收不齐，经营管理不善，再加上后几年时局动荡，通货恶性膨胀，联合社大多时间惨淡经营，甚至名存实亡。

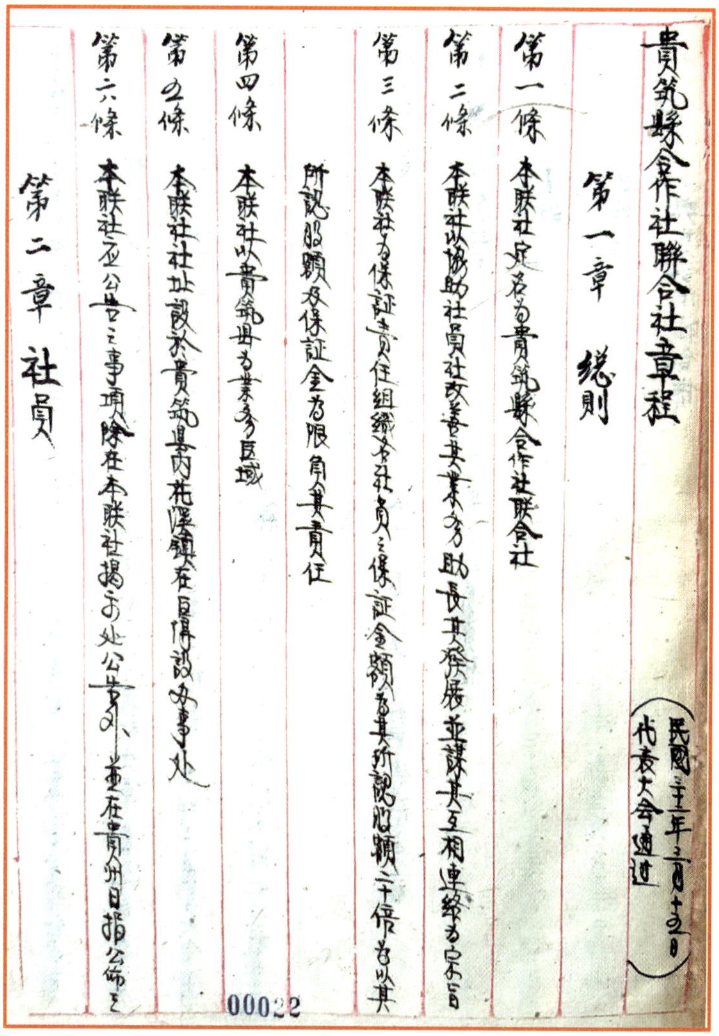
貴筑縣合作社聯合社章程
（民國三十二年三月十三日代表大會通過）
第一章 總則
第一條 本聯社定名為貴筑縣合作社聯合社
第二條 本聯社以協助社員社改善其業務助長其發展並謀其互相連絡為宗旨
第三條 本聯社為保證責任組織各社員之保證金額為其所認股額二十倍為以其所認股額及保證金為限負其責任
第四條 本聯社以貴筑縣為業務區域
第五條 本聯社社址設於貴筑縣內花溪鎮在區得設分事處
第六條 本聯社應公告之事項除在本聯社揭示處公告外並在貴州日報公佈之
第二章 社員
00022

民国贵筑县合作社联合社章程

第二章 花溪农村信用合作社

第一节 互助信用组

1952年9月9日，中国人民银行贵州省分行根据全国首届农村金融会议精神，采取重点示范、由低级到高级过渡的办法，决定试办集体所有制的信用合作组织——互助信用组，并提出信用合作应贯彻自愿互利、共同经营、自负盈亏的原则。

互助信用组为农户自愿参加的组织，一个组的规模一般在30户左右，不收股金，不办存贷，只组织农民互相调济有无，一般为实物借贷活动。互助信用组虽为自发性质的组织，但它的出现，为成立农村信用合作社打下了良好的社会基础。

第二节 信用合作社

为克服以实物借贷为主要形式的互助信用组的局限，帮助农民解决生活生产方面的资金需求，打击高利贷，促进农业生产健康发展，1954年6月6日，花溪地区第一家农村信用合作社成立，由麦坪、刘庄两个信用组改建为社，无偿借用场坝村农户龙开凤两间民房办公。社员553户，股数586股，收到股金645万元（旧币），存款145万元，放款700万元。

从1954年到1955年，按照乡乡建信用社的原则，花溪区所辖49个乡基本上都成立了信用社。农村信用社是集体所有的金融组织，以三性（组织上的群众性、管理上的民主性、经营上的灵活性）原则为基础建立。社员代表大会是农村信用社的权力机构，制定、修改信用社章程。社员大会选举的理事长、监事长大都由生产合作社（初级社、高级社）的领导兼任。各信用社的章程，大多是借用水田现场会的章程，并结合各乡的实际略加修改。1955年1月以后，统一采用中国人民银行总行制定的《农村信用社合作社章程（草案）》。一般一个信用社由1-3人从事业务。信用社成立之初，贷款对象主要是困难的贫下中农入股社员，贷款数额不大，主要用来解决社员生活和生产方面的困难，买些粮食或锄头、镰刀、箩筐等小农具以及猪崽、鸡鸭等扶持养殖业等等。

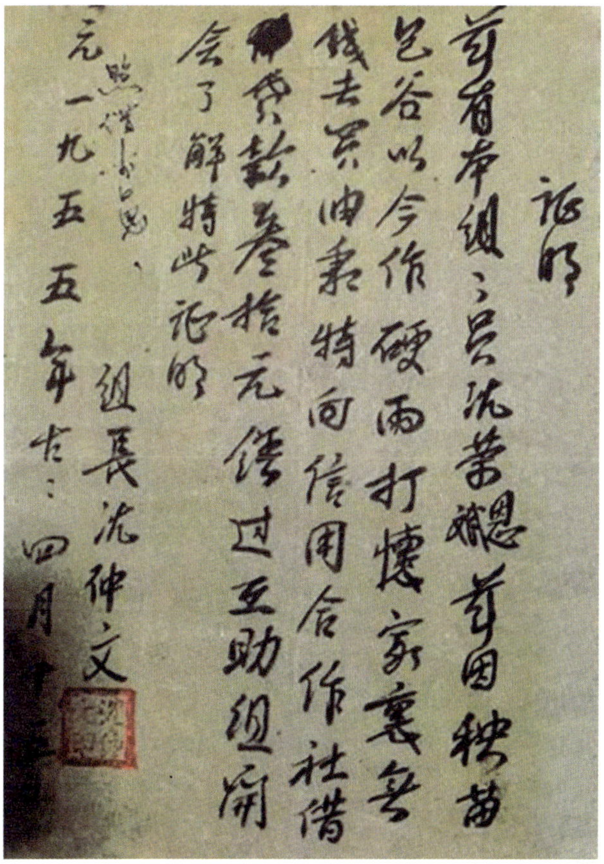
证明
兹有本组组员沈荣魁 兹因秧苗
包谷以今作硬雨打坏家里无
钱去买由本特向信用合作社借
贷款叁拾元经过互助组开
会了解特此证明
组长沈仲文
一九五五年四月

1955年久安乡信用互助组给组员开出的向信用社贷款30元的证明

随着农业合作化运动的发展，农村普遍建立生产合作社、供销合作社和信用合作社，集生产、消费和金融统筹并举的合作组织。20 世纪 50 年代是信用合作社组织机构从无到有快速发展时期。这段时期，人民银行对农村信用社实行政策上领导，业务上指导。人民银行只下达指导性指标，信用合作社自主经营、独立核算、自负盈亏。资金不足时，人民银行给予贷款支持；发生政策性亏损，人民银行给予补贴。这些措施，既提高了信用合作社的独立性，又增强了信用合作社的诚信度，深受农民群众的信任和称赞。

贵筑县部分信用合作组织机构及业务情况报表

时间：1955 年 9 月　　　　金额单位：万元（旧币）

社组别	地　区	组织及业务情况						
		组社	社组员数	股金数	存　款		放　款	
					收入总额	季末余额	放出总额	季末余额
信用合作社	花溪孟关社	38	454	594	1375	957	2671	1535
	花溪新民社	41	1029	434	1425	1167	701	461
	花溪把伙社	30	570	300	177	123	135	113
	青岩区龙井社		434	470	8	8	140	140
	青岩区歪脚社		500	495	1841	734	1043	605
	青岩区黔陶社		544	552	224	224	305	305
	党武区团结社	598	598	826			936	753
	党武区摆古社	1	357	438			15	15
	石板区麦坪社	12	668	667	809	128	3547	2282
	石板区彭官社	16	522	143	380	380	906	906
	中曹区宽堰社	441	736	1340	835	442	1740	754
	高坡区甲定社			581	550	260	876	876

1956 年，贵筑县进行小乡并大乡工作，并以区公所驻地名称为区名，各乡信用社也进行相应的调整。

1957 年，各乡基本上都成立高级农业生产合作社。

1958 年 7 月，贵州省人民银行《关于信用社转为信用部几个问题的意见》要求在农业社建立信用部，原有信用社应立即结束，全部清理、办理移交，信用部归农业社领导，银行建立辅导网点对信用部实行业务领导。

1958 年 9 月，花溪区所辖的 2 个镇 13 个乡组建为 13 个人民公社。各小乡信用社随之进行撤消或合并，调整为各人民公社的信用部。

1958 年 12 月 20 日，国务院全体会议第 83 次会议通过的《国务院关于人民公社信用部工作中的几个问题的规定》指出“人民公社信用部既是人民公社的组织部分，又是人民银行在当地的营业所”，人民公社信用部的盈亏仍然由公社统一核算。

1959 年 4 月，中共中央决定把信用社下放给公社管理区作为信用部，原信用社召开的理、监事会宣布结束并全面清理、办理移交。信用社社员股金转为业务基金，不再分红。信用社由人民公社管委会领导，支农贷款、种植、养殖贷款及生活贷款的种类和金融亦由管委会决定，信用社的工作围着公社的中心任务转。

1961 年，贵州省人民银行部署恢复农村信用社，要求各地人民银行坚决贯彻群众办社、民主办社和勤俭办社的方针，加强领导，做好恢复信用社工作。1962 年 11 月，花溪区根据国务院批转中国人民银行《关于恢复农村信用社若干问题的决定》，各农村信用合作社脱离人民公社，恢复信用社性质，并划归中国人民银行花溪支行管理。到 1965 年，农村信用社的业务和管理逐步恢复正常。

1969 年 12 月，花溪各信用社的人权、财权和业务工作改为由公社革命委员会成员、贫下中农代表、信用社干部参加的贫下中农管理委员会掌管，贫下中农管理委员会取代理事会、监事会。

1974 年 8 月，花溪区各公社信用社纷纷成立贫下中农管理委员会。

1982 年 10 月，中国农总行党组织提出按照信用社是集体所有制性质的金融组织来办信用社。花溪区明确全区农村信用社属集体所有制企业。1984 年 1 月 2 日，中共中央关于一九八四年农村工作的通知指出：信用社要进行改革，真正办成群众性的合作金融组织，在遵守国家金融政策和接受农业银行的领导、监督下，独立自主地开展存款业务。3 月 22 日，省政府转发省农行《关于全面开展农村信用社管理体制改革意见的报告》指出：信用社体制改革的目的是把信用社办成群众性的合作金融组织，独立核算，自负盈亏。12 月，花溪境内农村信用合作社脱离人民银行隶属关系，划归农业银行管理。

1985 年 1 月，花溪区贯彻中共中央、国务院《关于进一步活跃农村经济的十项政策》文件精神，规定全区各信用社实行独立经营、自负盈亏体制。

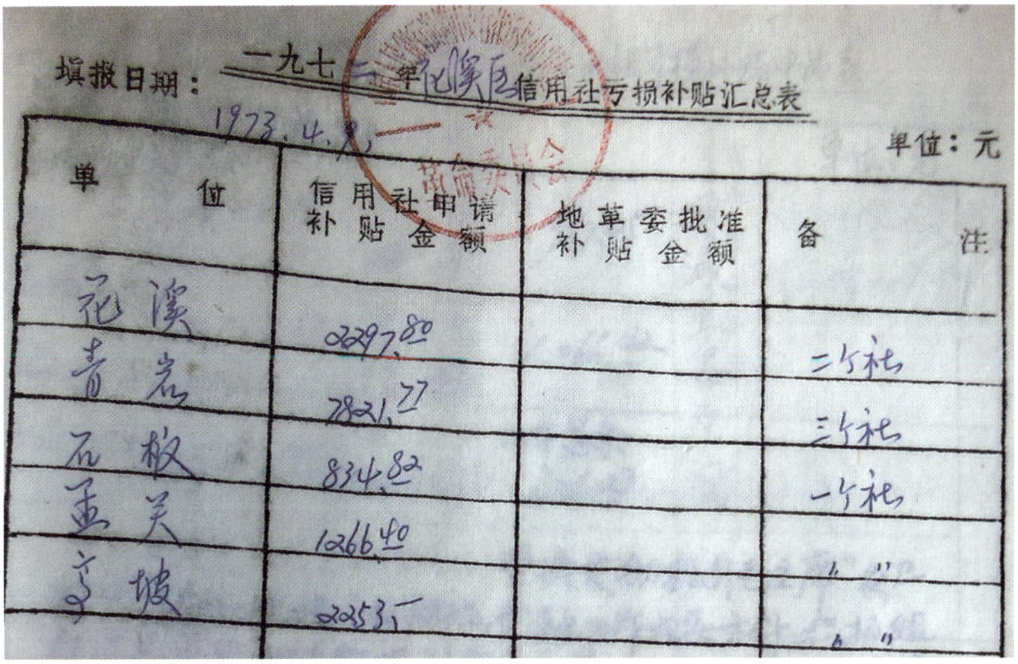
填报日期：1973.4.
一九七二年花溪区信用社亏损补贴汇总表
单位：元

单位	信用社申请补贴金额	地革委批准补贴金额	备注
花溪	2297.80		二个社
青岩	7821.77		三个社
石板	834.82		一个社
孟关	1266.40		〃
党坡	2253.—		〃

1972 年花溪区 8 个信用社亏损申请补贴汇总表

第三章　花溪农村信用合作社联社

为适应金融业务发展的需要，调剂各基层信用社的资金，加强金融政策的统一执行和科学管理，1989 年 12 月，花溪区成立农村信用社的管理机构——花溪信用社联合社（简称花溪联社）。花溪联社成立时由农行花溪支行履行管理职责，1996 年后划归人行花溪支行管理。花溪联社成立时是管理型机构，后逐步过渡到管理型兼经营型相结合的机构。

第一节　管理型的合作联社

1989 年 12 月 21 日，花溪区信用合作联社召开第一届社员代表大会，成立花溪联社管委会，并通过花溪联社章程。

社员代表大会是花溪联社的最高权力机构，每届期限为三年。社员代表大会由管理委员会召开，一般每年召开一次，必要时可临时召开。社员代表大会的主要职权是：选举和罢免管理委员会成员；审查和通过管理委员会的工作计划和工作报告；审查和通过联社的财务预、决算（联社提取各项基金、管理费使用情况）；通过和修改花溪联社章程；其它重大问题的讨论和决定。

花溪联社管理委员会（以下简称管委会）由社员代表大会民主选举产生。管委会由 7 至 9 人组成。设主任 1 人（由市中心支行委派区支行行长或副行长担任），设副主任 1－2 人，由管委会推荐候选人选举产生。管委会行使下列职权：召集社员代表大会；执行社员代表大会决议；聘请花溪联社经济师、会计师、法律顾问和其他人员；拟定花溪联社的（含全辖）业务计划、财务计划和决算方案等；处理对外重大事项；社员代表大会授予办理的其它重大事项。花溪联社主任为花溪联社法定代表人，行使以下职权：执行管委会决议；组织和领导花溪联社日常工作；对外代表花溪联社处理业务，对内聘任联社办事人员及社员社管理人员；决定花溪联社人员的奖惩；行使花溪联社管委会授予的其它职权。花溪联社内部办事机构设办公室（办公室设监察人保、工会、社务专职人员）、会计稽核股、计划信贷股和贷款审批小组。

1992 年 9 月 18 日，花溪联社建立股室，设置办公室、会计、出纳、稽核股和计划信贷股，并决定吴正北（农行花溪支行副行长）负责主持花溪联社工作和兼管办公室、人事、监察、保卫及工会工作；郭福芳负责业务工作和分管信贷计划、会计出纳稽核工作。1994 年 3 月 14 日，花溪联社营业部成立。

花溪联社于 1995 年 9 月 7 日召开第二届社员代表大会。大会确定将花溪区农村信用社联社更名为贵阳市花溪联社，制定新的章程，明确花溪联社是农村信用社的联合组织，系经营、管理、服务型的金融机构，业务经营上接受人民银行的监督管理，受农业银行政策领导和业务指导。第二届代表大会选举产生花溪联社管理委员会，陈灿富任主任，郭福芳任副主任。

第二节 经营管理型的合作联社

1996年，根据国务院农村金融体制改革协调小组制定的农村信用社与中国农业银行脱离行政关系实施方案，贵州省制定《贵州省农村信用社与农业银行脱离行政隶属关系实施方案》。按照这一方案，花溪区境内各农村信用社与农业银行在9月脱钩，不再由农业银行花溪支行领导管理，改由花溪联社管理。同年，花溪联社对科室进行调整，设办公室、稽核监察科、会计出纳科、计划信贷科、保卫科。

1998年12月29日，根据人行关于《农村信用合作社县级联合社管理规定》，花溪联社召开第三届社员代表大会，修定章程，明确花溪联社自主经营、自负盈亏、自担风险、自我约束，以其全部资产对联社的债务承担责任，依法享有民事权利，承担民事责任。从此，花溪联社进入独立法人管理时期。

1997年，各基层社先后召开社员代表大会，选举产生理事会、监事会。

1998年12月29日，花溪区农村信用社联合社举行第三届社员代表大会，通过民主选举，产生理事会、监事会，并召开第一次理、监事会议，制定理、监事会工作制度。理事会成员：陈灿富、吴勇、陈林昌、张兴惠、唐世忠、王银霖、陈伟、李忠伟、游廷栋、周乐佳、张启忠。陈灿富任理事长兼花溪联社主任，吴勇、陈林昌任副主任。监事会成员：罗来苇、王文秀、谢必玉、李发武、徐勇。罗来苇任监事长。

2002年3月29日，花溪区农村信用社联合社召开第四届社员代表大会。第四届社员代表大会选举产生理事会，理事长吴勇、理事王银霖、陈林昌、谢必玉、张启忠、江弘、杨继军、唐世忠、杨辉。理事会召开第一次会议，决定聘任吴勇为花溪联社主任，聘任王银霖、陈林昌为副主任。第四届代表大会选举产生监事会，游廷栋当选为监事长，胡敏、周兴雄、张振华、蓬兴武、陈恒学、王明亮担任监事工作。大会审议通过花溪联社章程。

1996年，花溪信用社开展农村信用宣传活动

第四章　花溪农村合作银行

第一节　建　立

2004年，按照《关于在全省选择部分农村信用社进行以县为单位统一法人和组建农村合作银行试点的工作安排》，花溪联社根据发展迅速的现状，决定筹建花溪农村合作银行。

花溪区人民政府组建成立花溪区农村信用社改革试点工作领导小组。组长田平（区委副书记、区政府区长），副组长索美英（区委常委、区政府常务副区长）、夏明枢（区长助理、助理调研员）、湛洪波（省银监局行管办科长）。领导小组在区农村信用社联合社下设办公室，索美英兼主任，吴勇兼副主任，成员由区法院、财政局、审计局、工商分局、国税局、地税局、农村信用联合社相关人员组成。

花溪区农村信用社改革试点工作领导小组组建成立花溪农村合作银行筹建工作领导小组。组长吴勇（区农村信用社联合社理事长、主任、区农村信用社改革试点工作领导小组办公室副主任），成员王银霖（区农村信用联合社副主任、区农村信用社改革试点工作领导小组办公室副主任）、陈林昌（区农村信用联合社副主任）、游廷栋（区农村信用社联合社监事长）。

2004年2月8日，花溪联社举行第四届社员代表大会第三次会议，审议通过花溪联社与辖区的农村信用合作社合并改制为花溪农村合作银行，取消原社的法人资格；审议通过花溪联社的所有债权、债务由合并改制后组建的花溪农村合作银行承继；审议通过花溪联社社员股金按自愿原则，以1：1比例转为花溪农村合作银行股份；花溪联社按筹建工作领导小组的要求，做好产权制度改革工作，统一组织清产核资工作。

2003年花溪区信用社改革试点工作宣传

2004年2月9日，花溪区久安农村信用合作社、石板农村信用合作社、湖潮农村信用合作社、麦坪农村信用合作社，召开合作社社员代表大会和理事会。2月10日，小碧农村信用合作社、孟关农村信用合作社、黔陶农村信用合作社、高坡农村信用合作社，召开合作社社员代表大会和理事会。2 月 12 日，青岩农村信用合作社召开合作社社员代表大会和理事会。各合作社社员代表大会和理事会决议一致通过改制为花溪农村合作银行。

2004 年 2 月 9 日，花溪区人民政府同意组建花溪农村合作银行，致函省银监会，并筹备申报材料。

花溪区农村信用社改革试点工作领导小组制定花溪区农村信用社资产评估、认定和净资产处置的工作方案。

2004 年 4 月 5 日，花溪农村合作银行筹建工作领导小组正式向中国银行业管理委员会贵州监管局呈上筹建花溪农村合作银行的请示报告。

2004 年 4 月 19 日，中国银行业监督管理委员会办公厅同意筹建花溪农村合作银行。

2004 年 4 月 23 日，花溪农村合作银行筹建工作就绪，正式向中国银行业监督管理委员会递交请示开业的报告，省银监管局黔银监通〔2004〕128 号文件核准开业，核准《贵州花溪农村合作银行章程》。该批文核准李萍任董事长的任职资格，江弘任监事长的任职资格，吴勇任行长和雷志坚任副行长的任职资格；并核准该行的业务范围为：吸收公众存款，发放短期、中期和长期贷款，办理国内结算业务，办理票据贴现业务，代理发行、代理兑付、承销政府债券、买卖政府债券、金融债券，从事同业拆借，代理收付款项及代理保险业务，提供保管箱业务，经中国银行业监督管理委员会批准的其他业务。花溪农村合作银行正式实行一级法人、统一核算、分级管理、授权经营的管理体制。

2004 年 5 月 28 日，花溪农村合作银行举行开业仪式，成为新框架体制下成立的第一家农村合作银行。时任省长石秀诗亲自揭牌，中国银监会合作司发来贺电，时任省委书记钱运录发来贺电。

花溪合行开业的同时，原花溪区 9 家农村信用社及 15 家信用分社自行终止，其债权债务转为花溪农村合作银行的债权债务。

第二节 股东代表大会

花溪农村合作银行的权力机构是股东代表大会。股东代表大会的代表由员工股东、其他自然人股东和法人股东根据 3∶6∶1 的比例，按资格股一人一票、自然人投资股每 2000 股一票、法人投资股每 20000 股一票选举产生。其中自然人和中小企业股东代表不低于 80%。股东代表 99 人。股东代表每届任期三年，可连选连任。股东代表大会行使下列职权：制订或修改章程；审议通过股东代表大会议事规则；选举、更换董事和由股东代表出任的监事；决定有关董事、监事的报酬事项；审议、批准董事会和监事会工作报告；审议、批准发展规划，决定经营方针和投资计划；审议、批准年度财务预、决算方案、利润分配方案和亏损弥补方案；对增加或减少注册资本做出决议；对花溪农村合作银行的分立、合并、解散和清算等事项做出决议等。

2004 年 4 月 23 日，花溪合行召开创立大会暨首届股东代表大会。股东代表 99 人中，资格股股东代表 46 名，全部由农户组成；投资股股东代表 53 名，其中职工股东代表 25 名；确保每一乡（镇）1 名，便于与各乡（镇）股东之间的联系；其他为自然人或法人股东代表。股东代表大会第一次会议实到代表 96 名，占应到代表的 97%。会议审议通过《花溪农村合作银行股东代表大会议事规则》《花溪农村合作银行筹建工作报告》《花溪农村合作银行章程》《花溪农村合作银行人事劳资管理暂行办法》《花溪农村合作银行财务管理暂行办法》《花溪农村合作银行稽核审计暂行办法》《花溪农村合作银行安全保卫工作管理办法》《花溪农村合作银行信贷管理暂行办法》《花溪农村合作银行 2004 - 2006 年经营方针和业务发展规划》《花溪农村合作银行创立大会暨首届股东代表大会选举办法》。大会选举董事 11 名，其中农户、农村工商户股东 8 名，本行职工 3 名。花溪农村合作银行首届股东代表大会第一次会议选举黄思刚为首届董事会独立董事，选举郭李等5名为首届监事会非职工监事，江弘等2名为首届监事会职工监事。

2007年7月6日，花溪合行出台《贵州花溪农村合作银行股东代表产生办法》。

2008年3月28日，花溪合行首届股东代表大会第6次会议在红阳宾馆召开，会议审议通过《贵州花溪农村合作银行董事会2007年工作报告》及分红方案。

第三节　董事会

花溪合行设董事会，成员为7至19人，其中农户、农村工商户股东担任董事的人数不得少于董事人数的1/3。花溪合行职工股东担任董事的人数不得超过董事人数的1/3。董事会对股东代表大会负责，行使下列职权：负责召集股东代表大会，并向股东代表大会报告工作；执行股东代表大会决议；决定经营计划和入股及投资方案；制订年度财务预算方案、决算方案、利润分配方案和亏损弥补方案；制订增加或减少注册资本的方案；决定内部管理机构设置；制订基本管理制度；聘任和解聘行长；根据行长的提名，聘任或者解聘副行长、财务负责人，并决定其报酬；拟订花溪合行的合并、分立和解散方案；章程规定和股东代表大会授予的其它权利。

董事会设董事长1人、副董事长1人，董事长为法定代表人。董事长、副董事长由董事提名，以全体董事过半数选举产生，经银行业监督管理部门核准任职资格后履行职责。董事长、副董事长每届任期3年，可连选连任，离任时须进行离任审计。董事长行使下列职权：主持股东代表大会，召集和主持董事会会议；检查董事会决议的实施情况，并向董事会报告；签署股权证书和签发董事会决议；行使法定代表人的职权；在董事会闭会期间行使由董事会授权的部分职权。董事长因故不能履行职权时，由董事长指定的副董事长或其他董事行使其职权。

花溪合行设立独立董事1人。独立董事与花溪合行及其主要股东之间不存在影响其独立判断的关系。章程规定独立董事履行职责时尤其要关注农民股东的利益。

2004年4月23日，花溪合行召开首届董事会第一次会议。会议通过《花溪农村合作银行董事会议事规则》的决议，选举李萍为董事长；聘任吴勇为贵州花溪合行行长、雷志坚为副行长。王银霖为财务信息部负责人、游廷栋为稽核审计部负责人、杨继军为业务发展部负责人。

花溪区信用社改革动员大会

2007年7月9日，花溪合行首届董事

会召开第19次会议，选举吴勇为花溪合行董事会董事长。

从2004年4月23日至2013年11月12日，花溪合行首届董事会共召开51次会议，研究花溪合行改革发展道路上遇到的重大问题，使花溪合行这一新生事物得到快速的壮大和发展。

花溪农村合作银行首届董事会董事名单

姓 名	性别	年龄	民族	政治面貌	学 历	工作单位	参加工作时间	从事经济金融管理工作年限	备 注
李 萍	女	41	汉	党员	本科	花溪农村信用联社	1986.07	19	
吴 勇	男	39	汉	党员	研究生	花溪农村信用联社	1983.02	22	
周乐佳	男	34	汉	党员	本科	花溪农村信用联社	1994.07	11	
顾斌德	男	39	汉		中专	花溪华宇房开公司	1983.10		
蒙国洗	男	44	汉	党员	本科	花溪溪苑山庄	1983.09	14	
郭福兰	男	37	汉		本科	花溪麒鑫房开公司	1987.10	15	
胡 斌	男	44	汉		大专	花溪金龙水泥厂	1977.09	29	
朱厚西	男	43	汉	党员	中专	花溪乡云上村	1978.03	9	
张 明	男	40	汉	党员	中专	花溪镇花溪村	1999.03		
周 旭	男	33	汉	党员	本科	花溪镇吉林村	1987.09		
黄思刚	男	40	汉		本科	贵州大学	1987.07		独立董事

第四节 监事会

监事会是花溪合行的监督机构，对股东代表大会负责。监事会成员由5至9个职工代表和股东代表组成，其中职工担任的监事不得超过监事总数的三分之一。

监事会行使以下职权：监督董事会、高级管理层履行职责情况；要求董事、董事长及高级管理人员纠正其损害银行利益的行为；对董事和高级管理层成员进行专项审计和离任审计；检查、监督花溪合行的财务活动；对花溪合行的经营决策、风险管理和内部控制等进行审计并指导内部稽核工作；对董事、董事长及高级管理人员进行质询；其他法律、法规、行政规章及花溪合行章程规定应当由监事会行使的职权。

花溪合行首届股东代表大会第一次会议选举产生郭李等5名非职工监事和花溪合行职工代表大会选举产生的职工监事组成花溪合行首届监事会。2004年4月23日，监事会召开第1次会议。会议通过《花溪农村合作银行监事会议事规则》，选举江弘为首届监事会监事长。

2007年9月10日花溪合行监事会召开第15次会议。会议同意江弘辞去监事会监事长职务，选举廖健为监事长。

花溪合行监事会自成立后，审议通过监事会议事规则，按季度分析董事会决策，将相关情况收集整理并向董事会反馈意见或建议，对经营班子通报的经营状况、财务管理情况以及阶段性的重大工作事项进行讨论和反馈。监事会成员还会同花溪合行稽核审计部门对部分支行（分理处）的业务和内控制度执行情况进行检查。监事会力争在监督中促进业务发展，围绕制度执行、资产质量、监管指标、财务管理、新业务拓展等工作重心，发挥监事会的监督职能，促进花溪合行的稳健发展。

花溪农村合作银行首届监事会监事名单

姓　名	性别	年龄	民族	政治面貌	学　历	工作单位	参加工作时间	从事经济金融管理工作年限
江　弘	男	30	苗	中共预备党员	大专	花溪区农村信用联社	1995.07	10
王安俊	男	35	布依	党员	大专	花溪区农村信用联社	1992.06	13
郭　李	男	47	汉	党员	中专	花溪区吉林村	1976.01	
周锦业	男	35	汉		大专	花溪区吉林村	1988.06	
张泽刚	男	39	汉		中专	花溪镇华宇花园	1983.06	
杜伟超	男	40	汉	党员	大专	花溪镇将军路	1983.10	
曹加明	男	42	汉	党员	中专	麦坪乡杉一村		

第五章 花溪农村商业银行

第一节 建 立

花溪合行于2013年4月9日向省信用联社提出《关于贵州花溪农村合作银行改制为农村商业银行股份有限公司的请示》，省联社黔农信函〔2013〕32号文件批复，同意启动花溪合行以发起方式设立花溪农商行的有关筹建工作。

花溪合行于2013年4月22日召开首届股东代表大会第12次会议，同意在花溪合行的基础上改制组建花溪农商行。4月23日，经花溪区人民政府下文件成立花溪农商行筹建工作领导小组，组长：区委副书记、区政府区长向子琨；副组长：区委常委、区政府常务副区长杨炜锋，花溪合行董事长吴勇；花溪区公安分局、区人民法院等相关职能部门负责人和花溪合行领导班子为成员，负责指导花溪农商行的筹建工作。2013年4月25日，花溪区人民政府下文成立花溪农商行筹建工作小组，由花溪合行董事长吴勇任组长，花溪合行领导班子成员和花溪区人民政府相关处室负责人作为成员，开展花溪农商行的具体筹建、开业的相关工作。

筹建工作小组完成花溪农商行各项筹建准备工作后，于2013年9月20日向中国银行业监督管理委员会贵州监管局呈报《关于筹建贵州花溪农村商业银行股份有限公司的请示》。贵州监管局于2013年9月29日下发《贵州监管局关于筹建花溪农村商业银行股份有限公司的批复》（银监复〔2013〕261号）正式批准筹建花溪农商行。

2013年12月29日，花溪农商行正式挂牌。

第二节 股东代表大会

股东大会是花溪农商行的权力机构，由全体股东组成。股东大会依法行使下列职权：审议批准花溪农商行的发展规划，决定花溪农商行经营方针和投资计划；选举和更换董事、由股东担任的监事，决定其报酬事项；审议批准董事会、监事会工作报告；审议批准花溪农商行年度财务预算方案、决算方案、利润分配方案和亏损弥补方案；对花溪农商行增加或减少注册资本、发行债券作出决议；对花溪农商行合并、分立、解散、清算及变更公司组织形式等事项作出决议；修改花溪农商行章程、审议通过股东大会议事规则；审议单独或合并持有花溪农商行股份总额3%以上的股东提案；听取银行业监督管理机构对花溪农商行的监管意见及花溪农商行执行整改情况的通报；审议批准董事会对董事的评价报告；监事会对监事的评价报告；审议批准法律、行政法规和章程规定的应当由股东大会决定的其他事项。

股东大会分为年度股东大会和临时股东大会。年度股东大会每年召开一次，于上一个会计年度结束后的6个月内召开。

花溪农商行有企业法人股东15户和自然人股东858人，认购农商行全部股份50000万股。2013年12月23日，花溪农商行召开创立大会暨第1次股东大会。股东大会审议《贵州花溪农村商业银行股份有限公司筹建工作报告》；审议通过《贵州花溪农村商业银行股份有限公司章程（草案）》《贵州花溪农村商业银行股份有限公司股东大会议事规则》《贵州花溪农村商业银行股份有限公司董事会、监事会议事规则》《贵州花溪农村商业银行股份有限公司董事、董事长选举办法》《贵州花溪农村商业银行股份有限公司非职工监事、监事长选举办法》《贵州花溪农村商业银行股份有限公司支持“三农”发展及2014－2016年涉农贷款比例规划》《贵州花溪农村商业银行股份有限公司2014－2016年业务发展规划》。股东大会选举产生贵州花溪农商行股份有限公司第一届董事会董事和第一届监事会非职工监事。股东大会已召开4次。

第三节　董事会

花溪农商行的董事会是股东大会的执行机构和经营决策机构，对股东大会负责。董事会由15名董事组成，其中花溪农商行职工董事人数不少于董事会成员总数的1/4，但不超过董事会成员总数的1/3。花溪农商行的董事及董事会由股东大会选举产生，任期3年。董事会依法履行以下职责：召集股东大会，并向股东大会报告工作；执行股东大会的决议；决定经营计划和投资方案，确定经营发展战略；制定年度财务预算方案、决算方案、利润分配方案和弥补亏损方案；制定增加或者减少注册资本方案以及发行债券方案；决定内部管理机构和分支机构设置；审定基本管理制度；制订章程的修改方案；根据董事长提名，聘任或解聘行长、董事会秘书、风险总监、财务总监、首席合规官，确定各专门委员会主任及委员；根据行长提名，聘任或解聘副行长、营业部、财务、稽核、合规、各支行负责人；审议批准重大贷款、重大资产处置及重大关联交易等事项；拟订合并、分立、解散、清算或变更公司组织形式方案；决定风险管理和内部控制政策；负责定期评估并完善公司治理状况；管理信息披露事项；聘请或更换承办审计业务的会计师事务所；听取并审议行长的工作汇报，检查行长的工作；对董事的履职情况作出评价，并向股东大会报告；修订股东大会议事规则、董事会议事规则和制定、修改董事会各专门委员会工作制度；法律法规、行政规章及章程授予的其他职权。

董事会设董事长1人，由董事提名，经全体董事过半数以上选举产生，经银行业监督管理机构核准任职资格后履行职责。董事长每届任期3年，可连选连任，离任时须进行离任审计。董事长行使下列职权：主持股东大会和召集、主持董事会会议；督促、检查董事会决议的执行，并向董事会报告；签署股权证、债券及其他有价证券；签署董事会重要文件和应由法定代表人签署的其他文件；行使法定代表人的职权；在发生特大自然灾害等不可抗力的紧急情况下，对事务行使符合法律规定和本行利益的特别处置权，并在事后向董事会和股东大会报告；董事会闭会期间行使董事会授予的其他职权。

花溪农商行还设独立董事2名。独立董事是指不在花溪农商行担任除董事外的其他职务，并与花溪农商行及主要股东不存在可能妨碍其进行独立客观判断关系的董事。独立董事具有下述职权：对重大关联交易的公允性以及内部审批程序履行情况发表书面意见；向董事会提议聘用或解聘会计师事务所；向董事会提请召开临时股东大会；提议召开董事会会议；独立聘请外部审计机构和咨询机构。

2013年12月23日，经股东大会选举产生的董事会由吴勇、江弘、黎希霆、王刚、杨中安、郭福兰、胡斌、顾斌德、周旭、李修平、郭李、刘实鹏、李定国、金海腾、吴建亚15名董事组成。第一届董事会第1次会议选举吴勇担任贵州花溪农商行董事会董事长，审议通过《关于制定贵州花溪农村商业银行股份有限公司董事会各专门委员会工作规则（草案）的议案》，确定《董事会战略规划委员会工作规则》《董事会风险管理委员会工作规则》《董事会关联交易控制委员会工作规则》《董事会提名与薪酬委员会工作规则》《董事会审计委员会工作规则》，并经董事长提名审议通过董事会各专门委员会成员名单。战略规划委员会：

主任委员杨中安，成员江弘、李定国；风险管理委员会：主任委员李修平，成员周旭、黎希霆；关联交易控制委员会：主任委员顾斌德，成员胡斌、王刚；薪酬委员会：主任委员吴建亚，成员郭福兰、刘实鹏；审计委员会：主任委员吴建亚，成员郭李、黎希霆。会议还审议通过江弘任花溪农商行行长，黎希霆、王刚任副行长；花溪农商行部门设置、分支机构的设置、主要管理制度等。

截至2016年，花溪农商行董事会共召开14次会议，审议花溪农商行的业务工作、财务情况、股权红利分配、人员变动、部门增设以及各种管理制度规则、办法等重大问题，有效地完成董事会的职责和使命。

第四节 监事会

花溪农商行监事会由职工代表出任的监事、股东大会选举的外部监事和股东监事组成，是花溪农商行的监督机构，对股东大会负责。花溪农商行监事会由9名监事组成，其中职工担任的监事不低于监事总数的1/3。

监事会行使下列职权：监督董事会、高级管理人员履行职责情况；要求董事、高级管理人员纠正损害花溪农商行利益的行为；检查、监督花溪农商行的财务活动；根据需要对董事、行长和高级管理人员进行专项审计和离任审计；对经营决策、风险管理和内部控制等进行审计，并指导内部稽核工作；对董事、董事长和高级管理人员进行质询；对监事的履职情况作出评价，并向股东大会报告；监事长列席董事会会议；提议召开临时股东大会，在董事会不履行召集和主持股东大会职责时召集和主持股东大会；提请股东大会罢免不能履行职责的董事和高级管理人员；拟定监事会议事规则的修订方案；制定、修改监事会各专门委员工作规则；法律法规及章程规定以及股东大会授予的其他职权。

2013年12月23日，经股东大会选举产生第一届监事会，非职工监事有姚作武、漆云庆、刘宗义、郭祥贵、张泽刚、龙红阳，职工监事有邢昉、彭勇、邱啟佳，邢昉为监事长。

2014年3月13日，花溪农商行第一届监事会举行第2次会议，听取《花溪农商行2013年度工作报告》《花溪农商行2013年度财务情况及2014年财务预算报告（草案）》《花溪农商行2013年度信息披露报告》《花溪农商行红利分配方案的议案》《花溪农商行风险总监的议案》《关于花溪农商行向孔学堂基金会捐赠的议案》《花溪农商行提取2013年度任意盈余公积金的议案》《花溪农商行提取一般准备的议案》《关于制定花溪农商行股份有限公司制度管理办法（草案）的议案》《关于制定花溪农商行法律性文件审查管理办法（草案）的议案》《花溪农商行股权管理办法（草案）的议案》《花溪农商行案件风险防范管理办法（草案）的议案》《关于提请召开花溪农商行第二次股东大

花溪农商行第一届董事会第十四次会议

会的议案》。邢昉监事长分析通报花溪农商行2013年第四季度存在的主要风险并作监事会2013年度工作报告。

2016年3月29日，花溪农商行监事会召开第10次会议。邢昉卸职，会议选举花溪农商行党委委员、纪委书记杨照刚担任监事会监事长。

2013年12月23日至2016年12月2日，花溪农商行监事会共召开13次会议，听取和审议花溪农商行业务工作、财务工作、信息披露、股权红利分配、管理制度办法的制定、修建业务综合大楼等花溪农商行重大工作的议案，扎实有效地推进监事会的例行工作，对花溪农商行的快速、高质发展起到保驾护航作用。

花溪农商行2016年组织机构情况表

党委会	书　记：吴勇 委　员：周乐佳、杨照刚、王刚、黎希霆
董事会	董事长：吴勇 董　事：金海腾、吴建亚、王刚、黎希霆、杨中安、郭福兰、胡斌、顾斌德、周旭、郭李、刘实鹏、李定国
监事会	监事长：杨照刚 监　事：彭勇、邱敢佳、刘宗义、龙红阳、张泽刚、漆云庆、姚作武、郭祥贵
高级管理层	行　长：周乐佳 副行长：王刚、黎希霆、余冰 工会主席：廖建

第六章　内设机构

党委办公室

2008年7月，中共花溪合行委员会办公室与行政办公室分开设立，作为行党委直接领导下的一个独立的日常办公机构，职责是负责贯彻落实党委的各项决议、会议精神和有关要求，并根据行党委统一部署，组织开展和推进包括企业文化建设在内的精神文明建设、职工思想政治工作。党委办公室主任先后有陈林昌、王刚、彭勇，2016年有工作人员5名。

人力资源部

人力资源部成立于2008年4月，主要职责是参与制定人力资源战略规划，为重大人事决策提供建议和信息支持；制定人力资源管理的方针、政策和制度；根据人员需求情况，提出人事变动方案；组织人事招聘活动；负责劳动合同的签订和管理工作，代表单位解决劳动争议、纠纷或进行劳动诉讼；制订员工培训计划，组织实施培训和员工技能考核鉴定；组织制订单位人事考核制度，定期对员工进行考核；编制工资计划，审核各职能部门的奖金或提成分配方案；完善薪酬和激励制度；建立人力资源管理信息系统；负责企业文化建设的开展和推进。人力资源部负责人先后有王刚、蒋婕、王宇成，2016年有员工3人。

风险管理部

2006年1月，花溪合行成立风险管理部。在成立初期，风险管理部的主要职责为信贷资产风险五级分类、1104报表数据采集加工与上报、呆账贷款核销管理、不良贷款法律诉讼清收、信贷资产授信风险审查等；现阶段的主要职责为落实全面风险管理政策、拟定风险管理制度，实施各类专项任务、特定指标的压力测试，撰写资产质量评价分析报告、资本补充与业务发展的规划报告，开展和指导全行风险资产五级分类工作（非信贷资产、信贷资产），授信审查、出账审查、社团贷款处置与管理、抵债资产收取与处置工作、落实不良资产责任认定、央行数据大集中统计报表数据采集加工和填报、风险管理、统计培训等。风险管理部负责人先后有黄毅、黎希霆、李榛、杨昌志，2016年有工作人员5名。

基础建设部

2009年，花溪合行成立基建管理办公室，此前基础建设工作主要由办公室专人负责。基建管理办公室的主要职责有：一、负责花溪农商行办公楼建设；二、负责对各营业网点建设过程中选址、建设、装修等工作；三、负责农商行房屋资产的管理、维护、改造。2016年8月，基建管理办公室名称变更为基础建设部。基建管理办公室主任彭勇。

电子银行部

2010年1月15日，花溪合行设立电子银行部并开始正式办公。2012年，电子银行部并入科技信息部。2014年4月，电子银行部独立办公。电子银行部主要负责银行卡、网上银行、手机银行、自助终端、新型电子支付、银信通、银联特约商户、村村通、ATM、公务卡等业务。2016年电子银行部有副经理3人，工作人员2名。负责人先后有饶骏、夏嘉微。

战略规划部

贵州花溪农村商业银行股份有限公司战略规划部成立于2014年1月1日，办公地点为总行904办公室。战略规划部的主要工作职责是：组织制定战略规划研究工作方案、工作程序、工作方法，主持研究并提出农商行中长期发展战略构想，组织编制农商行中长期（3－5年）战略规划；根据农商行业务板块的特点，不同程度地主持和审核农商行各业务板块战略和发展规划的制定工作；围绕农商行发展的战略性、全局性、前瞻性重大课题，组织综合和专题研究，为农商行领导科学决策提供依据和解决方案；协调、联络国内外专家、学者和咨询机构，组织、协调农商行系统研究力量，构建开放式研究平台，为农商行发展提供研究咨询服务；参与组织农商行制度创新和管理变革方案的制定，协调、监督和检查农商行主要管理制度的制定和实施。2016年部门总经理为黄毅，工作人员有钟琼、冉晓峰2人。

财务统计部

1992年9月，花溪联社成立会计出纳稽核股；1995年会计出纳稽核股更名为会计出纳科；2002年会计出纳科更名为会计出纳科技科；2004年更名为财务信息部；2009年财务信息部分为财务管理部、科技信息部；2010年财务管理部更名为财务统计部；2011年增设会计结算部、计划财务部，9月，财务统计部下设业务授权中心，钟世霞任主任，授权中心主要职责是负责集中授权的管理、运行与维护；2013年改制农商行，花溪合行财务管理部更名为花溪农村商业银行股份有限公司财务统计部。

财务统计部的职责有：定期监测和报告资本状况；组织编制全行经营计划和财务预算，并向各业务条线和分支机构分解年度经营计划指标；全行经营状况的分析和计划执行控制，及与同业的跟踪比较；各分支机构年度经营效益的考核评价；负责建立完善全行成本管理体系，组织制定成本核算和控制流程；全行各项资产负债业务和中间业务的定价管理，制定全行内部资金转移价格；制定全行会计业务制度，组织实施新会计准则；负责制定全行统计制度，组织协调向有关监管部门报送统计报表，根据经营管理需要向行内相关部门提供统计信息；全行会计报表（业务状况表、资产负债表、损益表、现金流量表等）的编制和报送；审核对外披露财务信息；负责根据国家的财税政策制定财务管理方针、政策、以及相关制度和办法；建立、健全全行财务管理体系，保证各项制度的有效贯彻和执行；按照财务核算流程，实施财务核算的各项制度，全行集中采购物资的审核，对外股权投资的管理；总行日常财务核算，协助相关部门做好年度决算工作；全行税务的管理，对营业税、企业所得税等相关税务事项进行协调、筹划和管理；对分支机构财务、委派或主办会计的专业指导和管理；全行集中采购物资的招投标；制定全行各类产品的会计核算办法，参与产品流程的确定和验收；全行人民币支付结算管理与人民币结算账户管理（包括结算业务准入、变更与退出的管理、结算渠道的建设与管理、结算类产品功能需求的提出并参与开发和验收）；全行重要空白凭证、客户预留印鉴、印押（压）证等的归口管理等。

财务统计部负责人先后有罗来伟、王银霖、江弘、杨素娟、申厚斌、李碧、梁洁等，2016 年有工作人员 13 名。

纪检监察室

1995 年 2 月，花溪联社设立稽核监察科，与稽核部门合署办公。2002 年 4 月，改为监察保卫科，与保卫部门合署办公。主要职责是维护党组织执行党章和党规，推进党风建设，组织协调反腐败工作。2009 年 5 月，花溪合行设立纪检监察室，开始独立办公。纪检监察室负责人先后有陈林昌、罗来苇、申晓燕、王安俊、王忠怀，2016 年有副主任吴丹、员工杨鹏。

行政办公室

行政办公室成立于 1992 年 9 月，主要职责有：协调各部室工作；部署工作、会议议定事项和行领导交办事项的督办、查办工作；全行综合情况反映及行务信息反映；为行领导办公提供服务；处理文电、公文把关以及印鉴、文书档案管理；收集和汇总全行各部门报送的信息，收集国家和省内各类有关金融信息，并对其进行综合分析和整理，为全行提供信息服务；党的宣传工作和全行业务宣传工作。行政办公室负责人先后有陈林昌、周乐佳、张振华、黎希霆、王刚、成勇、蒋婕、申厚斌、彭勇、王宇成。

工会办

工会办成立于 2004 年，主要负责工会日常事务的管理、安排、协调，落实各委员会提出的各项工作任务；组织召开会员代表大会和职工代表大会，做好上情下达和下情上传工作；代表全体会员对工会各项经费的收支和财产管理进行审查和管理。工会办主任杨乐媛、副主任张达丽（兼）。工会办下设档案管理中心，张达丽任主任，管理员有孙付惠、刘丹。主要职责是负责对本单位文书部门和业务部门形成的各种文件材料的收集、整理、立卷、归档、调阅工作。

法律合规部

法律合规部前身为合规管理部，设置于 2011 年 4 月，与风险管理部合署办公。2012 年 3 月，设置法律合规部。2013 年 12 月，花溪农商行改制后更名为法律合规部。法律合规部作为全行法律事务的总出口，负责协助高管层管理法律及合规风险，履行着识别、评估

2016 年花溪农商行行政办公室

和监测法律合规风险，统筹全行规章制度、流程银行建设，负责对合同文本等法律文书进行法律审查，统筹管理全行民事诉讼等重大职能，并作为全行案件风险防控、消费者权益保护工作的牵头部门。法律合规部负责人先后有李榛、王刚、王峰。

科技信息部

花溪合行于2008年3月28日增设科技信息部，主要负责信贷系统、综合查询系统、OA系统、远程授权系统、票据管理系统、在线考试系统的运行和维护工作。科技信息部负责人陈鸣明，2016年有副经理1人，员工3人。

授信审批部

2014年7月，授信审批部成立，主要负责总行授信审查委员会和总行授信审查小组日常事务工作；受理支行上报的各类授信业务，并进行初步审查，出具书面审查意见后按审查、审批流程报有权审批人审批。授信审批部负责人为田华，2016年有工作人员3人。

保卫部

1995年2月，花溪联社成立保卫科，同年12月成立花溪联社经济民警小队。2002年4月，贵阳市花溪联社保卫科更名为贵阳市花溪联社监察保卫科。2004年6月更名为监察保卫部。2013年12月，贵州花溪农商行安全保卫部成立，下设押运中心和监控中心。保卫部主要职责有维护银行资金财产和人员人身安全和银行经营秩序，预防各类治安违法犯罪和安全性事故，及时处置和预防突发性事件，维护所属管辖营业网点的治安安全秩序。保卫部负责人主要有王安俊、周华献、何中良等人，2016年有员工32人。押运中心主任：蔡茂林，指导员：周华献，押运员杨祺、王卫涛、曾霖、杨雄、黄明林、朱家燕、杨堂、陈秋平、杨铭等；监控中心副主任：蔡茂林（主持工作），监控员金开国、汪涛、罗章伟、袁洪图、杨雄。

业务发展部

1992年9月，花溪联社内设计划信贷股。1995年3月，计划信贷股变更为计划信贷科。2002年4月变更为信贷资组科。2004年5月变更为业务发展部。2005年9月，业务发展部分设团体业务部和个体业务部。2014年12月24日，小微企业金融服务中心调整为二级部门，隶属于业务发展部管理。2016年7月19日，小微企业金融服务中心从业务发展部调整到授信审批部。2017年2月，小微企业金融服务中心、三农服务部、扶贫事业部调整为二级部门，隶属于业务发展部管理。

业务发展部主要职责有：协助分管领导管理信贷、存款、计划工作；负责制定信贷、存款等业务管理制度并督促实施，指导信贷管理，提供信息咨询服务；督促和指导各业务岗位人员严格按照相关业务操作流程、管理制度开展业务；负责制定全行发展规划，采取相应措施督促执行，并完成任务；拓展新业务、制定年度各项业务计划及考核办法；监督信贷员严格按照“三个办法一个指引”发放管理贷款；对全行各项业务指标完成情况进行分析；优化存款结构，降低资金成本；加强现金管理，及时组织现金回笼；帮助疏通结算渠道，拓宽存款业务领域；深入基层调查研究，注意分析经济和金融形势变化，搞好经济预测，提出业务发展合理化建议等工作。

业务发展部的主要负责人先后有班建益、王文秀、杨继军、周兴雄、黄毅、龙浩、邱敞佳、周治、刘朝彬。2016年，业务发展部及其所属的小微企业金融服务中心、三农服务部、扶贫事业部有员工11人。

小微企业金融服务中心

2011 年 11 月 7 日，花溪合行成立小微企业金融服务中心，2014 年 12 月调整为二级部门机构，隶属于业务发展部管理。主要职责是牵头制订年度小微型企业业务发展计划和中长期规划；对小微型企业信息的收集、整理和分析，制定业务拓展战略；对重点行业、区域、客户进行跟踪监控，拟定小型微型企业各项业务准入、退出制度和标准；负责小微型企业信贷业务的统筹、组织和管理；对信贷业务风险进行研究和分析，完善并组织实施内控管理制度；对小微型企业信贷业务综合运营情况进行汇总分析，向信贷业务经营部门提出信贷业务营销与管理的综合指导意见，并对信贷业务风险进行预警、监测、检查和分析；负责新产品的设计、开发和推广，负责中间业务的拓展与管理；对信贷业务履行决策职能，负责授权范围内业务的管理等等。

中心负责人先后有周乐佳、周治、王刚、邱啟佳、刘朝彬、田华；副主任先后有王忠怀、田华、罗秀锋、游静；工作人员先后有王晓云、龚韬、方嘉奇、廖义琨、赵莉、王革清、皮定飞、吴丹、钱俊、谢必玉、陈庆林、马然、曾玺璇、唐荣仁。

稽核审计部

1992 年 9 月，花溪联社设立会计出纳稽核股。1995 年 2 月，花溪联社会计出纳稽核股更名为花溪联社稽核监察科。2002 年 4 月，稽核监察科更名为稽核审计部。2004 年 8 月，花溪联社稽核审计部更名为花溪合行稽核审计部。2014 年 3 月，花溪合行稽核审计部更名为贵州花溪农村商业银行股份有限公司稽核审计部。

稽核审计部主要负责审计、稽核工作规章制度的制定、实施、检查，指导和管理全行的审计、稽核工作，安排审计、稽核工作任务；负责制定内部控制制度，牵头组织各业务主管部门对全行的内部控制情况开展检查，并对发现的问题及时向高级管理层提出改进和处理意见，必要时及时报告董事会；负责对全行经营活动进行审计、稽核，实施审计处罚和审计复议；组织实施支行行长任期责任和离任审计；负责完成上级审计部门和高级管理层交办的其他审计事项；对全行经营管理活动合法守规情况进行监督检查，促进全行经营管理工作合法守规等。稽核审计部的负责人先后有陈林昌、罗来苇、申晓燕、游廷栋、申厚斌、唐世忠、成勇、李晓刚、周兴雄、冯泽刚。2016 年有员工 10 人。审计部下设事后监督中心，负责人唐郡；职责是对本行经营活动进行事后监督。

金融市场部、理财事业部

2014 年 11 月 18 日，金融市场部成立。2015 年 5 月 28 日，理财事业部成立。

金融市场部主要业务包含：债券质押式回购、债券买断式回购、同业拆借、同业存款、同业存单发行、头寸应急互助、商业汇票转贴现业务、商业汇票回购业务、银登中心业务、债券投资业务和同业投资业务。理财事业部主要业务包括：理财产品研发与设计、个人理财与同业理财的销售、理财资产投资以及理财系统报备。理财事业部经理王莉、副经理刘开明，金融市场部经理王莉、副经理刘丹。2016 年有员工 9 人。

后勤服务部

2010 年 1 月 1 日，后勤服务中心成立。2011 年 6 月，后勤服务部成立。后勤服务部是为全行员工生活、后期接待、大宗物资采购、车辆管理提供后勤保障的管理服务部门。后勤服务部的负责人杨继军。

后勤部下2011年8月成立培训中心，主要职责是承担总行机关人员业务和技能培训，承担分支机构专业人才培训；为全行干部员工道德讲堂授课服务提供场所；开展金融机构间学术交流活动及非金融机构外部培训活动。培训中心主任先后是何中良、周兴芳，服务人员有12个。

村镇银行管理部

2015年12月15日，贵安新区发展村镇银行股份有限公司成立，随后建立花溪农村商业银行股份有限公司村镇银行管理部（简称“村镇银行管理部”）。村镇银行管理部的主要职责是：我行主发起设立村镇银行的筹建、开业等相关事项；对已设立村镇银行进行指导服务；协助已设立村镇银行做好现场和非现场监管工作；做好与省联社直接对口部门的沟通工作；承办省联社下发的与村镇银行密切相关的业务工作。村镇银行管理部总经理由王银霖兼任，副经理由王宇成兼任，工作人员有陈林昌、吴雨薇2人。

2015年贵安新区发展村镇银行

第七章 支行简介

高新支行

历史沿革：2015年3月24日，贵州花溪农村商业银行高新支行成立。高新支行位于贵阳市高新区长岭南路33号天一国际广场13号楼，是花溪农商行跨区域经营成立的第三家支行。

员工变动：2015年成立之初，高新支行有员工15人，游静任营业部经理兼任高新支行行长，龙华瑜任高新支行副行长兼主办会计，秦晴任会计B角。2015年10月，由于工作调整，梁晓远任高新支行行长。截止2016年末，高新支行有员工12人，岗位配置分别为行长梁晓远，副行长兼主办会计龙华瑜，客户经理王聪、潘博、李函南，会计秦晴，柜员杨潇、申普君、冉玉琳、赵禾稼、吴珊珊、陈鸿钊。

业务发展：2015年，高新支行本着立足社区、服务中小微的宗旨，以"薪适贷"、"黔微贷"、"商宝通"、"商誉通"等信贷产品为抓手，与高新区工商局小微企业办、贵州陆航置业物流园、贵州黄金珠宝流通市场签订全面合作协议，服务辖内的行政事业单位、个体工商户、小微企业。截至2016年12月底，各项存款余额13504万元，各项贷款余额12678万元，其中小微企业贷款7748万元。

基础设施：2015年1月30日，高新支行在贵州金浩天房地产开发有限公司购买房屋编号为"天一国际广场"13号楼。该房屋有地上四层，其中一层商业面积为677.58平方米，二层办公面积为590.38平方米，三层办公面积541.52平方米，四层办公面积为590.38平方米；地下两层2200平方米；共计4599.86平方米。

高新支行

明珠支行

历史沿革：花溪信用合作社于1954年3月成立，当时隶属贵筑县第一区。1958年8月，花溪人民公社成立，花溪、陈亮、新民、吉林四个社合并为花溪信用合作社，隶属花溪人民公社。1984年3月，人民公社改乡建制，隶属花溪乡，更名为花溪乡信用社，由农业银行花溪支行营业所管理，搬迁到农业银行花溪营业所办公。

1989年，花溪区成立农村信用合作社联社，花溪信用社归联社领导，业务仍由农业银行管理。1994年4月，花溪信用社营业部成立。2004年5月28日，花溪区农村信用社改制为花溪合行，原花溪信用社也改名为花溪合行明珠支行。2013年12月29日，贵州花溪农村商业银行股份有限公司正式挂牌成立，明珠支行属其同一法人领导管理的支行之一。

员工变动：1954年成立的花溪乡信用社，有职工4人，内设主任、会计、出纳、外勤等岗位，主任班从发。其他乡社有职工1－3名，新民乡社主任郭明明；吉林乡社主任周大才；陈亮乡社主任陈光林。1958年，四个乡社合并为花溪信用社，主任为班从发，职工有班金义、张兴惠、赵兴珍、郭福芳。1965年，王忠福任主任，会计为郭福芳，职工有罗德珍、赵金强、班兴强、班建益。1991年至1993年，郭福芳任业务主任。1993年班建益任主任。1995年徐勇任主任；1997年陈学菊任副主任；2001年王晓云任柜长；2002年雷太勇任主任；2005年马然任明珠支行行长。2007年杨敏任花溪合行明珠支行副行长，2012年张振华任支行行长。2014年李朝叶任支行副行长兼主办会计。2015年，明珠支行有员工7人：副行长兼主办会计董春媛，统计员周洁，柜员黄诗琴、李磊、刘清爽、邹婉露、孟琳。

业务发展：自1954年成立至1984年末，花溪信用社以每股2元吸收社员股金1.4万元。业务以发放生产贷款、社员贷款为主，存贷款规模从几元、几十元发展到几十万的规模。据老职工的回忆，20世纪50至60年代时期发放的贷款金额为几元到十几元不等，贷款用途多为购买耕牛、饲养牲畜、种植果蔬等，放过最大的一笔贷款约2000元，用于购买大拖拉机。

20世纪80年代，农业贷款、储蓄存款都以较快的速度增长，乡镇企业等集体存款、贷款业务增加。1989年末，花溪信用社存款327.83万元，年末贷款111.36万元。

1996年到2003年，农村信用社的业务服务范围越来越广，贷款种类由单一向多样化发展。2004到2016年，增加小额农户贷款、承兑汇票、助学贷款、老来福、企业、个体工商户、黔微贷、商宝通、商誉通、理财业务等各种贷款品种。

2016年末，明珠支行各项存款24294.7万元，各项贷款14049.06万元，各项收入403.42万元，利润－203.6万元。

基础设施：20世纪50至60年代，花溪信用合作社办公条件简陋，全社仅有一台电话机，一个放档案的木架子，4张简陋的办公桌两两并在一块办公。每人一个专用的背包、一辆自行车、一个木算盘。几十平方米的营业所被隔成两个房间，一间办公，另一间是库房。库房里有两个老式的保险柜，每天存放的存款大约几万块。库房里还摆放着一张简陋的木板床，用于值守人员休息。

1958年，花溪公社租原花溪村委（现花溪饭店背后）的房屋办公。1972至1973年间，花溪信用合作社采取自筹方式以800元购买面积150平方米的办公用房，80年代农行花溪支行将其改造后归还信用社（原花溪大队，现花溪菜场场坝口，目前外租为药店）。2011年，为改善办公条件，明珠支行自投资金1800多万购买民主路面积为1230平方米的两层商业住宅，重新装修为新办公楼，并于当年9月投入使用。

羊艾支行

历史沿革：2003年，花溪联社将原中国工商银行九二分理处接收改制成为羊艾支行，并于2003年3月在花溪区湖潮乡5708厂内正式开业。

员工变动：2003年3月至2004年，九二分理处只有三人编制，主任：徐书萍，柜员2名。2004年年初，徐书萍调离九二分理处，由龚子琪接任主任兼主办会计。2006年增加会计黎文。2007年，原主任龚子琪调离，李冰峰接任主任，人员编制4人。2009年1月，会计黎文调离，由汪宇接任。2009 年 11 月，会计汪宇调离，编制人员 6 人：行长李冰峰，副行长王旭，会计张婧，柜员 3 人。2013 至 2016 年，副行长：李冰峰，会计：周玲，信贷员：龙丽丹，柜员：刘佳、李毅、胡屹微。

业务发展：2003 年，羊艾支行存款总规模为 2023 万元，其中定期存款为 1432 万元，活期存款为 492 万元，对公存款为 99 万元。2006 年，羊艾支行在原有人员配置与业务结构上进行优化，设立信贷岗位，增加贷款业务。2007 年底，存款总规模达到 3320 万元，其中活期存款为 1098 万元，定期存款为 2104 万元，单位存款为 118 万元；贷款余额为 92 万元。2009 年，支行负责人李冰峰根据辖区实际情况，为开拓信贷业务，与羊艾监狱和花溪第六中学达成合作协议，发放事业单位职工信用贷款。2011 年，羊艾支行将“薪适贷”作为主营信贷产品，开拓市场取得一定的成效，扭转从 2003 年至 2010 年一直亏损的局面，转亏为盈。2011 年，羊艾分理处总营业收入达 241.67 万元，较 2003 年营业收入增加 241.64 万元。

2014 年，国家级新区贵安新区成立，周边居民得到大量土地征拨款，并有富士康、泰豪 E 时代等大型企业入驻。羊艾支行抓住时机，主动出击，积极营销，争取客户。2016 年 12 月 31 日，支行存款余额 20748.43 万元，贷款余额 2032.8 万元，对公账户由原来的 4 户增加至 28 户。

基础设施：九二分理处成立之初到 2005 年，办公条件简陋，办公营业用房为租用贵州黔鹰 5708 厂厂区民房，只有不到 50 平方米，仅有两台电脑。2005 年，羊艾支行租用厂里的厂房并进行装修，从原来的营业厅搬迁到 100 多平方米的营业大厅，并增设主任办公室。营业大厅配备空调 2 台、饮水机 2 台、办公电脑 4 台，打印机 1 台，客户休息区座椅一套。

竹林支行

历史沿革：竹林支行的前身为竹林分社，即原石板信用社蔡冲分社，成立于 2002 年 3 月 10 日。2004 年 5 月 28 日，花溪联社改制为花溪合行，竹林分社更名为竹林分理处。2013 年 12 月 29 日，花溪合行经银监局批准正式挂牌成立贵州花溪农村商业银行股份有限公司，竹林分理处也正式更名为贵州花溪农村商业银行股份有限公司竹林支行。

员工变动：2002 年 3 月，竹林分社有 4 名员工，分别是分社主任龙超林、会计黎文和工作人员潘敏、韩丽。2004 年，花溪联社改制为花溪合行后，龙超林改任竹林分理处主任；同年 5 月，陈凯任竹林分理处负责人。2012 年，刘文举任竹林分理处副主任主持工作。2013 年，刘文举改任竹林支行副行长主持工作。2014 年，董春媛任竹林支行副行长主持工作。2015 年，龙超林再次任竹林支行负责人主持工作。2016 年，竹林支行负责人为龙超林，会计杨文年，内勤授权主管杨国萍，客户经理宋世贵，柜员李银飞、徐扬、李蓓。

业务发展：2002 年 3 月，竹林分社成立，所管辖的村镇包括竹林村、董家堰村和上水村三个行政村，业务范围包括存、取款和发放贷款。成立之初所管辖村的社员股金也随之转入归集，年末社员户数 452 户，股金余额 9.12 万元，存款 689.68 万元，贷款 420.26 万元，其中发放农户小额信用贷款 228.36 万元，第一年就实现盈利 6.67 万元。

2004 年末，竹林分理处的存款达到 1539.49 万元，贷款 661.78 万元，其中农户小额信用贷款 391.61 万元，实现盈利 29.89 万元，网点成立三年，连续三年实现盈利。2008 年，竹林分理处开始办理票据业务，年末票据贴现余额为 80 万元，承兑汇票保证金余额为 1266 万元。当年竹林分理处的存款突破一亿元，达到 13532.03 万元，获当年的“亿元支行”称号。2014 年，为统筹支行大片区管理，竹林支行的所有贷款业务划至清溪支行。2016 年末竹林支行的存款余额 32657 万元。

基础设施：2002 年，竹林分社营业网点是租用农户班前春家位于竹林村街上的民房，面积约 80 平方米。2007 年，随着竹林分理处的规模不断扩大，原有的营业网点已经不能适应竹林分理处的发展，遂在竹林村街上又租用班前春家两间民房用并重新装修使用，营业房面积达到150平方米。

营业部

历史沿革：营业部于1994年3月在花溪学士路挂牌开业。1998年2月，随总行搬迁至清溪路110号，营业部设在联社大楼一楼大厅。

员工变动：1994年成立之初，营业部有员工3人，主任为王文秀，员工李晓刚、黎文。1998年员工为11人，主任为王文秀。2001年，杨宇任主任。2001年，申厚斌任主任。2002年，周兴雄任主任。2003年，唐世忠任主任。2006年，周兴雄任主任。2008年，邱啟佳任主任，员工为24人。2012年，成勇任主任，员工为28人。2013年，邱啟佳任主任。2014年，游静任主任，员工为37人。2016年，邱啟佳任主任，行长助理方嘉奇，主办会计迟小梅，统计员沈以君，员工吴澜婷、刘璐、吴述萍、刘小庆、付娟慧、郭礼辉、唐荣仁、李佩珊，客户经理吴昊、陈睿、杨元、周继纲、李磊、肖遥，柜员：吴学敏、李萱、张雪蕾、张静宜、杨燕嘉、冯杨、朱薇娜、杨小菊、吴世焰、曾应遐、李慧、依云忠、李纯璞、周茜、贺宜潇。营业部下设保管箱中心及清分中心，保管箱中心4人：主任彭莹，副主任陈倩，主任助理金帮芬，员工罗秋秋；清分中心12人：副主任张晓玲，员工邱启兰、周天芬、雷成敏、雷琳、王惠琴、黄爱香、周平，解款员胡如华、徐飞、何鸣、尹忠斌。2016年，营业部共有员工49人。

业务发展：1998年，营业部各项存款余额4197.64万元，其中单位活期存款1746.39万元，单位定期存款81.05万元，活期储蓄存款811.12万元，定期储蓄存款1559.08万元；各项贷款余额745.88万元，其中社员农户贷款84.26万元，公司贷款470万元，其他自然人贷款191.62万元。

2016年12月31日，各项存款余额674473.16万元，其中单位活期存款133474.12万元，单位定期存款14700万元，活期储蓄存款22074.86万元，定期储蓄存款13647.37万元，个人通知存款8.04万元；各项贷款余额242778.36万元，其中公司贷款33938.09万元，小微企业贷款195963.76万元，个体工商户贷款689.42万元，其他自然人贷款12187.09万元。

1998年末，营业部股金余额为148.58万元，均为自然人股东持股。2004年，总行进行过一次增资扩股，且开始分为资格股及投资股。年末，股东户数为349户，股金余额1097.52万元，其中自然人股东341户，股金余额886.52万元；法人股东户数8户，股金余额211万元；其中资格股49.62万元，投资股1047.9万元，资格股年分红率3.5%，投资股分红率9%。2007年，所有支行的股金统一上划至总行。2013年，营业部再次进行增资扩股，且取消资格股及投资股。

2016年末，股东户数为857户，股金余额55000万元，其中自然人股东841户，股金余额26752万元；法人股东户数16户，股金余额28248万元；全部投资股为55000万元。

基础设施：从1994年3月在花溪区学士路租71号门面营业，后购买现位于学士路108号门面办公，1998年2月搬迁至清溪路110号。办公大楼共4层（不含后面金库），面积1003.92平方米，其中营业场所面积250.98平方米。配备计算机5台、传票打印机2台、电话座机（含分机）15台、算盘5把、办公桌椅约100套。

2013年11月，新办公大楼完工，营业场所搬至清溪路209号。大楼共11层（不含金库2层），面积23967.74平方米，其中营业场所面积1522.63平方米。

2016年12月31日，营业部办公设备情况如下：计算机175台，传票打印机40台，激光打印复印机48台，传票装订机3台，点验钞机68台，指纹仪23台，扫描仪1台，UBS电源22台，电话座机5条线路（台数太多无法统计），对讲机1套，排队取号机1台，自动填单机1台，远程监控视频5台，宣传视频电视机87台，LED显示屏1台，文件柜171个，档案柜548个，除湿机3台，办公桌椅1377套，空调5台。

党武支行

历史沿革：解放后，党武为贵筑县第三区，政府一切工作以团结乡为重点。1954 年 2 月初，筹建信用社，大量群众积极入股，每股单价为 2.1 元（入社费 1 角）。不到两个月的时间，团结乡信用社在摆牛寨正式成立，黄廷顺为监视主任，李国恩为理事主任，黄作仁为会计。1958 年大跃进，党武由 3 个乡镇合并成立人民公社，并将团结信用合作社、栋青信用合作社、党武信用合作社合并为党武信用合作社。1960 年，花溪、党武、中曹 3 个公社合并为“一大二公”的花溪人民公社，党武由公社变为管理区，原来信用社相应变成业务站。1962 年，花溪大公社撤销，恢复原来的三个公社。20 世纪 70 至 80 年代，党武信用社修建办公楼，各项业务平稳发展。1989 年，花溪区成立农村信用合作社联社，党武信用社归联社领导，业务由农业银行管理。2004 年 5 月，花溪联社改制为花溪合行，党武信用社改名为花溪合行党武分理处。2013 年 12 月，贵州花溪农村商业银行股份有限公司挂牌成立，党武分理处改名为党武支行，属贵州花溪农村商业银行股份有限公司领导管理的支行之一。

员工变动：1954 年至 1955 年，党武 3 个人民公社建立 3 个信用社，各信用社有员工 2 人，负责全社所有工作。党武信用社有于绍华任主任、刘镇昌任会计，栋青信用社有方胜祥任主任、方玉荣任会计，团结信用社有李国恩任主任、黄作仁任会计。1958 年，三个信用社合并为党武信用社，李国恩为负责人，越祖华任会计，李发益和方胜祥任农金员，黄作仁调至供销社当教师。1960 年，党武公社合并到花溪人民公社，同年花溪公社信用社成立，由公社副书记尹荣为监事主任，李国恩为理事主任。1962 年，大公社撤销，黄作仁调回党武信用社，新增王元英、黄元玉、陈明华及黄廷秀。1965 年，四清运动，党武信用社主任李国恩、会计黄廷秀和工作人员王文英被下放，离开信用社，信用社工作由黄作仁负责。同年，陈明华参军，离开信用社。1966 年和 1967 年，员工李琼英和李发贵相继进入农信社。1979 年政策落实后，遭到“四清”下放的李国恩重新回到党武信用社工作。从 1965 年到 1986 年，党武信用社主任为黄作仁。1987 年至 1989 年，由郭益华担任主任。1990 年，李发武进入党武信用社工作，担任党武信用社负责人。1994 年，在党武信用社工作 40 年的黄作仁和李国恩退休，黄元玉去世，同年唐永文和于林进入党武信用社。1998 年，李发贵离开党武信用社，同年，越红进入党武信用社工作到 1999 年调离。1999 年，李琼英退休。2000 年，赵世东加入党武信用社并于 2001 年调离。此后，金涛、李影、李祥林相继进入党武信用社。2002 年，李发武退休，唐永文任主任。2003 年党武支行负责人为唐登福，2004 年游廷栋任主任，2006 年王刚任主任，2007 年至 2014 年，主任分别由张振华和游静担任。2014 年，负责人为王婷。2015 年下半年至 2016 年底，党武支行负责人为龙章忠。

业务发展：1954 年，党武等 3 个信用社成立，发动群众入股和储蓄，股金每股 2.1 元。20 世纪 60 年代初，信用社变为业务站，信用业务站必须坚持“十到”食堂制（信用社、供销社等 10 家服务到食堂），以方便社员的存取需要。60 年代贷款主要是生产贷款，用途为购买农具、稻种、肥料等以及修理水渠，农民的生活救济等。

发放贷款方法主要有：一是信用社按掌握农户和生产情况发放，二是按村社干部提出的名单发放，三是与民政部门配合发放，四是下乡现场发放，五是合作社拟出生产计划发放。

信用社从 20 世纪 60 年代初到 70 年代末，虽受到“四清”和“文化大革命”影响，但总体业务发展稳定，存贷款规模逐年递增。存款从 3 万多发展到 12 万多元，贷款从 1 万多元到 8 万多元，入股社员 125 户，金额 0.6 万元。业务仍以发放生产贷款、社员贷款为主。

80 年代，农业贷款、储蓄存款都快速增长，同时增加乡镇企业等集体存款、贷款业务。1989 年末，党武信用社存款 38.58 万元，年末贷款

51.64万元，其中社员农户贷款到达46.33万元。

1998年末，各项存款184.3万元，各项贷款108.7万元，入股社员186户，金额2.09万元。

2000年到2010年期间，花溪合行党武分理处贷款规模由2000年初237.39万元增加到3410.89万余元，其中农户贷款3343.89万元，存款规模从2000年初192.01万元高速增加到13266.26万元。

2011年至2016年，花溪农村商业银行党武支行改制后，各项业务飞速发展。2016年12月，存款73508.6万元，发放各项贷款资金22786.54万元。

基础设施：党武信用社建立之初，仅靠收取每股1角的入社费和银行拨付支持的一部分，购置1张三抽桌和笔墨账本等办公工具。1958年，借用原来公社（黄家宗祠）的半间房办公。60年代与乡政府在现在政府办公楼处联建4间一楼一底的办公楼。1977年，党武信用社在党武街上修建办公楼。1992年，党武信用社花费5.53万元购买公务用车。2002年6月，投资30万余元在原办公房修建二层楼房284平方米并装修，一直沿用至2016年12月。

麒鑫支行

历史沿革：2005年4月7日，蔡冲分理处搬迁更名麒鑫分理处。2013年12月，花溪农村合作银行麒鑫分理处改名为贵州花溪农村商业银行股份有限公司麒鑫支行。

员工变动：2005年，麒鑫分理处负责人为张晓玲，在职员工5人。2007年9月20日，黄锐接任负责人。2010年7月23日，越红接任负责人，2012年2月至2016年12月，徐书萍接任负责人。

业务发展：2005年底，麒鑫分理处存款余额2126万元，贷款余额1431万元。2006年，存款余额3520万元，贷款余额3121万元，收入160万。2007年，存款余额4211万元，贷款余额3468万元，收入197万元。2013年，麒鑫支行存款余额12154万元，贷款余额2178万元。

基础设施：2005年，花溪合行麒鑫分理处拥有两层楼营业大厅，面积445.35平方米。2016年底，麒鑫支行共投入维修维护费31.36万元。

霞晖支行

历史沿革：1999年5月，花溪联社霞晖路分社成立。2004年5月，花溪联社改制为花溪合行，霞晖路分社也改名为花溪合行霞晖分理处。2013年12月，花溪农村合作银行挂牌成立贵州花溪农村商业银行股份有限公司，霞晖支行属其管理的支行之一。

员工变动：1999年，霞晖路分社有员工4人，主任耿馨。2000年，员工5人，柜长申晓燕。2001年，员工3人，柜长申晓燕。2002年，员工3人，柜长徐书萍。2003年，员工5人，经理越红。2004年至2009年，员工由4人增至7人，负责人郭礼辉。2010年员工6人，1－7月主任黄毅，8月成勇任主任。2011年，员工9人，主任成勇。2012至2013年，员工6人，副行长王菊。2014年，员工9人，副行长潘敏。2015年员工8人，副行长潘敏。2016年，员工8人：副行长兼主办会计潘敏，柜员赵颖，陈晓，李芸，兰晓茜，谢佳，吴丹薇，邹添羽。

业务发展：1999年5月，新成立的霞晖路分社业务比较单一，没有发放贷款，仅靠周边居民的闲置资金组织存款，年末存款156.27万元，总支出为0.34万元，无收入。2001年，霞晖路分社开始募集股金，年末股金余额为6.496万元，均是自然人入股；各项存款达到563万，存款账户700余户，被共青团花溪区委员会授予“青年文明号”。

2004年5月28日，霞晖支行开始发放贷款，主要是发放抵押贷款，品种较为单一。年末各项存款3135.73万元，各项贷款1067.34万元。2006年4月，花溪合行领导与黔南州惠水县险峰实业总公司合作，解决险峰实业总公司干部职工集资建房资金短缺的困难，加强银企合作组织资金1200万元进入花溪合行霞晖分理处。随着业务服务范围越来越广，贷款种类逐渐多样化，霞晖支行开始办理按揭贷款、个体工商户贷款、助学贷款。2007年，花溪合作行霞晖分理处存款突破1个亿，成为亿元支行。年末各项存款10156.43万元，各项贷款4465.47万元。2015年11月，霞晖支行增加理财业务。截止2016年，各项存款34328万元，贷款4487万元，各项收入718万元，各项支出442万元，利润为249万元。

基础设施：霞晖路分社自1999年5月成立到2002年，营业场所都是租用的门面，且地方狭小，办公设备简陋，所使用的办公设备均为营业部购置。2002年，霞晖路分社租用贵州大学服务部一个约50平方米的门面办公，有2张办公桌，2张办公椅，电话1部，库箱1个，保险柜1个，报表打印机1台，存折打印机1台。2003年，霞晖路分社购置一套123.71平方米营业用房，价值133.97万元；有电子显示屏1台，价值3.09万元；空调2台，1.33万元。2012年9月，霞晖分理处对营业用房进行装修并购置一批办公设备。2012年至2016年，霞晖支行新增对讲机、客户排椅、叫号机、咨询台、宣传电视、高拍仪、自助贷款终端、自助登折终端等办公设备。

湖潮支行

历史沿革：1955年初，湖潮乡成立农村信用合作社。1958年9月，湖潮乡人民公社成立，信用社合并为湖潮人民公社信用部，属人民公社管理。1984年，取消人民公社设乡，湖潮人民公社信用部更名为花溪区湖潮信用社，改为农业银行花溪支行石板营业所管理。

1989年，花溪区成立农村信用合作社联社，湖潮信用社归联社领导，业务仍由农业银行管理。2004年5月，花溪联社改制为花溪合行，湖潮信用社也改名为花溪合行湖潮支行。2013年12月，花溪农村合作银行挂牌成立贵州花溪农村商业银行股份有限公司，湖潮支行属其领导管理的支行之一。

员工变动：1955年，湖潮乡农村信用合作社主任为张玉仲，出纳为陈文银，信贷员李福明，会计兼出纳江淑珍。1981年，郭兴舟任主任。1998年，游廷栋任主任。2002年，马然任主任。2005年，蓬兴武任主任。2010年，周兴雄任行长。2012年3月，唐荣仁任行长。2012年9月至2016年12月，陈沛任行长。

业务发展：信用社从成立到20世纪70年代末，除“四清”和“文化大革命”运动期间受些影响，业务以发放生产贷款、社员贷款为主，发展平缓。

20世纪90年代，存款规模开始大规模上升，1991年末存款为111.89万元，贷款31.48万元。

2012到2016年，因为贵安新区发展，政府征地，大量征地款项进入湖潮支行，存款规模高速提升。2016年12月，湖潮信用社存款155973万元，各项贷款24680万元。

基础设施：湖潮信用社从成立之初到1980年，办公营业用房都是租用湖潮的过街楼。办公条件简陋，信用社职工是身背账簿、算盘穿梭于农户家中办公。1980年，在现湖潮支行的地址建起一栋砖混平房。1997年修建现三层办公大楼，并于2013年重新进行装修。

马铃支行

历史沿革：1954年，贵阳市花溪区马铃农村信用合作社成立。在成立之初到1961年，马铃信用社经过独立与合并两个阶段，成立之初处于独立状态，之后曾并入青岩大公社，但由于资料的缺乏，具体合并时间及原因已无从考证。

1961年初，马铃公社恢复为独立社，并转由中国农业银行监管。1996年，马铃信用社脱离中国农业银行监管，并由青岩农村信用社代管。2001年，花溪联社决定将马铃信用社营业机构迁址更名，即今贵州花溪农村商业银行云上支行前身。2006年，花溪合行决定取消定时营业，存贷款业务转入青岩信用社管辖。

2008年10月，马玲乡政府将马铃乡街上两间门面无偿提供给马铃便民服务点作为营业场所使用。当时，马铃便民服务点仍由青岩支行统一管理。

2015年8月6日，马铃支行搬迁至新建网点，营业时间由过去的营业一天（星期四）转为每天对外营业，仍归青岩支行管理。2016年1月20日，马铃支行成功申请独立的网点号，逐步将存贷款转入马铃支行，至此，马铃支行进入独立的发展进程。（关于“马林信用社”与“马铃信用社”名字问题，过去由于乡镇行政区划以及名字上存在改变，故在“马林”与“马铃”地名指向问题上系同指，以下同。）

员工变动：马铃信用合作社成立之初，由管理区干部（秘书）卢雨明、支书赵宏昌主持工作。成立时负责人为陈继宗，另有两名员工何啟顺与龙玉荣。1962年，陈贤邦进入马铃信用社。“四清运动”中，龙玉荣被开除，“四清”后又平反恢复其工作。1966年，新增周翠华为出纳。

2006到2008年间，马铃乡处于无网点无员工状态。

2008年12月，马铃便民服务点恢复每周四（赶集日）开门对外营业，但此时人员均由青岩支行流动派送，无固定员工。

2015年8月6日，马铃支行营业时间由过去每周一天转为每日开门对外营业，有员工6人：负责人龙章忠，会计何俐佳，信贷员龙仲勋和卢苇江，柜员陈波和凌娟。

2016年底，马铃支行有员工7人，分别为负责人黄锐，会计何俐佳，农贷会计代玉菊，信贷员龙仲勋和杨育军，柜员陈波和王梅。

业务发展：马铃信用社在成立之初，主要业务是在社员中开展存款、贷款业务，为社员服务。成立初期，存款2万元左右，贷款1万元左右，贷款用途主要是购买肥料、耕牛等农业生产工具，业务发展缓慢。“四清”后，贷款对象主要是生产队，贷款金额8万元左右。随着业务发展的需要，逐步在农户中开展农户货款。由于马铃信用社发展在时间段上时断时续，故其业务也就时断时续地开展。

2001年，马铃信用社迁址更名后，由青岩信用社派员工到马铃信用社每周四（赶场天）定时开门营业，为当地群众提供存取款业务，此时存贷款均由青岩信用社管理，所以存贷款、收入、支出等数据均包含在青岩支行的数据当中。直到2008年12月，马铃支行的业务均由青岩支行管理。2016年2月19日，马铃支行独立，存贷款逐步从青岩支行转出。2016年12月31日，马铃支行存款4350.68万元，贷款3345.04万元，总收入192.91万元，总支出202.04万元，亏损9.13万元。

基础设施：1954年成立时，马铃信用社无办公用房。在四清前，一直租用马铃供销社营业用房；四清后，搬至马铃人民公社。员工不集中办公，逢赶集日集中汇报工作。

根据固定资产表余额统计，马铃信用社搬至马铃老办公楼的时间大概在1987年，当时房屋面积大约350平方米，固定资产账面价值4.13万元。

2008年12月，马铃乡政府免费让出两间面积较小的办公用房供马铃便民服务点临时办公使用。办公设施有两台电脑主机、两台显示器、两台点钞机、两台打印机等。安全设施齐全。

2015年8月6日，马铃支行搬到距老网点不远的新办公楼，此时马铃支行营业用房面积3556.78平方米，转为固定资产后账面价值有3676.86万元，办公用具价值15.33万元，2016年12月31日，低值易耗品价值138.27万元。

云上支行

历史沿革：贵州花溪农村商业银行股份有限公司云上支行于2002年3月10日正式挂牌成立，成立时名称为贵阳市花溪联社云上分社，隶属花溪联社管理，地点为贵阳市花溪区花溪乡云上村大牲畜交易市场，辖内主要区域为云上村、洛平村、桐木岭村。2004年，改制更名为花溪合行云上分理处，隶属花溪合行总行管理。2013年12月，花溪农村合作银行挂牌成立贵州花溪农村商业银行股份有限公司，云上支行属其领导管理的支行之一。

员工变动：云上分理处成立之初有员工3人：

2011年1月，花溪合行云上分理处获“资金组织突出贡献奖”

分理处主任陈庆林兼任网点信贷员，柜员陈情、罗秋秋。2002年3月，陈庆林任云上分社主任。2012年3月，马然任云上分理处主任。2013年12月农商行改制，马然改任城南片区云上支行负责人。2014年1月，梁晓远任城南片区云上支行负责人，周珏任云上支行副行长兼主办会计。2015年3月，李朝叶任云上支行副行长兼主办会计。2016年，支行有员工8人：副行长李朝叶，会计周予洁，柜员文晶、胡琳、罗涛涛、李睿、聂瑛、王馨悦。

业务发展：云上支行成立后，总行将隶属云上支行辖内村组的股金划至云上支行统一管理，三个自然村寨涉及股金33万元，1295户。2002年末，云上支行各项存款557万元，发放各类贷款621万元。

云上支行的业务主要以发放辖内农户贷款及吸收农户存款为主。贷款主要是农户生产贷款，用途主要为购买农业生产、运输、大牲畜养殖及买卖等。存款主要来源为辖内农户农业经营回款，生意周转资金回笼等。由于云上支行辖内三个村经济情况良好，总体业务发展较好，云上支行2004年至2014年连续11年盈利。2002年至2016年，存款业务连续15年正增长。

基础设施：云上支行成立之初到2009年，办公营业用房都是租用云上村民房办公。所租民房紧临西南地区最大的牲畜交易市场，办公面积150平方米，开立3个业务窗口。2009年，云上支行购置榕筑南溪．绿园（花溪区行政中心）2层1700.63平方米办公用房，其中一楼一半用于办公，二楼则用于出租。2009年9月，云上支行搬至新网点办公。新网点营业面积400平方米，设立6个营业窗口，区分客户休息区、自助设备区及柜台业务办理区。

小碧支行

历史沿革：小碧信用社成立于1954年，地址在小碧乡猫洞村，隶属于贵筑县，由人民银行直管，成立时实行“一乡一社”制度。1989年，花溪区成立农村信用合作社联合社，小碧信用社归联社领导，业务由农业银行管理。1992年成立环城公路储蓄所，地址在小碧乡云盘村。1996年，小碧信用社从猫洞村搬迁到云盘村三岔路口后（现所在地），环城公路储蓄所就搬至猫洞村小碧信用社的猫洞村办公地址，改名为金碧分社，该网点于2004年停业。2004年5月，花溪联社改制为花溪合行，小碧信用社改名为花溪合行小碧支行。2009年1月，小碧乡的行政区域从花溪区划分到南明区，小碧支行依然为小碧乡12个行政村的村民服务。2013年12月，花溪农村合作银行挂牌成立贵州花溪农村商业银行股份有限公司，小碧支行属其领导管理的支行之一。2014年10月，成立贵州双龙临空经济区，小碧乡所在区域划入新区内，小碧支行的服务范围主要是贵州双龙临空经济区。

人员变动：1962年，小碧信用社主任为杨春培，有员工6人：王朝学、魏德胜、周光武、王文国、付佩玲、王友华，人均工资23元。1966年5月进入“文化大革命”时期，主任杨春培和员工魏德胜被批为“富农”，于1966年7月从小碧信用社离职，人员由7人减少为5人。1966年至1971年，由周光武任主任。1971年，杨蕴宽任主任。1976年，吴章益参加工作，工资16元。1977年“文化大革命”结束，杨春培和魏德胜两人回到小碧信用社工作。1976年，李发贵任主任。1985年，王友华任主任。1986年，杨国祥任主任。1991年，金梅珍任主任。1997年，张振华任主任。1999年，周乐佳任主任。2000年，杨辉任主任。2007年，负责人王晓云，员工18人。2011年至2016年，负责人李诚，员工26人。

业务发展：1954年，小碧信用社成立时募集股金30元。1955年，股金增加至1067.08元。1956年，股金为2489.13元。1957年，股金为2600.13元。1958年，股金为4503.5元。1994年重新募集股金，股金金额增加至3837.48元。1999年，小碧信用社重新清理股金，将小金额的股金清退，并向村民和单位募集，股金金额增加至98460元。2005年，小碧信用社股金达到1170万元。

1966年，存款规模为20万元。1989年，存款规模为65.16万元。1996年，存款规模680万元。1999年，存款规模增长至1014万元。2004年至2013年，存款规模从2881万元发展至40901万元。2013年至2016年，存款规模从6.25亿元发展至13.05亿元。

基础设施：1956年成立时，小碧信用社办公地点在猫洞村。营业厅内除桌椅、板凳、算盘等简单的办公设备外，就只有一个保险柜。1970年，信用社营业用房面积为331.20平方米。1995年9月，小碧信用社向花溪区人民政府申请修建综合用房，工程预算建筑面积787.25平方米，工程总造价376606.50元。1996年工程完工，小碧信用社综合用房共四层，建筑面积908.56平方米，同年小碧信用社迁入新办公楼。2001年10月24日，小碧信用社办公楼和营业厅装修，工程总造价246000元，于当年12月20日完工。该栋营业房沿用至2016年12月，一层、二层为营业用房，三、四层为员工宿舍。小碧信用社安装电子监控系统以及一台空调，费用共计56000元。

平桥支行

历史沿革：1998年5月25日，贵阳市花溪区花溪联社大寨分社正式成立，隶属于花溪联社，由营业部管理。2004年，花溪合行筹建成立，大寨分社最初为花溪合行大寨分理处，后定名为花溪合行平桥分理处，隶属花溪合行，不再由营业部管理。2013年12月，花溪合行成功改制为贵州花溪农村商业银行股份有限公司，平桥分理处更名为贵州花溪农村商业银行股份有限公司平桥支行，属于花溪农商行领导管理的支行之一。

2014年，平桥支行与临近的云上支行、麒鑫支行、学士路支行成立为云上片区。2015年，云上片区更名为城南片区。2016年，学士路支行由总行直管，平桥支行、麒鑫支行、云上支行为城南片区下属网点。

员工变动：1998年成立之初，大寨分社负责人由花溪信用社副主任陈学菊兼任，又调用业务骨干班勤山、张凯、黄毅到分社工作。2001年9月，张凯任大寨分社会计兼经理，分社有员工9人。2004年6月，徐书萍任平桥分理处主任。2006年4月，王晓云任平桥分理处负责人。2007年6月，张启忠任平桥分理处副主任。2014年1月，梁晓远任平桥支行行长。2014年，王菊任平桥支行副行长。2015年，陈庆林任平桥支行行长，有员工20人。

业务发展：2014年11月之前，平桥支行管辖花溪区周边的尖山村、天鹅村、石板井村、吉林村、大寨村、马洞村。2014年11月，原华宇支行搬迁至孟关汽贸城内，其管辖的花溪区翁岩村、麦乃村、把伙村、陈亮村、杨中村、花溪村农户贷款业务划归平桥支行办理。2015年1月，原云上支行所管辖的云上村、洛平村、桐木岭村农户贷款业务也划归平桥分理处统一管理。目前，平桥分理处办理花溪区辖内阳光社区、贵筑社区、清溪社区及15个行政村（石板井村、吉林村、大寨村、天鹅村、尖山村、马洞村、翁岩村、麦乃村、把伙村、陈亮村、杨中村、花溪村、云上村、洛平村、桐木岭）的贷款业务。贷款种类也由单一向多样化发展，现可办理农户贷款、公司贷款、个体工商户贷款、黔微贷、理财业务、新型储蓄产品（花钱月享、锦上添花）、房屋按揭贷款等业务。办理业务方式和渠道也多样化，客户以往只能在柜台办理存贷款业务，现在通过手机银行、网上银行、自助贷款终端、ATM 机等电子渠道均可办理。

基础设施：大寨分社成立之初，在大寨村路口的大寨村值班室办公。营业室采用全封闭防护栏，防范武器有狼牙棒、石灰碗、电击器等，报警设备有电话、警铃。

2000 年，营业地址迁往大寨村商业门面，面积约 50 平方米（租用）。

2005 年，由于业务扩展需要，营业地址搬迁至大寨村商业门面（租用）。

2011 年，位于甲秀南路旁平桥分理处新办公大楼落成，整体搬迁至现址（贵州省贵阳市花溪区甲秀南路贵志产权式酒店一号楼），面积为 2416.05 平方米。

南明支行

历史沿革：2008 年 11 月 19 日，云盘支行成立，隶属于小碧支行。2015 年 1 月 27 日，云盘支行搬迁至遵义路 326 号水钢大厦，并正式更名为贵州花溪农村商业银行股份有限公司南明支行。南明支行地处火车站旁，毗邻鸿通城、贵州省体育馆、筑城广场。

员工变动：南明支行现有员工 12 人，行长李诚，副行长周珏，并配有保安 3 人、保洁 3 人、大堂经理 1 人。先后有员工王云鑫、朱雯、王优、刘敏、班玮、徐文亮、宋思诗、王悦、罗琳、罗凡、刘敏、孙冲、谭娟、刘溪、陈梦瑶、周寿斌、黄玮 17 人。

业务发展：截至 2016 年 12 月，南明支行揽存 2 千万元，贷款余额接近 4 亿元，其中涉农贷款 5 千多万元，小微企业贷款 2 亿元。2015 年实现净利润约 500 万元，2016 年约 1600 万元，同比增长 220%。

基础设施：南明支行拥有价值 1.2 亿元的 589.3 平方米的 6 层办公用房，有 4 台自助存取款一体机，6 个综合柜台，2 个 VIP 柜台，配有 3 台网银体验机、1 台自助登折机、1 台自主贷款服务终端、1 台自助填单机、1 台自助叫号机，大型备用电池 3 个，监控设备 1 套、宣传视频电视机 3 台。

青岩支行

历史沿革：1955 年，青岩镇辖区由农民入股成立五家信用站：杨眉信用站、歪脚信用站、龙井信用站、新哨信用站和青岩信用站。1958 年，五家信用站合并为 3 个信用社：杨眉和歪脚合并为杨眉信用社、龙井和青岩合并为青岩信用社，新哨信用社单独存在。改革开放后，先后为农行管理和人行托管。2004 年，青岩信用社更名为花溪合行青岩支行。2013 年 12 月 29 日，花溪合行正式改制更名为贵州花溪农村商业银行股份有限公

1962 年青岩信用社租用的民房

司，支行随之更名为贵州花溪农村商业银行股份有限公司青岩支行。

员工变动：1955年，五个信用站员工分别为：杨眉有肖应福1人，歪脚有李柏荣和陈云仙2人，青岩有李本贵和王云仙2人，新哨有廖玉强、杨安兴及杨绍华3人，龙井有陈发祥和龙发轩2人。歪脚信用站由陈云仙负责，青岩信用站由王云仙负责，新哨信用站由廖玉强负责。1958年，五个信用站合并为3个信用社，人员也合并在一起办公，陈云仙任主任。1962年，3个信用社合并为青岩信用社，张国珍任主任，员工有肖应福、李柏荣、陈云仙、李本贵、陈发祥、廖玉强、杨绍华、杨安兴、张启祥等10人，1964年7月杨光初调入青岩信用任主任，此人员结构一直持续到1971年。1972年，新增一名员工杨光珍，其他人员不变，1975年，新增一名员工王文秀。1990年到1992年，青岩信用社员工有8人，主任为杨光初，会计为王文秀。1993年到1995年，青岩信用社员工共10人，主任为杨光初，会计为唐世忠。1996年到1998年，青岩信用社员工共11人，主任为吴勇，会计为周兴雄。1999年到2001年，青岩信用社员工共11人，主任为唐世忠，会计为潘敏。2002年，由卢俊俄任主任。2003年到2007年，周治分别任主任、行长。2007年，杨继军任行长。2011年，刘远刚任行长。2016年，青岩支行有员工18人：行长刘远刚，行长助理兼主办会计申燕，片区办主任雍朝玉，片区业务发展部经理毛健璋，统计蒋丹，会计杨凯，客户经理罗永清、汪建、石家雄、程治翔，柜员何元芳、梁龙燕、金锐、柳睿迪、李盈樨、蔡海燕、汤懿、李益澜。

业务发展：1954年至1958年，是青岩信用社组建和发展的第一阶段，由农户入股组成，为社员办理存贷款业务。从20世纪50年代后期公社化至70年代，青岩营业所的任务以发放农业贷款为主，以支援农业为中心工作，金融机构信贷工作自身发展不大，储蓄业务极少。

1978年至1996年，青岩信用社处于恢复发展阶段。1986年至1989年，年平均存款规模为80万，年平均贷款规模为60万元。1990年至1996年，每年均有少量盈利。

1997年至2003年，青岩支行存款年均增速为250万元，贷款年均增速为500万元，每年均有盈利。

2004年至2012年，青岩支行属于合作银行阶段。得益于小额农贷的发展，青岩支行贷款增长迅速，贷款年均增速为500万元，并在2005年首次突破一千万元。存款规模2004年为4536万元，2012年突破亿元，存款规模增长到10190万元。

2013年至2016年，青岩支行隶属于农商行阶段，业务较之前飞速发展，存款增至72560万元，贷款增至22459万元，收入总计2900万元，实现利润1580万元。2015年，获涉农先进集体荣誉称号。2015年，青岩支行开始销售理财产品，2016年，推广信用卡和开展保险代理业务。2016年末，涉农面达70%以上。

基础设施：办公营业用房，1955年租用20平方米的营业场所与人行营业所一同办公；1962年在青岩北街村租用李家房屋作为营业场所；1972年开始独立建房，面积80平方米；1990年总面积100平方米，其中营业场所面积70平方米；1994年建砖混营业用房，总面积705平米，营业场所面积为520平方米；2000年，建成现有办公营业用房，总面积3112平方米，营业场所面积962平方米，2006年总面积3484平方米，营业场所面积1066平方米，2016年总面积2568平方米，营业场所面积816平方米。

办公设备：随着社会经济和花溪农商行发展，支行各种设备从无到有，从算盘、计算器到电脑，再到基本齐全并逐渐趋于现代银行设备规范标准。从1998年翻建办公楼开始，逐渐配备了LED显示屏、宣传视频电视机、对讲机、空调等，直至2016年标准化建设年，支行办公设备基本齐全标准化。在辖区配置15台ATM机，在各村设立村村通便民支行，极大方便青岩居民金融的需求，也助推支行电子业务发展。

孟关支行

历史沿革：1954 年，孟关农村信用合作社成立，下设立小碧分社。1989 年，花溪区成立农村信用合作社联合社，孟关信用社归联社领导，业务由农业银行管理。2004 年 5 月，花溪联社改制为花溪合行，孟关信用社改名为花溪合行孟关支行。2013 年 12 月，花溪合行挂牌成立贵州花溪农村商业银行股份有限公司，孟关支行更名为贵州花溪农村商业银行股份有限公司孟关支行。2014 年 12 月，花溪农商行华宇支行由花溪区清溪路迁至孟关乡国际汽贸城汽车超市 C 栋，与孟关支行合并为孟关片区支行。

员工变动：1953 年，陈兰芬负责组建孟关信用社。成立后，孟关信用社有员工 5 人，其中杨培忠、赵维棋、赵维芳为农金员，主要在孟关信用社工作；杨春培（小碧分社负责人）、魏德胜在小碧分社工作。杨培忠任两个信用社的总负责人。1959 年，钱永隆进孟关信用社，担任农金员。1961 年，明凤英进孟关信用社，担任会计。1959 年至 1961 年，进入孟关信用社小碧分社 3 人：周光武、王玉华、王朝学，分别担任会计、农金员、出纳。1963 年 6 月，李忠伟、杨应发、徐宝泉进入孟关信用社担任农金员。

1963 年 9 月，行政编制分开后，孟关信用社和小碧信用社分开管理。1964 年底至 1965 年初，明凤英离开信用社，从黔陶信用社调赵佩玉接替其工作。

1966 年下半年，杨培忠调离孟关信用社后，徐宝泉担任主任，赵培玉担任会计，杨应发担任出纳，李忠伟、钱永隆、赵应龙担任农金员。1973 年至 1983 年 4 月，李忠伟担任会计。

1984 年，徐宝泉调离孟关信用社，钱永隆临时负责工作。1983 年 4 月，贾幼玲调入孟关信用社接任会计工作，李忠伟转为农金员。1984 年，邓绍蓉调入孟关信用社，任出纳。1985 年下半年，赵培玉担任主任，李忠伟任副主任。1986 年，赵培玉担任会计。1986 年下半年，赵培玉因被判刑离开信用社，李忠伟主持孟关信用社工作。1994 年至 2001 年，李中伟担任孟关信用社主任。

1986 年至 2002 年，孟关信用社新进杨昌志、兰兵、张婷 3 名员工。

2002 年，王明亮担任孟关信用社主任。2003 年，张振华担任孟关信用社主任。2004 年，张振华担任花溪合行孟关支行行长。2008 年，马然担任孟关支行行长。2013 年，谢必玉担任花溪合行孟关支行行长。2014 年至 2016 年，周兰担任贵州花溪农商行股份有限公司孟关片区支行行长。

2008 年 11 月 26 日，花溪合行孟关支行新楼落成庆典

业务发展：1953 年成立孟关信用社时，社员共入股 8000 元。孟关信用社主要业务是存贷款，也承担着代收中国人民银行贷款业务的职责。当年存款余额 7000 元，贷款约 20000 多元。孟关信用社业务分包情况：杨培忠分包孟关村，赵维棋分包谷立村、石龙村，赵维芳分包改毛村。

20 世纪 50 至 60 年代时期的业务比较单一，贷款主要是生产贷款，用途为购买农具、稻种、肥料等以及修理水渠，农民的生活救济等。1987年开始从事代理业务。发展养殖、种植业，贷款在信用社只能账外账，贷款发放对象由政府决定。

基础设施：1953年至1966年，孟关信用社借用乡财政办公地点，办公设备仅有两张桌子，四把椅子，几把算盘，一个木制文件柜。1966年，农行修房子后，信用社借用孟关税务所房间办公半年时间。1966年下半年，孟关信用社在孟关村花1500元购买木房办公（一楼一底），并增加一条长凳。1976年下半年，孟关信用社搬到农行办公房办公（农业银行监管）。1987年，孟关信用社开始建房，于下半年建成并投入使用，面积约340平方米，花费6万元。2009年投入154万元建565平方米大楼。

石板支行

历史沿革：1956年初，贵筑县石板区隆昌乡信用合作社成立，分别隶属人民银行金华营业所和石板营业所管理。1958年，贵阳市花溪区石板人民公社成立，信用社改为贵阳市花溪区石板人民公社石板信用部合作分社，隶属贵阳市花溪区石板人民公社管理。1962年11月，石板信用社重新划归人民银行石板营业所管理。1984年，取消人民公社设乡，石板人民公社信用部更名为花溪区石板信用社，人民银行石板营业所改为农业银行花溪支行石板营业所管理。

1989年，花溪区成立农村信用合作社联合社，石板信用社归联社领导，业务仍由农业银行管理。2004年5月，花溪联社改制为花溪合行，石板信用社改名为花溪合行石板支行。1994年成立的蔡冲分社，2004年，撤除合并到石板支行。2013年12月，花溪合行挂牌成立贵州花溪农村商业银行股份有限公司，石板支行属其领导管理的支行之一。2014年，石板支行分别设立云凹花园、茨凹村便民服务点。

员工变动：1956年，新成立的石板信用合作社主任为吴定西，有员工3名。吴定西在1980年办理退休，由王国胜接任主任。1989年，石板信用社有职工5人。1991年，王国胜因索贿、贪污被花溪区人民检察院逮捕。1992年9月，周兴雄任副主任。1996年，张启忠任主任。2004年，唐世忠任主任。2006年，王明亮任行长。2007年，谢必玉任行长。2012年，陈庆林任行长。2014年，张振华任行长。2016年，石板支行有员工19人，副行长王革清，副行长文艳，行长助理刘奔，客户经理杨波、韦茂荇、李祖林、蒋毅、王岚，主办会计王瑾漩，统计员龚子琪，柜员李晓霞、胡宏宇、徐丹、王贺、牛英、陈建霞、赵剑飞、曹建伟、罗蓉蓉。

业务发展：1956年，石板信用合作社有社员3人，吸收股金900元。年末存款1600元，贷款3600元。

20世纪50至60年代时期的业务比较单一，贷款主要是生产贷款，用途为购买农具、稻种、肥料等以及修理水渠、农民的生活救济等。石板信用社股金、存款比较少，不足以支持发放贷款规模，于是增加代理人民银行放款业务，以收取手续费。因前期没有盈利，社员股金一直到1962年才开始分红。

80年代，农业贷款、储蓄存款都以较快的速度增长，增加乡镇企业等集体存款、贷款业务。此段时期大量的信贷资金投入煤矿等，存款规模也开始大规模上升，1989年末存款98.54万元，年末贷款60.72万元。

1996年到2003年，农村信用社的业务服务范围越来越广，贷款种类由单一向多样化发展。2004年到2016年增加小额农户贷款、承兑汇票、助学贷款、老来福、企业、个体工商户、黔微贷、商宝通、商誉通、理财业务等各种贷款品种。

2014年，石板镇市场开发对资金需求很大，石板支行抓住机会，利用黔微贷、商宝通、商誉通等一系列贷款品种抢占市场。2016年12月，石板支行存款60749.9万元，年末各项贷款62830万元，其中农业贷款32439.70万元。

基础设施：石板信用社从成立之初到1982年，办公营业用房类似当地村民民房，办公条件简陋。后经人民银行批准，购买农行石营业所的旧营业用房（临街的两间一楼一底红砖瓦房和后面四间红砖瓦房）、约250平方米，其中临街的一楼两间办公、二楼和后面四间瓦屋房为宿舍，2000年推倒重建，2003年重新选址修建约760平方米的新办公楼，并于2004年投入使用。

民大支行

历史沿革：2007年9月13日，花溪合行民大分理处成立。前身为敖凡冲分理处。2012年2月，民大支行归属于城北片区。

员工变动：2007年，民大分理处有员工4人：钟世霞、杨文年、王婷婷、龚子琪。主任为钟世霞，会计为杨文年。2009年7月，王菊任主任。2012年2月，董春媛任副主任，会计为彭燕。2014年7月，刘鸿超任副行长。2016年9月，罗秀峰任副行长，会计彭燕，柜员朱丽玲、王敏、徐杨。

业务发展：民大支行位于贵州民族大学校园内，主要服务对象为贵州民族大学及贵州民族大学人文科技学院、老师、学生及周边社区商户。2007年到2012年，主要以单一办理贴现业务、个人消费贷款为主。2012年4月至2016年12月，支行业务主要有组织存款、销售理财产品、办理手机银行、网上银行、POS机业务、微银行等。2015年9月，民大支行存款达到18963.30万元；2016年12月，存款11388.88万元，收入22.71万元，支出378.17万元，亏损135.46万元。

基础设施：民大支行从成立之初至2016年，办公营业用房都是租用贵州民族大学156.61平方米的门面用房。由于开业时间较早，内部装潢陈旧，办公条件相对简陋。

紫光支行

历史沿革：贵州花溪农村商业银行股份有限公司紫光支行前身为花溪联社朝阳分社，于1999年7月正式挂牌成立，地点为花溪区朝阳村。2004年5月，改制成立花溪合行紫光支行，网点搬迁至花溪区溪北路紫光商城。2011年，花溪合行机构调整实行大片区管理，紫光支行、竹林分理处和民院分理处组建成立紫光片区支行。2013年12月，改制成立贵州花溪农村商业银行股份有限公司紫光支行。2014年7月，紫光支行、竹林支行、民大支行和清溪支行组成城北片区支行，紫光支行的所有贷款业务划至清溪支行统一管理。

人员变动：成立之初，朝阳分社有员工5人，柜长为王惠琴。2004年有员工5人，行长为张敞忠。2013年有员工16人，行长为杨敏。2016年底，紫光支行有员工9人：负责人刘文举、行长助理王玉亭、主办会计曹兴燕、会计B角王春婵、对公柜匡胭、柜员李丹丹、余厚芳、邱梦瑶和况金金。

2011年1月，花溪合行紫光支行获"资金组织突出贡献一等奖"

业务发展：1999年12月31日，贵阳市花溪联社朝阳分社各项存款16.36万元，营业利润-0.19万元。

2004年12月31日，花溪合行紫光支行各项存款4197.99万元，各项贷款2793.58万元，营业收入109.68万元，营业支出20.8万元，营业利润88.88万元。

2007年12月31日，花溪合行紫光支行各项存款突破1亿元，达到1.01814亿元。

2012年12月31日，花溪合行紫光支行各项贷款突破1亿元，达到1.52726亿元，营业收入突破2000万元，达到2107.76万元，营业利润突破1000万元，达到1194.07万元。

2013年12月31日，花溪农商行紫光支行各项存款85851.04万元，各项贷款22599.99万元，营业收入 2953.97 万元，营业支出 584.25 万元，申报税费 75.68 万元，营业利润 1851.6 万元。

2014 年 12 月 31 日，花溪农商行紫光支行营业利润突破 2000 万元，达到 2326.97 万元。

2016 年 12 月 31 日，花溪农商行紫光支行各项存款突破 9 亿元，达到 9.0913 亿元。

基础设施：2004 年，花溪合行紫光支行购买位于花溪区溪北路 24 号的营业用房，营业用房面积 216.22 平方米，房产账面价值 255.13 万元。营业场所配备现金区，理财服务区，网银体验区，ATM 自助设备两台，自助贷款服务终端一台，排队机一台。

吉源支行

历史沿革：2009 年 4 月，花溪合行吉源分理处正式挂牌成立，因办公营业用房租用在贵州吉源实业有限公司办公楼附属楼，故申报金融机构名称时以吉源命名，隶属花溪合行小碧支行管理。

2013 年 12 月 29 日，贵州花溪农村商业银行股份有限公司正式挂牌成立，花溪合行吉源分理处更名为贵州花溪农村商业银行股份有限公司吉源支行。

人员变动：2009 年，吉源分理处附属花溪合行小碧支行，负责人为花溪合行小碧支行负责人王晓云。2014 年 11 月 14 日，吉源支行负责人为雷佳。自 2009 年成立以来至 2016 年，吉源支行有员工 3 人：会计龙沛伊，柜员钟吕、孙宇翔。

业务发展：吉源支行业务主要为储蓄业务。2009 年成立初期，存款规模为 70.31 万元。2016 年底存款规模达 3300 余万元。

基础设施：自 2009 年 4 月成立至 2016 年 5 月 30 日，吉源支行营业用房一直租用贵州吉源实业有限公司附属楼办公（贵阳市南明区小碧乡云盘村小寨 9 号），办公面积约 200 平方米。2016 年，吉源支行自投资金约 4645.1 万元购置位于贵阳市南明区龙洞堡龙洞路 132 号四季花园新办公大楼，并于 2016 年 5 月 30 日搬迁至新址。新办公楼建筑面积约 1000 余平方米，分两层，办公楼配备有 VIP 室、档案室、信贷办公室、自助存取一体机三台，二楼配备客户休息区、会议室、厨房、餐厅。

清溪支行

历史沿革：贵阳市花溪联社清溪路分理处，于 1999 年 9 月正式挂牌成立。2004 年 5 月，花溪区农村信用社改制为花溪合行，清溪路分理处改名为花溪合行清溪分理处。2013 年 12 月，花溪农村合作银行挂牌成立贵州花溪农村商业银行股份有限公司，清溪支行属其领导管理的支行之一。

员工变动：成立之初，清溪路分理处有员工 2 人，负责人为胡敏。2004 年 5 月，清溪分理处有员工 5 人，负责人为张晓玲。2013 年 12 月，清溪支行有员工 6 人，负责人为黎文。2016 年有员工 23 人，行长为杨敏。2004 年至 2006 年，梁洁任主办会计。2006 年，杨乐媛任主任。2007 年，王菊任主任，迟小梅任主办会计。2011 年，杨梅任主办会计。2012 年杨梅调离，黎文任主办会计。2013 年，覃轲任主办会计。

业务发展：1999 年 12 月 31 日，贵阳市花溪联社清溪路分理处各项存款 57.55 万元，营业利润 -0.06 万元。

2004 年 12 月 31 日，花溪合行清溪分理处各项存款 3155.34 万元，各项贷款 968.56 万元，营业收入 37.24 万元，营业支出 28.27 万元，营业利润 8.97 万元。

2013 年 12 月 31 日，花溪农商行清溪支行各项存款 29047.08 万元，营业收入 694.66 万元，营业支出 339.97 万元，申报税费 0.72 万元，营业利润 354.69 万元。

2014 年，清溪支行开展票据业务、贷款业务、中间业务，产品多元化。2014 年 12 月 31 日，花溪农商行清溪支行各项贷款突破 4 亿元，达到 4.1696 亿元。营业收入突破 1000 万元，达到 1162.59 万元。

2016 年 12 月 31 日，花溪农商行清溪支行各项存款突破 4 亿元，达到 4.1103 亿元，贷款突破

9亿元，达到9.3278亿元。营业收入突破7000万元，达到7732.09万元，营业利润突破5000万元，达到5803万元。

基础设施： 成立初期租用花溪民主路门面，2000年购买位于贵阳市花溪区清溪路清华小区2栋办公用房作为营业场所，面积90.73平方米，原值755907.5元。后因升级改造，清溪支行购买贵州省贵阳市经济技术开发区花溪大道中段208号腾龙湾A1区4栋办公楼，原值52797424.98元，并于2014年12月搬迁使用。新办公楼配备多功能会议室、VIP室、7台ATM机、自助贷款机、登折机。

燕楼支行

历史沿革： 燕楼信用社于1954年成立，由社员入股组成，属初级社，原隶属于党武区，主要为燕楼地区社员提供金融服务。燕楼片区有3个乡，分别是坝楼乡、燕楼乡、摆古乡。坝楼乡、摆古乡无信用合作社。1956年转为高级社。1958年9月，坝楼乡、燕楼乡、摆古乡合并为燕楼乡人民公社，燕楼信用社合并为燕楼人民公社信用部，属人民公社管理。1984年取消人民公社设乡，更名为花溪区燕楼信用社，改为农业银行花溪支行青岩营业所管理。

1989年，花溪区成立农村信用合作社联社，燕楼信用社归联社领导，业务由农业银行管理。2004年5月，花溪区农村信用社改制为花溪合行，燕楼信用社也改名为花溪合行燕楼分理处。2013年12月，花溪农村合作银行挂牌成立贵州花溪农村商业银行股份有限公司，燕楼支行属其领导管理的支行之一。

员工变动： 1954年，燕楼信用社只有1名保管员，先后由魏怀周、郭念明担任。此人员结构一直持续到1958年。大跃进和人民公社化运动时期，燕楼信用社关闭过一段时间。1962年，燕楼信用社有员工3人，分别是主任郑时星，会计吴万有，农金员魏汤周。从1962年到1981年初的20余年间，燕楼信用社负责人一直为郑时星。1981年郑时星退休，吴万有担任主任。1988年，王光裕任主任。1991年，徐勇任主任。1995年，胡如华任主任。1997年，吴勇任主任。1998年，王明亮接任。1999年，雷太勇主持燕楼信用社工作。2001年，唐登福任主任。2002年，唐永文任主任。2006年，何中良任主任。2008年，龙超林任主任。2009年，李诚任副主任（主持工作）。2011年，王旭任燕楼分理处副主任（主持工作）。2015年，张清任燕楼支行副行长（主持工作）。2016年，燕楼支行有员工11人：行长张清，会计胡睿，客户经理覃汝森、郭海，统计员胡娟，柜员谭小花、叶渐红、邓林、王江山、袁璎、李勇。

业务发展： 1954年成立初期，燕楼信用社以每股2元吸收社员股金，但股金管理较为混乱。这个时期发放的贷款金额为几元到十几元不等，最高40元。贷款用途多为购买耕牛、饲养牲畜。2009年开始清退社员股金。

20世纪80年代，农业贷款、储蓄存款都以较快的速度增长，增加乡镇企业等集体存款、贷款业务。当时国家鼓励国营、集体和个体一起开办煤窑，此段时期大量的信贷资金投入煤矿，存款规模也开始大规模上升。1989年末存款42.92万元，年末贷款55.39万元。

1996年到2003年，农村信用社的业务服务范围越来越广，贷款种类由单一向多样化发展。2004年到2016年增加小额农户贷款、承兑汇票、助学贷款、老来福、企业、个体工商户、黔微贷、商宝通、商誉通、理财业务等各种贷款品种。2015年11月，开始办理理财业务。燕楼支行现涵盖存款业务、贷款业务、结算业务、储蓄业务及其他中间业务。至2016年12月，存款12837.50万元，各项贷款12945.13万元，其中涉农贷款11353.94万元。

基础设施： 燕楼信用社从成立初期到1965年，办公营业用房都是租用当地村民民房。办公条件简陋，信用社职工是身背账簿、笔墨纸张以及算盘等物品穿梭于农户家中办公。1965年，经人民银行批准，采取自筹和银行补助等方式购买燕楼生产队的1间20余平方米房子用于办公，营业室门牌由职工用木板自制而成。1990年，购买一户魏姓人家的土地修建3层平房，即燕楼支行现在的地址（燕楼镇燕楼村15组14号），于1993年竣工并投入使用。房屋面积401平方米，房产价值38.68万元，沿用至2016年。

华宇支行

历史沿革：2003年12月18日，贵阳市花溪联社华宇分社成立。前身为万达分社。2004年5月28日，华宇分社更名为花溪合行华宇支行。2007年，华宇片区支部筹备工作小组成立，包括华宇支行、孟关支行、明珠支行、清溪支行，张振华担任组长。2014年12月2日，华宇支行由清溪路华宇建材城迁至孟关乡国际汽贸城汽车超市，与孟关支行组建孟关片区支行。

员工变动：2003年，龙浩担任华宇分社经理，彭莹任主任助理，有员工4人：龙浩、彭萤、唐郡、李光琴。2005年，有员工5人。2006年2月至2008年8月，周兴芳担任副行长（主持工作），有员工7人。2007年6月3日，张振华担任行长，有员工7人。2008年4月17日，张晓玲担任行长，有员工9人。2009年至2013年有员工10人。2011年2月1日，潘敏担任负责人。2014年7月1日，滕建丽担任华宇支行行长助理。2014年，有员工11人。2014年12月2日，周兰担任片区支行行长。2015年有员工13人，2016年有员工14人。

业务发展：2004年，贵阳市花溪联社华宇分社向社会招募入股，共入股股金274万元，入股股东38户。其中自然人股东37户，金额125.65万元；法人股东1户，金额149万元。投资股按年利率9%进行分红。

2004年1月12日，华宇发放第一笔贷款，合计4.5万元。2005年4月，第一次股金分红。2005年更换信合业务系统，开展银行卡业务。2006年全行员工消费贷款划至华宇支行管理，对全区发放“四改一气”贷款。2006年至2011年，华宇支行发放小额农贷，承担服务7个行政村的任务。2007年，定向增募股金。2008年，华宇支行存款破亿元。2012年，各项贷款余额破亿元。2016年4月至11月，孟关片区支行涉农业务考核连续8个月考核第一名。

基础设施：2007年以前，华宇支行办公用房营业支出由营业部支付。2007年，划账到网点列支。2007年至2014年，华宇支行办公营业用房面积203.49平方米，固定资产账目余额255.3万元。2015年，因搬迁至孟关乡国际汽贸城，华宇支行办公用房面积新增1087.5平方米，办公用房总面积为1290.99平方米，固定资产账目总额为3435.37万元。

久安支行

历史沿革：1955年初，久安地区由5个乡组成，5乡分别成立久安乡、巩固乡、吴山乡、雪厂乡和长鲊乡5个信用合作社。分别隶属人民银行金华营业所和石板营业所管理。1958年9月久安乡人民公社成立，将久安的5个乡的信用社合并为久安人民公社信用部，属人民公社管理。1962年11月，久安信用社重新划归人民银行石板营业所管理。1984年取消人民公社设乡，更名为久安信用社，由农业银行花溪支行石板营业所管理，搬迁到农行石板营业所办公。1985年4月，搬回久安乡小山村光头寨办公；9月，在熬凡冲租用当地民房成立熬凡冲分社。

1989年，花溪区成立农村信用合作社联社，久安信用社归联社领导，业务仍由农业银行管理。2004年5月，花溪联社改制为花溪合行，久安信用社也改名为花溪合行久安支行。2008年，熬凡冲分社撤除合并到久安支行。2013年12月，花溪合行挂牌成立贵州花溪农村商业银行股份有限公司，久安支行属其支行之一。

员工变动：1955年，5个信用合作社各有员工1－3人，员工大多是身兼两职。吴山乡信用社主任陈少奎，会计吴培珍。雪厂乡信用社主任彭进先，会计王松。1961年，久安信用社员工3人，主任项树芝，会计吴培珍，工作员吴培玉。1966年初，项树芝和吴培玉在“四清”运动中被清理除名回家，刘应顺接任主任，会计阮素珍，工作人员彭少章。当时职工工资每月20元左右，收入较低，员工任职不稳定。1967年8月，彭少章自动离职回家务农。小山村下乡知青李洪海到信用社工作。1971年，阮素珍兼任久安信用社主任和会计，同年，周立琼进信用社工作。

1972年初落实政策，项树芝和吴培玉平反后回信用社工作。1980年，阮素珍调农业银行，周立琼任会计，吴培玉接任副主任直到1993年退休。1985年，久安公社党委调陈世雄任主任，久安信用社出现两年时间同时有两位主任的局面。

1989年，职工已达10人，陈庆林任主任。1999年，卢俊娥任主任。2002年，唐世忠任主任。2004年，唐世忠改任久安支行行长。2005年，谢必玉任行长。2007年，唐荣仁任行长。2012年，梁晓远任行长。2013年，张清任副行长（主持工作）。2015年，兰兵任副行长（主持工作）。2016年10月，申厚斌任行长，兰兵任副行长，员工9人。

业务发展：1955年久安等5个信用社成立，立即发动群众入股和储蓄。股金每股2元，吴山乡合作社吸收股金达400余元。年末存款9800元，贷款2800元。

20世纪50至60年代时期的业务比较单一，贷款主要是生产贷款，用途为购买农具、稻种、肥料等以及修理水渠，农民的生活救济等。1966年“文化大革命”开始，人民银行调低存款利率，信用社的存款规模一直没有提升，均以社员存款为主。久安乡5个信用社股金、存款比较少，不足以支持发放贷款规模，这期间增加代理人民银行放款业务，以收取手续费。社员办理贷款，社员享有利率优惠政策。建社以来，社员股金未盈利，一直未分红。

发放贷款方法主要有：一是信用社按掌握农户和生产情况发放，二是按村社干部提出的名单发放，三是与民政部门配合发放，四是下乡现场发放，五是合作社拟出生产计划发放。农业贷款的发放，有效的支援农业生产，及解决部分农户的生活困难。

信用社从成立到20世纪70年代末，除“四清”和“文化大革命”运动期间受些影响，平常主要业务发展比较平稳，起伏不大。存贷款规模从几百元发展到两三万的规模，业务仍以发放生产贷款、社员贷款为主。

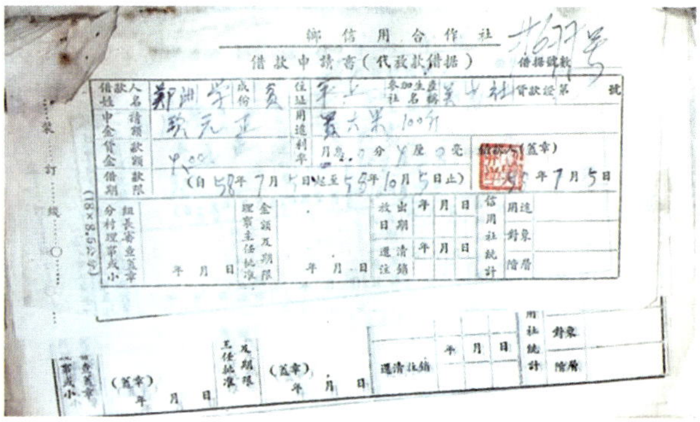

1958年久安吴山信用社借据

20世纪80年代，农业贷款、储蓄存款都以较快的速度增长，还增加乡镇企业等集体存款、贷款业务。当时国家鼓励国营、集体和个体一起开办煤窑，全乡有400多家大大小小的煤窑。此段时期大量的信贷资金投入煤矿，存款规模也开始大规模的上升，熬凡冲分社的存贷款规模比久安总社的规模大。1996年到2003年，农村信用社的业务范围逐渐扩大并基于成熟，服务的范围越来越广，贷款种类由单一向多样化发展。2004年增加小额农户贷款、承兑汇票、助学贷款、老来福、企业、个体工商户、黔微贷、商宝通、商誉通、理财业务等各种贷款品种。

2011年，久安乡关闭煤窑，发展古茶树，久安支行每年为久安古茶树提供信贷资金规模达上千万元。2016年12月，各项贷款规模达13907万元，存款规模为8699万元。

基础设施：久安信用社从成立之初到1968年，办公营业用房都是租用当地村民民房。办公条件简陋，信用社职工身背账簿、算盘穿梭于农户家中办公。1968年，采取自筹和银行补助等方式，投资6000元建起一栋2间共60平方米的办公楼，其中一楼办公，二楼则用于员工宿舍。营业室门牌由职工用木板自制而成。1987 年，敖凡冲办公楼建成，久安支行花 1000 元购置第一辆嘉陵摩托车。1988 年，久安信用社征用小山村土地修建办公楼。1992 年购置北京吉普车一辆，花 1 万多元购置通讯设备大哥大以及 3 台 BB 机。2008 年，敖凡冲分社撤除。2010 年，处置敖凡冲办公用房，处置金额 25.97 万元。2003 年，自投资金 53.4 万元，在原址推倒旧办公楼重修新 554 平方米办公楼，并于当年 8 月 20 日投入使用。一楼设营业办公室、食堂、车库，二楼用于员工宿舍及行长办公室。2014 年，购置 8 台村村通 POS 机，单价 1100 元，共计 8800 元。2016 年 12 月，购入 1 台存取一体自动柜员机，购置金额 17.5 万元；花 1.49 万元安装开放式柜台。

合朋支行

历史沿革：贵州花溪农村商业银行股份有限公司合朋支行成立于 2013 年 6 月 14 日，位于贵州省贵阳市花溪区石板镇政府东面。2013 年 12 月 29 日，经贵州银监局批准，正式挂牌成立花溪农村商业银行，花溪合行合朋支行正式更名为贵州花溪农村商业银行股份有限公司合朋支行。

人员变动：2013 年 6 月至 2016 年 1 月，行长刘朝彬，行长助理王革清。2016 年 1 月，行长刘朝彬调总行，由王革清担任负责人。2013 年 6 月至 2016 年 8 月，孙燕担任会计，2016 年 8 月调离后由李学圣任会计。2016 年末，合朋支行在职员工 16 人，包括 1 名负责人，1 名主办会计，1 名会计，1 名风险管理员，7 名柜员及 5 名客户经理，

业务发展：合朋村辖 7 个村民组，5 个自然村寨，土地面积 6935 亩，市场 6 个分别为：贵阳金石亿隆工程机械交易市场有限公司、贵阳金石天合经贸有限公司、贵阳市合朋经济开发有限公司、贵州合朋二手车市场交易有限公司、贵州合朋欣格市场开发有限公司、贵州红太阳商贸开发有限公司。合朋支行主要服务群体为合朋村六大市场及周边村民，主要业务范围为存款、贷款、结算、储蓄及其他中间业务。

2013 年各项存款总计 4503.17 万元，各项贷款 1000 万元，各项收入 6.65 万元，利润 -39.77 万元。

2014 年各项存款总计 29194.23 万元，各项贷款 36840.69 万元，各项收入 1681.88 万元，利润 1230.35 万元。

2015 年各项存款总计 59418.53 万元，各项贷款 54446.46 万元，各项收入 5827.95 万元，利润 4353.60 万元。

2016 年各项存款总计 69053.31 万元，各项贷款 99447.63 万元，各项收入 8953.80 万元，利润 7309.03 万元。

基础设施：2013 年 6 月至 2016 年 6 月，合朋支行租用两间不足 150 平方米的门面办公。2016 年 6 月，开始网点改造，将一楼办公区扩至 218 平方米；二楼信贷区，行长办公室，副行长办公室，接待室，会议室，餐厅等共计 441 平方米。

学士路支行

历史沿革：1989 年，学士路分社位于现学士路东村，当时为联社的营业部。1998 年营业部搬走，成立单独的学士路分社。2004 年 5 月，花溪联社改制为花溪合行，学士路分社改名为花溪合行学士路支行。2013 年 12 月，花溪合行改制成立贵州花溪农村商业银行股份有限公司，学士路支行属花溪农商行领导管理的支行之一。

员工变动：1998 年 10 月，主任王文秀，会计胡敏，员工 2 人。2000 年袁丽担任负责人，有 8 名员工。2004 年，陈林昌接任学士路支行行长工作，有员工 5 人。2007 年，彭莹接任学士路副行长，主持工作，有员工 8 人。2010 年，陈勇接任学士路支行行长，员工 6 人。2012 年，周兰接任学士路支行行长，员工 15 人。2014 年，龙华瑜接任副行长（主持工作），员工 13 人。2015 年，梁晓远接任副行长（主持工作），员工 13 人。2015 年，王婷接任副行长（主持工作），2016 年转为行长，员工人数达到 16 人，会计王云鑫。

业务发展：1998 年，学士路分社成立，当时作为在县城区域的网点，没有募集股金，主要以吸收存款和发放贷款为主要业务。1999 年存款 736 万元，2004 年存款达 1849 万元，贷款达 908 万元。2004 年末，有自然人股东 12 人，年末股金余额 25.15 万元，投资股 24.55 万元。学士路支行后期开展贷款业务，贷款业务群体主要是个体工商户、自然人贷款。当时的贷款方式主要采用的是抵押贷款，用途方向也主要是经营周转及装修贷款，除此之外，还有部分是针对当时花溪区公务员发放的信用贷款。2007 年，学士路将当时的抵押贷款和公务员信用贷款划转至营业部，金额为 16347100 元。2008 年以后，学士路支行开展票据业务。2016 年，学士路开展包括贷款业务、票据业务和中间业务，存款余额达 5.2 亿元，贷款余额 2.48 亿元。

基础设施：1998 年学士路分社办公设备极为简单，主要使用传统账簿展开业务工作，使用算盘等手工方式计算数据。办公场所是联社营业部搬迁留下的，价值 17.5 万元的房屋。同时配备 1 部传呼机作为通信设备。2008 年，购买农院门口现学士路网点办公地点门面。2002 年以后，学士路支行使用微机开展电子记账工作。在运行初期，采用的是手工和微机同步记账；后来脱离传统手工记账，使用计算机电子记账，各项报表数据由计算机自动统计和导出。2013 年，开展标准化网点建设，改造完成现学士路网点环境，并配备自助贷款服务机、登折机、多功能会议室、VIP 及理财服务区。

黔陶支行

历史沿革：1955 年，由农民入股在黔陶乡成立两家信用站：赵司信用站和黔陶信用站，为入股成员提供金融服务，实行合作经济制度。1958 年，两家信用站合并为黔陶信用社。改革开放后，先后为农行管理和人行托管。2004 年，随着花溪联社成为新框架体制下全国第一家农村合作银行，黔陶信用社更名为花溪合行黔陶分理处。2013 年 12 月 29 日，花溪合行正式改制更名为贵州花溪农村商业银行股份有限公司，黔陶分理处更名为贵州花溪农村商业银行股份有限公司黔陶支行。

员工变动：1955 年，两信用站各有一名员工，分别负责全站所有工作。赵司信用站由陈远玺负责，黔陶信用站由罗付全负责，直至 1957 年。1958 年，两信用站合并为黔陶信用社，人员也合并在一起办公，罗付全任主任，陈远玺任会计兼出纳，直至 1965 年。1966 年至 1975 年，王光裕接替罗付全任主任，陈远玺任会计，胡华任出纳，员工人数为 3 人。1976 年，白兰琼接替胡华任出纳，赵国治任信贷员，主任及会计不变，员工人数为 4 人，此人员结构持续至 1983 年。1984 年至 1986 年，苏玉琼接替陈远玺任会计，加入一名信贷员陈恒学，其他人员不变，人数增至 5 人。1987 年，白兰琼调走，黎文接其职位。1988 年至 1989 年，王光裕调走，赵国治接任主任，人数为 4 人。1990 年至 1991 年，张启忠任主任，赵国治换岗为信贷员，王光裕调入任信贷员，黎文调走。1992 年至 1997 年，张启忠调走，张振华接任主任，会计苏玉琼，信贷员为陈恒学和赵国治，沈以君为记账员。1998 年，陈娟加入做记账员，陈恒学与王光裕对换岗位。1999 年至 2000 年，陈恒学担任主任，杨梅任会计，李枝恒为信贷员，沈以君为记账员。2008 年，何中良接任负责人。2010 年，刘远刚任行长。2011 至 2013 年，罗秀峰任负责人。2014 年至 2015 年，申厚斌调入任行长。2016 年杨明伟调入任副行长（主持工作）。

业务发展：1955 年，黔陶信用社以每股 2 元的股金吸收群众入股，到 1966 年吸收股金达 7000 元，2010 年全部清退。信用社成立之初主要为社员提供生产、生活贷款。

1966 年至 1977 年，年平均存款为 15.5 万元，年平均贷款为 14.75 万元。存贷款均以每年 1 万元左右的速度缓慢增长。

2000 年以后，存贷款规模快速增长，存款规模从 1999 年的 252.56 万元增长到 2016 年 8233.26 万元，贷款规模从 1999 年的 206.75 万元增长至 2016 年 5830.48 万元。贷款主要以涉农贷款为主，

2016年涉农贷款约占总贷款94.74%。业务规模不断扩大，业务类型也从单一走向多样化，除传统存贷款业务外，还开展结算业务、理财业务及其他中间业务，贷款品种增加小额农户贷款、薪适贷、老来福、企业贷款、个体工商户贷款等。

基础设施：1955年至1965年，黔陶信用社租用10平方米的营业场所。1966年至1972年，在现供电所处自建10平方米营业场所。1973年至1988年，自建两间员工宿舍增至40平方米，其中营业场所扩建至15平方米。1989年至1997年，员工宿舍增至70平方米，营业场所增至30平方米。1998年至2008年，在现址修建三层砖混营业用房，总面积495.5平方米，营业场所面积为155.2平方米。2009年，改建为现有办公营业用房，总面积1080平方米，营业场所面积315平方米，并沿用至2016年。

2009年9月4日，花溪合行黔陶分理处新楼落成

随着社会经济和花溪农商行发展，黔陶支行各种设备从无到有，再到基本齐全，并逐渐趋于现代银行设备规范标准化。从2009年支行翻建办公楼开始，支行逐渐配备LED显示屏、宣传视频电视机、对讲机、空调、ATM机等。2016年标准化建设年，支行办公设备基本齐全标准化。

麦坪支行

历史沿革：花溪农商行麦坪支行前身麦坪农村信用社，于1954年6月6日成立，属花溪地区1949年以后第一家农村信用社。由麦坪、刘庄两个信用组改建为社，有社员553户。由中国人民银行直管，无偿借用场坝村农户龙开凤两间民房办公。不久，麦坪境区又成立彭官乡信用社、长鲊乡信用社。1958年，成立麦坪人民公社，三个信用社合并为麦坪公社信用部，由人民公社管理。20世纪60年代初，麦坪农村信用社脱离人民公社的管理，重新归属中国人民银行直管，当时麦坪、久安、湖潮及石板一同划归为石板联社。

1979年至1996年，农村信用社由中国农业银行管理，这段时期的麦坪农村信用社为一个乡一个管区的模式，只分管麦坪乡的农村金融服务。1989年，花溪区成立农村信用合作社联社，麦坪信用社归联社领导。1998年，开展整顿规范活动，麦坪乡社员代表大会召开，成立麦坪信用社理事会和监事会，谢必玉任理事长，麦坪乡乡长赵红任监事长。1994年，麦坪信用社设立郭家冲分社。2004年5月，花溪区农村信用社改制为花溪合行，麦坪信用社也改名为花溪合行麦坪支行。2005年，麦坪支行撤销郭家冲分理处。2013年12月，花溪

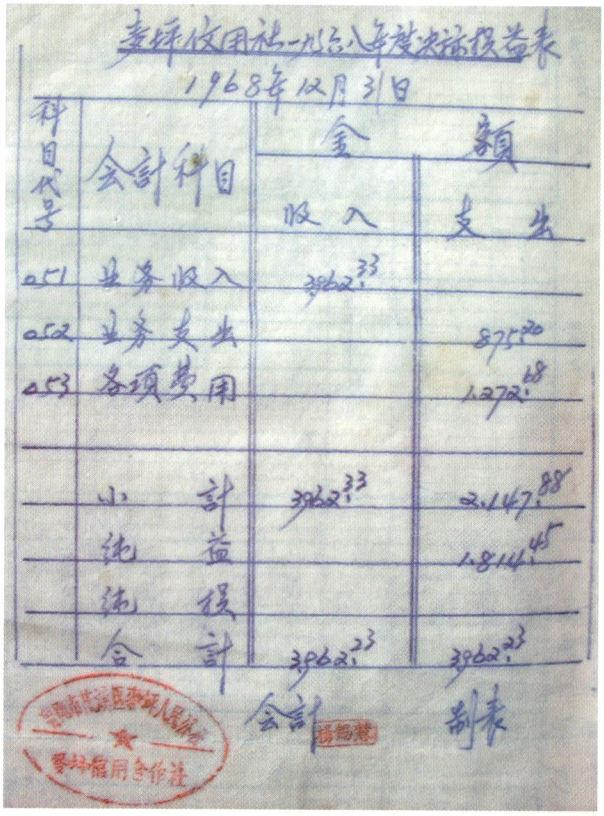
麦坪信用社一九六八年度决算损益表

1968年12月31日

科目代号	会计科目	金额 收入	支出
051	业务收入	3962.33	
052	业务支出		875.20
053	各项费用		1272.68
	小计	3962.33	2147.88
	纯益		1814.45
	纯损		
	合计	3962.33	3962.33

会计　　制表

1968年麦坪信用社年度决算损益表

合行挂牌成立贵州花溪农村商业银行股份有限公司，麦坪支行属其领导管理的支行之一。

人员变动：麦坪农村信用社成立之初工作人员有常正江、包定久和张荣华3人。1958年，三个乡进行合并后，主要工作人员变更为主任王兴和，会计张荣华，出纳常正江及罗权书。1959年，由于信贷业务的需要新增信贷员李显朝。1961年，新加入杨锡会任出纳一职。1963年，常正江、罗权书离职。1967年，麦坪信用社吸纳新员工刘万明接替张荣华的相关工作。至1981年麦坪信用社工作人员均无变动。1982年，谢菊英任出纳一角。1985年，麦坪新增柜员李恒生。1986年，麦坪信用社主任王心和调至信用联社工作，增加柜员罗章伟。1991年，麦坪信用社招收杨德荣、迟焕明，分别任出纳及驾驶员的职务，同年担任会计一职的杨锡会退休离职。1993年，招收柜员周平。次年，招收柜员杨宗伟及刘芳。1998年，刘万明因违规发放贷款被公安机关取保候审，联社对其做出开除处理。同年，谢必玉调任麦坪信用社主任，谢菊英任副主任，刘芳、迟焕明调出麦坪信用社。1999年，信贷员李显朝退休，调入吴学敏，并招收新员工季波。2000年，调入信贷员徐书伟。2004年5月，杨继军任麦坪支行行长。2007年，黄毅任行长。2010年，梁晓远任行长。2012年，陈凯任行长。2013年，唐荣仁任行长。2015年，谢必玉调任麦坪支行行长。2016年，麦坪支行有员工13人：行长谢必玉，副行长游廷栋，主办会计张婧，农贷会计秦颖杉，信贷员晏荣荣、李枝恒、周旺，柜员陈智勇、余娥、马强、未永强、黄功福、彭丹。

业务发展：1954年，麦坪农村信用社采取农户按户入股分发股金证的形式成立，实行每户一股，一般为一股两元，有股数586股，收到股金645元，存款145元，放款700元。据相关资料，1980年前除1955年、1956年亏损外，其余年份均盈益。股金分红有三次，第一次在1985年7月，每股分红1.5元；第二次在1987年5月，每股分红1.4元；第三次在1990年3月，每股分红2元。2000年后，股金陆续增加500、1000元不等，2009年至2010年，根据农村信用社商业银行化的有关规定，农户股金全部清退完毕。

成立之初的麦坪信用社各项业务对于当地农户有政策倾向和扶贫性质，所以贷款状况多为亏损，亏损部分由人民银行补贴。因为当时的经济发展状况滞后，所以麦坪农村信用社这一时期发放农户贷款金额多为一、二元钱不等的小额农户贷款。改革开放后，才出现较大的增长。2016年末，麦坪支行贷款量达15722万元，其中小额农贷占贷款面的98%，存款总额增长为21085万元，实现收入1489万元，利润总额764万元。至2010年，开始涉及少量中间业务，主要是清算业务中的汇款业务。

基础设施：1954年，麦坪农村信用社成立时的营业场所为借用场坝村农户龙开凤家的两间民房，面积约为35平方米。初期，农户并未收取租赁费，至20世纪60年代开始收取少量租赁费用。70年代，麦坪农村信用社自建三间木结构高架营业用房。1985年，对营业用房进行翻修。1992年，对营业用房的后院进行重新修葺。1993年，麦坪乡开展城乡规划，麦坪农村信用社及当时的麦坪粮管所、麦坪乡农工商公司合作划规一块建设用地，三家共同修建连体邻街房屋一栋。麦坪农村信用社利用历年积累的公益金和市农行划拨的专项资金30万元，开始重新建设营业办公用房，其中花10万元向政府买入麦坪乡街道的一块土地。建设前营业用房估值60万元左右，建成后增值为80万元左右。按照政府的统一规划，当时的修建由麦坪农村信用社牵头，但由于多方原因，麦坪乡粮管所未提供修建资金，麦坪乡农工商公司只提供6万元修建资金，其余资金全部由麦坪信用社垫付。1994年8月，麦坪农村信用社正式搬入新的营业综合办公楼。2003年经清理后，麦坪农村信用社支付麦坪乡农工商公司6万元垫资及利息，房屋全部资产归麦坪信用社所有。同年，麦坪农村信用社花费20万余元对部分营业用房进行装修，其余用房对外进行招租。麦坪农村信用社于1994年在煤场相对集中的郭家冲煤矿设立郭家冲分社，并购置面积总共

60平方米的房屋两间。2001年，郭家冲分社另选地址花费13万余元置建办公用房一套，并处置原营业用房。2005年，麦坪农村信用社根据当时的经营情况撤销郭家冲分社，但营业用房仍保存。1991年，麦坪农村信用社购置贵州产的八闽吉普车一辆。2000年，处置八闽吉普车，购置加宝面包车。2003年，购入北京吉普并及时处置加宝面包车，北京吉普使用至花溪合行车改。1993年，配置一款老式步枪用于保障接送资金的安全。1998年更换为半自动冲锋枪。2002年，根据相关规定将所有枪支弹药全部上交联社。

小河支行

历史沿革：贵州花溪农村商业银行股份有限公司小河支行成立于2014年7月7日，位于贵州省花溪区黄河路1号，是贵州花溪农村商业银行股份有限公司开拓花溪区以外市场、占领城区市场、对外扩展设立的第一家跨区域机构。

员工变动：成立之初，小河支行员工人数为7人。2015年，员工人数增加到15人，平均年龄33岁，其中党员人数8人，本科以上学历占员工总数的80%以上，梅剑任支行行长。

业务发展：小河支行所处的贵阳市经济技术开发区（小河区）是贵阳市中心城区之一，登记注册的工商企业达到600多户，在支行开立对公账户的达200余户。截止2016年12月31日，存款余额达1057.74万元，占支行存款总数的2.32%。小河支行与贵阳市经开区装备工具行业协会签订战略合作协议，对于协会认可的成员，给予一定额度的信用贷款，额度最高可达100万元；与贵州恒阳（集团）房地产开发有限公司签订战略合作协议，支持其打造小河最繁华商圈，该公司龙湾二期项目位于香江路与黄河路交汇口，占据小河区商业圈重要地理位置，支行为入驻该商业圈的29户商户提供商户租金、自身经营流动资金13560万元信贷支持，所有入驻商户均在支行开立账户，办理工资代发、POS机等业务。

2014年，各项存款余额3000万元，贷款余额6200万元。2015年，各项存款余额21228万元，其中单位活期存款6187.62万元，单位定期存款11299.95万元，个人活期储蓄存款1422.62万元，个人定期储蓄存款2369.69万元；各项贷款余额38767万元，其中公司贷款11500万元，小微企业贷款16293万元，个体工商户贷款3356万元，其他自然人贷款7618.34万元。2016年，各项存款45554.64万元，较年初增长24326万元，其中单位活期存款31841.66万元，单位定期存款5274.93万元，个人活期储蓄存款3999.54万元，个人定期储蓄存款4438.52万元；各项贷款60280万元，实际较年初增长21513万元，其中公司贷款12000万元，小微企业贷款17688万元，个体工商户贷款21733.32万元，其他自然人贷款8859.48万元。2015年，收入1896万元，利润604万元，人均综合利润40.27万元。2016年，收入4070万元，利润1808万元，人均综合利润120万元。2016年12月31日，信合卡发行4991张，安装POS机具140台，网银、手机银行开户2560户，其中230余户小微企业、个体工商户发放贷款30921.32万元。

基础设施：小河支行营业房面积3264平方米，有ATM自助存取款机2台，自助取款机1台，自助贷款机1台、自助服务终端机1台。

大学城支行

历史沿革：2013年6月中旬，花溪合行筹建大学城支行。2013年11月15日，大学城支行成立。成立之初，大学城支行使用党武支行的行号，后经人民银行批准拥有独立行号以后，于2015年4月1日开始使用自己的独立行号对外办理业务。

员工变动：2013年11月15日，大学城支行有员工5人，其中，支行行长由党武支行行长兼任，支行副行长兼主办会计1人，会计B角1人，柜员3人。2016年8月，新进员工1人。

业务发展：大学城支行的业务范围是吸收公众存款；发放短期、中期和长期贷款；从事银行卡业务；提供保管箱服务；经中国银行业监督管理委员会会员批准的其他业务。2015 年，存款余额为 1349.28 万元，贷款余额为 2194 万元；2016 年的存款余额为 3672.75 万元，贷款余额为 838 万元。

基础设施：2013 年 11 月 15 日至 2016 年 11 月 13 日，大学城支行营业地址为花溪区大学城贵州医科大学校内（一号宿舍楼下），营业面积约 200 平方米，房屋为租用。2016 年 11 月 14 日，营业地址为贵州省贵阳市花溪区大学城栋青路 8 号，营业面积约 1252 平方米，房屋为租用。

高坡支行

历史沿革：贵州花溪农村商业银行股份有限公司高坡支行，前身分别是贵阳市花溪区高坡信用社和花溪合行高坡支行，位于贵阳市花溪区高坡乡街上。1954 年，高坡信用社由五个信用站组成，分别为：甲定信用站、杉坪信用站、云顶信用站、高坡信用站、石板信用站（1961 年甲定、杉坪两站合并，高坡、石板两站合并）。1965 年 5 月四清运动以后，三个信用站合并成立高坡信用社，与中国农业银行高坡营业所合并办公，原办公地点在旧庙房处。

1996 年 8 月，高坡农村信用社与农业银行高坡营业所脱离隶属关系。2004 年 5 月 28 日，花溪合行成立，高坡信用社正式更名为花溪合行高坡支行。2013 年 12 月 29 日，花溪合行正式挂牌成立花溪农村商业银行，花溪合行高坡支行更名为贵州花溪农村商业银行股份有限公司高坡支行。

员工变动：1954 年，在高坡乡范围内五个小乡建立五个信用站，各信用站员工 1－2 人，负责全站所有工作。甲定信用站主任翁昌顺、会计王钦山；杉坪信用站主任罗朝顺；云顶信用站主任王达章；高坡信用站主任雷毓华；石板信用站主任王有云。1958 年，杉坪信用站主任更换为王国仁。1959 年，高坡信用站招入新员工罗廷锦，任会计。1960 年，杉坪信用站主任更换为王智龙，同年高坡信用站招入新员工两名：王锡恩、蓬必芳。1961 年，甲定、杉坪两信用站合并，人员为：翁昌顺、王钦龙、王智龙；高坡、石板两信用站合并，人员为：雷毓华、王有云、罗廷锦、蓬必芳和王锡恩。1962 年，高坡信用站招入新员工杨文信。

1965 年 5 月，原甲定、云顶、高坡三个信用站合并成高坡信用社，主任翁昌顺，会计蓬必芳，农金员杨文信，出纳王锡恩，工作人员罗廷锦由于财务问题离职，王有云、王达章、雷毓华由于工作能力较差被清退。1978 年，罗廷锦重新回到高坡信用社担任会计工作。1981 年，招入员工杨明显，王锡恩通过顶替女儿王俊英进入高坡信用社工作。1982 年，王锡恩退休。1985 年，招入新员工蓬兴武。1995 年，翁昌顺退休。1996 年，蓬必芳退休。1999 年，罗廷锦、杨文信同时退休。

从 1965 年到 1989 年，高坡信用社主任为翁昌顺。1989 年，蓬兴武担任高坡信用社主任，直到 2005 年调离。2005 年至 2007 年周平任高坡支行行长。2007 年到 2011 年，李辉担任行长。2011 年 5 月至 2012 年 2 月，由陈林昌暂代行长一职。2012 年至 2016 年，高坡支行行长为唐永文。1965 年至 1978 年，蓬必芳任会计。1978 年至 1990 年，罗廷锦任会计。之后由杨明显任会计，后杨明显由于违反国家计划生育政策离职后，杨宇接任高坡信用社会计工作。后由周平、杨梅先后接任会计一职。2003 年，杨梅调离，张谢丽接任。2007 年，张谢丽调离，王宝权任主办会计一职。2011 年，王宝权由于财务问题被开除，唐敏任主办会计直至 2016 年。

2016 年末，高坡支行在职员工 10 人：负责人唐永文，副行长李辉，主办会计唐敏，统计员王朝琴，柜员王菊、朱久玲，客户经理唐光廷、陈鹏昆、王汝波、王道政。

业务发展：1954 年成立至 1965 年四清运动结束期间，高坡信用社以每股 2.1 元吸收社员股金。2009 年开始清退社员股金。信用社成立之初发放的贷款金额从几元到十几元不等，贷款用途多为购买耕牛、饲养牲畜。2016 年，高坡支行发放的基本都是涉农贷款，部分用途为建房、装修，大部分为发展养殖。

高坡支行业务类型涵盖存款业务、贷款业务、结算业务、储蓄业务及其他中间业务，主要服务群体是高坡乡及其周边龙里县、惠水县邻近的几个乡镇农户。对公存款规模从1961年的0.17万元增长到2016年的4070万元，个人存款规模从1961年的0.25万元增长到2016年的3930万元；贷款规模从1969年的12.56万元到2016年突破一亿。2015年11月，开始办理理财业务。2016年末，各项存款总计15471.07万元，各项贷款总计11067.66万元，其中涉农贷款11924.72万元，各项收入1034.20万元，利润393.37万元。

基础设施：1954年至1965年，各信用站工作人员无固定办公场所，每天背着账簿、笔墨纸张以及算盘等物品穿梭于农户家中办公。1965年5月，各信用站合并成为高坡信用社，与中国农业银行营业所合并办公，办公地点由营业所提供，原址在今花溪公安分局高坡派出所处。1996年，信用社脱离中国农业银行隶属关系后，仍借用农业银行营业所场地办公。1999年，高坡信用社自投资金48.91万元，在高坡集贸市场旁修建办公楼，于当年建成并投入使用。2016年投入资金96.23万元重新装修。

第二篇 员工

2015年11月，花溪农商行员工参加贵阳市全民健康舞大赛获一等奖

第一章　员工来源及结构

第一节　员工来源

20世纪50年代到70年代末，贵筑县信用合作社员工主要由村、乡、生产大队、公社和银行领导指定稍识字、有点文化、家庭出身（阶级成分）好的村民担任。一般一社是1－3人，员工分专职（全脱产）和兼职（半脱产）两类。1956年贵筑县行政区划调整小乡并大乡，各乡信用社也随着2至4个社合并为1个社，按信用社脱产干部配备标准（当时脱产人员统称干部），大乡信用社最多配脱产干部3人，全县原信用社全脱和半脱产干部121人，留职72人，多余49人安排回家参加农业生产。花溪公社信用部员工，于1958年由4个乡信用社员工组成，不久员工增加到14人，1961年精简干部变为9人。

20世纪80年代初，农村人民公社党委仍有招聘、调派信用社员工权力，如1983年，久安公社党委调派公社招聘人员陈世雄任久安信用社主任，出现久安信用社两年时间同时有两位主任主持工作的局面。

1989年12月，农行贵阳市中心支行下发《信用社内部管理实行综合治理整顿的意见》，要求各信用社对现有固定职工、合同制职工、临时工进行分类排队，并对合同制职工进行专业知识和专业技能测试，按测试成绩签订合同，对不符合要求的合同制职工解除合同。并规定今后增加人员，须向市中支报增人计划，由市中支统一组织招考录用。还规定，除当年自然减员和大中专毕业生分配外，原则上不增人。按当时的政策，自然减员由职工子女顶替，大中专毕业生由国家统一分配。

花溪联社刚与农行市中支脱钩后，严格控制进人。1998年，经人行市中心支行批准，花溪联社面向社会招聘录用员工20人。至此，花溪联社开始面向社会招聘员工。

2004年，花溪合行招聘录用员工工作由省联社统一进行。2007年，省联社下发《贵州省农村信用社人才引进暂行办法》，花溪联社在引进员工时，采取考核或专业测试，择优录取的方式。

2016年贵州省农信社招聘员工简章（摘要）

一、招聘岗位及人数

招聘岗位为营业网点柜员，计划招聘890人左右。

2007年6月27日，花溪合行招考员工面试现场

二、用工形式及薪酬

劳动合同制。薪酬为基本薪酬加绩效薪酬，享有“五险一金”、企业年金等。

三、招聘对象、条件

（一）招聘对象

1. 全日制普通高等学校本科及以上学历人员（含2016届毕业生）；

2. 取得中国教育部学历、学位认证的境外高等院校毕业生。

（二）招聘条件

1. 具有中华人民共和国国籍；

2. 具有良好的政治素质和品行，遵纪守法，无不良嗜好，认可贵州农信企业文化；

3. 普通高等学校全日制本科及以上学历，取得相应的学位证书；

4. 年龄在18周岁以上、26周岁以下；

5. 身体健康，能适应农信社作息时间和劳动强度要求，符合《公务员录用体检通用标准（试行）》的有关规定。

四、应聘方法、程序

（一）应聘方法

应聘人员须登录贵州省农村信用社人才招聘网（http：//zhaopin. gznxbank. com：6666），注册成为网站会员，填写个人简历后，选择职位并缴纳考务费进行报名。

（二）应聘程序

招聘工作严格按照公开、平等、竞争、择优的原则，实行公开招聘条件、公开考试程序、公开考试结果的“三公开”制度，按照网上报名、资格初审、缴费、笔试、资格复审、面试、体检、考察、公示、培训、录用审批等程序进行。

1. 网上报名；2. 资格初审；3. 缴费；4. 笔试；5. 资格复审；6. 面试（专业测试）；7. 综合成绩折算；8. 体检；9. 考察；10. 公示、培训及录用。

花溪农商行2004年－2016年招聘员工统计表

年份（年）	招考（人）	调入（人）	派遣制（人）	招聘总数（人）
2004	9	0	0	9
2005	17	3	0	20
2006	41	3	0	44
2007	28	3	0	31
2008	13	6	28	47
2009	40	4	11	55
2010	26	4	18	48
2011	0	8	44	52
2012	14	8	23	45
2013	50	10	1	61
2014	48	9	12	69
2015	61	3	2	66
2016	41	6	0	47

第二节 员工结构

20 世纪 50 至 70 年代，花溪各信用社员工文化程度不高，大多为初小或小学文化，个别为初中文化，没有职称评聘，员工结构单一。1978 年改革开放后，随着高考制度的恢复，花溪各信用社不断有大、中专毕业生加入，员工结构有很大变化。

2007－2016 年员工结构统计表

年份(年)			2016	2015	2014	2013	2012	2011	2010	2009	2008	2007
员工总数(人)			577	576	513	463	416	388	342	318	283	247
高管人员(人)			7	6	7	7	6	7	7	7	7	7
中层干部(人)			101	107	102	96	84	66	70	73	69	60
其中	员工(人)		469	463	404	360	326	315	265	238	207	180
	性别	男(人)	277	276	247	224	212	198	184	170	158	142
		女(人)	300	288	266	239	204	190	158	148	125	105
	民族	汉	396	390	364	323	299	279	254	234	211	182
		少数民族	181	174	159	140	117	109	88	84	72	65
	类别	正式员工	575	551	500	391	333	308	284	279	242	235
		临时工	0	0	0	0	0	0	0	0	0	0
		代办员	0	0	0	0	0	0	0	0	0	0
		劳务派遣工	2	13	13	72	83	80	58	39	41	12
	学历	博士	0	0	1	1	0	0	0	0	0	0
		硕士	57	52	43	0	24	10	0	5	5	5
		本科	446	431	385	337	278	256	207	179	145	106
		专科	57	67	69	73	91	101	106	111	104	105
		中专	10	10	11	13	17	14	13	13	17	20
		高中	7	4	4	5	5	4	7	7	9	8
		初中	0	0	0	1	1	3	3	3	3	3
	年龄	30 岁以下	296	307	282	254	226	219	186	178	155	129
		31—40 岁	175	159	144	133	123	118	114	104	99	94
		41—50 岁	86	83	74	65	62	46	38	32	27	24
		51—60 岁	20	15	13	11	5	5	5	4	2	0

续表

年份(年)			2016	2015	2014	2013	2012	2011	2010	2009	2008	2007
其中	政治面貌	党员	251	250	226	182	178	162	132	114	103	88
		团员	73	90	75	52	82	73	79	80	66	47
	专业技术职称	高级	0	0	0	0	0	0	0	0	0	0
		中级	14	14	11	8	4	4	1	3	2	2
		初级	46	48	45	46	42	41	41	45	45	43

2013 年 5 月，花溪合行在贵州财经大学招聘员工

第二章　员工教育培训

花溪信合成立初期至20世纪70年代末，对员工的培训较少。1989年，由于员工文化程度不高，满足不了业务发展的需要，花溪联社把员工的教育培训提到重要的日程，开始对员工进行业务培训、岗前教育培训、法律教育培训等。

业务培训。一是基本技能培训，包括珠算、点钞等专项基本技能。二是计算机培训，在花溪联社时期举办2期计算机培训班，110人获初级证书，占员工总数85.7%；花溪合行时期，为全行50岁以下、不能熟练操作计算机的员工举办4期培训班；2007年，全行271名干部员工参加计算机培训。三是开展深层次业务培训。对主岗员工加强有关会计、出纳、记账、信贷等专业知识培训，进一步提高其业务水平。

岗前教育培训。为使新员工专业知识、思想素质、职业道德得到进一步提高，花溪联社在本单位组织新员工学习会计、财务、信贷、营销等基础业务知识，并进行结业测试。2005年，花溪合行将两批新招的大学生分别送到贵州省银行学校和安顺金融学校进行岗前教育培训。2013年，花溪农商行将50名新员工送到贵州大学参加省联社统一组织的专业培训。

法律教育培训。花溪联社重视员工法制教育、法律培训，除举办《会计法》《合同法》《票据法》《公司法》等培训班外，还聘请市检察院专家开展预防职务犯罪讲座，请区监察局领导讲解有关廉政建设，组织员工分期到羊艾监狱听取服刑犯现身说法，参观金融系统反腐倡廉展览等，以增强员工遵纪守法意识。

安保教育培训。花溪联社对全行员工的安全教育十分重视，经常举办员工安全教育培训班。1998年11月，花溪联社组织专职安全保卫人员学习有关案件和安全保卫操作规程。2003年，针对计算机管理、营业、守库押运安全操作进行安全教育；举办反洗钱、反假币安全教育培训。2016年，花溪农商行全年组织安全学习教育12次，突发事件应急演练120余次，参加总人数累计达3600余人（次）。

礼仪培训。员工礼仪关乎信合的形象，领导对此十分重视。2003年，花溪联社在贵州省旅游学校举办3期员工普通话、礼仪、职业道德、服务意识等方面的培训。2007年，花溪合行在省旅游学校举办三期员工礼仪培训班，全行员工受训率达100%。

2011年9月8日，新员工培训开班仪式

第三章　员工管理

第一节　用工制度

花溪51个信用社成立之初，用工制度不健全。20世纪90年代后随着信用社不断发展，用工制度不断完善。1990年5月，花溪联社执行农行贵阳市中心支行下发的《信用社内部管理实行综合治理整顿的意见》，规定新招员工要缴存500元就业保证金（按活期存款付息，不分红）。6月，花溪联社下发关于贯彻农行贵阳市中心支行《关于信用社内部实行综合治理整顿的意见》，要求各社对合同制职工要健全和完善合同，未经中支批准招收的合同工要重新按照合同工招收程序进行考核，对已招的临时工、以代办员为名招收的信用社职工一律辞退。今后需增加人员，要向中支报增人计划，获批后统一组织招考录用。

1992年，花溪联社对员工推行优留劣汰的用人机制和岗位培训考核达标上岗制度。新员工有一年的试用期，期满参加业务考试合格后转正上岗，不合格者可延长半年试用期。

1999年，花溪联社进行用工制度改革，推行持证上岗制度。根据人行贵阳中心支行下发的《贵州省农村信用社人事管理制度》，对1982年底以前参加信用社工作的原在编固定职工实行聘用制，聘用期限按照员工岗位目标、经营责任的要求，实行一年一聘，考、聘结合。同时实行缓聘或辞退。对1983年新增的员工一律实行合同制。取消子女顶替制度。

2001年，贵州省农村信用社推行全员劳动合同制。花溪联社下发《贵阳市花溪信用联社劳动人事制度改革实施方案》，规定员工招聘具体程序；规定现任主任、副主任任职年龄为男55岁以下，女50岁以下，普通员工退休年龄为男满60周岁、女满55周岁，提前退休年龄为男满55周岁、女满50周岁。

2002年，花溪联社招收合同工（调入）试用期从一年改为半年，同时不再收500元保证金。

2004年，花溪合行根据上级有关文件规定，从2005年起实行全员竞聘上岗制，并下发《贵州花溪合作银行员工内部退出机制管理办法》，规定员工男年满50周岁、工龄满25年以上，女年满45周岁、工龄满20年以上，员工男满55周岁，女年满50周岁，经本人申请，给予办理内部退养。

2008年，花溪合行制定《贵州花溪农村合作银行劳务派遣人员管理制度》。同年，组织招聘、录用40名劳务派遣制员工。人力资源部先后制订并执行《花溪农村合作银行派遣员工管理办法》和《贵州花溪农村合作银行用工条件管理办法》，下发《劳务派遣驾驶岗位管理办法》和《贵州花溪农村合作银行“社区金融服务办公室”管理办法（试行）》，对员工聘用条件作出规范，提出薪酬与奖励的条约。

第二节　劳动纪律

1989年，花溪联社严格执行《农村信用合作社职工管理暂行规定》，加强员工劳动纪律教育，增强遵章守纪意识，在联社和各信用社开展廉政教育及清理整顿工作。联社和各信用社分别制订主任、副主任岗位责任制，办公室、信贷、会计、保卫等部门制订岗位责任制，并制订配套的奖惩制度。

1993年9月，花溪联社建立营业部，同时制订《花溪联社营业部管理制度》。

根据《贵州省农村信用合作社人事管理制度》《贵州省农村信用合作社实行全员劳动合同制暂行办法》，2001年花溪联社拟定“定岗、定编、定人”三定方案和劳动人事工资制度改革方案，执行新的劳动工资制度。

花溪联社要求自2001年5月1日起，本社各科室（部）、各信用社科室（部）员工统一着装、统一配证上岗，违者罚款。

2009年初，花溪合行与部室、各支行、分理处的员工层层签订《案件防范工作责任书》，同时制订《贵州省农村合作银行员工守则（试行）》和客户经理、大堂经理岗位管理办法。

2014年，花溪农商行制订《贵州花溪农村商业银行股份有限公司员工职位管理办法》《贵州花溪农村商业银行股份有限公司员工守则》《贵州省花溪农村商业银行股份有限公司员工考勤管理办法》，对员工上下班实行制度化管理，强化劳动纪律。

第三节　考核与奖惩

花溪各农村信用合作社成立之初，经营状况欠佳，法人机构自负盈亏。

花溪联社成立后，把对员工的考核、奖惩作为重要工作来抓，先后制订“员工守则”、“考勤管理办法”等，并根据筑农银人字（1991）第30号《关于进行职工年度工作考核的实施意见》，对员工进行考核。

1992年，花溪联社对全面完成任务的个人和信用社进行奖励，其中花溪信用社10人、青岩信用社9人、小河信用社6人、麦坪信用社8人、金竹信用社8人，人均发放奖金420元，小碧信用社人均发放奖金400元。1993年，花溪联社对高坡、青岩、金竹、花溪四个信用社主任、主办会计每人奖励150元，奖励记账员、出纳员、专职复核人员每人100元，信贷员每人60元。

2003年上半年，花溪联社127名员工参加全省业务考试，并填写《花溪区农村信用社工作人员年度考核表》和《花溪区农村信用社工作人员年度工作定量考核表》，对全年工作情况作自我评价，并从德、能、勤、绩四方面进行量化打分。所在部门和联社对职工进行评分和定考核等级。

花溪联社先后印发《关于进一步加强农村信用社收贷手续费及奖励办法的通知》《中国农业银行关于反假币工作的奖惩暂行办法》《花溪信用联社经济案件责任性刑事案件防范责任书》《花溪农村信用合作社联合社“工效”挂钩考核办法（暂行）》，会计及贷款规范化管理、“三防一保”责任、“两个”文明建设、花溪联社车辆管理等暂行管理办法，对员工进行奖惩。为适应企业发展，花溪合行制订《贵州花溪农村合作银行等级管理办法（试行）》，对员工的绩效进行奖惩。

2014年，花溪农商行相继制订并实施《贵州花溪农村商业银行员工违规行为处理办法》《贵州花溪农村商业银行2014年综合目标考核办法》《贵州花溪农村商业银行员工等级管理办法》《贵州花溪农村商业银行客户经理等级管理办法》，以奖勤罚懒，调动员工积极性。

第四节　轮岗、交流、亲属回避制度

1992年，花溪联社决定，在保证信用社领导班子相对稳定的前提下，信用社主任实行三年一轮岗制度。2000年，选拔聘用8名业务骨干任中层干部，其中有3人进行岗位交流。

根据《贵阳市花溪区信用联社劳动人事制度改革实施方案》的规定，各岗位工作人员实行岗位轮换制，时间为每两年轮换一次，因工作需要，可提前或推后轮换。2008年，花溪合行累计轮岗人数达86人。

花溪合行成立后，下发《贵州省农村信用合作社员工定期调整、轮岗暂行规定》《贵州花溪农村商业银行股份有限公司重要岗位轮换暂行管理办法》，进一步规范岗位轮换工作。

花溪合行严格执行亲属回避制度，杜绝“夫妻社”、“父子社”，对领导成员拒不执行的，经民主管理组织决定就地免职；职工拒不执行的，一律辞退或解除合同。

第五节 中层干部选拔、培养、任用

选拔培养中层干部，是花溪农村信合事业发展的关键。花溪联社选拔、聘用中层干部按总行《关于实行干部聘用制的暂行管理办法》执行。1995 年，花溪联社聘任 9 名 45 岁以下的骨干担任中层干部。在全区信用社 26 名副股级以上中层干部中，45 岁以下有 16 人，占 61.5%。次年又聘任 7 名年轻骨干任中层干部。

2005 年，花溪合行制订《贵州花溪农村合作银行干部竞聘方案》，对高管人员、中层干部和支行行长采取竞聘上岗的方式，并制订、修改部门岗位职责，调整管理部门机构设置，增设个体业务部，并把干部经营管理目标、工作实绩、思想作风、创新能力等纳入干部公开竞聘的条件。

2011 年，花溪合行领导联席会议审议通过《贵州省花溪农村合作银行 2011 年中层干部竞聘方案》，组织所有竞聘人员统一参加考试。考试涉及 11 个部室、16 个营业网点，共 20 个正职岗位和 32 个副职岗位进行中层干部的竞聘，全行 66 人报名，其中竞聘正职 16 人，竞聘副职 50 人。

花溪合行领导重视对中层干部的培养，要求干部员工加强金融方针、政策的学习。联社每月十日定期召开主任例会，总结上月工作学习情况，安排下月的工作学习，以提高中层干部的管理水平。

2016 年 10 月 15 日，花溪农商行中层后备干部竞聘大会员工竞聘演讲

第四章　薪酬福利

第一节　工资制度

贵筑县花溪地区农村信用社成立初期，员工性质分为全脱产和半脱产两种。全脱产员工工资16－22.5元；半脱产的员工没有工资，每月有9元生活补贴，另参与生产队分配。信用社工资发放，需经乡、镇政府审批。1956年，信用社员工工资稍有提高，全脱产员工工资人均25.65元，半脱产员工定额津贴人均13.75元。1957年，人民银行贵州省分行发出《关于调整信用社干部待遇的指示》，根据贵州省信用社经营状况，决定信用社干部待遇应低于乡干部，高于农业社干部，平均按现行待遇调低27%，花溪地区农村信用社员工待遇稍有波动。1964年贵州省人民委员会发文，同意调整农村信用社干部工资，参照农村供销社干部工资标准，月平均工资掌握在28元以内，平均每人增加6元。工资标准最高一级55元，最低十级20元。1967年人行花溪办事处下发关于信用社干部工资调整补发的通知，凡经过“四清”的信用社可以调整补发工资，反之待“四清”结束后再调整补发。1971年，人行贵州省分行根据《调整集体所有制单位部分职工工资办法》，决定调整信用社职工工资。花溪区信用社少数职工工资调升一级。1978年，花溪区各公社信用社员工7年来普遍调整工资，每月每人增加3－5元。

1983年，农业银行下发《关于信用社职工调整工资等问题的通知》，花溪区各信用社1982年底以前在编职工多数得到升级调资，亏损信用社职工不能调整工资。

1989年，花溪联社下文规定员工工资分为标准工资、粮价补贴和补助工资，其中，补助工资（职务津贴）信用社正、副主任8元/月，会计、出纳、农金员6元/月。工龄工资0.5元/月，1992年调整为1元/月。1993年10月1日，花溪联社按照《关于发放农村信用社岗位（职务）津贴的暂行办法》，实行新的工资改革。1994年，规定见

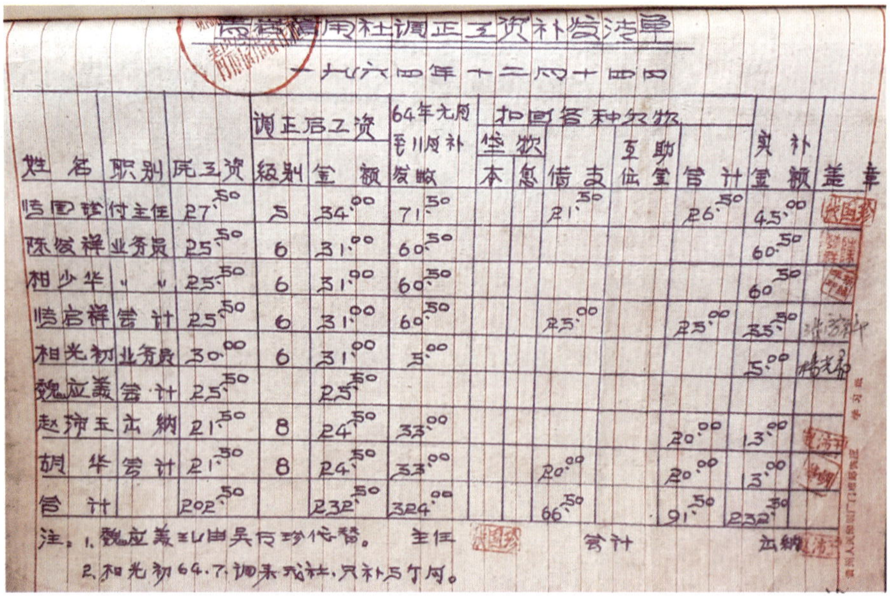
青岩信用社调正工资补发清单

一九六四年十二月十四日

姓名	职别	原工资	调正后工资 级别	调正后工资 金额	64年元月至11月补发数	扣回各种欠款 贷款 本	贷款 息	借支	互助储金	合计	实补金额	盖章
陈国珍	付主任	27.50	5	34.00	71.50			21.50		26.50	45.00	
陈俊祥	业务员	25.50	6	31.00	60.50						60.50	
杨少华	〃 〃	25.50	6	31.00	60.50						60.50	
陈启祥	会计	25.50	6	31.00	60.50			25.00		25.00	35.50	陈启祥
杨光初	业务员	30.00	6	31.00	5.00						5.00	杨光初
魏应义	会计	25.50		25.50								
赵济玉	出纳	21.50	8	24.50	33.00					20.00	13.00	
胡华	会计	21.50	8	24.50	33.00			20.00		20.00	13.00	
合计		202.50		232.50	324.00			66.50		91.50	232.50	

注：1.魏应义[illegible]由吴代珍代替。　主任　会计　出纳

2.杨光初64.7.调来我社，只补5个月。

1964年12月14日青岩信用社调整工资补发单

习期员工基本工资为76元。

2001年，根据人行贵阳中心支行下发的《关于印发贵阳市农村信用社劳动工资制度改革方案（试行）的通知》，花溪联社将结构工资分为基本保障工资、岗位工资、津贴和责任目标工资四部份，其中基本保障工资为人均260元/月，岗位工资为完成工作任务而分配的工资。2002年，员工基本保障工资从260元/月调为350元/月。

2004年，花溪合行制订《贵州花溪农村合作银行劳动工资分配方案（暂行）规定》，对工资分配进行改革，规定2004年12月31日前上岗的正式员工，其工资结构由基本工资、津贴、绩效工资、奖励工资四部份组成。基本工资按当地政府规定最低工资标准按月计发。津贴由学历、职称、工龄三部份组成。绩效工资＝（基数×岗位系数×月考得分＋基数×岗位系数×年考核分）/2。奖励工资＝利润总额×计提比例（控制标准内）。

学历津贴表

学历	中专	大专	本科	硕士研究生	博士研究生
月津贴	30元	60元	100元	300元	500元

职称津贴表

职称	员级	初级（技师）	中级（高级技师）	高级
月津贴	50元	100元	200元	300元

绩效工资表

分支机构（等级）	五级	四级	三级	二级	一级
绩效工资（基数）	1500元	1600元	1700元	1800元	1900元

奖励工资计提标准表

利润总额（万元）	历年亏损	计提标准（%）	历年亏损	计提标准（%）
300以下（含300）	有	15	无	20
300—1000（含1000）	有	20	无	25
1000以上	有	25	无	30

2007年，花溪合行制订《贵州花溪农村合作银行员工等级管理办法》，对行分支机构和员工进行等级评定，按不同等级发放工资。制订《贵州花溪农村合作银行劳务派遣制员工工资制度（试行）》，规定劳务派遣员工采用结构工资制，员工工资＝固定派遣费＋交通补贴＋绩效工资；固定派遣费参照当地职工平均生活水平、生活费用价格指数和各类政策性补贴，确定为1300元，派遣人员绩效工资按照网点员工绩效工资的50%发放，试用期工资按1200元执行。

2016年，正式员工工资项目有：基本工资、学历职称工龄津贴、菜篮子补贴、误餐补助、高原补贴、通讯补助、交通补助、生活补助、保健费、卫生费、出勤奖、绩效工资、加班工资、其他。（其中，工龄工资从职工参加工作当年开始计算，扣除中途中断时间，按5元/年标准计发，未转正员工不计发。加班工资为在确定需加班的情况下，经批准可发加班工资。法定假日元旦、春节、劳动节、国庆节等，加班工资计算方式：日加班工资＝［（基本工资＋津贴）÷20.92天］×300%。双休日加班工资计算方式：日加班工资＝［（基本工资＋津贴）÷20.92天］×200%。日加班工资＝［（基本工资＋津补贴）÷21.75天］×倍数（300%或200%）。下同。）

派遣员工工资项目：绩效工资、加班工资、交通补贴、生活补助、保健费、出勤奖、其他。

内退员工工资项目：绩效工资、工龄津贴、学历津贴、职称津贴、菜篮子补助费、高原补贴、交通补贴、书报费、绩效补助工资、医药保健费、卫生费、洗理费、物价补助费。

第二节 福利待遇

20世纪70年代以前，花溪区农村信用社的干部职工福利待遇很低，甚至低于公社、供销社的干部职工。1962年，国务院批转人民银行《关于信用社干部口粮问题的请示报告》，信用社干部口粮全部改由国家供应。花溪区各农村信用社职工开始享受国家商品口粮。1963年全区12个信用社全体干部没有领到布票，两个社新吸收的6个职工，没能解决口粮供应问题。

1980年4月21日，农行贵州省分行发文《关于做好信用社职工调资工作的通知》，指出："信用社职工的管理、政治待遇、福利待遇和口粮要同银行职工一致起来"。花溪区农村信用社职工福利待遇始逐步提高，但仍与银行职工有差距，如春节对贫寒职工的困难补助，银行职工就比信用社职工高出1/3甚至1倍。1982年，有信用社仿照银行给职工发降温费，被令退还。

1989年8月，农行花溪支行同意信用社提高出差人员伙食补助标准，每人每天1.5－2.5元。

花溪联社成立后，职工福利待遇有较快提高。1993年调整员工福利待遇，农行花溪支行规定职务岗位津贴15元、粮贴12元、洗理费10元、副食补贴15元、书刊10元、房租5元、小伙食6元、早餐60元、安全费30元、交通费36元、医药包干费7.5元、出差费90元。见习员工粮价补贴12元、物价补贴15元、岗位津贴20元，半年后享受奖金和洗理费，一年后享受书刊费。

2001年8月，花溪联社发放降温费：一类社（联社、营业部、青岩、黔陶、高坡、孟关、湖潮、麦坪）每人500元，二类社（小碧、金竹、石板、久安｛属高风险社｝）每人300元，三类社（燕楼、党武）每人200元。9月，花溪联社同意发放员工中秋、国庆过节费：一档（联社、营业部、孟关、青岩、麦坪、石板、湖潮）两节每人发1000元，二档（高坡、黔陶、久安）两节每人发800元，三档（金竹、小碧、党武、燕楼）两节每人发600元。新员工两节每人发200元。退休员工两节每人200元。

2002年4月27日，联社下发"五一"过节费发放标准：联社理事长、主任每人1000元，联社监事长、副主任每人900元,科长及信用社(部)主任每人800元，副科长及信用社副主任每人700元，主办会计及联社分社负责人每人600元，员工每人500元。

2003年12月1日，花溪联社调整员工工资福利结构，津贴按《贵阳市农村信用社劳动工资制度改革方案（试行)》执行，医药费按工龄多少以等级分配；书报费员工10元，主办会计20元，知识分子补贴20元，主办会计30元，员工误餐费100元、奖金80元、交通费100元、高原补贴160元、菜篮子补贴180元、差旅费170元、洗理费50元、邮电费50元；主办会计每月误餐费130元、奖金100元、交通费120元、高原补贴170元、菜篮子补贴200元；出纳补贴联社限2人，每人每月50元；信用社限1人，每人每月30元；分社不设。凡持独生子女证的员工，每月可享受6元独生子女医药费和5元的独生子女托儿费（独子、女7岁后不再享受）。

花信联发（2003）61号文《关于统一全社职工食堂费用开支的通知》规定，凡办职工食堂的信用社、分社按每人每月40元从营业费用中差旅费据实列支，工人工资（原则上不超过200元）从其它费用中列支，联社医药费增加3元，工龄津贴按10年以下（含10年）6元每人每年，11－20年（含20年）8元每人每年，21－30年（含30年）10元每人每年，31年以上每人每年12元。

2003年9月1日，花溪联社给员工发放节日费用标准为：一般员工每人1200元，联社一般管理人员每人1300元，分社经理、信用社（含营业部）主办会计每人1400元，信用社副主任、联社部门副经理每人1600元，信用社主任、联社部门经理每人1800元，联社监事长、副主任每人2000元，联社理事长、主任每人2200元，退休职工每人500元，未转正定级新员工每人300元，联社临时工驾驶员每人600元，对保安进行节日慰问，费用控制在每人50元左右。

2007年，花溪合行修定车改办法，规定满三年以上正式员工方可参与车改，采取“自购公助”方式解决业务用车，职工每月报销油费840元，助理职务、主办会计每月报销油费1000元，部门副职每月报销油费1170元，中层干部正职（副职主持工作）每月报销油费1500元，行领导每月报销油费2000元。

2011年，花农合银(2011)83号文件规定，对行龄三年以上、综合考核在称职以上、工作表现良好的在岗职工具有血缘关系子女，在小学、初中读书阶段获奖，中考、高考及本科毕业后连读硕士、博士的，考试分数达到奖励学校录取分数线并录取（全日制统考）的，可申请一次性考学奖励。

2014年10月，花溪农商行推行“牛奶行动”，让每个员工每天早上有一袋新鲜牛奶。

花溪农商行员工在食堂用餐

花溪农商银行2016年从业员工名录

序号	姓名	性别	民族	籍贯	出生年月	参加工作时间	入社(行)时间	政治面貌	学历及专业	专业技术职称	所在机构及岗位
1	吴 勇	男	汉族	贵州贵阳	1965.10	1983.02	1983.02	中共党员	硕士生软件工程	高级注册信贷分析师等	省联社副调研员/党委书记/董事长
2	周乐佳	男	侗族	贵州剑河	1970.09	1994.07	1994.07	中共党员	硕士生软件工程	经济师	行长
3	杨照刚	男	汉族	贵州贵阳	1965.12	1983.10	2015.12	中共党员	本科会计学	初级经济师	纪委书记/监事长
4	王 刚	男	汉族	贵州贵阳	1974.10	1996.12	2001.01	中共党员	硕士生农业推广	人力资源管理师	副行长
5	黎希霆	男	汉族	四川纳溪	1971.04	1992.07	2005.10	中共党员	硕士生工商企业管理	高级注册信贷分析师等	副行长
6	余 冰	女	汉族	贵州修文	1980.05	2006.12	2016.03	中共党员	本科会计学	注册会计师	副行长
7	廖 建	男	汉族	贵州修文	1962.11	1980.11	2006.11	中共党员	本科法律	助经师	工会主席

续表

序号	姓名	性别	民族	籍贯	出生年月	参加工作时间	入社(行)时间	政治面貌	学历及专业	专业技术职称	所在机构及岗位
8	王银霖	男	苗族	贵州贵阳	1957.04	1982.09	1988.12		中专	会计员	财务顾问等
9	黄　毅	男	汉族	贵州大方	1972.09	1995.07	1995.07	中共党员	本科经济管理	经济师等	战略规划部总经理
10	钟　琼	男	汉族	湖南岳阳	1984.06	2014.08	2014.08	中共党员	硕士生刑法学		战略规划部借调人员
11	冉晓峰	男	土家族	贵州沿河	1992.06	2014.08	2014.08	团员	本科金融工程		战略规划部工作人员
12	郑　炜	男	苗族	贵州紫云	1992.07	2014.08	2014.08	中共党员	本科经济学		电子商务化项目组工作人员
13	曾　杨	男	仡佬族	贵州遵义	1992.11	2015.09	2015.09	中共党员	本科软件工程		电子商务化项目组工作人员
14	张贵超	男	汉族	贵州毕节	1990.05	2015.09	2015.09	中共党员	本科网络工程		电子商务化项目组工作人员
15	吴雨薇	女	汉族	贵州贵阳	1992.04	2014.08	2014.08	团员	本科法学		村镇银行管理部工作人员
16	王宇成	男	土家族	贵州遵义	1985.03	2012.09	2012.09	中共党员	硕士生古代文学		行政办公室副主任等
17	肖艳华	女	汉族	江西会昌	1986.12	2012.09	2012.09	中共党员	硕士生古代文学		办公室副主任
18	向　燕	女	汉族	贵州都匀	1981.09	2006.12	2006.12		硕士生工商管理		办公室工作人员
19	马康康	男	汉族	山东青岛	1988.01	2010.07	2010.07	中共党员	本科舞蹈编导		办公室工作人员
20	陈发勇	男	汉族	贵州兴仁	1988.09	2013.09	2013.09	中共党员	本科物理学		办公室工作人员
21	苏杨眉	女	土家族	贵州遵义	1992.11	2014.08	2014.08	团员	本科新闻学		办公室工作人员
22	彭　勇	男	汉族	贵州织金	1970.06	1990.08	2011.08	中共党员	本科公共管理	建筑师	党办主任兼基础建设部总经理
23	汪子靖	女	汉族	安徽桐城	1986.11	2010.07	2010.07	中共党员	硕士生国际政治		党办副主任等
24	王竞婧	女	回族	贵州石阡	1986.06	2012.09	2012.09	中共党员	硕士生语言文学		党办工作人员
25	马胜涛	男	汉族	贵州盘县	1987.09	2015.05	2015.05	中共党员	本科民族语言文学		党办工作人员
26	司福海	男	汉族	贵州盘县	1980.10	2006.12	2006.12	中共党员	本科工商管理		基建部经理助理
27	杨　曼	男	汉族	贵州毕节	1991.09	2015.09	2015.09	团员	本科土木工程		基建部工作人员

续表

序号	姓名	性别	民族	籍贯	出生年月	参加工作时间	入社(行)时间	政治面貌	学历及专业	专业技术职称	所在机构及岗位
28	杨继军	男	汉族	贵州贵阳	1973.08	1992.12	1992.12		本科行政管理	经济员	后勤部总经理
29	雷太勇	男	汉族	贵州贵阳	1968.12	1992.12	1992.12		本科行政管理	会计员	后勤部副总经理
30	刘　鑫	男	汉族	贵州贵阳	1986.04	2010.06	2010.06	中共党员	本科　林学		后勤部经理助理
31	杨顺林	男	汉族	贵州惠水	1974.11	2004.12	2004.12		高中		后勤部工作人员
32	张　磊	男	汉族	山东成武	1990.10	2012.11	2012.11		中专篮球		后勤部驾驶员
33	雷　军	男	侗族	贵州铜仁	1990.12	2014.08	2014.08	团员	本科运动训练		后勤部驾驶员
34	罗家维	男	男	贵州麻江	1991.07	2016.12	2016.12	中共党员	大专		后勤部工作人员
35	罗贞宏	男	男	贵州贵阳	1991.08	2016.12	2016.12	中共党员	大专		后勤部工作人员
36	周兴芳	女	汉族	贵州贵阳	1968.11	1985.08	1985.08	中共党员	本科经济管理		培训中心主任
37	黄松艳	女	布依族	贵州册亨	1991.02	2015.12	2015.12	团员	大专旅游管理		培训中心工作人员
38	王　峰	男	仡佬族	贵州贵阳	1979.10	2004.05	2013.11	中共党员	本科法学	助理政工师	法律合规部总经理
39	张　海	男	汉族	贵州金沙	1980.07	2006.12	2006.12	中共党员	硕士经济学	律师	法律合规部副总经理
40	孙秋瑾	女	汉族	贵州贵阳	1986.10	2013.09	2013.09	中共党员	硕士生法律	法律职业资格证书	法律合规部工作人员
41	鲍　凌	女	汉族	浙江宁波	1986.11	2012.09	2012.09	中共党员	硕士生企业管理		人力资源部工作人员
42	朴盈萱	女	汉族	六盘水	1990.10	2013.09	2013.09		本科表演		人力资源部工作人员
43	罗建军	男	汉族	重庆垫江	1984.12	2012.09	2012.09	中共党员	硕士生社会保障		人力资源部工作人员
44	程治翔	男	汉族	贵州贵阳	1989.08	2016.10	2016.10	团员	本科		人力资源部工作人员
45	梅芸菘	男	汉族	贵州贵阳	1990.08	2016.10	2016.10		硕士		人力资源部工作人员
46	梁　洁	女	汉族	贵州贵阳	1982.03	2004.07	2004.07	中共党员	本科金融学		财务统计部副总经理
47	袁　丽	女	汉族	贵州贵阳	1963.10	1983.02	1983.02		大专法律	助会师	财务统计部工作人员

续表

序号	姓名	性别	民族	籍贯	出生年月	参加工作时间	入社(行)时间	政治面貌	学历及专业	专业技术职称	所在机构及岗位
48	李　毅	女	汉族	贵州贵阳	1982.12	2006.07	2006.07	中共党员	本科汉语言文学		财务统计部工作人员
49	伍雪梅	女	苗族	贵州台江	1986.01	2011.09	2011.09	中共党员	硕士生国际贸易	中级经济专业技术师等	财务统计部工作人员
50	宋思诗	女	汉族	贵州金沙	1989.05	2011.09	2011.09	中共党员	本科财务管理		财务统计部工作人员
51	钟华煌	男	汉族	江西赣州	1990.10	2014.08	2014.08	中共党员	本科税务/会计		财务统计部工作人员
52	骆恩弟	男	苗族	贵州遵义	1988.02	2014.08	2014.08		本科计算机科学与技术		财务统计部借调人员
53	房建谊	男	汉族	广西桂林	1983.12	2011.03	2011.03		本科会计学		孟关支行借调人员
54	钟世霞	女	汉族	贵州贵阳	1978.02	2001.08	2001.08		本科法律		授权中心主任
55	金　涛	女	汉族	贵州贵阳	1975.01	1996.07	1996.07		本科会计学		授权中心工作人员
56	李锦艳	女	侗族	贵州松桃	1974.10	2004.04	2004.04		本科会计学		授权中心工作人员
57	陈　娟	女	苗族	贵州沿河	1974.01	1998.06	1998.06		本科会计学		授权中心工作人员
58	杨　春	女	侗族	贵州贵阳	1978.03	2008.11	2008.11		本科法学		授权中心工作人员
59	孙　燕	女	汉族	山东淄博	1980.06	2003.04	2003.04		本科行政管理		授权中心工作人员
60	陈鸣明	男	汉族	贵州紫云	1976.11	1998.12	2003.03	中共党员	本科财务管理		科技信息部总经理
61	汪　宇	男	汉族	贵州贵阳	1980.06	2004.12	2008.05		本科计算机科学与技术		科技信息部副总经理
62	赵　方	女	汉族	湖北汉川	1985.06	2012.09	2012.09	中共党员	硕士生信号与信息		科技信息部工作人员
63	李　灿	男	汉族	贵州仁怀	1985.12	2013.09	2013.09		硕士生计算机软件与理论		科技信息部工作人员
64	夏嘉微	女	汉族	贵州贵阳	1985.11	2012.02	2014.05		硕士生研究生软件工程		电子银行部副总经理
65	饶　骏	男	汉族	贵州大方	1972.03	1992.07	1997.12	中共党员	本科行政管理学		电子银行部副总经理
66	滕　江	男	苗族	贵州铜仁	1982.08	2006.12	2006.12	中共党员	本科计算机科学与技术		电子银行部副总经理
67	魏添翼	男	汉族	贵州安顺	1987.07	2013.09	2013.09		硕士生电路与系统		电子银行部工作人员

续表

序号	姓名	性别	民族	籍贯	出生年月	参加工作时间	入社(行)时间	政治面貌	学历及专业	专业技术职称	所在机构及岗位
68	王忠怀	女	白族	贵州盘县	1970.12	1995.07	2011.08	中共党员	本科农林经济管理	经济师	纪检监察室副主任
69	吴　丹	女	汉族	贵州贵阳	1969.01	1992.12	1992.12	中共党员	本科金融学	会计员	纪检监察室副主任
70	杨　鹏	男	汉族	贵州遵义	1989.12	2014.08	2014.08	中共党员	本科新闻学		纪检监察室工作人员
71	冯泽刚	男	汉族	重庆	1971.11	1994.07	2015.04	中共党员	本科历史学	经济师等	稽核审计部总经理
72	李晓刚	男	汉族	贵州贵阳	1972.12	1992.07	1994.02		本科行政管理	会计员	稽核审计部副总经理
73	蓬兴武	男	苗族	贵州贵阳	1964.04	1985.05	1985.05	中共党员	本科金融学	经济员	稽核审计部稽核员
74	文光霞	女	汉族	贵州贵阳	1972.06	1991.10	1991.10		本科金融学	助会师等	稽核审计部稽核员
75	黎　文	女	汉族	贵州贵阳	1967.09	1987.09	1987.09		本科经济管理	经济员	稽核审计部稽核员
76	曹　利	女	汉族	湖南安乡	1984.12	2009.03	2009.03		本科工商管理	金融理财师等	稽核审计部工作人员
77	唐　郡	女	土家族	贵州铜仁	1971.11	1994.07	1996.01		本科土化	会计师等	事后监督中心主任
78	王瑞红	女	汉族	河南孟县	1971.12	2002.01	2002.01		本科工商管理		事后监督中心监督员
79	王晓云	女	汉族	贵州贵阳	1974.03	1998.06	1998.06	中共党员	本科会计学		事后监督中心工作人员
80	刘　芳	女	汉族	贵州贵阳	1971.01	1994.04	1994.04		本科工商管理	会计员	事后监督中心监督员
81	王　莉	女	汉族	重庆	1975.03	1996.07	2014.01	中共党员	本科汉语言文学	金融理财师等	理财事业部总经理
82	刘开明	男	汉族	重庆	1987.04	2011.09	2011.09	中共党员	本科　国际经济与贸易	保险销售从业资格证	理财事业部副总经理
83	李　璜	男	汉族	贵州贵阳	1983.08	2007.04	2007.04		本科金融		理财事业部工作人员
84	马艺铭	女	汉族	湖南隆回	1989.10	2013.02	2014.04	团员	本科会计学		理财事业部工作人员
85	邓　黎	女	汉族	贵州贵定	1989.07	2013.08	2014.05		本科经济学		理财事业部工作人员
86	刘　丹	女	汉族	湖南常德	1983.03	2006.12	2006.12		本科法学	清算业务资格证书等	金融市场部　副总经理
87	杨宇峰	男	苗族	贵州雷山	1979.11	2003.07	2003.07	中共党员	本科财务管理	清算业务资格证书等	金融市场部　工作人员

续表

序号	姓名	性别	民族	籍贯	出生年月	参加工作时间	入社(行)时间	政治面貌	学历及专业	专业技术职称	所在机构及岗位
88	丰　云	男	布依族	贵州惠水	1986.09	2012.09	2012.09	中共党员	硕士生微电子与固体电子学	清算业务资格证书等	金融市场部　工作人员
89	程　竹	女	汉族	湖北大悟	1983.01	2010.04	2010.04	中共党员	硕士生会计		金融市场部　工作人员
90	徐文亮	男	汉族	四川会理	1988.10	2010.07	2010.07		本科林学	注册信贷分析师等	金融市场部　工作人员
91	陈　紫	女	汉族	贵州贵阳	1988.08	2012.02	2012.02	中共党员	本科法学	清算业务资格证书等	金融市场部　工作人员
92	杨乐媛	女	汉族	贵州贵阳	1971.04	1988.09	1999.08		本科会计学		工会办公室主任
93	张达丽	女	汉族	贵州毕节	1962.10	1980.02	2004.12	中共党员	大专党政管理		档案中心主任等
94	孙付惠	女	汉族	贵州习水	1969.01	2005.08	2005.08		本科法学	统计从业资格证	档案中心工作人员
95	刘　丹	女	汉族	贵州贵阳	1981.06	2003.06	2003.06		大专法律		档案中心工作人员
96	刘朝彬	男	苗族	贵州翁安	1983.05	2007.07	2007.07	中共党员	本科民族学	注册信贷分析师等	业务部副总经理
97	廖毓美	女	侗族	贵州黎平	1977.11	2001.07	2009.03	中共党员	本科经济信息管理	经济师等	业务部副总经理
98	王　实	男	汉族	贵州兴义	1988.12	2013.02	2013.12	团员	本科国际贸易与交流		业务部工作人员
99	曾玺璇	女	汉族	贵州贵阳	1992.11	2012.12	2012.12		本科法律		业务部工作人员
100	吴　丹	女	汉族	贵州贵阳	1987.08	2009.08	2009.08	中共党员	本科法学		业务部工作人员
101	宋明威	男	汉族	贵州遵义	1989.03	2014.07	2014.07		本科法学		业务部工作人员
102	李　诚	男	汉族	贵州息烽	1981.02	2005.08	2005.08	中共党员	本科法学	注册信贷分析师	业务部工作人员
103	周　珏	女	汉族	贵州贵阳	1978.12	2001.07	2001.07	中共党员	大专金融	经济师等	业务部工作人员
104	田　华	男	土家族	贵州印江	1979.11	2007.07	2007.07	中共党员	硕士生企业管理	经济师等	授信审批部副总经理等
105	赵　莉	女	汉族	甘肃兰州	1984.07	2008.07	2008.07	中共党员	本科法学	保险销售从业资格证	授信审批部副总经理
106	洪燕玲	女	汉族	青海	1986.09	2013.07	2013.07	中共党员	硕士生法学	法律职业资格证等	授信审批部工作人员
107	钱　俊	男	汉族	贵州贵阳	1986.05	2008.09	2008.09	中共党员	本科电子信息科学		授信审批部工作人员

续表

序号	姓名	性别	民族	籍贯	出生年月	参加工作时间	入社(行)时间	政治面貌	学历及专业	专业技术职称	所在机构及岗位
108	荀小红	女	汉族	贵州兴义	1978.10	2003.07	2003.07	中共党员	硕士生计算机技术	注册信贷分析师	三农业务部工作人员
109	张敢忠	男	汉族	贵州贵阳	1969.07	1989.03	1989.03	中共党员	本科金融	助经师	三农业务部工作人员
110	马　然	男	回族	贵州贵阳	1973.02	1996.03	1996.03	中共党员	本科行政管理		三农业务部工作人员
111	陈胜男	女	汉族	山东济南	1987.11	2013.09	2013.09	中共党员	硕士生经济学		三农业务部工作人员
112	刘凌云	女	汉族	贵州贵阳	1991.10	2014.08	2014.08	团员	本科英语		三农业务部工作人员
113	陈林昌	男	汉族	贵州贵阳	1966.12	1985.04	1985.04	中共党员	本科经济管理	助经师	扶贫事业部副科级员工
114	王　旭	男	布依族	贵州长顺	1973.07	2004.02	2007.03	中共党员	本科行政管理		扶贫事业部工作人员
115	杨昌志	男	土家族	贵州松桃	1978.02	2003.07	2003.07	中共党员	本科农林经济管理	注册信贷分析师等	风险管理部副总经理
116	夏　艳	女	彝族	贵州大方	1974.01	1993.05	2005.11		本科会计学	经济师等	风险管理部工作人员
117	张　凯	女	汉族	湖北襄樊	1971.09	1994.04	1994.04		本科行政管理	会计员等	风险管理部工作人员
118	陶　源	女	汉族	山东青岛	1986.08	2012.09	2012.09		硕士生国际会计与金融		风险管理部工作人员
119	王　健	男	汉族	安徽六安	1989.06	2013.09	2013.09	中共党员	硕士生应用统计		风险管理部工作人员
120	袁晓琳	女	汉族	贵州贵定	1984.08	2012.09	2012.09	中共党员	硕士生经济学		风险管理部工作人员
121	何中良	男	汉族	四川江北	1967.10	2001.02	2006.02	中共党员	本科行政管理		保卫部总经理
122	李天通	男	汉族	广西桂平	1991.9.	2016.12	2016.12	中共党员	高中		保卫部工作人员
123	邓松松	男	土家族	贵州德江	1989.10	2016.12	2016.12	中共党员	大专		保卫部工作人员
124	廖沿海	男	汉族	广西桂平	1992.06	2016.12	2016.12	中共党员	中专		保卫部工作人员
125	夏顶松	男	汉族	贵州桐梓	1992.12	2016.12	2016.12	中共党员	中专		保卫部工作人员
126	黄家威	男	汉族	广西博白	1993.11	2016.12	2016.12	中共党员	高中		保卫部工作人员
127	梁琰君	男	汉族	贵州桐梓	1993.04	2016.12	2016.12	中共党员	高中		保卫部工作人员

续表

序号	姓名	性别	民族	籍贯	出生年月	参加工作时间	入社(行)时间	政治面貌	学历及专业	专业技术职称	所在机构及岗位
128	蔡茂林	男	汉族	贵州贵阳	1974.01	1997.04	1997.04	中共党员	本科法律		监控中心副主任
129	汪　涛	男	汉族	安徽桐城	1958.12	1975.05	2002.01		大专经济管理		监控中心监控员
130	杨　雄	男	汉族	贵州贵阳	1975.04	2001.12	2001.12	中共党员	中专平版印刷		监控中心监控员
131	袁洪图	男	汉族	贵州安顺	1972.09	2002.04	2002.04		大专金融		监控中心监控员
132	金开国	男	汉族	贵州贵阳	1970.01	1992.12	1992.12		本科金融学	经济员	监控中心监控员
133	陈　罡	男	汉族	贵州贵定	1979.11	2002.11	2002.11		大专计算机应用		监控中心监控员
134	杨正忠	男	苗族	贵州丹寨	1982.11	2006.12	2006.12		本科法学		监控中心监控员
135	王明亮	男	布依族	贵州贵阳	1957.02	1980.03	1995.03	中共党员	高中	经济员	监控中心监控员
136	郭　润	男	汉族	河北保定	1981.02	2008.12	2008.12		本科艺术设计		监控中心监控员
137	陈永峰	男	壮族	广西宁明	1973.07	1997.04	1997.04	中共党员	本科行政管理学		押运中心副主任
138	陈秋平	男	布依族	贵州贵阳	1968.10	1991.09	1991.09		本科行政管理学		押运中心副主任
139	曾　霖	男	汉族	贵州贵阳	1966.02	1989.10	1989.10		本科行政管理	经济员	押运中心押运员
140	杨　祺	男	汉族	四川通江	1981.10	2007.01	2007.01	中共党员	大专会计(成高)		押运中心押运员
141	王卫涛	男	汉族	陕西岐山	1983.04	2007.01	2007.01	中共党员	大专会计(成高)		押运中心押运员
142	杨　堂	男	苗族	贵州黄平	1980.05	2007.01	2007.01	中共党员	大专行政管理		押运中心押运员
143	黄明林	男	汉族	贵州贵阳	1971.09	1995.11	1995.11	中共党员	本科行政管理		押运中心押运员
144	陆海勇	男	壮族	贵州贵阳	1975.02	2000.02	2000.02		本科经济管理		押运中心押运员
145	杨　铭	男	汉族	云南石屏	1976.08	2003.03	2003.03		大专会计(成高)		押运中心押运员
146	陈恒学	男	布依族	贵州贵阳	1959.12	1984.10	1984.10		中专农村金融	经济员	押运中心押运员
147	朱家燕	男	汉族	贵州贵阳	1971.03	2001.07	2001.07	中共党员	本科行政管理		押运中心押运员

续表

序号	姓名	性别	民族	籍贯	出生年月	参加工作时间	入社(行)时间	政治面貌	学历及专业	专业技术职称	所在机构及岗位
148	杨 政	男	汉族	贵州安顺	1969.11	2006.11	2006.11		中专驾驶		押运中心押运员
149	吴 俊	男	汉族	贵州贵阳	1984.12	2007.10	2007.10		大专金融与实务		押运中心押运员
150	李 涛	男	汉族	贵州贵阳	1991.02	2013.02	2013.02	中共党员	高中		押运中心押运员
151	徐 鹏	男	汉族	黑龙江齐齐哈尔	1994.09	2012.11	2012.11		中专 篮球		押运中心押运员
152	付子凯	男	汉族	贵州清镇	1974.07	2006.12	2009.04		高中		押运中心押运员
153	陈恩益	男	汉族	贵州贵阳	1980.12	2008.07	2008.07		大专工商管理		押运中心押运员
154	邱啟佳	男	汉族	贵州贵阳	1973.09	1993.01	2006.11	中共党员	本科法律	注册信贷分析师	营业部总经理
155	方嘉奇	男	汉族	贵州贵阳	1985.11	2008.09	2008.09		本科法学	保险销售从业资格证	营业部经理助理
156	吴述萍	女	侗族	贵州剑河	1983.08	2006.10	2012.03		本科对外汉语	二级人力资源管理师	营业部片区办主任
157	吴澜婷	女	汉族	贵州贵阳	1988.06	2010.07	2010.07	中共党员	本科法学		营业部片区财务部经理
158	迟小梅	女	汉族	贵州贵阳	1981.11	2002.08	2002.08	中共党员	本科会计学	注册财税管理师等	营业部主办会计
159	刘 璐	女	汉族	陕西西安	1987.09	2009.06	2009.06	团员	本科金融学		营业部会计
160	付娟慧	女	土家族	贵州印江	1989.05	2013.09	2013.09	中共党员	本科新闻学		营业部主管等
161	沈以君	女	汉族	贵州贵阳	1968.04	1992.12	1992.12	中共党员	本科会计学	会计员	营业部统计员
162	吴学敏	女	汉族	贵州贵阳	1971.01	1993.10	1993.10	中共党员	本科会计学		营业部总出纳等
163	朱薇娜	女	汉族	贵州贵阳	1984.03	2008.07	2008.07	中共党员	大专会计电算化		营业部柜员
164	依云忠	男	布依族	贵州册亨	1983.07	2001.12	2013.06	中共党员	大专法学		营业部柜员
165	吴 昊	男	汉族	贵州贵阳	1988.08	2012.07	2012.07		本科经济学		营业部信贷员等
166	杨 元	男	汉族	贵州贵阳	1988.02	2011.09	2011.09	团员	本科财务管理		营业部信贷员
167	陈 睿	男	汉族	湖南衡阳	1985.11	2010.09	2010.09	中共党员	本科体育教育		营业部信贷员

续表

序号	姓名	性别	民族	籍贯	出生年月	参加工作时间	入社(行)时间	政治面貌	学历及专业	专业技术职称	所在机构及岗位
168	周继纲	男	汉族	贵州贵阳	1988.07	2013.09	2013.09		本科金融学		营业部信贷员
169	李　磊	男	侗族	广东化州	1984.05	2007.08	2009.04		本科金融		营业部信贷员
170	肖　遥	男	汉族	贵州贵阳	1989.02	2012.11	2015.04	中共党员	本科科学教育	注册信贷分析师	营业部信贷员
171	李　慧	女	汉族	辽宁抚顺	1985.06	2009.06	2009.06		本科运动训练		营业部柜员
172	周　茜	女	苗族	贵州贵阳	1989.04	2013.09	2013.09	中共党员	本科会计学		营业部柜员
173	李　萱	女	汉族	贵州贵阳	1984.03	2005.03	2005.03		本科经济管理		营业部柜员
174	吴世焰	女	侗族	贵州锦屏	1992.10	2014.08	2014.08	团员	本科金融学		营业部柜员
175	张雪蕾	女	苗族	贵州铜仁	1990.05	2012.09	2012.09	团员	本科舞蹈学		营业部柜员
176	李佩珊	女	汉族	江苏无锡	1992.10	2015.09	2015.09	团员	本科金融学		营业部柜员
177	杨小菊	女	汉族	贵州安顺	1990.03	2013.09	2013.09	中共党员	本科英语		营业部柜员
178	李纯璞	女	苗族	贵州大方	1988.04	2014.08	2014.08	中共党员	本科会计学		营业部柜员
179	杨燕嘉	女	彝族	贵州毕节	1990.11	2016.08	2016.08		硕士生法学		营业部柜员
180	冯　杨	女	土家族	贵州铜仁	1994.10	2016.08	2016.08		本科舞蹈学		营业部柜员
181	张静宜	女	汉族	贵州贵阳	1987.07	2009.08	2009.08	团员	本科工商管理	注册金融分析师	营业部柜员
182	曾应遐	女	汉族	贵州桐梓	1987.09	2013.09	2013.09	中共党员	本科经济学		营业部柜员
183	唐荣仁	男	苗族	贵州贵阳	1981.12	2002.08	2002.08	中共党员	硕士生软件与领域工程		营业部工作人员
184	刘小庆	女	汉族	贵州贵阳	1976.11	1995.03	2001.12		本科会计		营业部片区办工作人员
185	郭礼辉	女	汉族	贵州遵义	1970.05	1992.12	2001.12	中共党员	本科法学	助经师	营业部　片区办工作人员
186	张晓玲	女	汉族	贵州毕节	1971.03	1992.11	1995.12	中共党员	本科会计学		清分中心副主任
187	邱启兰	女	汉族	贵州贵阳	1967.11	1992.12	1992.12		本科金融学	会计员	清分中心工作人员

续表

序号	姓名	性别	民族	籍贯	出生年月	参加工作时间	入社(行)时间	政治面貌	学历及专业	专业技术职称	所在机构及岗位
188	周天芬	女	汉族	贵州贵阳	1967.03	1992.12	1992.12		本科工商管理	会计员	清分中心工作人员
189	周 平	男	汉族	贵州贵阳	1970.01	1992.04	1992.04		本科会计学	会计员	清分中心工作人员
190	雷成敏	女	汉族	贵州开阳	1962.07	2001.07	2001.07		大专农林经济管理		清分中心工作人员
191	雷琳	女	汉族	贵州习水	1972.06	1992.11	1996.03		本科行政管理		清分中心工作人员
192	王惠琴	女	布依族	贵州惠水	1965.11	1988.09	1988.09		大专金融	会计员	清分中心工作人员
193	黄爱香	女	汉族	山东齐河	1977.03	1999.07	1999.07		大专金融学		清分中心工作人员
194	何 鸣	男	汉族	贵州贵阳	1984.10	2005.06	2005.06		本科政治工作		清分中心解款员
195	徐 飞	男	汉族	贵州贵阳	1981.03	2006.03	2006.03		大专会计		清分中心解款员
196	胡如华	男	汉族	贵州贵阳	1962.01	1988.05	1988.05	中共党员	本科金融学	会计员	清分中心解款员
197	尹忠斌	男	汉族	贵州贵阳	1971.09	1992.12	1992.12		中专金融	经济员	清分中心解款员
198	彭 莹	女	汉族	贵州贵阳	1978.08	1997.07	2003.03		本科会计学		保险箱中心主任
199	陈 情	女	汉族	贵州贵阳	1975.04	1995.07	1995.07		本科行政管理		保险箱中心副主任
200	金帮芬	女	布依族	贵州贵阳	1964.11	1985.09	1985.09	中共党员	中专农村金融	会计员	保险箱中心主任助理
201	罗秋秋	女	汉族	河南永成	1963.10	1991.09	1992.07		大专法律	会计员	保险箱中心工作人员
202	董春媛	女	汉族	辽宁丹东	1985.04	2003.07	2003.07		硕士生软件工程	注册金融分析师	明珠支行支行副行长等
203	周 洁	女	汉族	贵州贵阳	1984.08	2008.07	2008.07		本科汉语言文学		明珠支行会计
204	黄诗琴	女	汉族	广西玉林	1985.03	2009.11	2009.11		本科运动训练		明珠支行柜员
205	罗琳皓	男	汉族	贵州大方	1992.06	2015.09	2015.09	中共党员	本科表演		明珠支行柜员
206	刘清爽	女	汉族	贵州安顺	1991.01	2014.08	2014.08	中共党员	本科音乐表演		明珠支行柜员
207	孟 琳	女	汉族	湖南宁乡	1988.11	2015.05	2015.05	中共党员	本科统计学		明珠支行柜员

续表

序号	姓名	性别	民族	籍贯	出生年月	参加工作时间	入社(行)时间	政治面貌	学历及专业	专业技术职称	所在机构及岗位
208	邹婉露	女	汉族	河南平顶山	1994.10	2016.08	2016.08		本科金融学		明珠支行柜员
209	潘　敏	女	汉族	贵州贵阳	1972.02	1992.11	1995.12		本科会计学		霞晖支行支行副行长等
210	赵　颖	女	汉族	湖南湘潭	1988.08	2012.09	2012.09	团员	硕士生贸易学		霞晖支行柜员
211	陈　晓	女	汉族	贵州贵阳	1991.04	2013.09	2013.09	中共党员	本科舞蹈学		霞晖支行柜员
212	兰晓茜	女	侗族	贵州黎平	1992.06	2014.08	2014.08	团员	本科会计学		霞晖支行柜员
213	李　芸	女	汉族	贵州开阳	1991.04	2014.08	2014.08	团员	本科工商管理		霞晖支行柜员
214	邹添羽	男	布依族	贵州独山	1992.03	2014.08	2014.08	团员	本科电子信息工程		霞晖支行柜员
215	谢　佳	女	汉族	四川射洪	1991.07	2015.09	2015.09	团员	本科播音与主持艺术		霞晖支行柜员
216	吴丹薇	女	汉族	贵州贵阳	1989.07	2012.02	2012.02	团员	大专法律事务		霞晖支行柜员
217	贺宜潇	女	汉族	山东济宁	1988.06	2010.07	2010.07	团员	本科音乐表演		霞晖支行柜员
218	杨　敏	女	侗族	贵州天柱	1966.08	1989.09	2005.11		大专法学		清溪支行支行行长
219	罗秀峰	男	汉族	江苏新沂	1973.08	2004.12	2004.12	中共党员	本科行政管理		清溪支行支行副行长
220	杨　仁	女	汉族	贵州六盘水	1988.08	2013.09	2013.09	中共党员	本科新闻学		清溪支行片区办主任
221	覃　轲	女	汉族	四川绵阳	1982.12	2002.03	2002.03		本科财务管理		清溪支行会计
222	杨　丽	女	土家族	贵州印江	1984.09	2006.03	2006.03		大专财务会计		清溪支行会计
223	徐　彧	男	汉族	贵州遵义	1985.06	2011.09	2011.09	中共党员	本科　农林经济		清溪支行统计员
224	吴创创	男	汉族	贵州贵阳	1987.02	2008.01	2008.01	团员	大专财务管理		清溪支行信贷员
225	杨　倩	女	布依族	贵州贵阳	1987.08	2009.08	2009.08	团员	本科英语		清溪支行信贷员
226	杨发宁	男	汉族	四川	1989.06	2015.09	2015.09	中共党员	硕士生中国古代文学		清溪支行信贷员
227	宋世贵	男	汉族	湖南衡东	1991.03	2013.09	2013.09	中共党员	本科人力资源管理	三级人力资源管理师	清溪支行信贷员

续表

序号	姓名	性别	民族	籍贯	出生年月	参加工作时间	入社(行)时间	政治面貌	学历及专业	专业技术职称	所在机构及岗位
228	付 宇	女	满族	贵州大方	1988.10	2010.09	2013.06		本科会计学		清溪支行信贷员
229	蔡文婷	女	汉族	贵州贵阳	1988.11	2011.09	2011.09	中共党员	本科音乐表演		清溪支行柜员
230	李 强	男	汉族	安徽宿州	1988.02	2014.08	2014.08	中共党员	硕士生微电子与固体电子学		清溪支行柜员
231	李家凤	女	汉族	贵州贵阳	1974.04	2003.04	2003.04	中共党员	本科公共事业管理		清溪支行柜员
232	陈 茜	女	汉族	贵州镇宁	1989.09	2013.02	2014.05	团员	本科会计学		清溪支行柜员
233	刘 萍	女	汉族	贵州贵阳	1988.10	2011.09	2011.09	中共党员	本科法律		清溪支行柜员
234	盛建分	女	汉族	贵州遵义	1989.09	2015.05	2015.05	中共党员	本科社会工作		清溪支行柜员
235	王 浩	男	布依族	贵州贵阳	1990.03	2015.09	2015.09		硕士生经济法学		清溪支行柜员
236	何 凯	男	汉族	贵州贵阳	1991.10	2015.09	2015.09	团员	本科网络工程		清溪支行柜员
237	陈银萍	女	苗族	贵州黔东南	1994.03	2016.08	2016.08		本科会计学		清溪支行柜员
238	刘文举	男	汉族	贵州遵义	1983.05	2006.12	2006.12		本科法学	保险销售从业资格证	紫光支行支行副行长等
239	雷 蕾	女	土家族	贵州铜仁	1977.11	2001.09	2007.10		本科生物		紫光支行支行行助等
240	王玉亭	男	汉族	山东东平	1980.08	2006.03	2012.11		硕士生农业推广	保险代理从业资格证	紫光支行支行行助等
241	曹兴燕	女	苗族	贵州安龙	1982.12	2006.07	2008.08	中共党员	本科民族语言文学		紫光支行主办会计
242	李丹丹	女	汉族	贵州贵阳	1987.12	2007.09	2007.09		大专装饰艺术设计		紫光支行柜员
243	邱梦瑶	女	蒙古族	内蒙古赤峰	1992.04	2014.08	2014.08	团员	本科舞蹈学		紫光支行柜员
244	王春婵	女	汉族	陕西渭南	1983.02	2007.07	2007.07		本科金融学	金融理财师、	紫光支行柜员
245	况金金	男	白族	贵州赫章	1989.07	2014.08	2014.08	团员	本科网络工程		紫光支行柜员
246	匡 胭	女	汉族	湖南邵阳	1987.05	2013.09	2013.09	中共党员	硕士生金融学		紫光支行柜员
247	余厚芳	女	汉族	重庆	1991.10	2014.08	2014.08	团员	本科法学		紫光支行柜员

续表

序号	姓名	性别	民族	籍贯	出生年月	参加工作时间	入社(行)时间	政治面貌	学历及专业	专业技术职称	所在机构及岗位
248	龙超林	男	布依族	贵州贵阳	1965.10	1990.12	1990.12		本科行政管理学	经济员	竹林支行支行负责人
249	杨文年	女	汉族	贵州贵阳	1971.05	1992.12	1992.12	中共党员	本科法学	会计员	竹林支行会计
250	徐　杨	女	土家族	贵州贵阳	1991.01	2013.09	2013.09		本科国际金融		竹林支行柜员
251	杨国萍	女	汉族	贵州遵义	1986.03	2008.07	2008.07		大专法律文秘		竹林支行柜员
252	李银飞	男	汉族	山西运城	1984.03	2009.06	2009.06	中共党员	本科舞蹈学		竹林支行柜员
253	李　蓓	女	汉族	河南新乡	1987.01	2011.06	2011.06	中共党员	本科会计学		竹林支行柜员
254	彭　燕	女	汉族	贵州黔西	1974.11	2004.03	2004.03		本科会计学		民大支行会计
255	朱丽玲	女	汉族	河北无及	1975.05	2006.03	2006.03		大专财务会计	助理会计师	民大支行柜员
256	金　英	女	布依族	贵州贵阳	1977.12	2001.08	2001.08		本科法学		民大支行柜员
257	王　敏	女	汉族	山西晋中	1988.02	2011.06	2011.06	团员	本科运动训练		民大支行柜员
258	陈庆林	男	汉族	贵州贵阳	1966.11	1987.04	1987.04	中共党员	大专法律	经济员	平桥支行支行负责人
259	王　菊	女	汉族	贵州毕节	1975.07	1995.08	2006.11	中共党员	本科工商管理	保险代理从业资格证	平桥支行支行副行长
260	罗孝友	男	布依族	贵州贵阳	1970.09	1990.12	1990.12		本科行政管理	会计员	平桥支行支行行助
261	石　慧	女	汉族	贵州安顺	1981.09	2008.09	2008.09	中共党员	本科法学	注册金融分析师	平桥支行片区办公室主任
262	赵　欢	女	汉族	贵州贵阳	1987.06	2009.08	2009.08	团员	本科统计学	助理会计师	平桥支行主办会计等
263	周文敏	女	汉族	贵州贵阳	1975.10	1995.01	1995.01		本科行政管理		平桥支行统计员等
264	杨　丹	女	彝族	贵州安顺	1982.10	2005.07	2005.07		本科涉外文秘		平桥支行会计
265	李光琴	女	汉族	贵州平坝	1982.09	2001.07	2001.07		本科法律		平桥支行统计员
266	罗祥金	男	苗族	贵州贵阳	1976.12	1999.09	1999.09		本科会计学		平桥支行信贷员
267	方一扬	男	布依族	贵州长顺	1988.04	2011.09	2011.09	团员	本科会计学		平桥支行信贷员

续表

序号	姓名	性别	民族	籍贯	出生年月	参加工作时间	入社(行)时间	政治面貌	学历及专业	专业技术职称	所在机构及岗位
268	杨宗伟	男	汉族	贵州贵阳	1970.12	1994.04	1994.04		本科行政管理		平桥支行信贷员
269	石 彬	男	侗族	贵州榕江	1987.08	2010.07	2010.07	团员	本科音乐表演		平桥支行信贷员
270	宋德龙	男	汉族	辽宁抚顺	1984.12	2009.06	2009.06		本科体育教育		平桥支行信贷员
271	付 帮	男	汉族	贵州贵阳	1987.03	2015.05	2015.05	中共党员	本科动物科学		平桥支行信贷员
272	尹娜娜	女	汉族	贵州贵阳	1987.05	2011.01	2011.01	团员	本科美术学		平桥支行信贷员
273	王 欢	女	汉族	山西平遥	1985.12	2009.06	2009.06	中共党员	本科舞蹈学		平桥支行柜员
274	张 琳	女	汉族	湖南永州	1989.02	2010.07	2010.07	中共党员	本科音乐表演		平桥支行柜员
275	谢英钰	女	汉族	黑龙江	1990.11	2013.09	2013.09		本科音乐表演		平桥支行柜员
276	王 昕	女	汉族	贵州贵阳	1985.03	2006.03	2006.03		大专金融		平桥支行柜员
277	秦建飞	女	汉族	贵州贵阳	1967.10	1999.08	1999.08		大专农林经济管理		平桥支行柜员
278	陈娇娇	女	汉族	贵州关岭	1993.08	2016.08	2016.08		本科舞蹈学		平桥支行柜员
279	王 婷	女	汉族	江苏浙江	1981.03	2006.08	2006.08	中共党员	硕士生软件与领域工程	注册金融分析师	学士路支行支行行长
280	孙 黔	男	侗族	河南商丘	1987.05	2009.07	2009.08	团员	硕士生行政管理		学士路支行支行行助
281	冉景海	男	土家族	贵州沿河	1983.06	2005.08	2005.08	中共党员	本科法学		学士路支行片区业务部经理
282	王云鑫	女	汉族	吉林丰满	1986.04	2010.03	2010.03		本科英语		学士路支行会计
283	尹 静	女	汉族	贵州息烽	1984.10	2008.07	2008.07	中共党员	本科经济学		学士路支行会计
284	陈 静	女	汉族	贵州遵义	1988.09	2009.08	2009.08	团员	大专会计		学士路支行农贷会计
285	席艺玲	女	汉族	贵州贵阳	1983.12	2007.11	2007.11	中共党员	本科法学		学士路支行信贷员
286	周 伟	男	侗族	贵州贵阳	1986.10	2011.09	2011.09	中共党员	本科金融学	注册信贷分析师	学士路支行信贷员
287	彭 芸	女	汉族	贵州贵阳	1988.05	2011.09	2011.09	中共党员	本科舞蹈学		学士路支行柜员

续表

序号	姓名	性别	民族	籍贯	出生年月	参加工作时间	入社(行)时间	政治面貌	学历及专业	专业技术职称	所在机构及岗位
288	杨园媛	女	布依族	贵州贵阳	1981.09	2006.03	2006.03		本科行政管理		学士路支行柜员
289	谢巧荣	女	汉族	湖北南漳	1989.12	2015.09	2015.09	中共党员	硕士生民商法学		学士路支行柜员
290	汪美君	女	京族	贵州贵阳	1993.04	2015.09	2015.09	中共党员	本科数字媒体技术		学士路支行柜员
291	黄文锋	男	汉族	贵州盘县	1990.02	2015.05	2015.05	中共党员	本科教育技术学		学士路支行柜员
292	但秀逸	女	穿青族	贵州毕节	1990.05	2013.09	2013.09	中共党员	本科金融学		学士路支行柜员
293	李月月	男	汉族	贵州仁怀	1990.04	2016.08	2016.08		本科新闻学		学士路支行柜员
294	熊　霄	女	仡佬族	贵州铜仁	1989.10	2013.09	2013.09	中共党员	本科市场营销		学士路支行柜员
295	李朝叶	女	汉族	贵州贵阳	1982.06	2003.07	2003.07		硕士生软件与领域工程		云上支行支行副行长等
296	周予洁	女	布依族	贵州贵阳	1990.10	2011.09	2011.09	团员	大专体育教育		云上支行会计
297	王馨悦	女	汉族	贵州贵阳	1986.12	2011.09	2011.09		本科播音主持		云上支行柜员
298	罗涛涛	男	侗族	贵州贵阳	1990.07	2011.09	2011.09	团员	本科音乐学		云上支行柜员
299	胡　琳	女	汉族	贵州贵阳	1988.07	2010.07	2010.07	团员	本科舞蹈表演		云上支行柜员
300	文　晶	女	仡佬族	贵州平坝	1984.01	2011.09	2011.09	中共党员	硕士生　农业经济管理		云上支行柜员
301	聂　瑛	女	苗族	贵州务川	1988.01	2013.09	2013.09		本科汉语言文学		云上支行柜员
302	李　睿	女	汉族	贵州息烽	1993.01	2014.08	2014.08	团员	本科物流管理等		云上支行柜员
303	张　湉	女	汉族	河南商丘	1991.03	2016.08	2016.08		本科舞蹈学		云上支行柜员
304	徐书萍	女	汉族	贵州贵阳	1972.10	1992.04	1995.04		本科行政管理	会计员	麒鑫支行支行副行长等
305	盛　萍	女	汉族	贵州息烽	1977.09	2000.02	2010.04		本科会计		麒鑫支行统计员等
306	胡孟竹	女	彝族	贵州盘县	1989.10	2013.09	2013.09		本科舞蹈学		麒鑫支行柜员
307	佘明远	男	汉族	贵州贵阳	1990.10	2012.04	2012.04	团员	大专会计电算化		麒鑫支行柜员

续表

序号	姓名	性别	民族	籍贯	出生年月	参加工作时间	入社(行)时间	政治面貌	学历及专业	专业技术职称	所在机构及岗位
308	杨 越	女	汉族	贵州贵阳	1986.12	2009.08	2009.08	中共党员	硕士生软件工程		麒鑫支行柜员
309	刘 颖	女	汉族	吉林四平	1985.05	2009.06	2009.06		本科篮球		麒鑫支行柜员
310	徐金涛	男	汉族	贵州贵阳	1976.01	1995.04	1995.04		本科会计学		小碧支行支行临时负责人
311	于 勇	男	汉族	贵州贵阳	1987.11	2010.09	2010.09	团员	本科生物工程	注册信贷分析师	小碧支行片区业务部经理
312	李 辰	女	汉族	贵州贵阳	1991.07	2014.08	2014.08	中共党员	本科计算机科学与技术		小碧支行会计B角
313	张 勇	男	汉族	贵州贵阳	1979.12	2006.12	2006.12		本科行政管理		小碧支行农贷会计
314	孙 强	男	汉族	上海	1970.05	2003.07	2003.07		大专金融		小碧支行风险管理员
315	余佐艳	女	汉族	湖南邵东	1987.05	2010.04	2011.06		本科旅游管理		小碧支行授权主管
316	李 锐	男	汉族	贵州遵义	1983.10	2006.12	2006.12		本科法学		小碧支行信贷员
317	班 玮	男	布依族	贵州贵阳	1982.07	2009.04	2009.04		大专会计电算化		小碧支行信贷员
318	卢苇江	男	土家族	贵州印江	1986.08	2008.12	2010.09	中共党员	本科会计学		小碧支行信贷员
319	周 蓉	女	汉族	四川成都	1986.01	2008.07	2008.07		大专计算机科学与技术		小碧支行信贷员
320	黄 玮	男	苗族	江苏江阴	1985.08	2008.02	2008.02		本科体育教育	注册信贷分析师等	小碧支行信贷员
321	邓 晓	男	汉族	贵州龙里	1989.03	2012.09	2012.09	中共党员	本科广播电视编导		小碧支行信贷员
322	孙晓莉	女	土家族	贵州凤岗	1977.01	1996.09	2011.11	中共党员	本科会计		小碧支行柜员
323	鲁丽莎	女	土家族	贵州铜仁	1981.10	2006.12	2006.12	中共党员	本科社会学		小碧支行柜员
324	段春蓉	女	汉族	河南兰考	1986.01	2009.08	2009.08		本科法学		小碧支行柜员
325	杨 璐	女	土家族	贵州铜仁	1991.08	2013.09	2013.09		本科会计学		小碧支行柜员
326	罗 曼	女	汉族	贵州毕节	1990.11	2014.08	2014.08	团员	本科财政学		小碧支行柜员
327	廖胜男	女	汉族	湖南平江	1983.05	2006.12	2006.12	中共党员	本科计算机		小碧支行柜员

续表

序号	姓名	性别	民族	籍贯	出生年月	参加工作时间	入社(行)时间	政治面貌	学历及专业	专业技术职称	所在机构及岗位
328	孙宇翔	女	汉族	山东胶南	1990.11	2016.08	2016.08		本科 经济学		小碧支行柜员
329	付娅琼	女	苗族	贵州思南	1990.08	2015.09	2015.09	中共党员	本科 网络工程		小碧支行柜员
330	龙沛伊	女	侗族	湖南怀化	1987.03	2009.08	2009.08	中共党员	本科 音乐表演		吉源支行会计
331	秦　直	女	苗族	贵州铜仁	1990.07	2013.09	2013.09	中共党员	本科审计学	会计师	吉源支行柜员
332	钟　吕	男	汉族	贵州大方	1991.10	2015.09	2015.09	团员	本科经济学		吉源支行柜员
333	雷　佳	女	布依族	贵州贵阳	1979.08	2001.07	2001.07		本科会计学		南明支行支行临时负责人等
334	刘　溪	女	满族	山东庆云	1984.11	2006.08	2010.07	中共党员	本科会计学		南明支行会计等
335	王　悦	女	汉族	贵州贵阳	1989.10	2012.06	2012.06	团员	本科金融与贸易		南明支行授权主管
336	刘　敏	男	瑶族	湖南永州	1986.12	2013.09	2013.09	中共党员	硕士生社会保障	证券从业资格证	南明支行信贷员
337	孙　冲	男	汉族	山东滕州	1992.01	2015.09	2015.09	中共党员	本科舞蹈学		南明支行信贷员
338	罗　琳	女	布依族	贵州紫云	1980.11	2005.09	2013.12		本科 财务管理		南明支行柜员
339	罗　凡	女	汉族	贵州桐梓	1990.01	2015.09	2015.09		本科会计学		南明支行柜员
340	谭　娟	女	苗族	贵州贵阳	1982.10	2005.08	2005.08		本科汉语言文学		南明支行柜员
341	陈梦瑶	女	彝族	贵州大方	1991.12	2016.08	2016.08		本科　法学		南明支行柜员
342	周寿斌	男	汉族	贵阳南明	1993.11	2016.08	2016.08		本科　运动训练		南明支行柜员
343	张振华	男	苗族	贵州松桃	1971.11	1994.07	1994.07	中共党员	本科农林经济管理		石板支行支行行长
344	文　艳	女	汉族	湖南湘潭	1979.04	2006.02	2006.02		大专财会电算化		石板支行支行副行长等
345	刘　奔	男	苗族	贵州惠水	1988.07	2009.09	2012.06	团员	本科会计学		石板支行支行行长助理等
346	王瑾漩	女	苗族	湖南怀化	1990.04	2011.09	2011.09	中共党员	本科经济学		石板支行会计
347	李晓霞	女	汉族	贵州余庆	1984.09	2008.07	2008.07		本科汉语言文学		石板支行统计员

续表

序号	姓名	性别	民族	籍贯	出生年月	参加工作时间	入社(行)时间	政治面貌	学历及专业	专业技术职称	所在机构及岗位
348	蒋　毅	男	汉族	湖南长沙	1973.07	2001.01	2001.01		本科工商管理		石板支行信贷员
349	杨　波	男	汉族	贵州贵阳	1985.05	2011.09	2011.09		大专汽车技术服务及营销		石板支行信贷员
350	龚子琪	男	满族	吉林榆树	1978.11	1998.06	2003.03		本科会计学		石板支行信贷员
351	韦茂荇	男	仡佬族	贵州道真	1985.10	2006.11	2012.12		大专会计		石板支行信贷员
352	李祖林	男	汉族	贵州贵阳	1984.02	2005.03	2005.03		本科工商管理		石板支行信贷员
353	王　岚	女	布依族	贵州安顺	1984.09	2007.11	2007.11	中共党员	本科生物技术	注册信贷分析师等	石板支行信贷员
354	陈建霞	女	汉族	贵州福泉	1990.09	2015.09	2015.09	中共党员	本科网络工程		石板支行柜员
355	胡宏宇	女	汉族	贵州贵阳	1992.09	2015.09	2015.09	中共党员	本科经济学		石板支行柜员
356	王　贺	女	汉族	辽宁抚顺	1986.08	2009.06	2009.06		本科运动训练		石板支行柜员
357	罗蓉蓉	女	汉族	湖南芷江	1992.09	2016.08	2016.08		本科统计学		石板支行柜员
358	曹建伟	男	汉族	贵州毕节	1990.07	2016.08	2016.08		本科汉语言文学		石板支行柜员
359	赵剑飞	男	汉族	贵州贵阳	1993.04	2015.09	2015.09	团员	本科会计学		石板支行柜员
360	徐　丹	女	汉族	贵州赫章	1993.09	2015.09	2015.09	中共党员	本科软件工程		石板支行柜员
361	牛　英	女	汉族	山东宁阳	1974.07	2011.01	2012.09		本科金融学		石板支行柜员
362	王革清	男	汉族	福建泉州	1983.12	2008.01	2008.01	中共党员	本科体育教育		合朋支行支行副行长
363	李学圣	男	汉族	湖北汉川	1979.10	2001.12	2001.12		本科会计电算化		合朋支行会计
364	安旭印	女	土家族	贵州铜仁	1992.09	2014.08	2014.08	团员	本科法学		合朋支行会计
365	易先燕	女	汉族	贵州贵阳	1985.03	2007.04	2012.02		本科金融		合朋支行统计员等
366	王启术	男	苗族	贵州贵阳	1985.04	2007.09	2007.09		本科计算机科学与技术		合朋支行信贷员
367	刘琳枫	男	汉族	贵州开阳	1992.02	2014.08	2014.08	团员	本科金融工程		合朋支行信贷员

续表

序号	姓名	性别	民族	籍贯	出生年月	参加工作时间	入社(行)时间	政治面貌	学历及专业	专业技术职称	所在机构及岗位
368	杨君军	男	汉族	贵州绥阳	1981.11	2006.12	2006.12		本科财务管理		合朋支行信贷员
369	程子峻	男	苗族	贵州贵阳	1989.05	2015.09	2015.09	团员	本科金融学		合朋支行信贷员
370	姚登辉	男	侗族	贵州黎平	1993.03	2015.09	2015.09		本科网络工程		合朋支行信贷员
371	胡 娅	女	土家族	贵州德江	1988.06	2012.09	2012.09	中共党员	本科舞蹈学		合朋支行信贷员
372	康洪云	女	汉族	贵州毕节	1990.09	2013.09	2013.09		本科英语		合朋支行柜员
373	朱丽飞	女	土家族	贵州铜仁	1993.10	2015.09	2015.09	团员	本科新闻学		合朋支行柜员
374	李 超	男	汉族	四川成都	1985.09	2008.02	2008.02		本科体育教育		合朋支行柜员
375	江信念	女	土家族	贵州遵义	1994.07	2016.08	2016.08		本科 会计学		合朋支行柜员
376	蒲廷黔	男	汉族	贵州贵阳	1992.05	2016.08	2016.08		本科 工程管理		合朋支行柜员
377	周 鹏	男	苗族	贵州贵阳	1992.07	2016.08	2016.08		本科 财务管理		合朋支行柜员
378	陈 沛	男	汉族	贵州贵阳	1982.10	2005.06	2005.06	中共党员	本科国际经济与贸易		湖潮支行支行行长
379	卢俊俄	男	汉族	贵州贵阳	1968.08	1992.12	1992.12	中共党员	本科金融学	经济员	湖潮支行支行行长助理
380	徐书伟	男	汉族	贵州贵阳	1973.03	2001.04	2001.04		本科行政管理	经济员	湖潮支行支行行长助理
381	刘 洋	男	汉族	贵州安顺	1983.09	2001.07	2001.07		本科金融管理		湖潮支行支行行长助理
382	饶 田	女	汉族	贵州贵阳	1984.03	2008.07	2008.07	中共党员	本科历史		湖潮支行支行行长助理
383	杨 梅	女	汉族	贵州贵阳	1979.08	1999.08	1999.08		本科会计学		湖潮支行主办会计
384	李璧羽	女	汉族	湖南常德	1988.01	2009.06	2009.06	中共党员	本科舞蹈学		湖潮支行会计等
385	任芬芬	女	苗族	贵州贵阳	1988.11	2011.09	2011.09	团员	本科财务管理		湖潮支行会计
386	袁利群	女	汉族	贵州仁怀	1988.11	2011.09	2011.09	中共党员	本科财务管理		湖潮支行授权主管
387	张应杰	男	穿青族	贵州贵阳	1987.01	2011.09	2011.09	中共党员	本科经济学	注册信贷分析师	湖潮支行信贷员

续表

序号	姓名	性别	民族	籍贯	出生年月	参加工作时间	入社(行)时间	政治面貌	学历及专业	专业技术职称	所在机构及岗位
388	王　鹏	男	布依族	贵州贵阳	1989.02	2009.08	2009.08		大专计算机信息管理		湖潮支行信贷员
389	赵磊克	男	汉族	山东莱阳	1984.07	2009.06	2009.06	中共党员	本科音乐表演		湖潮支行信贷员
390	王　彪	男	侗族	贵州石阡	1991.07	2014.08	2014.08	团员	本科电子商务		湖潮支行信贷员
391	王　鑫	男	汉族	贵州贵阳	1989.01	2014.08	2014.08		本科计算机科学与技术		湖潮支行柜员
392	游正梅	女	汉族	贵州贵阳	1987.06	2013.09	2013.09	中共党员	本科化学		湖潮支行柜员
393	刘明玉	女	汉族	贵州贵阳	1989.04	2015.05	2015.05	中共党员	本科国防教育与管理		湖潮支行柜员
394	李　芳	女	土家族	贵州印江	1988.12	2015.05	2015.05	中共党员	本科社会工作		湖潮支行柜员
395	王常全	男	汉族	贵州清镇	1989.01	2015.05	2015.05	中共党员	本科计算机科学与技术		湖潮支行柜员
396	王　彦	男	汉族	贵州余庆	1991.10	2015.09	2015.09	团员	本科财务管理		湖潮支行柜员
397	李　婷	女	白族	贵州黔南	1990.05	2014.08	2014.08		本科法学(经济法)		湖潮支行柜员
398	李　琪	女	汉族	贵州贵阳	1989.02	2012.07	2012.07	中共党员	本科英语		湖潮支行柜员
399	代芝玮	女	土家族	贵州铜仁	1994.05	2016.08	2016.08		本科统计学		湖潮支行柜员
400	李丽娟	女	汉族	贵州	1993.09	2016.08	2016.08		本科财务管理		湖潮支行柜员
401	何　琳	女	汉族	贵州铜仁	1986.05	2009.03	2009.03		本科行政管理		湖潮支行(池菇塘)柜员
402	李冰峰	男	汉族	河南洛阳	1975.05	1998.06	2003.03		本科会计		羊艾支行支行副行长
403	周　玲	女	汉族	贵州贵阳	1985.11	2003.07	2003.07		本科金融学		羊艾支行会计
404	龙丽丹	女	布依族	贵州贵阳	1983.01	2008.11	2008.11		大专工商管理		羊艾支行信贷员
405	刘　佳	女	汉族	吉林四平	1985.09	2009.12	2009.12		本科运动训练		羊艾支行柜员
406	胡屹微	女	汉族	贵州安顺	1992.04	2015.09	2015.09	中共党员	本科投资学		羊艾支行柜员
407	孔德锦	男	汉族	贵州贵阳	1990.12	2016.08	2016.08		本科统计学		羊艾支行柜员

续表

序号	姓名	性别	民族	籍贯	出生年月	参加工作时间	入社(行)时间	政治面貌	学历及专业	专业技术职称	所在机构及岗位
408	李　毅	女	侗族	贵州万山	1986.08	2009.06	2009.06		本科体育教育		羊艾支行柜员
409	龙章忠	男	汉族	贵州毕节	1977.09	2005.08	2005.08	中共党员	本科工商管理		大学城支行等支行负责人
410	徐　燕	女	汉族	陕西西乡	1982.12	2006.07	2006.07	中共党员	本科金融		大学城支行支行副行长等
411	王瑞淋	女	侗族	贵州天柱	1988.09	2011.09	2011.09	中共党员	本科金融学		大学城支行会计
412	罗　茜	女	苗族	贵州贵阳	1988.12	2011.09	2011.09	中共党员	本科经济学	经济师(中级金融)	大学城支行柜员
413	董小男	男	汉族	辽宁丹东	1985.11	2009.06	2009.06		本科法学		大学城支行柜员
414	唐宏伟	男	汉族	贵州遵义	1989.12	2014.08	2014.08	团员	本科计算机科学与技术		大学城支行柜员
415	王茜仪	女	汉族	贵州纳雍	1993.09	2016.08	2016.08		本科广播新闻		大学城支行柜员
416	陈　鹏	男	苗族	贵州遵义	1981.04	2005.01	2005.01		本科计算机		党武支行支行行长助理等
417	胡莎莎	女	汉族	贵州贵阳	1989.08	2011.09	2011.09	中共党员	本科思想政治教育		党武支行会计
418	胡　璇	女	仡佬族	贵州道真	1992.07	2014.08	2014.08	中共党员	本科劳动与社会保障		党武支行统计员等
419	于　林	男	汉族	贵州贵阳	1958.09	1976.09	1994.07	中共党员	大专金融	经济员	党武支行信贷员
420	王怡沣	男	汉族	贵州贵阳	1989.10	2012.07	2012.07		本科经济学	注册信贷分析师	党武支行信贷员
421	孙泽忠	男	汉族	贵州贵阳	1985.07	2009.08	2009.08		大专经济信息管理		党武支行信贷员
422	何可乐	男	土家族	贵州都匀	1989.10	2013.09	2013.09		本科舞蹈学		党武支行信贷员
423	李　影	男	汉族	贵州贵阳	1979.07	2001.06	2001.06		本科法律	注册信贷分析师	党武支行信贷员
424	玉　钰	女	壮族	广西南宁	1983.12	2006.12	2006.12		本科法学		党武支行柜员
425	柯希碧	女	汉族	贵州仁怀	1991.09	2015.09	2015.09	团员	本科艺术设计		党武支行柜员
426	兰科芳	女	土家族	贵州凤岗	1981.09	2006.12	2006.12	中共党员	本科工商管理		党武支行柜员
427	张　微	女	苗族	贵州道真	1988.08	2015.05	2015.05	中共党员	本科公共事业管理		党武支行柜员

续表

序号	姓名	性别	民族	籍贯	出生年月	参加工作时间	入社(行)时间	政治面貌	学历及专业	专业技术职称	所在机构及岗位
428	邓　龙	男	苗族	湖南	1991.08	2015.05	2015.05	团员	本科英语		党武支行柜员
429	吕郭辉	男	汉	贵州习水	1993.03	2016.08	2016.08		本科统计学		党武支行柜员
430	刘远刚	男	汉族	贵州遵义	1976.06	2003.07	2003.07	中共党员	硕士生工商管理		青岩支行支行行长
431	申　燕	女	汉族	贵州贵阳	1985.01	2008.07	2008.07		本科会计学	助理会计师	青岩支行支行行长助理等
432	孙　泽	男	汉族	河南濮阳	1987.09	2009.08	2009.08	团员	本科国际经济与贸易		青岩支行支行行长助理
433	毛健璋	男	苗族	贵州思南	1987.09	2010.03	2010.03	团员	本科金融保险		青岩支行片区业务部经理
434	雍朝玉	男	汉族	贵州织金	1985.04	2010.07	2010.07	中共党员	本科声乐		青岩支行片区办主任
435	蒋　丹	女	汉族	四川资阳	1989.06	2013.09	2013.09		本科汉语言文学		青岩支行农贷会计
436	杨　凯	男	汉族	贵州贵阳	1990.02	2013.09	2013.09		本科计算机科学与技术		青岩支行会计
437	汪　建	男	汉族	贵州习水	1984.04	2008.01	2008.01		本科体育教育		青岩支行信贷员
438	石家雄	男	侗族	贵州黎平	1991.04	2014.08	2014.08	中共党员	本科计算机科学与技术		青岩支行信贷员
439	梁龙燕	女	汉族	贵州修文	1989.08	2013.09	2013.09	中共党员	本科财务管理		青岩支行柜员
440	何元芳	女	黎族	贵州兴仁	1993.12	2014.08	2014.08	中共党员	本科法学		青岩支行柜员
441	代玉菊	女	汉族	贵州贵阳	1979.09	2008.01	2012.03		本科金融		青岩支行柜员
442	李益澜	女	汉族	贵州遵义	1992.05	2014.08	2014.08	团员	本科国际经济与贸易		青岩支行柜员
443	柳睿迪	女	汉族	云南宣威	1992.03	2014.08	2014.08	中共党员	本科会计学		青岩支行柜员
444	蔡海燕	女	汉族	贵州贵阳	1988.09	2015.05	2015.05	中共党员	本科法学		青岩支行柜员
445	汤　懿	女	白族	云南大理	1992.11	2015.09	2015.09		本科会计学		青岩支行柜员
446	金　锐	男	汉族	湖南益阳	1991.03	2015.09	2015.09		本科土木工程		青岩支行柜员
447	罗永清	男	布依族	贵州贵阳	1990.02	2015.10	2015.10	团员	本科金融学		青岩支行信贷员

续表

序号	姓名	性别	民族	籍贯	出生年月	参加工作时间	入社(行)时间	政治面貌	学历及专业	专业技术职称	所在机构及岗位
448	李盈樨	女	汉族	贵州贵阳	1991.09	2016.08	2016.08		本科法学		青岩支行柜员
449	余　丹	女	苗族	贵州凯里	1991.06	2016.08	2016.08		本科音乐表演		青岩支行柜员
450	蔡朋飞	男	汉族	河南周口	1988.12	2016.08	2016.08		研究生电子通信		青岩支行柜员
451	黄　锐	男	汉族	贵州大方	1975.09	1995.08	2007.06	中共党员	硕士生工商管理	经济师等	马铃支行支行副行长
452	何俐佳	女	汉族	贵州贵阳	1987.10	2007.11	2007.11	中共党员	本科生物技术		马铃支行会计
453	杨育军	男	侗族	贵州黔南	1990.08	2014.08	2014.08	团员	本科工商管理		马铃支行信贷员
454	龙仲勋	男	侗族	贵州天柱	1987.10	2009.10	2011.09	中共党员	本科动物医学		马铃支行信贷员等
455	陈　波	男	汉族	贵州绥阳	1987.02	2015.05	2015.05	中共党员	硕士生民族学		马铃支行柜员
456	王　梅	女	仡佬族	贵州安顺	1987.08	2011.09	2011.09	中共党员	本科会计学		马铃支行柜员
457	杨明伟	男	汉族	贵州六盘水	1983.05	2006.07	2006.07		硕士生农业推广	注册管理税务师等	黔陶支行支行副行长
458	刘　磊	男	汉族	山东临近	1985.5.	2004.04	2004.04		本科会计学		黔陶支行支行副行长
459	周璧玉	女	汉族	贵州贵阳	1982.08	2003.01	2003.01		本科会计学		黔陶支行主办会计
460	李　娟	女	穿青族	贵州织金	1991.03	2014.08	2014.08	中共党员	本科农林经济管理		黔陶支行会计
461	田　松	男	汉族	贵州思南	1983.11	2008.07	2008.07	中共党员	本科体育教育		黔陶支行信贷员
462	许曼易	男	汉族	贵州余庆	1985.07	2010.07	2010.07	中共党员	本科音乐学		黔陶支行信贷员
463	陈雪刚	男	布依族	贵州贵阳	1985.08	2011.09	2011.09	中共党员	本科信息管理与信息系统		黔陶支行柜员
464	李　倩	女	汉族	贵州贵阳	1989.05	2013.09	2013.09	中共党员	本科农产品质量与安全		黔陶支行柜员
465	罗　珊	女	苗族	贵州瓮安	1995.04	2016.08	2016.08		本科会计学		黔陶支行柜员
466	张　清	男	汉族	贵州贵阳	1982.03	2001.07	2001.07	中共党员	硕士生软件与领域工程		燕楼支行支行副行长
467	胡　睿	男	汉族	贵州遵义	1980.03	2005.08	2005.08	中共党员	本科社会学	中级经济师	燕楼支行会计

续表

序号	姓名	性别	民族	籍贯	出生年月	参加工作时间	入社(行)时间	政治面貌	学历及专业	专业技术职称	所在机构及岗位
468	胡 娟	女	汉族	贵州贵阳	1987.10	2009.08	2009.08	团员	本科会计		燕楼支行统计员
469	郭 海	男	布依族	贵州贵阳	1984.01	2007.10	2007.10	中共党员	大专行政管理		燕楼支行信贷员
470	覃汝森	男	土家族	贵州沿河	1980.06	2004.07	2004.07		本科法律		燕楼支行信贷员
471	叶淅红	男	汉族	贵州正安	1992.09	2014.08	2014.08	中共党员	本科汉语言文学		燕楼支行柜员
472	谭小花	女	汉族	湖南靖州	1988.01	2014.08	2014.08	中共党员	本科统计学		燕楼支行柜员
473	邓 林	男	汉族	贵州遵义	1991.04	2014.08	2014.08	团员	本科财政学		燕楼支行柜员
474	袁 璎	女	侗族	贵州天柱	1988.04	2015.05	2015.05		本科旅游管理		燕楼支行柜员
475	王江山	男	汉族	山西大同	1989.09	2015.05	2015.05	中共党员	硕士生教育经济与管理		燕楼支行柜员
476	李 勇	男	苗族	贵州思南	1992.10	2016.08	2016.08		本科 财务管理		燕楼支行柜员
477	周 兰	女	汉族	重庆	1972.03	1997.09	2007.08	中共党员	本科行政管理		孟关支行支行行长
478	周华献	男	汉族	贵州剑河	1973.10	2007.03	2007.03	中共党员	本科金融学		孟关支行副行长
479	王 炜	男	苗族	贵州台江	1976.05	1995.01	2008.07		大专会计电算化	统计从业资格证	孟关支行支行行长助理
480	安 丽	女	汉族	贵州贵阳	1979.04	1996.11	1996.11		大专财务会计		孟关支行主办会计等
481	聂宗武	男	汉族	贵州毕节	1990.08	2013.09	2013.09	中共党员	本科国防教育与管理		孟关支行会计
482	陈英俊	男	汉族	福建厦门	1984.10	2008.02	2008.02		本科体育教育		孟关支行信贷员
483	曾彬彬	男	汉族	湖南邵阳	1987.03	2009.06	2009.06	团员	本科舞蹈学		孟关支行信贷员
484	赵 耀	男	汉族	贵州毕节	1988.11	2014.08	2014.08		本科市场营销		孟关支行信贷员
485	张凤玲	女	汉族	辽宁本溪	1983.11	2011.06	2011.06	中共党员	本科体育教育		孟关支行柜员
486	李 嫚	女	汉族	河南商丘	1989.02	2016.05	2016.05	中共党员	本科行政管理	助理经济师	孟关支行柜员
487	周 波	男	汉族	贵州修文	1983.06	2015.05	2015.05		本科电力工程与管理		孟关支行柜员

续表

序号	姓名	性别	民族	籍贯	出生年月	参加工作时间	入社(行)时间	政治面貌	学历及专业	专业技术职称	所在机构及岗位
488	王佐楠	女	汉族	贵州遵义	1992.06	2015.09	2015.09	团员	本科会计学		孟关支行柜员
489	袁　飞	男	汉族	贵州习水	1990.06	2015.09	2015.09	中共党员	本科艺术设计		孟关支行柜员
490	朱琳丽	女	苗族	贵阳云岩	1994.08	2016.08	2016.08		本科　财务管理		孟关支行柜员
491	张　昆	男	汉族	贵州盘县	1993.04	2016.08	2016.08		本科　网络工程		孟关支行柜员
492	游　静	男	布依族	贵州贵阳	1984.06	2006.12	2006.12	中共党员	本科法学		华宇支行副行长
493	滕建丽	女	苗族	贵州贵阳	1983.05	2005.06	2005.06		本科金融学	助理会计师等	华宇支行支行长助理等
494	赵　静	女	布依族	贵州贵阳	1982.03	2001.12	2001.12		本科财务管理		华宇支行会计
495	詹婷婷	女	汉族	贵州赤水	1991.06	2011.07	2011.07	团员	本科会计学		华宇支行信贷员
496	张鑫磊	男	汉族	陕西渭南	1987.06	2011.09	2011.09	团员	本科行政管理		华宇支行信贷员
497	弓　岩	男	汉族	河南郑州	1989.01	2012.02	2012.02	团员	本科国际经济与贸易		华宇支行信贷员
498	崔　锐	女	穿青族	贵州大方	1988.08	2013.09	2013.09		本科市场营销		华宇支行信贷员
499	申修祥	男	汉族	贵州修文	1986.08	2011.09	2011.09	中共党员	本科　公共安全管理		华宇支行信贷员
500	越　红	女	汉族	贵州贵阳	1969.11	1989.02	1998.06		本科工商管理		华宇支行柜员
501	何秋颉	女	汉族	贵州威宁	1992.09	2015.09	2015.09	团员	本科电子信息科学与技术等		华宇支行柜员
502	冯健霜	男	汉族	贵州赫章	1989.10	2015.09	2015.09	团员	本科汉语言文学		华宇支行柜员
503	盛银屏	女	汉族	贵州习水	1988.02	2013.09	2013.09	中共党员	本科旅游管理		华宇支行柜员
504	陈　思	女	汉族	吉林扶余	1989.04	2013.09	2013.09	中共党员	本科审计学		华宇支行柜员
505	刘思均	男	汉族	贵州贵阳	1991.12	2014.08	2014.08		本科经济学		华宇支行柜员
506	盛　旭	女	汉族	贵州遵义	1993.12	2016.08	2016.08		本科　法学		华宇支行柜员
507	吴金鹏	男	汉族	山西晋中	1989.05	2016.08	2016.08		硕士生计算机科学		华宇支行柜员

续表

序号	姓名	性别	民族	籍贯	出生年月	参加工作时间	入社(行)时间	政治面貌	学历及专业	专业技术职称	所在机构及岗位
508	徐智扬	男	汉族	贵州遵义	1989.11	2014.08	2014.08	团员	本科播音主持		华宇支行柜员
509	申厚斌	男	苗族	贵州榕江	1976.08	1998.07	1998.07	中共党员	硕士生软件与领域工程	注册理财规划师	久安支行行长
510	兰　兵	男	汉族	贵州贵阳	1979.10	2001.08	2001.08	中共党员	本科会计学		久安支行支行副行长
511	潘丽娟	女	侗族	贵州贵阳	1985.01	2008.07	2008.07		本科行政管理		久安支行主办会计
512	杨玉兰	女	苗族	贵州凯里	1985.09	2009.09	2009.09	中共党员	本科体育教育		久安支行会计兼统计员
513	陈忠祥	男	汉族	贵州贵阳	1968.11	1991.10	1991.10		大专农林经济管理	会计员	久安支行信贷员
514	吴元军	男	汉族	湖南衡阳	1988.03	2012.09	2012.09	中共党员	本科舞蹈学		久安支行信贷员
515	李治旺	男	白族	贵州盘县	1986.12	2015.05	2015.05	中共党员	本科思想政治教育		久安支行柜员
516	吴明栩	男	汉族	贵州大方	1992.08	2015.09	2015.09	团员	本科网络工程		久安支行柜员
517	蒋　莎	女	汉族	贵州金沙	1994.01	2015.09	2015.09	团员	本科数字媒体技术		久安支行柜员
518	谢必玉	男	布依族	贵州贵阳	1966.06	1988.09	1988.09	中共党员	大专农信社经营管理	经济员	麦坪支行支行负责人
519	游廷栋	男	汉族	贵州贵阳	1965.11	1989.05	1989.05	中共党员	本科会计学	会计员	麦坪支行支行副行长
520	张　婧	女	汉族	四川酉阳	1983.12	2007.07	2007.07		本科国际经济与贸易		麦坪支行主办会计
521	秦颖杉	女	布依族	贵州贵阳	1988.12	2012.07	2012.07	团员	本科会计		麦坪支行会计
522	李枝恒	男	布依族	贵州贵阳	1977.04	1999.07	1999.07	中共党员	本科行政管理		麦坪支行信贷员
523	晏荣荣	男	汉族	贵州息烽	1979.09	2001.11	2001.11		本科工商管理		麦坪支行信贷员
524	周　旺	男	汉族	贵州遵义	1989.10	2010.07	2010.07		大专舞蹈编导		麦坪支行信贷员
525	未永强	男	汉族	河南汤阳	1984.05	2007.01	2007.01		本科金融学		麦坪支行柜员
526	余　娥	女	汉族	贵州纳雍	1987.07	2015.05	2015.05	中共党员	本科民族学		麦坪支行柜员
527	陈智勇	男	穿青族	贵州纳雍	1989.05	2015.05	2015.05	中共党员	本科国防教育与管理		麦坪支行柜员

续表

序号	姓名	性别	民族	籍贯	出生年月	参加工作时间	入社(行)时间	政治面貌	学历及专业	专业技术职称	所在机构及岗位
528	马　强	男	汉族	贵州金沙	1990.05	2015.09	2015.09	团员	本科会计学		麦坪支行柜员
529	彭　丹	女	汉族	贵州六盘水	1992.08	2016.08	2016.08		本科　财务管理		麦坪支行柜员
530	黄功福	男	汉族	贵州织金	1990.12	2016.08	2016.08		本科　土木工程		麦坪支行柜员
531	唐永文	男	苗族	贵州贵阳	1971.03	1994.04	1994.04	中共党员	大专金融		高坡支行支行副行长
532	李　辉	男	苗族	贵州贵阳	1980.01	2001.03	2001.03	中共党员	本科行政管理		高坡支行支行副行长
533	唐　敏	女	苗族	贵州贵阳	1986.05	2009.08	2009.08		本科会计学		高坡支行主办会计
534	王朝琴	女	苗族	贵州贵阳	1987.10	2011.06	2011.06	中共党员	本科制药工程	注册金融分析师	高坡支行会计等
535	陈鹏昆	男	汉族	贵州贵阳	1990.01	2014.08	2014.08	团员	本科经济学		高坡支行信贷员
536	唐光廷	男	苗族	贵州贵阳	1986.12	2011.07	2011.07		大专数学教育		高坡支行信贷员
537	王汝波	男	汉族	贵州遵义	1981.05	2015.05	2015.05		本科中医学		高坡支行信贷员
538	王　菊	女	苗族	贵州贵阳	1988.12	2006.11	2006.11	中共党员	本科汉语言文学		高坡支行柜员
539	王道政	男	苗族	贵州贵阳	1988.10	2011.07	2011.07	中共党员	大专酒店管理		高坡支行柜员
540	朱久玲	男	汉族	湖南株洲	1990.02	2014.08	2014.08	团员	本科农林经济管理		高坡支行柜员
541	梅　剑	男	汉族	贵州纳雍	1981.10	2005.08	2005.08	中共党员	本科法学	注册信贷分析师	小河支行支行行长
542	张婷婷	女	汉族	贵州安顺	1981.11	2002.10	2002.10	中共党员	本科法学		小河支行支行行长助理等
543	韦　薇	女	水族	贵州贵阳	1986.07	2009.06	2010.04		本科艺术设计		小河支行会计等
544	吴　馨	女	汉族	贵州贵阳	1991.11	2014.08	2014.08	中共党员	本科劳动与社会保障	三级人力资源管理师	小河支行见习会计
545	曹　佳	女	汉族	贵州贵阳	1980.12	2006.03	2006.03		本科会计学		小河支行信贷员
546	朱永康	男	汉族	贵州贵阳	1984.12	2007.07	2007.07		本科行政管理		小河支行信贷员
547	郭浉萱	女	汉族	贵州贵阳	1988.08	2011.03	2013.06	团员	本科新闻与信息传播		小河支行信贷员

续表

序号	姓名	性别	民族	籍贯	出生年月	参加工作时间	入社(行)时间	政治面貌	学历及专业	专业技术职称	所在机构及岗位
548	谢孟娥	女	白族	贵州毕节	1984.12	2008.01	2008.01	中共党员	本科体育教育		小河支行信贷员
549	邹　霞	女	侗族	贵州岑巩	1970.02	1992.10	2006.12	中共党员	本科行政管理		小河支行柜员
550	苏贻娜	女	汉族	贵州贵阳	1977.10	2005.01	2005.01		大专经济管理		小河支行柜员
551	凌　娟	女	汉族	湖南株洲	1986.10	2009.06	2009.06	中共党员	本科舞蹈学		小河支行柜员
552	吴瑶瑶	男	布依族	贵州六盘水	1990.09	2015.09	2015.09	团员	本科会计学		小河支行柜员
553	杜西前	女	汉族	贵州金沙	1989.01	2015.09	2015.09	中共党员	本科财务管理		小河支行柜员
554	李　健	男	汉族	湖南宜章	1990.04	2015.09	2015.09	团员	本科音乐学		小河支行柜员
555	杨颖洁	女	彝族	贵州贵阳	1991.09	2016.08	2016.08		研究生统计学		小河支行柜员
556	梁晓远	男	汉族	贵州桐梓	1982.08	2003.07	2003.07	中共党员	本科农林经济管理		高新支行支行行长
557	龙华瑜	女	苗族	贵州松桃	1981.04	2003.07	2003.07	中共党员	硕士生计算机软件工程	理财规划师	高新支行支行副行长等
558	秦　晴	女	汉族	贵州贵阳	1988.06	2011.09	2011.09	团员	本科表演		高新支行会计等
559	王　聪	男	汉族	贵州贵阳	1987.01	2013.09	2013.09	中共党员	硕士生经济法		高新支行信贷员
560	李函南	男	汉族	山东	1989.10	2015.09	2015.09	团员	本科播音与主持艺术		高新支行信贷员
561	潘　博	男	汉族	四川雅安	1990.07	2013.05	2014.05	团员	本科财务管理		高新支行信贷员
562	杨　潇	女	布依族	贵州都匀	1988.07	2010.07	2010.07	中共党员	本科播音与主持艺术		高新支行柜员
563	申普君	女	仡佬族	湖南邵阳	1989.12	2013.09	2013.09		本科音乐表演		高新支行柜员
564	吴姗姗	女	汉族	贵州贵阳	1989.04	2012.02	2012.02	团员	本科人力资源管理		高新支行柜员
565	冉玉琳	女	土家族	贵州铜仁	1992.09	2015.09	2015.09	团员	本科金融学		高新支行柜员
566	赵禾稼	女	仡佬族	贵州务川	1992.07	2016.08	2016.08		本科　广播新闻		高新支行柜员
567	陈鸿钊	男	汉族	贵州遵义	1991.11	2016.08	2016.08		本科　音乐学		高新支行柜员
568	周兴雄	男	汉族	贵州贵阳	1962.08	1997.11	1997.11	中共党员	本科经济管理	经济员	贵安村镇银行
569	李　碧	女	汉族	贵州仁怀	1973.11	1996.09	1996.09	中共党员	本科烟草专门化	注册财税管理师等	贵安村镇银行

续表

序号	姓名	性别	民族	籍贯	出生年月	参加工作时间	入社(行)时间	政治面貌	学历及专业	专业技术职称	所在机构及岗位
570	蒙光英	女	仡佬族	贵州开阳	1982.06	2006.08	2011.06	中共党员	硕士生农业推广		贵安村镇银行
571	王　伟	女	布依族	贵州贵阳	1979.08	2004.04	2004.04	中共党员	本科行政管理	人力资源管理师	贵安村镇银行
572	袁　君	女	苗族	贵州贵阳	1981.12	2006.03	2006.03	中共党员	本科信息管理与系统		贵安村镇银行
573	皮定飞	男	汉族	贵州贵阳	1983.12	2006.12	2006.12	中共党员	本科法学		贵安村镇银行
574	沈殿彬	男	汉族	贵州安顺	1983.11	2007.07	2007.07		本科计算机科学与技术		贵安村镇银行
575	肖　潇	男	苗族	贵州思南	1988.12	2013.09	2013.09		本科电子商务		贵安村镇银行
576	陈　娟	女	汉族	贵州余庆	1986.05	2009.06	2009.06	中共党员	本科音乐表演		贵安村镇银行
577	王安俊	男	布依族	贵州贵阳	1964.05	1991.12	1991.12	中共党员	本科行政管理	中级工	贵安村镇银行
578	王小菜	女	布依族	贵州贵阳	1961.11	1983.03	1983.03		初中	会计员	内退职工
579	项朝凤	女	汉族	贵州贵阳	1963.04	1981.03	1981.03		大专农村金融	助经师	内退职工
580	张本云	女	汉族	贵州贵阳	1963.08	1983.02	1983.02		本科农林经济管理	经济员	内退职工
581	罗章伟	男	布依族	贵州贵阳	1962.06	1985.08	1985.08		本科法律	经济员	内退职工

2008 年花溪合行优秀员工到海南岛旅游

第三篇　基础设施

花溪农商行大楼

第一章 房屋设施

第一节 办公营业用房

乡镇信用社时期

1954年，贵筑县各乡镇信用社成立初期，全县信用社没有一家有属于自己的营业办公用房，大都是占用、借用、租用、合用公产房或民房，大部分办公房破烂不堪，四面透风，屋顶见光，甚至数家信用社是有人无房，业务员采用流动办公或在家办公的方式开展工作。到20世纪60年代中后期，有部分信用社如青岩、孟关、高坡、麦坪、久安等开始筹备资金，加上上级拨款补助修建自己的办公用房，这时期建的办公用房大都是简陋的木板房或砖木结构平房。

孟关信用社起初是与乡财政办同室办公，后借用孟关税务所一个房间，1966年，花0.15万元购买孟关村一楼一底木瓦房一间，1976年，搬到农行营业所办公房，1987年，投资6万元钱建340平方米的办公营业用房。高坡信用社各信用站工作人员11年时间无固定办公场所，每天背着账簿、笔墨纸张以及算盘等物品穿梭于农户家，1965年，高坡各信用站合并为高坡信用社，农行高坡营业所提供办公室一间。燕楼信用社成立初期，业务员流动办公或在家办公，后借用生产队集体房子1间，1965年，购买生产队木板房1间。麦坪信用社成立初，借用场坝村农户龙开凤家35平方米民房两间，借用5年后才改借为租，开始缴租金，1970年，自建三间木结构营业用房。马铃信用社成立时租用马铃供销社房，1966年搬到马铃人民公社一间公房，但员工是各自回家办公，每逢赶集日集中汇报工作，1987年，花4.13万元建350平方米办公用房。久安信用社成立之初是流动办公，4年后租用民房始有固定办公场所，1968年自筹资金和银行补助，花费0.6万元修建2间60平方米办公楼兼员工宿舍。黔陶信用社是租用10平方米民房当营业场所，1966年，自建10平方米营业场所，1973年，建30平方

20世纪90年代党武信用社

米员工宿舍两间，营业场所面积扩建至 15 平方米。

花溪区农村信用社固定财产情况统计表

（1978－1991 年）　　单位：万元

年份 金额 项目	1978	1979	1980	1981	1982	1983	1984	1985	1986	1987	1988	1989	1990	1991
固定财产占款	2	3	3	6	6	8	9	13	14	28	34	42	71	105
其中：(一)房屋	2	3	3	6	6	7	8	11	13	26	27	29	55	79
1. 营业用房	1	1	1	2	2	2	2	4	5	9	9	10	55	24
2. 办公用房	1	1	1	1	1	1	1	2	3	5	6	6		40
3. 职工用房		1	1	2	2	2	3	4	3	6	7	7		13
4. 库房				1	1	1	1	1	2	3	3	3		1
(二)交通工具													12	16
1. 运钞车													11	15
2. 摩托车													1	1
3. 其他用车														1
合计	2	3	3	6	6	7	8	11	13	26	27	29	67	95

花溪联社时期

1989 年 12 月，花溪联社成立，联社机关在花溪民主路农行花溪支行营业所办公，办公面积 210 平方米。1990 年 11 月，农行花溪支行营业所撤除，花溪联社机关搬迁清溪路省农行干部培训中心顶楼办公，办公面积 150 平方米，在此期间农行未收取租赁费。联社机关 1994 年 3 月至 1997 年 5 月，租用花溪村迎春旅社二楼 6 个房间，面积 180 平方米，月租金 1000 元，此期间花溪联社投入资金 114. 86 万元，在清溪路 110 号修建 1253. 24 平方米的联社办公大楼，1997 年初竣工，5 月 28 日联社机关搬迁新办公大楼。

20 世纪 80 年代起，花溪区各乡镇信用社先后新建、扩建办公营业用房。建房土地使用权有向村集体、个体农户购买，有由政府划拨公共土地。建房面积从百余平方米到数百平方米不等。建房资金以自筹为主。1990 年，青岩信用社率先购地建全区乡级信用社最大的办公营业房，占地面积 703. 5 平方米，营业用房 60 平方米，办公区 452 平方米，职工宿舍 186 平方米。90 年代后，石板信用社建成 200 平方米的办公营业用房。孟关信用社办公用房达 450 平方米，营业场所 135. 3 平方米。高坡信用社经高坡乡政府同意，在高坡集贸市场旁修建办公楼。1994 年联社成立营业部，租赁花溪镇学士路民房门面作营业场所。1998 年，学士路分社成立，花 17. 51 万元购买办公用房。1999 年，花溪联社霞晖路分社成立，租用徐家冲路口一个 10 平方米的门面，后搬至贵州大学 50 平方米用房。同年花溪联社万达分社投资 15 万元在花溪乡养牛村征用 120 平方米荒山，修建一楼一底 200 平方米营业用房。联社清溪分社在清华小区门口，新购营业用房90.7平方米。霞晖分社花140万元购置120平方米营业用房。

2002年，花溪联社投入200万元资金，装修联社营业部、孟关社、青岩社、黔陶社、湖潮社、竹林分社、云上分社、党武分社、联社机关办公室。

花溪农村合作银行时期

2004年，花溪农村信用联社改制为花溪农村合作银行，各支行、营业处办公营业用房的建设速度、建筑规模快速发展。2004年，合行投资400万元购买学士路支行营业用房，投资114.6万元新建石板支行综合办公楼。2006年，青岩支行建成占地面积3484.4平方米的合行大楼，其中营业用房328.6平方米，库房160平方米，办公区577.8平方米，职工宿舍2418平方米。2008年，花溪合行购买林坡经济适用房门面1000余平方米，单价5200元每平方米。同时，房开公司按0.17万元每平方米提供20套经济适用住房解决职工住房问题。黔陶分理处投入100万元重新修建办公大楼。2009年，孟关支行办公用房扩大到565平方米，营业场所169.76平方米。云上支行网点在花溪榕筑南溪购1700平方米营业用房，其中网点用房400平方米，其余对外租赁。黔陶分理处改建办公营业用房1080平方米，营业场所达315平方米。当年10月，通过招拍挂取得花溪云上村12977平方米土地使用权，拟用于建设新办公大楼。2011年，明珠支行办公用房扩展到1230平方米。平桥分理处位于甲秀南路旁的支行新办公大楼落成。2013年，行董事会在6年前确定投资购置的清溪路209号办公大楼竣工，清溪路209号沿街最靓丽的花溪贵州农信大楼先后投资23981.91万元，计22963.84平方米。

花溪农商行时期

2013年12月，花溪合行改制为花溪农商行，同时总行机关和营业部搬迁清溪路209号壮观、华丽、实用、安全的13层新办公大楼，各层主要部门有：负2楼停车场，负1楼保管箱中心，1楼营业大厅，2楼营业部，3楼档案管理中心，4楼财务统计部，5楼资料室，6楼稽核审计部，7楼远程授权中心，8楼基础建设部，9楼战略规划部，10楼员工食堂。

2014年以后，总行各支行网点的营业用房的面积、装修档次整体提高。刚成立的小河支行营业房面积达3264平方米。地处花溪边远山区的马铃支行乔迁新居，营业用房面积达3556.78平方米。华宇支行搬迁至孟关乡国际汽贸城，办公营业用房达1290.99平方米。高新支行成立，办公营业用房从700平方米扩展到2400平方米。2016年6月，合朋支行一楼办公区扩至218平方米，二楼扩建至441平方米。吉源支行自投资金4645.1万元，购置1000余平方米的龙洞路四季花园大楼作营业办公用，大楼配备有VIP室、档案室、信贷室、会议室、厨房、餐厅及客户休息区。

2016年，花溪农商行早在7年前购得的云上

花溪农商行员工母婴室

村12977平方米土地，已完成700余平方米农房拆迁和30余户农户安置，9月28日，67858平方米综合办公大楼建设工程开工。

第二节　办公设备

花溪区农村信用社在20世纪80年代前期，办公设备十分简陋，大部分营业办公室里就是几张没上漆的木桌子、木凳子、木柜子。办公时，顾客人少就站立围着农金员，人多就在门外排队等候，有个别体弱顾客想找一个能休息的座具也不能满足。80年代后期，办公条件稍有改进。久安信用社在1987年新设置木柜台，开始实施柜员办公区和顾客等候区的分离，柜台外也设置一两张木凳子给顾客休息。后为现金安全，在木柜台上设置木制防护栏。

20世纪80年代前，计算工具是一人一架算盘，90年代后陆续增加计算器和电脑。其他办公设施不断增添、更新。1993年，花溪联社与各乡镇信用社组建通讯网，购720主机KG110一台（单价3.5元）、车载台6台（单价0.5万元）、手机30台（单价0.26万元）。1996年，青岩信用社购买移动电话1部，BP机5个。

1999年，花溪联社大多数营业网点电脑机型已更新换代至奔腾级，BIOS显示4位年号的品牌微机。2000年，联社购置25台较为先进的数码验钞机，对97年购买的19台报警器进行更新，安装空调33台（联社15台，金竹5台，青岩4台，小碧、孟关、高坡各2台，久安、湖潮、石板各1台）；联社机关配置办公微机7台，复印机1台。

2001年，花溪联社为部分信用社重新配置存折打印机6台、微机3台、磁条读写器1台、密码键盘1台。2002年，联社营业部新购单机报盘运行的MODEM微机1台，会计出纳部新购PR2存折打印机2台、磁条读写器1台、密码键盘1台、UPS电源设备1套。

2004年，全行实现办公设备从手工操作到单机处理业务，再到综合业务网络系统，还拥有属于自己的银联卡、ATM机、POS机。

2009年10月，花溪合行在花溪所有城区网点安装自动提款机（ATM）。在各支行营业厅设书报架、饮水机、雨具架、便民服务箱等。当年并投入资金安装了自动提款机（ATM）21台，POS机21台。2013年，花溪合行安装ATM机7台、“农信贷”自助终端8台、POS机70台。总行明秀新办公大楼安装UPS电源设备，花10.96万元安装光钎接入有线电视，花21.83万元装修清溪分理处新网点。

2014年，花溪农商行投入资金35.1万元，在猫硐村、养牛村、金石建材城、西街村、清溪路335号、改毛村、云凹村、天河潭等便民服务网点安装ATM移动加钞间。为小河支行、清溪支行、孟关支行、党武支行ATM机的正常运行，花28.8万元从贵阳奥鑫科技有限公司采购四套UPS电源，全年新增特约商户POS机终端272台。2015年，总行在黔陶乡、轻工学院、城市学院、贵阳火车站、贵阳开发区、民族大学各网点安装ATM移动加钞间；并引进贵州第一台自助贷款服务终端。

第三节　安保设施

20世纪80年代前，社会治安较好，花溪各农村信用社基本上没有安保设施建设。90年代起，各信用社开始重视安保设施的建设，陆陆续续安装防护隔离栏、防盗门、金库门，配备人身防卫器材、报警器、专用电话、警铃、灭火器材等等。1992年，花溪联社购入安全防范器械电击器、人身防卫器、铁棒、石灰杯、石灰、警铃和报警器等防范设施并分置到各信用社。

1993年9月，花溪联社向花溪区公安分局申请购置业务安全使用枪支。联社配有两支半自动步枪，麦坪、金竹社各1支。做到每个营业网点、每辆运钞车配备两根狼牙棒，用于守库和押运任务，在实行枪支使用上严格执行专人管理、专人负责和登记制度。1995年，全社对安全设施的投入相应增加，为不符合金库安全要求的久安、石板、湖潮、党武、孟关、小碧等信用社购买7道标准金库门，增购防范武器狼牙棒30根。除花溪、高坡、营业部外，其他社均安装标准金库门。各信用社均配备电击器、石灰碗、警铃等防卫设施。各社还安装加固防盗门、防护栏等防护设施。花溪信用社大寨分社临时租用的营业室也设置全封闭防护栏。

1996年，花溪联社按照金库的安全防护设施有关规定，做到采用符合安全标准的专用库门，容量大的库房设置双道门。设专用守库室，配备专职守库员，守库室与外部隔离，门窗坚固，并安装钢筋防护栏杆，内设报警系统和闭路电视监控系统、通讯联防设施。库内安装符合国家有关技术标准的报警设备，报警装置与金融单位保卫部门和公安机关的报警系统联网。

1998年，花溪联社根据人总行以及公安部发布《关于切实加强银行运钞管理保障资金安全的通知》规定，改进和加强运钞车的安全防范措施，运钞车实行全封闭管理，货仓只保留一个仓门，仓门或保险柜（箱）改配两把锁具，两把钥匙分别由业务库、营业网点出纳人员和随车业务解款员管理，做到相互分离，互不交叉。根据《农村信用社安全设施标准及管理办法》规定，做到金库房具备防抢、防盗、防潮、防火的功能，安全牢固，库容适中；一级金库内隔成内外库，外库作为钞票整点或尾款箱存放地点。金库墙体为六面整体钢筋混凝土结构。

2000年，花溪联社全辖26个网点有电话报警器26台（每个网点1台），防弹背心30件，钢盔25个，防卫器具狼牙棒74根（达到每网点2个、每辆车1个），运钞车11辆，其中防弹运钞车1辆（配有GPS卫星定位系统1台），标准金库14个。更换报警器十九台，守库押运枪支有“64”式手枪一支、“56”式冲锋枪5支。联社分别各一支，金竹、久安、麦坪、青岩信用社冲锋枪一支。

2001年，花溪联社投入资金30余万元，为青岩信用社、小碧信用社、麦坪信用社、金竹信用社、清溪分社、尖山分社6个营业网点安装数字监控系统，全社安装监控的网点达26.9%；投入资金70余万元，对清溪分社、麦坪、小碧信用社的营业间进行改造，安装防弹玻璃，全社安装防弹玻璃、防护栏的网点达15.3%，更换84个过期灭火器药粉，增购20个“1211”灭火器，购置备用报警器2台。花溪联社全年在技防设施上投入资金180余万元。

2002年，联社投入资金72万元安装改造石板、久安、湖潮、孟关、黔陶、高坡、燕楼、党武、云上、竹林等信用社或联社营业部金库值班室数字监控系统，由原来的8路监控改为16路监控，硬盘录像储存由原来的一个星期改为现在的3个月。安装数字监控点达15个，占总网点的62.5%，较上年增长42.5%。投入资金40万元安装营业部、孟关、青岩、黔陶、湖潮、党武、竹林、云上等信用社或分社的防弹玻璃护栏，使安装防弹玻璃网点达11个，占总网点的45.8%。

2003年，花溪联社投入资金431万元进行技防设施改造。全辖25个营业网点，有23个营业网

2009年4月8日，花溪合行全副武装的经警和运钞车

点安装数字监控系统，有监控的营业网点达到92%。19个营业网点安装防弹玻璃，有防弹玻璃的营业网点达到76%。给经警班配备警犬一条，增强守库和押运警戒力和威慑力。

2007年，花溪合行撤销11家支行、分理处的金库，安装营业部等16个营业网点的联动互锁门，改造9个营业网点的监控设施，改造营业部金库并购置组合金库1个，将金库门锁改为电子指纹密码锁，更换全行所有营业网点到期的灭火器药粉。

2013年，花溪合行明秀办公大楼安装监控报警智能化系统，通过招投标，选择与中标的贵阳正远达科技有限公司合作，工程项目包括电视墙、停车场、门禁、监控、报警、对讲、ATM智能分析等，工程总价314.82万元。花5.8万元安装远程异地值守金库门。花9万元为小河、腾龙湾、湖潮等六个支行新建、安装联动门。花13.12万元为紫光支行安装监控报警系统。后期为方便使用需要变更综合布线、网络中心机房、会议系统等。

2014年，投入资金2947.77万元安装明秀商城办公大楼的安全防范工程；投入资金27.26万元安装小河支行监控设备；投入资金27.01万元安装华宇支行新网点监控系统工程；投入资金27.45万元安装清溪支行新网点监控系统工程。

2015年，花溪农商行为支行、营业网点投入大量资金建设安防综合系统工程；投入资金12.6万元，对青岩、黔陶、石板、孟关、小碧、党武支行和中八便民服务点等七个网点进行异地值守改造建设，安装移动金库；投入资金11.2万元安装新设立的南明支行、高新支行的金库门。花溪农商行还为青岩南街村、北街村、孟关改毛村、小碧猫硐村、花溪养牛村、湖潮池菇塘村等便民服务支行营业网点投资96.7万余元安装监控报警等安防设备。

第四节　交通工具

20世纪60年代以前，花溪区农村信用社的员工走村串寨、上山下乡，全凭一双腿，多数人是穿自己做的草鞋，少数人是穿布鞋和解放牌胶鞋。70年代，有少数信用社开始有一至二辆自行车，80年代，多数信用社已配备嘉陵牌50型摩托车。1983年，花溪公社信用社农金员到有七八里路远的营上村杨柳塘放款，是肩扛用布口袋装的现金，靠两腿步行到村里。

进入20世纪90年代，花溪联社和部分乡镇信用社才开始使用汽车。1991年，花溪联社向市中支行信合科申请购买了花溪信合系统的第一辆贵州产吉普车。1992年底，花溪、久安信用社购置GK6470型吉普越野车和北京吉普运送现金。1993年，因货币流通量加大，接送库款十分频繁，花溪联社再申请办理到三辆调运现金的车辆，分配给小碧、孟关、湖潮3个信用社。1995年，湖潮、孟关分别购买运钞车一辆。

1996年后，除高坡和黔陶两信用社还在依靠当地的中巴车押送库款外，花溪区大部份信用社

1993年花溪信用社运钞车

都使用上汽车，联社花15万元重新购置一辆北京吉普运钞车，青岩信用社购置一辆切诺基牌车，久安信用社淘汰旧车，购买北京2023吉普车。

2000年，花溪联社有11辆运钞车，其中防弹运钞车1辆，代用运钞车10辆。

2001年，花溪联社花24.8万元购红旗牌车和花19.80万元购尼桑吉普车，青岩信用社花22.4万元更新购置尼桑吉普车，高坡信用社花4万元购新业务用车，黔陶信用社花5.3万元购柳州五菱业务车。

2004年，花溪合行有各种车辆22辆，其中除业务用车外，有价值35万元的运钞车，价值21万元的接待用车，9辆代用运钞车配备有通讯设施。

2005年，花溪合行董事会制定实施《贵州花溪农村合作银行车改暂行办法》，对原业务用车进行变卖处理，租用职工私家车40辆办理业务，比原来多出业务用车18辆，节约成本20余万元。2007年，新添置价值45万元公务车一辆。

2010年7月，花溪合行制订《花溪农村合作银行租用特殊车辆办法》，对运钞车、接待车及后勤保障车的使用作出规定。2015年，花溪农商行新增14家营业机构，购买重庆迪马工业有限责任公司运钞车两辆，价格77万元。

第二章　科技信息建设

1954 年，花溪地区农村信用社成立到 20 世纪末，传输金融信息普遍采用口头传达或以笔记录下来上传下达，存贷款业务均以笔记录在普通纸张上作为凭据。进入 21 世纪以后，花溪联社开始信息科技建设，成立科技信息部，建立电子化支付系统，逐步实现办公自动化。

第一节　科技信息建设

2010 年 1 月，花溪农村合作银行设立电子银行部，2012 年，电子银行部并入科技信息部。2014 年 4 月，电子银行独立办公，负责银行卡、网上银行、手机银行、自助终端、新型电子支付、银信通、银联特约商户、村村通、ATM、公务卡等业务。

一、电子化系统建设

大小额度支付系统

花溪联社大小额支付系统从 2003 年 12 月正式上线，当时只有营业部一个网点连入人民银行大小额支付系统。2013 年后，部分支行逐步申请加入大小额支付系统。2014 年 3 月，切换至第二代支付系统运行。

短信预警系统

2014 年 9 月 15 日，花溪农商行正式使用机房短信预警系统，对机房网络运行的电力供应、温度、湿度、UPS 电源、空调等设备运行状态变量进行 24 小时实时监测与智能化调节控制。安装机房预警系统设备，其中包括温湿度采集终端 1 台，数据连接线 30 根，短信报警器 1 台。

信贷系统

花溪农商行信贷系统由三农服务部按照省联社统一管理信贷系统的办法进行管理。

2010 年 12 月，花溪合行信贷系统上线，最初上线时，信贷系统属于单机版，只能在内部独自使用。2014 年 4 月，信贷系统正式连入省联社核心系统 CCIS，成为联机版，提升了信贷系统的实用性。2015 年 3 月，花溪农商行将平板电脑加入信贷系统，信贷员用平板和电话卡随时随地登陆信贷系统进行工作，不再受地域和网络的限制。

二、科技开发运用

远程授权

花溪合行于 2010 年 9 月申请远程授权系统，并于 2011 年 3 月上线，属于花溪合行自建系统。2013 年，对远程授权系统进行升级，解决更新授权密码问题，增加网点扎帐状态，按业务种类设置预警金额等的功能。

2016 年 11 月，省联社上线新核心系统后，花溪农商行使用全省统一授权系统。

OA 系统

2009 年，花溪合行 OA 系统上线，在内网运行。2016 年，花溪农商行启动新 OA 管理系统，在外网运行，通过 OA 升级，可以实现线上流程、互发邮件、留言等功能，极大完善 OA 办公效率，推动无纸化移动办公，配合完成新核心系统上线，搭建财政工资统发系统、储蓄产品系统、双录测试系统等相关业务系统，有效支撑全行业务开展。

三、科技“黔农云”网贷系统

花溪农商行以花溪行政企事业职工作为“薪一代”的目标客户，以职工的个人基本情况、职业稳定性、还款能力和充足性、信用情况等四个维度共48个指标构建行政事业单位职工评级授信模型，通过自主研发相关程序，采用线下签约和线上放款相结合的方式，加快信贷审批速度，提升客户贷款体验，解决行政和企事业单位职工日常生活消费需求，实现“一次签约、终身授信、手机申请、刷脸放款、分秒到账”的产品特色。

第二节 办公自动化系统建设

2000年，花溪联社配置办公微机7台，复印机一台。2001年，花溪联社给各社及科室配置电话传真机15台、办公微机11台、宽行打印机6台、存折打印机3台、CISCO路由器12台、DTU12台、调制解调器10台、网卡11张、多用户卡9张、刷卡器10台、密码键盘10台、后备电源蓄电池5套，同时还购置ICD利率牌8块，并全部投入各营业网点使用。

2002年，花溪联社再购置办公微机9台，业务用机12台，完成11个社微机办理业务，其中上单机版5个社。2004年花溪合行成立，开始使用电脑办理业务，系统为字符终端，使用单机版业务系统进行业务处理，业务系统称为“Bank2000”，并进行县级网点的数据集中。2007年，花溪合行业务系统改称为“CCIS”。次年全面上线Windows系统，开启新版系统业务时代。

2011年，花溪合行信贷系统正式上线运行，建立行信贷基础数据库和信息共享平台，实现总行对全辖信贷运行情况的监控、跟踪和维护。为推进“农信银”快汇业务，做好“银信通”短信平台服务，加大ATM机自助设备的安装和POS机的推广，开通支付宝网上银行，全年新安装ATM机7台，POS机21台。

2012年，花溪合行增加“新适贷”和“金纽带”贷款程序模块，规范网点房贷行为，提升柜面放贷效率，上线运行远程授权系统和风险预警系统，杜绝“明码”、“通码”，进一步控制操作风险，目前全辖风险预警系统试行情况良好，有18个网点开展远程授权工作，经反馈修改系统10余次，对不适用或不能使用的一些功能进行升级处理。加强对ATM机的管理，增设ATM对讲机，实现24小时远程监控。

2013年底，花溪农商行从旧总行办公楼（清溪路110号）搬到新办公大楼（清溪路209号），对行内的机房进行搬迁升级，升级为最新版机房，达到一流的机房水平。同时根据省联社要求上线6台自动填单机。

2014年，花溪农商行有网点30个，16个支行拥有自动柜员机，其中有11个网点未安装自动柜员机，占全辖网点的40.7%。2015年，上线实施内网版OA系统，方便员工在内网进行业务交流。2016年，上线最新版外网OA系统，同时包括网页端与手机软件，领导可以在外出办公时进行文件签阅。11月，花溪农商行上线最新的业务系统“新核心”，大大增加全行业务的办理效率。

第四篇 业务

2009年花溪合行在高坡乡为农户提供优质金融服务

第一章 存款业务

第一节 储蓄存款沿革

1954 年，贵筑县（今花溪区）抽调干部组成工作组到各乡（镇）组织群众入股成立信用合作社，发动群众用卖余粮、鸡蛋、草鞋的钱储蓄存款。储蓄存款采取三项措施，一是乡（镇）党政领导亲自布置任务，检查督促，带头存款。二是广泛宣传入社自愿、认股自愿、存款自愿、取款自由，存款、贷款两利，互不吃亏政策。三是召开会议控诉高利贷剥削之苦，激发群众入社、入股、存款的积极性。

1955 年，中共中央《关于发展农业生产合作社的决议》规定：农村信用社的主要任务是在国营经济的领导下，帮助人民摆脱高利贷剥削，发展储蓄和低利贷款，为农业生产服务，促进农业互助合作发展。信用社向群众宣传国家对储蓄存款实施鼓励保护的政策和存款自愿、取款自由、存款有息、为储户保密的原则。

1956 年，贵筑县农村信用社贯彻中国人民银行总行为储户保密原则，宣传绝对不记名储蓄。核算手续可在账页和存取凭条上“户名”一栏以账号大写代替。不记名与记名储蓄并存。

1957 年，中共中央号召全国人民“勤俭建国”、“勤俭持家”，人总行发文同意农村信用社增设“活期有奖储蓄”，以支付现金的方式代替支付利息，简约内部手续，深受群众欢迎。两年中信用社存款大有增长。

1958 年，“人民公社化”和“大跃进”时期，国家银行增大农村信贷投入，提出“全党动员 全民动手 大办储蓄”的口号。中国人民银行贵州分行调整农村信用社存贷利率，活期存款为 2.4‰－2.7‰，定期存款一年期为 4.5‰－7.2‰，两年以上为 8.1‰。要求农村信用社开办定期定额存款，存单有 2 元、5 元、10 元、20 元四种。

贵州省为支持地方工业上马，将储蓄存款指标下达到基层，并规定地方工业所需贷款，由储蓄存款包干。号召全省行、社干部职工“决心奋力苦战，压倒一切困难，全面完成任务”，在“大跃进”形势下，全区信用社响应省分行的号召，掀起“户户存款”和存款“放卫星”高潮，信用社干部同公社大队干部深入村寨，动员群众参加储蓄，有的把珍藏多年的银元、元宝、黄金首饰兑换成人民币参加存款，有的组织社员上山挖药材，搞“小秋收”，千方百计找钱参加储蓄，全区各地都有老人将防老积蓄钱，妇女将私房钱，儿童将压岁钱存入信用社，多则上百元、几十元，少则几元，甚至几角钱也存款。

由于存款面宽金额小，存款凭条短缺，银行临时自制油印存款凭条，以解燃眉之急。也有的信用社，急于完成任务，采取“空付空存”“预支存款”等办法，把“大购大销”资金存入信用社，参杂水分，夸大数据虚增存款数额，造成各项存款余额与实际存款余额严重不符。同时也造成人力物力的浪费和信用社账务混乱等问题。

1959 年后的 3 年吃粮困难时期，农村信用社组织存款艰难。1961 年，贯彻中央“调整 充实 巩固 提高”的八字方针，纠正 1958 年“大跃进”时期的“浮夸风”而造成信用社存款参杂“水分问题”，核准当年信用社存款余额。中共中央颁布人民公社条例《六十条》明确人民公社三级所有，队为基础，生产队实行人口、土地、耕牛、农具四固定，以生产队为核算单位。花溪区各人民公社要求生产队必须将年终分配按规定提留的公积金、公益金、上交大队等资金，存入信用社。此为信用社集体存款的发端，成为信用社资金的一大来源。1962 年，由于 3 年自然灾害余波未消，农村经济仍未全部恢复元气，尽管信用社职工努力，全区信用社存款仍然没有上升，略有下降，至 1963 年持平。1964 年农村经济形势逐渐好转，全区信用社存款业务增长较快，例如高坡信用社当年年末存款余额 7200 元，是 1963 年的 4.2 倍，久安信用社年末存款余额 4.67 万元，是 1961 年的 1.89 倍。

1966 年 6 月“文化大革命”开始，由于“左”的指导思想，人民银行调低存款利率，活期存款由 2.4‰降为 1.8‰，半年定期存款由 5.1‰降为 3‰，一年定期存款由 6‰降至 4.2‰，由于调低利率的影响和社会发展经济停滞不前，1966 年至 1976 年，全区各信用社储蓄存款出现多年反复升降现象，有的社存款“文化大革命”末期比“文化大革命”初期大大减少。

花溪区部分农村信用社年末存款余额表

（1966－1976 年） 单位：万元

年份＼信用社	石板	麦坪	久安	高坡	党武	马铃
1966	2.99	2.04	4.44		5.9	
1967	3.37	0.18	4.37	1.44	7.76	
1968	1.42	0.38	0.83	1.28	7.66	
1969	2.28	0.43	0.76	1.13	8.05	
1970	1.83	0.38	0.76	1.43	6.89	
1971	2.3	0.46	0.79	2.34	5.79	
1972	7.13	0.86	1.99	1.27	6.21	3.62
1973	4.64	0.44	1.3	0.82	10.12	3.88
1974	3.57		0.3	0.88	11.71	4.92
1975	2.62	0.33	0.38	1.2	9.85	5.41
1976	2.68		0.38	0.78	6.22	6.4

注：缺花溪、青岩、黔陶、燕楼、孟关、小碧、中曹、湖潮信用社资料。

花溪区农村信用社在 20 世纪 80 年代前，农村储蓄存款经常靠农金员背包串寨，上门动员。要实现存款增长，只能靠收获旺季，秋季生产队交售公余粮，信用社职工守候在粮管所收集各生产队售粮码单，代生产队向粮管所结算，由粮管所开出支票到银行营业所，将款转入信用社账上。另一种办法是协助公社和商业部门召开物资交流会，趁生产队集体和社员个人交易农副产品时，利用义务代理付款的机会动员生产队和社员个人将销售款存入信用社。第三种办法是生产队年终决算分配时，信用社干部动员进款户将分配款存入信用社。

中共十一届三中全会后，农村推行家庭联产承包责任制，社会生产力得到解放，农村经济发展快速，为农村信用社组织存款提供物质基础，全区 14 个农村信用社通过加强自身改革，强化内部管理，改善服务方式，增加存款种类，使农村信用社各项存款进入快速发展的新时期。

1980年，为调动农村信用社开展业务的积极性，更好的组织资金，农总行下发《关于行社往来和信用社内部核算的几项规定的通知》规定：农业银行和信用社往来的利率均为2.7‰，信用社吸收的定期储蓄存款，其利率高于2.9‰的部分由农业银行分别按档次给予补贴；定期储蓄存款大于贷款的信用社，按定期存款和贷款扎差后超过的部分由农行再付给1‰的工本费。这一措施对原先吸收存款越多，亏本越大的农村信用社实行补贴，解决了利率倒挂问题，调动了农村基层信用社组织存款的积极性。当年全区农村信用社各项存款出现良好增长势头。

1982年6月，农行贵州分行下发《关于举办有奖有息定期储蓄存款办法》。全区各农村信用合作社采取送款送息上门的办法，以优质的服务赢得广大农户的支持，存款稳步上升。

1984年，国务院批转农业银行《关于改革信用合作社管理体制的报告》的通知规定：信用社组织的存款将按规定比例向农行提交存款准备金，其余资金信用社有权按照国家信贷政策充分运用多存可以多贷，利率可以上下浮动。此规定解除对信用社资金使用上的束缚，调动农村信用社组织存款的积极性。花溪区14个信用社活期存款203万元，存款7428户，比1983年增加59.49万元，定期储蓄存款2564户，存款金额141.81万元，比1983年增加30万元，增长26.84%，个体户存款增长194.41%。

花溪区农村信用社存款统计表

（1978－1991年）

单位：万元

项目 金额 年份	各项存款余额	其中						
		农户存款余额	其中		集体存款	乡镇企业存款余额	银行转存款	银行支持款
			活期	定期				
1978	331	36	26	10	268	27	325	29
1980	556	118	67	51	372	66	445	83
1981	553	155	88	67	327	71	407	118
1982	687	229	131	98	358	100	478	130
1983	710	256	144	112	352	102	447	203
1984	782	364	203	161	242	176	425	252
1985	904	418	237	181	267	219	526	279
1986	1099	575	295	280	318	206	627	225
1987	1534	820	374	446	571	143	731	224
1988	1579	973	470	503	470	136	702	224
1989	1870	1243	546	697	447	180	999	218
1990	2196	1562	568	994	457	177	1292	239
1991	3246	2306	778	1528	681	259	2079	241

花溪区部分农村信用社年末各项存款余额统计表

（1977－1989 年）

单位：万元

年份＼信用社	花溪	麦坪	党武	高坡	青岩	久安	石板	马铃	燕楼
1977	29.81		5.92	1.19		16.27	13.47	5.82	
1978	53.09	0.67	9.21	1.53		31.12	9.64	5.3	
1979	97.19	9.71	12.27	1.06		29.45	5.72		
1980	133.13	5.17	30.99	1.65	41.78	42.97	10.92	9.62	
1981	100.77	9.09	33.40	5.91	38.68	42.86	5.02	9.29	15.11
1982	111.93	16.06	34.17	3.81	54.96	56.29	15.72	11.64	19.27
1983	140.24	15.63	27.93	1.72	52.99	97.03	13.7		10.32
1984	212.2	26.19	23.89	1.33	66.58	39.37	7.47		14.3
1985	203.22	33.95	44.74	3.32	83.49	36.87	8.23	21.94	17.97
1986	220.69	55.02	28.32	2.17	87.9	90.28	4.63	19.39	24.3
1987	345.61	63.01	22.5	7.67	108.54	74	5.1		29.24
1988	297.65	104.04	31.45	3.25	105.85	109.3	2.73		24.8
1989	327.82	124.26	38.58	2.62	154.69	185.8	9.83	31.19	42.92

1988 年 9 月，农总行通知，对城乡居民个人三年期储蓄存款实行保值补贴，调动了人民储蓄的积极性。1989 年 5 月，中国人民银行总行发出《关于信用社存、贷款利率浮动问题的通知》规定：信用社的存、贷款利率，以中国人民银行总行规定的基准利率为基础，实行浮动。浮动原则是“高进高出、保本微利”，存款利率上浮幅度在 50% 以内，贷款利率上浮幅度在 80% 以内。超过上述幅度的，须经省（市、区）人行批准，这增强了农村信用合作社经营上的灵活性和自主性。是年，花溪区成立信用联社，管理全区农村信用社的行政、业务。

1997 年 1 月，花溪区农村信用社脱离农行隶属关系，独立行使农村信用社的行政、业务管理职能。同年，省、市银行监管部门要求农村信用社信贷资金继续实行存贷比例管理，多存多贷，少存少贷，严格执行上级下达的存贷比例，不得突破。农村信用社必须树立“存款立社”的思想，坚持增加存款总量，优化存款结构，拓展业务和降低资金成本与加强内部管理一起抓，层层落实责任制，进行存款任务定期考核，开展存款竞赛，兑现奖惩，调动职工组织存款的积极性。

2000 年 6 月，人行贵阳市中心支行通知，严格执行中国人民银行《关于个人存款实名制规定》。采取各项措施方便群众，提供优质服务（除法律规定外），金融机构及其工作人员要严格遵守法律规定，认真执行为储户保密原则，违反规定，泄露个人存款情况的，应严肃处理，造成严重后果的，要追究法律责任。全区信用社，没有出现过个人存款泄密事件。这增强了人们的信任，存款年年增长。2001 年，花溪联社年末存款余额比上年增加 6599 万元，增长 45.1%，占全区金融市场的 12.3%。

2001 年花溪区金融机构存款情况表

项目 / 机构名称	年末存款余额（万元）	比上年增加（万元）	比上年增长（%）	占市场份额（%）
工商银行	69630	11919	20. 6	40. 30
建设银行	35738	4294	13. 6	20. 70
农业银行	31520	5157	19. 5	18. 2
商业银行	14680	4262	40. 90	8. 50
花溪联社	21221	6599	45. 10	12. 30
合　计	172789	32231	-	100

2002 年，花溪联社提出“存款是立社之本”，各社要把资金组织工作放在首位，2003 年又提出要牢固树立存款立社思想，加大组织资金力度，各项存款突破 4 亿元。

花溪联社年末存款余额统计表

（1990 - 2003 年）

项目 / 年份	年末各项存款余额（万元）	比上年增加（万元）	比上年增长（%）
1990	2195. 66	325. 77	17. 42
1991	3245. 76	1050. 1	47. 82
1992	4875. 88	1630. 12	50. 22
1993	6535. 41	1659. 53	34. 04
1994	8594. 91	2059. 5	31. 51
1995	9622. 33	1027. 42	11. 95
1996	10544. 22	921. 89	9. 58
1997	12093. 01	1548. 79	14. 68
1998	14940. 37	2747. 36	22. 72
1999	14325. 2	-515. 17	-3. 47
2000	17724. 13	3398. 93	23. 72
2001	21221. 35	3497. 22	19. 73
2002	30197. 41	8976. 06	42. 29
2003	44009. 15	13811. 74	45. 73

2004 年 5 月，花溪联社成立统一法人、统一核算的花溪合行，各农村信用社改为支行。年末各项存款 86457 万元，较年初增加 42448 万元，是 1989 年成立联社时的 54. 75 倍，是改革开放初期 1983 年的 121. 77 倍。2004 年，花溪合行年末存款余额占花溪区金融存款市场份额的 27. 5%，一跃成为第一。

2004 年花溪区金融机构存款情况表

项目 / 机构名称	年末存款余额（万元）	比上年增加（万元）	比上年增长（%）	占市场份额（%）
工商银行	81697	6251	8. 3	26
农业银行	47659	1005	2. 2	15. 2
商业银行	37377	4200	12. 7	11. 9
建设银行	47423	6705	16. 5	15. 1
花溪合行	86457	42448	96. 5	27. 5
邮政储蓄	13479. 65	3260. 78	31. 9	4. 3
合　计	314092. 65	63869. 7	25. 5	100

花溪合行年末存款余额统计表

（2004－2013 年）

项目 / 年份	年末各项存款余额（万元）	比上年增加（万元）	比上年增长（%）	占金融市场份额（%）
2004	86457	42448	96. 45	27. 5
2005	112000	25543	29. 54	29. 35
2006	126000	14000	12. 5	29. 8
2007	160864	34870	27. 68	32. 17
2008	215372. 43	54508. 45	33. 88	34. 9
2009	268618	53245. 57	24. 72	34. 75
2010	324806. 96	56188. 96	20. 92	33. 61
2011	436091. 45	71392. 97	17. 47	35. 68
2012	535438. 82	99347. 37	22. 78	
2013	1064019	528580	98. 72	

花溪农商行年末各项存款统计表

（2014－2016 年）

项目 / 年份	年末各项存款余额（亿元）	比上年增加（亿元）	比上年增长（%）	占金融市场份额（%）
2014	110. 62	4. 21	3. 9	
2015	151. 95	41. 33	37. 36	
2016	189. 97	38. 02	25. 02	32. 22

2016 年，花溪农商行年末各项存款余额是 2013 年的 1.78 倍，是 2004 年成立花溪合行时的 21.98 倍，是 1989 年花溪联社成立时的 1203 倍。

第二节 活期存款

活期存款是储户可以随时存取的存款活动。按凭证分为活期存折储蓄、活期存单储蓄和活期支票储蓄三种。1950 年至 1962 年，中国人民银行贵州省分行举办存折和支票两种活期储蓄。1963 年起，只办理活期存折储蓄。活期存款按权益性质又可分为个人活期存款储蓄、农村集体（大队生产队）活期存折储蓄、乡镇企业活期存折储蓄和行政事业单位活期存折储蓄。

1954 年，花溪地区农村信用社诞生之初，农村经济不繁荣，吸收存款量很小。1958 年“大跃进”，存款“放卫星”一度增长数十倍，1959 年急剧下滑，1962 年后，国民经济恢复和发展，信用社存款逐步增多。1966 年“文化大革命”社会经济停滞不前，农村信用社活期存款上下徘徊，有的社文化大革命末期比初期大幅下降。

花溪区部分信用社活期储蓄存款统计表

（1966－1976 年）　　单位：万元

信用社 / 年份	久安	麦坪	马铃	党武	高坡	黔陶	石板
1966	3.21	1.97		0.74		10	6.48
1967	1.77	0.14		0.71	0.66	11	10.29
1968	1.94	0.05		0.73	0.66	12	9.87
1969	1.79	0.13		0.81	0.57	13	9.14
1970	1.84	0.11		0.83	0.58	14	7.38
1971	0.3	0.2		0.59	0.55	15	11.93
1972	4.37	1.09	0.58	0.86	0.48	16	12.69
1973	2.02	1.17	0.52	0.61	0.41	17	9.5
1974	2.10		0.75	0.60	0.43	18	8.08
1975	1.96	10.14	0.6	0.54	0.30	19	11.2
1976	2		0.63	0.57	0.26	20	10.36

注：缺湖潮、花溪、青岩、燕楼、孟关、小碧、中曹 7 个信用社资料。

1983 年，花溪区 14 个农村信用社活期储蓄存款总额 143.51 万元。1984 年，活期存款 7428 户，金额 203 万元。1985 年全区信用社活期存款 13377 户，比上年增加 5949 户，增长 80%。1986 年，全区信用社活期储蓄存款 294.42 万元。1987 年，全区信用社活期储蓄存款 374.21 万元。1988 年，全区信用社活期储蓄存款 470.45 万元。四年平均每年递增 57.9%。1989 年成立花溪联社，年末全区信用社活期存款 546.57 万元，比 1988 年增加 76 万元，增长 16.18%，是 1983 年的 3.8 倍。

花溪合行活期储蓄存款统计表

（2004－2013年）

年份＼项目	活期储蓄存款（万元）	比上年增加（万元）	比上年增长（%）
2004	69676.23	37968.76	119.74
2005	89536.45	19860.22	28.5
2006	72205.06	－17331.39	－19.35
2007	89343.6	17138.54	23.73
2008	86087.04	－3266.56	－3.64
2009	118382.15	32295.11	37.51
2010	152602.65	34220.5	28.9
2011	229368.15	76765.5	50.3
2012	277226.05	47857.9	20.86
2013	339608.25	112382.2	40.53

花溪农商行活期存款年末余额统计表

（2014－2016年）

年份＼科目	年末各项存款余额（万元）				比上年增加（万元）	比上年增长（%）
	单位活期存款	活期储蓄存款	个人银行结算存款	合 计		
2014	349414.36	139450.49	133462.13	622326.98	282718.73	83.25
2015	423604.88	160347.23	155480.12	739432.23	117105.24	18.82
2016	498700.5	375580	375573.8	1189860.52	450428.29	60.91

2016年，花溪农商行年末各项存款余额1189860.52万元，是2013年花溪农商行成立时的3.5倍，是2004年花溪合行成立时的37.52倍，是1989年花溪联社成立时的2176.95倍。

第三节　定期储蓄存款

定期储蓄存款是储户在存款时约定存期，一次或在存期内按期分次存入本金，整笔或分期、分次支取本金或利息的储蓄存款活动。1954年，花溪地区农村信用社成立初期，农村经济薄弱，办理定期储蓄存款的农民少，存款额低。如久安信用社1955年吸收定期储蓄存款800元，1957年仅400元，1958年19200元，1959年后两年没有收到定期储蓄存款。1961年吸收1600元，1965年2200元。麦坪信用社1957年吸收定期储蓄存款仅300元，1964年1000元。石板信用社1965年吸收定期储蓄存款5900元。

1966年至1976年10年中，农村信用社定期储蓄存款，几乎没有增长，有的还下降。1978年后，定期储蓄存款逐年上升，其增长数额很快超过活期储蓄存款。

花溪区部分信用社定期储蓄存款统计表

（1977－1983年）

单位：万元

年份＼信用社	青岩	花溪	石板	麦坪	党武	马铃	燕楼	高坡	久安
1977		0.53	0.56	0.4	0.18	0.54			0.13
1978		0.71	0.49	1.35	0.21	0.57			2.19
1979	6.29	2.56	0.5	3.16	0.24	0.69		0.03	0.67
1980	7.65	23.46	1.65	5.78	0.51	0.78		0.14	2.82
1981	10.17	18.67	2.47	8.88	0.75	1.35	0.3	0.18	3.93
1982	17.69	19.57	6.16	9.99	2	2.39	0.84	0.93	6.14
1983	20.7	20.7	8.28	12.34	1.71	3.68	0.71	1.25	12.06

花溪区14个农村信用社1983年定期储蓄存款111.76万元；1984年定期储蓄存款2564户，存款141.81万元；1985年定期储蓄存款增加到5153户，比1984年增加了1倍，存款181.45万元，比上年增加39.64万元，增长27.95%；1986年定期储蓄存款280.48万元，比上年增加99.03万元，增长54.57%；1987年定期储蓄存款446.01万元，比上年增加165.53万元，增长59%，比当年活期储蓄存款多71.8万元。此后定期储蓄存款超过活期储蓄存款。

1988年，花溪区农村信用社吸收定期储蓄存款502.96万元，比上年净增56.95万元，增长12.76%，比当年活期存款多32.51万元。

花溪联社定期储蓄存款统计表

（1989－2003年）

年份＼项目	定期储蓄存款（万元）	比上年增加（万元）	比上年增长（%）
1989	696.1	193.14	38.4
1990	993.91	297.81	42.78
1991	1527.86	533.95	53.72
1992	2215.18	687.32	44.98
1993	3212.9	997.72	45.04
1994	3632.97	420.07	13.07
1995	5058.33	1447.36	39.83
1996	6337.04	1256.71	24.73
1997	7053.3	716.26	11.3
1998	7873.72	820.42	11.63
1999	7595.16	－278.56	－3.53

续表

项目 年份	定期储蓄存款（万元）	比上年增加（万元）	比上年增长（%）
2000	7861.3	266.14	3.5
2001	7805016.16	-56.14	-0.71
2002	9008.41	1203.25	15.41
2003	12050.41	3042	33.76

2003 年，花溪区农村信用社定期储蓄存款是 1989 年的 17.31 倍。

花溪合行定期储蓄存款统计表

（2004 - 2013 年）

项目 年份	定期储蓄存款（万元）	比上年增加（万元）	比上年增长（%）
2004	15564.88	3514.47	29.16
2005	21597.47	6032.59	38.75
2006	41938.3	20340.83	94.18
2007	48861.21	6922.91	16.50
2008	78226.97	29365.76	60.10
2009	82383.88	4156.91	5.31
2010	91944.92	9561.04	11.60
2011	120489.49	28544.57	31.04
2012	141071.66	20582.17	17.08
2013	217699.88	76628.22	54.32

2014 年，花溪农商行定期储蓄存款 338049.19 万元，比 2013 年增加 120349.31 万元，增长 55.28%；2015 年，全行定期储蓄存款 325190.68 万元，比上年减少 12858.51 万元，减少 3.8%；2016 年，定期储蓄存款 427189.18 万元，其中：单位定期存款 80725.44 万元，个人定期储蓄存款 346463.74 万元。个人定期储蓄存款中，整存整取存款 345286.85 万元，个人零存零取存款 593.72 万元，个人整存零取存款 0.6 万元，个人通知存款 582.57 万元。2016 年，花溪农商行定期储蓄存款金额是 2013 年成立之初的 1.96 倍，是 2004 年花溪合行成立时的 27.45 倍，是 1989 年花溪联社成立时的 613.69 倍，是改革开放之初 1983 年全区 14 个农村信用合作社定期储蓄存款 111.76 万元的 4091 倍。

第四节　农业集体存款

农业集体存款是金融机构接受农村集体经济组织存款的信用活动。1958 年，花溪区建立人民公社，下辖生产大队、生产队，公社要求各生产队年终分配将提留的公积金、公益金，上交大队，预提下年生产费用等各项提留存入农村信用社。社队集体和事业单位存入金融机构的暂时闲置的货币资金越来越多。1954 年至 1980 年，全区农村信用社农业集体存款金额在百万元以下。

花溪区部分信用社吸收农业集体存款统计表

（1961－1983年）

单位：万元

年份＼信用社	麦坪	青岩	党武	高坡	马铃	久安
1961				0. 17		2. 47
1962				0. 1		1. 42
1963				0. 07		1. 41
1964	3. 2			0. 07		2. 73
1965	3. 95		1. 98	0. 07		2. 27
1966	3. 33		1. 61			1. 65
1967	0. 83		3. 61	1. 44		3. 56
1968	0. 2		3. 81	1. 28		3. 75
1969	0. 2		7. 24	1. 13		5. 338
1970	0. 12		6. 06	1. 43		3. 79
1971	0. 11		4. 97	2. 34		2. 93
1972	0. 37		5. 17	1. 27	2. 23	9. 22
1973	0. 35		7. 59	0. 82	2. 56	12. 2
1974			5. 63	0. 88	3. 47	7. 6
1975	0. 32	30. 76	6. 06	1. 2	3. 93	15. 41
1976		26. 08	3. 96	0. 78	5. 25	3. 6
1977		27. 23		4. 24		1. 19
1978	0. 28	42. 3		4. 41		1. 53
1979	26. 7	85. 18		10		1. 06
1980	21. 22	87. 68	2. 5	29. 11		1. 65
1981	17. 71	57. 05	2. 6	29. 16	12. 04	5. 91
1982	17. 24	41. 42	3. 29	22. 81	13. 56	3. 81
1983		52. 22	4. 39	22. 91	3. 25	1. 72

1983 年，花溪区 14 个农村信用社农业集体存款 178.96 万元，其后农村生产队、生产大队集体解体。

第五节　社队企业(乡镇企业)存款

社队企业存款是农村信用合作社接受农村人民公社、生产大队、生产队办企业、存入其暂时闲置的货币资金（包括流动资金和已提未用的各项专用资金）的信用活动。1958 年，花溪区成立人民公社后，社队兴办的企业有矿产业、建材业、建筑业、商业等。社队企业在信用社开户存入流动资金，逐渐形成规模。

花溪区信用社乡镇企业存款统计表

（1983－1993 年）

项目 年份	社队（乡镇）企事业存款（万元）	比上年增加存款（万元）	比上年增长存款（%）
1983	176.63		
1984	175.35	－1.28	－0.72
1985	218.84	43.48	24.8
1986	177.76	－41.07	－18.77
1987	142.77	－34.99	－19.68
1988	135.42	－7.34	－5.1
1989	180.14	44.71	33.02
1990	177.09	－3.04	－1.68
1991	258.51	81.41	45.97
1992	381.51	122.99	47.57
1993	474.72	93.21	24.43

随着市场经济体制改革不断深化，社队企业改为乡镇企业并不断解体，有的个人承包转变成为个体企业，有的实行股份制，成为民营企业，乡镇企业逐渐减少。

1994 年，人行贵州省分行通知不再用“乡镇企业存款”统计指标，其存款指标并入“活期存款”或“活期储蓄存款”。

第六节　国家单位存款

国家单位存款是金融机构接受政府机关、团体、军队存款的信用活动，是行政事业单位和部队存入银行待用的财政经费拨款。农村信用社“国家单位存款”主要是地方财政资金拨款。

花溪区信用社国家单位统计表

（1983－1993 年）

项目 年份	国家单位存款（万元）	比上年增加（万元）	比上年增长（%）
1983	60.78		
1984	43.07	－17.71	－29.13
1985	69.03	25.96	60.27
1986	105.48	36.45	52.82
1987	135.12	29.64	28.1
1988	154.75	19.61	14.51
1989	171.32	16.59	10.72
1990	198	26.68	15.57
1991	251.62	53.62	27.08
1992	336.47	84.85	33.72
1993	430.86	94.39	28.05

1994 年，国家银行改革不用“国家单位存款”指标，其存款数额归入“活期储蓄存款”统计上报。

第七节　财政性存款

财政性存款在 1993 年前，例为“国家单位存款”统计上报，后改为“财政性存款”。

花溪联社财政性存款统计表

（1997－2003 年）

项目 年份	财政性存款（万元）	比上年增加（万元）	比上年增长（%）
1997	82.58		
1998	195.73	113.15	137
1999	155.31	－40.42	－20.65
2000	289.65	134.34	86.49
2001	267.8	－21.85	－7.54
2002	423.32	155.51	58
2003	251.24	－172.07	－40.65

花溪合行财政性存款统计表

（2004－2013 年）

项目 年份	财政性存款（万元）	比上年增加（万元）	比上年增长（%）
2004	1215.84	964.6	383.93
2005	410.54	－805.3	－66.23
2006	469.52	58.98	14.36
2007	300.91	－168.61	－35.91
2008	553.28	252.37	83.87
2009	1099.67	546.39	98.75
2010	1845.66	745.99	67.83
2011	2874.58	1028.92	93.57
2012	5967.36	3092.78	167.57
2013	27971.7	22004.34	368.74

2014 年，花溪农商行财政性存款 1910.73 万元，2015 年 1192.17 万元，2016 年 3199.19 万元。

第八节　教育储蓄存款

2000 年初，贵州各金融机构为促进全省教育事业发展，鼓励城乡居民以储蓄形式为子女接受非义务教育（指 9 年制义务教育之外的全日制高中，专科、本科及硕博士）准备资金而开办的教育储蓄，属于零存整取定期储蓄存款，是一种专门为学生支付非义务教育所需教育金的专项储蓄。花溪合行从 2006 年起开办的教育储蓄存款（不缴纳利息所得税），当年吸收存款 17.82 万元，2008 年吸收 22.16 万。取消所有存款利息的所得税后，教育储蓄的优势已不存在；2011 年吸收 11.79 万元，花溪农商行 2015 年吸收 3.51 万元，2016 年停止办理教育储蓄存款。

1998 年 2 月，花溪联社召开工作总结会

第二章　同业资金业务

第一节　同业拆借

同业拆借是农村信用社在信贷业务发展中因资金短缺向国家银行拆借的金融活动。1983 年，花溪区各农村信用社借入银行款 203.26 万元。

花溪区各信用社借入银行款统计表

（1984－1988 年）　　单位：万元

科目 / 年份	借　入	归　还	年末余额
1984	201.5	152.71	252.05
1985	197	170.22	278.83
1986	215.64	269.23	225.24
1987	156	157.5	223.74
1988	209.5	208.75	224.49

花溪联社各信用社借入银行款统计表

（1989－1996 年）　　单位：万元

科目 / 年份	当年发生额		年末余额
	借　入	归　还	借　入
1989	139.5	146.09	217.9
1990	233.9	213.04	238.76
1991	301	298.76	241
1992	207	249	199
1993	105	69	235
1994	151	138	248
1995	276	218	306
1996	115	355	66

1997年，花溪联社脱离农业银行独立管理。1998年归还农业银行0.36万元，尚有65.6432万元，因农业银行从联社划出100万元集资办公司，1997年归还7.5万元，其公司破产后债权债务关系未清算，至2016年底此笔银行欠款仍在账务上。

第二节　借入支农再贷款

支农再贷款是人民银行在农村金融改革过程中为促进改善农村金融服务，支持农村信用社，扩大农村信贷投放的一项重大政策措施。自1997年贵州农村信用社与农业银行脱离隶属关系以后，农业银行不再向农村信用社提供资金支持，农村信用社资金实力有所减弱，存款持续徘徊，当时县域国有金融机构撤并县以下分支机构，涉农信贷资金需求与农村信用社资金不足的矛盾相当突出。为了支持农村经济发展，改善农村金融服务，中国人民银行于1999年开始办理支农再贷款业务。

2000年3月，人民银行贵阳中心支行《关于支农再贷款审批发放操作规程》的通知，明确再贷款发放对象是贵阳市辖区内具有法人资格的农村信用社或农村信用联社。是年，花溪区各农村信用社申请支农再贷款4000万元，发放短期农户贷款4730.56万元，比1999年增加3472.2万元，增长3.7倍。发放中长期农户贷款273.45万元，抵押农户贷款28.9万元。

2001年，花溪联社借入中国人民银行贵阳中心支行支农再贷款3000万元，加大“三农”投入，全年办理小额农贷23032户（其中有22664户持卡累计领取贷款13271万元）。当年发放农业贷款7616万元，占全部贷款总额的60.74%。

2002年，花溪区各农村信用社借入支农再贷款6500万元，对全区51369户农户进行前期调查，建立一户一档，对符合条件的34317户农民发放贷款14162万元，占全年投放贷款的62.88%。年末各项贷款余额27573万元，其中社员贷款16564万元，占年末各项贷款余额60.1%。

花溪区支农再贷款使用情况表

（2000－2007年）　　单位：万元

科目 年份	当年借入	当年发放农户贷款	当年收回	年末贷款余额
2000	4000	5032.91	3000	1000
2001	3000	7616	2000	2000
2002	6500	16564	2000	6500
2003	530	14996	30	7000
2004	10280	19400	7280	1000
2005	17700	22465.55	17700	1000
2006	11600	25418.26	11600	1000
2007	200	25125.36	10200	0

从2000年到2007年的8年间，花溪联社（2004年改制为花溪农村合作银行）申请支农再贷款53810万元，增大花溪区各信用社的资金总量，扩大对全区农户贷款数额。2007年末，全区农户小额信用贷款余额达25125.36万元，是1999年的22.25倍，促进花溪区农村经济的快速发展，达到

国家银行在农村金融改革初期提出的预期目的和效果。

第三节 同业存款

同业存款是金融机构为确保自身的业务稳步发展，按照金融监管部门的规定向国家银行存入一定比例的存款准备金和备付金的业务活动。1986 年以前，金融监管部门规定，金融机构存款准备金按存款总额的 23% 提取缴存。1989 年 11 月，农业银行贵阳市中心支行对农村信用社 1989 年 1－3 季度超比例缴存的准备金按年补利差 1.8% 进行补贴，花溪区补贴 7350 元，占全市的 20.25%。

1990 年 3 月，农业银行贵阳市中心支行下文，存款准备金提取比例调为 15%，以后新增部分按 13% 缴存，存款准备金农行按月利率 6‰ 计利息，超过 13% 的部分按 9.45‰ 计息。其后，花溪联社、花溪合行、花溪农商行均按规定缴存存款准备金、备付金及人行特种存款。

花溪联社同业存款统计表

（1989－2003 年）

单位：万元

科目 / 年份	存放银行存款	准备金存款	存放央行款
1989	999.15	313.34	
1990	1291.81	328.88	
1991	2079.12	385.19	
1992	2262.62	500.06	
1993	2293.13	690.98	
1994	1069.09		
1995	2238.19	1294.07	
1996	388.53	1961.43	
1997	451.51	1251.41	500
1998	781.28	5871.09	500
1999	150.73	3456.2	1500
2000	306.07	3526.39	
2001	2046.53	5005.82	
2002	1933.41	6239.4	
2003	3315.07	6169.63	

花溪合行同业存款统计表

（2004－2013 年） 单位：万元

科目/年份	存放银行存款	准备金存款	同业存放款项	保证金存款
2004	67.33	16158.12		
2005	4664.81	27745.56	4786.65	
2006	5871.99	29330.72	5872	
2007	4162.9	25743.74	4160.9	9678.89
2008	4976.24	78522.57	1748.56	32832.62
2009	47826.46	39657.73	1780.11	44658.51
2010	54791.34	51759.16	1805.16	43575.04
2011	78763.08	85585.16	1828.18	24532.58
2012	33959.97	164074.83	11858.38	42716.59
2013	37484.35	359936.1	10005.6	70967.83

花溪农商行同业存款统计表

（2014－2016 年） 单位：万元

科目/年份	转存银行存款	准备金存款	同业存放款项	保证金存款
2014	74854.09	249456.99	241310.54	147195.45
2015	243750	324894.37	320183.9	189003.26
2016	257638.54	237557.33	580494.77	136323.04

2016 年，花溪农商行转存银行存款是 2003 年的 77.7 倍，是 1983 年的 5855 倍；准备金存款是 2004 年的 14.7 倍，是 1986 年的 1478.3 倍；保证金存款是 2007 年的 16.15 倍。

第四节 票据融资

随着社会经济的快速发展和市场经济的繁荣，交换方式不断发展变化，金融交易方式越来越多元化。花溪合行拓展信贷服务范围，从 2006 年起开展承兑汇票和承兑汇票贴现、转贴现、再贴现金融业务。2008 年 5 月，花溪合行制定《贵州花溪农村合作银行承兑汇票操作规程》《贵州花溪农村合作银行承兑汇票贴现、转贴现、再贴现操作规程》，把票据融资工作明细化。银行承兑汇票是承兑申请人向经办行申请提供真实、有效、合法的承兑申请人、保证人的企业营业执照、税务登记证、企业法人组织机构代码证、贷款卡、法定代表证明书（身份证）、法定代表人授权委托书等文件复印件，经办行业务员验证原件后，由承兑申请人填制一式四份《贵州省农村信用社银行承兑汇票承兑业务申请书》《银行承兑协议》《银行承兑汇票承兑保证书》《贵州省农村信用社银行承兑汇票承兑质押合同》，经办行业务员收到资料时，应向出票人开具《申请材料收托单》。

业务发展部对出票进行审查，内容包括：

（一）审查出票人提交的《经济合同》要素是否齐全，其合法性、真实性如何，核实收款人是否已按照合同规定发出商品，以防止企业套取银行信用；

（二）审查出票人和保证人近期经营状况和经营业绩，是否具有支付汇票金额的可靠资金来源；

（三）审查出票人和保证人的资信情况有无拖欠银行利息、透支、贷款逾期、银行垫付等行为；

（四）审查抵押（质）物的产权关系，产权证书是否真实，是否易于变现，保证人是否具备足够的代偿能力；

（五）审查出票人承兑汇票的用途、金额、期限是否符合有关规定。

业务员在进行上述调查分析后，撰写“银行承兑汇票承兑调查报告”，填写一式三份《银行承兑汇票审批表》，签署意见后报经办行行长审查。

出票金额50万元以下由业务部经理审批；出票金额50万元以上100万元以下，由业务部经理和风险部经理在《银行承兑汇票审批表》签署意见报总部分管行长审批；出票金额100万元以上500万元以下，由业务部和风险部经理在《银行承兑汇票审批表》签署意见报总行分管行长审查后交总行行长审批。

银行承兑汇票经审批同意后，经办行通知出票人到财务信息部办理出票手续。

营业部根据银行承兑汇票协议和手续费通知书，填制转账凭证，从经办行的备付金账户内扣划银行承兑汇票保证金转入经办行的保证金账户，并于当日将特种转账回单凭证送交经办行；经办行同时按特种转账回单凭证和协议填制从承兑申请人账户按票面金额万分之五扣划手续费，并从其账户按承兑协议将保证金划入“2511”科目。

经办行每日根据签发登记簿检查银行承兑汇票到期情况，对到期汇票应于到期日填制二联转账凭证，向承兑申请人收取票据；先将承兑申请人保证金账户该笔汇票保证金全额划转，再根据承兑申请人金额是否足额支付票款分两种方式处理：（一）承兑申请人账户资金能足额支付，经办行会计直接将款项划至承兑申请人“2341”科目应解汇款及临时存款科目内。（二）承兑申请人账户资金不能足额支付，经办行会计先划转承兑申请人保证金和承兑申请人结算账户内资金，然后及时通知经办行将不足部分转入出票人逾期贷款账户内，每日按万分之五计收利息。2015年，花溪农商行承兑汇票垫款1311.92万元；2016年，承兑汇票垫款19701.99万元。

银行承兑汇票贴现是指银行承兑汇票的持票人在汇票到期前，为了取得资金贴付一定利息将票据权利转让给金融机构的票据行为，是金融机构向持票人融通资金的一种方式，纳入银行的信贷总量并在存贷比例内考核。在花溪合行开立存款账户，办理银行承兑汇票需要进行贸易背景材料审查、汇票票据审查、汇票背书审查。贴现操作流程：授信－收票－查询－票据审验－审批－账务处理－票据保管－票据转出或到期托收－催收。

2014年，花溪农商行办理票据贴现770万元。2015年，办理买断式转贴现5775474.53万元。2016年，办理银行承兑汇票贴现4538.91万元，办理银行承兑汇票转贴现1747557.38万元，办理银行承兑汇票转贴现利息收入2425.72万元，贴现总资产1752096.29万元。

第三章 贷款业务

第一节 贷款业务沿革

花溪地区农村信用社的贷款经历了20世纪50年代初期至70年代的曲折发展。1954年，贵筑县委指导农村信用社采取“边收股、边存款、边贷款”的做法，把组织建设与业务发展结合起来，按照国家银行制定的贷款办法和利率政策，发放农业生产贷款。

贷款对象：主要以农业生产合作社和入信用社农户为主，对还未入社的单干农户也给予帮助，对阶级成分划为地主、富农及定为反革命、坏分子的，一般无权贷款。

贷款用途：以水利建设、购买耕牛、农具、肥料、种子贷款为主；其次是手工业、林牧业及贫困农户生活贷款。

贷款额度及期限：根据耕作条件、收入情况，并在充分运用自有资金的原则下，一般不超过农民全年总收入的10%至20%。在期限掌握上，设备贷款不超过3年，一般生产、生活贷款不超过1年，大都为3-6个月。

贷款方法：集体贷款通过召开有关人员参加的会议研究发放；农户贷款由农户申请，乡（村）干部介绍，银行审查的方法发放。此间，信用社贷款一般实行春贷秋还，并采用由供销社发放物资，信用社办理贷款的以物放贷的形式发放贷款，体现农村信用社“钱物结合”的贷款发放原则。

1955年，“农民放款”改名“社员贷款”。全部为信用贷款，无需抵押，由借款人提出申请，村委会出具贷款原因、贷款金额及还款时间的证明到信用社即可办理。当时的贷款主要以解决农户购买锄头、镰刀、斗笠等生产工具和购买口粮、治病和修建住房等生产、生活的资金困难，金额一般2-3元，多则10元，最高不超过20元。通过贷款发放，有效遏制农村高利贷活动。是年，久安信用社按照“有借有还，到期归还，周转使用”的原则，贷款2800元。

1956年7月，人行贵州省分行发文明确规定：农业生产合作社的基本建设及生产费用贷款由银行办理；信用社主要发放社员个人和个体农户的生产、生活贷款；信用社自有资金充裕可以办理农业社的生产费用贷款，以及一年以下的一般小型设备贷款。贵筑县农村信用社，除少数社发放少量的农业社“生产放款”和“副业放款”外，绝大部分农村信用社基本只对农户发放贷款。1958年，人行贵州省分行提出“大存、大放、大收”的口号，贷款范围扩大。全区农村信用社发放贷款成为信合史上投放比上年增长最快的一年。

1959年，根据中共中央关于清理“一平、二调、三收款”的指示，全区农村信用社通过清理、核对、纠正社队代理社员还款的做法，把原社队代替社员偿还的部分贷款归还社队，记入社员贷款账户，挤出上年不实的“水分”。

1960年，人总行发文“对于社员贷款在不影响集体劳动的前提下，搞点自留地和从事养猪及其他副业、手工业生产的资金困难，信用社也给予必要的资金支持；对社员疾病营养医疗的资金需要，确实无力解决的，也给予必要的资金支持，以促使其早医好，以利生产；但对于社员因婚丧嫁娶资金的需要仍不准用贷款解决，由生产队从公益金中解决”。全区信用社发放贷款帮助农民开展生产自救，麦坪信用社发放贷款4700元。

1963年11月，人总行《关于认真学习和坚决执行中共中央、国务院批转中国人民银行关于整顿信用社，打击高利贷的报告》明确规定：“信用社的主要任务是解决农民、特别是贫下中农临时性的资金困难，资金有余才可以对生产队发放临时性的生产费用贷款。信用社要按照农业银行批准的计划和制度发放贷款，任何单位、任何个人，一律不得违反批准的计划和制度，动用信用社的资金。”同时规定：“信用社发放贷款要经贫下中农组织讨论通过，由借款人申请，经生产大队签署意见，信用社根据情况酌情办理。”是年，麦坪信用社发放社员贷款1.36万元，集体贷款9.7万元，久安信用社发放社员贷款4.23万元，农业集体贷款1.38万元，石板信用社发放贷款3.81万元。

1964年，农行贵州省分行下发《农村信用社历年贷款的清理办法》，花溪区农村信用社随即展开逐队逐户的贷款清理核对。改“极贫户贷款”为“贫下中农贷款”，用于帮助贫下中农发展养殖和解决生活困难。1966年，“文化大革命”开始，人总行将农村信用社“社员放款”分为“一般社员放款”、“贫下中农放款”和“贫下中农低利放款”3个科目，以单独体现对贫下中农的支持力度。

1968年11月，贵州省革命委员会生产领导小组召开金融会议决定：为充分发挥农村信用社资金的作用，生产队费用贷款，凡是信用社资金基本上可以全部承担的，由信用社发放，不足部分由银行贷给信用社再转贷给生产队。生产设备贷款，资金充裕的，能够承担这项贷款的信用社，也可发放。并强调：对社员的放款以解决群众穿衣、吃饭、住房、柴米油盐问题，对疾病、婚姻问题，经贫下中农讨论，可适当放宽贷款范围。

1970年，全区农村信用社在贷款发放中实行“钱物结合”，防止转移用途。收回集体贷款，则是在秋粮入库期间，配合粮管所（站）督促生产队交售公余粮，然后收各生产队的入库码单到粮管所（站）结算余粮款，再从生产队账户上收回贷款；同时协助供销社、食品站召开物资交流会，从生产队交售的农副产品、生猪款中收回集体贷款。收回社员贷款，绝大多数是在生产队年终决算分配时，在进钱户中动员归还贷款，其余时间还款很少。

1971年，农村信贷资金实行大包干，将农贷资金包干到公社一级，由公社党委、革委决定后，召开贫管会讨论安排。次年，花溪区农村信用社发放贷款706.4万元，收回贷款363.5万元，收回率达51.46%。

花溪部分信用社年末贷款余额统计表

（1966－1978年）

单位：万元

信用社 年份	石板	麦坪	久安	花溪	党武	高坡	马铃
1966	2.99	1.3	4.44		2.83		
1967	3.37	7.64	4.37		0.95		
1968	1.42	7.69	0.83		0.95		
1969	2.28	8.08	0.76		1.06	12.56	
1970	1.83	8	0.76		0.9	12.58	
1971	2.13	5.88	0.79		1.25	1.34	

续表

年份 \ 信用社	石板	麦坪	久安	花溪	党武	高坡	马铃
1972	7.13	1.85	1.99		4.4	6.22	2.47
1973	4.64	8.56	1.3		2.92	6.14	3.91
1974	3.59		0.3		2.56	6.16	3.7
1975	2.68	2.18	0.38	9.94	4.39	5.95	3.89
1976	2.62		0.38	12.84	4.21	6.05	4.06
1977	2.56		0.33	10.85	2.84	5.99	4.13
1978	3.15	6.08	1.58	13.54	7.12	8.19	6.25

1979年，花溪区信用社放宽对实行联产承包责任制的农户，以及从事生产、运输加工、服务业的个体户和养殖专业户的贷款政策。贷款结构从过去单一支持粮食生产转变为支持农、林、牧、副、渔和乡镇企业等多种经营贷款，贷款规模逐年扩大。

1980年，由于家庭联产承包经营责任制在全区迅速铺开，农业贷款原以生产队为主转变为承包户、专业户、重点户。信用社的贷款对象由社队集体变为千家万户，不仅加大了工作量，而且随着农村经济的迅速发展和农村产业结构的变化，贷款项目不断增加，规模也逐渐扩大。

农业银行不再向信用社下达指令性计划，而改变为指导性计划，并允许资金充裕的信用社，在本地区使用不完的情况下，可以跨地区发放贷款，允许信用社之间开展适当的业务竞争，并由信用社自己承担经济责任和风险。

1984年，信用社在开展贷款业务中，重点支持“两户一联”发展商品经济。1985年，全区信用社贯彻国家“控制信贷规模，紧缩银根”的方针，全年收回逾期贷款3547.4万元，发放各项贷款3838.3万元，自有资金发放比例提高到92.42%。

1988年，花溪区农村信用社全年发放农业贷款996万元，收回不良贷款1298万元。年末各项贷款余额7915万元，其中农业贷款1600万元，占20.2%；社员贷款2713万元，占31.3%。

花溪区农村信用社贷款统计表

（1978－1991年）

单位：万元

年份 \ 金额 \ 项目	各项贷款余额	累计发放	累计收回	贷款余额			
				农户贷款	集体贷款	乡镇企业贷款	其中：固定资产贷款
1978	73	106	89	20	25	8	1
1979	83	112	102	22	42	9	1
1980	219	213	77	117	85	17	
1981	290	249	178	208	63	19	2
1982	369	272	193	304	51	14	2

续表

金额 项目 年份	各项贷款余额	累计发放	累计收回	贷款余额			
				农户贷款	集体贷款	乡镇企业贷款	其中:固定资产贷款
1983	508	430	291	457	41	10	
1984	632	405	281	591	35	6	1
1985	709	369	292	647	44	18	1
1986	722	327	314	657	51	14	
1987	901	596	416	719	154	28	10
1988	915	691	641	728	132	91	
1989	958	625	618	724	130	104	
1990	1100	842	700	826	85	189	
1991	1358	1198	913	936	37	412	

花溪区部分信用社年末各项贷款余额统计表

（1979－1989 年）

单位：万元

信用社 年份	花溪	青岩	黔陶	高坡	燕楼	马铃	党武	石板	久安	麦坪
1979	10. 75			8. 83			8. 04	3. 43	0. 29	0. 27
1980	22. 73	42. 94		11. 28		6. 95	13. 71	6. 93	9. 94	2. 87
1981	30. 41	35. 1		19. 50	24. 16	14. 6	21. 81	14. 1	4. 7	2. 66
1982	31. 93	42. 3		34. 19	28. 65	18. 29	27	24. 65	10. 18	5. 41
1983	44. 78	48		57. 72	35. 79		37. 21	42. 39	15. 25	11. 86
1984	62. 07	59		57. 84	43. 12		42. 78	54. 2	14. 86	20. 42
1985	66. 65	51		63. 04	48. 57	48. 25	46. 08	59. 94	25. 55	24. 55
1986	66. 55	58	39. 63	63. 57	51. 26		50. 81	59. 48	18. 77	24. 59
1987	69. 55	60. 99	41. 16	66. 65	51. 26		55. 74	57. 47	74. 3	27. 5
1988	113. 36	57. 15	48. 86	64. 23	54. 1		53. 79	63	18. 45	26
1989	111. 36	55. 3	46. 67	58. 05	55. 39	69. 68	51. 64	60. 72	35. 01	25. 58

1990 年，花溪区信用社坚持宏观调控、微观搞活、强化信贷管理。逐步推行贷款担保抵押制度，审贷分离制度。联社成立贷款审批委员会明确信用社贷款审批小组，贷款管理委员会实行联社主任（法定代表人）负责制，凡上报联社的每笔贷款必须经法人签字，且贷款管理委员会 3 人汇签方能生效。对不按规定执行的，谁签谁办理，后果自负。花溪区农村信用社实行“以存定贷，比例管理”的原则，农行贵阳支行下达花溪区信用社发放贷款 800 万元和收回贷款 750 万元的指标。1992 年 6 月，全区各信用社贷款实行财产抵押。

1993 年，农行贵州省分行要求，农村信用社实行贷款按期限分正常、逾期、催收三类进行管理。花溪联社对 1992 年“一逾两呆”贷款进行专项检查，全区 1992 年各项贷款余额 2540 万元，其中逾期贷款 530 万元，占贷款总额的 21.63%；呆滞贷款 458 万元，占贷款总额的 18.03%；呆账 30 万元，占贷款总额的 1.18%。

1995 年，按照人总行《关于防范和化解农村信用社风险的通知》精神，对风险贷款建立台账，拟定监管目标，把监管对象具体落实到部门和人员，按期限反映效果。并实行贷款四级分类（正常、逾期、呆滞、呆账）进行管理。

1992 年 6 月，金竹信用社贷款 2 万元支持农户陈昌荣开办养鸭场，年均收入 1 万元。

花溪区 1995 年各信用社贷款质量情况一览表

单位：万元

信用社	各项贷款余额	贷款质量			
		正常贷款	逾期贷款	催收贷款	呆　账
花溪	928.01	250.79	655.81	21.41	4.1
党武	56.81	21.72	9.53	25.57	0.06
青岩	371.08	266.3	70.8	33.98	
黔陶	142.49	41.6	69.09	31.8	
燕楼	47.84	18.23	6.82	22.79	1.09
马铃	75.04	15.55	5.68	53.82	1.89
石板	224.85	171.05	9.75	44.05	
湖潮	163.21	46.36	109.07	7.78	
麦坪	121.95	30.05	88.15	3.78	0.06
久安	253.16	170.26	68.16	14.73	
金竹	1886.35	633.2	1151.06	102.08	

续表

信用社	各项贷款余额	贷款质量			
		正常贷款	逾期贷款	催收贷款	呆　账
小碧	546.02	402.05	78.01	65.95	
孟关	233.7	186.79	29.07	17.84	3.12
高坡	147.34	63.34	48.21	35.8	0.14
营业部	329.63	280.63	49		
合计	5527.49	2597.89	2448.22	481.38	10.46

1996年，全区信用社按照农行贵州省分行《关于转发贵州省贷款证管理办法实施细则的通知》，实行贷款证管理制度。不得对无贷款证的法人企业、农户、个体商户发放贷款。

1999年，花溪联社开办贷款手续简化，方便农民借款的“农户小额信用贷款”。要求各乡（镇）信用社在花溪联社统一组织下，依靠村支两委和入股社员，成立各村信用评估小组，评估农户的借贷能力和资信，提出农户小额信用贷款的推荐意见；由农村信用社核定农户借款最高限额，核发贷款证；农户可在贷款额度内，自主凭贷款证直接到信用社营业网点办理借款手续，其贷款资金由农户自主使用、按期归还。是年，花溪联社按照《农村信用社资产负债比例暂行办法》推行负债比例管理，调整贷款审批权限，规定除金竹信用社的审批权限为20万元外，其余各社最大一户贷款不能超过10万元，对异地贷款、亲属贷款不论金额、大小，一律报联社审批。若发现越权放款，按发出金额的1%对主任进行处罚，并限期收回。实行集体审批，防止乱批乱放现象的发生。

2000年3月，根据人总行《农村信用合作社农户联保贷款管理指导意见》，各信用社开办“农户联保贷款”。

2001年，全区各信用社按照《全省农村信用社开展支农百万户工程的通知》和人总行《关于做好当前农村信用社支农工作的指导意见》的通知要求：（1）信用社2001年的信贷投向要适应农村产业结构调整和信贷结构调整的需要，再贷款须全部用于支持“三农”经济发展，贷款方式以小额农户信用贷款（资信卡贷款）和“五户联保”贷款为主。（2）信用社投放贷款的用途以支持农户农业生产、购买耕牛、化肥、种籽、农药等农业生产资料为主，贷款一般每户不超过3000元，超过的必须办理抵押或担保手续。（3）信用社信贷投放，必须深入村、寨实地调查把关，坚决杜绝坐社放款现象，以确保支农资金不被挪用和提高信贷资产质量。

2001年花溪区金融机构贷款情况表

科目 机构	年末贷款余额（万元）	比上年增加（万元）	比上年增长（%）	占市场份额（%）
工商银行	35084	11651	49.72	45
建设银行	8007	3044	64.33	10.28
农业银行	10721	-7	-0.07	13.76
商业银行	7416	4071	121.70	9.50
花溪联社	16674	3783	29.35	21.40
合　计	77902	22542		100%

2002年，按照人行贵阳中心支行的指示精神，区、乡（镇）政府成立副区长、副乡（镇）长和有关部门领导参加的领导小组在全区农村开展“信用农户”和“信用村组”及“信用乡镇”评选活动。对全区51369户农民进行调查，建立一户一档，评出优秀农户25603户，较好农户12349户，一般农户9793户，较差农户3622户，评定信用村12个，办理农贷资信卡29024张，发放农户贷款16564万元。

2003年，花溪联社在全区推广小额农贷35672户，发放贷款14996万元，不良贷款降为11.3%，呆滞贷款降为9.6%，呆账贷款占1.4%。

2004年，花溪联社改制为花溪合行，根据省联社制定的《贵州省农村信用社农户联保贷款实施细则》，落实省联社“农民百元增贷工程”计划，全年发放贷款56638万元，收回贷款28397万元，比上年增长78%。花溪区贷款市场占有份额从2001年的第二名超过工商银行排名第一。

2004年花溪区金融机构贷款情况表

项目 / 机构	年末贷款余额（万元）	比上年增加（万元）	比上年增长（%）	占市场份额（%）
工商银行	54975	4614	9.2	30.1
农业银行	14262	4049	39.6	7.8
商业银行	29828	5175	21	16.4
建设银行	18856	3641	23.9	10.3
花溪合行	64494	28241	77.9	35.4
合 计	182415	45720		

2005年，花溪合行对小额农贷资信卡33190户进行年审升级，提高贷款限额。年末贷款余额82188万元，比上年增加17695万元。

2006年，建立全区农户经济档案52286户。全年发放各项贷款93452万元，比上年增加11264万元，其中农业贷款28913万元，占各项贷款总额的30.94%，不良贷款率比上年下降0.5%。

2007年，花溪合行完成小额农户建档52396户，评出3A级农户12784户，占全区农户的24.4%，2A级农户33890户，占比64.68%，1A级农户3997户，占比7.63%。等外级农户1725户，占比3.29%，年末农业贷款余额30130.37万元，支农服务能力明显增强。

2008年1月，花溪区遭受特大凝冻灾害，花溪合行成立救灾应急领导小组，推出《贵州花溪农村合作银行“抓重点，保民生”应急专项贷款暂行管理办法》，发放灾区重建应急贷款6500万元，惠及受灾农户及个体工商户2840户。年末花溪合行各项贷款余额11.16亿元。

2008年3月1日，花溪合行组织机关职工深入村庄为受灾农户发放贷款

2009年，花溪合行按照“保增长，防风险，促发展”的原则，对符合条件的项目加大支持力度，完善《住房按揭贷款管理办法》和《个体工商户最高限额贷款管理办法》，大力营销以个人定期储蓄存

单、国债小额质押贷款，以按揭为主要形式的个人住房和汽车消费贷款，以商铺抵押的个人生产经营贷款，以国家公务员、教师、医生等收入稳定的个人客户群体为对象的个人信贷业务。年末，花溪合行各项贷款余额181872.94万元。

2010年，花溪合行按照省联社支农贷款增量、增建、增幅高于去年同期水平的要求，对“三农”贷款，特别是农户小额信用贷款，降低利率浮动幅度，让利于农、放活扩大基层农户贷款审批权限，减少贷款审批环节，缩短农户办贷时间，发展联户联保贷款，推行公司+农户+担保贷款、农业种、养殖协会贷款等贷款业务，解决农户“贷款难”问题。是年，“三农”贷款7.49亿元，其中农户小额信用贷款5.35亿元。开展个体工商户最高抵押贷款，职工消费信用贷款，小企业联保贷款业务，推出“新希望”、“信誉通”、“新家居”等贷款品种，缓解城乡居民、个体工商户、中小企业融资难问题。年末各项贷款余额24.43亿元，比上年增加6.25亿元，增长34.38%，占花溪区金融市场份额的28.85%，居全省县域同行业之首。

2011年，花溪合行按照中央经济工作会要求，要把信贷资金更多的投向实体经济，特别是“三农”和“中小企业”。在优化满足农业生产贷款需求的基础上，加大对基地农户，规模化种、养殖农户以及农产品龙头企业的信贷支持力度。全区农户建档100%，信用评估100%，累计发卡46086张，推出“小康卡”、“惠农一卡通”，推进“驻村金融服务办”，评定信用村23个，信用乡1个。是年，发放三农贷款9.13亿元，其中农户小额信用贷款68600万元。在城区市场，按照“合规经营、风险可控、质量信誉好”的原则和“面向三农、服务社区、服务中小企业”的理念推广“信誉通”。对行政事业单位职工消费贷款，建档评级483户，授信金额3431万元，贷款366户，贷款金额1627万元，小企业联保7组35户，贷款金额1.4亿元。奔小康汽车按揭贷款5户，贷款86万元。同花溪中小企业担保公司担保签订“银政企”三方协议合同168户，发放贷款4.61亿元。全年发放各种贷款占花溪区金融市场的37.87%，排名第一。

2012年，花溪合行以省联社提出的“信贷管理规范年”要求，一是以“金融知识万里行”“走千家进万户”宣传活动为契机，推进客户建档评级工作，全年小微企业建档评级620户，个体工商户建档评级2872户。二是评定黔陶、麦坪两个信用乡镇。三是按照区政府扶持微型企业发展精神、获得工商局核准的315户微型企业在花溪合行开户，其中109户贷款600万元。四是针对孟关汽车城、合朋金石产业园工商户的不同需求，同政府、企业、担保公司签订合作协议，为企业量身制定信贷金融服务方案。五是提高小微企业、涉农企业的授信额度，加大信贷投放力度，改善金融服务方式。六是对100万元以上大额贷款进行专项检查150户，金额11.31亿元。

2013年，花溪合行围绕做值得尊敬的百姓银行，将信贷任务职责考核层层分解，充分发挥干部职工的主观能动性，进村入社区，走进千家万

2015年8月，花溪农商行员工在金融知识万里行活动中，为麦坪乡村民演出

户，进行建档评级，宣传金融服务品牌。全年小微企业评级授信1387户，个体工商户评级授信4506户，行政事业单位职工建档评级2856户，发放“金纽带”卡1112张“薪适贷”582张。全年农户小额信用贷款146908.22万元，短期农户贷款1979万元。向小微企业发放贷款16.8亿元，向个体工商户发放贷款5520万元。

花溪农商行关注重大建设项目和拓展客户市场，以贵安新区、石板金石产业园区、孟关汽车城、大学城、青岩镇为重点，成立业务指导小组，明确业务对接网点负责人。全年向石板金石石材工业园贷款3亿元，向孟关汽贸城贷款8000万元，支持青岩小城镇建设贷款2500万元，向天河潭休闲旅游综合体贷款4000万元，向花溪久安现代高效茶叶示范区贷款1500万元。

2014年，花溪农商行以“稳健经营，强健内控，改革创新”为指导，坚持“面向工农，面向社区，面向中小微企业”的市场定位，以产品创新，提升服务方式，改进营销模式，创新培训教育为抓手，强化提升服务意识，突出信贷投放重点，深化普惠金融，贷款28495户，占全区农户总额的57%以上，发放“三农”贷款11.56亿元。与西部建材城、合朋金石石材城、合朋二手车市场、孟关汽贸城等签订战略合作协议，授信金额129亿元，向签约的市场客户发放贷款近12亿元，开具银行承兑汇票8亿元。推出客户实际资金回行率越高，贷款利率越优惠，融贷成本越低的“存贷双赢”激励机制。全年，花溪农商行评级授信小微企业（含个体工商户）7840户，年末贷款余额38.74亿元。比上年增加8.28亿元，占年末各项贷款余额的57.94%。2014年清收不良贷款9421万元，不良率控制在2.58%。

2015年，花溪农商行在信贷投放上坚持支农支小市场定位，实施农户贷款“扩口增量”信用工程建设；对辖区内个体工商户、小微企业、行政事业单位职工、园区商户走访，支持“5个100工程”项目，小微企业贷款新增额占全部新增贷款总额的73.82%；加大票据业务风险管理，年末银行承兑汇票余额18.59亿元，较年初减少10.14亿元。发放“小康卡·特惠贷”帮助68户贫困户贷款176.05万元。构建“金融+公司+基地+农户”产业模式，帮助贫困户增强造血功能。启动新OA管理系统，搭建财政工资统发系统，储蓄产品系统，双录测试系统，推动无纸化办公。与国内一流的电商服务公司洽谈合作，利用大数据平台，电商服务平台，打通支付渠道，实现全行格式化合同电子化。严格控制新增不良贷款，化解存量不良贷款，以总行支行连动，一户一策，制定清收方案，按月监测支行清收进度。通过诉讼收回不良贷款9笔共615.75亿元，保全房产35处，价值全额5300万元。全年检查贷款业务4万笔，检查金额累计968.08亿元，提出整改措施627条，将风险消除在萌芽状态。年末花溪农商行各项贷款100.86亿元。

花溪农商行贷款余额统计表

（2014－2016年）

项目 年份	年末各项贷款余额 （万元）	比上年增加 （万元）	比上年增长 （%）
2014	668652.45	187968.18	39.1
2015	864018.47	195366.02	29.2
2016	1008596.96	144580.49	16.73

2016年，花溪农商行年末各项贷款余额是2013年农商行成立时的2.1倍，是2004年花溪合行成立时的15.64倍，是1989年花溪联社成立时贷款余额957.86万元的1059.97倍。

第二节 社员农户贷款

农村信用社成立之初，社员农户贷款主要是以解决农户购置生产工具和购买口粮、治病以及修建住房等生产生活中的资金困难，贷款金额一般20元以内，都是不需担保、无需抵押的信用贷款。只要农户所在单位出具证明、贷款用途、额度、贷款期限、信用证明即可酌情办理。1955年，久安信用社发放农户贷款2800元，1956年，石板信用社发放贷款3600元。1957年，麦坪信用社发放农户贷款2400元，久安信用社发放12000元。1958年，人行贵州分行提出“大存、大放、大收”的口号，贷款范围扩大，全区农村信用合作社发放社员农户贷款最多。久安信用社1958年发放社员贷款6.77万元，是上年的5.64倍；麦坪信用社发放社员农户贷款9.12万元，是上年的38倍；石板信用社发放社员农户贷款5.18万元，是上年的16.7倍。1959年至1960年“三年困难”时期，农村经济下滑，全区信用社发放贷款很少。1962年至1965年农村经济形势好转，信用社支持农户发展贷款逐年增多，麦坪信用社1960年发放社员农户贷款0.47万元，1965年发放2.69万元，是1960年的5.7倍。石板信用社1959年发放社员农户贷款1.24万元，1964年发放3.24万元，是1959年的2.6倍。1966年至1979年，农村经济发展缓慢，信用社存款少，农村信用社贷款发放上下徘徊。

花溪区信用社1973年度业务计划安排表

信用社	全年农贷计划发放（元）			全年农贷计划收回（元）			银行转存款余额（元）
	计划数	长贷	短贷	计划数	长贷	短贷	
花溪	52.000	25.000	27.000	47.000	25.000	22.000	190.000
党武	5.000		5.000	15.000	10.000	5.000	80.000
青岩	10.000		10.000	24.000	15.000	9.000	130.000
黔陶	5.000		5.000	15.000	10.000	5.000	46.000
燕楼	5.000		5.000	15.000	10.000	5.000	50.000
马铃	20.000	10.000	10.000	20.000	5.000	20.000	120.000
石板	15.000		15.000	23.000	15.000	8.000	110.000
湖潮	5.000		5.000	15.000	10.000	5.000	80.000
麦坪	15.000		15.000	23.000	15.000	8.000	160.000
久安	15.000		15.000	15.000	10.000	5.000	160.000
中曹	40.000		40.000	45.000	25.000	20.000	300.000
小碧	10.000		10.000	34.000	19.000	15.000	210.000
孟关	10.000		10.000	20.000	8.000	12.000	110.000
高坡	5.000		5.000	15.000	10.000	5.000	4.000
合计	212.000	35.000	177.000	331.000	187.000	144.000	1800.000

1980 年，由于农村家庭承包责任制在全区迅速铺开，原信用社以生产队为贷款对象转变为承包户、专业户、个体工商户。全区信用社放宽信贷政策，扩大贷款范围、对象、用途期限。农行贵州分行明确信用社可以对社员发放大牲畜贷款。期限不超过两年，分年归还。是年，全区信用社支持农户购买耕牛 2348 头，贷款 70.44 万元。根据中共贵州省委关于放开农业政策的指示精神，对原生产队积欠债务进行逐笔核对分摊到户。信用社直接贷款给社员，支持社员发展家庭副业。

花溪区部分信用社发放社员户贷款统计表

（1980－1986 年） 单位：万元

年份＼信用社	石板	久安	花溪	党武	麦坪	高坡	马铃	青岩	燕楼	黔陶
1980	2.89	9.94	22.73	4.53	0.27	3.69	1.41	32.94		3.47
1981	11.21	4.7	23.96	12.88	2.66	12.31	3.71	26.1	16.48	6.85
1982	22.16	10.18	26.57	18.68	5.41	27.63	9.56	41.3	21.79	8.78
1983	40.63	15.52	40.47	29.64	11.86	50.67		47	30.25	14.83
1984	52.53	13.93	58.49	35.80	19.81	54.8		52	38.74	18.86
1985	58.38	25.55	63.2	39.9	22.97	62.07	44.64	48	44.27	25.38
1986	57.92	18.77	63.78	45.51	24.59	60.83	44.35	54	46.2	29.3

1987 年，全区信用社农户贷款 17184 户，贷款金额 679.73 万元，占全区贷款总额的 75.45%，社员贷款中有 113.59 万元是呆滞贷款。1988 年，全区 14 个信用社发放社员贷款 996 万元，年末各项贷款余额中社员贷款 2713 万元，占总额的 34.3%。

1989 年 7 月，花溪区各信用社在信贷管理工作中，实行“两公开一监督”，公开信贷方针政策、发放贷款程序、办事制度，公开贷款种类、利率。规定实行贷款合同制和担保抵押制，每笔贷款都要有经济实力的企业或个人担保和有一定的不动产进行抵押，才能签订贷款合同，确保贷款的安全性。1990 年花溪区各信用社发放农户贷款 352 万元。1995 年发放 776 万元，占当年各项贷款总量的 27.6%。

1998 年 2 月，人总行要求农村信用社用于种植业的贷款不低于全部新增贷款的 40%，对农村信用社社员的贷款不低于贷款总额的 50%。12 月末，花溪区农村信用社社员贷款 2713 万，占贷款总数的 34.3%。1999 年，花溪区农村信用合作社发放农户贷款 1651 万元。

1994 年 4 月，花溪联社副主任郭福芳（左 1）与金竹信用社主任陈灿富（右 1）到田间了解春耕生产情况

花溪合行农户各种贷款年末余额统计表

（1999－2015 年）

单位：万元

年份＼科目	短期农户贷款	中长期农户贷款	抵押农户贷款	质押农户贷款	逾期农户贷款	呆滞农户贷款	呆账农户贷款
1999	1050.62	0	71.75	4.87	210.9	307.52	4.05
2000	4178.77	259.44	48.64	21.04	883.5	271.56	4.04
2001	319.05	286.08	49.9	19.75	44.35	271.56	4.03
2002	801.93	343.6	229.66	6	14.55	448.17	4.02
2003	345.57	104.18	922.89	5.5	31.33	620.15	8.02
2004	158.26	79	2097.52	15	13.1	298.2	
2005	160.34	84	2241.2	3.7	9.5	201.21	0.68
2006	4.8	41.5	1611.11	8.3	18.8	191.37	0.65
2007	4.2	58.3	1844.6	20.3	31.4	240.07	
2008		44.14	2234.72	63	26.7	181.07	
2009	22.8	15.74	2932.2	96.1	21.5	161.28	
2010	2	544.18	5308.08	91.5		126.93	
2011	206	1437	5908.69	142.4	1.04	98.16	
2012	1214	2177.48	5672.7	128.4	60	66.48	
2013	2533	2823.8	6503.35	136	50.39	71.02	
2014	2463	3431.23	6232.41	70.5	6	63.72	
2015	4425	2400.67	5628.43	325.9		62.46	

2016 年，花溪农商行发放农户贷款年末余额 249934 万元，其中农户小额信用贷款 206077.08 万元，农户联保贷款 825.85 万元，农村个体工商户贷款 23326.33 万元，其他农户贷款 19704.73 万元。

第三节　承包户贷款

1981 年，花溪区普遍推行家庭联产承包责任制，信贷继续支持农村中的农业、林业、渔业、手工业、商业、服务业及其他行业发展，金融机构将农村信贷指标划分为承包户农业贷款、承包户林业贷款、承包户渔业贷款、承包户商业服务贷款、承包户其他行业贷款、承包户生活贷款、个体经济户贷款等项指标。1981 年后，全区出现数百个承包几百亩，上千亩造林大户，承包户贷款逐年上升。

花溪联社发放承包户贷款统计表

（1983－1993 年） 单位：万元

项目 年份	农业贷款	林业贷款	牧业贷款	渔业贷款	手工业贷款	商业服务贷款	个体经济户贷款	生活贷款	其他贷款
1983	423.08					0.4		33.59	
1984	506.98	0.95	6.31	2.95	22.97	9.33	0.03	31.29	4.91
1985	556.17	0.34	5.19	5.40	31.05	12.39	0.02	29.64	6.60
1986	721.85	579.78	0.15	6.42	1.33	25.81	9.6	14.78	18.79
1987	900.84	626.4	0.04	7.74	0.96	32.33	10.76	14.57	25.99
1988	609.86	0.06	8.83	6.90	39.54	17.63	16.73	169620	28.14
1989	589.66	0.07	10.96	6.72	61.36	18.34	4.16	10.19	22.68
1990	661.03	0.08	13.18	9.57	80.36	22.20	7.45	11.06	28.84
1991	707.24	0.09	12.61	11.50	124.57	24.07	8.07	10.88	37.51
1992	623.91	0.09	11.11	13.36	166.75	41.09	55.17	10.69	108.22
1993	570.56		9.36	13.76	155.37	44.62	101.19	6.89	206.26

1994 年，上级金融部门取消上述经济统计指标，改为农户短期、中长期农业贷款统计。

第四节 农户小额信用贷款

农户小额信用贷款又叫小额信贷扶贫，是通过农村信用金融机构为具有一定还债能力的农户（包括贫困户）提供信贷服务，以帮助其脱贫致富奔小康的特殊信贷方式。

1999 年 11 月，花溪联社根据人总行要求，开办农村信用社小额农贷资信卡，制定《花溪区农村信用社小额农贷资信卡管理暂行办法》，明确小额农贷资信卡以社员农户的生产经营项目、信用程度、资金需求、自身素质和还款能力为依据，由社员提出申请，所在村委会初审同意签字盖章后报信用社，信用社派人实地调查申请人资信、财力等，核实后即发资信卡，持卡人凭身份证，本人印鉴村委证明，直接到信用社门柜办理小额信用贷款。小额农贷资信卡分为四类：1. 特种卡（2 万元）2. 金卡（1 万元）3. 银卡（0.5 万元）4. 普通卡（0.3 万元），以农户为单位一户一卡，不得出租出借或转让，卡上的姓名，身份证号，编号，文字涂改无效。同时对办卡申请条件，资信评定程序，贷款发放管理都做了明确规定。

2000 年初，全区发放小额农贷 15652 户，金额 5520 万元，占全部贷款总额的 57.48%。

2001 年，全区各信用社办理小额农贷资信卡 662 张，受理小额农贷资信卡 2148 张，发放小额农贷款 1202 万元，收回小额农贷款 662 万元，收取小额农户贷款利息 40 万元。

2002 年 3 月，花溪联社拟定《花溪区农村信用社评定信用农户、信用村（组）及信用乡（镇）实施办法》，信用农户评定分为三个等级：AAA 级信用农户可贷款 2 至 5 万元，AA 级信用农户可贷款 5000 至 20000 元，A 级信用农户可贷款 3000 至 5000 元。2002 年，贵阳市农村信用社年度综合指标考核，花溪发卡面和农户贷款面都是满分，居贵阳市各区县市第一位。

2003 年 10 月，贵阳市政府关于深化农村小额扶贫贷款工作意见，明确小额扶贫贷款对象是全市18个乡（镇）499个扶贫开发重点村的贫困农户。花溪联社推动各基层信用社开展农户小额贷款“回头看”活动，深化小额农贷工作，全年推广小额农贷35624户，占总农户的69%，发放小额农贷14996万元。

2004年，花溪联社全面贯彻落实中共中央国务院《关于促进农民增收若干改革的意见》和贵州省联社《关于做“三农”工作的意见》，把支持农民增收作为业务经营的首要任务，积极筹集资金，支持农村产业结构调整和农业产业化经营，实践“农民万元增贷工程”，把推广小额农贷与实施农民万元增贷工程结合开展，通过小额农贷网络，及时将资金送到农户手中，确保春耕秋种资金需求，满足“三农”资金需要，配合区、乡政府，把“双带”工作落到实处，以小额农贷形式支持村组干部“双带”致富贷款831万元，全年发放农户小额贷款2亿元，收回3.6亿元，年末农户小额贷款余额1.94亿元，平均每户贷款843元，平均每户增贷170元。

2000年5月19日，信合员工在高坡农户家办理“小额农贷”

花溪合行发放农户小额信用贷款统计表

（2005－2013年）

年份 \ 科目	年末各项贷款余额（万元）	年末农户小额信用贷款余额（万元）	联户保贷款年末余额（万元）	占各项贷款总额的（%）
2005	82188.21	22465.56		27.3
2006	93451.97	25418.26		27.19
2007	111648.02	25125.36		22.5
2008	139766.15	31584.03		23.57
2009	181872.94	43057.1		23.67
2010	234347.29	53521.76	748	23.15
2011	285605.95	68600.1	1055	24.38
2012	356275.05	37298	906	10.72
2013	480684.27	116008.21	809	24.3

花溪农商行发放农户小额信用贷款统计表

（2014－2016年）

年份 \ 科目	当年农户小额信用贷款（万元）	发放联户保信用贷款（万元）	年末农户小额金额（万元）	贷款余额占各项贷款的百分比（%）	逾期小额信用贷款（万元）
2014	85644.11	156	151679.04	22.68	137.43
2015	99554.05	142	184689.39	21.37	443.34
2016	172479.75	555	206077.08	20.43	

第五节 农业集体贷款

农业集体贷款是金融机构为支持集体农业生产组织进行正常生产经营所需要资金发放贷款的信用活动。主要是流动资金贷款，贷款期限一般不超过一年。1955 年农村实现农业合作化后，农业贷款主要支持初级农业生产合作社和高级农业生产合作社。1958 年成立人民公社后，农业贷款支持公社生产队。

花溪区部分信用社部分年度农业集体贷款统计表

单位：万元

年份＼信用社	花溪	高坡	党武	马铃	石板	麦坪	久安	黔陶
1962		1. 98	1. 97	0. 78	3	1. 12	1. 53	0. 98
1966		2. 69	2. 83	1. 59	1. 01	0. 1	3. 37	1. 55
1976	0. 13	4. 78	2. 84	2. 64	1. 75	4. 36	3. 48	2. 71
1982	5. 36	6. 86	5. 41	8. 73	2. 49	3. 75	2. 92	1. 24

1988 年 10 月，花溪区各信用社开展全面清理。1987 年底前信贷资金，全区集体贷款余额 152. 97 万元，占全区信用社各种贷款的 21. 59%，其中呆滞贷款 0. 62 万元，呆账贷款 0. 41 万元。

花溪区各信用社部分年度发放农业集体贷款情况表

单位：万元

年份＼科目	农业贷款	林业贷款	牧业贷款	渔业贷款	生产服务组织贷款	其他行业贷款
1983	30. 30			0. 03	5. 12	7. 66
1987	29. 86		4. 87			119. 29
1990	23. 9	10			16. 03	51. 16
1993	11. 34	5			117. 87	24. 44

1994 年，金融部门将农业集体贷款中的农业、林业、牧业、渔业贷款统计指标调整为短期农业贷款，中长期农业贷款，抵押农业贷款，生产服务贷款和其他行业贷款指标。

1997 年，金融部门又将农村集体农业贷款经济报表指标，改为短期农业经济组织贷款、中长期农业经济组织贷款、抵押质押农业经济组织贷款、逾期农业经济组织贷款、呆滞农业经济组织贷款、呆账农业经济组织贷款统计报表指标。

2004 年 5 月，花溪联社改制成立花溪合行，全年发放农村经济组织贷款 5572 万元，是 1984 年的 138 倍。

花溪合行发放农村经济组织贷款统计表

（2005－2015 年）

单位：万元

科目 年份	农村经济组织短期贷款	农村经济组织中长期贷款	农村经济组织抵押贷款	农村经济组织质押贷款	农村经济组织呆滞贷款	农村经济组织呆账贷款
2005	690	470	81085	1650	467.06	
2006	10	470	312		101.94	无
2007	10	470	165		100	无
2008					94.23	无
2009	987	600	1217.4		57.31	无
2010	1063	357.2	2099.5		53.81	无
2011	934	515.5	941.5		435.31	无
2012	1019	1598.75	291.8	45	484.71	无
2013	230	1881.9	352		424.1	无
2014	250	1735.51	3587.5		424.1	无
2015	8530.7	3530	3320		24.1	无

2016 年，花溪农商行发放农村集体经济组织贷款 3677.7 万元，发放其他涉农经济组织贷款 3657 万元，两项之和比 2014 年增加 2045 万元，增长 36.17%，此外发放涉农企业贷款 57522.7 万元，为繁荣花溪区社会经济做出了巨大贡献。

第六节　小微企业贷款

1984 年，花溪区农村信用社发放的小微企业贷款，列入承包户工业手工业贷款、承包户商业服务业贷款、承包户生产服务业贷款和承包户其他行业贷款统计报表指标，四项贷款发放 37.24 万元。1987 年去掉承包户生产服务业贷款统计指标，其业务归入承包户工业、手工业、商业、服务业、其他行业等项指标统计上报。1994 年，上级金融机构将上述指标改为短期其他贷款、中长期其他贷款、抵押其他贷款进行统计上报。

花溪联社发放小微企业贷款统计表

（1998－2003 年）

单位：万元

科目 年份	短期农村工商业贷款	短期其他贷款	中长期其他贷款	抵押质押农村工商业贷款	抵押质押其他贷款
1998	664.31	2013.25	无	无	无
1999	756.94	1704.68	无	112.5	837.22
2000	441.64	2302.36	172	66.8	224.45
2001	66.35	3108.97	855.46	39.5	72.8
2002	182.1	5195.76	3329.38	56.5	448.24
2003	196.43	408.53	61.27	47	14735.1

花溪合行发放小微企业贷款统计表

（2004－2015 年） 单位：万元

年份＼科目	短期农村工商业贷款	短期其他业贷款	中长期农村工商业贷款	中长期其他业贷款	抵押质押农村工商业贷款	抵押质押其他业贷款
2004	300.5	777.18		750.75	159.5	25178.56
2005	300.1	1581.69		2465.62		2362.8
2006	300	3305.57		4559.68	1147	50205.48
2007		3127.42		7271.69	1192	65516.68
2008		1303.04		8921.81	269	79952.49
2009	892	3785.75	2453.2	10453.36	21136.6	81799.29
2010	59.33	9783.5	2591	11053.74	6744.1	109871.18
2011	349	32285.8	2621	24339.44	6894.2	129137.39
2012	910.4	64080.4	3205.64	36044.72	8728.8	120679.46
2013	3488.5	93971.47	4979.8	65143.85	10328.8	138556.57
2014	4163.9	169688.56	5457.8	69652.55	8779.05	231234.49
2015	8530.7	259577.62	3530	60311	48376.05	261264.69

2013 年 12 月，花溪农商行成立以后，立足于农村经济发展，以支持“三农”和小微企业为己任。2016 年发放农村工商户贷款 821125.96 万元，农村企业贷款 410647.31 万元。两项之和是 2004 年成立花溪合行时的 31.89 倍。

第七节 乡镇企业贷款

1983 年，花溪区农村信用社发放社队工业企业贷款 4.53 万元，生产设备贷款 1.67 万元，社队其他企业贷款 1.27 万元。1984 年发放社队工业企业贷款 3.9 万元，社队企业生产设备贷款 1.53 万元。1985 年发放社队企业贷款 15.94 万元，社队企业生产设备贷款 15.39 万元。

1985 年，社队企业改称为乡镇企业。从 1986 年起，银行和农村信用社加大对乡镇企业的支持力度，支持新建一批能源、农机修理、建筑、建材、农产品加工运输等骨干企业。把生产周转资金贷款、生产设备贷款作为流动资金、固定资产贷款。1986 年，全区信用社发放乡镇企业贷款 32.75 万元，其中固定资产贷款 10 万元。1987 年，发放贷款 28.1 万元，其中固定资产贷款 10 万元，年末乡镇企业贷款余额 52.12 万元。1992 年 6 月，农业银行贵州分行根据《中华人民共和国企业破产法》和农总行《关于银行对三四类企业贷款实施财产抵押的通知》，“要求各地农村信用社，在今后办理乡镇企业贷款时一律实施财产抵押”。

花溪区农村信用社发放乡镇企业贷款统计表

（1992－1996 年） 单位：万元

科目 年份	乡镇商业流动资金贷款	乡镇其他企业流动资金贷款	短期乡镇企业贷款	中长期乡镇企业贷款	催收乡镇企业贷款
1992	111.2	907.8			
1993	117.88	2028.85			
1994			1313.83	3.94	58.27
1995			654	25	150.84
1996			945.6	5	291.1

1997 年，随着农村经济改革的深入发展，乡镇企业改制，多数企业不再是乡镇所有。上级金融部门把短期、中长期乡镇企业贷款两个统计指标改为短期、中长期农村工商业贷款两个统计指标。

第八节 农村工商业贷款

农村工商业贷款是农村工商企业在经营活动中，周转流动资金不足和固定资产投入资金短缺，而向金融机构借贷的信用活动。1997 年，花溪区农村信用社发放短期农村工商企业贷款 719.39 万元。年末各项贷款余额中，逾期的农村工商业贷款 2121.52 万元，呆滞的农村工商企业贷款有 304.7 万元，形成呆账的农村工商企业贷款 78.39 万元。

花溪联社发放农村工商业贷款统计表

（1998－2003 年） 单位：万元

科目 年份	短期农村工商业贷款	抵押农村工商业贷款	质押农村工商业贷款	逾期农村工商业贷款	呆滞农村工商业贷款	呆账农村工商业贷款
1998	664.3			1099.74	433.15	133.01
1999	756.94	112.5	25	169.91		1159.69
2000	441.64	66.8	10	297.06	1124.79	56.53
2001	66.85	39.5		278.84	974.8	3.86
2002	182.1	56.5		6.1	1007.95	3.86
2003	196.43	47			729.15	168.94

2004 年，花溪联社改制为花溪合行，其后发放的农村工商企业贷款越来越多。

花溪合行发放农村工商业贷款统计表

（2004－2013 年） 单位：万元

科目 年份	短期贷款	中长期贷款	抵押贷款	逾期贷款	呆滞贷款
2004	300.5		159.5		527.63

续表

科目 年份	短期贷款	中长期贷款	抵押贷款	逾期贷款	呆滞贷款
2005	300.1		335		149.32
2006	300		1147		143.22
2007			1192		75.62
2008			269		59.6
2009	892	2453.2	21136.6	309	164.03
2010	59.33	2591	6144.1	3	84.7
2011	349	2621	6894.2	2.6	74.11
2012	910.4	1205.54	8728.8	904	136.42
2013	3488.5	4979.8	10328.8	20	1125.36

花溪农商行发放农村工商业贷款情况统计表

（2014－2016年） 单位：万元

项目 年份	短期贷款	中长期贷款	抵押贷款	逾期贷款	呆滞贷款
2014	4163.9	5457.8	8779.05	15	1134.13
2015	8530.7	3530	26832.05		187.09
2016	147828.53	27500	153189.36	21896.24	1238.41

第九节 农村助学贷款

助学贷款是为支持家庭经济困难的高等学校学生完成学业发放贷款的信用活动，包括国家的助学贷款和一般商业性助学贷款。2000年2月，国务院决定由中国工商银行发放国家财政贴息50%，资助在高等学校中家庭经济困难的全日制本科、专科学生完成学业。贷款只能用于学费和日常生活费，期限不超过8年。一般商业性助学贷款是由商业银行对正在进行非义务教育学习的学生或其他直系亲属，法定监护人发放，包括对在校大学生发放的信用助学贷款和对学生的直系亲属或法定监护人发放的担保助学贷款。2004年，花溪合行为帮助本区农民子女考上大、中专院校而家庭经济困难的学生顺利完成学业，开设助学贷款。

花溪合行发放助学贷款统计表

（2004－2013年） 单位：万元

科目 年份	当年发放助学贷款金额	收回助学贷款金额	年末助学金贷款余额
2004	7		7

续表

科目 / 年份	当年发放助学贷款金额	收回助学贷款金额	年末助学金贷款余额
2005	4.6		11.60
2006	7.02	1.82	16.80
2007	31.50	2.50	17.80
2008	12.40	2.10	28.10
2009	3	7.70	23.40
2010	3.90	8.30	19
2011	4.30	11.40	11.90
2012	7.60	16.30	3.20
2013	2.60	5.20	0.60

2013 年 12 月，花溪合行改制为花溪农商行。2014 年，发放助学贷款 3 万元，当年收回 3.6 万元。2015 年仅发放助学贷款 2 万元，当年收回 2 万元。2016 年没有发放。12 年共计发放助学贷款 60.92 万元。

第四章 利率与计息

第一节 存款利率

花溪地区农村信用社建社之初，中国人民银行大力扶持信用社的发展，对信用社的存款利率给予优惠政策，其存款利率可比自由借贷低而稍高于银行。1954 年，中国人民银行颁布的《农村信用社章程》进一步明确，信用社的存款利率应稍高于国家银行存款利率，低于当地自由借款利率，存放款利差一般不超过 6 厘，利率一律按月息计算。

1956 年，中国人民银行认为信用社的存款利率偏高，一年期存款利率月息从 9‰下调为 7.2‰。1958 年 1 月，中国人民银行贵州省分行调整信用社存款利率，活期存款利率 2 厘 4 至 2 厘 7；定期月息 4 厘 5 至 7 厘 2，2 年以上的可到 8 厘 1。

1962 年，《关于农村信用社若干问题的规定（草案）》明确信用社的农村储蓄存款利率应当同中国人民银行的储蓄存款利率一致。此后信用社的存款利率一直与国家银行保持一致。

1980 年 3 月，中国人民银行总行规定对信用社发放农业生产设备贷款，仍由银行补贴利差，由 1 厘 8 补到 3 厘 3。1981 年，国务院规定利率由中国人民银行总行集中统一管理，非金融部门一律不得自定利率。

1989 年，中国人民银行规定信用社的存款利率以中国人民银行总行规定的基准利率为基础，以地市为单位，实行浮动，存款利率上浮最高不超过 70%，贷款利率上浮幅度最高不超过 100%，统一执行利率上浮幅度。

1993 年 8 月，花溪联社根据黔农银（1993）164 号文件《关于利率执行情况检查的通知》的要求，组织计划信贷股、会计出纳稽核股，对金竹、小河、黔陶、青岩四个信用社 1993 年 1 月至 6 月的存、贷款利率政策执行情况进行检查。抽查存款 106 笔，金额 89139 元。发现未执行分段计息一笔，金额 9700 元，计算差错 5 笔，金额 4800 元，多收利息 30 元，少计利息 4 笔，金额 2700 元，少收利息 11 元。

第二节 贷款利率

花溪地区农村信用社建社之初，人民银行对信用社贷款利率政策等给予优惠。信用社的贷款利率实行浮动，即高于国家银行利率，又低于民间私人借贷利率，放贷利率一般是月利率 15‰。1956 年，人民银行对信用社贷款利率调整，互助组组员个人贫困户，贷款利率下调为月利率 7.2‰。1957 年，由于存款利率下调幅度较大，影响农户存款的积极性和信用社大面积亏损，中央回调贷款利率，贷款月息以最高不超过 9 厘为准。

1962 年 11 月，人行贵州省分行印发《关于农村信用社若干问题的规定（草案）》，明确规定信用社吸收存款的利率应同银行一致，放款利率可高于 6%。

1981 年 2 月，农行贵州省分行根据《农总行关于调整信用社社员个人贷款利率的通知》调整信用社社员个人贷款利率：（1）购买口粮、治病，修建沼气设备的贷款 3.6‰；（2）购买农业生产资料，发展家庭养殖，种植业的贷款 4.2‰；（3）经营工、商业和服务业的贷款 5.1‰；（4）其他用途（购买耐用消费品和建房等）的贷款 6.3‰；用于婚丧嫁娶的贷款6.3‰；购买机械的贷款、用于农业生产的4.2‰；用于工、商、服务业的5.1‰。

1989年3月，农行贵阳中心支行下发《关于信用社存贷款利率调整的通知》，规定除了农村贫困生活贷款外，均执行浮动利率。粮、棉、油用途贷款利率掌握在30%以内浮动，其他贷款利率根据贷款单位承受能力等因素在50%以内浮动。

1990年，中国农业银行规定：城乡信用社贷款利率以人民银行规定的贷款利率为基准，上浮最高不能超过50%，逾期贷款加息幅度从30%下调为20%。花溪联社同农行花溪支行联合组织行、社利率抽查，内容包括：基准利率、浮动利率、加罚息政策执行情况。全区15个信用社抽查13个，检查农贷82笔，乡镇工商等贷款25笔。检查结果，有些贷款利率该上浮的没有上浮，不该上浮的又上浮，未能正确执行利率规定。

1993年8月，花溪联社对金竹、小河、黔陶、青岩信用社利率政策执行情况进行检查，抽查贷款47笔，发现综合利率计息差错4笔，少计利息6笔，金额3300元，少收利息35元。

2002年9月，人民银行总行决定农村信用社贷款利率在人民银行公布的法定利率基础上，原则上可上浮0%至70%，个别民间借贷利率高、农村信用社资金成本高、当地贷款需求旺盛的地方，上浮幅度可适当扩大，但最高不超过100%。

2016年，中国人民银行基准利率没有调整，花溪农商行执行2015年调整的各项贷款利率。

第三节　利率定价

农村信用社建立以后其存贷款利率，在很长一段时间内都是执行中国人民银行制定的利率。1989年6月，中国人民银行虽然规定“信用社的存贷款利率以中国人民银行总行规定的基准利率为基础，实行浮动”，但又明确以地市为单位统一执行利率上浮幅度，因此花溪区信用社1989年执行的是贵阳市农业银行制定存款利率上浮30%、流动资金贷款利率上浮30%的规定。1990年，中国农业银行补充规定城乡信用贷款利率上浮最高不超过50%，逾期贷款加息从30%下调为20%。花溪区信用社多数执行上浮20%至30%，少数社自定上浮40%至50%，逾期贷款加罚息执行20%。是年8月根据农总行通知要求，花溪区农村信用社自定农户生活贷款执行上浮20%至50%，农业生产贷款执行上浮30%至60%，乡镇企业贷款上浮40%至60%。花溪合行在中央银行规定的存贷款基准利率指导下，充分考虑自身的实际情况，根据本行的资产负债结构、网点结构布局、业务和盈利模式、客户特点等具体情况，制定利率市场化条件下的经营策略、定价策略。2005年3月，花溪合行制定《花溪合行贷款利率管理办法》，明确了利率定价原则、制度和方法。

1996年12月31日，石板信用社年终结算

第五章 电子银行

第一节 银行卡业务

一、信合借记卡：2005 年 10 月，花溪合行发行信合借记卡，信合借记卡是花溪合行委托贵州省农村信用社联合社申请统一品牌的人民币磁条借记卡。首先面向内部职工发行第一批信合借记卡 109 张，结束贵州省农信社几十年无银行卡的历史，信合卡的营销，促进了 ATM、POS、网上（手机）银行业务的开办和推广，一改昔日科技水平落后的农信社形象，提升金融服务水平，突破网点营业时间和场所的限制，减轻了柜台压力、为广大客户节约时间，拓宽增收渠道。截止 2016 年，花溪农商行累计发行信合卡 367668 张，信合卡存款余额 207089.63 万元，占储蓄存款的 27.5%。

花溪合行 2005 年至 2013 年信合卡业务统计表

年份	办理信合卡（张数）	信合卡存款			
		余额（万元）	占储蓄存款（%）	比上年增加（万元）	比上年增长（%）
2005	1009	234.07	0.21		
2006	24327	9998.42	7.93	9764.35	4171.55%
2007	32211	12198.63	8.55	2200.21	22.01%
2008	43175	16545.53	11.21	4346.9	35.63%
2009	55568	21597.93	13.93	5052.4	30.54%
2010	83185	32737.86	16.93	11139.93	51.58%
2011	124506	57608.83	22.92	24870.97	75.97%
2012	160743	68904.15	23.12	11295.32	19.61%
2013	205294	219292.06	35.21	150387.91	218.26%

花溪农商行2014年至2016年信合卡业务统计表

年份	办理信合卡（张数）	信合卡存款			
		余额（万元）	占储蓄存款（%）	比上年增加（万元）	比上年增长（%）
2014	247559	129489.47	26.19	-89802.59	-40.95%
2015	306206	156439.76	25.51	26950.29	20.81%
2016	367668	207089.63	27.5	50649.87	32.38%

二、信合公务卡：信合公务卡是花溪农商行委托贵州省农村信用社联合社向银行业监督管理委员会申请，由法人机构向财政预算单位工作人员发行的公务卡，按“谁发卡、谁受益、谁承担风险”的原则实施。公务卡具有银行授信额度和透支功能，并为持卡人提供相关各类银行服务的卡片介质，主要用于日常公务支出的财务报销业务，并兼顾私人消费。2016年4月，花溪农商行发行公务卡457张。

三、黔农信用卡：黔农信用卡是花溪农商行委托贵州省农村信用社联合社向贵州省银监局申请发行的，给予持卡人一定的信用额度，持卡人可在信用额度内先消费后还款，具有消费、分期付款、转账结算、存取现金等全部或部分功能的信用支付工具。黔农信用卡按发行对象不同分为个人卡和单位卡，其中个人卡分主卡和副卡；按信用等级不同划分为钻石卡、白金卡、金卡、普卡。

第二节　网上银行

网上银行是银行通过互联网渠道向个人和企业客户提供信息查询、支付结算和投资理财等网上金融服务。2012年10月，花溪合行作为全省农信社第一批网上银行试点行，向本行员工发展了318户网上银行用户。2016年12月，全行累计网上银行用户数13461户，其中个人网银11726户，企业网银1763户。全年累计交易金额151.55亿元，同比增长21.74%。企业网银全年交易金额151.74亿元，同比增长26.62%。

花溪合行2012年至2013年网上银行统计表

年份	年末户数	累计交易笔数	累计交易额（万元）
2012	318	6223	9516
2013	2937	41038	802163

花溪农商行2014年至2016年网上银行统计表

年份	年末户数	累计交易笔数	累计交易额（万元）
2014	4690	86674	1435273
2015	8910	189565	2497806
2016	13461	275755	3032912

一、手机银行业务

手机银行是指个人使用手机接受银行通过互联网渠道提供的信息查询、支付结算和投资理财等网上金融服务。花溪合行2013年开办手机银行业务，到2016年12月，全行手机银行开户18414户。2016年全年交易笔数581722笔，全年累计交易金额100934万元。

花溪农商行2014年至2016年手机银行统计表

年份	年末户数	累计交易笔数	累计交易额（万元）
2014	1601	10635	1189
2015	7103	53357	7818
2016	18414	581722	100934

二、ATM 业务

ATM 是指包括自动存款机、自动取款机、存取款一体机等自助设施，主要功能包括存款、取款、转账、查询、密码修改等。

2009 年 12 月，贵州省农信系统第一台 ATM 机在花溪合行麒鑫支行正式运行，对外提供 7＊24 小时不间断服务。接着采购贵州省农信社第一批 14 台 ATM 机，并在当年起陆续投入安装。

2016 年 10 月，花溪区所有乡镇都安装花溪农商行 ATM 机，实现 ATM 机在全区各乡镇百分之百全覆盖。截止 2016 年底，花溪农商行 ATM 累计装机数量 140 台，2016 年累计交易笔数 353.93 万笔，累计交易金额 63.62 亿元。

花溪合行 2009 年至 2013 年 ATM 机安装统计表

年份	年末取款台数	年末存取款一体机台数	ATM 机合计
2009	2		2
2010	8	6	14
2011	10	9	19
2012	16	12	28
2013	19	15	34

花溪农商行 2014 年至 2016 年 ATM 机安装统计表

年份	年末取款台数	年末存取款一体机台数	ATM 机合计
2014	58	20	78
2015	85	20	105
2016	120	20	140

三、村村通业务

“村村通”是花溪合行在全区每个行政村设立信合村村通便民服务站，通过自助服务终端等 POS 机具，让农户不出村即可办理小额取款、转账、刷卡消费、余额查询等业务，将农信社的支付结算功能延伸到农民的家门口。

2010 年，花溪合行利用农信银清算组织提供的“农信通”POS 机，在贵阳英语实验学校、亚泰职业学校、民族大学人文学院等院校收学费。在“农信通”POS 机试运行的基础上，2012 年 5 月起陆续在全区各行政村设立银行卡助农取款服务点，在高坡乡甲定村商户王德邦的小超市率先挂出全省农信社第一家“村村通”的牌子。

2014 年 2 月，花溪农商行在全区行政村全部设立银行卡助农取款服务点，实现“村村通”业务百分之百全覆盖。2016 年 12 月，花溪农商行“村村通”累计装机 194 台。

花溪农商行 2014 年至 2016 年村村通业务统计表

年份	服务点数量	累计交易笔数	累计交易额	行政村数	覆盖率（%）
2014	199	21669	8150	165	120.61
2015	193	181777	13212	158	122.15
2016	194	252085	8247	158	122.78

四、银联特约商户业务

特约商户业务，是指银行与商户签订银行卡受理协议，商户通过银行提供的 POS 机具按约定受理银行卡并委托银行为其完成交易资金结算的业务。

2009 年，当时的花溪合行作为全省农信社第一批银联 POS 机试点行，其第一台银联 POS 机在伍洪汽车销售贸易公司投入使用。

截止 2016 年，花溪农商行特约商户累计 713 户，累计装机 937 台。2016 年全年累计交易金额 62.60 亿元，累计交易笔数 489.26 万笔。

花溪合行 2009 年至 2013 年特约商户统计表

年份	年末 POS 机台数	累计交易笔数	累计交易额（万元）
2009	17	86012	8513
2010	24	350740	52951
2011	43	522829	80875
2012	84	935587	127436
2013	121	1376019	158765

花溪农商行 2014 年至 2016 年特约商户统计表

年份	年末 POS 机台数	累计交易笔数	累计交易额（万元）
2014	383	2913993	207860
2015	743	3275142	407877
2016	937	4892154	626025

五、多媒体自助终端

2015 年 7 月，贵州省农信社第一台多媒体自助终端在花溪农商行营业大厅试投入运行，为广大客户提供存折打印、存折（卡）转账查询、银行卡存款、定活互转等服务。

2016 年 12 月，花溪农商行多媒体自助终端装机 21 台。

六、银信通业务

2009 年开办银信通业务以来，截止 2016 年 12 月有签约用户 10770 户。

七、新型电子支付业务

官方微信平台是花溪农商行开通的官方微信，具备“在线取号”、“金融产品介绍”、“周边网点查询”等功能，是践行普惠金融、联系客户的重要纽带。2016 年 12 月，微信公众服务号累计关注人数 3767 人，推送信息 22 篇，信息阅读次数 23652 次，阅读人数 16413 人。

微银行业务是利用微信平台开办微银行业务，花溪农商行微信入驻商户 683 户，其中生活圈商家数 515 户，黔乡游商家数 168 户。

花溪农商行 2005—2016 年电子银行设备及业务情况表

单位：户、台、张、笔、万元

年份	信合卡													网上银行			手机银行			村村通						自助终端						电子业务替代情况				
			银联 POS		农信银 POS			ATM																												
	年末累计发卡数	年末累计销卡数	累计交易笔数	累计交易额	累计交易笔数	累计交易额	累计交易手续费收入	累计交易笔数	累计交易额	累计交易手续费支出	年末卡存款余额	卡存款占储蓄存款(%)	活卡率	年末户数	累计交易笔数	累计交易额	年末户数	累计交易笔数	累计交易额	年末户数	累计交易笔数	累计交易额	累计手续费	行政村数	覆盖率	年末多媒体自助终端台数	年末 ATM 自动柜员机台数	年末 CRS 自助存取款一体机台数	年末 POS 机台数	累计交易笔数	累计交易额	柜面渠道办理笔数	本行卡在本行累计办理笔数	本行卡在外行累计办理笔数	多媒体自助终端笔数	电子业务替代率
2005	1009										234.07	0.21																								
2006	24327										9998.42	7.93																								
2007	32211										12198.63	8.55																								
2008	43175										16545.53	11.21																								
2009	55568	1631	17098	32197				6233	92411	14.789	21597.93	13.93	0.1816														2		17	86012	8513					
2010	83185	1639	22684.63353	59925				8199	119171	19.07	32737.86	16.93	0.2013														8	6	24	350740	52951					
2011	124506	3542	42069.12031	72248				10716	121322	21.72	57608.83	22.92	0.2196														10	9	43	522829	80875					
2012	160743	5997	106500	73798				201726	128529	32.27	68904.15	23.12	0.2299	318	6223	9516											16	12	84	935587	127436					
2013	205294	9184	134972.3651	127780				278402	130335	44.53	219292.06	35.21	0.2331	2937	41038	802163											19	15	121	1376019	158765					
2014	247559	19220	163725	177430	21669	8150	0.13	293285	200699	54.51	129489.47	26.19	0.1548	4690	86674	1435273	1601	10635	1189	199	21669	8150	0.13	165	120.61%		58	20	383	2913993	207860	5631020	1317058	1596935		34.10168013
2015	306206	24521	246287	216106	181777	13211	1.14	366875	308601	57.06	156439.76	25.51	0.1243	8910	189565	2497806	7103	53357	7818	193	181777	13212	1.14	158	122.15%	2	85	20	743	3275142	407877	2535560	2560204	713650	1288	56.36396429
2016	367668	26660	294754	221674	244544	15037	1.47	324924	386599	58.72	207089.63	27.5	0.1184	13461	275755	3032912	18414	581722	100934	194	252085	8247	0.92	158	122.78%	21	120	20	937	4892154	626025	2183028	4458675			67.13

第五篇 管理

2016 年 9 月 12 日，花溪农商行工作会议

第一章　社员（股东）股金

股金是指参加信用社的社员自愿入股而缴纳的归信用社统一使用的一种本金，是信用社自有资金的重要组成部分。股金管理的主要内容有社员的资格、权利、义务，股权设置、变更，股金清理、分红等方面。

第一节　社员（股东）

1954年，花溪地区农村信用社成立之初，《信用社章程》规定年满18周岁（有的规定16周岁）的贫下中农，可以通过缴纳入社费和股金成为信用社的社员（股东）。股东的权利有：享有本社存款放款及其他业务的权利；有选举权和被选举权；对本社业务、财务等工作，有查询和批评建议的权利；享有本社各种文化卫生等福利设施的权利。股东承担的义务有：缴纳入社费和社股；遵守本社章程及各种规则，服从本社决议；保护本社利益，爱护本社财产；发展新社员；响应本社号召，参加本社各种活动。1989年《花溪农村信用合作社章程》规定：凡承认信用社章程、缴纳股金，年满18岁的农民、集镇居民、农村个体工商劳动者，经批准均可加入成为社员。

2004年4月18日，花溪区农村信用社改制为花溪区农村合作银行。花溪合行的股东享有以下权利：参加和委派代理人参加股东会议，依照其所持有的股份份额并按有关规定行使表决权；享有选举权与被选举权；对花溪合行的经营行为进行监督，提出建议或质询；对花溪合行金融服务的优先权和优惠权；依照其所持有股份种类和份额获得股利和其他形式的利益分配；依照国家法律、法规、行政规章和本章程的规定转让股份、优先认购股份；依照法律、法规、行政规章和本章程的规定获得有关信息；花溪合行终止或清算后依法参加花溪合行剩余财产的分配；国家法律、法规、行政规章和本章程规定的其他权利。股东的义务有：承认并遵守花溪合行章程；按其所认购的股份为限对花溪合行债务承担责任；按规定以所持股份为限对花溪合行承担责任；维护花溪合行的利益和信誉，支持花溪合行开展各项业务；服从和履行股东代表大会决议；当法人股东的法定的代表人、公司名称、营业地点、经营范围、隶属关系及其他重大事项发生变更，以及公司解散被撤销或与其他公司合并、被其他公司兼并时，法人股东应提前30天书面通知花溪合行；法律、法规、行政规章和花溪合行章程规定应承担的义务。

2013年，花溪农商行规定股东应符合以下条件：具有完全民事行为能力的中国公民；有良好的社会声誉、诚信记录；入股资金来源真实合法，不得以借贷资金入股，不得以他人委托资金入股；银监会规定的其他审慎性条件。花溪农商行的股东享有以下权利：依法请求、召集、主持、参加或者委托代理人参加股东代表大会，并依照其所持有的股份份额行使表决权；依法享有选举权和被选举权；对花溪农商行的经营行为进行监督，提出建议或质询；依照其所持有的股份份额获得股利和其他形式的利益分配；依照法律法规及本章程的规定转让、赠予或质押其所持有的股份；可以查阅银行的章程、股东名册、股东大会会议记录、董事会会议记录、监事会会议记录、年度财务报告。在查阅资料前，应当向银行提供书面申请和股权证书原件，经银行核实股东身份后按照股东的有关要求给予提供。股东对获取的有关资料及其内容负有保密责任。银行终止或清算时，按其所持有的股份份额参加银行剩余财产的分配。对股东大会做出的银行合并、分立决议持异议的股东，可要求银行收购其股份。此外，还享有法律法规、行政规章和花溪商业银行章程所赋予的其他权利。花溪农商行章程规定股东承担以下义务：遵守法律法规和花溪农商行章程；依其认购的股份和入股方式缴纳股款；除法律法规规定的情形外，不得退股；维护花溪农商行的利益和信誉，支持花溪农商行合法开展各项业务；服从和履行股东大会决议；不得滥用股东权利损害花溪农商行或者其他股东的利益，不得滥用花溪农商行法人独立地位和股东有限责任损害花溪农商行债权人的利益；在花溪农商行可能出现流动性困难时，在花溪农商行有借款的股东应立即归还到期借款，未到期的借款应提前偿还；法律法规及花溪农商行章程规定应当承担的其他业务。

第二节 股 金

一、股权设置

20 世纪 50 年代建社初期，花溪地区各农村信用社发动群众入股，入股金额为每股 2 元，工本费 0.1 元，共计 2.1 元。1997 年，花溪联社的股金标准为：个人股金每股 50 元，团体股金每股 5000 元；且必须以货币资金入股。1999 年，花溪区各农村信用社根据人行贵阳中心支行规定，将社员入股起点标准定为个体社员 100 元，职工个体社员 2000 元，团体社员 10000 元。2000 年 5 月，花溪联社向人行花溪行社监管组提出要充实扩大股本金的请示，要求各基层信用社需要继续增资扩股 300 万元；同时各基层信用社增加向联社入股，共计 540 万元。

2004 年，花溪合行开始设置资格股和投资股，股本构成分为自然人股和法人股，自然人股和法人股又分别设定资格股（基础股）和投资股两种。花溪合行每股股本金为人民币 1 元，自然人股东（包括职工）资格股为 500 股，法人股东资格股为 10000 股。自然人投资股起点为 1000 股，法人投资股起点为 10000 股。资格股实行一人一票。自然人股东每增加 2000 股按投资股增加一个投票权，法人股每增加 20000 股投资股增加一个投票权。2006 年，花溪合行开始增资扩股。本次募集的股权只设置投资股，每股金额人民币 1 元，投资股不能退股但可以转让。单个自然人入股起点为 50000 股，持股比例最高不超过总股份的 5%；企业法人入股起点为 100000 股，持股比例最高不超过总股份的 5%，超过 5% 的部份报中国银行业监督管理委员会贵州省银监局审批。2007 年 12 月，花溪合行股本总额 8375 万元，其中资格股 1041 万元，占 12.43%，投资股 7334 万元，占 87.57%。

2009 年，花溪合行增资扩股，向社会定向募股 1 亿元。此次股金募集只设投资股，每股金额人民币 1 元。前十大股为：贵州麒鑫房地产开发有限责任公司（900 万）、贵阳金龙水泥有限公司（900 万）、贵州亨特房地产开发有限公司（900 万）、

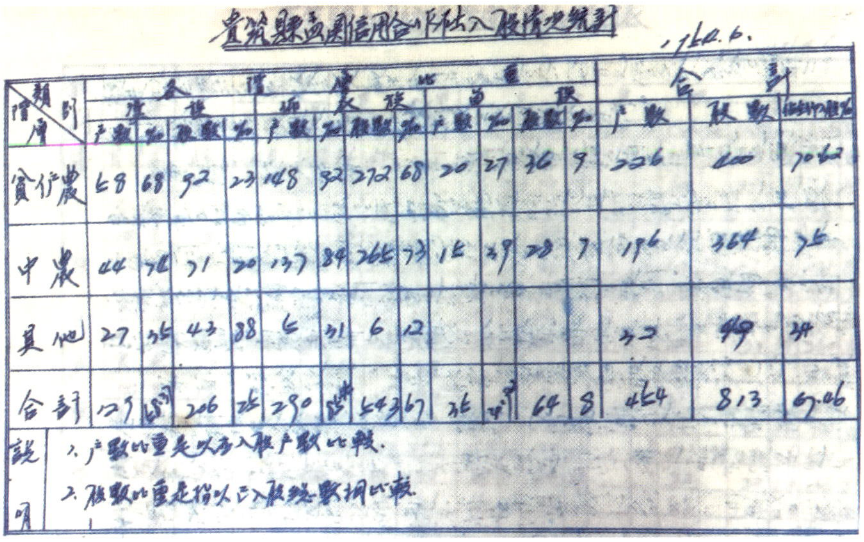
贵筑县孟关信用合作社入股情况统计　1954.6.

类别 / 阶层	各阶层比重												合计		
	[illegible]				[illegible]				[illegible]						
	户数	%	股数	%	户数	%	股数	%	户数	%	股数	%	户数	股数	[illegible]
贫雇农	68	68	92	23	148	82	272	68	20	27	36	9	226	400	70.62
中农	44	76	71	20	137	84	266	73	15	29	28	7	196	364	75
其他	27	35	43	88	6	31	6	12					32	49	34
合计	129	[illegible]	206	25	290	[illegible]	543	67	36	[illegible]	64	8	454	813	67.06

说明：1. 户数比重是以各入股户数比较。
2. 股数比重是指以已入股总数相比较。

1954 年孟关信用社入股情况

贵州恒大钢筋加工配送有限公司（900万）、贵州众拓房地产开发有限公司（800万）、贵州华宇地产集团有限公司（620万）、贵州利尔房地产开发有限公司（500万）、贵州亚泰职业学院（500万）、贵阳吉麟投资有限公司（500万）、郭李（360万）。2009年12月31日，共清转股金26396户，募集股份7205.61万元。2010年12月末，花溪合行进行股权结构改造，全面清退资格股。这一年的资格股为零，投资股为18300万元。2011年，贵州省农信社股权改造工作正式启动，全省85家联社（行）围绕省联社关于“2012年底前确保将全省农信社资格股全部转换为投资股”的股权改造总体目标，于2012年9月提前完成“全面取消资格股”规划目标任务。

2013年，花溪农村商业银行设置自然人股和法人股。每股金额为人民币1元，实行同股同权，同股同利。新增单个自然人认购股份起点为350万股，即不低于股本总额的5%，单个自然人持股不超过1400万股，即单个自然人投资入股比例不得超过总股本的2%。新增单一法人股本最低认购起点为700万股，且单个境内非经融机构及其关联企业投资入股比例不超过股本总额的10%。法人股东合计投资入股比例不低于股本总额的50%，持股比例超过5%的法人股东不低于三户；职工合计投资入股比例不超过股本总额的10%。任何发起人持有花溪农商行股份总额5%以上需要事前报银行业监督管理部门批准。

2014年，花溪农商行有股金50000万元，均为投资股。法人股15户，持有花溪农商行股金25050万元，占总股本50.1%；自然人股共850户，金额24950万元，占总股本49.9%。自然人股中农商行职工持有股份为5373.89万元，占比10.75%；其他自然人股为19576.11万元，占比39.15%。最大单户自然人持有股份1000万元，较2012年末增加177.78%，占比2%；最大单个法人持有股份5000万元，较2012年增加455.56%，占比10%。2015年末，农商行股权设置为投资股，股本总额为50000万元。股权机构为：自然人股24803.71万元，占比49.61%，法人股2519529万元，占比50.39%；自然人股中，职工股5324.16万元，占比10.65%；最大单个自然股为1000万元，占比2%，最大单个法人股5000万元，占比10%。全行股东人数为860人，其中自然人股东844人，占比98.14%，自然人股东中内部员工股东188人，占比21.86%；法人股东16人，占比1.86%。

2016年末，花溪农商行有股金55000万元，均为投资股。法人股16户，持有花溪农商行股金28248万元，较2015年增加10%，占总股本51%；自然人股共841户，金额26752万元，占总股本49%。自然人股中内部职工持有股份为5862.6万元，较2015年末增加9.85%，占比10.66%；其他自然人股为20889.4万元，较2015年末增加6.7%，占比37.98%。最大单户自然人持有股份1100万元，较2015年末增加10%，占比2%；最大单个法人持有股份5500，较2015年增加10%，占比10%。

二、退股与转让

信用社成立初期，人总行规定社员可以申请退股，办理转移关系，股权可以转让。

1959年至1961年，花溪地区部分农村信用社出现社员退股的情况，石板信用社股金一度跌为零。

2004年，花溪合行规定，股东持有的股份，经董事会同意，并按规定办理登记手续后，可以依法转让、继承和赠予。2005年5月，花溪合行首届第六次董事会审议通过《贵州花溪农村合作银行股金转让签署授权方案》，凡花溪合行股份发生转让、继承和赠予时董事会授权董事长按《章程》规定签署。

2013年，花溪农商行章程规定：对坚持要求退股的原股东，在净资产量化后允许其以转让、退股等方式处理。2014年，又规定：农商行股东所持的股份不得退股，但可依法转让、继承和赠予。

三、股金分红

1957年，花溪地区各信用社根据中国人民银行颁布的《农村信用社示范章程》，决定按不超过盈余额40%的原则提取股金分红兑现给入股社员。

1958 年，信用社划归当地公社管理，花溪各公社信用社原有股金转为业务基金，取消股金分红。1978 年起，按人行贵州省分行转发人总行的规定，农村信用社恢复社员股金分红，按一年定期存款利率付给股息。

2004 年，花溪合行制定分红方案，规定：股权红利分配时间为股东代表大会通过本分配方案后执行，但最长不能超过每一会计年度结束后 6 个月；股权红利分配的原则是资格股和投资股分别按原值进行分红，股权红利分配金额以不超过总股份的 10% 为原则。本次股权红利分配总金额为 251.5 万元，占 2004 年度花溪合行利润总额的 50%。资格股 1155 万元预计按年利率 3.5% 进行分红，分红 40 万元；原花溪区农村信用社老股金 157 万元，按年利率 3% 进行分红（原花溪区农村信用社以前年度老股金的红利已按年支付），分红 4.7 万元。投资股 2292 万元，按年利率 9% 进行投资分红，分红 206 万元。股权分红应向税务机关缴纳的个人所得税由花溪合行代扣。2005 年，花溪合行在各营业网点开展股权红利兑现工作。资格股按 3.5%、投资股 9%、原花溪区农村信用社老股金按 3% 的比例及额度大小和入股时间长短（按日计算）计算红利。

2006 年 12 月，花溪合行首届股东代表大会第四次全体会议审议通过贵州花溪合行 2006 年度股权红利分配方案，分红比例为每股 1 元，资格股每 100 股按 3.60 元进行分红，投资股每 100 股按 10 元进行分红，原花溪区农村信用社老股金按每 100 股按 3 元进行分红。

2008 年，花溪合行的红利分配方案中分红比例为每股 1 元，资格股每 100 股按 3 元进行分红，投资股每 100 股按 8.5 元进行分红。2009 年，花溪合行的红利分配方案中分红比例为每股 1 元，资格股每 100 股按 3 元进行分红，投资股每 100 股按 8 元进行分红。

2010 年，花溪合行的红利分配方案中分红比例为每股 1 元，资格股每 100 股按 2 元进行分红，投资股每 100 股按 9 元进行分红。2011 年至 2012 年，花溪合行的红利均为每 100 股按 10 元（税前）进行分红。2013 年，花溪农商行红利分配对应股权总额为 50000 万元。2014 年，花溪农商行向投资者分红 7500 万元，分红比例为 15%。

2015 年，花溪农商行红利分配对应股权总额为 50000 万元。每 100 股全年按 15 元进行股金分红。其中，现金方式每 100 股全年按 5 元进行分红；股份分红方式每 100 股按 10 元进行分红。转增至各位股东股本，现金分红金额 2500 万元，股份分红 5000 万股，每股按 1 元计算。

2016 年，花溪农商行向投资者分红 7500 万元，分红比例为 15%，其中 2500 万元为现金分红，5000 万元为转增股本。

花溪区农村信用合作股金统计表

年份	股金总额(元)	增减(%)
1985	102734.85	23.64%
1986	113554.22	10.53%
1987	116469.77	2.57%
1988	109238.27	-6.21%
1989	104806.27	-4.06%
1990	136439.27	30.18%
1991	125059.27	-8.34%
1992	188501.87	50.73%

续表

年份	股金总额(元)	增减(%)
1993	288110.87	52.84%
1994	319361.77	10.85%
1995	312034.77	-2.29%
1996	311005.77	-0.33%
1997	2205142.45	609.04%
1998	2201114.02	-0.18%
1999	2231213	1.37%
2000	10282169.65	360.83%
2001	13724743.7	33.48%
2002	21729606.1	58.32%
2003	27680964.8	27.39%
2004	36030397.05	30.16%
2005	35449649.8	-1.61%
2006	35358044.8	-0.26%
2007	83749905	136.86%
2008	82967875	-0.93%
2009	155023978	86.85%
2010	183000000	18.05%
2011	183000000	0.00%
2012	183000000	0.00%
2013	429290892	134.59%
2014	500000000	16.47%
2015	500000000	0.00%
2016	550000000	10.00%

第二章 经营责任制

农村信用社时期，实行的是国家牵头、国家管理、自主入股的经营管理模式。至农商行时期，实行单独核算、自主经营、自负盈亏的经营管理模式。银行自我管理权限逐渐增大，市场适应能力更强，经营效果较好。

1954年，信用社的管理，是由入股社员代表组成信用社社员代表大会进行民主管理。

1956年，信用社由市农行信合股进行管理，之后，农行并入人行，在人行设立农金股管理，此时由人行与农行对信用社进行双重领导。1958年，农村信用社管理体制改革，实行“两放、三统、一包”，银行营业所和信用社机构、人员下放到人民公社，成为公社的信用部，由国家下发统一经营目标，实行信贷资金差额包干。1959年，信用社与银行营业所分开，信用社归人民公社和生产队管理，人民银行只管理业务。

1974年至1977年期间，花溪区各公社信用社陆续成立信用社贫下中农管理委员会，信用社大事、要事的决策，有时需社贫下中农管理委员会讨论决定。1993年9月30日，花溪联社向花溪人民银行申请成立联社营业部，联社由管理型转变为管理经营型。1996年5月，花溪联社第二届社员代表大会召开，为进一步建立健全管理体系、行社脱钩作准备。

1997年12月，中国人民银行花溪区支行发布《关于成立整顿农村信用社验收组的通知》，由中国人民银行花溪区支行和花溪区农村信用社有关人员组成整顿规范农村信用社验收组，帮助花溪区农村信用社整顿规范工作，具体的整顿内容包括清资扩股、建立民主管理组织、进一步健全和落实各项规章制度、全面清理资产、清理财务、规范服务方向、调整利益分配方式、搞好机构网点的调整。

2000年3月，中国人民银行贵阳市分行印发《人行贵阳市中心支行农村信用社监管责任网络图》，花溪监管组由王天均、蔺远春、吴凡、金翠英、黄渊明、李志华、张军怀、邓前富、胡蓉、李清林等人组成。7月12日，花溪联社认定花溪区农村信用合作社的经济性质是集体所有制性质的合作金融组织。2001年6月，花溪联社向行监管组提交农村信用社实行统一核算的申请。2004年，花溪区农村信用社和农村信用合作社联合社组建为花溪农村合作银行。花溪合行是经中国银行业监督管理委员会批准的具有独立法人资格合作金融机构。2005年，花溪合行董事会审议通过《贵州花溪农村合作银行代办员管理暂行办法》，要求逐步建立一个能渗透到各个领域的代办员网络，推行客户经理制。花溪合行发文《花溪农村合作银行等级管理办法（试行）》，实行等级管理。

2013年，以贵州花溪农村合作银行为基础组建贵州花溪农村商业银行。花溪农商行是由境内自然人和非经融企业法人以发起人的方式设立的股份有限公司，具有独立的法人资格，享有由股东入股投资形成的全部法人财产权，依法享有民事权利，并以其全部法人资产独立承担民事责任；不受任何单位和个人的干涉，遵守国家法律、法规，执行国家政策，依法接受银行业监督管理机构的监督管理。

第三章　贷款管理

第一节　贷款管理沿革

1954 年，农村信用社成立之初，除现金借贷外，还出现过实物借贷。此时贷款全部为信用贷款，无需抵押。借款人提出申请，村委会进行审批，信用社主任对其进行信用审核后，即可发放贷款。贷款只有农户小额贷款，金额一般为几元至十几元，用于解决农户购买生产工具和生活困难问题。1958 年，实行人民公社化后，信用社更名信用部，人行贵州省分行提出“大存、大放、大收”的口号，贷款范围扩大。1961 年，按照人总行的指示精神，全区农村信用社贷款发放对象贯彻执行党的“以粮为纲”政策。1962 年，花溪区对各信用社下达 1 万元的信贷指标，此时按照 50 斤大米折算 5 元的物价进行衡量。

1991 年，花溪联社贷款管理情况混乱，各信用社自批自贷、越权贷款时有发生。1992 年 5 月，花溪联社《贷款清查发现问题及整改意见》中对违章违纪贷款，不执行“三查”制度，小煤窑无“三证”贷款，行、社职工家属逾期的贷款，收账不入账、挪为己用或转借他人使用等方面做出整改意见规定。1993 年 11 月，花溪联社为加强信贷管理，对发放工商企业流动资金贷款实行“三查”制度，要求做到贷前检查、贷时审查、贷后检查。1994 年，花溪联社推行信贷资产风险管理，实行新的会计制度和财务制度；推行“审、贷、查”分离制度；贷款审批小组保留，并担任审查岗工作；信贷科以分岗不定人的方法进行工作，贷款不允许搞“一手清”。

1996 年，花溪联社转发市分行《转发人总行“关于做好 1996 年农村信用社信贷资金管理的通知”的通知》，要求严格把存贷比例控制在规定的范围内。1997 年 10 月，中国人民银行花溪区支行发布《花溪区农村信用联社大额贷款向人行花溪区支行报告备案的通知》，要求农村信用联社对同一贷款对象依次发放人民币短期贷款达 20 万元以上、中长期贷款达 10 万元以上的，须向人行花溪区支行进行报告备案；要全年填制“贵州省金融机构人民币大额贷款（短期）监测统计表”，按季填制“贵州省金融机构人民币大额贷款（中长期）检测统计表”。两表分别在月后（季后）十日内报送。

20 世纪 80 年代，青岩信用社员工到乡村催收逾期贷款

1998 年，花溪联社明确贷款要向农业倾斜，在信贷投向上实现“三优

先”即社员贷款优先、农户贷款优先、农业贷款优先；在贷款形式上，为方便农户贷款，可发放3000元以下的信用贷款，简化贷款手续，保证农业贷款及时到位，贷款利率上可以适当优惠。

2000年，花溪联社成立联社大额贷款审批委员会，实行审贷分离，并对各社贷款审批小组成员、贷款审批权限进行调整。4月，贵阳市花溪联社发布关于调整各社贷款发放权限的决定，要求信用社对最大的一家客户贷款余额不得超过本社资本金额的30%，对最大十家客户贷款余额不得超过本社资本总额的1.5倍；信用社主任贷款的发放审批权为5万元（含5万元）以下，信贷员发放贷款的权限为3000元以下；严禁发放异地贷款。5月29日，花溪农村信用社合作社联合社发布关于调整花溪农村信用联社贷款审批领导小组和贷款审批委员会的通知，调整后的贷款审批领导小组由吴勇、杨继军、龙超林组成，吴勇任组长。

2004年3月，花溪联社主任办公会对贷款审批权限进行调整，信贷员贷款发放权限为3000元及以下；营业部经理、信用社主任、分社经理为3000元－20000元；营业部、信用社、分社贷款审批小组为2－5万元；联社贷款小组为5－20万元；联社贷款审批小组为20万元以上。6月16日，行长办公室会议对贷款审批权限及相关事宜进行明确：信贷员的贷款发放权限为3000元以下（含3000元），各支行行长、分理处主任贷款审批权限为3000元以上至10000元（含10000元）。

2007年11月，《贵州花溪农村合作银行贷款操作规程》发布。该规程规定发放、收回过程中对贷前调查、贷时审查、贷后检查、贷款收回、不良信贷资产管理、呆账贷款核销、信贷管理及信贷工作总结等内容。2008年2月，花溪合行第一次董事会审议并通过《贵州花溪农村合作银行受灾专项应急贷款管理办法》。

2010年，花溪合行制定下发《贵州花溪农村合作银行固定资产贷款实施细则及操作规程》《贵州花溪农村合作银行流动资金贷款实施细则及操作规程》《贵州花溪农村合作银行个人贷款实施细则及操作规程》等规章制度，对全行的贷款业务流程进行重新梳理，指导全行信贷业务的开展。2011年，花溪合行上线运行信贷系统，建立信贷基础数据库和信息共享平台，通过科技手段解决信贷报表手工操作和重复劳动的问题；开展客户“大走访”活动，组织信贷人员深入社区、市场、企业调查摸底，了解企业、居民、个体工商户的生产经营情况和有效资金需求情况，建立全区个体工商户、居民、中小企业信用档案5226户，授信金额达26亿元。

2012年，贵州花溪农村合作银行调整信贷结构，把信贷资金更多的投向“三农”和小微企业，确保“两个不低于”的实现。对全行新增100万元以上大额贷款进行专项信贷检查，重点检查贷款发放条件、信贷资金使用情况、贷款审批流程合规性、贷款档案完整性、贷后检查及时性等。此次检查贷款户数150余户，金额达11.31亿元。2013年12月，花溪农商行第一届董事会第一次会议，制定《贵州花溪农村商业银行股份有限公司信贷管理办法》。

2015年末，农商行各项贷款余额86.40亿元，较年初上升19.54亿元，完成全年任务数的127%，其中，小微企业（含个体工商户）贷款余额53.76亿元，占比为62.22%；“三农”贷款24.90亿元，占比为28.82%。

第二节 农户小额贷款管理

农村信用社成立后，主要办理农户小额贷款，贷款形式为信用贷款，主要用于农业生产和生活。1998年，花溪联社推广小额农户贷款。1999年10月，花溪联社在青岩信用社进行资信卡业务试点和在全区信用社实施小额农户贷款业务。

2004年，花溪合行筹集资金支持农村产业结构调整和农业产业化经营，组织实施“农民百元增贷工程”，把推广小额农贷与实施“农民百元增贷工程”有机结合起来。全年累计发放小额农贷2亿元，累计收回1.6亿元，小额农贷余额1.94亿元，平均每个农户贷款843元，平均每个农民增贷170元。

2006 年 5 月，花溪合行董事会审议通过《贵州花溪农村合作银行农户小额信用贷款管理办法》，办法规定评定用户等级程序为信贷员深入村进行资信调查、量化评分（优秀为 90 分以上；较好为 70－89 分；一般为 60－69 分）；由农村信用等级评定小组进行信用审定；审议通过后贷款审批小组讨论确定授信限额（一般优秀授信限额 5 万元以内，较好授信限额在 3 万元以内，一般授信限额在 1 万元以内）；最后在村里面进行为期 7 天的张榜公布。农户小额信用贷款实行灵活还贷方式，对即将到期的贷款提前一个月抄送催收通知，提前 10 日送达借款人，并签收回执归档管理。对农户经济档案进行编号管理，实行一户一档。对农户信用等级进行年审和三年审，不合格的实行降级处罚。

2008 年 7 月，花溪合行董事会审议通过《贵州花溪农村合作银行农民子女助学贷款管理办法》。2009 年 2 月，《贵州花溪农村合作银行农户小额信用贷款管理办法（修订）》对 2006 年办法的授信额度进行修订，规定农户信用等级评分为 5 个等级：A 级（一般，授信额度 5000 元），AA 级（较好，授信额度 2 万元），AAA 级（优秀，授信额度 5 万元），AAAA 级（贷款最高授信 15 万元），AAAAA 级（贷款最高授信 30 万元）。利率按照授信等级确定，对信用村（乡镇、组）实行优惠利率。花溪合行将农户小额信用贷款额度由 5 万元调整到 30 万元，以满足不同层次农户资金的需求。6 月 5 日，花溪合行董事会审议通过《贵州花溪农村合作银行关于危房改造“新家园”贷款管理办法》，对符合当地政府危房改造鉴定标准、并纳入当地政府危房改造范围内的农户发放该项贷款。该贷款属于小额农户信用贷款，原则上贷款不超过投资总额的 50%，利率按照基本利率执行，原则上贷款期限为五年。

2010 年，花溪合行小额农贷在全区覆盖面达 90% 以上。当年，贵州省遭遇有气象记录以来最严重的旱情，“三农”经济严重受创。花溪合行成立抗旱救灾信贷工作领导小组，制定 2010 年抗旱救灾应急方案，调整信贷投放计划，加大对抗旱救灾工作的资金倾斜力度，优先满足农户抗旱保苗的贷款要求。7 月 21 日，《贵州花溪农村合作银行失地农户贷款管理办法》规定：农民土地被依法征收后，家庭人均耕地面积少于 0.3 亩的具备还款付息能力的农民可向银行申请不得超过 30 万元的贷款，自筹资金不得低于 30%，利率按照小额农户贷款利率执行。

2013 年，花溪合行修订农户贷款管理办法，简化贷款流程，加大农户贷款额度，调整农户贷款优惠利率，增加自助服务设备建设。与青岩镇政府合作，开始打造“信用镇”建设。11 月，青岩镇的信用镇创建顺利通过省联社的验收，成为花溪区首个“信用镇”，所有的村民贷款利息可以优惠 8%。2015 年，根据国务院《关于开展农村承包土地的经营权和农民住房财产权抵押贷款试点的指导意见》，花溪农商行实行农户“两权”质押贷款。2016 年 5 月，花溪农商行为花溪区扶贫主管部门建档立卡贫困农户提供 5 万元（含）以下、3 年期（含）以内的“小康卡·特惠贷”精准扶贫农户小额信用贷款。

2016 年花溪农商行客户经理收集农户信息影像资料

第三节　企业贷款管理

一、小微企业贷款管理

1984 年，信用社在开展贷款业务中，重点支持“两户一联”发展商品经济，既保证农业生产贷款需要，又对发展养猪、养鱼、烤烟、人工菌、面房、粉坊、小型加工厂、建材厂等重点户、专业户给以支持。1991年，花溪联社在工作安排意见中指出，要严格控制固定资产贷款，对部分资金不足向银行办理借入款的社，坚决不允许发放个体工商户贷款，如确实需要（指社会需要、信用社经营需要）且金额在3000元以下可以发放，但必须按照上级行有关信贷规定办理。

2001年5月，花溪联社收到人民银行成都分行《关于进一步改进对中小企业金融服务的通知》，要求重点扶持科技型、自愿综合利用型、农副产品型、加工型、出口创汇型、社区服务型中小企业，对信誉好、清偿能力强的中小企业要与大企业一视同仁，对资金困难的商业银行，人民银行可以通过再贷款、再贴现等予以支持。2002年，联社开展个体工商户及城镇居民消费贷款，拓展金融产品市场。

2009年，《贵州花溪农村合作银行城镇居民、个体工商户最高限额抵押小额贷款管理办法（暂行）》发布。2010年5月，《贵州花溪农村合作银行小企业信贷业务尽职免责实施细则》实施。该细则规定信贷人员在贷款过程中严格按照有关程序、政策尽责完成贷款发放，经尽责评价小组认定后可以免除相应的合规责任。2011年10月，花溪合行作为试点单位组建小微企业金融服务中心，并制定本行《小微企业金融服务中心管理办法（草案）》。

2013年，花溪合行加大对小微企业（含个体工商户）走访、评级授信工作，提高对小微企业的信贷支持力度。全年向小微企业发放贷款12.5亿，个体工商户发放贷款4250户，解决小微企业融资难问题。2015年，花溪农商行各项贷款余额86.40亿元，其中小微企业（含个体工商户）贷款余额53.76亿元，占比为62.22%，实现小微企业“三个不低于”的目标。

2016年，花溪农商行为贵阳花溪久安农绿种植专业合作社在无抵押担保的前提下，提供“银行+合作社+农户”的贷款模式。该模式是以合作社社员作为承贷主体，花溪农商银行为社员进行建档评级授信，发放“小康卡”农户信用贷款，社员得到发展资金，可以自愿以入股资金的形式入股合作社，也可以扩大自己的生产规模，提高产量，以交易量的5%计提给合作社，合作社年终按照提留资金的结余、项目结余以及政府的相关补助资金结余的5%分红给社员。

二、公司贷款管理

1992年5月，花溪联社发布《贷款清查发现问题及整改意见》，规定无“三证”的小煤窑、煤矿，一律不准发放贷款，一经发现发放无“三证”小煤窑贷款的，限期收回，经办人、审批人、监督人均按违章贷款的第一条处罚规定执行。1998年10月，联社下发《关于严禁用集资建房、无证煤窑抵押贷款的通知》，规定办理抵押贷款时，单位集资房不论全产权与否，不得用于抵押贷款；无证煤厂申请贷款，不论抵押物是否过硬，也不得发放信贷资金。若违规发放，造成信贷损失的，由经办人承担经济责任和法律责任。

2005年，花溪区农村合作银行贷款审批委员会召开贷款审批委员会会议。会议审议通过贵州新概念食品有限公司申请贷款490万元，贵州贵大神农科技有限公司申请借款95万元，贵阳市南明区张荣、沈平申请借款80万元，贵阳花溪通达机械制造有限公司申请借款300万元，花溪国际旅行社申请借款490万元，花溪区人民医院申请借款450万元，花溪石板镇邱林申请借款100万元，花溪区西南城建开发有限公司申请借款210万元，贵阳花溪国运绿色产业投资发展有限责任公司申请借款110万元，贵州红跃房地产开发有限公司申请借款700万元。

2011年，花溪合行针对小孟汽车城、合朋汽车市场、金石石材城、东方钢材市场商户的不同需求，为企业量身定做信贷支持方案，签订长期合作协议，通过联保贷款等方式，支持商户25户，金额达8000万元。2013年，贵州花溪合行向花溪金石石材工业园信贷支持3亿元，孟关汽贸城信贷支持8000万元，青岩小镇建设信贷支持2500万元，天河潭休闲旅游综合体信贷支持4000万元，花溪区久安现代高效茶叶示范园区工程信贷支持1500万元。

第四节　单位职工贷款管理

1992年5月，花溪联社《贷款清查发现问题及整改意见》规定，职工要归还职工家属的逾期贷款、呆滞贷款。否则，每月从职工工资及各项补贴、奖金中扣还或依法起诉。1998年10月，花溪联社下发关于清收内部职工家属、亲属到逾期贷款的通知，对内部职工家属、亲属到逾期贷款从严管理，限期归还。凡在职和退休职工家属、亲属欠到逾期贷款的必须在1998年12月底前还清，如果到期没有还清，一律下岗清收。

2006年5月，《贵州花溪农村合作银行行政事业单位职工小额消费贷款管理办法》规定，家庭人均月收入为：800－2000元、2000－3000元、3000－5000元、5000元以上的，贷款额度分别为：20000元、30000元、50000元、100000元。贷款利率按人行规定的同期利率执行，贷款期限最长不超过两年，对违纪发放的经办人员按发放额的5%至20%进行处罚。

2006年5月，《贵州花溪合作银行内部职工信用消费贷款管理办法（试行）》规定，内部职工以个人名义借有或为他人担保的贷款，一般职工工作不满5年的，授信金额不超过5万元；工作年限在5年以上的，授信金额不超过10万元；中层干部副职授信金额不超过12万元，中层干部负责人授信金额不超过15万元，副行长、行长助理授信金额不超过25万元，行长、董事长、监事长授信金额不超过30万元。利率按照人民银行规定的基准利率下浮10%，贷款期限最长不超过5年。

2008年3月，花溪合行首届董事会第二十四次会议审议通过《贵州花溪农村合作银行行政事业单位职工小额消费贷款管理办法（修订稿）》，贷款对象为花溪辖区内行政事业单位正式职工，以贷款证的形式进行发放，根据个人工资水平，结合贷款人实际情况确定贷款额度，家庭月收入为：800－2000元、2000－3500元、3500－10000元、10000元以上的，贷款额度分别为：20000元、50000元、100000元、200000元。2009年7月，花溪合行董事会审议通过的《贵州花溪农村合作银行内部职工信用消费贷款管理办法》规定，贷款人为在编员工，要求有一名正式职工为其担保，贷款利率按同档期基准利率下浮10%。《贵州花溪农村合作银行行政、企事业单位“信誉通”职工消费贷款办法》规定，与花溪合行签订协议的单位员工才能进行该项贷款，授信金额按照年收入的三倍加上固定资产的一半进行确定，最高不得超过50万元。贷款月还款额与月收入在50%以下，月所有债务支出与月收入之比在55%以下，需要提供担保抵押物。

2011年，花溪合行推广“信誉通”行政事业单位职工消费贷款，建档评级483户，授信金额3431万元，贷款366户，贷款金额1627万元；“奔小康”汽车按揭贷款5户，金额86万元。2013年制定《贵州花溪农村商业银行“薪适贷”行政企事业单位职工贷款管理办法》。

第五节　其他贷款管理

2004年，花溪合行开展“双带”致富资金，以小额农贷的形式支撑党员干部的发展，全年贷款832万元。2009年2月，《贵州花溪农村合作银行汽车消费贷款管理办法》。该办法针对的贷款人包括个人和汽车经销商，贷款最高限额控制在所购车辆全部价款的70%以内。个人贷款期限最长不超过5年，法人贷款期限最长不超过3年。

2010年3月，贵州花溪合行审议通过《贵州花溪农村合作银行信用共同体贷款管理办法》。信用共同体是指由银行、中小企业、商会（管委会、行业协会等）三方以显示中小企业信用、规范参与各方信用行为为目的而组建的一个联合体。信用共同体成员申请贷款需要由掌控人推荐，共同体其他成员共同签署联保协议。另审议通过《贵州花溪农村合作银行运营车辆按揭贷款管理办法》。该按揭贷款管理办法是指花溪合行对在特约经销商处申请购买运营车辆按揭的借款人发放人民币担保贷款，贷款额度为：运营车辆按揭贷款的首付额不得低于所购运营车辆价款的40%，贷款人不得高于所购运营车辆价款的60%。还款期限最长不得超过3年。又《贵州花溪农村合作银行“二手房“按揭贷款管理办法》发布。规定住房贷款房龄在5年以下的，借款人可申请期限在10年以下的按揭贷款，申请首付不得低于房产交易价格40%，其贷款额度不得超过房产交易价的60%；房龄在5－10年的，可申请5年期按揭贷款，首付不得低于与房产交易价50%，贷款额度不高于50%；商铺房龄在5年以下的，借款人可申请其现在10年以下的按揭贷款，申请购房首付不得低于房产交易价50%，贷款额度不得超过房产交易价的50%；房龄在5－8年的，借款人可申请期限不超过5年的按揭贷款，申请人购房首付不得低于房产交易价的60%，购房额度不得超过房产交易价的40%。

2010年7月，《贵州花溪农村合作银行自主创业贷款管理办法》规定：自筹资金不得低于贷款额度的30%，个体经营及合伙经营申请贷款人均最高额度不超过8万元；妇女合伙经营和组织起来就业的人均最高额度不得超过10万元；对创业成功的小额贷款，二次贷款最高额度不超过30万元。还款期限最长不得超过2年，特殊情况可延长一年。利率在中国人民银行公布的基准利率上浮3个百分点。劳动密集型按照基准利率执行。

2010年7月，花溪合行作出《贵州花溪农村合作银行个人住房装修贷款管理办法》，规定贷款最高额度不得超过装修总价款的70%，最高限额不得超过30万元。还款期限不得超过5年，到期可按规定办理展期。又发布《贵州花溪农村合作银行应收账款质押贷款管理办法》，明确质押贷款是指贷款人向借款人发放用于日常生产周转且以其合法拥有的应收账款权利质押的人民币贷款。应收账款账龄在6个月以内，贷款额度不得超过所质押应收账款的60%。

2007年12月20日，花溪合行召开大客户座谈会

第四章　信用工程

第一节　试点与推广

农村信用工程建设是指以农户小额信用贷款为基础，通过培育信用农户，创建信用村（组）、信用乡（镇）、农村金融信用县，构建小额信贷质量管理的保障机制。2008 年，花溪合行开始信用工程试点创建，在党武乡龙山村创建首个信用组、信用村，在湖潮乡创建首个信用乡（镇）。

2008 年上半年，花溪合行制定《贵州花溪农村合作银行创建信用乡（镇）信用村（组）工作实施方案》，把推进信用村（组）建设作为支农扶农、防范农贷风险的重要举措，全年创建信用村 1 个、信用组 15 个。2009 年创建 46 个信用组，8 个信用村。2010 年创建 53 个信用组，9 个信用村。2013 年 6 月，花溪合行对辖区内信用村组的“小康卡”信用农户贷款实行利息优惠政策，对所在地为信用村的农户，优惠比例为 3%，所在地为信用组的优惠比例为 5%，优惠比例实行累加制度。2013 年底，全区得到利息优惠的农户有 23297 户，利息优惠金额为 94.3 万元。当年创建 2 个信用乡（镇），34 个信用村。

2014 年，花溪农商行对辖区内所有的农户进行建档、评级、授信，大力创建信用乡（镇）、村（组），对信用乡（镇）的农户实施利率优惠政策，贷款平均年利率比市场利率低近 3 个百分点，为农户节约融资成本 4000 万元。6 月 19 日，花溪农商行制定《贵州花溪农村商业银行信用乡（镇）、信用村、组评定及管理实施细则》。

2016 年，花溪农商行创建信用村 3 个，信用组 36 个，并完成石板信用乡镇创建的申报与验收工作，信用农户授信余额达 35 亿元。截止 12 月 31 日，花溪农商行创建信用乡镇 9 个、信用村 117 个、信用组 644 个；完成全区 50255 户信用农户的年审工作，年审合格率为 100%；为信用农户授信 35 亿元，发放农户贷款余额 21 亿元，有贷款余额农户数 30020 户，其中农户信用贷款余额 20 亿元，有农户信用贷款余额农户数 28431 户，无需提供任何抵押的农户信用贷款余额占整个农户贷款余额的 95%，农户贷款面为 60%，较年初增长 9 个百分点。

2008 –2016 年创建信用组、村、乡（镇）情况统计表

年份	乡镇（个）	行政村（个）	农户（户）	建档评级授信农户（户）	授信额度（万元）	信用农户（户）	创建信用组（个）	创建信用村（个）	创建信用乡（镇）(个)
2008	15	165	51385	45396	126467	42671	15	1	
2009	15	165	52396	46373	125418	43671	46	8	
2010	15	165	53365	47396	130426	44367	53	9	
2011	15	165	54030	48367	136418	46016	0	22	1

续表

年份	乡镇（个）	行政村（个）	农户（户）	建档评级授信农户（户）	授信额度（万元）	信用农户（户）	创建信用组（个）	创建信用村（个）	创建信用乡（镇）(个)
2012	15	165	54273	49373	150618	47787	126	21	2
2013	15	165	55275	50455	205110	48853	263	34	3
2014	12	158	55471	51059	234288	50579	58	15	1
2015	12	158	56344	51624	274490	51279	56	4	1
2016	12	158	56407	50255	352994	49885	27	3	1

第二节 信用评定

为促进信用乡（镇）、信用村、信用组创建工作的开展，2014 年，花溪农商行成立花溪区乡（镇）农村信用工程建设领导小组，领导小组成员由各级政府分管领导及相关职能部门负责人和花溪农商行董事长组成，部门责任主要是对信用乡（镇）、信用村、组创建及评定工作的组织领导。

2014 年，贵州花溪农商行制定《信用乡（镇）、信用村、组评定及管理实施细则》，规定信用组、信用村及信用乡（镇）的评定条件及程序。

一、信用乡（镇）评定条件

（一）辖内信用村达 80%（含）以上或乡镇所辖行政村 6 个（含）以下信用组占比达 80%（含）以上；

（二）原则上农户建档比例不低于 70%；

（三）农户建档面 100%；

（四）农户评级面 100% 以上；

（五）信用农户贷款面 95% 以上；

（六）信用农户年审面 100%；

（七）信用村、组年审面达 100%；

（八）原则上农户贷款面 30% 以上；

（九）按四级、五级分类不良贷款面均为 5% 以下；

（十）各项贷款不良率按四级分类 3% 以下且按五级分类 5% 以下；

（十一）建立阳光信贷机制，按照《贵州省农村信用社阳光信贷工程检查评分表》测评，评分达 80 分以上；

（十二）对不低于 30 户农户金融服务满意度调查且测评达到 80 分以上；

（十三）对不低于 20 户未建档农户进行真实性核实，真实性达 90% 以上；

（十四）按五级分类乡（镇）所属单位、干部及所属村、组干部无不良贷款；

（十五）乡（镇）党委、政府关心、支持农商行工作，无干预银行正常经营活动行为；帮助银行组织资金，所属单位在花溪农商行开立存款账户并长期往来；

（十六）辖内企业、农村专业合作组织贷款五级分类不良率 2% 以下；

（十七）“小康卡”发卡面 90% 以上；

（十八）乡（镇）网点业务发展水平：1. 存贷款增幅或增量高于全区平均水平，2. 收入增幅高于去年同期水平。

二、信用村评定条件

（一）辖内信用组达 80%（含）以上；

（二）原则上农户建档比例 70% 以上；

（三）农户建档面 100%；

（四）农户评级面 100%；

（五）信用农户占应建档农户的 95% 以上；

（六）信用农户年审面 100%；

（七）信用组年审面达 100%；

（八）原则上农户贷款面 30% 以上；

（九）信用农户贷款面 95% 以上；

（十）四级、五级分类不良贷款面均为 5% 以下；

（十一）各项贷款不良率按四级分类 3% 以下且按五级分类 5% 以下；

（十二）建立阳光信贷机制：1. 醒目位置悬挂阳光信贷监督牌，内容包括贷款操作流程、农户评级授信程序和标准、管片信贷员信息、服务电话和监督电话、信用村、组优惠政策；2. 安装信用农户牌匾 80% 以上；3. 公示农户评级授信、农户年审、信用组年审结果；4. 聘请阳光信贷义务监督员；

（十三）对不低于 20 户农户进行金融服务满意度调查，测评达到 80 分以上；

（十四）对不低于 20 户未建档农户进行真实性核实，真实性达 90% 以上；

（十五）按五级分类村及村办企业、村组干部无不良贷款；

（十六）村组领导支持农商行工作，无干预银行正常经营活动行为，帮助银行组织资金，清收旧贷；

（十七）“小康卡”发卡面 90% 以上。

三、信用组评定条件

（一）原则上农户建档比例 70% 以上；

（二）农户建档面 100%；

（三）农户评级面 100%；

（四）信用农户已占评级农户的 95% 以上；

（五）信用农户贷款面 95% 以上；

（六）信用农户年审面 100%；

（七）按四级、五级分类不良贷款面均为 10% 以下；

（八）各项贷款不良率按四级分类 3% 以下且五级分类 5% 以下；

（九）对不低于 10 户农户进行金融服务满意度调查，测评达到 90 分以上；

（十）信用农户牌匾安装比例 90% 以上；

（十一）村民组长支持农商行工作，无干预银行正常经营活动行为；帮助银行组织资金，清收旧贷；

（十二）按五级分类村组干部无不良贷款；

（十三）“小康卡”发卡面 90% 以上。

四、信用乡（镇）评定程序

（一）乡（镇）农村信用工程建设领导小组提出评定信用乡（镇）书面验收申请；

（二）区农村信用工程建设领导小组办公室对评定指标进行审查，并报区农村信用工程建设领导小组；

（三）区农村信用工程建设领导小组召开评定会议，形成会议纪要，填报《贵州省农村信用工程建设信用乡（镇）评定及验收表》，向省联社办事处农村信用工程建设领导小组提出验收申请。

五、信用村评定程序

（一）村委会提出评定信用村申请；

（二）乡（镇）农村信用工程建设领导小组办公室对申报评定信用村的指标进行审查，并报乡（镇）农村信用工程建设领导小组；

（三）乡（镇）农村信用工程建设领导小组召开评定会议，并形成会议纪要。对符合评定条件的在“贵州省农村信用工程建设信用村申请评定及验收表”填写审核推荐意见，向区农村信用工程建设领导小组提出评定信用村的验收申请；

（四）区农村信用工程建设领导小组组织验收工作组对评定指标真实性、资料完整性、档案管理的规范性进行检查验收，并出具验收报告；

（五）区农村信用工程建设领导小组根据验收情况召开评定会议，提出评定结论，并在“贵州省农村信用工程建设信用村评定审查及验收表”签署评定意见，对达到评定条件的应正式给予评定信用村的批复；

（六）区农村信用工程建设领导小组对评定的信用村给予正式批复后，由乡（镇）农村信用工程建设领导小组组织授牌。

六、信用组评定程序

（一）村委会提出评定信用组申请，提交“贵州省农村信用工程建设信用组申请评定及验收表”；

（二）乡（镇）农村信用工程建设领导小组办公室对申报评定信用组进行审查，并报乡（镇）农村信用工程建设领导小组；

（三）乡（镇）农村信用工程建设领导小组组织验收小组对评定指标真实性、资料完整性、档案管理的规范性进行检查验收，并向乡（镇）农村信用工程建设领导小组提出验收意见，乡（镇）农村信用工程建设领导小组召开评定会议，并形成会议纪要，组长在“贵州省农村信用工程建设信用组申请评定及验收表”签署评定意见；

（四）乡（镇）农村信用工程建设领导小组组织对验收合格的信用组进行授牌。

第三节　信用工程管理

一、年审

信用组的年审，由乡（镇）农村信用工程建设领导小组办公室组织开展。年审时间为每年的4月30日前。年审数据以上年末12月31日时点数为准。年审后，信用组、村、乡（镇）应分别达到评定条件，且信用农户年审合格率不低于95%。

2013年，花溪合行利用信贷系统管理平台，完成农户及信用村（组）、信用乡的年审工作。2015年4月，花溪农商行对各涉农支行负责信用村（组）、信用乡的年审工作的相关人员，作关于做好信用村（组）、信用乡的年审流程与数据填报的培训。

二、日常监测

信用乡（镇）、村、组所在网点填报监测数据，按时向总行报送；总行将信用乡镇检测数据向办事处报送。总行汇总辖内信用乡（镇）、村监测指标，发现不达标的信用村，送达预警通知书，并要求乡镇网点及时进行整改，原则上给予一个季度整改期，整改期满仍达不到评定标准取消相应的优惠信贷服务。

三、优惠政策

各网点分别按信用农户、农户信用等级、信用组与非信用组、信用村与非信用村落实信贷优惠服务措施，包括资金优先安排使用、贷款优先办理、信用村（组）贷款利息优惠等。对居住在信用村、信用组内的农户，信用等级评定或年审为一般（A）以上的信用农户优惠比例分别为：居住地为信用组的农户，贷款利息优惠比例为5%；居住地为信用村的农户，贷款利息优惠比例为3%；贷款利息优惠比例实行累加，假设农户居住所在组为信用组，所在村为信用村，则该农户的利息优惠比例为5%+3%=8%，实收利息=应收利息×（1-8%）。

四、信用乡（镇）、信用村、组考核

考核对象为辖区内开展农村信用工程建设的网点及工作人员。考核方式：信用乡（镇）、信用村（组）考核实行单项考核，动态考核，采用定量考核与定性考核相结合，以定量考核为主。

五、监督检查

总行每年定期开展农村信用工程建设“回头看”检查工作，对存在的问题及时提出整改要求，并加强后继跟踪检查。

六、信用乡（镇）、信用村、组档案管理

信用乡（镇）、信用村、组申报资料、年审资料由当地网点归档保管；原则上保管期限为3年，超过期限可登记销毁。

2011年9月23日，花溪合行举办农村信贷业务培训班

第五章 会计出纳管理

第一节 会计管理

一、会计制度沿革

20世纪50至70年代，花溪农村信用社的会计出纳工作一般由2－3人负责，其中一人任主任，另一人任会计（兼出纳），若有三人者，第三人任出纳。大部分会计人员实行未脱产兼职会计业务，实行简单的收付记账方法。

1989年11月，农行贵阳市分行在花溪召开会计会议，要求完善财务制度，做好会计师人才建设，在会计上实行“三整顿”、“四落实”，整顿制度、整顿机制、整顿队伍，落实坐班主任制度、落实会计辅导制度、落实奖惩制度、落实会计人员岗位达标制度。

2000年6月，花溪农村信用合作社转发1999年修订的《中华人民共和国会计法》，按照省联社的要求对《会计法》进行学习，并开展自查和管理工作。

2002年，花溪联社完成80%的网点由手工向计算机转换办理业务；发展中间业务，开通电子联行通兑系统，实现网上通汇。2005年3月，转发省联社《贵州省农村信用社会计业务操作基本规程》。2009年2月，花溪合行董事会审议同意《关于销毁贵州花溪农村合作银行1985年以前会计档案的议案》。

二、会计记账方法、会计科目

农村信用社成立初期，普遍使用单式“收付记账法”，设现金科目，根据现金的实收实付和资金的虚收虚付记账，分资产类、负责类、损益类三类，共23个科目。报表有月报表、季报表、年度决算报表。报表上的现金科目不反映发生数，以现金科目出纳现金余额在报表上反映，用于平衡报表核算。

1959年2月，公社信用部分会计科目设置变为两类：“公社业务类”和“代管业务类”，分别用于核算公社所属的经济单位的各项业务和上级支行委托办理的各项代管业务。“公社业务类”下设25个科目。

1968年，花溪区农村信用社对年终决算表格及会计科目进行精减合并。整理后科目分为六类：各项存款类、各项贷款类、代理和信托业务类、行社往来类、基金及其他负债类、损益类。原有的31个会计科目合并为26个，原个人贷款3个科目合并为“社员贷款”科目，原“集体生产周转金存款”、“公积金存款”、“公益金存款”、“其他贷款”4个科目合并为“人民储蓄存款”，原“个人定期储蓄存款”、“个人活期储蓄存款”合并为“人民储蓄存款”。

1991年11月，花溪联社转发农行《关于调整农村信用社部分会计科目的通知》，要求从下一年起，要把会计科目对照表按照资金来源和资金运用分别按会计科目归属进行调整；凡是使用有错和未分类使用科目的，待年终决算后进行检查。2005年1月，花溪合行转发《中国银行业监督管理委员会办公室关于印发农村金融机构银行承兑汇票、债券返售（回购）业务会计核算手续》的通知，要求各联社持贴现汇票向其他金融机构转贴现、向人民银行再贴现时，分别在资产类会计科目“12895转贴现款项”和“12896再贴现款项”二级科目核算。

三、会计凭证、会计账簿

1966年6月底前，记账方式是借贷记账法，建有总账、集体生产周转存款分户账、集体公积金存款分户账、集体公益金存款分户账、个人定期存款分户账、个人活期存款分户账、活期存款分户账、贫下中农放款分户账、贫下中农低利放款分户账、一般社员放款分户账、集体存款分户账、集体放款分户账、股金分户账、暂收账款分户账、暂付账款分户账、各项开支分户明细账等。账页设置有科目名称、账号、记账日期、摘要、凭证号码、借方发生额、贷方发生额、借方余额、贷方余额、结数、记账员、复核员等栏。业务员依据当日业务发生的凭证要素依次记账，结出本户余额，资产类账户结借方余额，负债类账户结贷方余额，收入类科目账户结贷方余额，支出类科目账户结借方余额，每笔余额后面结出结数后，记账员在记账员栏盖章。

1966年7月，记账方式改为收付记账法，建有总账、活期储蓄存款分户账、定期储蓄存款分户账、集体农业存款分户账、农户贷款分户账、农户生活贷款分户账、集体农业贷款分户账、股金分户账、损益类科目二级明细账。账页设置有科目名称、账号、记账日期、摘要、凭证号码、付方发生额、收方发生额、付方余额、收方余额、结数、记账员、复核员等栏。业务员依据当日业务发生的凭证要素依次记账，结出本户余额，资产类账户结付方余额，负债类账户结收方余额，收入类科目账户结收方余额，支出类科目账户结付方余额，每笔余额后面结出结数后，记账员在记账员栏盖章。

1989年花溪联社转发中国农业银行贵州分行《关于加强农村信用社会计重要凭证管理的通知》，要求信用社必须建立重要会计凭证、帐表（册）、存单（折）的领用、保管制度，并严格按照制度办事；重要凭证必须作好使用登记。1991年，转发省分行《关于切实加强信用社帐簿、凭证、现金管理工作的通知》，要求信用社的现金、账簿、凭证、业务用章要入库保管，不准放存办公桌，业务人员手中周转金必需按时交帐。1993年，因会计记账方式再次改为借贷记账法，因此全部采用新的会计凭证。1998年7月，农村信用社启用由省分行统一安排印制的新格式账表凭证。1999年6月，启用新版银行汇票和商业汇票。

2005年2月，花溪合行建立“重要空白凭证入库（领入）登记簿”、“重要空白凭证出库（发出）登记簿”、“重要空白凭证领用销号登记簿”、“重要空白凭证检查登记簿”，重要空白凭证管理遵循“证印分管、证章分管”原则，有价单证实行“账、证分管”和“证、印分管”原则，领用“有价账单登记簿”。

四、会计核算与会计达标

1954年，花溪地区农村信用社刚建立时，实行单纯的现金核算。1974年，试行中国人民银行统一会计科目、会计档案管理办法、联行往来制度、异地结算会计核算手续，对科目核算内容进行调整。1989年，《花溪农村信用合作联社章程中》规定，花溪联社为一级核算单位，其会计核算、财务管理及财务组织，均按中国农业银行总行《信用社财务会计基本制度》执行。

1991年，花溪联社制定《花溪联社会计达标升级规划》，原办法废止。5月，联社组织两个检查小组，分别对久安、湖潮、石板、孟关、党武为期一周的会计达标工作完成情况检查。1992年，花溪联社制定会计达标总体规划，用三年时间使全区辖信用社（包括三个非独立核算分社）会计工作达到“达标”标准，其中，60%的社达到“三级”标准，10%的单位达到“二级标准”。7月，花溪联社成立会计达标升级检查辅导小组。10月，花溪联社成立会计达标升级考评小组。

1993年2月，花溪区有七个会计达标单位，即：高坡、青岩、金竹、麦坪、久安、孟关、花溪信用社。1997年1月，花溪联社收到转发人总行《关于对银行、信用社重要空白凭证及有价证券管理使用情况进行专项稽核的通知》，要求银行进行自查，并于30日前将检查情况报送人民银行贵阳市分行稽核处。2000年11月，因有些2000

年版银行票据凭证的背面防伪二维标识码在短波灯无荧光显示或显示不明显，造成一些银行汇票不能正常兑付，花溪联社在受理时，其背面加印的二维码暂时不作为审核付款的一项依据。2004年1月，实行《农村信用社会计工作达标升级实施办法》，会计工作等级分为：会计工作达标、会计工作三级、会计工作二级、会计工作一级四个等级。

五、会计电算化

1995年，省农行下达贵阳市农村信用社电子计算机购置计划为18台（套）。购置计划分配如下：花溪联社2台（套）、南明联社8台（套）、云岩联社4台（套）、乌当联社2台、白云联社1台（套）、小河信用社1台（套）。1996年，青岩实现电子化办理业务。上半年，花溪、小碧安装电脑。联社会计科要实现电脑汇总报表，进行电脑短期培训学习。

2001年上半年，花溪联社通过数据移植使8个营业网点参加贵阳市农村信用社门柜业务系统联网，实现储蓄业务的通存通兑，并制定《贵阳市花溪区农村信用社储蓄业务通存通兑管理办法》《贵阳市花溪区微机违规操作处罚办法》等办法。2002年，花溪联社完成80%的网点由手工向计算机转换办理业务。2005年，省联社决定对全省农村信用社的计算机网络模式进行更换，更换为CCIS系统。该系统在原来的基础上，进行部分的修改、开发。使得会计电算化操作更为方便、高效、安全。

六、会计队伍建设

1958年，信用社下放到人民公社后，会计人员队伍有一定程度的增加。1976年，人行贵阳市支行要求各公社要以《贵州省农村人民公社生产队财务会计》为主要内容，有计划、有步骤地进行会计人员培训，统一农村社队帐制。

1982年11月，国家农牧渔业部、农总行发出《关于社队会计辅导工作由农业英航转给农业部门主管的通知》，决定从1983年1月1日起，农业银行不再负责社队会计辅导，改由农业局负责。1991年4月，中国农业银行贵阳市中心支行根据总行提出的《农村信用社会计工作达标升级实施办法》（讨论稿），制定《农村信用社会计工作达标考评标准》试行办法，要求各联社付诸实施。1992年8月，花溪联社在区支行五楼会议室开展会计人员培训工作。培训的内容主要包括：帐簿的结转、记帐凭证的种类、记帐凭证的基本要素、传票的装订、23个登记簿的要求使用说明、会计达标等。1993年3月，花溪联社专业技术人员考评小组成立。

2009年2月6日，花溪合行举行中层干部计算机考试

2001年，花溪联社组织辖区120多人，进行综合业务培训2次，培训面达95%以上；微机培训2次，参加人数35人，并组织培训考试。

2005年3月29日，省联社办公室《关于印发贵州省农村信用社主办会计管理暂行办法的通知》，规定从事信用社会计工作2年以上，主管会计监督会计人员、组织会计核算，实行定岗轮换，轮换时间不得低于3个月，统一岗位时间最长不超过3年。要求各信用社结合实际，建立主办会计岗位责任制和会计考核制度。

2009年6月，省联社印发《贵州省农村信用社主办会计管理暂行办法》（废止2005年版），主办会计人员配备按照“五个统一”原则，由省联社统一竞聘、统一聘任、统一管理、统一考核、统一薪酬，享受所在营业网点同级副职待遇。

2014年，花溪农商行制定《贵州花溪农村商业银行股份有限公司主办会计委派制管理办法》。

第二节 现金出纳

一、人民币管理

1955 年，花溪地区农村信用社对会计账簿、科目账户余额按照新版人民币 1 元等于第一套人民币 10000 元的比值，进行折算，并结转新账。1966 年“文化大革命”后，多数单位的财务制度废弛，现金管理无人负责。1999 年 12 月，花溪联社转发人总行《关于加强第四套和第五套人民币分版管理工作的通知》。

2001 年 4 月，中国人民银行贵阳市中心支行转发《中国人民银行关于组织残币回收工作大检查的通知》，花溪联社按“七成新”标准样配备，记录各残币回收，在 4 月 20 日前完成人民银行的检查。2014 年 11 月，花溪农商行制定《不宜流通人民币挑剔管理制度》，对不宜流通人民币做出具体规定。

2015 年，花溪农商行开始兑换 2015 年贺岁普通纪念币、世界反法西斯战争胜利 70 周年纪念币、2015 年中国航天普通纪念币、2015 年中国航天纪念钞。营业部完成兑换乙未年贺岁纪念币 14000 枚。为保证第五套人民币顺利发行，花溪农商行成立新版人民币发行领导小组，主要保证 ATM 机对新版人民币 100 元进行有效识别，回收残损人民币金额 5751 元。

2016 年 6 月，花溪农商行根据《省联社办公室关于开展 2016 年全省“安全生产月”和“安全生产贵州行”活动的通知》的文件，在花溪区最南端的高坡乡甲定苗族村，花溪农商行高坡支行由精通苗、汉双语的工作人员组成宣传小组，帮助苗族客户了解金融网络安全风险，提升网络安全意识和风险防护技能。并现场展示真假币，通过对比教会大家“一看、二摸、三听、四测”的识别方法。财务统计部经理梁洁对新进员工开展反洗钱、反假币及现金收付业务基础知识培训。

二、反假币

1995 年，联社要求各社在办理业务时，要识别各种票据和人民币，发现假币立即没收。联社保卫科收到各社上报和上缴的假币 5250 元。1996 年，收缴假币 7155 元。

1998 年 12 月，花溪联社按照人总行《关于印发庆祝中华人民共和国成立五十周年纪念防伪特征的通知》，组织专（兼）职反假人员及临柜出纳人员认真学习，熟练掌握，切实加强纪念钞的发行和防伪。2001 年 6 月，收缴假人民币 3015 元，设花溪、青岩两个宣传点，以提高群众对假币的识别能力。2003 年，花溪联社转发《中国人民银行办公厅关于实施 < 中国人民银行假币收缴鉴定管理办法 > 和开展 2003 年反假币宣传周活动的通知》的通知。

2004 年，贵州省联社办公室转发开展《中国人民银行假币收缴、鉴定管理办法》执行情况自查的通知，要求各行（社）按照通知开展假币收缴、鉴定执行情况自查工作，花溪合行 11 月开始自查，检查面达 100%。

2005 年 10 月，花溪合行开展反假币宣传月活动，以人民币防伪知识和法制宣传教育为主，结合 2005 年第五套人民币的发行做好基层、农村、学校、社区新版人民币的防伪特征宣传。

2010 年，花溪合行在马玲乡、高坡乡、麦坪乡等 10 个乡镇开展为期一个月的反假币宣传月活动，专门安排分管对外宣传和财务会计的两位高管负责这次活动。2012 年，开展人民币净化工程。2013 年，开始实行冠字号码查询假币工作。

2014 年 7 月，花溪农商行成立“人民币净化工程”领导小组。该工程同反假币、残币回收、兑换零币、全额清分和冠字号查询相结合。下发《贵州花溪农村商业银行涉假人民币冠字号码查询业务管理规程》，规定各级冠字号码管理员、查询员必须在日终结束时检查当日所发生的现金业务冠字号码记录情况，并将当日记录存储的冠字号码信息上传到上一级冠字号码查询管理系统（冠字号码查询系统建成联网后）；冠字号码查询系统建成前，必须确保冠字号码单机查询。为防止数据信息丢失，应做好相应的数据备份，数据信息应在对外支付后保存时长至少 3 个月。9 月，开始启动人民币冠字号码查询分类贴标工作。

2015年，花溪农商行为31个营业网点及清分中心配齐清分机34台，A类点钞机146台，对外支付情分比例提升52%，全行110台ATM机和101个柜台渠道已全面实现冠字号码联网查询，ATM机冠字号码分类贴标率达100%。深入花溪区少数民族聚集区高坡乡开展“现金流通服务平台进万村”宣传活动。截止年底，在花溪区158个行政村建立158个“现金流通服务平台”。

根据省联社《贵州农村信用社新核心及外围系统停业切换方案》，2016年11月18日，花溪农商行对反假币信息系统、冠字码系统开始停业，22日恢复营业。

三、反洗钱

2004年12月，贵州省联社办公室印发《中国人民银行印发（关于违反反洗钱规定行为的处罚意见）的通知》，要求建立健全反洗钱内控制度，并逐步落实、监督到位。花溪合行同时转发《中国人民银行印发关于违反反洗钱规定的处罚指导意见》。

2005年9月，贵州省联社办公室《关于进一步做好可疑交易报告填报工作有关事项的通知》，要求从10月1日起，全省农村信用社启用《V3.1版可疑交易报告填制工具》，停止启用《V2.1版可疑交易报告填制工具》。2007年，花溪合行在CCIS基础上延伸反洗钱检测系统。

2010年10月，花溪合行制定《贵州花溪农村合作银行反洗钱监测系统管理操作规则》，要求各报送单位要严格执行大额交易发生后5个工作日内报送；可疑交易发生后10个工作日内报送；接到的补正回执5个工作日内处理完毕的规定。网点操作员每日必须对系统内待处理业务选项中所有需要进行补录（正）的反洗钱数据信息进行处理。网点对补录（正）时系统提示的错误处（红字表示）要及时更正，做到系统业务每日处理完毕。各营业机构必须确保每天无未处理、待补录及补正业务，每月末总行根据漏报情况按每10笔（不足10笔按10笔计）100元对营业机构进行处罚。

2012年6月，花溪合行为促进反洗钱工作的开展，进行联网核查公民身份进行信息业务处理。11月，省联社组织全省农信社开展题为“警惕网络洗钱陷阱增强反洗钱意识”的反洗钱宣传月活动。2013年3月，花溪合行明确各职能部门岗位反洗钱工作职责：财务统计部负责数据采集，电子银行部、科技信息部负责开发反洗钱系统，配备设备；业务发展部负责根据资金流向，判断真实交易；稽核审计部负责反洗钱审查，制度执行情况审查；风险管理部、监察室参与反洗钱制度制定、现金动态监控；人力资源部负责反洗钱培训、教育；办公室负责反洗钱宣传。8月，花溪合行根据人民银行“一规四法”的要求，设立反洗钱工作联络员。10月，《贵州花溪农村合作银行反洗钱和反恐怖融资措施》规定个人客户出现下列情形时，应核对客户有效身份证件，并留存有效身份证件的复印件或者影印件：个人客户办理单笔收付金额人民币1万元以上或者外币等值1000美元以上支付业务的；个人客户全部账户30天内资金双边收付金额累计人民币5万元以上或外币等值1万美元以上的；个人客户全部账户资金余额连续10天超过人民币5000元或外币等值1000美元的；通过取得网上金融产品销售资质的网络支付机构买卖金融产品的。

2014年，贵州花溪农商行制定《贵州花溪农村商业银行反洗钱内部审计制度》《贵州花溪农村商业银行股份有限公司联网核查公民身份信息业务操作规程》《贵州花溪农村商业银行股份有限公司反洗钱管理办法》《贵州花溪农村商业银行股份有限公司反洗钱工作考核管理暂行办法》《贵州花溪农村商业银行股份有限公司反洗钱客户风险等级划分操作规程》。

2015年，花溪农商行制定《贵州花溪农村商业银行客户洗钱风险等级分类方案》《关于反洗钱客户风险等级划分操作规程的补充通知》《关于调整贵州花溪农村商业银行股份有限公司反洗钱工作领导小组的通知》等8个内控制度，坚持每季度召开一次反洗钱领导小组成员会议。全年制定、完善各类反洗钱制度12项，开展培训4次，培训涵盖面达100%，对外开展各类反洗钱宣传活动4

次，累计发放各类宣传折页画册8000余册。

2016年7月7日，花溪农商行调整反洗钱合规官、反洗钱合规专员、反洗钱情报专员：总行反洗钱合规官余冰，总行反洗钱合规专员李毅，总行反洗钱情报专员宋思诗。7月22日，花溪农商行开展纪念《反洗钱法》颁布十周年主题宣传活动。

第三节 现金管理

一、现金管理沿革

1954年，新建立的花溪地区农村信用社存贷大部分使用现金。1989年，花溪各农村信用合作社现金管理计划与银行现金管理相衔接，按年、分季、分月向银行抄送用现计划。银行根据信用社用现特点实事求是的审批用现计划，只能在计划内提现。

1996年12月13日，人行花溪支行转发人行贵阳市中心支行《关于严格控制货币投放，努力增加现金回笼的紧急通知》，要求各金融机构加强对公存款的组织工作，推广银行代发工资和信用卡业务；对于开户单位超过《工资及津贴管理手册》核定部分不予支付，奖金在当年内不准支付；1997年1月份的工资不准提前发；金融机构需要加班的可留少量现金，其他于年底前交送回人民银行发行库。

1997年，花溪联社制定《花溪区联社专职（兼职）现金管理员职责》。1999年，转发人总行《农村信用合作社出纳制度》。2005年，花溪合行制定《关于网点现金缴存及调送有关问题的通知》，要求各网点需要上缴现金的于下午3：00以前通知营业部出纳柜上交金额和票面，以便当日或次日收缴。上缴时按规定扎把、打捆，纸条必须为专用纸条，硬币按票面额清点，同面额100枚为一卷，十卷为一捆，无论残损币、完整币必须加盖“206”字样的出纳专用章，满10把的必须加盖同一出纳的出纳专用章。如果是网点需要调款的，于当日12：00前通知营业部出纳柜。

2014年，花溪农商行制定《贵州花溪农村商业银行股份有限公司现金管理办法》。2015年，《贵州花溪农村商业银行股份有限公司现金收付业务考核实施细则》实施。考评标准为：各网点未建立工作台账的扣2分；工作台账所记载的学习情况（内容、时间、签名）少一项扣0.5分；每月未组织学习扣0.2分；现场答卷测试，错一题扣0.2分，现场问答2题，错一题扣0.2分；新员工临柜前未经本系统组织的岗前培训每人次扣1分。

二、现金出纳管理

1993年9月，花溪联社转发中国农业银行贵阳市中心支行《关于调整下达一九九三年货币投放（回笼）计划的通知》，要求加强现金管理，压缩单位库存现金。1998年，联社要求各社、部对大额现金的支付要进行登记备案制度，建立《大额现金付出登记簿》和《储蓄账户大额现金付出登记簿》，并于次月初上报联社备案。并明确规定十万元以上大额现金支付由社主任审批，五万元由现金专管员审批的现金审批权限，强化现金管理。

2000年4月，花溪联社发布关于现金管理有关问题的通知，要求各社对公大额提现按季上报，储蓄大额提现按月上报，由联社统一汇总上报人民银行备案。分社主任及营业网点规定审批金额为10万及以下，信用社及营业部主任审批金额为20万元及以下，20万元以上报联社审批。2004年11月，花溪合行印发《贵州花溪农村合作银行现金收支统计操作规程》，要求凡是现金收支业务的网点，在每日按传票进行现金收支统计，没发生储蓄业务，不做现金收支统计。2005年3月，花溪合行转发《省联社贵州省农村信用社出纳现金管理办法（试行）的通知》，要求库存现金限额视信用社现金业务的需要定期核定（半年或一年），库存现金限额的核定以信用社现金业务收支量为依据，根据前一期信用社现金业务日平均支付量，打4－8折测算。花溪合行又转发《省联社关于印发贵州省农村信用社出纳业务操作规程》，规定双人进行现金有关业务、管理；严禁挪用库存现金；办理现金收入业务，先收款后记账，现金付出业务，先记账后付款。具体规定现金收付、整点及兑换操作程序。对残损币要调出打捆，对差错款要重新扎账。对出纳交接、查库、库房管理、点钞等细节做了详细规定。

2014 年，花溪农商行制定《贵州花溪农村商业银行股份有限公司小面额现金备付管理暂行办法》《贵州花溪农村商业银行股份有限公司人民币收付业务考核管理办法》。

三、金库、库存现金管理

1991 年，花溪联社转发省分行《关于切实加强信用社账簿、凭证、现金管理工作的通知》，规定信用社的现金，每天业务终了，必需随时入库，不准许放在办公室或拿回家保管。到营业所交存，支取现金必须两人以上，业务人员手中周转金必须是现金，不准许长期派转。信用社要坚决执行双人管库双人值班制度，确保现金安全，只有一人的信用社要尽快通过建、并、撤调整结构，适应管理的要求。1996 年，花溪联社营业部在贵阳市人民银行开立现金发行帐户，并购置专门运钞车，负责到市人行提取或送存现金及对各信用社的现金运送。

1997 年 2 月，中国人民银行贵阳市中心支行下达贵阳市农村信用社现金计划的通知，花溪区农村信用社现金计划分配 6000 万元。1998 年，花溪联社拥有自己的金库，正式终止通过农业银行进行现金的调拨程序，成功与人民银行货币处直接进行现金往来。2000 年 8 月，花溪联社《关于花溪信用联社部分信用社在公安派出所设立金库的请示》，把高坡、燕楼信用社的金库建立在当地派出所，押运工作由派出所干警负责。

2001 年 11 月，花溪联社发布《关于对代用运钞车限额运钞的通知》，规定代用运钞车每次运送现金不得超过 20 万元，运送现金时，驾驶员、押运员必须穿防弹衣、戴钢盔。2002 年 9 月，花溪联社对各分社库存现金限额进行调整：学士路、大寨、霞晖路、朝阳、云上、竹林分社由 10 万元调整至 20 万元，万达分社由 10 万元调整至 15 万元，花溪分社由 20 万元调整至 30 万元。2003 年，花溪联社配备专（兼）职现金管理人员。12 月 15 日，花溪联社成立金库营业网点安全达标集中整治领导小组。2004 年 9 月，花溪合行印发《贵州花溪农村合作银行现金管理办法》。

第六章 财务管理

第一节 财务管理制度沿革

花溪地区农村信用社从成立到2004年花溪合行统一法人之前，大部分时候的财务管理是各社依据“独立核算，自负盈亏，自担风险”的原则进行的。

1954年，花溪地区农村信用社成立初期，没有财务管理制度。当时存贷款总量小，财务人员文化水平低，还有不少信用社是会计、出纳由一人兼任，会计、出纳只记收、付流水账。全县各信用社账务各自为政，经常出现账务积压、错乱等问题。1956年，在人行营业所财务人员帮助指导下，多数信用社账务开始建立流水日记账、存款、放款分户账及总账，初步统一了信用社账务。

1958年，信用社按上级指示，储蓄存款在办理中取消开户起点，取消储户自己填写存、取款凭证，取消各种账务登记簿，使得账务管理出现混乱。1969年“文化大革命”中，花溪各信用社的财务工作改为由公社革命委员会成员、贫下中农代表、信用社干部参加的贫下中农管理委员会掌管。

1978年，人行花溪办事处在各信用社中贯彻执行《贵州省农村信用合作社财务管理制度》，花溪各信用社财务管理开始基本做到账簿健全，日清月结，定期扎账，保持账账、账据、账实、账表、内外科目“五相符”。1986年，农行贵州省分行下发《关于农村信用社财务管理制度的规定》，花溪各信用社开始对职工实行岗位责任制，采取经济指标考核与浮动工资和奖金挂钩的核算办法。1989年花溪联社成立，逐步提高财务人员核算规范意识，进一步规范财务核算制度。1992年8月，花溪联社翻印人总行和国家税务局印发的《农村信用合作社财务管理试行办法》。成立联社会计出纳稽核股。1995年7月，花溪联社成立财务管理小组，组长郭福芳。2000年4月，花溪联社下发《花溪区农村信用合作社联合社“工效”挂钩考核办法（暂行）》的通知，将每个员工每月总收入中的500元与考核挂钩，以100分为标准，通过对存款、会计达标规范化管理、贷款规范化管理及贷款质量、利润、小额农户贷款资信卡业务、“三防一保”等工作作为工作指标对各单位、科室进行考核。

2000年8月花溪联社印发国家税务总局，中国人民银行《关于印发（农村信用合作社财务管理实施办法）的通知》的通知，《办法》对所有者权益和负债、固定资产、现金资产、贷款、抵债资产、投资及证券，其他类资产、成本、营业收入、利润及分配、外币业务、信用社清算、财务报告与财务评价等进行规范。花溪联社组织各信用社主任、会计、出纳、信贷员学习，并请专家、老师进行多次培训，要求融会应用。

2001年，花溪联社各信用社均成立财务领导小组。联社财务审批委员会主任吴勇，副主任王银霖、陈林昌，成员江弘、周兴雄。会计出纳科帮助指导各社规范账务处理，对各社的账务处理进行现场和非现场的指导，对重空进行核查，使其合法合规。

2004年，花溪合行按照《农村信用社改革试点专项中央银行票据操作办法》，申请专项中央票据424万元，用于置换不良资产。董事会审议通过《贵州花溪农村合作银行财务管理实施细则》。是年，贵州省进行 CCIS 替换原 BK2000 系统，花溪合行财务方面进行相应调整。2005 年 3 月，花溪合行转发《中国人民银行关于印发人民币银行结算账户管理办法实施细则》。6 月，贵州省联社开展人民币银行结算账户管理系统业务培训，人民币银行结算账户管理系统开始正式运行。7 月，花溪合行下发《关于做好数据大集中工作的通知》，成立花溪合作银行大数据督办工作组。12 月，花溪区财政局《关于撤销“乡财县管乡用”财政管理改革试点乡镇事业单位银行账户的通知》，要求在 31 日前撤销全部乡镇党政机关、事业单位、乡镇财政所开设的全部银行账户，被撤销账户的余额全部转入“乡镇结算账户”。

2008 年 8 月《金融企业财务规则》（财政部令第 42 号）下发，花溪合行除参加省联社组织的培训外，还聘请上海起航教育咨询有限公司的专家对全行员工进行培训。2015 年 6 月，花溪农商行获准成为市场利率定价自律机制基础成员。2016 年 11 月新核心上线运行，实现《金融企业财务规则》要求业务品种，改变原来的科目代号及名称，使财务核算更明析。从 2004 年至 2016 年每年都出台财务工作安排意见，指导全行各业务的开展。

第二节　财务收入管理

一、利息收入管理

利息收入是农村信用社的主要收入，1954 年，农村信用社设立，贷款利息收入实行利随本清，当年没有利息收入。1955 年花溪地区信用社利息收入 400 元。1986 年中国人民银行总行制定《农村信用合作社会计基本制度》，贷款实行按年、按季、利随本清的计息方法，各信用社主要采用利随本清方法计息。1989 年 12 月花溪联社成立，全区信用社利息收入 167.25 万元，占各项收入 64.67%。2000 年 6 月，花溪联社向国家税务局申请逾期贷款应收利息在未实际收到利息时不计入当期损益，只计算在表外科目管理。2000 年 8 月花溪联社印发《关于印发〈农村信用合作社财务管理实施办法〉的通知》，按权责发生制原则，坚持按年、按季、按月结息，对未到期跨年度的贷款（含展期）的应收未收利息，应计入当期损益。2004 年利息收入 3258.91 万元，占各项收入 87.71%，2010 年 12 月全省农村信用社信贷系统上线运行，贷款按权责发生制原则按季结息或按合同约定结息方法，全部由系统完成，计入当期损益和表外科目核算。2013 年利息收入 44598.96 万元，占各项收入 82.19%。

二、金融机构往来利息收入管理

金融机构往来利息收入。1954 年建社之初存款少，信用社的周转资金主要是社员股金。1967 年金融机构往来利息收入 170 元。1980 年 6 月，农业银行和农村信用社往来的利息均为 2.7%。信用社定期储蓄存款，其利率高于往来收入 2.7% 的部分农行分别按照档次给予补贴。2007 年之前的金融机构往来利息收入，主要是存入中国人民银行、农业银行存款准备金，清算资金及存入其他银行的结算资金，按照人民银行规定的利率计算利息收入。2008 年 6 月国家宏观经济的控制，央行逐步上调存款准备金，金融机构利率市场化，大中型银行流动资金不足，花溪合行将闲置资金定期存入省联社清算中心及各大商业银行，利率 3%—8%。2014 年金融机构净收入 11231.87 万元，占各项收入 15.22%。

三、手续费收入管理

1991 年，花溪联社转发省政府办公厅《关于进一步加强农村信用社收贷手续费及奖励办法的通知》，要求各乡镇信用社认真执行。1999 年 3 月，花溪联社申请代理各乡镇代收代缴税收、乡镇国库业务、罚款业务。

2000 年，花溪联社与人保财险花溪支公司签订保险代理协议，手续费 4%—7%。2004 年手续费收入 2.64 万元，2005 年手续费收入 2.97 万元。

2004 年 3 月，花溪联社转发人行《关于调整支付清算系统收费标准的通知》，通过大额支付系统处理的每笔业务收取汇划费 5.5 元，使用大额支付系统退汇支付报文处理的退汇业务，不收取汇划费用。通过大额支付系统发起的查询、申请、退回和自由格式的报文等信息，每笔收取汇划费用1元，通过大额支付系统处理的业务查复、退回应答签信息，以及通过电子联行系统处理的查询、查复等信息，不收取汇划费用。9月，贵州省农村信用社储蓄通存通兑业务手续费由业务系统自动划转，手续费由原来每笔0.2元提高到每笔1.00元，代理社可按照最高不超过每笔0.20元的标准支付给代办员。

2005年2月，花溪合行转发《省联社关于印发贵州省农村信用社电子汇划收费标准的通知》，规定汇划费：汇划金额在1万元以下每笔收取5元，在1-10万元每笔收取10元，10-50万元每笔收取15元，50-100万元每笔收取20元，100万元以上每笔按汇划金额单位万分之零点二收取，最高不超过200元；要求在2小时内到账的在收费基数上加收30%，公益性资金每笔收取2元；汇兑单位主动查询和退汇手续费每笔均为0.50元。未开立结算账户的个人汇款手续费：5000元以下的，按汇款金额的1%收取，5000元以上的按50元收取。12月15日是，省联社办公室《关于印发贵州省农村信用社联合社信合卡业务收费标准的通知》，规定ATM跨行交易每笔发卡行应向ATM行支付代理手续费3元，通知应向银联支付网络服务费0.6元，合计3.60元。持卡人承担2元，客户所属社承担1.60元。同时根据管理需要，凡是通过计算机系统自动扣收的信合卡业务收益，省联社与各联社（行）按2：8分配。

2004年7月，花溪合行申请开办银行承兑汇票业务，手续费按开票金额的0.05%计收。2005年1月，花溪合行向贵州省联社报送《关于报送贵州省农村信用社实时电子汇兑业务管理有关事宜的报告》。2007年11月，花溪合行制定《贵州花溪农村合作银行贴现、转贴现、再贴现操作规程》《贵州花溪农村合作银行承兑汇票业务实施细则》。2008年7月，花溪合行董事会审议通过《贵州花溪农村合作银行承兑汇票保兑仓业务管理办法》。

2009年10月花溪合行下发《贵州花溪农村合作银行关于金融服务项目统一收费的通知》，新增24项服务项目收费标准。截止到2009年12月31日，花溪合行营业部出具的银行承兑汇票共计580张；出票总金额6.2亿元，其中保证金存款3.6亿元、手续费收入达31万元。2015年，花溪农商行承兑汇票余额28.86亿元，较年初增加6.07亿元，增幅21%承兑保证金余额17.10亿元，占全行存款的11.59%，较年初增加4.2亿元，票据不良率为1.67%，票据规模得到合理控制。

2010年10月，花溪合行制定《贵州花溪农村合作银行委托贷款管理暂行办法》，规定委托贷款手续费按中国人民银行有关规定确定，支行可根据委托贷款金额、期限、再贷款余额的1%至3%范围内计收手续费。在委托出账前一次性收取，委托贷款逾期在30天以内可免收手续费，超过30天再次按照费率在贷款归还时一次性收取。

2014年7月省联社下文全省统一收费项目及标准，要求对外张贴公示，接受监督。

四、投资收益管理

2003年12月有，花溪联社投资入股省联社30万元。2009年2月，花溪合行董事会同意花溪合行向贵州省盘县富民村镇银行有限公司投资20%的股份占比。花溪合行向中国建设银行股份有限公司贵州省分行购买“利得盈”债券型产品，交易金额1亿元，投资期限1个月。2015年8月，花溪农商行首次在国内银行间债券市场成功招标发行二级资本债券，成为省内农信系统率先发行二级资本债的农商行，本期二级资本债券共募集人民币2.47亿元。花溪农商行董事会同意投资贵安建设村镇银行15%的股份占比，11月投入金额913.5万元。2015年，花溪农商行各项存款余额151.95亿元，较年初上升41.33亿元，完成全年任务数的196%。各项收入13.5亿元，完成全年任务的162.65%。中间业务收入1237万元，投资收益7433.51万元，经营利润2.8亿元。

五、营业外收入管理

营业外收入核算的是：固定资产经营性租赁收入、固定资产盘盈及清理净收益、罚没收入、长账长款收入、县联社管理费收入、因债权人的特殊原因确实无法支付的应付款项。

80年代之前营业外收入为非营业收入，1989

年12月花溪联社成立非营业收入中长账长款收入30.55元，其它非营业收入3194.93元。1990年其它非营业收入0.27万元，花溪各信用社上交联社的管理费2.54万元。2002年固定资产租赁收入0.46万元。2004年5月花溪联社及所辖9家信用社改制为花溪合行，实行“统一法人”，2005年取消上交县联社管理费，2013年12月花溪合行改制为花溪农商行营业外收入197.67万元，其中固定资产盘盈及清理净收益0.02万元，租赁收入118.32万元，其它非营业收入79.33万元。

第三节　财务支出管理

一、营业费用管理沿革

1972年，花溪各公社信用社的财务支出管理，按照人行贵州省分行下发的《贵州省农村信用社费用开支暂行规定》执行。

1989年，《贵州省农村信用合作社财务管理制度（暂行）》规定，职工福利基金的资金来源主要是费用中提取的福利费和盈余社税后利润按3%至5%提取；主任基金在税后利润中按照当年提取的职工福利基金的15%提取；社员公益金从税后利润中按照最高不超过5%的比例提取。盈余的信用社在完成各项不良贷款的清理后，按照工资总额的5%缴纳所得税前的利润中提取企业基金；守库人员夜餐补助按照每人每晚0.70元报销。花溪各信用社均按此规定执行。

1992年，调整后的基层社普遍兴建营业用房，增加各种设施，实行坐班服务，各种支出费用不断增加。2001年5月，花溪联社下发《关于加强花溪区农村信用社业务费用开支的通知》，要求对各项费用的开支从2001年起采用“先申报、后开支”的程序执行。联社各科室的业务费用权限为200元之内（含200元），超限额须报联社财务领导小组审批后方可开支；各信用社的费用权限按相关文件执行，对超权限的开支，须报联社审批委员会审批后方可开支，否则，将不予报销。9月，花溪联社下发《关于收回不良贷款按比例提取手续费的通知》，规定1990年12月31日前发放的贷款，按本息15%计提，奖励给个人。1991年1月1日至1996年12月31日，发放的贷款按本息10%计提，奖励给个人。

2002年5月，花溪联社决定从2001年10月1日起给科级职务及中级职称每月增加80元，科员、办事员及初级职称每月增加55元。2002年8月，花溪联社发文：全辖从2002年9月起不准以任何理由和方式发放加班费（三大节日除外），从9月份起全辖电话费统一由联社办公室交纳，每个基层社每月7日前到办公室领取电话费发票进行报销。2004年6月，花溪合行手续费支出0.4万元，比上年同期减少10.65%，营业费用702.5万元，比上年同期增加33.64%，营业外支出2.4万元，比上年同期增加76.76%。

2006年，花溪合行对财务审批权限进行调整，2000元以下费用开支由财务信息部负责人审批；2000－10000元费用开支由财务部负责人审核，报分管财务领导审批；1－5万元费用开支由分管领导负责审核，报行长审批；5万元以上的由分管财务领导审核，报财务审批委员会审批。2014年，花溪农商行财务审批权限1万元以下（含）由财务部经理审批；1－5万元（含）由财务部经理审核，报分管领导审批；5－10万元（含）由财务部经理、分管领导审核，报行长审批；10万元以上由财务部经理、分管领导审核，财务审批委员会签署意见后报董事长审批。

2014年1月，贵州省联社发布规范全省农村信用社培训费用管理的通知，要求各单位于12月底前制定下一年度培训计划，综合定额标准450元/人/天。15天以内的按综合标准计算，超过15天的，实际超出天数按综合标准的80%控制，超过30天的，超过天数按综合标准的70%控制。授课费每半天按如下方式计算：中级不超过500元、副高级不超过1000元、正高级不超过2000元、院士及国家知名专家不超过3000元。2015年12月，花溪农商行资本充足率为12.07%，核心一级资本充足率为8.66%，拨备覆盖率为167.17%，拨贷比为4.62%。

二、呆账准备金支出管理

20世纪90年代之前，花溪各农村信用社呆账准备金计提没有硬性要求，经营好的信用社多提，经营差的信用社少提或不提。1989 年花溪各信用社提取呆账准备金 3.27 万元，有 5 家信用社未计提。1993 年之前从各项支出、营业外支出等提取的呆账准备金在专项基金或信贷基金核算管理；1994 年后从其他营业支出提取的呆账准备金在呆账准备或资产减值准备核算管理。2000 年 8 月花溪联社印发《关于印发〈农村信用合作社财务管理实施办法〉的通知》，11 月印发《关于印发 <2000 年度贵州省农村信用社会计决算工作意见 > 的通知》。呆账准备金按年末贷款余额的 1.5% 实行差额提取，全辖信用社提取 73.90 万元。

2005 年根据《财政部关于印发 < 金融企业呆账准备提取管理办法 > 的通知》（财金〔2005〕49 号）规定。12 月花溪合行发文《贵州花溪农村合作银行关于做好二 00 五年度会计决算工作的通知》。一般损失准备：各网点（含营业部）按各类风险资产年末余额的 1% 差额计提；专项损失准备：按照贷款五级分类的标准关注类贷款 2%、次级类贷款 25%、可疑类贷款 50%、损失类贷款 100% 的比例提取。该损失准备，总行根据本年实际财务承受能力确定，由营业部计提。全行计提金额 1199.18 万元。

2011 年 3 月花溪合行下文《贵州花溪农村合作银行 2011 年度财务工作安排意见》计划计提的 3000 万元呆账准备金（资产减值准备）全部在营业部计提。2015 年全部在营业部计提呆账准备金（资产减值准备）11800 万元，2016 年计划计提呆账准备金（资产减值准备）15000 万元，11 月新核心上线运行，呆账准备金从资产减值损失核算计提，年底网点系统自动计提与计划提取累计金额 18160.74 万元。

第四节　税收管理

1984 年之前花溪地区信用社未缴税，1984 年工商税改为营业税和企业所得税，营业税税率 5%，企业所得税税率 55%。1986 年全辖信用社缴纳营业税 2.83 万元。1987 年财政部下发《关于对农村信用社征收企业所得税的通知》，规定农村信用社从 1987 年至 1988 年 12 月底，免征企业所得税两年。1990 年缴纳所得税 6.17 万元。

1994 年 1 月开始实施的《中华人民共和国企业所得税暂行条例》，对年应纳所得额在 3 万元（含 3 万元）以下的企业，按 18% 的税率征收企业所得税；年应纳所得税额超过 3－10 万元（含 10 万元）的企业，按 27% 的税率征收企业所得税；年应纳所得税额超过 10 万元的企业，按 33% 的税率征收企业所得税。联社在年终结算会上进行传达，要求各信用社认真贯彻执行。

1997 年 4 月，花溪联社转发国务院农金改办《关于金融保险税收政策调整后农村信用社缴纳营业税问题的通知》，将金融保险业营业税税率由现行的 5% 提高到 8%。花溪各信用社严格执行。

2004 年 2 月，花溪联社收到《财政部国家税务总局关于试点地区农村信用社税收政策的通知》，国家从 2003 年 1 月 1 日至 2008 年底，对西部地区、江西、吉林省实行改革试点的农村信用社暂免征收企业所得税，对其他地区，按其应纳税额减半征收企业所得税。从 2003 年 1 月 1 日起，对改革试点的营业税按 3% 的税率征收。2009 年 1 月至 2016 年底，花溪农商行的小额农户贷款（指单笔且该农户贷款余额总额在 10 万元（含本金）以下的贷款）利息收入享受免征营业税的税收优惠政策；营业税的执行税率是 3%；农户小额贷款的利息收入，在计算应纳税所得额时，按 90% 计入收入总额。

2013 年 4 月，经花溪区国家税务局审核确认，花溪合行属于享受西部大开发所得税优惠政策鼓励类金融机构，按规定可以享受西部大开发企业所得税优惠，从 2012 年起至 2020 年 12 月 31 日按 15% 税率缴纳企业所得税。

花溪农村信用合作事业经营情况表

单位：万元

年份	年末总收入						年末总支出							盈亏情况		说明
	合计	利息收入	金融机构往来收入	中间业务收入	投资收益	其他收入	合计	利息支出	金融机构往来支出	营业费用	其中工资	营业税金及附加	其他支出	利润总额	净利润	
1954	0.00	0.00	0.00	0.00	0.00	0.00	0.00	0.00	0.00	0.00	0.00	0.00	0.00	0.00	0.00	
1955	0.04	0.04	0.00	0.00	0.00	0.00	0.04	0.02	0.00	0.00	0.00	0.00	0.02	-0.01	-0.01	
1956	0.30	0.29	0.00	0.00	0.00	0.01	0.25	0.08	0.00	0.07	0.00	0.00	0.10	0.05	0.05	
1957	0.32	0.32	0.00	0.00	0.00	0.00	0.35	0.17	0.00	0.14	0.00	0.00	0.04	-0.03	-0.03	
1958	1.68	1.68	0.00	0.00	0.00	0.00	1.01	0.65	0.00	0.13	0.00	0.00	0.23	0.67	0.67	
1959	1.04	1.04	0.00	0.00	0.00	0.00	1.01	0.76	0.00	0.18	0.00	0.00	0.07	0.03	0.03	
1960	1.52	1.43	0.00	0.00	0.00	0.09	1.54	0.59	0.00	0.30	0.00	0.00	0.35	-0.02	-0.02	
1961	1.19	1.19	0.00	0.00	0.00	0.00	1.19	0.68	0.00	0.51	0.00	0.00	0.00	0.00	0.00	
1962	1.69	1.02	0.00	0.00	0.00	0.67	0.79	0.42	0.00	0.09	0.00	0.00	0.28	0.90	0.90	
1963	0.96	0.48	0.00	0.00	0.00	0.48	0.59	0.21	0.00	0.16	0.00	0.00	0.22	0.37	0.37	
1964	1.78	1.18	0.00	0.00	0.00	0.23	0.90	0.44	0.00	0.01	0.00	0.00	0.25	0.88	0.88	
1965	0.78	0.39	0.00	0.00	0.00	0.15	1.09	0.49	0.00	0.20	0.00	0.00	0.26	-0.31	-0.31	
1966	0.86	0.49	0.00	0.00	0.00	0.17	0.87	0.17	0.00	0.22	0.00	0.00	0.18	-0.01	-0.01	
1967	0.93	0.29	0.17	0.01	0.00	0.23	1.17	0.17	0.00	0.57	0.07	0.00	0.38	-0.24	-0.24	
1968	1.25	0.35	0.18	0.02	0.00	0.41	0.92	0.18	0.00	0.36	0.06	0.00	0.18	0.33	0.33	
1969	1.43	0.37	0.30	0.02	0.00	0.56	0.95	0.18	0.00	0.40	0.06	0.00	0.22	0.47	0.47	
1970	1.78	0.44	0.38	0.02	0.00	0.67	1.25	0.23	0.00	0.53	0.07	0.00	0.31	0.52	0.52	
1971	2.21	0.42	0.47	0.00	0.00	0.72	1.52	0.27	0.00	0.45	0.00	0.00	0.14	0.68	0.68	
1972	2.41	0.92	0.51	0.01	0.00	0.14	1.88	0.43	0.04	0.65	0.08	0.00	0.46	0.54	0.54	
1973	2.40	1.37	0.89	0.05	0.00	0.09	1.93	0.94	0.11	0.82	0.26	0.00	0.14	0.48	0.48	
1974	2.40	1.31	0.99	0.06	0.00	0.04	1.96	0.60	0.11	0.85	0.24	0.00	0.45	0.43	0.43	
1975	2.64	1.06	1.32	0.04	0.00	0.22	2.20	0.67	0.01	1.15	0.41	0.00	0.37	0.44	0.44	
1976	2.66	1.10	1.34	0.07	0.00	0.16	2.26	0.76	0.00	1.11	0.44	0.00	0.43	0.40	0.40	
1977	3.15	1.81	1.30	0.12	0.00	0.11	3.06	0.81	0.02	1.65	0.78	0.00	0.85	0.10	0.10	
1978	4.47	2.37	1.21	0.12	0.00	0.77	3.66	0.87	0.01	1.49	1.02	0.00	1.13	0.81	0.81	
1979	6.46	2.37	2.33	0.16	0.00	0.93	4.67	1.89	0.30	2.12	1.16	0.00	0.45	1.79	1.79	
1980	12.33	3.42	5.77	0.47	0.00	1.49	8.24	2.85	0.33	3.30	1.70	0.00	1.43	4.09	4.09	
1981	9.28	6.43	2.48	0.22	0.00	0.15	10.35	2.88	1.79	3.90	1.36	0.34	1.35	-1.07	-1.07	
1982	16.01	8.04	5.50	0.17	0.00	1.37	15.63	6.02	1.87	5.72	1.86	0.41	0.82	0.38	0.38	
1983	21.24	12.71	6.80	0.08	0.00	0.08	20.45	8.77	2.67	5.62	2.50	0.56	1.17	0.79	0.79	

续表

年份	年末总收入						年末总支出							盈亏情况		说明
	合计	利息收入	金融机构往来收入	中间业务收入	投资收益	其他收入	合计	利息支出	金融机构往来支出	营业费用	其中工资	营业税金及附加	其他支出	利润总额	净利润	
1984	42.00	25.45	0.00	0.00	0.00	0.00	29.05	11.61	0.00	9.65	4.35	0.00	0.00	12.95	12.95	利息收入取报表贷款利息收入，利息支出取报表活期储蓄存款利息支出、定期储蓄存款利息支出、存款利息支出、集体定期存款利息支出，营业费用取报表各项费用，工资取报表固定工工资。
1985	70.15	47.10	0.00	0.00	0.00	0.00	60.14	17.97	0.00	16.17	4.29	0.00	0.00	10.01	10.01	利息收入取报表贷款利息收入，利息支出取报表活期储蓄存款利息支出、定期储蓄存款利息支出、存款利息支出、集体定期存款利息支出，营业费用取报表各项费用，工资取报表固定工工资。
1986	86.81	52.80	0.00	0.00	0.00	0.00	65.16	21.05	0.00	15.79	5.57	0.00	0.00	21.66	21.66	利息收入取报表贷款利息收入，利息支出取报表活期储蓄存款利息支出、定期储蓄存款利息支出、存款利息支出、集体定期存款利息支出，营业费用取报表各项费用，工资取报表固定工工资。
1987	123.29	69.16	54.13	0.00	0.00	0.00	93.08	59.27	0.00	23.99	7.84	2.74	0.00	30.21	30.21	利息收入取报表营业收入，金融机构往来收入取报表非营业收入，利息支出取报表各项利息支出，营业费用取报表各项费用科目，工资取报表工资，营业税金及附加取报表税金支出。
1988	163.32	108.94	54.23	0.00	0.00	0.00	130.28	91.21	0.00	29.49	7.51	3.65	0.00	33.04	33.04	
1989	258.61	167.25	91.03	0.00	0.00	0.00	208.29	146.65	0.00	47.88	10.17	8.65	0.00	50.32	50.32	
1990	250.18	148.79	101.12	0.00	0.00	0.00	215.92	148.74	0.00	49.35	10.28	6.51	0.00	34.26	34.26	
1991	261.86	138.17	123.18	0.00	0.00	0.00	237.82	154.56	0.00	62.15	11.27	9.45	0.00	24.05	24.05	
1992	409.59	217.81	173.09	0.00	0.00	0.00	397.62	200.85	0.00	168.50	13.29	10.83	0.00	11.97	11.97	
1993	478.75	302.47	172.95	0.00	0.00	0.00	464.15	252.87	27.81	161.80	33.07	15.23	1.11	14.60	6.12	取于1994年报表；计算净利润时减特种基金
1994	817.02	557.79	236.11	0.15	21.55	0.06	811.34	450.27	28.55	298.87	70.51	26.49	0.92	5.68	-0.88	计算净利润时减特种基金
1995	1062.18	752.70	283.24	0.00	0.00	0.31	1032.86	1036.89	621.05	30.16	296.65	70.80	35.49	25.29	22.68	
1996	1327.31	934.48	332.43	0.37	0.00	0.91	1316.70	1316.70	748.52	21.75	460.89	74.73	49.02	9.72	7.99	
1997	1391.00	959.43	368.03	0.95	0.00	2.17	1361.79	609.97	142.63	482.70	87.17	52.30	66.14	28.78	23.63	
1998	1281.93	1006.56	221.89	0.69	0.00	1.22	1449.53	604.68	9.70	576.01	86.12	66.19	185.00	-171.95	-172.81	

续表

年份	年末总收入						年末总支出							盈亏情况		说明
	合计	利息收入	金融机构往来收入	中间业务收入	投资收益	其他收入	合计	利息支出	金融机构往来支出	营业费用	其中工资	营业税金及附加	其他支出	利润总额	净利润	
1999	1084.41	918.77	151.37	0.25	0.00	0.07	1498.63	656.03	15.26	635.43	93.88	58.00	132.09	-414.62	-414.69	
2000	1199.72	1013.22	111.85	1.54	0.00	0.78	1177.93	300.13	83.49	584.46	123.84	60.52	148.05	22.64	21.71	
2001	1288.57	1116.27	122.25	2.04	0.00	0.02	1224.63	242.36	110.85	673.41	138.60	59.65	131.08	59.22	55.78	
2002	1701.94	1523.50	134.65	3.78	0.00	0.00	1557.19	291.44	114.33	941.78	211.15	77.27	123.07	143.50	133.20	
2003	2600.57	2355.75	156.89	38.26	0.00	0.00	2325.41	372.67	176.16	1440.96	232.14	79.19	197.27	261.23	260.77	
2004	3715.48	3258.91	320.03	28.35	57.60	0.01	3212.38	535.10	285.66	1794.78	285.45	113.44	473.61	503.12	503.12	
2005	6811.01	5972.61	791.47	36.89	1.13	0.00	6238.34	947.33	687.90	2897.40	1569.51	201.13	1396.67	558.00	558.00	
2006	8785.99	7253.23	1462.15	63.32	0.00	0.00	6893.21	1443.99	1622.93	3148.38	1556.74	245.09	320.60	1831.86	547.00	
2007	10190.57	9121.65	919.66	111.63	0.57	0.00	7791.57	1986.38	123.14	3657.02	1995.34	309.47	1548.72	2437.90	695.01	
2008	14213.84	12341.19	1536.58	274.56	1.40	0.00	11036.10	3239.68	0.00	4833.09	2358.37	424.26	2293.88	2919.16	1181.18	
2009	16462.14	14355.84	1117.77	902.99	0.84	13.52	13585.30	2993.44	46.60	6716.68	3484.59	514.15	3099.75	2876.84	2078.59	
2010	20615.05	17242.94	1710.31	1070.32	500.84	12.25	15602.24	2961.15	25.05	8144.50	3733.44	514.51	3603.28	5012.80	3053.32	
2011	28464.72	23639.07	3915.38	812.84	0.00	15.50	19542.96	4385.74	23.02	10594.00	5006.15	700.79	3420.34	8921.76	4949.61	
2012	38880.73	34156.74	4040.75	491.76	0.00	38.71	25008.43	5728.55	22.59	13075.70	5989.36	1015.93	4680.60	13872.30	8853.53	
2013	54264.42	44598.96	8749.41	660.43	3.00	54.94	34819.63	8285.42	5.60	16420.62	8047.80	1331.64	6984.66	19444.79	12225.20	
2014	73808.63	61282.72	11231.87	787.16	288.75	50.32	44675.46	14273.57	0.00	20561.80	10578.49	2108.55	6131.99	29133.17	20299.69	
2015	135016.20	80544.61	45316.81	1236.71	7433.51	10.02	107001.01	24139.02	41034.91	24364.66	10583.75	2424.99	12797.95	28015.19	18396.10	
2016	160495.55	92522.38	36635.98	1390.07	29729.01	12.57	120887.96	39099.64	48300.75	29087.68	11165.58	1223.39	473.84	39607.58	25307.58	

第五节 固定资产管理

1992 年 5 月，花溪联社开展“教、清、整”活动。15 个社 1991 年固定资产基金 815947.03 元，固定财产占款 1051845.56 元，固定财产科目 73578.39 元。经查基本达到账实相符，并建立固定资产帐及低值易耗品领用登记簿。

1995 年 9 月，花溪联社对购买的电子计算机作为固定资产进行管理，不得提取固定资产折旧。2000 年 3 月，花溪联社向人行贵阳中心支行信合处申请购置清溪分社购置花溪清华住宅小区 90 平方米门面一间，投资 54 万元。2001 年 1 月，花溪联社发布《花溪区农村信用社车辆管理考核办法》，车辆的保养，由车辆驾驶员负责，车辆维修、大修，必须报经联社同意。车辆加油到统一指定在花溪石油公司加油站加油。联社管理用车，实行领用油票制度，各信用社要建立车辆去向登记簿。

2003 年 4 月，联社印发《关于加强花溪区农村信用社财务管理的通知》，规定固定资产的购建，应严格实行逐级审批制度，未经批准，各信用社一律不得购置固定资产，凡同意购建的固定资产，不能列入成本，应纳入固定资产核算，每年按规定计提折旧。对擅自构建固定资产的，将对有关人员进行处理。2004 年 6 月，花溪合行有固定资产 2046 万元，比年初增加 916 万元。

2009 年，花溪合行根据《贵州省农村信用社固定资产和低值易耗品管理事项》规定，对各信用社固定资产管理进行检查。2010年10月，花溪合行审议通过成立固定资产管理办公室。

2016年3月，行基建管理办公室主任彭勇向行董事会作花溪农商行关于处置固定资产的议案汇报。

各网点1954－2016年固定资产情况表

单位：万元

年份	固定资产	其中						累计折旧	固定资产净值
		办公营业用房	机器设备	电子设备	交通运输工具	器具家具	其他固定资产		
1954	0	0.00	0.00	0.00	0.00	0.00	0.00	0.00	0.00
1955	0	0.00	0.00	0.00	0.00	0.00	0.00	0.00	0.00
1956	0	0.00	0.00	0.00	0.00	0.00	0.00	0.00	0.00
1957	0	0.00	0.00	0.00	0.00	0.00	0.00	0.00	0.00
1958	0	0.00	0.00	0.00	0.00	0.00	0.00	0.00	0.00
1959	0	0.00	0.00	0.00	0.00	0.00	0.00	0.00	0.00
1960	0	0.00	0.00	0.00	0.00	0.00	0.00	0.00	0.00
1961	2.77	0.00	0.00	0.00	0.00	0.00	2.77	0.00	2.77
1962	1.33	0.00	0.00	0.00	0.00	0.00	1.33	0.00	1.33
1963	1.15	0.00	0.00	0.00	0.00	0.00	1.15	0.00	1.15
1964	1.20	0.00	0.00	0.00	0.00	0.00	1.20	0.00	1.20
1965	0.06	0.00	0.00	0.00	0.00	0.00	0.06	0.00	0.06
1966	0.06	0.00	0.00	0.00	0.00	0.00	0.06	0.00	0.06
1967	0.28	0.00	0.00	0.00	0.00	0.00	0.28	0.00	0.28
1968	0.29	0.00	0.00	0.00	0.00	0.00	0.29	0.00	0.29
1969	0.34	0.00	0.00	0.00	0.00	0.00	0.34	0.00	0.34
1970	0.34	0.00	0.00	0.00	0.00	0.00	0.34	0.00	0.34
1971	0.35	0.00	0.00	0.00	0.00	0.00	0.35	0.00	0.35
1972	0.35	0.00	0.00	0.00	0.00	0.00	0.35	0.25	0.10
1973	0.35	0.00	0.00	0.00	0.00	0.00	0.35	0.00	0.35
1974	0.37	0.00	0.00	0.00	0.00	0.00	0.37	0.00	0.37
1975	0.81	0.00	0.00	0.00	0.00	0.00	0.81	0.00	0.81
1976	0.81	0.00	0.00	0.00	0.00	0.00	0.81	0.00	0.81
1977	0.86	0.00	0.00	0.00	0.00	0.00	0.86	0.00	0.86
1978	0.87	0.00	0.00	0.00	0.00	0.00	0.87	0.00	0.87
1979	0.87	0.00	0.00	0.00	0.00	0.00	0.87	0.00	0.87
1980	1.44	0.50	0.00	0.00	0.00	0.07	0.87	0.00	1.44
1981	2.99	0.80	0.00	0.00	0.00	0.07	2.11	0.00	2.99
1982	3.00	0.80	0.00	0.00	0.00	0.08	2.11	0.00	3.00
1983	8.07	5.82	0.00	0.00	0.00	0.11	2.14	1.09	6.98

续表

年份	固定资产	其中						累计折旧	固定资产净值
		办公营业用房	机器设备	电子设备	交通运输工具	器具家具	其他固定资产		
1984	9.06	6.77	0.00	0.00	0.00	0.11	2.18	1.09	7.97
1985	13.01	8.28	0.00	0.00	0.00	0.11	4.62	2.02	10.99
1986	21.98	17.11	0.00	0.00	0.00	0.11	4.76	2.84	19.14
1987	28.05	22.95	0.00	0.00	0.00	0.11	4.99	6.52	21.53
1988	33.52	14.31	0.00	0.00	0.00	0.11	19.10	9.46	24.06
1989	41.87	21.00	0.00	0.39	0.00	0.11	20.37	12.88	28.99
1990	71.24	55.49	0.3	0.03	11.66	0.3	3.46	14.84	56.40
1991	105.18	95.61	0.08	0.79	5.68	0.54	2.48	5.78	99.40
1992	109.25	95.3	0.08	0.79	9.65	0.85	2.58	12.09	97.16
1993	198.31	152.7	2.31	0	34.3	0	9	18.56	179.75
1994	253.16	192	0	0	61.16	0	0	27.56	225.60
1995	251.65	191.38	0.36	0	59.91	0	0	39.79	211.86
1996	240.76	191.4	0.36	0	49	0	0	52.18	188.58
1997	1175.72	1105.9	17.09	2.61	47.31	0	2.81	293.65	882.07
1998	1197.88	993.29	30.73	35.04	138.82	0	0	369.96	827.92
1999	1237.05	1012.64	30.73	54.87	138.81	0	0	459.57	777.48
2000	1283.33	987.15	0	102.82	175.89	0	17.47	541.69	741.64
2001	1313.82	989.49	0	86.84	220.02	0	17.47	534.17	779.65
2002	1600.02	1189.02	0	90.52	303.01	0	17.47	589.15	1010.87
2003	1611.95	1076.68	37.62	137.24	342.94	0	17.47	586.58	1025.37
2004	2741.28	2156.82	29.19	162.26	375.56	0	17.47	580.82	2160.46
2005	2895.22	2565.58	10.37	98.43	220.84		0.01	683.64	2211.58
2006	3006.49	2407.88	68.20	254.19	258.74		17.48	886.73	2119.77
2007	3047.31	2384.73	143.57	192.72	308.82		17.48	1010.28	2037.04
2008	4022.41	3319.06	165.82	199.29	320.76		17.48	1256.81	2765.60
2009	4274.13	3451.72	206.66	267.63	330.67		17.45	1507.27	2766.86
2010	5769.75	4947.34	206.66	267.63	330.67		17.45	1751.71	4018.03
2011	6048.28	4767.74	257.32	631.14	361.05		31.02	2124.85	3923.43
2012	7012.69	5707.33	254.69	671.63	343.85		35.19	2547.78	4464.91
2013	10075.85	8542.52	254.85	790.45	450.96		37.07	3022.84	7053.01
2014	11669.01	8518.43	437.43	1767.65	625.32		320.17	3584.90	8084.11
2015	55779.12	52390.04	455.57	1768.20	652.80		512.50	4495.98	51283.14
2016	77190.81	72901.73	757.83	2388.81	532.43		610.01	7344.80	69846.01

第七章 风险管理

第一节 风险管理政策与体系建设

花溪农村信用社在成立之初，主要根据贷款人的阶级成分、收入、信誉情况进行贷款发放。为了安全，规定贷款最多不得超过40元。对贷款人的风险考察基本由村委审核后，主任在放贷时进行考察。风险管理的意识不强，审查也很简单。20世纪80年代以前，农村信用社的贷款风险管理，按照农行下达的信贷计划，对贷款进行计划控制。农村信用社进行贷款审批管理的同时，逐步推行贷款抵押和担保。

1998年，花溪联社实行大额贷款备案制度，规定50万元为大额贷款，需要实行备案制。最大一户借款人的贷款余额不得超过本社资本总额的30%，最大十户借款人的贷款余额不得超过本社资本总额的1.5倍。1999年11月，法定存款准备金由8%下调至6%。2000年11月，在营业部安装一套数字监控系统。2001年6月，成立风险管理领导小组，组长吴勇，副组长王银霖、陈林昌。

2004年，花溪合行成立风险管理委员会，制定《花溪农村合作银行事后监督处罚办法》。

2006年5月，花溪合行成立风险管理部。按照《花溪农村合作银行董事会风险管理委员会实施细则》，成立第一届风险管理委员会，主任黄思刚，成员吴勇、王银霖、黄毅、顾斌德。当年起诉案件4起，涉及金额70余万元。

2009年12月，花溪合行董事会审议通过《贵州花溪农村合作银行风险管理员暂行办法》。花溪合行发布《贵州花溪农村合作银行票据业务风险控制暂行办法》。2010年10月，花溪合行董事会审议《贵州花溪农村合作银行风险管理机制建设三年战略规划》的议案。2011年，花溪合行制定下发《贵州花溪农村合作银行全面风险管理政策》《贵州花溪农村合作银行风险限额管理制度》等制度。

2000年花溪联社员工在青岩新楼村给村民介绍"小额农贷"品种

2012年，"风险监测系统"正式运行以来，结合新"信贷资产五级分类实施细则"具体要求，花溪合行进行非现场检查103次，查找错误及不规范情况363笔。11月，董事会审议通过在花溪区马铃乡马铃村征地120余亩修建贵州花溪合行数据备份中心，防止系统出现操作失误或系统故障导致数据丢失。2013年12月，花溪农商行董事会制定《风险管理委员会工作规则及风险管理办法》《贵州花溪农村商业银行股份有限公司合规政策》。花溪农商行实行新版客户风险系统，该系统涉及296个统计指标。2014年8月，花溪农商行颁布《贵州花溪农村商业银行股份有限公司案件防控管理实施细则》《贵州花溪农村商业银行股份有限公司案件风险防范管理办法》。9月，对全行的风险管理员（暨合规管理员）、新进员工进行培训，重点培训风险管理员职责与管理、贷款五级分类与管理、呆账核销与管理、不良贷款表外利息减免与管理。2016年9月，贵阳审计中心主办、花溪农商行承办贵阳地区新版客户风险系统统计培训会。

第二节　信贷资产分类

20世纪80年代前，花溪各信用社几乎没有信贷资产管理工作。1989年下半年，信贷资产分类管理工作才逐步开展起来。1989年10月，花溪各乡镇信用社根据《中国农业银行信贷资产监测考核办法》，始建立贷款登记簿。1998年5月，人总行制定《贷款风险分类指导原则》（试行），首次提出对商业银行按照贷款质量可进行五级分类管理，贷款种类分：正常、关注、次级、可疑、损失，后三种为不良贷款。

2004年12月，省联社办公室转发贵州银监局《关于进一步推进农村合作金融机构贷款五级分类试点工作的通知》，要求花溪合行2005年必须全面实施贷款五级分类工作。2005年1月，花溪合行被省联社确定为贷款五级分类试点单位。6月，花溪合行召开五级分类认定会议，对各支行报来的10万元以上的贷款按五级分类标准进行逐一认定。2012年12月，花溪合行对贷款资产按风险进行五级分类，对贷款余额进行三类统计：正常类余额、关注类余额、不良贷款，其中不良贷款余额包括：次级类余额、可疑类余额、损失类余额。

第三节　不良信贷资产管理

一、不良信贷日常管理

1989年5月，农行花溪区支行孟关营业所成立“孟关民族乡依法收贷领导小组”和“孟关乡依法收贷执行小组”，依法开展收贷工作。全所共收回非正常贷款43笔，本息合计167270元。收回的非正常贷款中，一般逾期贷款97831元；收回82年以前的旧贷9210元。1990年10月，农行贵阳中心支行再派两个工作组到花溪、乌当协助清收不良贷款。1991年，花溪联社收回非正常贷款148万元。其中一般逾期贷款收回124万元，呆滞贷款收回24万元。

1993年9月，花溪联社下发《关于认真做好清收非正常贷款的通知》，重申凡是信用社干部、职工（包括退休人员）的自借，职工家属、亲友所欠贷款（借款）在年前尚未还清的从9月份起扣发本人工资的50%及年终奖；对赖贷户、钉子户、倒闭破产企业采取行政、经济、法律的手段进行清收。

1997年，花溪区不良贷款25.682千元，占贷款余额的38%，逾期贷款18.809千元，占贷款余额的28%，催收贷款6.873千元，占贷款余额的10%。1998年，花溪联社加大信贷资金的清收工作，10月，成立清收不良贷款领导小组，联社职工放弃双休日，大战100天进行清收工作。联社规定职工和退休职工、家属、亲属欠逾期贷款的，必须在12月底前清还，未完成的，一律下岗清收，清收期间每月只发150元生活费。

1999年1月，联社成立花溪农村信用联社信贷资产防范领导小组，组长吴勇。2000年8月，联社成立联社及各片区不良贷款清收领导小组。当年收回逾期贷款664万元，两呆贷款161万元，其中呆滞141万元、呆账20万元，化解高风险社一个。2003年，花溪联社不良贷款余额4103万元，占比11.3%。2004年，花溪合行累计清收4389万元，两呆贷款2476万元，不良贷款2427万元。12月，贵州花溪合行执行《省联社转发中国银行业监督管理委员会关于加强银行已销核贷款管理工作的通知》，核对已销毁贷款呆账科目（科目代号108），确保总分相符。

2009年2月，花溪合行制定《贵州花溪农村合作银行减免应收未收利息暂行办法》，对老、弱、病、残、贫困借款人，采取减免全部或部分表外应收未收利息的措施。2011年，花溪合行制定《贵州花溪农村合作银行不良资产处置专项奖励暂行办法》，按照"谁收回，奖励谁"的原则，奖励相应的单位和个人。上半年，重点加大大额诉讼贷款处置力度，依法收回不良贷款余额900万元。2012年，全行审批减免利息25笔，收回不良贷款88万元。2013年，花溪合行通过业务部、风险部与经办行的联动清收，依法收回不良贷款4039.55万元。

2015年12月，全行不良贷款余额2.38亿元（备注：按四级分类口径不良贷款余额1.87亿元），较年初增加8994.82万元，不良贷款率2.76%，较年初上升0.18个百分点。其中不良贷款前五大行业分别为批发零售业、房地产业、农林牧渔业、制造业、建筑业。2016年4月，花溪农商行邀请花溪区公安分局治安大队等相关工作人员对孟关片区支行进行帮扶催收不良贷款，催收不良用户12户，当场收到贷款本金32000元。

二、不良信贷资产处置

1963年，根据人总行《农村信用社呆账清理办法》以及相关文件，第一次对农村信用社农业贷款进行核销，对农村信用社1961年前收不回的贷款，区别不同的情况进行豁免；除家庭成分为"地主、富农、反派、坏分子、右派"的外，其余的社员个人贷款予以豁免；生产队1961年以前的未还生产设备贷款，予以豁免。

2003年，花溪联社清理出符合呆账条件的贷款194笔，金额7689298.4元，其中30万到50万的一笔，50万以上的两笔。2004年，花溪合行按照《农村信用社改革试点专项中央银行票据操作办法》，申请专项中央票据424万元，用于置换不良资产。全区呆账准备以总行营业部统一计提的方式进行管理，实行统一批报、统一核销制度。

2008年7月，花溪合行发布《贵州花溪农村合作银行呆账核销管理暂行办法》，规定呆账认定程序：10万元以下的呆账由风险管理部复核并确认，由行长审批；10万元以上的呆账由行长召开风险管理委员会会议，全部同意后，由董事长审批。呆账核销：单户核销在50万以下的，由业务发展部审查后，风险管理部复审会签，报行长审批；单户核销在50－100万元的，由行长审批；单户核销在100万元以上的，由风险管理部提请总行风险管理委员会审议。

2010年，花溪合行销呆账资产390万元，保全信贷资产1200万元，通过法院依法收回现金900万元。2011年1月，花合行出台《贵州花溪农村合作银行已核销呆账资产管理暂行办法》《贵州花溪农村合作银行不良资产处置专项奖励暂行办法》。8月12日，全行核销贷款68笔，金额76万元。

第四节　合规检查与合规审查

1996年10月，中国农业银行发布《关于农村信用社脱钩后案件查处和案件管理移交工作的答复》，要求各省级分行至脱钩之日起，农业银行不再承担信用社经济案件和违规违纪案件的查处和管理工作。信用社的案件和违规违纪案件的查处和管理工作，县以下由各级联社负责，县以上由各级农村金融体制改革领导小组办公室负责，对脱钩前完结的档案资料仍由原农业银行保管，未完结的进行移交管理。中国人民银行花溪区支行转发《转发公安部二局、中国人民银行办公厅（关于在全国金融系统安全防范工作大检查的通知）》，要求在全国金融系统开展金融安全大检查。

2000年1月，中国人民银行贵阳中心支行发布《关于对花溪农村信用联社现金、利率违规问题的处理决定》，针对花溪联社违规开户并支现、未认真履行对开户单位的现金管理职责等问题，报中心支行货币信贷处备案，并处罚1万元整。

2001 年 9 月，中国人民银行贵阳中心支行《关于开展全省农村信用社内部控制制度执行情况检查的通知》，要求对农村信用社信贷管理、财务管理、会出制度、安全保卫工作操作程序、计算机安全等内控制度的执行情况进行检查。2004 年 5 月，省联社监察保卫处组织三个检查组，对贵阳地区 10 家联社（含花溪农村合作银行、小何信用社）的安全防范工作进行突击抽查。2005 年，银监会贵州监管局对花溪合行下发风险预警通知书，花溪合行全辖惠农指标进入动态预警机制，对最大十户贷款比例在 209.51，黄色动态预警级别；固定资产比例 73.64，黄色动态预警级别。

2011 年，花溪合行组织全行业务大检查，成立业务大检查领导小组，抽调全行 36 名业务骨干组成四个检查小组，对各网点、部门规章制度执行情况、会计出纳业务、贷款业务、票据业务展开大检查。在近三个月的检查中，各小组共排查业务近 2950 笔，金额近 13.36 亿元。查处在经营管理中履职不力的中层干部 4 人，违规违纪的员工 2 人。2014 年 7 月，贵州花溪农商行开展 2014 年操作风险暨案件隐患排查活动。

第五节　业务统计

1993 年，花溪联社对信用社会计报表实行百分制考核，每月 1 日必须上报月报及附表等，不能完成通知要求的、不按时上报的扣发当月的岗位奖金，全年实得分参加年终专业评比。

1998 年 6 月，省联社要求各联社上划 500 元统计质量保证金。凡未及时上报资料、数据有误等联社没收质量保证金。年内除上交分行农金处外，结余部分全部用于奖励金。各联社统计单位由原来的万元改为千元。1999 年 12 月，花溪联社为加快资金流动，申请加入电子联行磁介质传送。2000 年 12 月，中国人民银行贵阳市中心支行转发《关于调整农村信用社 2001 年统计制度的通知》，要求贵阳地区各联社月报在月后 2 日内报送，季报在季后 10 日内报送。2004 年 11 月，花溪合行组织学习《银行业监督管理暂行办法》。2007 年，花溪合行开始运行非现场监管信息系统，并成立由董事长任组长，分管领导任副组长的领导小组。2008 年 5 月，花溪合行下发《关于调整贵州花溪农村合作银行非现场监管报表指标体系工作领导小组的通知》，对领导小组进行调整。

2012 年，按照省联社转发《中国银监会关于 2013 年非现场监管报表的通知》要求，花溪合行对“非现场监管信息系统”报表实施细则进行修订。2015 年 4 月，省联社举办新版客户风险统计报送系统培训。2016 年 11 月，根据省联社《贵州农村信用社新核心及外围系统停业切换方案》，花溪农商行对综合报表管理系统、1104 系统、金融数据大集中系统开始停业，至 22 日正式对外营业。

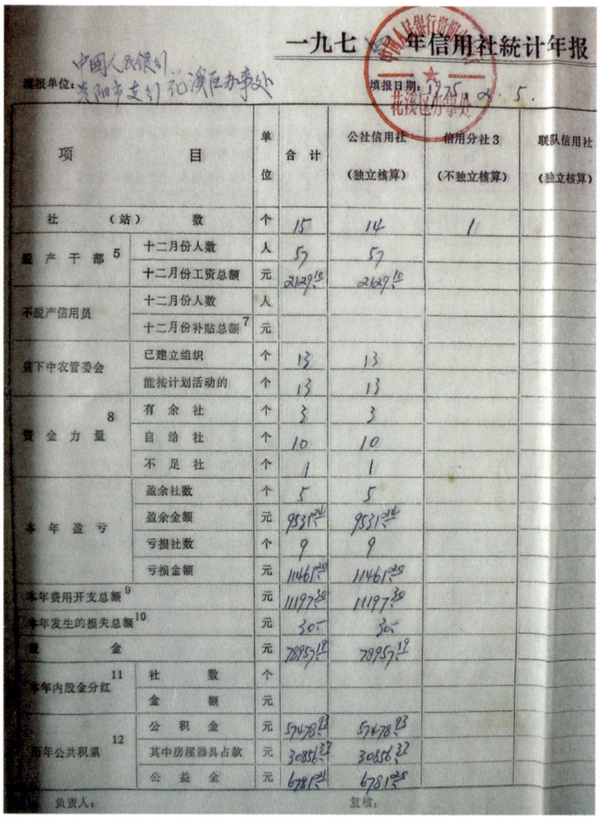
一九七　年信用社統计年报

填报单位：中国人民银行贵阳市支行花溪区办事处　　填报日期：1975.2.5.

项目		单位	合计	公社信用社（独立核算）	信用分社 3（不独立核算）	联队信用社（独立核算）
社（站）数		个	15	14	1	
脱产干部 5	十二月份人数	人	57	57		
	十二月份工资总额	元	2129.10	2129.10		
不脱产信用员	十二月份人数	人				
	十二月份补贴总额 7	元				
贫下中农管委会	已建立组织	个	13	13		
	能按计划活动的	个	13	13		
资金力量 8	有余社	个	3	3		
	自给社	个	10	10		
	不足社	个	1	1		
本年盈亏	盈余社数	个	5	5		
	盈余金额	元	9531.24	9531.24		
	亏损社数	个	9	9		
	亏损金额	元	11461.20	11461.29		
本年费用开支总额 9		元	11197.30	11197.30		
本年发生的损失总额 10		元	305	305		
股金		元	78957.19	78957.19		
本年内股金分红 11	社数	个				
	金额	元				
历年公共积累 12	公积金	元	57478.93	57478.93		
	其中房屋器具占款	元	30856.32	30856.32		
	公益金	元	6781.21	6781.28		

负责人：　　复核：

1974 年花溪区信用社统计年报表

第八章　稽核审计

信用合作稽核工作的任务是通过对信用社的信贷、财务、会计、出纳等业务活动的管理工作进行检查监督，防止和揭露违法行为，维护集体财产安全，帮助和健全各项规章制度，保证党和国家的金融方针、政策、计划、法令和各项规章制度的贯彻执行。

第一节　部门及队伍建设

20 世纪 50 年代初期到 70 年代末，农村信用社没有配备专职稽核员，信用社业务的检查督促、查错防弊由市人行组织信用社进行稽核审计。

20 世纪 80 年代，各区（县）农行恢复对农村信用社的领导和管理后，逐步配备营业所专职和兼职稽核员，并采取分片包干和巡回检查的办法，对辖区信用社进行账务、财务稽核检查。

1981 年至 1998 年，信用社的稽核工作由农行负责，常规工作由农行基层营业所农金员（信用社专管员）负责辖内信用社检查、指导。1986 年 7 月，花溪区农业银行组织稽核部门对辖内信用社按农行贵州省分行制定的《信用社稽核工作实施细则》开展稽核检查工作。1990 年 1 月，花溪联社出纳稽核股成立。罗来苇兼任出纳稽核股股长，工作人员陈学菊、吴云峰。1992 年，花溪联社出纳稽核股改为会计出纳稽核股。

1995 年 4 月起，联社稽核监察科分别汇同其他专业科室对所辖信用社、营业部等十多个机构进行常规及专项稽核。1996 年，信用社的稽核工作由联社稽核监察室开展。2001 年 4 月，联社根据人行贵阳中心支行印发的《贵阳市农村信用社2001 年安全防范工作安排意见》将所辖 26 个营业网点划分为 6 个安全片区，分别配备片区稽核员和专职保卫巡视督导员加强安全保卫工作。

2002 年 4 月，花溪联社稽核监察科更名为花溪联社稽核审计部，游廷栋任稽核审计部经理，申厚斌任副经理，工作人员徐勇、王虎、吴丹。

2004 年 8 月，花溪联社稽核审计部更名为花溪农村合作银行稽核审计部，申厚斌任稽核审计部经理，吴丹任副经理，工作人员徐勇、王虎。2014 年 3 月，花溪农村合作银行稽核审计部更名为花溪农村商业银行股份有限公司稽核审计部，周兴雄任稽核审计部经理，李晓刚、吴丹、冯泽刚任副经理，工作人员文光霞、蓬兴武、黎文。是年，花溪农村商业银行制定《花溪农商行稽核工作管理办法》正式发布。

第二节　稽核审计制度

1989 年 12 月，花溪联社成立后，信用社稽核工作在农行的指导下由信用社开展，实行“统一领导，分级管理，逐级负责”。1990 年 1 月设立稽核工作机构，配备专职或兼职稽核人员。8 月，农行贵州省分行制定《贵州省农村信用合作社稽核工作岗位责任制暂行办法》。1991 年 12 月，花溪联社转发农行贵州省分行转发的人行和中华人民共和国监察部制定的《金融稽核检查处罚规定》。

2005 年 3 月，贵州省联社召开稽核审计工作座谈会，对《贵州省信用社加强稽核审计工作管理暂行办法》《贵州省信用社派驻稽核监督员管理试行办法》和《贵州省信用社非现场稽核审计工作办法（试行）》（征求意见稿）提出修改意见。12 月，花溪合行印发《贵州花溪农村合作银行稽核处罚实施细则》，明确花溪合作的稽核审计部门是稽核处罚的执行机构，对违反各项规定的处罚做详细的规定。

2008 年 6 月，花溪合行制定《贵州花溪农村合作银行修缮及基本建设工程预决（结）算稽核审计暂行办法》。2013 年 12 月，花溪农商行股份有限公司第一届董事会第一次会议制定花溪农商行审计委员会工作准则。2014 年 8 月，花溪农商行修订《贵州花溪农商银行银行股份有限公司稽核工作管理办法》《贵州花溪农商银行股份有限公司稽核工作问责暂行办法》《贵州花溪农村商业银行股份有限公司片区稽核员暂行管理办法》。

第三节　稽核审计业务

一、常规稽核

花溪联社围绕整顿规范、信贷管理、财务管理等内容，对各营业机构进行全面稽核和合规检查，做到常规稽核与专项稽核相结合。1991 年，人行贵阳中心支行组织全省信用联社稽核人员一行 8 人对青岩信用社进行全面常规实地稽核。1995 年 5 月，花溪联社对青岩信用社进行常规稽核。

2002 年 11 月，联社稽核科对全辖农村信用社 23 个营业网点进行常规稽核；对全辖农村信用社 2002 年新增万元以上大额贷款进行专项稽核。2003 年 1 月，完成对全辖独立核算网点 2002 年的年终决算专项稽核，3 月份完成对全辖所有网点 2002 年第四季度的常规稽核工作；4 月份完成全辖一季度的常规稽核工作；5 月份完成联社 2002 年度管理费、工会经费的专项稽核工作；6 月份完成孟关、黔陶、青岩社 2002 年的营业厅的装修工程审计工作；7 月份完成对全辖二季度的常规稽核工作；8 月份完成营业部营业大厅，湖潮信用社营业厅的装修工程审计工作；10 月份完成三季度全辖的常规稽核工作；11 至 12 月份完成全辖万元以上贷款专项稽核工作，并做好全辖干部职工交流的离任稽核审计工作。

2004 年，花溪合行全年对全辖二十五个网点进行稽核检查，检查面达 100%。2006 年 8 月，对全辖 23 个营业网点 1－3 季度进行常规稽核检查。2007 年 11 月至 12 月，对全区辖各营业网点 2007 年 3 季度开展的业务进行常规检查，检查方式为现场检查和随机抽查相结合。

二、专项稽核

1993 年 3 月，花溪联社根据农总行农银发（1993）53 号文件精神，按照这次专项稽核的六条违规，结合实际情况逐条对照逐条检查。7 月，对花溪联社全辖 15 个信用社“一逾两呆”贷款进行专项稽核。1995 年 9 月，组织稽核人员对所辖 15 个信用社及联社的 1994 年度清产核资工作进行稽核。2002 年 1 月，由人民银行花溪支行行社监管组、花溪联社稽核监察科联合组成的检查组，对 2001 年全辖农村信用社年终决算进行专项检查，和对全辖农村信用社的重要空白凭证管理使用销号进行检查。2005 年，花溪合行对全辖各营业机构新增大额贷款进行检查。2006 年 4 月，根据《贵州农村信用社审计工作管理办法（试行）》和《贵州省农村信用社现场审计操作规程（试行）》，省联社稽核处委托贵阳办事处审计组，按照审计方案对花溪农村合作银行高管人员履职情况进行专项审计，并作出专项审计报告。2009 年 10 月，花溪合行开展股权清转专项检查。2012 年，花溪合行对 2011 年年终结算真实性开展专项检查。2013 年 1 月，花溪合行稽核审计部门对全行 2012 年度工资政策执行情况进行专项稽核审计。

三、离任（离岗审计）

2001 年 11 月下旬，联社稽核科对原燕楼信用社负责人雷太勇、原孟关信用社主任李中伟离任之前的经营状况，特别是贷款发放情况等进行审查，对贷款到期后不能归还的贷款进行核定，并写出《关于原燕楼信用社负责人雷太勇同志离任稽核报告》以及《关于原孟关信用社主任李中伟同志离任稽核报告》。2003 年 11 月，联社稽核监察部对王明亮在孟关信用社任职期内各项业务工作进行审计，并写出《孟关信用社王明亮同志离任审计报告》。

2006年，省联社成立审计组，按照《贵州省农村信用社高级管理人员离任（岗）稽核审计暂行办法》《贵州省农村信用社稽核审计工作暂行规定》对花溪合行董事长李萍2004年4月23日至2006年10月31日任职期间的经营管理情况进行全面审计，对花溪合行监事长江弘任职期间的经营管理情况进行全面审计。2007年，花溪合行干部离任稽核审计报告27份。

2009年，按照《贵州省农村信用社高级管理人员离任（岗）稽核审计暂行办法》《贵州省农村信用社稽核审计工作暂行规定》等规定，省联社贵阳办事处审计组对花溪合行行长助理龙浩任职期间的履职情况进行离任审计，审计期为2005年12月至2009年9月。按照《审计方案》规定和审计分工，累计调阅信贷档案资料24份，相关文件资料14份，合计38份。2012年上半年对28名干部交流及重要岗位人员轮岗进行专项离任审计。

第九章　安全保卫

第一节　部门及人员配置

从农村信用社开始建立到20世纪70年代中期，信用社的管理曾分别由人民银行、农业银行、人民公社、贫下中农管理委员会负责，信用社的安全保卫工作也由以上几个组织安排。当时的安全保卫工作形式单一，管理主要有上级管理部门抽查、信用社自行监督管理的模式，没有形成具体的规章制度以及专门的安全保卫部门。

20世纪90年代以来，一些基层信用社发生被盗、被抢、被骗的案件。花溪联社内部自行开展负责安全保卫工作，开始加强对安全保卫部门的建设。1992年，花溪联社经警小队成立。1993年，花溪联社下设安全保卫科，有科长一人，其他干部两人。3月，农行花溪支行要求信用社配备专职保卫干部，中心社必须明确兼职保卫干部；信用社明确当班安全员；各营业机构建立治保组、消防组，制定防盗、防抢预置方案，与当地公安机关或友邻单位建立联防组织。是年，花溪区辖内农村信用社相继与农行花溪支行（社）签订责任书，落实以上要求。

1995年2月，花溪联社新成立保卫科，由王安俊任保卫科副科长；成立花溪联社经警小队，队长王安俊，指导员张振华，成员10人。1996年，联社与农行脱钩时，内部设有保卫科。

2002年4月，花溪联社保卫科更名花溪联社监察保卫科，聘王安俊为联社监察保卫科科长。贵阳市花溪联合社营业部下设经警班，聘陈永峰为联社营业部经警班班长（享受副股级待遇）。2008年，花溪合行经警班正式更名为花溪合行押运中心。2015年，花溪农商行保卫部组织机构由保卫部、押运中心、监控中心组成，有25人，其中保卫2人，设总经理1名（兼任押运中心、监控中心主任）、指导员1名；押运中心18人，设副主任2名、16名工作人员；监控中心5人，设副主任1名，4名工作人员。

第二节　安保管理制度

20世纪50年代到60年代，安全保卫以口头形成的行为规定作为制度，主要内容为值班制度即轮流值班、防盗防抢、确保资金安全等。1972年，人行贵州省分行对农村信用社的安全保卫工作提出具体要求，农村信用社开始建立安全保卫制度。

1993年6月，花溪联社转发《贵阳市农业银行“两防一保”实施方案》，要求对“两防一保”工作尚未落实的社，务必在月底前落实。1994年3月，中国农业银行花溪区支行、花溪区信用联社联合下发《关于对违反安全保卫工作制度规定的处罚决定》，并将其作为当前和今后安全保卫检查处罚依据。5月，花溪联社贯彻落实由公安部、人民银行联合下发《基层金融单位治安保卫工作暂行规定》。6月，花溪联社转发农行市分行《关于对干部、职工违反安全防范规章制度实行处罚的暂行规定》。7月，花溪联社制定《花溪信用联社运钞车防爆预案》，转发《中国农业银行贵州省分行安全保卫责任制》。

1995年，花溪联社保卫科制定《安全防卫器械的有关规定》，转发农行市分行《关于加强车辆管理 保障行车安全的意见》要求各信用社加强车辆管理。1996年，花溪联社转发国务院农村金融体制改革部协调小组办公室《农村信用社安全保卫工作管理规定（暂行）》。

1998年12月，花溪联社转发人行贵州省分行农金处印发的《贵州省农村信用社安全保卫工作操作规程》。花溪联社和基层领导把此项工作纳入经营目标管理，制定《1998年至2000年安全设施建设达标规划》做到分级管理，逐级负责。

1999年初，花溪联社制定《“三防一保”工作考评办法》，对各社2000年各社安全保卫的工作情况进行考评、打分。考评与工资挂钩（每个职工每月扣工资五百元上划到联社，年底考评结束根据考评情况进行返还）。在各营业网点建立安全检查员制度，根据各网点的实际情况制定营业间防暴预案、押运防暴预案和守库防暴预案。

2003年3月，花溪联社下发《花溪区农村信用联社“三防一保”责任考核办法》《花溪区农村信用联社保卫部考核办法》《花溪区农村信用联社经警岗位考核办法》。10月21日，花溪联社转发人行贵阳中支信合办下发的《关于认真做好农村信用社改革期间安全保卫工作的紧急通知》和《案件通报》。2006年12月，花溪合行制定《贵州花溪农村合作银行保安人员管理办法》。2007年，花溪合行转发省联社办公室《贵州省农村信用社计算机信息系统安全管理暂行办法》《贵州省农村信用社计算机信息系统安全保密暂行办法》。11月，转发省联社办公室《贵州省农村信用社办案件工作暂行办法》《贵州省农村信用社领导办案责任制暂行规定》。2008年3月，花溪合行印发《贵州花溪农村合作银行库款交接管理规定》。2014年8月，花溪农商行印发《贵州花溪农村商业银行股份有限公司安全保卫工作管理办法》。11月，印发《贵州花溪农村商业银行股份有限公司异地值守业务库管理办法》《贵州花溪农村商业银行股份有限公司突发事件应急预案》《贵州花溪农村商业银行股份有限公司监控中心管理办法》《贵州花溪农村商业银行股份有限公司监控录像管理办法》《贵州花溪农村商业银行股份有限公司报警系统管理办法》《贵州花溪农村商业银行股份有限公司安全保卫业务流程》《贵州花溪农村商业银行股份有限公司营业押运和守库安全操作规程》《贵州花溪农村商业银行股份有限公司枪支弹药管理办法》。

第三节 安保组织建设

1994年7月，花溪联社成立社会治安综合治理领导小组，下设三个工作组：治安保卫组、义务消防组、调节组。1995年7月，花溪联社成立经警小队。队长王安俊，指导员张振华，队员陈嘉、龙超林、吴云峰、杨德荣、谢碧玉、迟焕明、陈伟、周兴雄、唐登福、帅刚。2000年5月，联社决定对“三防一保”领导小组（应急小分队）社会治安综合治理领导小组（领导小组办公室、义务消防小组、调解小组、安全保卫小组）人员进行调整。

2002年4月，花溪联社下发《关于调整花溪区农村信用联社“三防一保”领导小组和社会治安综合治理领导小组的通知》。接着印发《关于成立花溪区农村信用社“三查”活动领导小组的通知》，吴勇担任“三查”活动领导小组组长，副组长游廷栋、王银霖。2005年4月，花溪合行印发《关于贵州花溪农村合作银行社会治安综合治理委员会的通知》。10月，花溪合行印发《关于成立贵州花溪农村合作银行安全评估工作领导小组的通知》，成立花溪农村合作银行安全评估工作领导小组。12月，花溪合行成立社会治安综合治理委员会。

2007年，成立花溪合行安全检查评估领导小组，组长吴勇，副组长江弘、龙浩，成员廖健、周乐佳、王银霖，办公室成员蔡茂林、陈秋平。2008年，花溪合行信访维稳排查领导小组、安全评估领导小组成立。2014年，花溪农商行制定突发事件应急方案，确立突发性应急领导小组，规范安全保卫组织建设。

第四节 安全保卫

农村信用社建社初期，安全防范设施简陋，缺乏基本的安全保卫器材和设施。信用社干部走村串户开展业务时，通常使用自带的木棍防身；如有少量没有及时交回人民银行营业所的现金，就随身携带或找寻相对安全的地方暂存。

20 世纪 60 年代到 70 年代末，农村信用社送款时，由公社武装部派员协助送款，或借用公社武装部的步枪。一些少量现金、账簿、印章，存放于农村信用社的木质办公桌和木质柜中。70 年代后期，花溪区各农村信用社开始购置小型保险柜。信用社的现金、账簿、印章、凭证等，均存入保险柜。各基层营业网点开始使用铁门、铁窗将营业人员与客户分开，并开始安装电动警铃。

花溪联社成立后，要求各乡镇信用社的安全保卫工作要经常与当地公安派出所、综合治理办公室联系，共同建立联防系统。还为信用社配备电击器、军用器械和运钞车（普通民用越野车、小型面包车、摩托车等）。到 90 年代前期，农村信用社具备基本安全保卫设施，但物防设施仍相对简单，主要安全防范器械包括枪支、电击器、人身防卫器、铁棒、石灰杯、警铃和报警器等。

1993 年，花溪联社建设办公楼金库门 6 道：信用社 4 道，燕楼、金竹信用社 2 道；加高湖潮信用社铁栏杆。营业所配备安全电脑报警、一般报警器、电击器、押运现金用冲锋枪、自动步枪、狼牙棒、石灰盒。7 月，花溪联社经研究配置首批用于守库的枪支：半自动步枪 2 支，子弹 30 发。11 月，花溪联社为全辖区十五个信用社、四个分社，配备特制金库门 2 道、运钞车 2 辆、狼牙棒 36 根、半自动步枪 2 支。1995 年 9 月，花溪联社保卫科增购防卫狼牙棒 30 根，为孟关、金竹等信用社、营业间增加防盗门 8 道。石板、久安、湖潮、党武、孟关、小碧等信用社购买标准的金库门八道。除花溪、高坡、营业部外，其他社均安装标准金库门。

1996 年 10 月，联社《关于我社配备守押库款枪支的请示》报区公安局二科后，获得 56 式冲锋枪 5 支、64 式手枪 1 支。是年，各社统一安装标准防盗门，所有木柜台一律改为砖混柜台。1998 年，花溪联社投入安全设施费 88 万元，对不符合安全设施要求的石板社、蔡冲分社、傲凡冲分社新增程控电话，在全区安装 19 台电话报警器。1999 年，花溪联社投入资金 37 万元，对石板信用社、高坡信用社的营业办公用房及库房按标准进行修建；投入 20 万元在花溪城区新建万达、清溪路、霞辉路、朝阳等 4 个分社，安全设施建设全部达到公安部营业场所安全设施防范标准；投入 7000 余元配备 5 支冲锋枪，1 支手枪；投入 1 万元购买 8 个电击器、报警钞票箱。

2000 年，花溪联社有业务金库 13 个，运钞车 11 辆，守库押运枪支有：“64”式手枪一支，“56”式冲锋枪 5 支。联社分别各一支，金竹、久安、麦坪、青岩信用社“56”式冲锋枪一支。全辖 26 个网点有电话报警器 26 台（每个网点 1 台），防弹背心 30 件（每辆 2 件以上），网点安装电话 24 门（马铃分社和金碧分社未安装），防卫器具狼牙棒 74 根（每网点 2 个、每辆车 1 个），防弹运钞车 1 辆（配有 GPS 卫星定位系统 1 台），标准金库 14 个，监控设施 1 套（联社营业部）。2001 年 11 月，花溪联社投入资金 180 万元，先后为青岩信用社、清溪分社、小碧信用社、麦坪信用社、金竹信用社、尖山分社等 6 个网点安装监控；为清溪分社、小碧信用社、麦坪信用社等三个营业网点进行改造，安装防弹玻璃；为 7 家网点更新或购置运钞车 7 辆；为全辖营业网点 84 个过期灭火器更换药粉，并购置 20 个“1211”灭火器，新购置备用报警器 2 台。2002 年，花溪联社投入 74 万元用于安装石板、久安、湖潮、孟关、黔陶、高坡、燕楼、党武、云上、竹林等信用社或分社的监控系统；投入 210 万元对营业部、孟关、青岩、黔陶、湖潮、党武、竹林、云上等信用社或分社的营业间进行改造，安装防弹玻璃护栏；投入 40 万元更换石板、久安、小碧信用社的代用运钞车；投入 1 万元购置湖潮、小碧、石板、孟关、云上、竹林、燕楼、党武、学士路、霞晖保险柜；投入 1 万元增购消防安全应急灯26个、ABC灭火器48个。

2003年，全辖二十五个营业网点、柜台全部采用砖混结构，通勤门为安装坚固的金属防护门，23个网点安装监控，19个网点安装防弹玻璃防护栏，6个网点安装金属防护栏。联社有64式手枪一支，56式冲锋枪5支，营业部每次运送现钞时保持4人押送，其中驾驶员1人，押运员2人，出纳1人，全部身着防弹衣，并配备有警犬1条。

2004年，花溪合行投入资金5.6万元安装10辆代用运钞车保险柜；为石板支行配备4路监控一套、安装防弹玻璃；投入资金3万元购置轻型软质防弹衣及头盔6套；投入资金7万余元更换营业网点的报警器（由188型更换成110B型）、灭火器、安装通勤联动门。

2005年，花溪合行改进安全防范报警装置，安装无线报警终端收发机XD－KJ03。2006年，花溪合行改造学士路支行、平桥分理处、小碧分理处等营业网点的物防设施，改造营业部等24个网点的技防设施；对高坡等11家支行、分理处的金库进行撤并，减少库房管理风险，购置专业押款车1辆。

2007年，花溪合行撤销青岩、石板、久安、麦坪、孟关、小碧、高坡、湖潮、党武、黔陶、燕楼等11家支行、分理处的金库；为青岩、久安、湖潮、麦坪、孟关、小碧、明珠、高坡、华宇、紫光、云上、霞晖、党武、黔陶、燕楼、营业部等16家网点安装联动互锁门；改造青岩、湖潮、小碧、高坡、党武、黔陶、燕楼、学士路、民院等9个营业网点监控设施；改造营业部金库并购置组合金库1个，将金库门门锁改为电子指纹密码锁；购置2辆专业运钞车；更换全行所有过期灭火器药粉一批。年末全行24个营业网点按公安部《GA38——2004标准》验收合格并取得安全合格证。

2008年，花溪合行投入资金87.6万元为小碧新增两个网点购进联动门一道、报警器二台、监控设备二台，对16个网点进行线路改造。2009年，花溪合行25个网点全部达到《GA38－2004标准》并取得安全合格证。2012年，花溪合行成立监控中心、夜间巡逻队，对各网点实行24小时远程监控管理。

第五节 安全教育与防范

农村信用社从建社之初到20世纪80年代，没有正式开展安全教育与防范工作。90年代，国家相关部门或上级主管部门以下发文件的形式，指导农村信用社的安全教育与防范工作。90年代后期，信用社的安全教育与防范工作变得多样化。

1990年，花溪联社要求各社领导必须高度重视安全保卫工作，严格执行制度，主任要检查各种安全设施建设，组织全社职工学习。1995年6

花溪农商行武装押运人员

月，联社召开经警队员学习会议，并抽调5名队员参加农行贵阳市分行保卫处组织的经警集训队训练。1996年8月，花溪联社派经警队队长王安俊参加《全国农村信用社金融安全专业培训班》。是年，与当地派出所、综合办建立联防。

1997年9月，花溪联社派人员参加花溪分局组织举行为期两天的新《刑法》及有关法律培训。1998年11月，联社对全辖各信用社及联社经警队员开展培训，培训内容有《抢劫银行犯罪的现状与特征》《金融盗窃犯罪的现状》《贵州农村信用社安全保卫操作规程》《金融案件》，枪支使用和分解组合以及实弹射击等。2000年5月，花溪联社举办两期安全保卫培训。

2004年12月，花溪合行在花溪区公安分局的指导下举行反抢劫演练活动。2005年7月，花溪合行监察保卫部王安俊参加贵州省公安厅举办的《银行营业场所风险等级和防护级别规定》宣贯培训班。2006年8月，花溪合行转发《省政府办公厅关于切实加强民用爆炸物品安全管理的紧急通知》，通知要求各部门组织学习，并开展自查工作。

2007年5月，花溪合行转发《省联社办公室关于全省农村信用社2007年1季度案件情况的通报》，并组织职工学习通报的内容。同月，组织经警班全体员工进行枪械知识培训。2007年12月，花溪合行各支行、分理处开展一次防抢劫演练。2008年11月，花溪合行组织对2007年以后新进员工和中层干部进行系统的安全保卫工作培训，培训内容包括安全防范知识、消防安全知识、法律、法规、警示教育等。同月，对花溪合行全体守押人员进行枪支分解组合和实弹射击训练。2010年11月，总行组织2009年新进员工进行安全保卫知识、消防安全知识培训。

2012年6月，省联社在贵阳举办全省农信社安全保卫业务培训班。各办事处安全保卫工作有关负责人、贵阳农商行、各联社（农合行）分管领导和部门负责人共179人参加培训。

2015年，花溪农商行组织安全教育培训4次，突发事件应急演练31次，实弹射击训练一次，参与人数达2563人次。全年组织对营业网点安全检查7次，及时发现并控制安全风险65项，纠正、处理违规人员19人。

第六节　安全检查

安全检查是伴随着安全保卫的工作展开的，包括内部检查和公安部门检查。20世纪50年代到60年代，安全检查工作主要是内部自觉检查为主，大多流于形式，并未得到有效开展。

90年代，安全检查工作被提上日程，安全检查开始常规化和全面化。1991年，市中支保卫科、区支行保卫股、联社组成检查组深入所、社不定期对安全保卫工作进行全面检查。1993年，花溪联社组织纪检、监察、稽核、会计、资组保卫等科室对各信用社、分社进行7次检查，对各信用社、分社的安全防范风险等级进行调查和核实，确定各社的风险等级。针对检查中出现的问题下达17次整改通知书，限期整改。1994年4月，花溪联社对全区信用社、储蓄所、联社营业部进行安全防范、安全设施、武器装备、值班守库等全面安全检查，市中心支行安全检查组对所辖17个网点进行夜间安全检查。

1995年4月，花溪联社组织由保卫科、会计科、稽核监察科、信贷科等参加的联社检查组，开展“三防一保”大检查。全年组织4次由联社领导带队，有保卫科、会计科、稽核监察科等参加的“三防一保”工作检查。1996年1月，联社组织由保卫科、会计科、稽核科、信贷办公室等参加“三防一保”工作检查。1997年9月，花溪联社组织消防安全检查组，对全辖20个网点进行消防安全工作大检查；组织有保卫、稽核、会计等参加的安全保卫检查组，对全辖20个网点进行安全工作大检查。11月，组织安全保卫工作检查组，对全辖20个网点进行突击检查。1998年，花溪联社对全辖各网点进行全面检查4次，不定期检抽查若干次，对安全设施、火源等安全隐患的单位提出整改意见22份，对违反操作规程和制度的职工处罚金额580元。1999年11月，人行贵阳中心支行组织人员对贵阳市辖内农村信用社夜间守库情况进行检查。2000 年，花溪联社对各信用社进行较大规模的安全检查 7 次，其中 3 次夜间检查。人行贵阳中心支行对贵阳市辖农村信用社安全保卫工作进行现场抽查，花溪联社被罚款 3 人，罚金 150 元。花溪联社对全辖各网点的安全防范制度执行情况、设施状况及学习情况等进行全面检查，并对全辖夜间值班情况进行检查。

2003 年 6 月，花溪联社参加全区金融网点安全大检查。12 月，花溪联社组织安全检查组，对全辖 25 个营业网点进行安全大检查。2004 年，花溪合行进行安全检查 3 次。2005 年，开展安全保卫全面检查 5 次，抽查 1 次。2006 年 1 月，贵阳市公安局花溪分局对花溪合行公务用枪管理情况进行检查。

2007 年，监察保卫部对全辖各网点安全检查和抽查 13 次，其中检查 9 次，抽查 2 次，配合公安部门检查 1 次。12 月，花溪合行成立安全检查领导小组，开展对全行的安全检查工作。

2008 年，在奥运会和国庆期间，花溪合行按照省联社要求对配备的防爆枪支管理、使用及守护押运情况进行专项检查。全年对全辖 24 个网点安全检查和抽查 14 次，其中检查 11 次，抽查 3 次；配合省联社、办事处检查 2 次。2009 年 9 月，贵阳市公安局花溪分局治安大队对花溪合行公务用枪弹管理情况进行检查。10 月，贵州省银监局对花溪合行青岩支行安全防范设施进行专项安全检查。全年全辖 27 个网点进行安全检查 12 次。2010 年 7 月，贵阳市花溪区消防大队对花溪合行华宇支行、云上分理处、亚泰学院、民院分理处、紫光支行、营业部自助柜员机进行消防安全检查。9 月，贵阳市公安局花溪分局治安大队对花溪合行公务用枪管理情况进行检查。2011 年上半年，花溪合行对全辖网点进行安全检查 6 次。2013 年 5 月，贵阳市公安局对花溪合行枪、弹库房安全检查。2014 年 4 月，贵阳市公安局花溪分局治安管理大队对花溪农商行枪支管理情况及枪支管理制度、学习情况、库房安全防范情况进行检查。2015 年 2 月，贵阳市公安局花溪分局治安管理大队对花溪农商行枪支管理、使用情况进行检查。7 月，花溪农商行下发《贵州花溪农村商业银行办公室关于开展业务库安全检查暨自助设备专项检查后续整改工作的通知》。

第十章　行务管理

第一节　公文管理

公文（包括电报）是银行在依法进行公务活动中形成的具有法定效力和规范体式的文书，是依法管理和进行公务活动的重要工具。

花溪联社时期，各类文件先送办公室主任批阅，注明主办单位以便催办，再送联社领导阅读、审批，阅后签名并注明日期，有的要签署意见，凡是经联社领导批示或交有关科、室办理的公文，办公室要负责检查、催办。凡领导签发的文件，不得随意变更，要经原签发人同意。公文办完后，应根据其特征、相互联系和保存价值分卷整理，保证齐全、完整，正确反映主要工作情况，便于保管、查找和利用。没有存档价值的公文，经过鉴别和领导批准，可定期销毁。销毁秘密公文，要进行登记，有专人监督，保证不丢失，不露销。

2004 年，花溪合行制定《贵州花溪农村合作银行公文处理实施细则》《贵州花溪农村合作银行公文运转和办理暂行办法》，规定公文由办公室或专职人员统一收发、审核、用印、归档和销毁。上级单位的公文，除绝密级和注明不准翻印的以外，下一级单位经负责人或者办公室主任批准，可以翻印，翻印时，应当注明翻印的单位、日期、份数和印发范围。公开发布行政机关公文，必须经发文机关批准。经批准公开发布的公文，同发文机关正式印发的公文具有同等效力。公文复印件作为正式公文使用时，应当加盖复印机关证明章。公文被撤销，视作自始不产生效力；公文被废止，视作自废止之日起不产生效力。不具备归档和存查价值的公文，经过鉴别并经办公室负责人批准，可以销毁。销毁秘密公文应当到制定场所由两人以上监销，保证不丢失、不漏销。其中，销毁绝密公文（含密码电报）应当进行登记。员工调离岗位时，应当将本人暂存、借用的公文按照有关规定移交、清退。

2014 年，花溪农商行制定《贵州花溪农村商业银行股份有限公司公文处理实施细则》，规定办公室主管单位的公文处理工作，并对下级单位的公文处理工作进行业务指导和督促检查。要求各支行、部室应当高度重视公文处理工作，配备专（兼职）人员负责公文处理工作。各支行、部室负责建立健全单位公文管理制度，确保管理严格规范，充分发挥公文的效用。公文由办公室统一管理。建立机要保密室和机要阅览室，并按照有关保密规定配备工作人员和必要的安全保密设备。公文确定密级前，按照拟定的密级先行采取保密措施。确定密级后再按照所定密级严格管理，绝密级公文由专人管理。公文的密级需要变更或者解除的，由原确定密级的单位或者上级单位确定。公文的印发传达范围要按照发文单位的要求执行；需要变更的，经发文单位批准。涉密公文公开发布前要履行解密程序。公开发布的时间、形式和渠道，由发文单位确定。经批准公开发布的公文，同发文单位正式印发的公文具有同等效力。复制、汇编机密级、秘密级公文，要符合有关规定并经花溪农商行单位负责人批准。绝密级公文一般不得复制、汇编，确有工作需要的应当经发文单位或其上级单位批准。复制汇编的公文，视同原件管理。复制件应当加盖复制机关戳记。翻印件应当注明翻印的单位名称、日期。汇编本的密级按照编入公文的最高密级标注。公文的撤销和废止，由发文单位、上级单位或者权利机关根据职权范围和有关法律法规决定。公文被撤销的，视为自始无效；公文被废止的，视为自废止之日起失效。涉密公文应当按照发文单位的要求和有关规定进行清退或者销毁。不具备归档和保存价值的公文，经批准后可以销毁。销毁涉密公文，必须严格按照有关规定履行审批登记手续，确保不丢失、不漏销。个人不得私自销毁、留存涉密公文。单位合并时，全部公文应当随之合并管理；单位撤销时，需要归档的公文经整理后按照有关规定移交档案管理部门。工作人员离岗离职时，所在单位应当督促其将暂存、借用的公文按照有关规定移交、清退。

第二节 印章管理

建社初期，大多数农村信用社对印章的管理较为随意，很多员工外出办理业务时常常把印章带在身上，也无需登记。员工下班后，有的会把印章带回家存放。20世纪70年代，人行下文要求信用社业务公章在业务完毕后必须及时入库保管。

2004年11月，花溪合行制定《贵州花溪农村合作银行印章使用和管理暂行规定》，对花溪合行印章的使用范围、批准权限以及印章的使用和管理做出规定。2014年，花溪农商行制定《贵州花溪农村商业银行股份有限公司印章使用和管理规定》，规定凡使用花溪农商银行、花溪农商银行董事会、花溪农商银行监事会、花溪农商银行办公室、业务部门、分支机构印章，都要严格办理用印章登记手续，注明日期、用印事由、用印单位、用印份数（枚）、批准人和经办人。所有用印均由印章管理人员加盖，严禁盖空白信笺。对违反规定使用印章出具证明、介绍信的人员，要按有关规定严肃处理，造成严重后果的，要给予行政处分直至依法追究法律责任。印章实行专人管理，遇特殊情况时，临时性保管花溪农商银行、花溪农商银行办公室印章，须报经分管办公室的行领导或办公室主任同意，董事会印章由董事长同意，监事会印章由监事长同意，部门分支机构印章由部门、分支机构负责人同意，指定专人代管，并做好交接登记手续。印章严禁携带外出，若因特殊原因必须携带办理公务的，花溪农商银行、花溪农商银行办公室印章由行长或董事长同意，董事会印章由董事长同意，监事会印章由监事长同意，部门、分支机构印章由部门、分支机构负责人同意。花溪农商银行需刻制的印章或部室需要由总行统一制发的印章，由办公室按照有关规定，到公安机关指定的印章刻制单位刻制后登记发放。花溪农商银行制发的印章，因机构撤销、名称改变或换用新印章而停止使用时，使用印章的单位应及时将印章送交总行办公室留存印模，总行办公室再按有关规定，向当地公安机关提出销毁申请，经批准同意后送刻制单位进行销毁。对伪造印章或使用伪造印章者，要依照国际有关法规查处。如发现伪造印章或使用伪造印章者，应及时向公安机关举报。

第三节 档案管理

在信用社建设初期，对档案没有形成常规化管理，上级对档案管理没有明确具体的要求，实质保存的资料不多。信用社几次整改、办公场所的变更、房屋的拆迁等，导致档案资料散失严重。成立联社前，各信用社的档案资料由各信用社自行管理，留存的资料不多。

1989年，各信用社的资料交由联社统一管理，档案管理工作被提上日程。2008年，花溪合行要求各支行（分理处）安排专人负责对档案进行清理和分类，逐步实现人事档案、贷款档案、会计档案电子化管理模式。

2011年，花溪合行业务部门根据《贵州省农村信用社信贷档案管理暂行办法》有关规定，明确各网点要专人负责信贷档案管理工作，对信贷档案管理统一模式，实现标准化管理。

2013年，花溪农商行将办公大楼第三层800多平方米设为档案管理中心，实现档案库房、阅览室、办公室三室分开的目标，库房设立为文书档案库及会计档案库，购置档案密集架 135 列（组），配备全程监控设施，摄像头 20 个全覆盖，加上档案盒、除湿机及“八防”硬件设施等，共投入资金 73 万余元。

2014 年 8 月，档案管理中心正式投入使用。新落成的档案管理中心，库藏档案 68754 卷（件、张），其中，文书档案 1074 卷 9221 件；会计档案 56235 卷，照片档案 27 卷 2016 张；实物档案 181 卷。同时接收 30 个网点的 41735 卷会计档案进库。花溪农商行党委设立专门的档案管理中心，配备专职档案管理人员 2 名。

为规范管理，花溪农商行制定下发《贵州花溪农村商业银行档案管理办法》《贵州花溪农村商业银行会计档案管理办法》《贵州花溪农村商业银行信贷档案管理办法》《贵州花溪农村商业银行文书档案管理办法》等一系列管理措施，制定档案工作人员岗位职责、档案室管理制度、档案保密制度、档案资料查阅利用制度、档案立卷规档制度，以及设置档案移交、档案查阅、档案收进（移出）等登记台账，从各方面规范花溪农商行的档案管理工作。

2015 年，花溪农商行档案管理工作达到贵州省企业单位档案管理三星级水平，属贵阳市银行业第一家。

2015 年，花溪农商行档案管理达三星级，罗甸县委书记杨朝伟等前来参观

第四节　督办工作

督办工作的主要任务是对列入督办范围的工作事项及时督查、及时反馈，加强考核监督，推动督办事项的落实。督办工作的基本原则是统一管理、分工负责、及时沟通、注重实效、加强考核、有效监督。督办工作包括立项、承办、反馈、催办、办结、报告等环节。

2014 年 8 月，花溪农商行建立《贵州花溪农村商业银行股份有限公司督办工作制度》，督查督办事项的主要内容为：党委政府、省联社、监管部门领导的重要批示的落实情况；董事会、监事会决定的重大决策、重要部署的落实情况；党委、经营班子制定的年度工作目标任务的重点工作分解的完成情况；行领导到支行、部室检查工作，开展调研活动等场合提出需要办理的事项；全行性专项会议、活动方案的落实情况，以及其他需要督查督办的工作事项。

督办工作由总行办公室牵头，负责组织部室和支行抓好督办事项落实。主要职责是负责花溪农商行督办工作的组织、协调、管理和实施；负责起草花溪农商行督办工作的规章制度；对督办事项进行考核评价；向领导报告督办工作落实情况，并对督办情况进行通报。

花溪农商行办公室设专岗督察员，主要职责是负责花溪农商行督办工作的日常工作。包括及时下达立项单、提示单，对立项单、提示单进行编号登记；对督办事项进行跟踪管理；及时反馈督办事项进展情况；按月下发督查通报；对办结事项归档，以及其他需要办理的日常工作。

2016 年 4 月，花溪农商行进行部门职责调整，部门周工作推进和督办工作由办公室转至战略规划部。

第五节 信息披露

2005年，上级监管部门要求所有农村合作银行均应聘请会计事务所对其年度会计报表进行审计，并编制年报。农村合作银行应参照《商业银行信息披露暂行办法》（中国人民银行令（2002）第6号）和《中国银行业监督管理委员会关于规范股份制商业银行年度报告内容的通知》（银监发〔2004〕8号）的要求，研究制定花溪合行信息披露的要素、程序、范围和方式，每年4月底之前向股东、社会披露有关信息，并逐步扩大信息披露内容与范围。

2014年，花溪农商行制定《贵州花溪农村商业银行股份有限公司信息披露管理办法》，将可能对本行业务发展或经营效益产生重大影响，而股东尚未得知的重大信息，在规定的时间，通过规定的媒体，以规定的方式向社会公众公布，并送达银行业监管管理机构备案。花溪农商行的信息披露由董事会负责，确保信息披露的内容真实、准确、完整，没有虚假记载、误导性陈述和重大遗漏。监督信息披露制度的执行情况由监事会负责，监事会对董事、高级管理人员履行信息披露职责情况进行监督，对发现信息披露存在违法违规行为，应当进行调查并提出处理意见。

花溪农商行的高级管理人员要及时以书面形式定期或不定期向董事会报告银行的经营情况、重大合同的签订与执行情况、资金运用情况、关联交易情况和盈亏情况。高级管理人员有责任保证银行董事会办公室及时知悉银行内部组织与运作的重大信息，对股东和其他利益相关者决策产生实质性或较大影响的信息以及其他应当披露的信息。

花溪农商行明确各部室、支行主要负责人为本部门、本机构的信息报告第一责任人。并要求各部室、支行负责人须在日常经营活动中，落实信息披露的有关要求，建立信息采集和上报机制，确保信息的可获性，以及信息的真实、准确、完整和及时性；各部室负责人要按照定期报告汇编要求，及时提供相关材料；各支行负责人要及时向董事会办公室报告银行经营管理、财务管理、风险管理、内部控制等方面出现的重大事件、重大合同的签订、执行情况及相关信息。

花溪农商行的信息披露内容以中文编制成年度报告，于每个会计年度终了后的四个月内披露。因特殊原因不能按时披露的，应至少提前十五日向属地监管部门申请延迟。并要求将年度报告置放在银行的主要营业场所，确保公众能方便查阅。

第十一章 政策扶持

第一节 税收优惠扶持政策

花溪地区农村信用社从建社初，就致力于服务农村集体经济组织和广大农户，因此享受国家税收减免政策扶持。

1987 年，财政部下发《关于对农村信用社征收企业所得税的通知》，规定农村信用社从 1987 年 1 月 1 日起，按照税收规定征收集体企业所得税；对 271 个专项贴息贷款扶持县的农村信用社，至 1988 年 12 月底，免征企业所得税两年。

1992 年 1 月，农行省分行要求对农村信用社因受灾纳税确有困难的，可按税收管理体制的规定，报经批准，酌情给予定期的减免或免税照顾。

1998 年 3 月，财政部、国家税务局《关于农村信用社征收营业税等有关问题的通知》规定，对信用社自 1998 年 1 月 1 日至 12 月 31 日，减免 6% 的税率征收营业税。

2001 年 1 月 1 日起，恢复按 8% 的税率征收营业税。信用社在税率调整后，按 5% 的税率征收的部分继续向主管地方税务局缴纳，新增的部分继续向国家税务局缴纳。信用社自 1998 年起逐步提高营业税税率后，对随同营业税附征的城市维护建设税和教育经费附加，仍按营业税原税率 5% 的部分计征，并由原征收机关征收。

2003 年，根据《国务院关于深化农村信用社改革试点方案》文件精神，从 2003 年 1 月 1 日起至 2006 年底，对西部地区试点的信用社一律免征收企业所得税；营业税减按 3% 的税率征收。花溪合行纳入改革试点范围后，落实按 3% 征收缴纳营业税，企业所得税延长免征到 2008 年末。

2013 年 4 月，经贵州省贵阳市花溪区国家税务局审核确认，花溪合行属于享受西部大开发所得税优惠政策鼓励类金融机构，从 2012 年起至 2020 年 12 月 31 日按 15% 税率缴纳企业所得税。

2009 年 1 月至 2016 年 12 月，花溪合行小额农户贷款（指单笔且该农户贷款余额总额在 10 万元（含本数）以下的贷款）利息收入享受免征营业税的税收优惠政策；花溪合行营业税的执行税率是 3%；花溪合行农户小额贷款的利息收入，在计算应纳税所得额时，按 90% 计入收入总额。

营改增之后，按照《营业税改征增值税试点过渡政策的规定》第一条第十九项规定，2016 年 12 月 31 日前，金融机构农户小额贷款利息收入免征增值税。根据《财政部、国家税务总局关于进一步明确全面推开营改增试点金融业有关政策的通知》第三条规定，花溪农商银行选择适用简易计税方法按照 3% 的征收率计算缴纳增值税。

第二节 人民银行扶持政策

花溪地区农村信用社建立后，国家银行实行发放贷款的方式，给予农村信用社资金上的支持。

20 世纪 50 年代到 70 年代后期，人民银行以借入款的方式，支持农村信用社解决信贷资金不足的问题。

1956年7月，人行贵州省分行规定，农村信用社资金不足，人行可以贷款支持。农村信用社借入银行款实行按计划指标分配到社，一次申请办理，规定用途，严禁挪作他用，按季结息，到期归还（确有困难可以延期）。

1980年，农村信用社改由农业银行领导和管理。全省部分农行县支行对农村信用社发放的支持款改为“利随本清”结息。20世纪80年代到90年代中期，农行以借入款方式继续支持农村信用社发展。

1984年5月，农行贵州省分行《关于信用社借入款按年计收利息的通知》规定，农村信用社1980年1月1日以来的农行借入款，一律实行按年计收息，结息期为每年12月20日。凡沿用“利随本清”的地区，都要改为按年计息；信用社1979年底以前的农行借入款，实行“利随本清”的办法。

1985年4月，农行贵州省分行下发《关于农村信用社几个问题的通知》，对1985年1月1日起对农村信用社发放的支持款，逾期未还的实行逾期加息的办法，要求各县农行督促和帮助农村信用社积极开展业务，抓紧收回信用社发放的逾期贷款，积极归还到逾期的农行贷款，年内还款有困难的，要办理延期手续。6月，农行省分行《关于严格控制对信用社支持款和限期缴足存款准备金的通知》强调，支持款必须控制和压缩，信用社缴存银行30%的提存准备金要限期完成。农行对信用社的支持款只限于帮助贫困地区的信用社支持农民生产和生活困难的资金需要。对非困难地区的信用社不贷支持款，主要靠信用社自己组织资金解决。

1997年，农村信用社与农业银行脱离行政隶属关系，改由人民银行领导和管理后，人民银行以再贷款的方式，继续支持农村信用社的改革和发展。人行贵阳市中心支行和贵州省分行联合下发《关于农村信用社脱钩前在农业银行借款有关问题的通知》，规定农村信用社脱钩前在农行的借款从1997年起分5年还清，由各信用社或县联社和当地县联社订立分年还款计划，并报当地人民银行备案。各信用社要严格按照还款计划，积极筹措资金，归还向农行的借款；对全省资不抵债的和发生支付困难的700家信用社向农行的借款，从1997年4月1日起实行停息挂账，待这部分信用社扭亏为盈后再订立还款计划，用5年时间还清本息；农行对信用社的借款逾期部分，从文到之日起停止罚息，各级银行不得强行扣收信用社向农行的借款。

2000年，花溪联社向人民银行申请借入支农再贷款4000万元，欠农业银行借款66万元，基层信用社向联社累计借款2565万元。

2002年7月5日，人总行颁布《中国人民银行对农村信用合作社贷款管理办法（修订稿）》，对再贷款增加“对发生票据清算临时头寸不足的借款人，分、支行可适当给予再贷款支持的用途”。8月，人总行下发《中国人民银行对农村信用合作社贷款管理办法》规定，人行对支农再贷款实行“限额控制、周转使用、规定用途、设立台账”的管理原则。对发生票据清算临时“头寸”不足的贷款人，分支行可适当给予再贷款支持，这部分再贷款的最长期限为20天，余额不得超过辖区再贷款限额的50%。再贷款期限不得超过一年，归还确有困难，可予以展期，展期期限累计不超过2年。

专项央行票据是国家对农村信用社深化改革的优惠政策。由国家发行票据，置换信用社的不良资产和挂账亏损，扶持农村信用社减轻包袱。国务院确定贵州省作为全国试点省份之一。

人总行按2002年底贵州省信用社实际资不抵债数额的50%发行专项中央银行票据（以下简称专项央行票据），用于置换农村信用社的不良贷款。票据期限2年。

2003年11月，人总行下发《农村信用社改革试点专项中央银行票据操作办法》规定，专项央行票据不能流通、转让和质押，发行对象为农村信用社县（市）联社。

花溪联社于2004年3月31日达到专项中央银行票据认购条件，认购专项中央银行票据424万元。并被省联社选为专项票据兑付工作试点之一。2005年12月1日，补充认购专项中央银行票据576万元，置换呆滞贷款400万元，呆账贷款600万元。2007年9月，花溪合行成功兑付央行专项票据1000万元。

第三节　其他扶持

2003年10月，花溪区成立农村信用社改革试点工作领导小组，由区长田平担任组长。接着区政府召开专题会，出台扶持政策：1、帮助农信社组织存款，新增涉农资金全部存入农信社，招商引资项目要到农信社开户；2、农信社房屋、土地手续不齐，产权不明晰的，区建设局、国土局、财政局配合尽快办理，区财政收取的费用免交；3、区法院尽快完成农信社申请的案件；4、帮助农信社清收旧贷。

2004年2月成立花溪区清收不良贷款工作领导小组，常委副区长任组长，区法院、检察院等6个部门负责人为成员；截止2006年12月，收回行政事业单位职工不良贷款23户，本金29万元。花溪合行成立后，鉴于花溪合行办公楼营业用房拥挤，办公地点停车场小，客户无法停车办理业务，区政府在花溪新区将地理位置较好的20亩地规划为金融地，指定为花溪合行的办公综合楼建设用地。

花溪合行为落实中央精神，消除花溪地区金融机构空白乡镇，在马铃乡重建金融机构，马铃乡政府将马铃街上两间门面无偿提供给花溪合行使用，2009年9月，中国银监会党委副书记、副主席蒋定之到马铃便民服务点调研，12月，花溪合行收到中央财政拨入金融机构空白乡镇设置网点补助款6万元。

1997年花溪联社宣传标语

第六篇 党群组织

1997 年 8 月，花溪联社团委活动

第一章　中国共产党组织

第一节　组织建设

花溪农商行党的基层组织包括花溪区农村信用社党支部、花溪联社党支部、党总支以及花溪合行、花溪农商行党的委员会。

花溪区农村信用社成立时，员工大都是稍有点文化的农村青年，共产党员极少，人数达不到建党支部的要求。20世纪50至80年代，各乡镇信用社党员都是与乡镇的供销、粮食、税务等部门党员组成联合党支部，党组织关系隶属各乡镇党委。其他工会、共青团等组织也与党组织一样，搞联合组织。

1994年11月，花溪联社机关有党员9名，达到组成党支部的条件。中共花溪联社支部委员会成立，郭福芳任支部书记，陈林昌、周乐佳任支部委员。联社党组织关系隶属花溪区直机关党委，乡镇农村信用社党员仍属乡镇党委会管理。

1997年11月，花溪区农村信用社党员人数达40人，联社党支部将全区信用社党员统一管理；全区信用社党员通过选举成立花溪联社党支部，陈灿富任支部书记，陈林昌、王文秀任支部委员。乡镇信用社分片区成立党小组。

随着事业的发展，花溪联社员工增加，中共党员也发展到56名。2000年7月，经花溪区直机关党委批准，成立花溪联社党总支，吴勇任总支书记，陈林昌任总支副书记，张振华、王安俊、谢必玉任总支委员。花溪联社党总支辖4个党支部。

2003年7月，花溪联社党总支换届选举，区直机关党委下发《关于吴勇等同志任职的批复》，吴勇任花溪联社总支书记，陈林昌、游廷栋任总支副书记，周乐佳、周兴雄、申厚斌、王安俊任总支委员。

花溪联社党总支成员名单表

职务 / 姓名 / 年份	党总支书记	党总支副书记	委　员
2000年7月	吴勇	陈林昌	张振华、王安俊、谢必玉
2003年7月	吴勇	陈林昌、游廷栋	周乐佳、周兴雄、申厚斌、王安俊

2005年，经区直机关党委批准，花溪联社党总支更名为中共花溪农村合作银行总支委员会。2006年，花溪农村合作银行机关支部划分为机关支部、营业部支部、紫光片区支部。

2007年9月，花溪合行党总支在花溪红阳宾馆召开全体党员大会，根据党总支制定的《中国共产党贵州花溪农村合作银行委员会成立大会选举办法》，成立中国共产党贵州花溪农村合作银行委员会，选举第一届党委班子；经上级批准，吴勇任党委书记，江弘任组织委员，周乐佳任宣传委员，廖建任纪检委员，龙浩任青年委员。党委成立后将原来6个支部调整为7个支部。

2008年，花溪合行党委组织关系由花溪区直机关党委改为隶属贵州省联社党委。2009年6月，省联社下发（黔农信党干任〔2009〕6号）《关于吴勇等同志任职通知》，组建中共贵州花溪农村合作银行委员会，中共贵州花溪农村合作银行纪律检查委员会。吴勇任党委书记，廖建、江弘、周乐佳任党委委员，廖建任纪委书记。

2009年增设监保支部。2010年，花溪合行党委对下属党支部设置进行调整，增设小碧片区支部和党武片区支部，由原来8个支部调为10个支部，并进行支部换届，选举新一届党支部委员会。2012年7月，花溪合行党委决定将原有10个支部调整为18个支部。全行共有党员157人，预备党员3人。

2014年2月，省联社党委下发《省联社党委关于组建花溪农商行党委及吴勇等任职的通知》（黔农信党干任〔2014〕9号）文件，组建中共贵州花溪农村商业银行股份有限公司委员会、中共贵州花溪农村商业银行股份有限公司纪律检查委员会。吴勇任党委书记，江弘、邢昉、王刚任党委委员；邢昉任纪委书记。2015年省联社党委发文：黎希霆任花溪农商行党委委员。2016年，省联社党委发文：杨照刚、周乐佳任花溪农商行党委委员。

2016年12月16日，中共花溪农商行委员会召开党的十九大代表和省十二次党代会代表候选人推荐工作动员会

花溪合行（农商行）党委成员名单表

职务 姓名 年份	党委书记	党委副书记	委　员
2007年	吴　勇		江弘、周乐佳、廖建、龙浩
2009年	吴　勇		江弘、周乐佳、廖建
2013年	吴　勇		江弘、廖建、邢昉、王刚
2014年	吴　勇	王　贵	江弘、邢昉、王刚
2015年	吴　勇		江弘、邢昉、王刚、黎希霆
2016年	吴　勇		杨照刚、周乐佳、王刚、黎希霆

2014 年 12 月，花溪农商行党委将下属原 18 个支部调整为 11 个支部。2015 年 4 月，花溪农商行党委决定增设高新片区支部。2016 年 7 月，将原学士路片区支部分为学士路支部和平桥片区支部；贵安片区支部更名为湖潮片区支部。2017 年 1 月成立大学城片区支部。

2016 年 12 月，花溪农商行下辖 14 个党支部，有党员 256 名（含预备党员 7 名），占全行员工总数的 45%，35 岁以下的党员 157 人，占党员总数的 61%。

2016 年花溪农商行党委下属党支部成员名单表

名称＼姓名＼职务	党支部书记	党支部副书记	组织委员	宣传委员	纪检委员	青年委员
机关第一支部	张达丽	汪子靖、王宇成	周兴雄	周兴芳	陈林昌	蒋　婕
机关第二支部	田　华	梁洁、赵莉	陈鸣明	邱啟佳	黄　毅	杨昌志
保卫部支部	何中良	周华献、陈永峰	周华献	杨　祺	蔡茂林	
营业部支部	游　静		李　碧	吴澜婷	迟小梅	皮定飞
学士路支部	王　婷		冉景海	席艺玲	周　伟	但秀逸
紫光片区支部	王　刚		喻　媛	陈胜男	曹兴燕	李银飞
石板片区支部	张振华		袁　君	谢孟娥	唐荣仁	刘朝彬
青岩片区支部	刘远刚	申厚斌、唐永文	兰　兵	凌　娟	黄　锐	何俐佳
南明片区支部	邢　昉		龙沛伊	刘　敏	刘　溪	李　诚
贵安片区支部	陈　沛	王　婷	徐　燕	饶　田	赵磊克	
小孟片区支部	周　兰	梅　剑	张婷婷	张婷婷(兼)	梅　剑	
高新片区支部	游　静		龙华瑜	杨　潇	龙华瑜(兼)	杨潇(兼)
平桥片区支部	陈庆林		石　慧	张　琳	石慧(兼)	张琳(兼)
大学城片区支部		龙章忠	徐　燕	胡莎莎	徐燕(兼)	胡莎莎(兼)

第二节　思想制度建设

花溪区信用社从 20 世纪 50 至 80 年代，对党员的思想教育主要是采取乡镇、公社党组织开会传达党中央到地方各级会议精神，组织党员培训、参加政治运动，达到整顿思想、提高思想觉悟的目的。一般学习的主要内容有《党章》《中华人民共和国宪法》、毛泽东著作等。

“文化大革命”期间，信用社的学习制度一度变得十分严厉，每周停业学习一个半天、两个半天，甚至 3 个、5 个半天，把占用大量工作时间学习、提高思想觉悟的制度称为“雷打不动”的学习制度。学习内容主要是《毛主席语录》《毛泽东选集》。

1994 年花溪联社党支部建立。从联社党支部、党总支到花溪农商行党委，一贯重视党的思想制度建设，根据形势发展要求，结合农村信用社实际和工作需求，建立学习制度，组织开展各种学习活动。学习的内容主要有“社会主义计划经济与社会主义市场经济”、“关于加强党的建设几个重大问题的决定”、“讲学习、讲政治、讲正气”、“‘三个代表’重要思想”以及中央各届党的代表大会精神、新《党章》等。

21 世纪初，花溪合行党总支建立健全对基层党组织考核的制度，并将考核作为表彰的重要依据，每年召开一次党支部建设工作经验交流会或座谈会。花溪合行党总支下发文件，就建立健全监管机制、规范党员管理、健全党的生活制度、严格党的组织生活、落实“三会一课”等规章制度，作出明确的规定。每个季度召开一次支部党员大会，每月召开一次支委会、1 至 2 次党小组会、每年至少组织党员上党课 2 次，第四季度以支部为单位，开展民主评议党员工作、批评与自我批评，妥善处理不合格党员。党支部书记每年为党员上党课或作形势报告不少于 2 次。为搞好行机关和各基层信用社“三个代表”学习教育活动，拟定学习教育实施方案，成立以党总支书记、主任吴勇为组长，副书记、副主任陈林昌为副组长的领导小组，并召开“三个代表”重要思想学习教育动员大会。坚持学习制度、讲评制度，每季度写一篇学习心得，全行写出心得 100 多份。

2008 年，为纪念建党 87 周年，花溪合行党委开展“庆七一、迎奥运、我为党旗增辉”主题活动。行党委领导按照规章制度，定期亲自为党员、员工上党课。2010 年 6 月，在庆祝建党 89 周年暨“七一”表彰会上，行党委书记吴勇给全行党员和入党积极分子、各部室、支行、分理处负责人上党课。

2011 年，按照省联社党委文件精神，召开“坚持以人为本，执政为民理念，切实改变工作作风，加快贵州经济社会又好又快更好更快发展”为主题的民主生活会，贵阳办事处领导到会指导。为开好民主生活会，行党委会前作充分准备，围绕主题组织学习，发放征求意见表，广泛听取员工意见。领导班子成员间开展谈心活动，交流思想，围绕主题，撰写发言提纲。6 月，花溪合行在区委党校举办为期一天的“忆党史，跟党走，纪念建党 90 周年”专题党建知识培训。在全行发起“向雷锋学习”主题活动，制定花溪合行“向雷锋学习”活动月实施方案，召开有 350 人参加的动员大会。

2014 年，在教育实践活动中，花溪农商行召开党的群众路线教育实践活动指导工作推进会，行领导班子成员、机关部室负责人参加会议。此期间开展的活动还有：为期一个月的“明礼知耻，崇德向善”知识竞赛活动；行党委民主生活会。民主生活会上党委书记吴勇代表行领导班子作综合发言，领导班子成员围绕民主生活会主题，结合个人思想和各自分工，畅所欲言，坦诚交流，自我剖析，针对个人存在的不足和差距，开展批评与自我批评，提出整改措施和方向。民主生活会得到贵阳办事处领导的肯定，给予高度评价：一是准备充分，开展征求意见活动，撰写书面材料，符合召开民主生活会的要求；二是主题鲜明；三是认识到位。行党委办公室为领导班子民主生活会制定《整改落实方案》《整改清单》逐项细化整改措施。

2009 年 3 月 21 日，花溪合行党委召开深入学习科学发展观动员大会

2015 年 6 月，党委书记吴勇，党委委员、行长江弘，党委委员、纪委书记、监事长邢昉，党委委员、副行长王刚、黎希霆及省市党校教师分别给员工上党课。

2016 年，花溪农商行印发《贵州花溪农村商业银行党支部工作目标考核管理办法（试行）》：每年对基层党支部工作进行量化考核，组织员工评议，并将考核结果纳入经营业绩考核和责任奖惩体系。对考核评优以上党支部给予表彰，作为党内评先的基础条件。对考核合格的党支部给予充分的肯定，鼓励继续努力进步，对考核需要改进的党支部及时帮助查找存在问题，制定整改措施，限期改进以促进党建工作责任制的落实。花溪农商行党组织不仅坚持上好党课，加强党的理论知识教育，还适时组织党员、员工到息烽集中营、遵义会议纪念馆、井冈山革命根据地参观学习，接受革命传统教育。到羊艾监狱、中坝监狱，听取服刑人员现身说法，到市金融反腐倡廉展览参观，开展反腐倡廉教育。花溪农商行党委成立以行党委书记吴勇为组长的《中国共产党廉洁自律准则》《中国共产党纪律处分条例》学习领导小组，印发《花溪农商银行开展“学党章党规，学系列讲话，做合格党员”学习教育实施方案》，把“三严三实”、“两学一做”教育活动落实到位。

2010 年 6 月 29 日，花溪合行党委召开庆祝建党 89 周年暨党员表彰会

第三节 党风廉政建设

一、纪检监察组织机构

1995 年，花溪联社成立稽核监察科，党的纪检工作，由该科负责，党支部委员陈林昌任稽核监察科负责人。2003 年成立监察保卫科，兼职党的纪检工作。2009 年，花溪合行成立党的纪律检查委员会。

花溪农商行 2015 年以前，未设置监事会办公室，监事会工作由监事会秘书负责，纪检监察室负责纪检工作。2016 年后由同一人兼任纪检书记和监事长，纪检监察室和监事会办公室合署办公，改成两块牌子一套人马。

纪检监察组织机构设置表

时　间	纪检监察组织	负责人、纪委书记	委　员
1990 年 1 月	花溪联社纪检监察办公室	郭福芳	
1991 年 2 月－1995 年 1 月	花溪联社稽核监察科	未明确负责人	
1995 年 2 月－1998 年 11 月	花溪联社稽核监察科	陈林昌	
1998 年 12 月－2001 年 7 月	花溪联社稽核监察科	罗来苇	
2001 年 7 月－2001 年 11 月	花溪联社稽核监察科	未明确负责人	
2001 年 12 月－2003 年 3 月	花溪联社稽核监察科	申晓燕	
2003 年 4 月－2009 年 4 月	花溪联社监察保卫科	王安俊	

续表

时　间	纪检监察组织	负责人、纪委书记	委　员
2009 年 5 月 -2014 年 1 月	花溪合行纪委	廖　建	陈林昌、王安俊、成勇、李榛、
2014 年 2 月 -2015 年 11 月	花溪农商行纪委	邢　昉	陈林昌、王安俊、申厚斌、周兴雄
2015 年 12 月 -2016 年 12 月	花溪农商行纪委	杨照刚	王忠怀、冯泽刚、何中良、申厚斌

二、纪检监察工作

纪检监察工作主要是协助同级党组织做好党风党纪教育、加强党风建设、廉政建设、纠风和反腐败工作，检查党的路线方针贯彻执行情况，开展行政监察、查处违纪案件。

20 世纪 90 年代，花溪联社的党风廉政建设、纪检监察工作是按照区纪委、区农行纪检组织的指示进行，制定党内廉政建设量化考核工作实施方案。联社领导深入全区各信用社，组织员工学习区委文件，开展廉政建设、纠正行业不正之风的教育，对不廉洁的人和事进行教育查处。联社结合工作实际对各信用社的党风廉政建设提出要求和作出规定。如转发农行省分行“关于加强信用社廉政建设的九条规定”，要求各信用社的贷款管理工作要实行“两公开一监督”的办法等等。为征求各基层信用社员工对联社开展党风廉政建设、机关作风整顿的意见，联社党总支领导到青岩信用社等 13 家基层网点和营业部同员工座谈交流，发放征求意见表 100 份，收回 100 份。党总支对员工意见和建议进行梳理；党总支召开加强领导干部作风建设为主题的民主生活会，根据行政机关作风整顿的意见和建议，对机关作风进行整改。

1991 年，花溪联社结合党风廉政建设和纠正行业不正之风工作，开展整顿各信用社职工队伍工作。1995 年，花溪联社党支部、联社领导班子成员和副股级以上领导干部召开廉洁自律专题民主生活会。通过自查，对工作人员用公款“吃喝玩乐”的行为；乱收费，无偿占用信贷企业钱、物和吃、拿、卡、要等不正之风进行查处。小碧信用社员工杨国祥严重违反贷款规定，被限期调离。按照纪检监察“保护、惩处、监督、教育”的要求，花溪联社下发《关于重申不准用公款学习驾驶执照等有关规定的通知》《领导干部廉洁自律情况进行个人自查的通知》。

自 2006 年开始，花溪合行党委每年开展一次中层干部述职述廉工作，下发《关于严格禁止利用职务之便谋取不正当利益的若干规定》，治理商业贿赂专项工作。经查，全行没有商业贿赂现象。每年花溪合行主要负责人同支行、各部室负责人签订《案件防控治理责任书》《党风建设和反腐倡廉工作责任书》。花溪合行纪检监察室在全行成立“不规范经营问题专项整治工作”领导小组，开展自检自纠工作。

2013 年 4 月，花溪合行召开党建暨业务工作会议，对 2013 年党风建设和反腐倡廉工作进行安排，层层签订《2013 年度党风建设和反腐倡廉责任书》。

2014 年根据省联社党委要求，花溪农商行纪检就收送“网购卡”等隐性“四风”问题开展专项治理，对在岗高管人员（含享有副行长待遇）及以上人员 9 人，分别签订《承诺书》，并将《承诺书》上交贵阳稽核中心存档。花溪农商行还制定《贵州花溪农村商业银行股份有限公司员工抵制、检举重大违纪违规行为和堵截案件奖励办法》。

2015 年，花溪农商行下发《关于进一步开展党风建设突出问题集中专项整治的实施方案》，要求行领导班子、中层以上高管人员、信贷、采购、人力资源等重要岗位人员 187 人，围绕“两个责任”方面突出问题、“四风”方面突出问题、损害群众利益方面存在的问题、省委第十五专项巡视组反馈的主要问题，开展自查清理。在开展反腐倡廉活动中，花溪农商行领导干部通过纪检监察室退回客户、员工送的礼物、礼金。

2016 年，花溪农商行员工不仅签订廉洁自律承诺书，还签定干部家属助廉承诺书，退休员工个人廉洁自律承诺书；制定《贵州花溪农村商业银行信贷服务举报监督管理实施细则》，促使信贷人员廉洁从业，全行副职以上领导干部百分之百设立廉政档案。

2010－2014年行领导干部退回礼品情况表

年份	礼品、礼金次数(次)	价值币(元)
2010年	12	71950
2013年	4	66677
2014年	2	5000

三、廉洁教育

花溪农商行历届党组织重视员工的廉洁教育。20世纪90年代初，根据总行《关于农村信用社职工队伍开展教育、清理、整顿活动的意见》《中国农业银行贵州省分行关于行、社干部要保持廉洁的十条规定》及中央有关廉洁从政的文件，成立领导小组，制定计划并举办三期培训班，组织基层社职工学习。下发文件规定每周二和周五为学习日，对员工进行纪律、法制、职业道德教育。

21世纪10年代，花溪农商行党委除经常组织员工培训、学习外，还数次邀请有关部门领导、专家到行作廉政专题讲座，被邀请的部门有省检察院预防职务犯罪处、市委党校、花溪区纪委、区检察院、区法院、区公安分局。行党委还组织行高管和中层干部到王武监狱、贵州省第一女子监狱听取犯罪人员的现身说法，进行警示教育，开展“学法规、守廉洁、自重、自省”预防职务犯罪活动。行纪检监察室每年定期开展廉政教育，印发《贵州花溪农村合作银行廉洁从业风险防范管理学习资料》《关于开展收送礼金礼券购物卡专项治理工作的通知》《贵州花溪农村合作银行廉洁从业风险防范管理学习资料》下发各支行、部室组织员工学习。还组织员工、党员、领导干部收看《金融系统反腐倡廉建设展专题片》。

2013年6月，行党委书记、董事长吴勇，为党员领导干部上一堂题为《牢记历史，不辱使命，开创花溪银行改革发展新篇章》的党课。2016年，纪检监察室主任王忠怀代表花溪农商行纪委，为新员工上《长修身、廉从业》的廉洁教育培训课，加强对新员工的廉洁教育。

四、违纪案件查处

花溪农商行对员工的违纪违法行为，从不姑息手软，一经发现即严肃查处。

1991年，联社接到反映石板信用社王国胜经济问题的举报，及时找其谈话交代政策，王国胜矢口否认，后经花溪联社与区检察院、农行花溪支行监察人员调查，举报的问题属实。据区检察院立案调查，王国胜收受贿赂4万余元，区检察院以索贿、贪污逮捕王国胜。

1993年，花溪信用社陈嘉收受贷款户价值1.8万元的一辆摩托车，经区纪委决定给予陈嘉开除党籍处分；花溪联社给予陈嘉解职处分。

2000年，麦坪信用社负责人刘万民三番五次违规发放贷款，造成10万余元的本息难以收回的经济损失，联社给予刘万民开除工作籍的处分，并移交司法机关追究法律责任。金竹信用社主任陈伟将已报为“呆账”的贷款5.5万元以自己的名义存入交通银行；将“小金库”凭证、账页带回家中烧毁，致36.56万元去向不知，后被司法机关依法逮捕。

2011年，花溪合行对14名违纪员工分别给予警告、记过、降级、撤职、开除、扣罚绩效工资、通报批评、待岗半年、承担损失、免职等处分。

2011年7月，花溪合行新党员宣誓仪式，党委书记吴勇领誓

第二章　群团组织

群团组织架起与党组织和行政密切沟通联系的桥梁，是团结广大员工、扶危济困、开展文体活动、丰富员工精神生活的重要组织。

第一节　工　会

1989 年 6 月，花溪区 15 个农村信用社 78 位员工加入中国工会组织，属农行花溪支行工会委员会管理，分 15 个小组开展活动。

花溪区信用社工会小组会员人数表

信用社工会小组名称	人数（人）	信用社工会小组名称	人数（人）
花溪信用社工会小组	8	青岩信用社工会小组	6
麦坪信用社工会小组	6	石板信用社工会小组	5
党武信用社工会小组	6	黔陶信用社工会小组	5
孟关信用社工会小组	5	马铃信用社工会小组	4
湖潮信用社工会小组	5	久安信用社工会小组	7
金竹信用社工会小组	5	孟关所信用社工会小组	2
中曹信用社工会小组	4	中曹所信用社工会小组	1
小碧信用社工会小组	4		

1996 年 5 月 28 日，花溪联社召开职工代表大会，经无记名投票选举产生首届工会委员会。2004 年 5 月，花溪联社有员工 235 人，全为工会会员。

各届工会委员名单表

年份 \ 姓名 \ 职务	工会主席	委　员
1996 年 5 月 28 日	张兴惠	陈林昌、周乐佳、吴勇、陈伟、金梅珍、谢菊英
2000 年 9 月 29 日	陈林昌	李中伟、陈恒学、蓬兴武、张振华、谢必玉、胡敏
2007 年 11 月 3 日	廖　建	王银霖、王刚、杨乐媛、蒋婕、陈情、周治

花溪合行工会自成立以来，开展的活动和做的工作主要有下面几个方面。

紧紧依靠职工群众，凝人心、谋发展。按期召开职工代表大会，发挥职工积极参与民主管理的职能；维护职工的合法权益，强化职工监督企业民主管理的权益。深化行务公开，形成依靠职工、造福职工、为职工谋福利的良好氛围，打造员工的幸福银行。

丰富员工文化生活，推动企业文化建设。注重将企业文化建设与工会工作相结合，坚持以优秀的文化凝聚人，以创新的理念鼓舞人，以科学的机制激励人，大力弘扬干事创业的奉献精神。近年来，先后成立文工团、篮球队、车友俱乐部等员工组织，隶属于工会管理，同时广泛开展各类主题演讲比赛、合唱比赛、金融知识送下乡、金融知识进校园，各类主题义演等公益活动，提升企业文化内涵，增强职工积极向上的内在动力，营造和谐发展的浓厚氛围。

开展“送温暖”活动，提高员工幸福指数。全方位关心关爱员工及家庭，坚持文化引领，创建和谐团队。以创建“劳动和谐企业”为抓手，让员工充分感受到单位的温暖，“劳有所获、病有所医、老有所养、住有所居”的企业环境。始终坚持“发展依靠职工，发展不忘职工”的管理理念，坚持建设“四小一中心”，全方位关爱职工生活，办好“小食堂”，做好小书屋，丰富员工精神生活；建好“小宿舍”，优先困难职工房屋安置；用好“小汽车”，实行车改解决职工交通问题；发放洗衣卡，洗车卡为员工提供贴心服务；并按月为每一名在岗员工父母发放膳养费，帮助职工向父母进献孝心；每天为在岗职工提供定制的鲜牛奶；每年为全行职工包括退休员工进行一次身体检查；每到职工生日，行里都要送上鲜花、生日蛋糕和祝福；每年春节举办职工家属座谈会，保持企业、员工、父母的常联系制度。并建立慰问探望制度，凡职工生病、家庭成员离世等，工会都必须上门探望，通过座谈、送慰问金、慰问品等方式对困难职工及其家属表示关爱之情；帮扶职工家属解决就业问题，号召全行职工向困难职工捐款等等一系列举措，使职工深切感受到大家庭“心系职工，情牵百家”的温馨与鼓舞。同时设置“职工子女奖学金，给予考取重点中学、大学以及每年荣获“三好”学生的职工子女发放奖学金鼓励职工子女勤学成才。三是大力丰富职工文化生活，通过文工团、篮球队、车友俱乐部等员工自己的组织，开展演讲比赛、合唱比赛、主题义演、职工运动会、厨艺大赛、公益活动等，提升企业文化内涵，丰富职工文化生活。

开展送文化下乡等活动计100余次，多次代表省市参加各类文体活动及比赛，屡获殊荣。2015年10月，花溪农商银行文工团代表贵州省参加全国金融系统第一届职工舞蹈大赛，获得三等奖。

坚持诚信友爱，履行社会责任。在各项业务又好又快发展的同时，始终怀着一颗感恩和回馈社会之心，积极履行企业社会责任，打造员工幸福之家。在为股东和员工创造最大价值的同时，坚持帮扶社会弱势群体，以社会公益与慈善事业为几任。专门成立自行车服务队及爱心协会。在2008年受到百年不遇的雪凝灾害和2010年西南地区大旱灾时，急群众之所急，及时发放“及时雨”应急救灾贷款2.7亿元送到农户手中，20多年来，每逢春节、中秋等传统佳节，组织干部职工首先到青岩敬老院慰问孤寡老人，为他们赠送的物资逾百余万元；多年来，捐赠青岩镇、花溪清华中学、等贫困学子学费逾25万元；向高坡苗族、马铃布依族等少数民族贫困村寨捐赠物资修建道路、立面改造、危房改造，解决村民出行、小孩上学、老人外出难等，累计捐款捐物100多万元；2010年，向花溪“三创一办”环卫工人节等公益活动捐助30万元；2014年向花溪区碧水篮天行动捐助20万元用于生态环境改造；向贵阳市“孔学堂”累

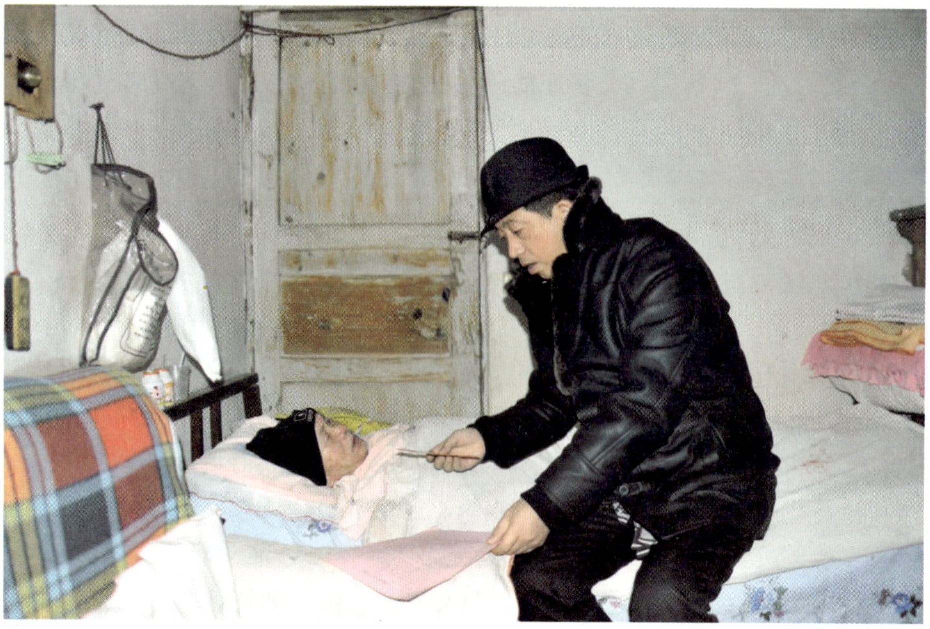

2012年1月4日，花溪合行党委书记吴勇看望退休老同志杨光初

计捐赠2500万元支持公共文化事业；树立了良好的社会形象。受到社会各界的一致好评，先后获评贵州省文明单位、贵州省A级纳税信用企业，贵州省小微企业金融服务单位、中国银行业文明规范服务单位；2015年2月，被中央精神文明建设指导委员会授予"全国文明单位"荣誉称号；学士路支行连续3年评为全国银行业文明规范服务千佳示范单位，吴勇劳模工作室被省总工会授予"劳模创新工作室"称号；2016年4月被中华全国总工会授予"全国五一劳动奖"荣誉称号；2017年3月获评为2016年度贵阳市履行社会责任优秀企业，吴勇董事长被授予全国五一劳动奖。

围绕创建职工之家，不断加强自身建设。依靠职工办企业的指导方针，形式合力，进一步增强凝聚力，做到支行在哪里，工会组织就在哪里，把建家工作纳入工会工作的整体规划，建立和完善以职代会为基本形式，适合企业实际的职工民主管理制度，加强对职工与企业签订劳动合同的帮助与指导，把平等协商、有效履行集体劳动合同，调解劳动争议，建立稳定和谐劳动关系。

第二节　共青团

1996年10月11日，花溪联社党支部首次组织召开所辖信用社青年团员代表大会，选举产生联社团支部委员会，周乐佳任支部书记。1998年成立花溪联社团总支委员会。2012年7月19日，共青团花溪合行委员会成立大会在行培训中心召开，全行70余名团员和青年党员代表参加会议。大会审议并通过《共青团贵州花溪合行总支委员会2007－2012年度工作报告》，选举产生蒋婕任首届团委书记，梁晓远、杜旭任副书记，团委成员有刘远刚、陈凯、唐荣仁、陈沛、刘丹、王革清、雍朝玉等。2014年2月12日，花溪合行团委经省联社团委批准更名为花溪农商行团委。

花溪农商行历届共青团组织表

职务/姓名/年份	团委书记	团委副书记	团总支书记	团总支副书记	团支部书记	委员
1996年10月					周乐佳	杨宇、杨辉
1998年11月			陈永峰	耿馨		周乐佳、王晓云、申厚斌
2012年7月	蒋婕	梁晓远、杜旭				刘远刚、陈凯、唐荣仁、陈沛、刘丹、王革清、雍朝玉
2013年1月				杜旭、韩宁		
2016年9月	王宇成					杨小菊、王实、马康康、胡莎莎、洪燕玲、吴雨薇

花溪联社团组织根据省分行《贵州省农村金融系统创建"青年文明号"活动实施方案》和花溪团区委《关于花溪区"青年文明号"创建工作有关问题的安排意见》的精神，成立创建"青年文明号"领导小组，花溪联社周乐佳为领导小组成员之一。1998年，花溪联社团总支创建"青年文明号"工作，经团花溪区委复检获花溪区最高分94分的成绩，排名全区第一，被团区委推荐参加市级"青年文明号"评选，联社所辖单位获区级"青年文明号"。

1989－2008 年“青年文明号”单位

年　份	“青年文明号”单位	年　份	“青年文明号”单位
1989 年	青岩信用社、花溪信用社、金竹信用社	2001 年	石板信用社
1997 年	青岩信用社	2002 年	霞晖社、清溪社、高坡社
1998 年	花溪联社团总支、营业部、花溪社、金竹社	2008 年	学士路支行

1997 年，花溪联社团支部对全社团员发出倡议，号召青年员工敬岗爱业，在岗位做贡献。团支部组织向高坡小学莫明红小朋友捐款活动，68 名团员捐款 560 元。花溪联社团支部把党风廉政建设纳入支部考核，并形成制度，使团支部的管理工作逐步规范化。

2006 年，花溪合行团总支在七一前夕开展“缅怀先烈、为合行增辉”活动，组织共青团员及 38 岁以下的青年前往重庆参观有关革命地址，开展“回顾革命历史、缅怀革命先烈”活动。四川汶川地震后，花溪合行团总支组织团员缴纳特殊团费 4800 元，捐献灾区受灾群众。70 余名团员参加合行团总支组织开展“庆五四、迎奥运、促发展”的主题活动。2013 年 5 月，为庆祝五四青年节，花溪合行团委组织 28 岁以下青年团员共 140 名到龙架山森林公园开展“十年辉煌、青春绽放”主题户外拓展训练活动。

2000 年，蒋婕获“区级优秀共青团员”称号。2003 年 6 月 30 日，花溪联社团总支被团省委授予“全省先进团组织”称号。2009 年，花溪合行团总支获省联社 2008 年先进基层团组织称号。

第三节　妇女组织

根据中国工会“十一”大提出的各级工会都要建立女工委员会的精神，花溪联社 1996 年 5 月 28 日会议决定建立女工委员会。8 月 14 日经选举产生首届女工委员会。女工委员会主任张兴惠，群众业务工作王文秀，组织建设工作谢菊英，维权服务工作王俊英，宣传教育工作袁丽。

2007 年 11 月，花溪合行工会组织全体女职工召开会议，通过选举成立女职工委员会。报经花溪区总工会批准，女工委员会由杨乐媛等 3 个女职工组成：主任杨乐媛、委员蒋婕、王晓云。

为发挥联社女员工在两个文明建设和金融体制改革中的作用，花溪联社工会女工委经常组织女员工活动。曾组织女员工到遵义会议会址参观学习、到西双版纳风情园活动，到高坡云顶草场和湖潮乡生态湖开展户外活动等。

2014 年 3 月 8 日，花溪农商行与区总工会、花溪区劳模爱心协会在贵阳孔学堂举办“魅力女性、相约三八”专题讲座会。2015 年 3 月 4 日举办

1998 年“三八”妇女节，花溪联社女职工参观遵义纪念馆

“巾帼标兵展风采、爱岗敬业谱新篇”为主题的“三八”妇女节表彰会暨座谈会，并对获得“巾帼标兵”“三八红旗手”“五好家庭”“孝顺儿女”荣誉称号的53名员工进行表彰。

第四节 其他社团组织

2004年5月28日，花溪合行由原具有法人资格的农村信用社改制以来，到花溪农商行成立的9年时间里，先后成立自行车金融服务队、文工团、篮球队、车友俱乐部、爱心协会等团队，为丰富员工文体生活，外塑信合形象，内增员工的凝聚力发挥作用。

自行车金融服务队：2014年，花溪农商行有40多家分支机构、便民服务支行，网点覆盖花溪各乡镇、社区服务中心，但居住在山上的村民基本的金融服务得不到满足。为解决边远山村交通不便，金融网点尚未延伸到的地方村民的需求，花溪农商行成立一支“自行车金融服务队”，秉承20世纪50年代花溪信合的挎包精神。花溪农商行为全区各网点负责人，信贷员配备200辆凤凰牌（PA181QE65型）自行车，服务队成员一人一辆，统一着装，还配有手电筒、计算器、照相机、记事本的挎包。自行车队按照各自片区早晚穿梭于村寨、田间地头，了解村民信贷需求，听取群众对花溪农商行的意见，送金融知识下乡，让广大农户享受实实在在的门前、田间金融服务，被百姓誉为“自行车银行”。

花溪农商行自行车金融服务队的出现，受到百姓称赞，也备受各媒体关注。中国农村金融杂志社对自行车金融服务队进行报道，中央电视台到花溪拍摄“大山里的自行车金融服务队”在中央电视台7频道播放。

文工团：2006年，由36名合行员工组成的文工团成立。花溪合行对行文工团极为重视，邀请贵州民族大学音乐、舞蹈、舞台编导等专业老师利用业余时间对团员进行培训与指导。同年行文工团参加市农村信用社首届汇演，《民族服饰展》获第三名，小品《贷款》获创作奖。花溪合行还制定下发《贵州花溪农村合作银行文工团管理办法》。

花溪合行文工团为每年举办的春节联欢晚会演出自编、自导、自排文艺节目。文工团代表省国资委参加“中天城投杯”2008年多彩贵州歌唱大赛获第二名。

2011年，花溪合行文工团应邀参加贵州省银行业协会、花溪区政府2011年的春节团拜文艺演出。参加区委、区政府举办的第二届“高原台地·中国苗乡”花溪、高坡苗族“四月八”民族风情节开幕式演出和2012年环卫工人节大型公益活动开幕式文艺演出。花溪合行文工团参与由区政府举办的“三下乡”“四进社区”活动，共演出20多场次。还与花溪合行青年员工一道开展“送文化、送科技、送卫生、送法律”下基层活动，到农村、社区演出。

2014年4月19日，花溪农商行文工团准备《说唱脸谱》《我的好兄弟》《红旗谱》等节目在湖潮支行门口演出。同年5月17日，花溪农商行文工团在孟关乡沙坡村梦娜希望小学开展送文化下乡演出活动。8月28日，为孟关乡沙坡村送去庆丰收的文艺演出。

2015年10月，贵州花溪农商行文工团参加全国金融系统第一届职工排舞大赛，获三等奖。11月14日，文工团30名成员在贵阳市第四届“百姓健康舞”展演赛获二轮初赛第一名的成绩挺进决赛。同月28日，在决赛中夺冠。

篮球队：2006年9月14日，花溪合行男女篮球队正式成立，并以花溪农合银〔2007〕295号文件对男女篮球队人员进行调整，男子篮球队队长周乐佳，副队长杨雄，成员皮定飞、陈英俊等7人。女子篮球队队长周兰，副队长张达丽，成员周兴芳、袁君等7人。并下发《花溪农村合作银行篮球队管理办法》。

花溪合行男女篮球队参加由省体育总会、省篮协会主办的全民健身与奥运同行2008年“贵航杯”暨贵州省第十届“篮协杯”篮球比赛，女篮获女子组冠军，男篮获男子组亚军。2012年4月

29 日，花溪合行男子篮球队应邀出席四川省遂宁市主办的“正黄杯”男子篮球邀请赛，在八支球队中获季军。

花溪农商行男女篮球队代表省联社参加由省联社冠名协办、省财贸金融工会承办的 2015 年“信合杯”男、女篮球队双双获冠。

车友俱乐部：2008 年 8 月 29 日，花溪合行车友俱乐部成立，内设理事会、秘书处和七个分队，由 148 名喜爱汽车的花溪合行员工组成。

车友俱乐部的成立，搭建了员工交流平台，规范花溪合行的车辆管理，对培养员工健康的业余生活，营造文明、和谐的氛围起到推动作用，为企业文化写下新的篇章。

爱心协会：2012 年 11 月 6 日，花溪区民政局以批〔2012〕第 18 号文件，批准花溪合行劳模爱心协会成立。12 月 6 日，经花溪合行党委研究决定，成立花溪合行劳模爱心协会党支部，党支部书记由行党委书记、董事长吴勇担任，支部副书记由江弘、廖建、周乐佳担任，支部委员有王刚、彭勇、申厚斌、蒋婕、成勇。花溪合行捐 10 万元，作爱心协会成立基金。

2013 年 8 月，花溪合行领导班子、爱心协会领导和有关部门负责人在党委书记吴勇的带领下，从爱心协会基金中拿出 28000 元，捐献给花溪青岩镇 5 名考上大学的贫困学生。爱心协会成立后，花溪合行领导每年春节、老年节都要到青岩敬老院慰问老人，并购买生活用品、家用电器赠送敬老院。花溪合行全体员工关心、支持爱心协会，全行 392 名员工及董事监事共捐款 97070 元。2016 年 2 月 1 日，花溪农商行党委书记、董事长、花溪劳模爱心协会支部书记吴勇与花溪区总工会领导一起开展走访慰问劳模活动。

2000 年 1 月 26 日春节前夕，花溪联社工会主席张兴惠慰问退休员工杨光珍

第七篇 企业文化

党委书记吴勇带领员工冒雨进行手心相连活动

第一章　企业文化建设

花溪农商行的企业文化建设，在农村信用社时期形成的深入农村、服务三农、勤俭节约、吃苦耐劳、无私奉献的挎包精神的基础上，依托本地区位优势，经过多年发展，形成自身鲜明的经营定位、管理理念和发展战略，打造扶持“三农”和小微企业的服务模式。农商行注重企业形象建设、精神文明建设、员工队伍建设、热心公益事业、恪守行业道德、诚信经营，2014 年 2 月，被省委宣传部、省国资委、省委国防工委、省政研会命名为首批“贵州省‘五型企业’暨企业文化建设示范单位”。2015 年 2 月获全国文明单位和贵州省文明单位称号。

第一节　经营理念

花溪农商行树立“因农而生，因小而长”，坚持以“小”为先、抓小不放大、立足“小”字做文章的理念，创新开发“小康卡”农户贷款系列产品，用贵阳市花溪区 35% 的存款资源发放花溪区 90% 以上的贷款，取得小产品占领农村大市场、小机构搭建服务大平台的成果，实现地方经济、“三农”和农商行共赢发展。

一、立足“小”字做文章，创新开发“小康卡”

针对农民的不同需求，花溪农商行以“小”为先，开发“小康卡”系列产品，根据农户信用发放贷款，无需农户提供抵押担保，信用贷款占比达到 81.2%。“小康卡”系列产品便于操作，贷款额度根据农民信用一次核定，随到随贷，柜面直接放贷，并可周转循环使用，涵盖面广，不仅有效满足农民常规生产、生活需求，还涵盖农民应急、养老、危房改造、购房等民生需求。

花溪合行领导班子关注农民生活需求

二、创建“小”队伍，服务“三农”

按照金融服务进村入社区的工作要求，花溪农商行组建两支专业服务“小”队伍。一是建立驻村金融服务办，在花溪区 172 个行政村设立驻村金融服务办公室，配备专职服务人员，与“村支两委”配合，建立服务人员公示、服务承诺公示、贷款流程公示等制度，把贷款利率、额度、流程等信息送到田间地头，帮助农民选择适合自身发展的信贷产品；二是成立自行车金融服务队，组织 128 名客户经理实施定点包户，让他们携带办公电脑、照相机、无线网卡等设备骑车进村入户，为交通不便的偏远村寨服务，扫清服务盲区。

三、抓牢“小”客户，成就大市场

花溪农商行注重服务三农“小”客户，视其为农商行发展的最坚实基础。通过创建农村信用体系，对辖区内所有农户进行建档、评级、授信，并创建信用乡镇、村组，对信用乡镇的农户实施利率优惠政策，贷款平均利率比市场利率低近3个百分点，每年为农户节约融资成本约4000万元。设置惠农贷款服务窗口。在民族乡镇专门设置“少数民族语言服务窗口”，发放支农联系卡，悬挂“限时办贷”流程公示牌，农户贷款从受理申请到发放最快1个工作日内办成。在行政村增设小额取款机、POS机200余台，实现POS终端村覆盖，加快ATM自助机的安装，向农民提供小额存、取、汇等最基础的金融服务，农民足不出村即可享受到便利的金融服务。

第二节　企业精神

花溪农商行的企业精神，主要表现为敬业精神。建社初期，广大员工脚穿一双草鞋或解放鞋，头戴一顶斗笠，身挎一个布包，手拄一根棍，走村窜寨，了解农民现实情况，动员农民存款、贷款或清收贷款。当时的员工以吃苦耐劳的敬业精神，尽心尽力工作，为信合事业的发展打下坚实的基础。花溪农商行要求员工继续发扬敬业精神，脚踏实地开展工作。

花溪区有的村寨地处偏远，交通不便，距最近的银行网点有7－8个小时的路程，农商行成立自行车金融服务队，让客户经理实施定点包户，携带办公设备骑车进村入户，了解农户信贷需求，采集农户基本信息，掌握农户信用状况，当场评级授信办理业务。在172个村设立金融服务办公室，客服经理深入农村，开展一家一户调查建档工作。为农户贷款、存款、放款，灵活上下班时间，上午可提前至7点营业，下午推迟至8点关门，并在农户赶集、农忙时，增开服务柜台，开展现场服务，让农户享受随到随贷的便捷服务。

第三节　市场定位

花溪农商行结合地域因素及经营实际情况，提出“服务县域”、“稳健经营”，突出“小”产品，以打造地方金融品牌的市场定位。

“服务县域”的定位。自信合成立，经改制到农商行的成立，一直坚持“服务三农、服务微小企业、服务社区”的定位，立足县域，以客户满意为目标，以推动花溪区经济发展为己任，实行“花溪银行、我的银行”的品牌战略，全力推进各项业务发展，为辖区居民提供优质的金融服务，投入大量人力、物力和财力，实现农村、社区金融服务无空白，顺应花溪区新型城镇化、新型农业产业化的历史机遇。在履行服务“三农、小微、社区居民”社会责任的同时，实行花溪农商行自身的发展，让区域内“三农、小微企业、社区居民”享受优质、高效、便捷的金融服务。

“稳健经营”的定位。2003年，花溪联社确立“稳定经营、强健内控、改革创新、全面发展”的方针，确定“稳定经营”的定位，变粗放经营为集约经营。在“稳健经营”方针的指导下，花溪农商行的业务得到发展，实现业务和效益双赢。同时，花溪农商行领导班子狠抓企业诚信建设和员工队伍建设，把企业诚信建设工作与业务同安排、同部署，调动全行员工创业、创优、创新工作的热情，形成行风正、人心齐、干劲足的局面，连续十多年无安全保卫责任事故和案件的发生。在稳健经营的基础上，花溪农商行经济效益获得跨越式发展，利润水平连续攀升，市场份额由成立之初的第四位跃居第一位，存贷总额、效益水平均处在本区域同类金融企业之首。

突出“小”产品的定位，打造地方金融品牌。花溪农商行在发展战略上突出“三农”、“小微”业务的优势地位，以支农、惠农服务打造地方金融品牌，以“金纽带”打开小微企业服务的大门。

为有效解决农民贷款难的问题，更好支持农民增收、农业增效、农村增值，花溪农商行致力于信用工程体系建设，主推“小康卡”，为农户信用贷款，提升“三农”金融服务水平。

农商行根据小微企业“短、小、频、急”的金融服务特色，于2011年11月，在全省农信系统成立首家小微企业金融服务中心，率先推出“商誉通”、“商富通”、“商宝通”等金纽带系列产品，同时研究制作“金纽带卡”，使客户办理微小贷款时更加“方便、灵活、快捷”，做实“零售贷款”，做精“小”额业务，确保小微客户“进得来、贷得到、贷得快”，满足小微企业发展阶段的资金需求。农商行的小微企业金融服务遍及农、林、牧、渔业、加工、流通、交通运输、农机制造、建筑等实体经济支柱产业和民生行业。

第四节　企业形象

花溪农商行一直重视企业形象建设，通过行徽、行花、行歌等，可以反映企业精神面貌的直观形象，对员工工作上行为态度、礼仪礼节的培养，为社会服务和赞助公益事业等方面，建构开拓创新、积极进取、诚实公正的企业文化。

行徽即信合徽。1989 年 3 月出版的《中国农村信用合作社》创刊号，首次刊载信合社徽。信合徽以“信合”二字的汉语拼音“XinHe”的首字母“X”、“H”和中国古钱币的造型，经设计组合为“双手合捧中国古钱币”的形态，图案下方为“中国信合”4 个方块字，形如基座，将图案托起，体现中国农村合作金融属性，表达“互助合作”的理念。花溪农商行继续沿用这一信合徽，在营业场所的门头上、办公车辆上都有信合徽的图案。

行花即百合花。2004 年，贵州省联社以百合花的图样在全省范围内征集意见，后根据意见在原来的基础上修改而成，被全省农村信用社普遍采用，作为信用社的象征。百合花分布广泛，有顽强的生命力，在山岩、刺丛中、路坎边都能生长，开放在山野，十分夺目，象征农村信用社扎根农村，为广大群众服务，与农村经济共同发展繁荣。百合花亦有“百年好合”之意，寓意农村信用社与广大农户和谐共处，给农民带来便利与吉祥。花溪农商行所制作的巨幅广告、灯箱、墙体宣传栏、订制的办公用品等均印制有百合花图案。

行歌即《我们的梦》。2012 年，花溪合行为加强企业文化建设，创作《我们的梦》，由李松洋作词，李松洋、海洋谱曲。歌词为“我们的梦，是添一道彩虹。在蓝色的天空，画一个未来的梦。我们的梦，是还走在途中。永远不变的笑容，是你和我的从容。寒冬带来的风雪，考验我们意志如铁，酷暑灼烧的荒野，锻炼我们坚持不懈。开创每一步的希望，开创每一次的辉煌，开创着农信人的梦想，没有什么能够阻挡。日出东升的红，照亮我们的梦。每一种感动每一颗心，值得掌声的歌颂。路有多难山有几重，蓦然回首我在其中。每一次努力，点点滴滴拼成最美的天空。日出东升的红，照亮脚下我们的梦。每一种感动每一颗心，值得掌声去歌颂。路有多难山有几重，蓦然回首我在其中。用每一次努力，点点滴滴拼成最美的天空。花溪银行的梦”。这首歌反映合行扎根农村、服务农民的宗旨，以及广大合行员工努力工作、开拓创新、开创信合事业美好前程的精神风貌。曲调豪迈坚定，歌曲易唱易学，歌声传遍花溪合行，成为行歌。

花溪农商行领导重视学唱《我们的梦》，组织全行员工学唱、共唱《我们的梦》，并组织员工以快板学唱的形式，说唱《我们的梦》参加花溪区企业文化节，得到好评。

2007 年 4 月 16 日，花溪合行与贵州旅游学校合作，举办员工礼仪培训班

形象大使选拔，为推广农村信用社的经营理念，塑造信合形象，贵州省开展信合形象大使选拔活动。按照贵州省农村信用联社首届形象大使选拔活动的要求，花溪合行以普及金融知识，培养团队精神，展现信合精神为宗旨，宣传组织形象大使选拔活动。2008 年 5 月，形象大使选拔活动报名；8 月 27 日进行初赛，花溪合行有 11 名选手入围复赛。9 月 26 日，贵州省农村信用合作社

联合社首届形象大使选拔赛复赛在花溪法官培训中心举行。选拔活动由自我介绍、金融礼仪、表演、口才展示、才艺展示和知识问答等环节组成。经过激烈角逐，花溪合行蒋婕、饶田、徐燕三名选手脱颖而出，进入贵阳办事处赛区比赛。

员工形象，员工形象是影响企业形象的重要因素。花溪农商行注重提高员工的整体素质，让员工认识形象塑造的重要性和方法，自觉成为企业形象的塑造者和代表者。花溪农商行一方面结合企业文化，抓好员工道德素质教育，鼓励员工树立健康的价值观、进取的精神，培养员工的敬业精神，要求员工对事业执着追求，对工作一丝不苟，将自己的前途与农商行的发展紧密联系起来，以主人翁的态度工作，树立同舟共济、荣辱与共的思想；另一方面对员工的仪表和行为也加以约束，要求员工上班时统一着装，仪表整洁端庄，举止文雅，微笑服务，使用文明用语等，并不定期组织员工参加礼仪培训，对穿拖鞋背心、使用不文明语言的员工进行惩罚。

第五节　文化艺术活动

从花溪联社到花溪农商行，行领导十分重视企业文化建设。2001 年到 2016 年，建立各种文艺、体育等团体，每年都自己开展各种文艺、体育活动，积极参加省、市、区举办的各种文艺、体育比赛。如“合规文化教育知识竞赛”、“百善孝为先·做有爱心的花溪合行人”道德讲堂活动，邀请贵州省 10 名书画名家，到行举办笔会，“巾帼标兵展风采、爱岗敬业谱新篇”为主题的妇女节表彰座谈会，“五心与我同行 信合助我成长”演讲比赛等。

花溪农商行通过这些活动提升企业形象，提高员工文化素质，强健员工体魄，丰富员工文化艺术生活。

2001 年起，花溪联社工会举办首次迎春晚会。此后年年或隔一两年就要开展类似的活动，行文工团为春节联欢晚会演出自编、自导、自排的文艺节目。2007 年 2 月 9 日，在青少年活动中心举行“合行颂”迎春文艺汇演，全行员工、家属、退休老同志及董事会、监事会成员等 400 余人观看演出。

2004 年 11 月，成立花溪合行业余文工团，由 36 名员工组成。当年，文工团参加贵阳市农村信用社首届文艺汇演，《民族服装秀》舞蹈获第三名。7 月，在贵州省联社“多彩贵州歌唱大赛”选拔赛中，花溪合行获第一名。2015 年 10 月，文工团参加全国金融系统第一届职工排舞大赛，获三等奖。同年 11 月，文工团 30 名成员在贵阳市第四届“百姓健康舞”展演赛，获二轮初赛第一名，挺进决赛并夺冠。文工团参与花溪区政府举办的“三下乡”“四进社区”等活动，演出 20 余场次。

2006 年 9 月，成立花溪合行男女篮球队。2008 年参加由省体育总会、省篮球协会主办的全民健身与奥运同行“贵航杯”暨贵州省第十一届“篮协杯”篮球比赛，女篮获女子组冠军，男篮获男子组亚军。2014 年，花溪农商行男女篮球队参加“国酒茅台杯”贵州省职工篮球赛，双双获冠军。

花溪合行员工喜爱篮球运动

员工才艺比赛获奖名录表

姓　名	获奖称号	授予单位	授予时间
李锦艳	贵州银行业书法、绘画、摄影作品展三等奖	贵州省银行业协会	2010. 3
郭　润	“迎国庆”绘画、书法、摄影作品展三等奖	贵州省农村信用社	2010. 3
饶　田	“感恩祖国、感恩信合”演讲复赛三等奖	贵州省农村信用社	2011. 3
陈　芸	“感恩祖国、感恩信合”演讲复赛优秀奖	贵州省农村信用社	2011. 3
杨　潇	“生态花溪 法治同行”演讲比赛二等奖	花溪农合行	2011. 3
张　琳	“生态花溪 法制同行”演讲比赛三等奖	花溪农合行	2011. 3
马康康	“生态花溪 法制同行”演讲比赛优秀奖	花溪农合行	2011. 3
雍朝玉	全省直属企业系统“庆祝建党 90 周年红歌大赛”一等奖	贵州省总工会	2012. 3
张　琳	全省直属企业系统“庆祝建党 90 周年红歌大赛”三等奖	贵州省总工会	2012. 3
雍朝玉	2011 多彩贵州歌唱大赛贵阳赛区总决赛优秀奖	中天城投	2012. 3
饶　田	“五心与我同行·信合助我成长”全省农村信用社“五心”教育实践活动演讲比赛一等奖	贵州省农村信用社	2014. 3
王宇成	“五心与我同行·信合助我成长”全省农村信用社“五心”教育实践活动演讲比赛二等奖	贵州省农村信用社	2014. 3
饶田、王宇成	“五心教育”主题演讲比赛二等奖	贵阳审计中心	2014. 3
王宇成	2014 年“中国梦劳动美我与改革创新”和“强化红线意识,促进安全发展”演讲比赛优秀奖	贵阳市总工会	2015. 2
雍朝玉	2015 年贵阳市筑城广场市民才艺大赛“贵州原创歌曲”歌唱比赛“才艺王”	市委宣传部、市文联、市文新出版局	2016. 4
雍朝玉、石彬	“2015 花溪区市民才艺大赛之贵州原创歌曲歌唱比赛”一等奖、三等奖	花溪区委宣传部、区文广局	2016. 4
胡林、彭芸、陈晓	“2015 花溪区市民才艺擂台舞蹈比赛”一等奖、单人舞(精舞)二等奖	花溪区委宣传部、区文广局	2016. 4
徐智扬、魏添翼、吴雨薇	“书香花溪”2015 职工演讲比赛一等奖、二等奖	花溪区总工会、区文联	2016. 4
魏添翼、吴雨薇、徐智扬	2015 年花溪区“灵秀花溪——阅读文化经典、建书香花溪”征文比赛三等奖、优秀奖	区总工会、区文联、团区委、区妇联、区党研室	2016. 4
张达丽	“贵州农信 百姓银行”企业主题宣传标语书法作品评选活动三等奖	贵州省联社	2017. 2
雍朝玉	2016 筑城广场市民才艺大赛中荣获“才艺王”	市委宣传部、市文联、市文新出版局	2017. 2

第六节 宣传工作

21世纪以来，花溪农商行的高层管理人十分重视宣传工作，采取各种方式宣传花溪农商行的企业文化、经营业务。主要措施有：户内外广告标语，下乡入户或田间地头与村民谈心，乡镇赶场日设点宣传，农村“金融夜校”讲课，借助外界媒体等。花溪农商行在花溪市民中的知名度、信誉度逐年提高。2003年6月，花溪联社订制宣传雨伞6000支、一次性磨砂打火机3万只、烟灰缸2000个，赠送客户。10月，花溪联社《合作金融简报》出刊。

2006年10月，花溪合行由周乐佳担任主编的自办刊物《花溪银行》创刊号出版，《花溪银行》月刊全面介绍花溪合行的经营概况和企业文化，设卷首语、高管专栏、经营与管理、特稿传真、焦点热点、支农园地、合行之星、员工之声、信合文化、大事记等10个栏目。《花溪银行》2006年10月至2012年12月为月刊。每期收录各类稿件20篇左右。

2013年4月，《花溪银行》（第79期）改版，出版周期变更为双月刊。2014年7月，《花溪银行》更名《花溪农商银行》。2015年1月，出版周期变更为季刊，更名为《花溪普惠金融》，宣传普惠金融理念，栏目变更为：卷首语、本刊特稿、普惠金融实践（与“农”共舞、助力“小微”、倾情社区、服务创新）、他山之石、政策窗口、廉政文化、农商动态、农商文化、大事记。

花溪农商行员工在田间

2016年9月，《花溪农商银行报》出版，半月发行一次，印数300份，版面设置为：A1时政要闻、A2农商服务、A3农商文化、A4廉政党建。

2016年外媒报道花溪农商行情况统计表

序号	标　　题	刊载媒体	作　者	发稿时间
1	花溪农商行推行“三张表”提升机关效能建设	贵州银行业协会网站	肖艳华	2016.1.4
2	花溪农商行组织工作人员到天河潭大道征收现场服务拆迁农户	贵州银行业协会网站	郑　鹏	2016.1.12
3	以“争做精神”提升信贷服务水平	贵州银行业协会网站	晏荣荣	2016.1.14
4	花溪农商行邀专家开展《准则》和《条例》专题学习培训会	贵州银行业协会网站	杨　鹏	2016.2.1
5	花溪农商行第一期同业理财发售成功	贵州银行业协会网站	刘开明	2016.2.22
6	花溪农商行银政合作推进精准扶贫 帮农户搭乘电商平台致富	中国农村信用合作报	肖艳华	2016.3.8

续表

序号	标　　题	刊载媒体	作　者	发稿时间
7	花溪农商行携手10多家企业帮扶砚山镇	人民网	王宇成	2016.3.11
8	花溪农商行立足“四个规范”增强服务基层自觉性	贵州银行业协会网站	肖艳华	2016.3.11
9	普及金融法规 维护金融和谐	贵州银行业协会网站	王朝琴　胡　娅　马胜涛	2016.3.22
10	花溪农商行联手企业家“引企帮扶”架政企合作“连心桥”	中国农村信用合作报、贵州银行业协会网站	王宇成	2016.3.29
11	花溪农商行爱心再暖敬老院	贵州银行业协会网站	陈发勇	2016.3.31
12	银企联手打造信用共同体 花溪农商行向珠宝商会授信两亿元	贵州商报	冯　艳	2016.4.7
13	花溪农商行荣获2016年全国五一劳动奖状荣誉称号	贵州银行业协会网站	肖艳华	2016.5.4
14	花溪农商行力推普惠金融助当地脱贫	工人日报	王宇成	2016.5.15
15	电商当“监工”为小商户作保	贵州银行业协会网站	杨　潇	2016.5.20
16	贵州省劳模花溪农商行董事长吴勇的公益情怀	贵州日报、贵阳晚报、人民网、多彩贵州网	王宇成	2016.6.8
17	花溪农商行“村村通”助农取款代办商户“变身”业务能手	贵州银行业协会网站	荀小红	2016.6.17
18	银企携手 打造信用商圈	贵州银行业协会网站	杨　潇	2016.6.28
19	坚持党建带工建 构建劳动关系和谐企业	《中国工人》杂志	王宇成	2016.7.10
20	花溪农商行资产规模突破400亿元－存款突破200亿元－贷款突破100亿元	贵州日报、银行业协会网站	向　燕	2016.7.16
21	花溪农商行小孟片区支部开展“三送”和“党的声音进万家、总书记话儿记心上”宣讲活动	银行业协会网站	李　嫚	2016.7.27
22	工会牵线 贵州花溪农商行向山区学子捐赠课桌200套	中工网	李献波	2016.8.3
23	细水长流“花钱月享”收益即享“锦上添花”	贵州银行业协会网站	陈发勇	2016.8.11
24	春播一把种 夏收万里绿	贵州银行业协会网站	陈发勇	2016.8.18

续表

序号	标　　题	刊载媒体	作　者	发稿时间
25	贵州花溪农商行大力开展普惠金融服务，走访贫困户	中国农村信用合作报	向　燕 王朝琴	2016. 8. 23
26	花溪农商行探索金融服务新模式－－支持新型农村经营主体发展	中国农村信用合作报	荀小红	2016. 10. 11
27	花溪农商行获贵州“双百强”企业称号	贵州银行业协会网站	苏杨眉	2016. 11. 3

第七节　修志工作

2016 年 9 月，花溪农商行参加贵州省联社召开的修志工作动员培训会回来后，立即根据国务院《地方志工作条例》和黔农信办发（2016）314 号文件要求展开修志工作，行党委研究成立《花溪农商银行志》编纂委员会和《花溪农商银行志》编纂工作方案。编纂委员会由行领导吴勇、周佳乐、杨照刚、王刚、黎希霆、余冰、廖建、王银霖及各部室、支行负责人组成，下设修志办公室主任王银霖，副主任兼总收发张达丽，成员有蓬兴武，另聘数名编纂人员。

行编纂工作方案提出《花溪农商银行志》编纂要以邓小平理论和三个代表重要思想、科学发展观为指导，贯彻党的十八大精神，坚持省联社统一指挥和部署，全面反映花溪信合事业的历史与现状，弘扬花溪信合的历史智慧。

2016 年 11 月 25 日，花溪农商行召开有中层以上领导人员、各支行主办会计 100 余人参加修志工作启动会，邀请区地方志办公室主任杨忠、《花溪区志》执行主编徐开新出席。行长周乐佳主持会议，董事长吴勇作总结讲话，吴勇要求修志工作必须做到“一纳入、五到位”，即领导到位、机构到位、经费到位、人员到位、工作条件到位；众手修志，各支行、部办室的负责人都是本部门志的责任人，要统筹安排，做到工作和修志两不误；又特别提出，为配合农商行明年申办上市工作进程，志书的编纂出版工作必须一年时间完成。会后第二天，行修志办编辑部开始篇目确定、资料搜集工作。花溪文史、方志老编辑人徐开新、夏秦豫、周年辉、姚毅及省民族大学文学博士、教授张乡里等参加编纂工作。

花溪农商行领导班子非常重视修志工作，将其看成是加强精神文明建设和企业文化建设的一件大事。2017 年 2 月 8 日，行修志办召开征集资料阶段小结会，行长周乐佳、监事长杨照刚等领导及行修志办全体编纂人员参加。行党委委员周乐佳宣布行党委研究决定，为加强修志工作领导力量，行纪委书记、监事长杨照刚具体分管行的修志工作；会上修志办主任王银霖传达省联社修志工作有关文件和汇报当前修志进度；杨照刚强调修志工作的重要意义，希望大家抓紧时间，按时完成修志工作；周乐佳最后指出花溪农商行修志工作现在处于全省中等水平，当前是攻坚阶段，修志责任人要落实责任，抢救花溪信合历史资料，要趁那些八九十岁的老信合人还健在，搜集资料程序要先远后近和先找活人采访再查死档案。

2 月 14 日，花溪农商行召开行志撰稿人员培训会，各支行、部室 40 余名员工参加，修志办公室主任王银霖主持，党委委员、纪委书记、监事长、分管修志的行高层管理人杨照刚出席并向所有编纂人员提出具体的工作要求。花溪区志执行主编徐开新就花溪农商行修志资料收集有关问题进行讲解、答疑。

搜集花溪农村信合资料期间，修志办主任王银霖率蓬兴武、姚毅、夏秦豫等人在各支行的协助下，走遍花溪 9 个乡镇和部分社区，采访 47 位信合人或家属，获得 3 万余字的口述历史资料。被采访人中有 93 岁的张绍成、80 多岁的陈贤邦、魏汤周、黄作任等老信合人，有84岁高龄的农行信合股长赵沛林、72岁的杨云书及曾任信用联社领导的郭福芳、罗来苇等。

为花溪地区农村信用合作事业史料有始有终不断线，编辑人员孙焰炜、余小泽数次到花溪档案馆，查阅、搜集花溪地区民国时期和1949－1989年的农村信合档案，获得的史料900余条目，弥补花溪联社成立前的许多珍贵史料，为《花溪农商银行志》增色不少。

3月中旬，修志办在行档案中心和支行、行部办室积极配合下，修志资料搜集完成80%，少数未按时缴资料的单位，董事长吴勇发话“到时间还未完成撰写任务的，停下工作来写”。月底，资料基本收齐。31日修志办召开第三次编纂人员会议，编纂人员就《花溪农商银行志》资料长篇改写志初稿可能会出现的困难，如志稿的体例、行文规范等11个方面问题进行研究讨论，让编纂人员在纂稿时引起注意，以保证稿件质量。

7月21日，党委书记、董事长吴勇与修志办编辑人员座谈，了解志书编纂进程，询问存在困难和需要何帮助，勉励编辑人员再接再厉，按时按质完成志书编纂、印刷、出版工作。

8月底，修志办完成送审稿，10月底交付刊印，12月由国家方志出版社公开出版发行，印数1000本。

《花溪农商银行志》卷首设置花溪简介、概述、大事记、专记，卷中设机构、员工、基础设施、业务、管理、党群组织、企业文化、人物、文献等9篇，卷末设附录。

花溪农商行组织书法家评选《花溪农商银行志》书名题字

第二章　精神文明建设

第一节　文明单位创建

花溪农商行领导班子把精神文明建设工作与业务工作同安排、同部署，开展精神文明创建活动，恪守行业道德，诚信经营，树立优质服务的良好企业形象，营造诚实守信、文明致富的氛围，实现自身发展和地方经济发展共赢。

2002年1月，花溪联社制订“两个文明考核办法”，从6个方面对员工进行考核：一、学习（占15分），二、内部团结（占15分），三、社容社貌（占15分），四、服务（占15分），五、工作计划与总结（占20分），六、考勤与考核制度（占10分），共19项考核内容，以加强“两个文明”建设。

花溪合行热心公益事业，2008年5月26日在花溪公园1号门广场举行“携手合行、感动2008”庆祝花溪合行成立四周年暨众志成城、抗灾救灾募捐主题活动，为汶川灾区募集捐款26.3886万元，其中，单位捐款20万元，职工捐款5.43万元，群众捐款9586元。组织全行党员交纳特殊党费2.88万元，团员交纳特殊团费4800元。

2009年起，为推进生态文明城市建设，提高员工对“三创一办”的知晓率、支持率，花溪合行先后开展“三创一办”义务宣传暨青年志愿者活动、文艺演出活动等，并向区政府捐专项基金30万元，用于“三创一办”工作。

花溪合行为做好“新花溪”生态环保工作，以实际行动关爱自然，共享生态文明。2013年5月，花溪合行为中央文明办主办、中国志愿服务基金会、省文明办协办的“保护花溪湿地‘绿丝带’志愿服务活动”捐助5万元，用于支持保护湿地、保护山川河流的志愿服务和宣传活动。2014年12月，花溪农商行为“碧水蓝天”志愿服务行动捐款20万元。

2006年10月，花溪合行主办的月刊《花溪银行》杂志创刊，2015年1月更名为《花溪普惠金融》。2016年9月增加出版《花溪农商银行》报纸版。

经过多年的努力，花溪合行在文明单位创建工作取得良好成绩。花溪合行获花溪区2008－2010年度“文明单位”称号，青岩镇支行获贵阳市2008－2010年度“文明窗口”称号。2012年2月，在区委、区政府召开的创文创卫表彰大会上，花溪合行被授予“花溪区创建文明城市工作先进集体奖”。

由于在精神文明建设工作中成绩突出，花溪农商行获省级“文明单位”称号。在2015年2月全国精神文明建设工作表彰暨学雷锋志愿服务大会上，花溪农商行获“全国文明单位”称号，是全省农信系统唯一一家“全国文明单位”。

第二节　金融扶贫济困

花溪农商行在花溪区高坡、马铃、黔陶、久安、湖潮等少数民族和边远乡村开展“四联四帮”精准扶贫工作。采取农户小额信用贷款模式，解决农民“贷款难”、“融资难”的问题。在保本微盈的基础上，对信用村组、信用农户实行贷款差别

2013 年 1 月 27 日，花溪合行领导班子给黔陶乡马场村 12 家贫困户和青岩敬老院送温暖

化利率，利息优惠比例最高达 18.81%。给贫困家庭发放“小康卡 · 特惠贷”贷款 300 余户，700 余万元。通过生活援助，提高贫困人群生活质量。筹资 13 万元改善高坡乡五寨村生活环境；捐赠水泥 500 吨和 1 万元现金，建设平山村基础设施；筹措资金 10 万元、水泥 500 吨为甲定村修建水利设施；协调花溪区城建局为克里村捐 1 万元生产发展基金。花溪合行还帮助高坡乡平寨村发展黑毛猪养殖，帮助修建猪圈、联系销路。结合贫困村的实际情况，给当地孤寡老人和留守儿童送温暖。

高坡支行负责人唐永文和黔陶支行负责人申厚斌驻村帮扶，作为驻村第一村支书，解决贫困村和贫困户的实际困难。在入驻克里村后，唐永文联系贵阳市政协向克里村捐 30 头猪仔、30 包饲料，帮助村民发展养殖业。申厚斌协调花溪水利局赠送半坡村价值 3000 元的雨衣 20 件，雨鞋 30 双，以帮助困难群众雨天出行劳作。

在高坡、黔陶、马铃等乡镇的贫困村开展“金融夜校，小康讲堂”，引导农户讲诚信、换思想、寻对策、求发展，解决农户金融知识贫乏、理财意识淡薄、致富信息来源少、法律知识匮乏等问题。截至 2015 年 11 月，花溪农商行开展“金融夜校，小康讲堂”520 余场，培训 5 万余人次。

花溪农商行根据省总工会、省联社的要求，与花溪区总工会和贵阳市总工会合作，参与开展贵阳市“雁归兴贵行动”，并推荐贵阳花溪珏羚种植园、贵阳花溪俊会冷水鱼、贵阳花溪黔陶昌喜水泥标砖等 8 家企业为返乡农民工创业示范企业，并为这 8 家企业发放 345 万元的创业贷款支持。

2015 年 11 月，省联社印发《帮扶务川自治县加快实现整县脱贫工作实施方案》后，农商行制订《花溪农商银行结对帮扶务川县砚山镇回龙村脱贫发展实施方案》，成立精准扶贫领导小组，并先后组织人员实地调研逾 10 次，与砚山镇开展互动交流座谈会 6 次，举办帮扶定向招聘会一次，达成就业意向 19 人，带领花溪知名企业家实地帮扶考察逾 10 人次。

花溪农商行组织专家学者、花溪知名企业家到砚山镇各村实地考察，共同为砚山脱贫致富献计献策。在砚山镇各村寨实地考察后，花溪区知名企业有机花生种植项目、食品加工项目、石材开发项目、有机水稻种植等十余个产业扶贫项目达成合作意向。与贵州城市职业技术学院进行无缝对接，针对砚山镇初、高中失学青年，在城市学院专设为期 3 个月的“大扶贫农民工技能培训班”，专业包括符合农村产业特点的电工、焊接、建筑等。学习费用由花溪农商行、砚山镇人民政府和城市学院三方共同分担，旨在将失学青年变成脱贫致富的中坚力量。花溪农商行通过与砚山镇政府合作，争取在农村“两权”抵押上先行先试，打通农户的融资渠道。将花溪区高坡乡农产品电商平台的建设经验带到砚山，帮助砚山搭建电商平台，拓展产品销售渠道。推荐砚山产业项目的上下游对口企业与砚山政府开展合作。帮助农户用好“贵农云”大数据平台。

第三节　捐资助教

花溪农商行不忘社会责任，始终将共发展、共繁荣、共分享使命扛在肩上，记在心间，将发展公益事业作为全行发展的有机组成部分，向社会伸出援助之手，出资帮扶寒门学子，帮助他们实现理想。

花溪农商行每年为清华中学来自贫困乡、镇、村的困难学生资助5万元，以解决其生活费用。2014年，给花溪青岩镇5个考上大学的贫困生捐赠28000元。2016年，对务川县回龙村考上大学的29名贫困户大学生进行帮扶资助，共资助8.6万元。

花溪农商行关注、支持贫困学生圆梦大学，也为山区留守儿童及山区学校捐资捐物。2016年5月，花溪农商行前往花溪区高坡苗族乡大洪村大洪小学开展儿童节慰问活动，为全校学生送去节日的礼物，并向学校捐赠价值5000多元篮球、足球、羽毛球拍（球）等文体用品。2016年8月，花溪农商行向织金县熊家场镇白马村白马小学捐赠价值10万余元的200套课桌及讲台，并资助白马小学修建爱心篮球场。

第四节　评选先进

20世纪90年代以来，从花溪联社到花溪农商行，党组织十分重视先进集体和先进员工的评选活动，每年都要组织一次以上评选先进活动。评选办法一般是根据各部门单位和各员工的工作业绩、精神风貌、社会评价，再通过职工民主推荐，进行评选。评选先进活动，表彰先进典型，有效引导广大员工立足本职岗位，树立敬业意识、创业精神；激励员工勤奋学习，努力工作，建功立业，促进企业精神文明建设。2001年，花溪联社被中国人民银行合作金融机构监管局评选为“全国农村信用社支农先进单位”，对花溪广大信合员工是莫大的勉励。

2003年，花溪联社开展评选“信合之星”的活动，评出“信合之星”营业部、孟关信用社、青岩信用社、湖潮信用社、云上分社、保卫部等先进集体。评出“信合之星”优秀员工26人。

2004年花溪合行从成立到2013年，连续十年坚持开展“信合之星”的评选活动，共评出“信合之星”先进集体92个次，“信合之星”优秀员工595人次。

2013年4月，贵州省联社团委开展“最美农信青年”评选活动，花溪合行在评选出的621名“信合之星”、“合行之星”中进行评选，最终营业部“合行之星”柜员吴学敏脱颖而出，成为贵州省100名“最美信合人”中的一员。

2011年9月30日，花溪合行召开职工子女升学表彰会

国家级（单位）表彰先进集体表

获奖单位	荣誉称号	授予单位	授予时间
花溪联社	全国农村信用社支农先进单位	中国人民银行合作金融机构监管局	2001. 9
花溪合行	“新中国成立60周年中国农村金融60人60事”中国农村金融60事之一	《中华合作时报》、中国农村金融网、省级农村合作金融机构评选组委会	2009. 3
花溪合行	2008中国最具成长力农村金融机构	中国金融研究院	2009. 4
花溪合行	最具社会责任中国农村金融机构	中国金融管理协会	2011. 3
花溪合行	2010年度最具品牌影响力农村金融机构	中国金融（专家）年会组委会	2011. 4
花溪合行	2012年度中国最具影响力十佳县域银行	中国县域金融年会组委会	2012. 12
花溪合行	双十佳金融产品	中国银行业协会	2014. 3
花溪农商行	理事证书	中国金融管理协会	2014. 5
花溪农商行	2014中国金融行业金谱奖	第八届中国品牌节组委会	2014. 5
花溪农商行	全国银行业安全管理先进单位	中国银行业协会	2015. 1
花溪农商行	全国文明单位	中央精神文明建设指导委员会	2015. 2
学士路支行	2014年度中国银行业文明规范服务五星级营业网点	中国银行业协会	2015. 2
学士路支行	2014年度中国银行业文明规范服务千佳示范单位称号	中国银行业协会	2015. 2
学士路支行	全国五一巾帼标兵岗	全国总工会	2015. 2
花溪农商行	全国金融系统第一届职工排舞大赛获三等奖	中国金融工会全国委员会、中国金融文学艺术界联合会	2015. 10
花溪农商行	2014年服务小微企业二十佳金融产品	中国银行业协会	2016. 4
花溪农商行	全国五一劳动奖状	全国总工会	2016. 4
花溪农商行	企业信用评价AAA级信用企业	中国企业联合会、中国企业家协会	2016. 7
花溪农商行	2016年全国银行业理财信息登记工作进步奖	中国银行业协会	2017. 2
学士路支行	入选2016年度中国银行业文明规范服务千佳示范单位	中国银行业协会	2017. 2

省级(单位)表彰先进集体表

获奖单位	荣誉称号	授予单位	授予时间
花溪联社团委	全省先进团组织	共青团贵州省委	2003. 5
花溪联社	贵州省金融安全保卫工作先进集体	贵州省金融安全保卫领导小组	2004. 5
花溪合行	综合目标考核前十名	贵州省农村信用社联合社	2005. 2
花溪合行	各项存款绝对增加额前十名	贵州省农村信用社联合社	2005. 2
花溪合行	2004——2005 年度 A 级纳税信用企业	贵州省国税局	2006. 10
花溪合行	业务发展奖	贵州省农村信用社联合社	2008. 1
花溪合行	贵州省第十届“篮协杯”篮球比赛女子组第一名	贵州省体育总会、贵州省篮球协会	2008. 7
花溪合行	省国资委选拔赛大合唱二等奖	贵州省国资委	2008. 7
花溪合行	精神文明建设工作先进单位	中共贵州省委、贵州省人民政府	2008. 12
花溪合行	中国第一家农村合作银行——花溪农村合作银行成立	贵州骄傲评选活动组委会	2008. 12
花溪合行	贵州改革开放 30 年最具影响力事件	贵州改革开放 30 年活动组委会	2008. 12
花溪合行	2006——2008 年 A 级纳税信用企业	贵州省国家税务局	2008. 12
花溪合行	“改革开放·辉煌三十年”贵州银行业新春文艺汇演第三名	贵州省银行业协会	2009. 1
花溪合行	先进单位	贵州省信用合作社联合社	2009. 4
花溪合行	全省农村信用社 2008 年度信息工作先进单位	贵州省信用合作社联合社	2009. 5
花溪合行	庆祝建国六十周年合唱比赛一等奖	贵州省信用社联合社	2009. 9
花溪合行	“庆祝中华人民共和国成立六十周年歌咏比赛”三等奖	贵州省银行业协会	2010. 3
花溪合行	全省农村信用社 2009 年度工作先进单位	贵州省农村信用社联合社	2010. 6
花溪合行	“五好”党支部	贵州省农村信用社联合社党委	2010. 7
花溪合行	先进集体	贵州省农村信用社联合社	2010. 7
花溪合行	2009 贵州省“守合同、重信用”单位	贵州省工商局	2010. 11
花溪合行	A 级纳税信用企业	贵州省国家税务局	2010. 12

续表

获奖单位	荣誉称号	授予单位	授予时间
花溪合行监保党支部	2009——2010 年度“五好”党支部	贵州省农村信用社联合社党委	2011. 3
花溪合行	首届“信合杯”篮球赛分别获男子冠军、女子冠军	贵州省农村信用社联合社	2011. 3
花溪合行	2004—2011 连续七年“守合同、重信用”单位	贵州工商局	2011. 4
花溪合行	贵州省第十四届“篮协杯”女子组第二名	贵州省体育总会、贵州省篮球协会	2011. 12
花溪合行	小微企业金融服务先进单位	贵州省农村信用社联合社	2012. 1
花溪合行第四党支部	2010—2011 年度“五好”党支部	贵州省农村信用社联合社党委	2012. 3
花溪合行	百佳示范单位	贵州省银行业协会	2012. 4
花溪合行	2011 年度小型微型企业金融服务工作先进单位	中国银监会贵州银监局	2012. 4
花溪合行	贵州省“五型企业”暨企业文化建设示范单位	中共贵州省委宣传部	2013. 1
花溪合行	小微企业金融服务先进单位	贵州省农村信用社联合社	2013. 1
花溪合行	全省就业先进企业	贵州省人力资源部和社会保障厅	2013. 4
花溪合行	2004—2012 连续 9 年“守合同、重信用”单位	贵州省工商局	2013. 4
学士路支行	2011 年度贵州省银行业文明规范服务百佳示范单位	贵州省银行业协会	2013. 4
青岩党支部	2011——2012 年度贵州农村信用社“五好”党支部	贵州省农村信用社联合社党委	2013. 4
花溪合行	2012 年“工行杯”贵州银行业运动会篮球比赛男子篮球冠军	贵州省工行	2013. 4
花溪合行	贵州省第四届职工运动会篮球比赛女子队冠军	贵州省总工会	2013. 4
花溪合行	贵州省第四届职工运动会篮球比赛男子队第三名	贵州省总工会	2013. 4
花溪合行	“五好”基层党组织	中共贵州省国资委员会	2013. 7
花溪合行	“四好”领导班子	贵州省农村信用社联合社	2013. 7
花溪合行	“信合杯”篮球赛男子组特别奖	贵州省农村信用社联合社	2013. 10
花溪合行	“信合杯”篮球赛女子组特别奖	贵州省农村信用社联合社	2013. 10
花溪合行	贵州省十佳品牌服务窗口	贵州省品牌促进会	2013. 12

续表

获奖单位	荣誉称号	授予单位	授予时间
花溪农商行	2013 年度增比进位第三名	贵州省农村信用社联合社	2014. 1
花溪农商行	2013 年支农服务先进网点	贵州省农村信用社联合社	2014. 1
花溪农商行	特别贡献奖	贵州省农村信用社联合社	2014. 1
花溪农商行	十佳揽存网点	贵州省农村信用社联合社	2014. 1
花溪农商行	优秀通联单位	贵州省银行业协会	2014. 3
花溪农商行	2012——2013 年度“四好”领导班子	贵州省农村信用社联合社党委	2014. 3
花溪农商行	全省就业先进单位	贵州省人力资源和社会保障厅	2014. 3
花溪农商行	贵州省十佳品牌服务窗口	贵州省农村信用社联合社	2014. 3
花溪农商行	2013 年存、贷款冲刺 5000 亿特别贡献奖	贵州省农村信用社联合社	2014. 3
学士路党支部	样板党支部	贵州省农村信用社联合社党委	2014. 3
青岩支行	2013 年支农服务“先进网点”	贵州省农村信用社联合社	2014. 3
紫光支行	2013 年存贷款冲刺 500 亿“十佳揽储网点”	贵州省农村信用社联合社	2014. 3
花溪农商行	2013 年度信息工作先进集体	贵州省农村信用社联合社	2014. 4
花溪农商行	2013 年度宣传工作先进集体	贵州省农村信用社联合社	2014. 4
花溪农商行	全省农村信用社 2013 年度信息工作先进集体	贵州省农村信用社联合社	2014. 4
花溪农商行	贵州农信内刊 2013 年度信息报送先进单位	贵州省农村信用社联合社	2014. 4
花溪农商行	十佳先进单位	中国银监会贵州银监局	2014. 5
花溪农商行	2013 年度贵州银行业服务小微企业十佳先进单位	贵州省银行业协会	2014. 6
花溪农商行	贵州省企业文化诚信体系荣誉成就奖	贵州省企业文化促进会	2014. 10
花溪农商行	先进单位	贵州省农村信用社联合社	2015. 1
花溪农商行	贵州十佳品牌服务窗口	贵州省企业文化促进会	2015. 2
花溪农商行	2013 年优秀通联单位	贵州省银行业协会	2015. 2

续表

获奖单位	荣誉称号	授予单位	授予时间
花溪农商行	爱心企业	贵州省民政厅、贵州省国资委、贵州省工商联	2015. 2
花溪农商行	2013 年度贵州银行业服务小微企业十佳先进单位	贵州省银监局、贵州省银行业协会	2015. 2
花溪农商行	贵州省企业诚信文化体系荣誉成就奖	贵州省企业文化促进会	2015. 2
花溪农商行	2014 年度“诚者信合 春天助农行动”先进单位	贵州省农村信用社联合社	2015. 2
紫光党支部	2013—2014 年度“五好”党支部	贵州省农村信用社联合社党委	2015. 2
清溪支行、紫光支行、营业部	协助公安机关抓获三名逃犯,省联社全省农信系统通报表扬	贵州省农村信用社联合社	2015. 2
久安支行	2014 年度支农先进网点	贵州省农村信用社联合社	2015. 2
花溪农商行电子银行部	贵州省银联举办的收单业务比赛中获三等奖	贵州省银联	2015. 2
花溪农商行	2014 贵州省优秀企业	贵州省企业联合会、贵州省企业家协会	2015. 3
花溪农商行	2015 年“信合杯”职工组篮球选拔赛女子组第一名	贵州省总工会、贵州省体育局	2015. 5
花溪农商行	优秀通联单位	贵州省银行业协会	2015. 5
花溪农商行	企业信用等级证书	贵州省企业联合会、贵州省企业家协会	2015. 7
花溪农商行	2014 年度贵州省省级“守合同、重信用”单位	贵州省工商行政管理局	2015. 6
花溪农商行	企业信用评价 AAA 级信用企业	贵州省企业联合会、贵州省企业家协会	2015. 7
花溪农商行	贵州省第九届职工篮球赛职工组男子冠军	贵州省体育局	2015. 10
花溪农商行	贵州省第九届职工篮球赛职工组女子冠军	贵州省体育局	2015. 10
花溪农商行	档案管理三星级单位	贵州省档案局	2015. 11
花溪农商行	2015 年度贵州省农村信用社业务发展一等奖	贵州省农村信用社联合社	2016. 1
花溪农商行	2015 年度贵州农村信用社综合业务考核二等奖	贵州省农村信用社联合社	2016. 1
花溪农商行	2015 年度贵州农村信用社支付结算一等奖	贵州省农村信用社联合社	2016. 1
花溪农商行	2015 年度贵州农村信用社财务管理三等奖	贵州省农村信用社联合社	2016. 1
花溪农商行	2015 年度贵州农村信用社小微企业金融服务先进单位	贵州省农村信用社联合社	2016. 1

续表

获奖单位	荣誉称号	授予单位	授予时间
花溪农商行	2015年“信合杯”贵州省职工篮球赛暨省九运会职工组篮球选拔赛，分别获男、女组第一名	贵州省总工会、贵州省农村信用社联合社	2016.4
花溪农商行	2014年度优秀通联单位	贵州省银行业协会	2016.4
花溪农商行	AAA级信用企业（贵州省最佳信用企业）	贵州省企业联合会、贵州省企业家协会	2016.4
花溪农商行	2015年“信合杯”贵州省职工篮球赛暨省九运会职工组篮球赛，获男、女组桂冠	贵州省总工会、贵州省农村信用社联合社	2016.4
花溪农商行	省级“守合同、重信用”单位	贵州省工商局	2016.4
花溪农商行	贵州企业单位档案管理三星级单位	贵州省档案局	2016.4
平桥支行	贵州省农村信用社标准化达标网点	贵州省农村信用社联合社	2016.4
党武支行	2015年度贵州农村信用社支农金融服务先进单位	贵州省农村信用社联合社	2016.4
花溪农商行	2015年度信息工作先进单位	贵州省农村信用社联合社	2016.5
花溪农商行	2015年度宣传工作先进集体	贵州省农村信用社联合社	2016.5
吴勇劳模工作室	省级劳模创新工作室	贵州省总工会	2016.6
花溪农商行	2015年度贵州省“守合同、重信用”单位	贵州省工商局	2016.6
花溪农商行	2016贵州100强企业	贵州省经信委、贵州省企业联合会	2016.8
花溪农商行	2016民营企业100强	贵州省经信委、贵州省企业联合会	2016.8
花溪农商行	贵州省第三届广场舞大赛银杏奖	贵州省文化厅、六盘水市人民政府	2016.8
花溪农商行	2016年综合目标考核优胜奖	贵州省农村信用社联合社	2017.2
花溪农商行	2015年“支农先进单位”、“支小先进单位”	贵州省农村信用社联合社	2017.2
花溪农商行	2015年度优秀通联单位	贵州省银行业协会	2017.2
花溪农商行	2015年度“宣传工作先进集体”、“信息工作先进集体”	贵州省农村信用社联合社	2017.2
贵安片区党支部	2015—2016年度“五好”党支部、“样板”党支部	贵州省农村信用社联合社党委	2017.2
青岩支行、党武支行	2015年“支农先进网点”	贵州省农村信用社联合社	2017.2

续表

获奖单位	荣誉称号	授予单位	授予时间
花溪农商行	男子篮球队获“双创杯”男子篮球赛亚军	贵州省农村信用社联合社	2017. 2
青岩支行	文明规范服务百佳示范单位	贵州省农村信用社联合社	2017. 2

市级(单位)表彰先进集体表

获奖单位	荣誉称号	授予单位	授予时间
花溪联社党总支	2002—2004 年度先进基层党组织	中共贵阳市委员会	2004. 7
花溪合行	2004 年市级“守合同、重信用”单位	贵阳市工商局	2005. 6
石板片区支部	2005 年先进党支部	花溪合行党委	2006. 7
花溪合行	贵阳地区农村信用社首届文艺表演三等奖	贵阳办事处	2006. 8
花溪合行	2004 - 2006 年连续三年市级“守信用、重合同”单位	贵阳市工商局	2007. 6
花溪合行	贵阳市 2005—2007 年度文明单位	中共贵阳市委、贵阳市人民政府	2007. 12
花溪合行	贵阳地区农村信用社合规文化知识竞赛第二名	贵州省农村信用社联合社贵阳办事处	2008. 7
花溪合行	2004—2008 年度连续五年市级“守合同、重信用”单位	贵阳市工商局	2009. 1
石板片区支部、华宇片区支部	2008 年“五好”党支部	花溪合行党委	2009. 7
花溪合行	2009 年贵阳市“金阳新世界花园杯”职工篮球锦标赛男、女篮球队均获冠军	职工篮球赛组委会	2009. 10
花溪合行	2004—2009 年连续 6 年市级“守合同、重信用”单位	贵阳市工商局	2010. 2
花溪合行	迎国庆红色经典歌曲演唱比赛演唱一等奖、诗歌朗诵三等奖	贵阳办事处	2010. 3
石板片区支部、紫光片区支部	2009 年“五好”党支部	花溪合行党委	2010. 7
花溪合行	2008—2009 年度 A 级纳税信用企业	贵阳市税务局	2011. 3
花溪合行	2004—2010 年连续七年市级“重合同、守信用”单位	贵阳市工商局	2011. 3
花溪合行	贵阳市 2008—2010 年度“文明单位”	中共贵阳市委、贵阳市人民政府	2011. 3
花溪合行	文明单位	中共贵阳市委、贵阳市人民政府	2011. 4

续表

获奖单位	荣誉称号	授予单位	授予时间
机关支部、党武片区支部、营业部支部	2010年“五好”党支部	花溪合行党委	2011.7
花溪合行	2011年度贵阳市银行业单位安全评估工作一等奖	贵阳市金融安全保卫领导小组	2012.2
青岩支行	2008—2010年度“文明窗口”	中共贵阳市委、贵阳市人民政府	2012.3
花溪合行	2004—2011年度连续八年荣获市级“重合同、守信用”单位称号	贵阳市工商局	2012.3
花溪合行	贵阳市五一劳动奖状	贵阳市人民政府	2012.4
营业部支部、石板支部	2011年“五好”党支部	花溪合行党委	2012.7
花溪合行	贵阳市民营经济十佳金融服务先进单位称号	中共贵阳市委、贵阳市人民政府	2012.8
花溪合行	2010—2011年度民营经济十佳金融服务先进单位	贵阳办事处	2012.12
花溪合行	2004—2012年度连续九年市级“重合同、守信用”单位	贵阳市工商局	2013.3
花溪合行	2012年度金融安全保卫工作先进单位	贵阳市金融安全保卫领导小组	2013.4
学士路支行	贵阳市十佳银行服务窗口	贵阳市人民政府	2013.4
营业部支部、学士路支部	2012年“五好”党支部	花溪合行党委	2013.7
花溪农商行	2004—2013年连续十年市级“守信用、重合同”单位	贵阳市工商局	2014.4
紫光支部、湖潮支部	2013年“五好”党支部	花溪农商行党委	2014.7
花溪农商行	贵阳生态文明机关	贵阳市创建生态文明建设试点工作领导小组	2015.1
机关第二支部、青岩片区支部	2014年“五好”党支部	花溪农商行党委	2015.7
花溪农商行	贵阳市“工人先锋号”	贵阳市总工会	2015.2
花溪农商行	贵阳市第四届“百姓健康舞”比赛一等奖	贵阳市文广局	2016.4
花溪农商行	2015年度市级“守信用、重合同”单位	贵阳市工商局	2016.5
机关第一支部、保卫部支部、青岩片区支部、贵安片区支部	2015年“五好”党支部	花溪农商行党委	2016.7
学士路支部、小孟片区支部	2016年“五好”党支部	花溪农商行党委	2017.7

区级(单位)表彰先进集体表

获奖单位	荣誉称号	授予单位	授予时间
花溪、青岩、孟关、金竹、麦坪、高坡等信用社	1991 年度农金系统先进单位	农行花溪支行	1992. 2
花溪、青岩、金竹、麦坪、高坡等信用社	1992 年度农金系统先进单位	农行花溪支行	1993. 1
花溪、石板、麦坪、高坡、金竹等信用社	1993 年度先进集体	农行花溪支行	1994. 2
金竹、孟关、久安、麦坪、燕楼等信用社、会计科	1994 年度先进单位	花溪联社	1995. 2
金竹、麦坪、燕楼、孟关、久安等信用社、会计科	1995 年度先进单位	花溪联社	1996. 3
青岩、久安、党武、燕楼等信用社、营业部、会计科	1996 年度先进单位	花溪联社	1997. 9
青岩、金竹、花溪、孟关等信用社、营业部、保卫科	1997 年度先进单位	花溪联社	1998. 1
高坡信用	2000 年度先进单位	花溪联社	2001. 3
霞晖路分社	2001 年度“青年文明号”单位	花溪联社	2002. 3
石板信用社、黔陶信用社、营业部	2001 年度先进单位	花溪联社	2002. 3
会计出纳科	2001 年度先进科室	花溪联社	2002. 3
孟关信用社	2001 年度安全保卫先进单位	花溪联社	2002. 3
花溪联社清溪分社	2001 年度揽储先进单位	花溪联社	2002. 3
花溪联社	花溪区巾帼风采服饰展演一等奖	花溪区妇联	2002. 3
联社营业部、青岩信用社、久安信用社、联社稽核监督科	2002 年度先进单位	花溪联社	2003. 1
高坡信用社、孟关信用社、联社营业部	业务综合考核前三名	花溪联社	2003. 1
花溪联社清溪分社	先进柜组	花溪联社	2003. 1
小碧信用社	化解高风险先进单位	花溪联社	2003. 1
湖潮信用社	安全保卫先进单位	花溪联社	2003. 1
石板信用社	会计工作先进单位	花溪联社	2003. 1
孟关信用社、营业部、青岩信用社	2003 年度“信合之星”先进集体	花溪联社	2004. 1
云上分社	2003 年度先进柜组	花溪联社	2004. 1
保卫部	2003 年度先进部室	花溪联社	2004. 1
湖潮信用社	2003 年度安全保卫先进单位	花溪联社	2004. 1
高坡信用社	业务综合考核前三名	花溪联社	2004. 3

续表

获奖单位	荣誉称号	授予单位	授予时间
华宇支行、湖潮支行、云上分理处、明珠支行、业务发展部、行政办公室	2004 年度“合行之星”先进集体	花溪合行	2005. 3
青岩支行	2004 年度“合行之星”支农先进单位	花溪合行	2005. 3
湖潮支行	2004 年度“合行之星”安全保卫工作先进单位	花溪合行	2005. 3
孟关支行、霞晖分理处	2004 年度“合行之星”资金组织先进单位	花溪合行	2005. 3
麦坪支行	2004 年度“合行之星”清收不良贷款先进单位	花溪合行	2005. 3
清溪分理处、竹林分理处、湖潮支行、小碧支行、业务发展部、监察保卫部	2005 年度“合行之星”先进集体	花溪合行	2006. 1
华宇支行、麒鑫分理处、霞晖分理处、孟关支行	2005 年度度“合行之星”安全保卫工作先进单位	花溪合行	2006. 1
花溪合行	花溪区 2005 年度目标管理一等奖	中共花溪区委、花溪区人民政府	2006. 1
花溪合行	“森林之城，魅力贵阳，林城清风”歌唱大赛花溪赛区优秀奖	中共花溪区委、花溪区人民政府	2006. 5
麒鑫分理处、霞晖分理处、久安支行、小碧支行、财务信息部、监察保卫部	2006 年度“合行之星”先进单位	花溪合行	2007. 3
麒鑫分理处、平桥分理处	2006 年度“合行之星”安全保卫先进单位	花溪合行	2007. 3
花溪合行	先进集体	花溪区生态经济建设项目领导小组	2007. 5
清溪分理处、竹林分理处、青岩支行、党武分理处、监察保卫部、财务信息部	2007 年度“合行之星”先进单位	花溪合行	2008. 2
花溪合行	“花溪区抗凝冻保民生”工作突出贡献先进集体	中共花溪区委、花溪区人民政府	2008. 2
花溪合行	先进集体	花溪区生态经济建设项目领导小组	2008. 2
花溪合行	花溪“合行杯”职工篮球赛男、女冠军	花溪区总工会，花溪文广局，花溪合行	2008. 5
花溪合行团委	花溪区 2008 年度先进基层团组织	花溪团区委	2009. 3
行政办公室、资金营运部、营业部、石板支行、民院分理处、清溪分理处、学士路支行	2008 年度“合行之星”先进集体	花溪合行	2009. 3
花溪合行	2009 年花溪区危房改造整区推进工程帮扶工作优秀奖	花溪区人民政府	2009. 3
花溪合行	2009 年度金融系统安全保卫工作先进单位	贵阳市公安局花溪分局	2010. 3
业务发展部、资金营运部、风险管理部、高坡支行、小碧支行、清溪分理处、麦坪支行	2009 年度“合行之星”先进集体	花溪合行	2010. 3
孟关支行	2009 年度“合行之星”安全保卫先进集体	花溪合行	2010. 3

续表

获奖单位	荣誉称号	授予单位	授予时间
花溪合行	2008—2009 年度文明窗口	中共花溪区委、花溪区人民政府	2011. 3
花溪合行	花溪区 2010 年度党报党刊征订发行工作组织奖	中共花溪区委宣传部	2011. 3
花溪合行	2008—2010 年度花溪区文明单位	中共花溪区委、花溪区人民政府	2011. 3
青岩支行	2008—2010 年度花溪区文明窗口	中共花溪区委、花溪区人民政府	2011. 3
人力资源部、业务发展部、科技信息部、霞晖分理处、紫光支行、麦坪支行、燕楼分理处、云上分理处	2010 年度“合行之星”先进集体	花溪合行	2011. 3
石板支行	2010 年度“合行之星”清收不良贷款工作先进集体	花溪合行	2011. 3
青岩支行	2010 年度“合行之星”会计工作先进集体	花溪合行	2011. 3
明珠支行	2010 年度“合行之星”统计工作先进集体	花溪合行	2011. 3
高坡支行	2010 年度“合行之星”安全保卫先进集体	花溪合行	2011. 3
党武支行、云上支行	2010 年度资金组织工作突出贡献奖	花溪合行	2011. 3
花溪合行	2011 年度党报党刊征订发行工作先进单位	中共花溪区委宣传部	2011. 11
花溪合行	创建全国文明城市工作先进集体	中共花溪区委、花溪区人民政府	2012. 2
党武支行	2010—2011 年度“五好”党支部	中共花溪农合行党委	2012. 3
行政办公室、业务发展部、风险管理部、紫光片区支行、石板支行、麦坪支行、营业部、黔陶分理处	2011 年度“合行之星”先进集体	花溪合行	2012. 3
花溪合行	花溪区“敬老文明号”	花溪区“敬老文明号”创建活动领导小组	2012. 10
花溪合行	“合行杯”2012 花溪区百姓健康擂台大赛第一名	中共花溪区委宣传部、花溪区总工会	2012. 10
花溪合行	2012 年度花溪金融系统安全保卫先进单位	贵阳市公安局花溪分局	2013. 1
平桥分理处	2012“比学赶超 岗位大练兵”系列活动文体比赛活动团体二等奖	花溪合行	2013. 3
花溪合行	2012 年度党报党刊征订发行组织奖	中共花溪区委宣传部	2013. 3
行政办公室、小碧支行	2012 年度“合行之星”先进集体一等奖	花溪合行	2013. 3

续表

获奖单位	荣誉称号	授予单位	授予时间
风险管理部、小微企业金融服务中心、麦坪支行、青岩支行	2012 年度“合行之星”先进集体二等奖	花溪合行	2013. 3
人力资源部、财务统计部、纪检监察室、湖潮片区支行、紫光片区支行、平桥片区支行	2012 年度“合行之星”先进集体三等奖	花溪合行	2013. 3
营业部	2012—2013 年度“五好”党支部	花溪农商行党委	2014. 3
花溪农商行	2013 年度春节民族民间歌舞大联欢创新奖	中共花溪区委宣传部	2014. 3
行营业部、党武分理处、紫光片区、财务统计部、风险管理部、人力资源部	2013 年度先进集体	花溪农商行	2014. 3
党委办公室、营业部、紫光片区、湖潮片区	百亿工程先进单位	花溪农商行	2014. 3
花溪农商行	2014 年度花溪金融系统安全保卫先进单位	贵阳市公安局花溪分局	2015. 1
花溪合行	2014 年度党报党刊征订发行工作先进单位	中共花溪区委宣传部	2015. 2
花溪合行	创建全省社会主义新农村建设档案管理示范单位	花溪区档案局	2015. 2
平桥支行、紫光片区支行、湖潮片区支行	2014 年度信息工作先进单位	花溪农商行	2015. 2
青岩支行、石板支行、孟关支行、人力资源部、风险管理部、财务统计部	2014 年先进单位	花溪农商行	2015. 2
保卫部、基建管理办公室、后勤服务部	2014 年突击贡献单位	花溪农商行	2015. 2
花溪农商行	2015 年度纳税信用 A 级纳税人	花溪区国税局	2016. 4
花溪农商行	2015 年度花溪金融系统安全保卫先进单位	贵阳市公安局花溪分局	2016. 4
小河支行、石板支行、燕楼支行、湖潮支行、人力资源部、金融市场部	2015 年度先进单位	花溪农商行	2016. 4
湖潮支行、燕楼支行、营业部、小河支行、久安支行	2015 年度存款组织先进单位	花溪农商行	2016. 4
黔陶支行	2015 年度“三农”服务先进单位	花溪农商行	2016. 4
久安支行	2015 年度不良清收先进单位	花溪农商行	2016. 4
高坡支行、湖潮片区支行、人力资源部	2015 年度信息工作先进单位	花溪农商行	2016. 4
平桥支行	2016 年业务技能大练兵比赛奖	花溪农商行	2016. 4
党武支行	信用工程建设先进单位	花溪农商行	2016. 4

续表

获奖单位	荣誉称号	授予单位	授予时间
行政办公室、理财事业部、基础建设部、小河支行、石板片区、营业部、贵安片区	2016 年度先进单位	花溪农商行	2017.2
孟关片区	2016 年度支农服务先进单位	花溪农商行	2017.2
贵安片区、城北片区、孟关片区	2016 年度信息工作先进单位	花溪农商行	2017.2

2013 年 2 月，花溪合行获贵州省“五型企业”暨企业文化建设示范单位

2013 年 4 月，省人力资源和社会保障厅授予花溪合行全省就业先进企业称号

2016 年 4 月，中华全国总工会授予花溪农商行“全国五一劳动奖状”

2016 年 7 月，花溪农商行被授予“企业信用 AAA 级信用企业”

2016 年，花溪农商行股份有限公司入围“2016 贵州民营企业 100 强”

2016 年贵州企业 100 强

第八篇 人 物

2009年花溪合行高层管理人员

人物传记

杨春培（1918—1992），男，汉族，高小文化，贵阳市花溪区小碧乡二堡村人。

1956年，杨春培加入中国共产党。1957年，任二堡高级农业生产合作社副主任。1958年，任小碧公社民兵连长。1962年，任小碧信用社主任。杨春培工作积极，有责任心，在任职期间能带领职工完成上级安排的工作任务。

在1966年“四清”运动中，他被认定为漏划的富农分子，被开除党籍，开除工作籍，清理回家务农。1973年4月，组织给予平反，并恢复党籍和小碧信用社主任职务。他不爱说话，喜欢喝酒。恢复工作后，由于年龄大，下村很少，除外出开会，多数时间在单位，同职工关系融洽。1978年退休。

吴定西（1921.11—2011.6），男，汉族，贵阳市花溪区石板镇芦荻村人。

吴定西读过几年私塾，字写得好，经常帮人家写对联。他为人正直，处事公正，不怕得罪人，从不欺弱怕强，看到有人欺负穷人，也要上前帮助别人讨公道，在群众中威信很高。1950年，吴定西担任芦荻行政村村长。1954年下半年，农村发展建立三大合作社（农业生产合作社、供销合作社、信用合作社），他配合工作组，宣传成立农村信用合作社给农民带来好处，带头发动群众入股入社。他不分昼夜到各家各户动员，一人办理入股的农户占全乡农户总数的30%以上。

1955年上半年，芦荻信用社成立，吴定西兼任主任，他工作积极，办事细心认真，亲自上门办理贷款，经手的每笔业务都很清楚，没有出过差错。1958年9月，石板、合朋、隆昌、芦荻四个乡合并成立人民公社，四个乡信用社合并为石板信用社。由于他有文化，业务熟悉，领导能力强，公社党委决定他任石板信用社主任，直至1979年退休。

他退休后正值天河潭景区开发，每天都去帮助指点、管理事务。他不仅没有领到任何补贴，有时还招待指挥部人员到家吃饭。群众说石板信用社犯错误的有几个，只有老主任吴定西，干几十年没有错误，一生口碑都很好。

陈运玺（1928—2012），男，布依族，高小文化，贵阳市花溪区黔陶乡马场村人。

1951年5月，陈运玺参加中国人民志愿军，在0069部队担任步枪手、炮手、副班长。1955年下半年，退伍回原籍。回乡后，陈运玺参加建立赵司乡农村信用社工作（1954年赵司、骑龙、马场、半坡为一个乡），信用社成立后任会计。陈运玺读过私塾，字写得好，性格仁厚，为人谨慎和气，从不对别人发脾气，算盘打得好，账目也记得清晰。他工作积极热情，在建社之初，不分昼夜，常常走村串寨宣传动员农民入社、入股，组织存款、发放贷款，利用空余时间记账算账。1958年9月，黔陶、赵司两个乡合并成立黔陶人民公社，两个乡信用社合并，陈运玺代表赵司信用社，到黔陶信用社任会计。

20世纪60年代，黔陶信用社租用民房办公，没有保险柜，职工每天办理存款、贷款业务，余下的现金均由个人保管，定期结账。陈运玺在结账中坚持财经制度，有一次出纳员赵国志结账长款380多元，他帮助分析长款原因，要赵国志回顾哪些单位或个人来存款最多，初步判定是黔陶粮管所后，陈运玺主动上门与之核对，粮管所出纳员却说没错，但第二天黔陶粮管所出纳员发现头天存款有误，跑了十几里路到关口村子鸭寨，找到赵国志和陈运玺，将错款纠正。陈运玺工作认真，经济上公私分明，1965年“四清”运动“清经济”中，他除在困难时期因家庭生活困难借用300多元未归还外，没有其他经济问题，而当时的信用社主任罗某某被查出贪污挪用5000多元。陈运玺在工作中经常帮助后来参加工作、不熟悉业务的同志，耐心教他们打算盘、算账、填写票据等。

陈运玺于1985年6月退休。在从事农村金融工作30年中，他热爱本职工作，廉洁奉公，兢兢业业为人民服务，没有犯过经济错误，多次受到花溪区人民银行、花溪区农业银行的表彰。

钱永隆（1928.2—2013.3），男，汉族，高小文化，贵阳市花溪区孟关乡沙坡村人。

1956年，钱永隆在孟关信用社参加工作。1960年，被精简下放回家生产。1961年，转入信用社工作。1966年6月，在四清运动中，被工作队划为地主分子，停止在信用社工作，送生产队监督劳动。1979年9月，中共花溪区委组织部下文平反，钱永隆重回孟关信用社工作，和过去一样分管沙坡、付官、红星、板桥四个大队信贷工作（四清运动中9个大队合并为四个大队）。由于1963年国家豁免不少农户贷款，因此，有些农户借贷款不想还，幻想国家减免，收回贷款较难。但钱永隆每天下村，耐心说服教育，有的贷款户劝说多次才将贷款还清。由于他的不懈努力，年年超额完成贷款清收任务。

钱永隆性格耿直，做事非常认真，吃苦耐劳，责任心强。他所分管的沙坡、上板、下板、红星、付官等9个大队，离孟关信用社3至4公里，他每天走路到村寨，一家一户地上门发放贷款、吸收存款、清收贷款。由于农村容易找到人的三个时间点是清早、中午和下午六七点钟以后，其他时间均不易找到，他长期工作早出晚归。每逢生产队开会结算分配，他都会背上现金准时参加，收回到期贷款，动员进钱户存款，及时给补钱户发放贷款，常常12点左右才回家。尽管他分管的村寨多，面积广，人口多，业务量大，但每年年终考评，他收回的贷款和存款在全社都是最多的。他办的业务每笔都很清楚，没有出过差错。

1985年，组织明确钱永隆代理副主任。1986年4月，孟关信用社按章程选举新班子，由于他年纪大，未能参选，但他没有怨言。1991年12月，组织上劝其退休，虽然他当时已63岁，但他认为自己身体较好，还要求多干几年。

王忠福（1930.6—2006.3），男，布依族，初小文化，贵阳市花溪区花溪乡大寨村人。

1951年5月，王忠福参加中国志愿军赴朝鲜参战，在沈阳军区0974部队一支队卫生连任司务长。同年7月加入中国共产主义青年团。1953年4月，在64军192师574大车连任班长。1954年5月，加入中国共产党，同年立三等功一次。1958年4月转业，在花溪石头寨机械厂任木工车间主任。1961年11月，调花溪区手工业联社供销经理部任副经理。1963年12月，响应党的号召，回乡任花溪乡大寨村贫协主席、党支部书记。1965年12月，调花溪农村信用社任主任至1991年4月退休。

王忠福和前妻有三个女儿，在小女儿7个月时前妻病逝，他把三个女儿委托给大嫂照管，一心扑在工作上。虽然文化低，办不了业务，但他对农村情况熟悉，常常带领业务人员下到各村寨，完成工作后晚上十点左右才回到家，这时孩子都已熟睡，只有星期天休息才能回家帮助做家务、干农活。

王忠福工作扎实，平易近人，不摆架子，原则性强，关心职工生活。每逢年终结算，业务人员加班，他就负责做菜做饭，搞好后勤保障。有时职工生病或有事，请他顶班，他也乐意。大家都尊重他，他安排的工作都能尽职尽责完成。在他任职期间，花溪信用社是全区各项任务完成和经济效益最好的信用社。

张玉仲（1932.12—2007.11），男，汉族，初小文化，贵阳市花溪区湖潮乡湖潮村人。

1953 年 1 月至 1955 年 1 月，张玉仲在花溪农村会计培训班学习。1955 年 1 月，到湖潮乡信用社任会计兼农金员。当时湖潮地区分为广兴、汪官、湖潮三个乡，各乡都成立信用社（广兴乡信用社有刘庭珍、莫国兴，汪官乡信用社有杨树全、班华伦，湖潮乡信用社有张玉仲和李福明）。1958 年 9 月，三个乡合并成立人民公社，三个乡信用社也合并为湖潮信用社，张玉仲任主任。同年加入中国共产党。1988 年，被评为经济员。直到 1993 年 1 月退休，一直担任湖潮信用社主任。

张玉仲个性刚强，做事认真，对工作负责。建社之初到 20 世纪 70 年代末，湖潮信用社在湖潮寨子两间木料结构石板房里办公，没有保险柜，每天办完农户的存款、取款、贷款、结账剩下的钱背回家保管，第二天如数送回。有时候下村寨收贷款，要等农户收工回家，办完事走十几里山路到家时已经深夜。70 年代，信用社购一辆自行车，他经常骑自行车下村寨，车胎漏气自己补，坏了自己修，从不花钱报销。他对社内公物非常爱护，有损坏的能自己修理，就自己修理继续使用。

农户借贷款只要符合条件的他都支持，有的农户到家找他，他还招呼吃饭喝酒。土地承包到户后的一年春天，车田村一位农民在湖潮市场上买牛，看上了却没钱，去信用社找他，他马上同去市场确认牛后，当即贷款 400 元。张玉仲认真执行国家信贷政策，对不符合条件贷款的农户，坚决不贷。

在几十年的工作中，张玉仲公私分明，没有贪污、挪用公款，自觉遵守财经纪律。在任湖潮信用社主任期间，单位职工没有人出现经济问题。在退休后舍不得信用社，他仍每天坚持到信用社看看。张玉仲是一位爱岗敬业、忠于职守的好干部。

吴培玉（1933.1—1999.5），男，汉族，初小文化，贵阳市花溪区久安乡吴山村坪上人。

1951 年 6 月，吴培玉参加中国人民志愿军 8504 部队。1952 年 6 月至 1957 年，在中国人民志愿军 4 师 10 团 1 营 1 连任中士班长。1953 年 9 月，立三等功。1955 年，加入中国共产党，获志愿军立功纪念证。1957 年 10 月，退伍回乡。1958 年至 1964 年 6 月，吴培玉任坪上生产队吴山大队会计。1964 年 6 月，到久安信用社任农金员。1966 年“四清”运动后期，被错误处理回家务农。1978 年，回久安信用社从事信贷工作。1982 年 8 月，任久安信用社副主任至 1993 年 8 月退休。

吴培玉生活俭朴，忠诚老实，原则性强，公私分明，作风正派，平时很少讲话，不以权谋私，不乱花单位一分钱。年终结算加班，他挑水做饭，保障生活，是一个干实事的领导。发现年轻人有做不对的地方，他严肃批评。久安是山区，下村爬山涉水一家一户上门做工作，在他身上真正体现了信合的挎包精神。据花溪农商行保存《1988 年花溪区信用社清收信贷资产总结汇报》记载：“1987 年前久安信用社贷款余额 61.3 万元，其中逾期贷款 19.8 万元，呆滞贷款 18.5 万元，呆账贷款 23 万元。1988 年 10 月至 12 月清理收回 4.86 万元，吴培玉一人负责五个村（全乡七个村），他艰苦跋涉跑了425户，收回逾期呆滞贷款2.37万元，占全社收回的50%，落实限期归还逾期呆滞贷款10.84万元，为久安信用社的清资工作做了很大贡献”。1991年，吴培玉被评为久安乡优秀党员。1993年，被评为经济员。吴培玉是一位脚踏实地，勤奋实干的信合干部。

王心和（1933.10—2005.4），男，布依族，高小文化，贵阳市花溪区麦坪镇康寨村人。

1950年，王心和同本村罗玉成、王绍明在长鲊乡公所从事社会工作（当时康寨、长鲊、拐耳、戈寨为一个小乡）。1954年，长鲊乡建立农村信用社，王心和任会计；他经常走村串寨，发动农民入股加入信用社，发放贷款，帮助农民解决生活和购买生产农具问题。王心和字写得端正，记账认真仔细，差错率极低。

王心和任信用社主任兼会计，那时信用社工作人员工资低，每月津贴几元至十几元，有不少人不干了，王心和仍坚持下来。在1959年至1961年的三年经济困难时期，王心和下村寨工作，常常在路上采集野菜充饥。

王心和任主任期间，认真执行国家方针政策，上班从不缺旷，工作事事带头。20世纪60至70年代，麦坪不通公路，王心和与同事杨锡惠，每次清早从麦坪信用社出发，翻越浪风关，走十几公里山间小道，到石板营业所（人民银行）存取款，他们一人负责挑钱，一人背上79式步枪负责护送，那时人民币都是10元以下的票面，一担钱最多两三万元。中午又原路回到康寨，在家吃饭后才去信用社。

同社退休职工李显朝说：“王心和这个人工作一贯认真负责，算账、记账没有出现过差错，对群众服务态度也好，几十年中没有同群众发生过一次矛盾。1980年土地承包到户，有不少生产队欠信用社贷款，要把债务分摊落实到户，王心和带领职工一一到生产队召开群众大会落实，受到区表扬；工作结束，还带人到花溪等信用社帮助工作。”

1987年，王心和调花溪联社工作。1988年，被评为助理经济师。他经常到基层信用社，耐心指导帮助，检查账务，许多年轻财会人员都很佩服他。

王心和一生工作勤勤恳恳，艰苦奋斗，不计个人得失，廉洁奉公，没有犯过经济错误。

陈继宗（1935.4.8—1996.12.28），男，汉族，高小文化，贵阳市花溪区马铃乡革约村人。

1957年7月至1961年3月，陈继宗在马铃供销社任营业员。1961年3月，调马铃信用社任农金员。1962年4月至1988年，任马铃信用社主任。该同志性格耿直，生活俭朴，工作踏实，责任心强。他工作几十年，不搞歪门邪道，从不请假旷工，认真执行国家政策，公私分明，原则性强，对客户态度很好，对村寨农户情况很熟悉，同乡、村干部关系好，熟悉各村经济发展情况。他的工作笔记中有1982年西瓜种植238户，面积726亩，贷款51000元，产量234万斤；1983年种植西瓜325户，面积820亩，贷款58000元，产量210万斤。农贷15万元，其中：2000元以上5户，3000元以上3户，4000元以上2户（何明珍、何应昌）。在他担任主任期间，经常教育年轻职工，对工作要有责任心，不要贪玩，耽误工作；他关心职工生活，经常动手做好饭菜叫大家吃。

他的出色工作，为马铃信用社的发展做出较大贡献。在他的带领下，马铃信用社由一个经济比较落后的山区农村信用社，至1981年扭亏为盈，被中国农业银行贵州省分行评为全省金融先进单位。1982年初，陈继宗代表马铃信用社出席贵州省先进金融单位表彰大会领奖。同年加入中国共产党。

1988年4月至1991年2月，陈继宗任马铃信用社出纳员。1991年3月，任马铃信用社主任。同年10月，获中国农业银行颁发的“农村金融工作30年，为繁荣社会主义经济事业做贡献”证书。1992年，被评为马铃乡优秀共产党员。1993年，被评为助理经济师。

杨光初（1935.12—2013.1），男，汉族，高小文化，贵阳市花溪区青岩镇达夯村人。

1954年12月，杨光初参加中国人民解放军，在沈阳军区0138部队2支队1营炮兵连，先后担任炮车长、副班长、班长。1956年12月，杨光初被评为82迫击炮兵器、武器保养、射击操作、实弹射击一级技术能手。同年加入中国共产党，1957年12月，被评为“二级技术能手”。1958年2月退伍。1959年3月，杨光初在花溪区农林水利局任气象站站长。1962年，响应党的号召，回乡参加农业生产。1963年2月至1964年7月，任青岩副食品厂副厂长。1964年7月至1995年1月，任青岩信用社主任。1993年5月，被评为经济师。1995年1月退休。

杨光初担任青岩信用社主任30余年，长期以社为家，吃住在单位，始终把工作放在第一位，从不因家事影响工作。20世纪60年代后期，为改善办公用房，青岩信用社申请新建房子，但主管银行不同意。当时信用社自有资金少，为了节约资金，他找生产队砖瓦厂，低价订购砖瓦，房子建成后上级给予批评，他主动写检查。公社领导找他抽人参加中心工作，他说，信用社是自己找饭吃，人手少不能停下业务，以致公社有的领导不愉快。他党性、原则性强，从不乱来，认真执行国家金融政策，在任职期间，青岩信用社没有违规、违反国家金融政策的现象。他不以领导自居，主动承担北街、南街、大坝、龙井四个大队（村）及青岩镇几千居民的信贷业务，常常走村串寨，深入群众，宣传金融政策及法律法规，边吸收存款，边发放贷款，清收旧贷。他事事以身作则，同其他同志一样安排轮流值班，有时职工生病或事假，他常常顶班。

他性格刚强，保持军人作风，做事雷厉风行，单位总结、报告等文书材料自己写，从不找人代写。他不骄傲自大，平易近人，经常了解分析员工思想动态，发现不好苗头，及时找其谈心。批评人说话诚恳，以理服人，不喜欢背后说人，有话当面讲，从不想害人，为人正派，光明磊落。

80年代中期，他女儿想参加信用社工作，没有考上。上级已给他做好安排，但他说，照顾了我家的，别人家的子女考不上得不到照顾怎么办，坚持不要女儿去上班。花溪联社成立后要调他到联社工作，他说青岩社是大社，长期盈利，垮下来怎么办，联社找不到合适人选接替他，就尊重他舍不得离开的意见。

据资料记载，青岩信用社1980年末各项存款余额41.78万元，至1994年末各项存款余额488.1万元，增长10.68倍；1980年末各项贷款余额42.94万元，至1994年末各项贷款余额254万元，增长4.92倍，自1980年起，年年盈利。杨光初将靠银行借入款供给的青岩信用社，逐步经营发展成为全区最好的信用社之一。他曾先后五次受到区、乡政府表彰。两次受到中国农业银行贵阳中心支行的表彰奖励，青岩信用社也多次被评为先进单位。1990年和1992年，杨光初被评为青岩镇“优秀共产党员”。

班建益（1940.12—2013.12），男，布依族，初中文化，贵阳市花溪区花溪乡吉林村碧云窝人。

1960年2月，班建益在花溪信用社任信贷员，长期负责花溪乡最边远的天鹅、马洞、石板井、半边山、界牌、尖山的业务。他为人和气，从不请假，工作踏实，把资金信息送到每个村寨农户、田间地头，群众对他评价普遍很好。

1981年6月，班建益加入中国共产党。1983年7月，班建益任花溪信用社副主任，工作负责。1986年1月至1995年7月，组织上明确他主持全社工作。在此期间，花溪信用社的工作取得较好成绩。1983年末，花溪信用社各项存款余额

140.24 万元，1995 年末 1381.06 万元，增长 9.85 倍，贷款余额从 83 年的 44.78 万元增加到 95 年的 928.10 万元，增长 20.73 倍。1990 年，班建益被花溪乡选为乡党代表，12 月出席中共花溪乡第六次党员代表大会。

1995 年 7 月，班建益调花溪联社任计划信贷科副科长，是联社贷款审批小组成员。1996 年 1 月，任信贷科科长至 1997 年 11 月退休。

班建益在任信贷科副科长、科长期间，工作认真，对每笔贷款的审批都非常慎重，贷前认真审查借款户的相关资料，审批会议上，同大家一起认真分析贷款对象的情况、风险、利、弊。贷后要求客户经理做好检查，按时收回贷款本息。在任职期间，全区信用社贷款投放、不良贷款增长，均控制在上级行下达的指标以内。

班建益从事农村金融工作 37 年，工作勤勤恳恳，公私分明，能认真执行国家金融政策和银行财经制度，没有犯过经济错误，为农村经济发展和信用社发展壮大做出一定贡献。

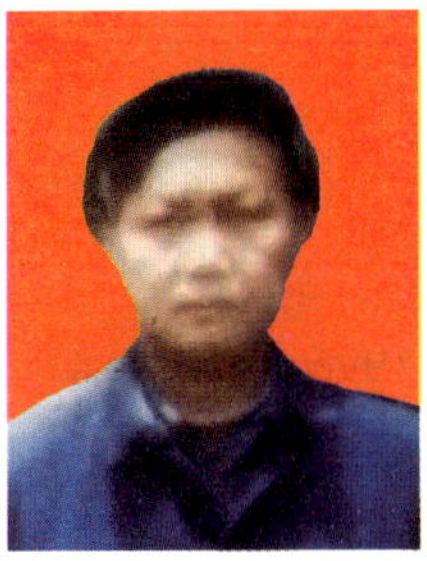

杨锡惠（1941.5—1994.2），男，苗族，初小文化，贵阳市花溪区麦坪乡戈寨村人。

1961 年 6 月，杨锡惠参加工作，任麦坪信用社会计，至 1986 年。1986 年至 1993 年 10 月，任出纳员、农金员。1988 年，被评为会计员。1994 年 2 月，因身体不好病故。杨锡惠忠厚本份，不善言辞，参加工作后任信用社会计 25 年，工作兢兢业业，细心认真，账目清楚。

20 世纪 60 至 70 年代，麦坪乡没有公路，他每周 3 次同他人步行十几公里山路到石板镇人行营业所存取款。那时都是十元以下票面，一般每次取款 3 至 5 万元，还要背着钱原路回麦坪乡。信用社没有办公房，没有保险柜，每天办理存款、取款、发放贷款，当日下午轧账剩的余款，各自保管，第二天带回继续工作，定期结账。家在农村，六个小孩，爱人务农，生活相当困难。1965 年“四清”运动中“清经济”，他除了因家庭生活困难挪用 200 多元外，没有其他经济问题（当时全社从主任到职工，有的三四百元，有的五六百元，人人都有挪用公款问题，运动后期明确逐月扣工资归还）。他长期搞内勤，为群众办理存款、取款业务，对人和气，服务热情，几十年来没有同群众发生过矛盾。全乡群众普遍反映说杨会计办事认真，服务周到。

他一生工作任劳任怨，领导安排的事，会想方设法做好，同社内职工关系和谐，大家都尊重他。

王朝学（1941.6—2015.12），男，苗族，初中文化，贵阳市南明区小碧乡黄泥哨村人。

1960 年至 1962 年 8 月，王朝学在小碧粮管所工作。1962 年 8 月至 1963 年 6 月，在家务农。1963 年 6 月至 1993 年 5 月，在小碧信用社工作，先后任农金员、出纳员、记账员等职。1973 年，加入中国共产党。1993 年，被评为助理会计师。1993 年 5 月，担任小碧信用社环城公路储蓄所负责人。1998 年 11 月退休。

王朝学为人忠厚老实，和谐可亲，工作中吃苦耐劳，任劳任怨。20 世纪 60 至 70 年代，信用社没有机动车，王朝学经常靠步行或骑自行车送报表到花溪，到贵阳中曹银行存取款。他遵守纪律，准时上班，任农金员期间到单位签到后，背上挎包就下村收放贷款。20 世纪 80 年代，小碧乡发展万亩西瓜、冬瓜种植，只要农户有资金需求，他马上下到村寨，深入农户及田间地头，核实实际种植面积，确定贷款金额，及时给予支持。以王朝学后代保存其用过的日记簿中记载：1985 年 1 月，发放贷款种植西瓜的农户有陈福光、马书林、杨明成等 63 户，杨德铬贷款 2000 元、杨国富贷 4876 元，各买拖拉机 1 台，马书玉贷款买打谷机，严光华贷款买打米机，刘有明贷款买打砂机，以及贷款买牛、买马、养鸡、养猪等数 10 户。同时还记载当年 7 月份农户的还贷记录。1986 年至

1987年的记录也如此。

黄泥哨、二堡等村农户在信用社的扶持下种植西瓜、冬瓜，取得较好的经济效益，很快脱贫致富。至今这些村农户见到王朝学的儿子，都要叫他进屋坐坐，经常提起王朝学做过的好事。王朝学平易近人，为人正直，同青年人和睦相处，大公无私，敢讲敢管。他工作能力强，公私分明，业务熟悉，账务清楚，还经常帮助其他同志完成工作任务。20世纪60至70年代，信用社人少，每人每月要值班半个月以上，每逢过年过节他都不回家，始终把工作放在第一位，不计较个人得失。

王朝学从事金融工作35年，廉洁奉公，没有犯过经济错误。在担任环城路储蓄所负责人期间，他团结全体职工，努力工作，业务发展增长迅猛，为小碧信用社的发展做出重大贡献，是一位忠于职守的好信合员工。

朱明江（1942.2—2006.9），男，苗族，初小文化，贵阳市花溪区石板镇一村人。

1964年9月，朱明江参加工作，在石板信用社任农金员。1976年4月至1982年6月，任石板信用社出纳员。1982年6月至1988年3月，任石板信用社会计。1988年4月至2000年4月，任石板信用社信贷员。2000年4月至2001年1月，任石板信用社出纳员。1995年5月，被评为助理经济师。2001年2月退休。

他为人本份，忠诚老实，工作服从安排，勤勤恳恳，认真细致，从事金融工作36年，没有大的错误，虽然在任会计、出纳工作期间，有些小差错，但都能及时纠正。他个性随和，对人诚恳，说话和气，同大家关系很好。同事在工作中碰到困难，也会帮忙。每次下村调查贷款，均认真收集客户的各种信息，没有吃、拿、卡、要行为。群众普遍反映他服务态度好，是一名称职的农村信合工作者。

李发武（1942.6—2007.9），男，汉族，初师文化，贵阳市花溪区党武乡当阳村人。

1958年6月至1963年1月，李发武在党武小学任教。1963年3月至8月，在花溪手工业管理局工作。1963年9月至1985年12月，在党武木器社、石板铁木社任会计。1978年7月，加入中国共产党。

1986年1月，李发武调燕楼信用社主持工作。1990年末，燕楼信用社存款余额42.44万元，比1985年的17.97万元增长1.36倍；各项贷款余额63.3万元，比1985年的48.5万元，增长30.5%。1990年8月，李发武调党武信用社主持工作。虽没有下文明确职务，但他在党武主持工作期间，认真工作，年年超额完成存款任务。存款余额由1990年的48.9万元，稳步上升到2001年237万元，增长3.85倍；贷款余额从1990年的55.4万元上升到2001年的761万元，增长12.74倍。特别是1994年他收回不良贷款4万元，盘活长期沉淀资金，使党武信用社开始扭亏为盈。1993年5月，李发武被评为助理经济师。在安排好全社工作的同时，他主动承担茅草等4个村的信贷工作，经常早出晚归，走村串寨，到田间地头找农户组织存款、发放贷款、清收旧贷。1996年，花溪联社下文明确李发武任党武信用社主任，至2001年退休。

据后来任高坡支行副行长的唐永文说："我1994年到党武信用社当出纳，李发武主任工作任劳任怨，每天第一个到社开门上班，星期天别人休息，他到单位整理资料。平时对职工关心爱护，工作严肃认真。记得我任出纳期间有一次挪用公款50元，他严肃批评我违反财经纪律，这次50元，今后可能挪用500元，甚至5000元，报联社是要开除的，必须严肃处理，处罚我100元，当时每月工资才100多元，自己还想不通，后来想一想，如果不是他严厉批评和处理，也许后来本人会走上犯罪道路，就不会有今天的我。对一般小问题，他是用夸奖的方式帮助你，让你感觉到事情没有做好，以后注意。同时他在工作中很廉洁，从没有利用工作之便，收过别人东西。有一年春节，我提两瓶酒送他，他说你必须拿走，否则我就上交给单位，到我家坐坐、喝茶、吃饭都可以，不许带东西。我所认识的老同志，都佩服他最廉洁”。

陈灿富（1942.11—2012.12），男，汉族，初中文化，贵阳市花溪区金竹镇人。

1958 年 8 月至 1962 年 3 月，陈灿富在贵阳矿山机械厂工作。1962 年 3 月至 1965 年 1 月，在花溪区中曹信用社烂泥分社任会计。1965 年 1 月至 1968 年 7 月，在中曹信用社任信贷员。1968 年 8 月至 1980 年 5 月，任中曹信用社烂泥分社负责人兼会计。1980 年 5 月至 1988 年 2 月，任中曹信用社主任。1988 年 3 月至 1995 年 6 月，任金竹信用社主任。陈灿富工作能力强，对农村工作熟悉，群众基础较好。1988 年 10 月，在清理信贷资产工作中，他耐心动员烂泥村村长陈学开，为其父归还贷款 1000 元及利息 477 元。在陈灿富任金竹信用社主任期间，该社各项业务一跃为全区第一，连续五年被农行花溪支行评为先进集体。

1995 年，陈灿富调花溪联社工作，任贷款审批小组组长、副主任。10 月，陈灿富任花溪联社常务副主任。1998 年 12 月，任花溪联社理事长、主任。陈灿富思路清晰，在人事方面，他按照中央精神，改革信用社人事制度，培养提拔了一批作风正派、有工作能力的年轻骨干，并按照国家政策改革信用社职工工资制度；在业务方面，他要求信用社存、贷款按国家金融政策利率实行浮动，信贷实施担保抵押，严格控制风险，并通过各种培训，提高员工的综合素质。在他任职期间，全区农村信用社各项业务大幅度上升，为花溪区农村信用社的发展做出很大贡献。但他不重视政治学习，工作中存在主观武断、听不进不同意见，如：在工作中违规批准发放大额贷款，违反财务、现金及利率管理规定，并违纪先后两次组织公费出国旅游，受到查处。2000 年 8 月，中国人民银行贵阳中心支行下文取消陈灿富花溪联社主要负责人资格，撤销其花溪联社理事长、主任职务，并于 9 月 11 日下文通报全省。2001 年 1 月，陈灿富退休。

刘万民（1946.4—2014.2），男，汉族，初中文化，贵阳市花溪区麦坪乡刘庄村人。

1966 年 7 月，刘万民参加工作，任麦坪信用社农金员。1979 年 4 月，因曾贪污 590 元和受贿 500 元，被人行花溪办事处给予“追回全部贪污受贿赃款，批评教育免予处分”。1984 年至 1987 年 12 月，刘万民任麦坪信用社副主任；1988 年 1 月至 1998 年 9 月，任麦坪信用社主任。1990 年 2 月，加入中国共产党。1983 年，被农行花溪支行评为花溪区金融红旗手。

刘万民自 1988 年主持麦坪信用社工作后，狠抓政治学习，树立廉洁奉公的思想品德，落实廉洁措施，公开办事制度，对贷款对象，用途、利率、金额、担保人、管片信贷员均挂牌公布，设立举报箱，请社外群众监督；实行审贷分离，严格按照贷款“三查”和审批程序办理，同时制定主任、会计、出纳、信贷岗位责任制，发给职工、政府部门和上级管理机构，请相关部门监督执行。刘万民多次拒绝请吃、受贿。一次，有位煤厂负责人张某某为取款方便带两瓶高档酒和一条遵义牌香烟送到信用社，他当即拒收，说服其带回礼品。又如新庄村杨某某需贷款 1 万元作煤厂开支，带三瓶高档酒找他商量借贷款，刘万民因对方煤场管理不善，拒收礼物并拒绝贷款。

在他和全体职工的努力下，1990 年末，存款余额 233 万元，比上年增加 40 万元；收回各种贷款 56 万元，发放农贷 700 多户，帮助农户购买化肥 520 吨、耕牛 158 头、耕地机 5 台、养猪 1220 头、购买加工机械 5 台、建设人畜饮水 1 处，解决了 321 人吃水难的问题。1991 年 6 月，花溪联社以《麦坪信用社抓廉政促业务发展概况》上报。1991年，麦坪信用社被评为贵阳市金融系统廉政建设先进单位。1991年6月，刘万民被评为贵州省金融系统廉洁奉公先进个人。1991年7月，麦坪乡遭受洪涝灾害严重，联社决定增加100万元贷款指标，解决救灾资金，刘万民同信贷员深入受灾村寨，边了解灾情，边发放贷款26270元，支持两个小煤厂恢复生产，支持35户农民购买化肥4500公斤，追施水稻420亩、包谷及其他经济作物350亩，受到区通报表扬。

刘万民工作能力强，业务熟悉，工作负责。在主持麦坪信用社工作期间，各项业务都有较大发展。1998年末各项存款余额742.17万元，比1984年的26.19万元增长27.37倍；各项贷款余额366.76万元，比1984年的20.42万元增长16.96倍。但刘万民在工作中也存在一定问题：1995年12月，刘万民违规贷款给四川人周世春5万元，该贷款于1996年12月到期，而周世春于1996年10月外逃下落不明，造成信用社损失44901.51元；1996年2月，刘万民违规发放担保抵押不实贷款12万元，违规向关系人发放冒名贷款4.8万元；1997年12月，违规向其胞弟刘万玖发放担保抵押不实贷款10万元；1998年3月，施庄村杨恩义申请贷款7万元，刘万民叫杨恩义多借7万元为自己使用；违反金融系统职工不得参与经商办企业的规定，自己经办煤厂。2000年6月，花溪联社理事扩大会议研究决定对刘万民给予开除工作籍的行政处分，并报司法机关追究法律责任。

人物简介

高级管理人员

吴勇 男，汉族，出生于1965年10月，籍贯贵州贵阳。1983年2月参加工作，1988年6月加入中国共产党。毕业于中央党校政法专业和武汉大学软件工程专业，工程硕士。1983年2月任花溪联社青岩信用社信贷员（其间：1986年9月至1988年7月在花溪区委党校经济管理专业中专班学习）。

1992年9月任花溪联社计划信贷股信贷员。1996年1月任花溪联社青岩信用社副主任（主持工作）。1997年3月任花溪联社青岩信用社主任兼任燕楼、马铃信用社主任（其间：1995年9月至1997年7月，在贵州民族学院财会电算化专业专科班学习）。1998年12月任花溪联社副主任（其间：1998年8月至2000年12月在中央党校政治法律专业函授本科班学习）。

2000年4月任花溪联社副理事长（主持工作）、副主任。2000年7月任花溪联社副理事长（主持工作）、副主任、党总支书记。2001年3月任花溪联社副理事长（主持工作）、主任、党总支书记。2002年3月任花溪联社理事长、主任、党总支书记。2004年5月任花溪合行行长、党总支书记（其间：2005年9月至2007年6月在武汉大学软件工程专业学习，获工程硕士学位）。

2007年11月任花溪合行董事长、党总支书记。2009年5月任花溪合行党委书记、董事长。2013年7月任贵州省农村信用社联合社副调研员，花溪合行党委书记、董事长。2013年12月任贵州省农村信用社联合社副调研员，花溪农商行董事长。2014年2月任贵州省农村信用社联合社副调研员，花溪农商行党委书记、董事长。2015年8月至2016年12月，任贵州省农村信用社联合社副调研员，花溪农商行党委书记、董事长，贵安新区发展村镇银行股份有限公司董事长。

周乐佳 男，侗族，出生于1970年9月，籍贯贵州剑河，1994年7月参加工作，1992年3月加入中国共产党。毕业于电子科技大学软件工程领域工程专业，工程硕士。1990年9月在贵州农学院农学系土化专业学习。1994年7月任花溪联社办公室职员。1995年8月任花溪联社办公室副主任。1997年3月任花溪联社办公室主任。

1999年4月任花溪联社小碧信用社主任（其间：1996年9月至1999年7月在贵州省委党校经济管理专业函授本科班学习）。2000年3月在花溪联社石板信用社工作（其间：2001年5月获中级经济师专业技术职务)。2003年2月在花溪联社人事科工作。2003年4月任花溪联社办公室副经理(主持工作)。

2004年6月任花溪合行办公室副主任(主持工作)。2005年11月任花溪合行副行长。2009年5月任花溪合行党委委员、副行长(其间:2008年9月至2011年6月在电子科技大学软件工程领域工程专业在职研究生学习)。2011年11月任花溪合行党委委员、副行长兼任花溪合行小微企业金融服务中心主任。2012年2月任花溪合行党委委员、副行长。2013年7月任长顺县农村信用合作联社党委委员、党委书记。2013年8月任长顺县农村信用合作联社党委委员、党委书记、理事长。2016年4月任花溪农商行党委委员。2016年6月至12月,任花溪农商行党委委员、行长。

杨照刚 男,汉族,出生于1965年12月,籍贯贵州大方。1983年10月参加工作,1986年12月加入中国共产党。毕业于贵州大学会计专业,大学学历。1983年10月任中国人民解放军步兵第九十三团通讯连战士、班长。1988年1月至1990年4月,任贵阳市白云区艳山红乡信用合作联社信贷员。1990年6月任贵阳市白云区信用合作联社监察、保卫负责人。

1991年11月任白云区信用合作联社监察、保卫负责人、艳山红信用社主任。1992年5月任白云区信用合作联社综合办公室主任。1996年1月至1998年6月,任白云区信用合作联社艳山红信用社主任。1998年任白云区信用合作联社信贷科科长,1999年任白云区信用合作联社资金组织科科长。1999年8月任白云区信用合作联社都拉信用社信贷员(其间:1998年3月至2000年7月在贵州大学行政管理专业自考大专学习)。2001年3月任白云区信用合作联社营业部主任。2003年6月任白云区信用合作联社副主任。

2005年8月任平坝县农村信用合作联社筹建领导小组组长。2005年12月任平坝县农村信用合作联社理事长。2006年11月任平坝县农村信用合作联社党委书记、理事长(其间:2005年3月至2008年1月在贵州大学会计专业函授本科班学习)。2012年2月任关岭县农村信用合作联社党委书记。2012年3月任关岭县农村信用合作联社党委书记、理事长。2013年11月任修文县农村信用合作联社党委书记、理事长。2015年12月任花溪农商行党委委员、纪委书记。2016年3月至12月,任花溪农商行党委委员、纪委书记、监事长。

王刚 男,汉族,出生于1974年10月,籍贯贵州贵阳,1996年12月参加工作,1998年7月加入中国共产党。毕业于华中师范大学农业推广专业,硕士。1994年9月华东冶金学院大专班财务会计专业学生。1996年6月至12月待业。1996年12月在云南昆明35301部队炮49团服役。1999年12月至2000年12月待业。2000年12月任青岩农村信用合作社柜员、信贷员。2004年3月任花溪联社营业部信贷员。

2004年6月任花溪联社业务发展部工作人员(其间:2002年3月至2004年11月在中央广播电视大学本科班法学专业学习)。2006年8月任花溪合行党武分理处副主任(主持工作)。2007年3月任花溪合行办公室副主任(主持工作)。2008年4月任花溪合行办公室主任、人力资源部经理。

2009年4月任花溪合行董事会办公室主任、人力资源部经理。2009年10月任花溪合行董事会办公室主任、党委办公室主任。2011年8月任花溪合行董事会办公室主任。2012年2月任花溪合行董事会办公室主任、合规管理部经理。2014年1月任花溪农商行副行长。2014年2月任花溪农商行党委委员、副行长(其间:2011年12月至2014年6月在华中师范大学农业推广专业学习,获农业推广硕士学位)。2014年6月任花溪农商行党委委员、副行长,兼任小河支行行长。2015年12月至2016年12月,任花溪农商行党委委员、副行长。

黎希霆 男，汉族，出生于1971年4月，籍贯四川泸州。1992年7月参加工作，2013年6月加入中国共产党。毕业于贵州财经学院经济学专业，大学学历。1990年9月南昌航空工业学院化学工程系大专班工业分析专业学生。1992年7月在贵州省农机总公司工作。2000年5月在家待业复习考研（其间：1998年10月至2001年12月在贵州财经学院经济学专业自考本科学习）。2003年9月在贵州大学硕士研究生班工商管理专业学习（2006年1月获工商管理硕士学位）。

2005年10月任花溪合行青岩支行柜员。2005年12月任花溪合行行长助理。2006年3月任花溪合行行长助理兼办公室主任。2007年3月任花溪合行行长助理兼风险管理部经理。2010年7月任花溪合行行长助理。2014年1月任花溪农商行副行长。2015年6月至2016年12月，任花溪农商行党委委员、副行长。

余冰 女，汉族，出生于1980年5月，毕业于长沙电力学院会计学专业，管理学学士。1998年9月在长沙电力学院会计学专业学习。2002年6至9月待业。2002年9月任珠海中拓正泰会计师事务所评估部助理。2004年2月任珠海立信会计师事务所审计部经理。2015年12月加入中国共产党。

2006年12月任修文县农村信用合作联社业务发展部员工。2010年2月任修文县农村信用合作联社业务发展部经理。2012年8月任修文县农村信用合作联社合规管理部经理。2013年3月任修文县农村信用合作联社久长信用社负责人。2013年12月在息烽县农村信用合作联社工作。2014年8月任息烽县农村信用合作联社风险总监。2016年3月至12月，任花溪农商行副行长。

廖建 男，汉族，生于1962年11月，中共党员，大学本科。1980年10月参加中国人民解放军于云南蒙自35308部队，职务士兵；1981年12月在修文县农行工作，任科员，1991年任人力资源股股长、储蓄所主任；1996年9月到修文县农发行工作，任储蓄所副主任，党组成员；2003年4月到修文县农村信用联社工作，任副主任、理事长；2006年11月到花溪合行工作，任监事长、纪委书记、工会主席等职务；2015年12月至2016年12月在花溪农商行工作，任工会主席。

王银霖 男，生于1957年4月，籍贯贵州贵阳，苗族，中专学历，无党派人士。1976年7月回乡当知青，1982年9月在花溪区久安乡拐耳小学任教，1983年3月任教导主任，1988年9月任校长。

1988年12月到花溪区久安农村信用社工作。1992年3月任主办会计，1995年3月任内勤主任兼主办会计。1997年4月调花溪联社工作，任会计科副科长，1998年兼任花溪联社整顿规范工作小组副组长，完成全区14个法人机构整顿规范工作。1999年1月任花溪联社会计科科长，2000年4月任花溪联社副主任，2004年6月任花溪合行行长助理兼会计科科长，2014年1月任花溪农商行财务顾问，2015年12月任财务顾问兼村镇银行管理部经理；2016年9月任财务顾问兼村镇银行管理部经理及修志办主任。花溪区政协第七、八、九届委员。

中层管理人员

（排名不分先后）

彭勇　男，汉族，出生于1970年6月，籍贯贵州织金，本科学历，中共党员。1990年8月在花溪区建设局规划勘测设计室工作，先后任技术员、建筑师、副主任。2001年12月在花溪镇人民政府工作，任副镇长。2006年3月在花溪区青岩镇人民政府工作，任党委委员、副镇长。2007年3月在花溪区建设局工作，任党委委员、副局长，主持工作两年（其间：在省建设厅建筑业管理处和城建处挂任处长助理各半年）。2010年11月在花溪区旅游局工作，任党组成员、副局长。2011年9月至2016年12月，在花溪合行、花溪农商行工作，任党委办公室主任兼基础建设部总经理（其间：于2014年3月至2015年3月在青岩镇人民政府挂职，任金融副镇长；2011年至2016年7月兼任基建管理办公室主任；2016年8月兼任基础建设部总经理）。

王宇成　男，土家族，出生于1985年3月，籍贯贵州凤冈，硕士研究生学历，中共党员。2012年8月至2016年12月在花溪合行、花溪农商行工作。2012年8月在党委办公室工作，任工作人员。2012年10月在紫光支行工作，任记账员。2013年3月在风险管理部工作，任工作人员。2013年11月在行政办公室工作，任主任助理（其间：2014年12月选举担任中共花溪农商行委员会机关第一党支部副书记）。2015年3月在行政办公室工作，任副主任兼党委办公室副主任。2015年12月至2016年12月在办公室工作，任副主任兼党委办公室副主任、村镇银行管理部副经理。2016年5月在办公室工作，任办公室副主任（主持工作）兼党委办公室副主任、村镇银行管理部副经理。2016年9月任共青团花溪农商行第一届委员会委员、书记，办公室副主任（主持工作）兼党委办公室副主任、村镇银行管理部副经理。2016年10月在办公室、人力资源部工作，任共青团花溪农商行第一届委员会委员、书记，人力资源部总经理兼办公室副主任（主持工作）、党委办公室副主任、村镇银行管理部副经理。

黄毅　出生于1972年9月，毕业于贵州农学院农业经济管理专业，经济管理学学士学位。1995年7月起在花溪联社下辖金竹信用社、花溪信用社、营业部、大寨分社、万达分社上班，曾在记账员、出纳员、农贷会计等岗位上系统学习农村信用社柜面业务和账务流程，经历手工账到门柜业务的电子化建设过程。2001年9月在花溪联社万达分社任负责人。2002年4月在花溪联社人事教育科任副科长，重新清理人事工资档案，制定了花溪农商行的第一个绩效工资考核办法，并组织实施。

2003年5月在花溪合行业务发展部任副经理，主要负责个人贷款业务。2006年1月在花溪合行个人金融业务部任经理。2006年5月在花溪合行风险管理部任经理。

2007年4月在花溪合行麦坪支行任行长，2010年1月在花溪合行霞晖分理处任负责人，2010年7月在花溪农商行三农服务部任总经理。2015年1月聘为副科级中层干部；2015年8月借调入省联社贵农云办公室工作，2016年1月至12月，任花溪农商行战略规划部总经理。

杨乐媛　女，汉族，出生于1971年4月，籍贯贵州贵阳，汉族，大学本科学历。1988年9月至1989年5月在花溪镇人民政府工作，任团委办公室团委干事。1989年5月至1992年9月在花溪区档案局工作。1992年9月至1999年8月在花溪妇幼保健所工作。1999年8月至2001年12月在花溪农村信用联社霞晖分理处工作。2001年12月至2003年5月在花溪农村信用社稽核科工作（其间：2002年7月任稽核科副科长）。2003年5月至2006年3月，任花溪农村合作银行办公室副主任。2006年3月至2007年3月，任花溪合行清溪分理处主任。2007年4月至2008年11月，任花溪合行稽核审计部稽核员兼工会办公室主任。2008年12月至2016年12月，任花溪农商行工会办主任。

王峰　男，仡佬族，出生于1979年10月，籍贯贵州贵阳，2004年参加工作，2011年加入中国共产党。毕业于西南政法大学法学专业，本科学历。2004年4月在云岩农合行业务发展部工作。2008年5月任白云区农村信用社业务发展部副经理。2009年9月任白云区农村信用社金阳分社负责人。2010年9月任白云区农村信用社办公室主任。2011年5月至12月，任白云区农村信用社主任助理。2012年1月任贵阳农商银行白云支行行长助理。2013年11月至2016年12月，任花溪农商行法律合规部经理。

陈鸣明　男，汉族，出生于1977年，中共党员。1998年12月在紫云县联社工作。2003年4月调入花溪联社石板信用社任主办会计。2004年6月在花溪合行财务信息部工作。2006年2月任花溪合行财务信息部经理助理。2007年4月任花溪合行财务信息部副经理。2009年5月任花溪合行科技信息部副经理（主持工作）。2012年3月任花溪合行科技信息部经理。2014年1月至2016年12月，任花溪农商行科技信息部经理。

王莉　女，汉族，出生于1975年3月，籍贯四川，大学本科学历，中共党员。1997年3月任贵阳铁路分局大修段线路工。2002年7月任花溪联社员工。2003年12月任小河联社员工。2005年12月由小河联社借调省联社贵阳办事处。2009年2月任云岩合行财会部副经理。2011年5月任云岩合行资金营运部经理。2012年2月任贵阳农村商业银行交易员。2013年2月任贵阳农村商业银行云岩支行公司部经理、票据中心负责人。2014年8月任贵阳农村商业银行正新支行行长。2014年10月任花溪农商行金融市场部总经理。2015年5月至2016年12月，任花溪农商行理财事业部总经理。

何中良　男，出生于1967年10月，汉族，籍贯重庆，中共党员，大学本科学历。1986年11月在武警贵州总队第一支队任战士、班长。1990年3月在武警贵州总队第三支队任班长、司务长。1994年3月在武警贵州总队司机训练队任班长、汽车教练。1997年7月在武警贵阳指挥学校驾驶培训中心任班长、汽车教练、党支部委员。2000年2月在人民银行清镇市支行工作。2001年2月在清镇市农村信用联社任保卫科长、信用社主任、办公室主任。2005年4月在贵州省农村信用社监察保卫部工作。2006年3月在花溪合行党武分理处任信贷员。2006年9月在花溪合行燕楼分理处任主任。2008年4月在花溪合行竹林分理处任副主任。2008年6月在花溪合行黔陶分理处任主任。2009年4月在花溪合行孟关支行任副行长。2011年4月在花溪合行培训中心任主任。2014 年 12 月至 2016 年 12 月在花溪农商行保卫部任经理。

冯泽刚　男，汉族，出生于 1971 年 11 月，籍贯重庆，中共党员，本科学历，经济师、会计师、注册会计师、国际注册内部审计师。1994 年毕业于贵州大学历史系历史学专业，同年参加信用社工作，先后在基层网点从事记账、复核、主办会计、支行行长等工作。2008 年 10 月在云岩合行稽核审计部任稽核员、副经理。2012 年 2 月任贵阳农商银行云岩支行财务会计部经理。2015 年 4 月任花溪农商行稽核审计部副经理。2016 年 8 月至 12 月，任花溪农商行稽核审计部总经理。

周兴芳　女，汉族，出生于 1968 年 11 月，籍贯贵州，本科学历，中共党员。1985 年 8 月任久安信用社出纳员。1998 年 5 月任金竹信用社出纳员。2001 年 5 月任清溪分理处记账员、副主任（主持工作）。2006 年 2 月任华宇支行副行长（主持工作）。2007 年 6 月任紫光支行行长（主持工作）。2010 年 2 月在霞晖分理处，借调后勤服务中心工作。2012 年 4 月正式调入后勤服务中心工作。2014 年 12 月至 2016 年 12 月任培训中心主任。

梁晓远　男，汉族，出生于 1982 年 8 月，中共党员，2003 年 7 月毕业于贵州大学工商管理系，大学本科学历。2003 年 7 月参加工作，在青岩信用社任信贷员（其间：2003 年 10 月至 2004 年 10 月借调到花溪合行办公室工作，任文员）。2004 年 11 月至 2006 年 3 月在花溪合行办公室从事文员工作。2006 年 4 月至 2009 年 6 月在花溪合行黔陶分理处工作（其间：2006 年 4 月至 2007 年 4 月任分理处主任助理，2007 年 5 月至 2008 年 6 月任分理处副主任（主持工作），2008 年 7 月至 2009 年 6 月从事信贷员工作）。2009 年 7 月在花溪合行农经业务部工作，任副经理。2010 年 2 月在花溪合行麦坪支行工作，任支行负责人（主持工作）。2012 年 3 月在花溪合行久安支行工作，任支行行长。2014 年 2 月在花溪农商行学士路支行工作，任支行行长。2015 年 10 月至 2016 年 12 月在花溪农商行高新支行工作，任高新支行行长。

龙超林　男，布依族，出生于 1965 年 10 月，籍贯贵州贵阳，本科学历，群众。1990 年 12 月任花溪联社花溪信用社记帐员、出纳员。1994 年 4 月任花溪联社信贷科信贷员。2002 年 3 月任花溪合行竹林分理处主任（主持工作）。2008 年 5 月任花溪合行燕楼分理处主任（主持工作）。2010 年 3 月任花溪合行青岩支行信贷员。2011 年 4 月任花农商行竹林支行担任信贷员。2015 年 3 月至 2016 年 12 月，任竹林支行负责人（主持工作）。

邱啟佳　男，出生于 1973 年 9 月，毕业于中共贵州省委党校法律专业。1993 年 10 月任贵阳市商业银行花溪支行营业部记账员。1997 年 10 月任贵阳市商业银行花溪支行中曹支行负责人。1999 年 9 月任贵阳市商业银行花溪支行营业部负责人。2000 年 11 月任贵阳市商业银行花溪支行信贷科客户经理。2006 年 11 月任花溪合行业务发展部信贷员。2007 年 1 月任花溪合行业务发展部副经理。2008 年 4 月任花溪合行营业部副经理。2012 年 2 月任花溪合行业务发展部经理兼资金营运部经理。2014 年 6 月任花溪农商行业务发展部经理兼资金营运部经理兼小微企业金融服务中心主任。2015 年 12 月至 2016 年 12 月任花溪农商行营业部总经理。

唐郡　女，出生于1971年11月4日，1994年6月毕业于贵州农学院土化专业，大学本科学历。1994年6月就职于贵州省金华监狱，从事技术工作。1996年2月在金竹农村信用社从事记帐工作。1998年7月在花溪农村信用社从事记帐出纳工作。2003年12月调入花溪合行华宇支行从事主办会计工作。2006年3月调入花溪合行霞晖分理处任主任助理兼主办会计。2007年3月调入花溪合行紫光支行任副行长兼主办会计。2009年1月调入花溪合行稽核审计部任副经理。2010年7月调入花溪合行农经业务任副经理。2011年9月至2016年12月任事后监督中心主任。

徐书萍　女，汉族，出生于1972年10月，籍贯贵州贵阳，本科学历，群众。1992年4月在麦坪乡财政所工作。1995年5月调入花溪联社营业部。2003年任花溪合行九二分理处负责人兼主办会计。2005年任花溪合行平桥分理处负责人兼主办会计。2006年任花溪合行紫光支行副行长兼主办会计。2007年任花溪合行霞晖分理处副行长兼主办会计。2011年任花溪农商行学士路支行副行长兼主办会计。2012年至2016年12月任学士片区副行长兼麒鑫支行负责人。

陈沛　男，汉族，出生于1982年10月，籍贯贵州贵阳，2009年6月加入中国共产党，研究生学历。2001年9月就读于郑州航空工业管理学院国际经济与贸易专业。2005年6月任花溪合行营业部柜员、农贷会计、信贷员。2012年2月任花溪合行小碧支行副行长。2012年8月至2013年11月，任花溪农商行湖潮支行副行长（主持工作）。2013年3月至2014年12月，任中共花溪农商行湖潮支部委员会支部副书记。2013年11月至2016年12月，任花溪农商行湖潮支行行长。2014年5月至2016年11月，就读于贵州大学MPA专业。2014年12月至2016年12月任中共花溪农商行湖潮片区支部委员会支部书记。2015年12月至2016年12月任花溪农商行贵安片区负责人。

徐金涛　男，汉族，出生于1976年1月，籍贯贵州贵阳，1995年2月参加工作，中共党员。毕业于云南大学贵州函授站金融学专业，本科学历。1995年2月任小碧信用社出纳员、驾驶员。1998年10月任麦坪信用社信贷员兼驾驶员。2000年4月任党武信用社信贷员。2000年7月任小碧信用社信贷员。2002年3月任联社保卫科经警班运钞车驾驶员。2003年1月调联社事后监督科。2003年5月任联社营业部信贷员。2004年3月任清溪分理处信贷员。2007年4月任党武分理处信贷员。2008年9月调办公室。2012年调后勤部任车队队长。2014年7月至2016年12月，任小碧支行副行长，分管信贷、安全保卫工作，任小碧片区支行临时负责人。

陈庆林　男，汉族，1966年11月出生，籍贯贵州贵阳，1987年4月参加工作，1988年11月加入中国共产党，大专学历。1987年至2000年在花溪联社久安信用社工作，其中1987年4月从事信用社的出纳工作。1989年3月至1999年，任久安信用社主任，同时还兼任久安乡财贸支部的支部书记。2000年至2002年调入花溪联社信贷科任信贷员，负责花溪区花溪乡最大的三个行政村——洛平村、云上村、桐木岭村农户小额农贷工作。2002年3月至2013年3月，任云上分社主任。改制后，兼任花溪合行党委下属支部的副书记、书记等职务。2010年任平桥片区支行主要负责人。2011年5月，任洛平村党支部副书记。2013年3月任花溪合行石板支行行长。2014年1月调花溪农商行小微中心工作。2015年3月至2016年12月，任花溪农商行平桥支行负责人。

张振华 男，苗族，出生于1971年11月，藉贯贵州松桃，本科学历，1994年6月加入中国共产党。1990年9月就读于贵州农学院经济管理系。1994年7月在花溪联社计划信贷科工作。1996年2月任计划信贷科副科长。1996年7月任黔陶信用社主任，其间任黔陶乡财贸支部书记。1997年6月至1999年4月任小碧信用社主任。1998年7月任小碧乡财贸支部书记。2000年4月任花溪联社办公室副主任（主持工作）、主任、主任兼人事教育科科长、中共花溪联社总支组织委员、机关支部书记。2003年4月任孟关信用社主任、花溪合行孟关支行行长、花溪合行孟关片区支部书记。2007年5月任花溪合行华宇支行行长。2007年12月至2008年7月任华宇片区支部书记。2008年4月，任花溪合行党武分理处主任，7月任副主任（主持工作）。2010年7月，任党武片区支部书记。2011年10月在贵阳市“万名干部下基层活动”中，兼任花溪区党武乡葵林村支部委员会副书记。2012年3月，任明珠片区支行（明珠支行、华宇支行、清溪分理处）行长。2012年6月至2014年6月，任明珠片区支部书记。2014年1月至2016年12月，先后任石板片区（石板支行、合朋支行）支行行长，石板片区支部书记。2016年10月挂职省联社贵阳审计中心非现场部主管助理。

刘远刚 男，汉族，出生于1976年6月，籍贯贵州遵义，研究生学历，中共党员。2003年7月参加工作，从事金融工作13年。曾任花溪信用社湖朝信用社信贷员、花溪合行青岩支行信贷员、花溪合行营业部信贷员、花溪合行业务发展部副经理、花溪合行黔陶分理处副主任（主持工作）、花溪合行青岩支行负责人（主持工作）、花溪合行青岩支行副行长（主持工作）、花溪农商行青岩支行负责人、现任花溪农商行青岩支行行长。

周兰 女，汉族，出生于1972年3月，籍贯重庆，本科学历，中共党员。1997年9月在贵阳银行工作。2007年8月在营业部工作。2008年4月在资金运营部任部门副经理。2010年2月在紫光支行任行长。2012年2月在学士路支行任行长。2014年2月至2016年12月在孟关片区支行任行长。

杨敏 女，侗族，出生于1966年8月，籍贯贵州天柱，大专学历，群众。1989年9月任工行花溪支行记账员、分理处主任。2004年1月任小河信用联社记账员。2005年11月任花溪合行平桥分理处记账员。2007年3月任花溪合行明珠支行行长助理、支行行长。2012年1月任花溪农商行紫光支行行长。2016年1月至12月，任花溪农商行清溪支行行长。

申厚斌 男，苗族，出生于1976年8月，籍贯湖南邵阳，出生地贵州榕江，研究生学历，1998年5月加入中国共产党。1995年9月就读于贵州工业大学计算机工程学院计算机应用专业专科，被评为贵州省百名优秀大学毕业生。1998年7月在花溪联社金竹信用社工作。2000年5月在花溪联社营业部任副主任。2002年8月在花溪联社信贷科工作。2003年5月在花溪联社稽核监察科任副科长，（其间：2001年3月至2004年1月就读于贵州广播电视大学法学专业本科）。2004年6月在花溪合行稽核审计部任副经理，2005年10月任花溪合行稽核审计部负责人。2006年2月任花溪合行稽核审计部经理。2007年4月任花溪合行财务管理部经理。2012年3月任花溪合行办公室主任。2014年7月任黔陶支行行长（其间：2013年9月至2015年6月就读于云南大学软件学院软件工程专业研究生）。2016年1月任三农服务部经理。2016年11月至12月，任久安支行行长。

王婷 女，汉族，出生于1981年3月，籍贯江苏镇江，研究生学历，中共党员。2003年9月任贵州金锤拍卖有限公司总经理助理。2006年7月任花溪农商行云上分理处柜员及农贷会计。2009年9月任花溪农商行营业部信贷员。2010年9月任花溪农商行党办秘书。2011年5月任花溪农商行云上分理处会计B角。2012年2月任花溪农商行湖潮支行副行长。2014年5月任花溪农商行党武支行兼大学城支行副行长（主持工作）。2015年9月至2016年12月，任花溪农商行学士路支行行长。

谢必玉 男，布依族，出生于1966年6月，大专文化，中共党员。1988年8月在花溪金竹信用社工作，先后任记账员、信贷员、会计。1995年5月起任金竹信用社副主任（主持工作）。1997年4月任小碧信用社副主任。1998年7月任麦坪信用社副主任。1998年9月任麦坪信用社理事会理事长、主任。2004年6月任久安支行行长。2007年3月任石板支行行长。2012年3月任孟关支行行长。2014年1月在小微中心工作（其间：2014年6月起任小微中心驻天利市场金融服务办公室主任）。2015年1月至2016年12月，任麦坪支行负责人。

梅剑 男，出生于1981年10月，籍贯贵州纳雍，毕业于贵州大学法学院法学专业，本科学历。2005年7月就职于贵州建工集团二公司法务部。2005年8月任花溪合行孟关支行信贷员。2008年4月任花溪合行孟关支行副行长（分管信贷）。2009年5月任花溪合行营业部副经理（分管信贷）。2011年1月借调省联社业务发展处工作。2012年1月任花溪合行营业部副经理（分管信贷）。2014年6月任花溪农商行小河支行副行长。2015年3月任花溪农商行小河支行副行长（主持工作）。2015年12月至2016年12月，任花溪农商行小河支行行长。

龙章忠 男，汉族，出生于1977年9月，籍贯贵州大方，大学本科学历，中共党员。2005年8月至2007年8月任花溪合行麦坪支行出纳员、记账员、信贷员。2007年8月任花溪合行营业部信贷员。2007年9月由花溪合行营业部借调学士路支行任信贷员。2008年4月任花溪合行麦坪支行副行长。2013年3月任花溪合行农经业务部副经理。2014年12月任花溪农商行三农服务部副经理。2015年3月任花溪农商行青岩支行副行长兼任马铃支行副行长。2015年9月至2016年12月，任花溪农商行大学城支行负责人兼任党武支行负责人。

张达丽 女，汉族，出生于1962年10月，籍贯贵州毕节，大专学历，中共党员。1981年9月从毕节财校毕业分配至毕节市工商局工作，任经济合同仲裁员；1988年9月脱产进入中共毕节地委党校党政管理大专班学习；1990年8月调入中国银行毕节分行工作；1991年8月任中国银行毕节分行清南办事处副主任；1993年

10月任中国银行毕节分行清南办事处主任；1998年2月任中国银行毕节分行百花办事处主任（副科级）；2001年3月任中国银行毕节分行人事监察科科长；2002年4月任中国银行毕节分行纪委委员；2003年3月任中国银行毕节分行办公室副主任；2004年12月调入花溪合行孟关支行工作；2006年5月在花溪合行、花溪农商行任办公室副主任；2014年7月任花溪农商行档案管理中心主任、机关第一党支部书记；2016年7月至12月兼任工会办副主任；2016年11月，兼任修志办副主任。

杨昌志 男，土家族，出生于1978年2月，籍贯贵州松桃，大学本科学历，中共党员，高级风险管理师、高级财务管理师、中级信贷分析师。2003年7月毕业于贵州大学经济学院经济管理专业。2003年7月在花溪联社孟关信用社任柜员、信贷员，先后从事柜面及信贷业务工作。2005年3月由孟关支行调总行业务发展部，任信贷员从事大额信贷工作。4月调个体业务部，任信贷员，从事个人信贷业务工作。2006年1月调风险管理部，任工作人员，从事信贷风险审查工作。2007年7月调业务发展部，任工作人员，从事大额信贷业务评审工作。2008年4月调风险管理部，任部门副经理，从事风险管理工作，主要从事大额贷款风险评审工作。2013年12月，任风险管理部副总经理（主持工作），从事全面风险管理工作至2016年12月（其间：2012年至2014年期间兼任高坡党支部副书记（主持工作），2014年至2016年12月分别兼任机关二支部纪检委员、青年委员）。

饶骏 男，汉族，出生于1972年3月，籍贯贵州大方，本科学历，中共党员。1992年至1997年任贵阳市花溪区城乡土地开发公司职员。1997年至1999年任花溪联社会计科职员。1999年至2000年任花溪联社办公室职员。2000年至2004年在花溪联社会计科，历任职员、副科长。2004年至2010年任花溪合行会计部副经理。2010年至2013年任花溪合行电子银行部副经理。2013年至2016年12月，任花溪农商行电子银行部副经理。

梁洁 女，布依族，出生于1982年3月，籍贯贵州，本科学历，中共党员。2004年7月在花溪合行营业部实习。2004年11月任花溪合行清溪分理处记账员。2005年4月任花溪合行清溪分理处主办会计。2007年3月任花溪合行营业部主办会计。2013年9月任花溪合行营业部经理助理兼主办会计。2014年1月任花溪农商行营业部经理助理兼主办会计。2014年7月至2016年12月，任花溪农商行财务统计部副经理（主持工作）。

刘丹 女，汉族，出生于1983年3月，籍贯湖南，大学本科学历，中共党员。2006年12月任花溪合行小碧支行记账员。2007年8月任花溪合行华宇支行记账员。2008年4月任花溪农商行青岩分行记账员。2010年7月任花溪农商行黔陶分理处副行长兼主办会计。2014年9月任花溪农商行财务统计部副总经理。2014年11月至2016年12月，任花溪农商行金融市场部副总经理。

王忠怀 女，白族，出生于1970年12月8日，籍贯贵州盘州。1993年11月加入中国共产党。毕业于贵州农学院农业经济管理系，获贵州省优秀毕业大学生荣誉称号。1995年7月参加工作，至2010年4月于中国工商银行贵州省分行花溪支行工作，期间历任分理处主任、营业部副经理。2000年11月顺利通过“全国金融专业技术职务经济师”考试，获中级经济师资格。2011年8月调入花溪合行，至11

月于花溪合行营业部任信贷员。2011 年 12 月于花溪合行小微企业金融服务中心任副主任。2013 年 12 月至 2015 年 12 月于花溪农商行小微企业金融服务中心任副主任。参与金纽带系列产品等的开发，其中“商誉通”荣获中国银行业协会 2014 年服务小微企业二十佳金融产品。2015 年 9 月通过中国金融教育发展基金会组织考试，获中级注册信贷分析师执业能力证书。2016 年 1 月任花溪农商行纪检监察室副主任并主持工作。

吴丹　女，汉族，出生于 1969 年 1 月，籍贯贵州贵阳，毕业于云南大学金融系，1992 年 12 月参加工作，2004 年 5 月加入中国共产党。1992 年 12 月于久安农村信用合作社任记账员。1997 年 4 月于久安农村信用合作社任主办会计。2001 年 7 月于花溪联社稽核监察科任稽核员。2001 年 11 月于花溪联社朝阳分社任记账员。2002 年 4 月于花溪联社学士路分社任记账员。2003 年 4 月于花溪联社营业部任记账员。2004 年 4 月于花溪合行稽核审计部任副经理、稽核员。2014 年 1 月于花溪农商行稽核审计部任副经理、稽核员。2016 年 1 月至 12 月任花溪农商行纪检监察室副主任。

汪子靖　女，汉族，出生于 1986 年 11 月，籍贯安徽桐城，研究生学历，法学硕士，2007 年 11 月加入中国共产党，2010 年 7 月参加工作。2010 年 7 月在花溪合行营业部工作，从事对公柜员工作。2012 年 3 月至 2013 年 1 月在花溪合行合规管理部任职员。2012 年 7 月任中共花溪合行孟关支部委员会委员。2013 年 1 月任花溪农商行党委办公室副主任。2014 年 12 月任中共花溪农商行机关第一支部委员会副书记。2015 年 1 月至 2016 年 12 月任中共花溪农商行机关第一支部委员会副书记、花溪农商行党委办公室副主任兼行政办公室副主任。

肖艳华　女，出生于 1986 年 12 月，籍贯江西会昌，2012 年 1 月参加工作，2009 年 3 月加入中国共产党，研究生学历，文学硕士。2012 年 9 月进入花溪农商行工作，2012 年 9 月在花溪合行党武分理处工作，从事柜员、农贷会计助理、职员等工作。2013 年 4 月在花溪农商行办公室工作，任职员。2015 年 3 月在花溪农商行办公室工作任主任助理，主要负责文稿撰写、OA 管理、档案管理等具体工作。2016 年 5 月至 12 月，在花溪农商行办公室工作，任副主任，主要负责文稿撰写、OA 管理、档案管理等具体工作。

张海　男，出生于 1980 年 7 月，籍贯贵州贵阳，汉族，2004 年 7 月参加工作，2016 年 7 月加入中国共产党，毕业于贵州大学法学院在职法律硕士，在职研究生学历。2004 年 7 月任息烽县人民检察院反贪局书记员。2006 年 11 月任花溪合行会计。2011 年 10 月任花溪合行风险管理部员工。2013 年 3 月至 2016 年 12 月在花溪农商行法律合规部工作，2014 年 12 月至 2016 年 12 月任副总经理。

田华　男，土家族，出生于 1979 年 11 月，籍贯贵州印江，硕士研究生学历，中共党员。2007 年 8 月任花溪合行业务发展部职员。2007 年 10 月任花溪合行小碧支行记账员。2008 年 3 月任花溪合行办公室职员。2009 年 1 月任花溪合行营业部信贷员。2009 年 4 月任花溪合行农经业务部副经理。2011 年 1 月任花溪合行营业部副经理。2011 年 11 月任花溪合行小微企业金融服务中心副主任。2013 年 7 月任花溪合行办公室副主任。2013 年 11 月任花溪农商行业务发展部副总经理。2014 年 6 月至 2016 年 12 月任花溪农商行授信审批部副经理（主持工作）。

刘开明 男，汉族，出生于1987年4月，籍贯重庆，大学本科学历，中共党员。2011年9月任花溪合行明珠支行记账员。2012年10月任花溪合行紫光片区记账员、信贷员。2014年3月任花溪农商行云上分理处信贷员。2015年5月任花溪农商行理财事业部员工。2016年8月至12月，任花溪农商行理财事业部副总经理。

赵莉 女，汉族，出生于1984年7月，籍贯甘肃兰州，大学本科学历，中共党员。2008年7月在花溪合行青岩支行任记账员。2011年11月在花溪农商行小微企业金融服务中心任风险审查员。2016年8月至12月在花溪农商行授信审批部任副总经理。

陈秋平 男，出生于1968年10月，籍贯贵州贵阳，布依族，本科学历，群众。1991年进入花溪区农村信用社青岩信用社工作。1999年1月在花溪联社信贷科任职。1999年6月至2000年在花溪联社办公室任职。2000年至2016年12月保卫部工作（其间：2008年任保卫部副经理）。

陈永峰 男，出生于1973年7月，籍贯广西宁明，壮族，本科学历，中共党员。1992年12月在云南边防武警瑞丽江桥服役。1996年2月至1997年3月在贵阳市戒毒中心工作。1997年4月至2006年在花溪联社工作（其间：2002年3月任经警班班长、副经理、副科长）。2006年3月在花溪合行久安支行任副行长。2008年7月在花溪合行华宇支行任副行长。2009年7月至2016年12月在花溪农商行保卫部押运中心任副主任。

蔡茂林 男，生于1974年1月，籍贯贵州贵阳，汉族，本科学历，中共党员。1992年12月至1996年12月在中国人民解放军39234部队服役。1997年4月在花溪联社保卫科担任副科长。2002年6月在花溪联社营业部任副主任。2003年6月在花溪合行监察保卫部任保卫。2005年6月在花溪合行监察保卫部任副经理兼经警班班长。2008年5月在花溪合行押运中心任负责人。2009年6月在花溪合行保卫部任保卫。2012年3月至2016年12月在花溪农商行保卫部任监控中心副主任。

廖毓美 女，侗族，出生于1977年11月，籍贯贵州黎平，2001年4月加入中国共产党，2001年7月毕业于贵州民族大学经管系经济信息管理专业，本科学历，2001年7月任贵阳银行花溪支行营业部会计员、储蓄员。2002年11月任贵阳银行花溪支行市场营销部客户经理。2009年3月任花溪合行营业部客户经理。2010年1月任花溪合行业务发展部工作人员。2011年5月任花溪合行资金营运部经理助理。2012年2月任花溪合行业务发展部副经理。2015年3月至2016年12月，任花溪农商行业务发展部副经理（正股级）。

刘朝彬 男，苗族，出生于1983年5月，本科学历，籍贯贵州瓮安。2006年10月在贵阳市公安局花溪区分局燕楼乡派出所任内勤。2007年6月在花溪合行清溪分理处任信贷员。2010年1月在花溪合行资金营运部任信贷员。2011年4月在花溪合行孟关支行任信贷员。2012年2月在花溪合行明珠支行任副行长。2013 年 6 月在花溪农商行合朋支行任副行长（主持工作）。2016 年 1 月至 12 月在花溪农商行业务发展部任副经理（主持工作）。

李晓刚 男，汉族，出生于 1972 年 12 月，籍贯贵州贵阳，中共预备党员，1992 年 9 月参加工作，大学本科学历。1992 年 9 月在贵阳 5708 厂机加车间从事车工工作。1994 年 4 月在原花溪联社社营业部先后从事出纳、交换及记账工作。2002 年 6 月在原花溪合行麦坪支行从事主办会计工作。2007 年 9 月在原花溪合行黔陶分理处从事主办会计兼主任助理工作。2010 年 9 月在原花溪合行稽核审计部任副经理（其中：2010 年 9 月至 2012 年 2 月代理主持稽核部工作）。2014 年 1 月至 2016 年 12 月，任花溪农商行稽核审计部副经理。

龙华瑜 女，苗族，出生于 1981 年 4 月，籍贯贵州松桃，研究生学历，中共党员。2003 年 7 月在花溪联社青岩信用社工作，任记账、农贷会计。2006 年 2 月在花溪合行孟关支行任行长助理。2006 年 10 月在花溪合行燕楼分理处记账。2007 年 7 月任花溪合行业务发展部工作人员（2009 年 4 月任该部门副经理）。2012 年 3 月在花溪合行农经业务部任副经理。2014 年 7 月在花溪农商行学士路支行任副行长。2015 年 3 月至 2016 年 12 月在花溪农商行高新支行任副行长。

董春媛 女，汉族，出生于 1985 年 4 月，籍贯辽宁，硕士研究生学历，群众。2003 年 7 月任营业部记账员。2004 年 8 月在紫光支行任记账员。2005 年 5 月在平桥分理处任主办会计。2006 年 3 月在明珠支行任主办会计。2008 年 5 月在华宇支行任主办会计。2012 年 1 月在麒鑫分理处任主任助理。2012 年 2 月在紫光支行任副行长兼民院分理处副主任。2014 年 7 月在竹林支行任副行长。2015 年 3 月至 2016 年 12 月任明珠支行副行长。

彭莹 女，汉族，出生于 1978 年 8 月，籍贯山东，本科学历，群众。1997 年 7 月任花溪工商银行民院分理处主任。2003 年 3 月任花溪联社霞晖分理处记账员。2003 年 10 月任花溪联社云上分理处记账员。2003 年 12 月任花溪合行华宇支行主任助理。2007 年 4 月任花溪合行学士路支行行长。2012 年 2 月任花溪合行事后监督中心副主任。2015 年 1 月至 2016 年 12 月任花溪农商行保管箱中心主任。

张晓玲 女，汉族，出生于 1971 年 3 月，籍贯贵州毕节，中共党员，本科学历。1992 年 10 月参加工作。1999 年至 2000 年为清溪分理处负责人。2003 年至 2005 年任清溪分理处主任。2005 年 4 月至 2007 年 9 月，任麒鑫分理处主任（主持工作）。2008 年 4 月至 2011 年 5 月，任华宇支行副行长（主持工作）。2011 年 11 月调入营业部，2015 年 1 月任清分中心副主任至 2016 年 12 月。

潘敏 女，汉族，出生于 1972 年 2 月，籍贯贵州，本科学历。1992 年 11 月任农行干训中心管理员。1995 年 11 月任湖潮支行记账员。1998 年 7 月任青岩支行记账员。1999 年 3 月任霞晖支行记账员。2000 年 3 月任竹林支行主办会计。2003 年 3 月任麒鑫支行主办会计。2004 年 3 月任平桥支行主任助理兼主办会计。

2005 年 3 月任华宇支行主办会计。2007 年 5 月任明珠支行主任助理兼主办会计。2012 年 3 月任华宇支行副行长兼主办会计。2014 年 6 月至 2016 年 12 月，任霞晖支行副行长兼主办会计。

李冰峰 男，出生于 1975 年 5 月，籍贯河南，本科学历，群众。1994 年 9 月就读于贵州省财经学院会计电算化专业。1996 年 9 月在深圳市玉合堂制药有限公式任销售员。1998 年 5 月任花溪工商银行九二分理处记账员。2003 年 3 月任花溪农村信用社九二分社记账员。2004 年 3 月任花溪合行明珠支行信贷员。2005 年 5 月任花溪合行紫光支行信贷员。2007 年 3 月任花溪合行九二分理处网点负责人。2013 年 2 月至 2016 年 12 月，任花溪农商行湖潮支行副行长兼羊艾支行负责人。

黄锐 男，汉族，出生于 1975 年 9 月，籍贯贵州大方，毕业于贵州大学工商管理专业，硕士研究生学历，中共党员。1995 年 8 月在中国工商银行毕节分行工作。2007 年 6 月调入花溪合行。2007 年 6 月任小碧支行行长助理。2007 年 9 月先后任麒鑫分理处负责人、副主任（主持工作）；2010 年 7 月任电子银行部副经理。2013 年 7 月任燕楼支行副行长。2016 年 6 月任马铃支行副行长。

李朝叶 女，汉族，出生于 1982 年 6 月，籍贯贵州，硕士研究生，群众。2003 年 7 月任花溪联社孟关分社记账员。2004 年 6 月任花溪合行明珠支行主办会计。2006 年 3 月任花溪合行云上分理处主任助理兼主办会计。2011 年 8 月任花溪合行明珠支行主任助理。2012 年 2 月任花溪农商行明珠支行副行长兼主办会计。2015 年 3 月至 2016 年 12 月，任花溪农商行云上支行副行长兼主办会计。

王菊 女，汉族，出生于 1975 年 7 月，籍贯贵州毕节，本科学历，中共党员。2006 年 10 月从贵阳银行调入花溪合行工作。2007 年 4 月任花溪合行清溪分理处主任。2010 年 12 月任花溪合行民院分理处副主任。2012 年 3 月任花溪合行霞晖分理处副主任。2014 年 6 月至 2016 年 12 月，任花溪农商行平桥支行副行长。

雷佳 女，布依族，出生于 1979 年 8 月，藉贯贵州贵阳，本科学历，群众。2001 年 7 月毕业于武汉金融高等专科学校。2001 年 7 月在青岩信用社工作。2003 年 10 月在花溪合行营业部工作。2012 年 2 月至 2016 年 12 月在花溪农商行南明片区小碧支行担任支行副行长兼片区财务经理、支行主办会计。2016 年 12 月在花溪农商行南明支行任支行副行长兼支行主办会计。

李诚 男，出生于 1981 年 2 月，籍贯贵州息烽，汉族，学历本科，中共党员，2004 年毕业于贵州大学法学院法学专业，法学学士。2004 年 7 月在花溪区人民法院工作任书记员。2005 年 8 月经贵州农信统一招考考入花溪合行，在湖潮支行任柜员，后又担任湖潮支行农贷会计。2006 年 8 月调入花溪合行业务发展部任信贷员。2008 年调入营业部任信贷员。2009 年 8 月在营业部任副经理，分管营业部信贷。2010 年 9 月调燕楼分理处任主任，负责燕楼分理处工作。2011 年 6 月调小碧支行任行长，负责小碧支行工作，在此期间兼任南明支行行长，负责南明片区支行工作。2016 年 12 月调业务发展部任信贷员。

游静　男，布依族，出生于 1984 年 6 月 8 日，籍贯贵州贵阳，本科学历，中共党员。2002 年 9 月至 2006 年 7 月就读于贵州大学法学院法学专业。2006 年 12 月在花溪合行石板支行任柜员。2007 年 5 月至 2009 年 1 月在花溪合行石板支行任信贷员。2009 年在花溪合行党武分理处任信贷员。2009 年 12 月在花溪合行党武分理处任主任助理。2011 年 6 月在花溪合行小碧支行任副行长。2012 年 2 月在花溪合行党武分理处任副主任（主持工作）（其间：2013 年 10 月至 2013 年 11 月兼花溪合行大学城支行副行长（主持工作））。2013 年 11 月在花溪合行大学城支行任负责人兼党武分理处主任。2014 年 6 月至 2016 年 1 月在花溪农商行营业部任经理（其间：2015 年 2 月至 9 月兼花溪农商行高新支行行长）。2016 年上半年在花溪农商行小微中心任副主任。2016 年 6 月至 12 月在花溪农商行孟关支行任副行长。

周华献　男，出生于 1973 年 10 月 16 日，籍贯贵州剑河，侗族，本科，中共党员。1992 年 12 月在成都军区后勤部新兵连集训。1993 年 3 月任成都军区后勤部通信站无线连班长。1996 年 9 月任昆明陆军学院新都士官训练大队读书学员。1998 年 7 月任成都军区联勤部通信站无线连台长。2004 年 12 月自谋职业。2007 年 3 月任花溪合行押运中心押运员。2010 年 4 月任花溪合行押运中心指导员。2012 年 3 月任花溪合行保卫部副经理（主持工作）。2015 年 11 月任花溪农商行保卫部指导员。2016 年 8 月至 12 月，任花溪农商行孟关支行副行长。

文艳　女，汉族，出生于 1979 年 4 月，籍贯湖南湘潭，群众，毕业于经济学专业，大专学历。2006 年 2 月任花溪合行麒鑫分理处柜员。2006 年 8 月任花溪合行明珠支行柜员。2008 年 8 月任花溪农商行九二分理处柜员。2009 年 5 月任花溪农商行党武分理处副行长兼主办会计。2015 年 9 月至 2016 年 12 月，任花溪农商行石板支行副行长兼主办会计。

王革清　男，汉族，出生于 1983 年 12 月，籍贯福建泉州，大学本科学历，中共党员。2008 年 1 月在风险管理部做统计工作。2008 年 7 月在营业部对公柜任记账员、复核员。2009 年 6 月在业务发展部负责业务统计等工作。2012 年 4 月在学士路支行任客户经理。2012 年 12 月在小微中心任客户经理。2014 年 3 月任石板片区行长助理。2015 年 3 月至 2016 年 12 月，任合朋支行副行长。

刘文举　男，汉族，出生于 1983 年 5 月，籍贯贵州遵义，本科学历，群众。2006 年 12 月任花溪合行高坡支行记账员、统计员、客户经理。2010 年 12 月任花溪合行明珠支行客户经理。2012 年 3 月任花溪农商行竹林支行副行长。2014 年 8 月任花溪农商行清溪支行副行长。2016 年 1 月至 12 月，任花溪农商行紫光支行副行长。

罗秀峰 男，汉族，出生于1973年8月，籍贯江苏新沂，本科学历，中共党员。1992年9月任花溪耀华实业公司业务员。1997年6月任农行小河支行职员。2003年11月任花溪联社青岩分社信贷员。2005年5月任花溪合行麒鑫分理处信贷员。2007年4月任花溪合行营业部信贷员。2007年7月任花溪合行青溪分理处信贷员。2007年8月任花溪合行办公室职员。2009年8月任花溪合行办公室副主任。2011年6月任花溪合行黔陶分理处负责人。2014年6月任花农商行小微中心副主任。2016年8月至12月，任花农商行清溪支行副行长。

张清 男，汉族，出生于1982年3月，籍贯贵州贵阳，中共党员，硕士研究生学历。2001年7月在黔陶农村信用社工作。2005年10月任青岩支行信贷员。2007年3月调到总行营业部学习并办理公司类信贷业务。2008年3月任久安支行行长助理。2011年至2014年任久安支行副行长。2014年8月任久安支行副行长（主持工作）。2015年3月至2016年12月任燕楼支行副行长（主持工作）。

兰兵 男，汉族，出生于1979年10月，中共党员。1997年12月至2000年12月在云南省蒙自县武警8750部队军乐队任演奏员。2001年8月在花溪农商行孟关支行任柜员和农贷会计。2002年9月在花溪农商行小碧支行任主办会计。2004年3月在花溪农商行营业部任对公记账员、交换员、信贷员。2012年3月在花溪农商行青岩支行任副行长兼马铃分理处负责人。2015年3月在花溪农商行久安支行任副行长（主持工作）。2016年10月至12月在花溪农商行久安支行任副行长。

杨明伟 男，汉族，出生于1983年5月，籍贯贵州六盘水，本科毕业于贵州民族大学，硕士研究生毕业于华中师范大学。2006年8月工作于花溪合行营业部。2006年9月工作于花溪合行财务统计部。2012年2月任花溪农商行财务统计部副经理。2016年1月至12月，任花溪农商行青岩片区副行长、黔陶支行副行长。

刘丰源 男，汉族，出生于1985年5月，祖籍山东临沂，毕业于云南大学会计学专业，本科学历。2004年3月任花溪合行青岩支行信贷员。2006年9月就读于湖南金融技术职工大学合作金融专业。2009年4月任花溪合行保卫部岗位职员。2010年11月任花溪合行燕楼分理处职务副主任。2014年4月至2016年12月，任花溪农商行黔陶支行职务副行长。

游廷栋 男，汉族，出生于1965年11月，籍贯贵州，本科学历，中共党员。1989年4月任湖潮信用社专职出纳员。1990年5月任湖潮信用社主办会计（其间：1993年5月至1998年8月兼任副主任）。1998年8月任湖潮信用社主任（主持工作）。2002年4月任花溪联社联合社监事长、党委副书记、纪委书记同时兼任稽核科科长。2004年5月任花溪合行稽核审计部经理。2005年5月任花溪合行党武分理处主任。2006年7月任花溪合行营业部解款员。2008年4月任花溪合行督查办副主任。2011年5月任花溪合行纪检监察室副股级监察员。2013年4月任花溪农商行基建办副主任。2016年8月至12月，任花溪农商行麦坪支行副行长。

徐燕　女，汉族，出生于1982年12月，籍贯陕西西乡，毕业于贵州财经大学金融学专业，本科学历，2007年8月加入中国共产党。2006年7月任青岩支行记账员。2007年3月任麒鑫支行主办会计。2007年8月任学士路支行副行长兼主办会计。2011年3月任平桥支行副行长兼主办会计。2013年11月至2016年12月，任大学城片区支行副行长兼主办会计。

唐永文　男，苗族，出生于1971年3月，1997年7月加入中国共产党。1994年4月在党武信用社工作（其间：1994年至1998年2月任出纳，1998年2月至2000年2月任会计，2000年2月任党武分理处副主任（主持工作）。2004年4月在燕楼分理处任副主任（主持工作）兼信贷员工作。2006年10月在黔陶分理处任信贷员。2008年10月至2010年10月在党武分理处任信贷员。2011年10月调到高坡支行任信贷员。2012年2月任高坡支行副行长（主持工作）至2016年12月。

李辉　男，苗族，出生于1980年1月，中共党员，本科学历，毕业于贵州大学经济管理专业。2001年3月任原石板信用社记账员。2002年7月任原湖潮信用社主办会计。2006年5月至2016年12月在高坡支行工作，先后任支行行长助理、负责人、客户经理、副行长。

夏嘉微　女，出生于1985年11月，群众，硕士学历，2008年7月参加工作。2004年9月南昌大学软件工程学士。2008年7月至2012年4月IBM软件工程师。2010年9月至2012年7月厦门大学软件工程硕士。2012年4月在中国光大银行贵阳分行信息科技及电子银行部工作。2014年4月至2016年12月在花溪农商行电子银行部任副经理（主持工作）。

滕江　男，苗族，出生于1982年8月，籍贯贵州铜仁江口，大学本科学历。2006年10月在花溪合行小碧支行任柜员、农贷会计。2009年9月在花溪合行科技信息部任普通职工。2012年2月至2013年3月在花溪合行孟关支行任副行长。2013年2月至2016年12月在花溪农商行任电子银行部副经理。

钟世霞　女，汉族，出生于1978年2月。籍贯贵州贵阳，群众。2001年8月任湖潮信用社记账员。2002年4月任平桥分社记账员。2003年12月任紫光支行记账员。2004年6月任营业部记账员。2005年12月任清溪分理处主任助理。2007年7月任民院分理处副主任（主持工作）。2009年8月任事后监督中心主任。2010年10月至2016年12月，任授权中心主任。

杨继军　男，汉族，出生于1971年8月，籍贯贵州贵阳，大学本科学历。1992年12月至1999年1月花溪联社青岩信用社柜员、信贷员。1999年1月任花溪联社信贷科副科长。2001年9月任花溪联社信贷科副科长（主持工作）。2002 年 4 月任花溪联社信贷科科长。2003 年 4 月任花溪联社业务发展部经理。2004 年 6 月任花溪合行麦坪支行副行。2006 年 2 月任花溪合行麦坪支行行长。2007 年 3 月任花溪合行党武分理处主任。2008 年 4 月任花溪合行青岩支行行长。2011 年 6 月任花溪合行行后勤服务部主任（支行行长待遇）。2011 年 8 月任花溪合行后勤服务部副主任（主持工作）。2014 年 1 月任花溪农商行后勤服务部经理。2015 年 4 月任花溪农商行勤服务部经理（副科级）。2016 年 8 月至 12 月任花溪农商行后勤服务部总经理（副科级）。

雷太勇　男，汉族，生于 1968 年 12 月，籍贯贵州贵阳，大学本科文化。1989 年至 6 月在贵阳市花溪区广厦建材公司电工班从事电工岗位。1992 年 12 月进入孟关信用社，从事出纳、信贷岗位，1997 年 7 月任该社副主任。2000 年任燕楼信用社副主任（主持工作），2001 年 1 月调花溪联社信贷科工作，2002 年 5 月任花溪信用社负责人，2004 年 6 月任花溪合行明珠支行行长。2005 年 9 月任石板支行行长，2006 年 3 月任花溪合行办公室副主任，2007 年 3 月任平桥分理处副主任。2008 年 8 月任花溪合行车友俱乐部主任。2014 年 1 月任花溪农商行车友俱乐部主任。2016 年 1 月至 12 月任后勤服务部副经理。

汪宇　男，汉族，出生 1980 年 6 月，籍贯贵阳，大学本科学历。2004 年毕业于贵州财经学院，2004 年 12 月在开阳联社工作，2008 年 5 月任花溪合行云上分理处综合柜员。2008 年 6 月任花溪合行孟关支行综合柜员。2009 年 1 月任花溪合行九二分理处主办会计。2009 年 11 月任花溪合行科技部职员。2012 年 2 月任花溪合行科技部副经理。2014 年 1 月任花溪农商行科技部副经理。

部分曾任中层管理人员

（排名不分先后）

陈林昌 男，汉族，生于1966年1月，贵阳人，党员，本科学历，助理经济师。1983年8月任花溪区城建局村镇规划小组组长。1985年4月在花溪区久安农村信用社先后从事会计、出纳、信贷工作。1987年12月加入中国共产党。1989年4月任花溪区石板农村信用社会计。1990年4月在花溪联社从事稽核、监察、人事工作。1992年9月任花溪联社办公室副主任（主持工作，兼任人事、监察、工会工作）。1992年11月获得助理经济师职称。1995年3月任花溪联社稽核监察科科长。1997年9月至2000年6月就读于贵州省委党校函授部，法律大专毕业。

1998年11月花溪联社第三届社员代表大会选举为联社副主任。2000年7月当选为中共花溪联社总支委员会副书记。2000年9月花溪联社工会委员会第二届会员代表大会选举为工会委员会主席。2002年2月花溪联社第四届社员代表大会再次选举为联社副主任。2003年7月再次当选为中共花溪联社总支委员会副书记。2004年6月任中共花溪合行总支委员会副书记、工会主席、学士路支行行长。（期间：2003年9月至2006年1月就读于贵州省委党校函授部，经济管理本科毕业）。2007年4月任中共花溪合行总支委员会副书记、工会主席、党办主任。2007年10月任花溪合行工会委员会主席、党办主任。

2007年12月任花溪合行党办主任，享受总行副行长待遇。2008年4月任花溪合行党办主任、目标督察办主任，享受总行副行长待遇。2009年11月任花溪合行纪委委员、纪检监察室主任兼稽核审计部负责人，享受总行副行长待遇。2010年8月任花溪合行纪委委员、纪检监察室主任，享受总行副行长待遇。2012年4月任花溪合行纪委委员、纪检监察员，享受总行副行长待遇。2015年3月任花溪农商行纪委委员、副科级纪检监察员。2016年1月任花溪农商行纪委委员、村镇银行管理部副科级员工。2016年6月至12月，任花溪农商行扶贫事业部副科级员工。

王安俊 男，出生于1964年5月，党员，布依族。本科学历，1979年9月在滥泥中学读书；1981年12月至1985年12月在中国人民解放军86737部队服役；1988年11月加入中国共产党，1989年12月任滥泥村团支部书记；1991年11月任花溪信用联社保卫部干事；1995年3月至2000年5月，任花溪信用联社保卫科副科长主持工作；1996年12月至1997年12月参加全国农村信用社金融安全保卫培训学习；1999年6月至2001年6月获贵州大学法律专业自考大专文凭；2009年6月至2012年6月获贵州大学行政管理自考本科文凭；2000年5月任花溪联社保卫科科长；2004年6月任花溪合行监察保卫部副经理主持工作，并担任花溪合行监事会职工监事；2005年6月任花溪合行监察保卫部经理；2009年11月至2012年4月，任花溪合行保卫部经理；2012年4月任花溪农商行保卫部指导员、支

部书记；2014 年 12 月任花溪农商行正股级纪检监察员；2015 年 12 任花溪农商行正股级安全保卫人员；2016 年 9 月至 12 月由花溪农商行外派到贵安新区发展村镇银行任安全保卫部经理。

周兴雄 男，汉族，出生于 1962 年 7 月，籍贯贵州贵阳，中共党员，大学本科学历。1981 年 1 月在久安拐耳小学任教（其间：1982 年至 1986 年任校长）。1987 年 1 月在久安信用社工作（其间：1988 年至 1992 年任主办会计）。1992 年 9 月任石板信用社副主任（主持工作）。1997 年 4 月任青岩信用社记账员、信贷员、主办会计。2001 年 5 月任花溪联社营业部副主任（主持工作）。2003 年 5 月任花溪联社业务发展部经理。2005 年 6 月任花溪合行营业部经理。2007 年 4 月任花溪合行业务发展部经理。2008 年 4 月任花溪合行湖潮支行行长。2012 年 4 月任花溪农商行稽核审计部经理。2015 年 12 月至 2016 年 12 月，任贵安新区发展村镇银行股份有限公司监事长。

卢俊俄 男，汉族，出生于 1968 年 8 月，籍贯贵州贵阳，中共党员，毕业于贵州大学法律专业，大专学历。1992 年 12 月任青岩信用社信贷员。1996 年 1 月任马铃信用社主任助理。1998 年 10 月任青岩信用社副主任。2001 年 9 月任久安信用社主任。2002 年 4 月任青岩信用社主任。2003 年 6 月任小碧支行信贷员。2007 年 6 月任小碧支行行长助理。2008 年 4 月任石板支行行长助理。2012 年 2 月任石板支行副行长。2013 年 2 月至 2016 年 12 月任湖潮支行行长助理。

张敌忠 男，籍贯贵州贵阳，1989 年 3 月参加工作，1991 年 5 月加入中国共产党，毕业于贵州大学经贸系金融学专业，本科学历。1989 年 3 月任花溪区黔陶信用社出纳、信贷员。1996 年 1 月任黔陶信用社副主任（主持工作）。1996 年 7 月调任石板信用社副主任（主持工作）。2000 年 4 月任石板信用社主任。2004 年 7 月任花溪合行紫光支行行长。2007 年 7 月任花溪合行平桥分理处主任。2010 年 10 月任花溪合行（农商行）平桥（片区）副主任。2014 年 2 月至 2016 年 12 月任花溪农商行三农服务部员工。

马然 男，出生于 1973 年 2 月，籍贯安徽安庆，回族，1996 年 3 月参加工作，1998 年 7 月加入中国共产党。毕业于贵州大学经济管理专业，本科学历。1996 年 3 月在花溪区青岩农村信用社先后从事驾驶员、信贷工作。2000 年 4 月在花溪区金竹农村信用社先后从事驾驶员、信贷工作。2001 年 4 月在花溪联社保卫科从事驾驶员、守押工作。2001 年 9 月在花溪联社信贷科从事信贷工作，任副科长。2002 年 4 月在花溪区湖潮农村信用社任副主任（主持工作）、主任（其间：2005 年 5 月改制任花溪合行湖潮支行行长）。2005 年 8 月，任花溪合行明珠支行行长。2007 年 5 月任花溪合行孟关支行行长。2012 年 2 月任花溪合行平桥片区支行行长。2014 年 1 月任花溪农商行小微中心工作人员。2016 年 1 月至 12 月任花溪农商行三农服务部工作人员。

周平 男，汉族，出生于1970年1月，籍贯贵阳花溪，本科学历，群众。1992年12月参加工作，在麦坪信用社任记账员。1994年7月于麦坪信用社郭家冲分社任主办会计。1997年至1999年在麦坪信用社任信贷员。1999年12月在久安信用社任信贷员。2001年3月在高坡信用社任主办会计。2005年12月在高坡支行任副行长（主持工作）。2007年3月在麦坪支行任信贷员，农贷会计，储蓄柜员。2014年12月至2016年12月在花溪农商行任内勤出纳。

王惠琴 女，布依族，出生于1965年11月，籍贯贵州，大专学历。1988年9月任信合股出纳员。1999年1月任联社营业部记账员。1999年11月在朝阳分社主持工作。2003年11月任紫光支行记账员。2011年5月任麒鑫分理处记账员。2012年8月至2015年在花溪农商行远程授权中心工作。2015年8月至2016年12月在花农商营业部清分中心工作。

郭礼辉 女，汉族，中共党员，出生于1970年5月，籍贯贵州毕节，大学本科学历。1992年12月在遵义市工商局市场服务处任办公室主任。2001年12月调入花溪联社。2004年6月调入霞晖分理处任主任。2009年1月获准辞去霞晖分理处主任职务，享受支行行长待遇，调紫光支行工作。2013年4月调营业部工作至2016年12月。

胡如华 男，汉族，出生于1962年1月，籍贯贵州，本科学历，中共党员。1988年5月任湖潮信用社记账员。1993年8月任马铃信用社会计。1996年1月在燕楼信用社任副主任（主持工作）。1997年任马铃信用社会计。1998年6月任湖潮信用社会计。2001年5月任久安信用社会计。2006年1月任花溪合行久安支行会计。2006年5月任花溪合行湖潮支行信贷员。2010年1月任花溪合行麦坪支行信贷员。2014年12月至2016年12月，任花溪农商行营业部清分中心员工。

龚子琪 男，满族，出生于1978年11月，籍贯吉林榆树，本科学历，群众。1998年6月在中国工商银行花溪区支行九二分理处任记账员。2000年3月在中国工商银行花溪区支行九二分理处任分理处主任。2003年2月在花溪联社九二分社任记账员。2003年9月在花溪联社云上分社任记账员。2004年3月在花溪合行九二分理处任分理处主任。2007年3月在花溪合行平桥分理处任信贷员。2007年9月在花溪合行民院分理处任记账员。2008年4月在花溪合行紫光支行任信贷员。2012年5月在花溪合行营业部任交换员。2014年7月至2016年12月在花溪农商行石板支行任信贷员。

袁丽 女，汉族，出生于1963年10月，籍贯贵州贵阳，大专学历。1983年2月在花溪联社党武信用社任主办会计。1998年4月调入花溪联社营业部任主办会计。2000年3月调联社营业部学士路分社任负责人兼主办会计。2004年4月至2016年12月在花溪农商行财务统计部工作。

唐荣仁 男，苗族，生于1981年12月，硕士学历，中共党员，2002年8月参加工作。2002年8月在花溪农村信用联社云上分社工作任记账员；2002年9在花溪农村信用联社孟关信用工作任记账员、信贷员、会计；2006年2月在花溪农村合作银行湖潮支行工作任行长助理；2008年8月在花溪农村合作银行久安支行工作任副行长（主持工作）；2012年2月在花溪农村合作银行湖潮支行工作任行长；2012年8月花溪农村合作银行小微企业服务中心客户经理；2013年7月在花溪农村合作银行麦坪支行工作任行长；2013年12月在花溪农村商业银行麦坪支行工作任行长；2015年1月花溪农村商业银行基建办公室工作人员；2015年12月花溪农村商业银行小微企业服务中心客户经理；2016年8月至12月花溪农村商业银行营业部工作人员。

蓬兴武 男，苗族，出生于1964年4月，籍贯贵州贵阳，本科学历，中共党员。1985年5月在花溪区高坡信用社任出纳；1987年10月借调在中国农业银行花溪支行信用合作股任记账员、信贷员；1989年4月至2005年9月先后在花溪联社高坡信用社任副主任、主任，花溪合行高坡支行任行长；2005年9月在花溪合行湖潮支行任行长；2007年4月至2016年12月，在花溪合行稽核审计部、花溪农商行稽核审计部任稽核员。

黎文 女，汉族，出生于1967年9月，籍贯贵州贵阳，本科学历，群众。1987年9月在黔陶信用社担任出纳员、主办会计；1989年3月在中国农业银行花溪支行信用合作股信贷部担任统计员；1994年4月在花溪联社营业部担任主办会计；1996年7月在信贷部担任统计员；1998年8月在会计部担任会计；1999年4月在营业部担任出纳员；2002年3月在竹林分社担任主办会计；2002年12月在云上分社担任主办会计；2004年5月在花溪合行云上分理处担任主办会计；2006年3月在九二分理处担任主任助理（兼主办会计）；2009年1月在紫光支行担任行长助理（兼主办会计）；2012年8月在云上分理处担任主任助理（兼主办会计）；2013年3月在云上分理处担任副主任（兼主办会计）；2013年10月在清溪分理处担任副主任（兼主办会计）；2014年7月至2016年12月，在稽核审计部任担任稽核员。

陈恒学 男，出生于1959年12月，籍贯贵阳，布依族，学历中专，群众。1978年12月至1983年6月，于中国人民解放军空军雷达兵第三十二团服役；1984年10月在黔陶信用社任信贷员；1997年7月在花溪联社黔陶信用社任副主任（主持工作）；1998年10月在黔陶信用社任负责人；1999年10月在黔陶信用社任主任；2004年5月在花溪合行黔陶分理处任主任；2006年6月在花溪合行营业部任解款员；2007年3月在花溪合行任经警班副班长；2008年7月在平桥分理处任副主任；2012年7月至2016年12月，在花溪合行、花溪农商行保卫部工作。

汪涛 男，出生于1958年12月，籍贯安徽桐城，汉族，大专学历。1975年5月在开阳顶兆公社当知青；1979年10月在安顺虹山轴承厂任工段长；1998年1月在安顺农资公司仓库任主任；2002年1月在花溪联社青岩信用社任副主任；2004年6月在花溪合行党武分理处任主任；2006年2月在花溪合行业务发展部任副经理；2007年3月在华宇支行任副行长；2008年4月在综合目标督查办公室任副主任；2009年10月在农经业务部工作；2010年1月在云上分理处工作；2011年6月在湖潮支行工作；2012年1月至2016年12月，在花溪农商行监控中心工作（支行副行长级别）。

王明亮 男，出生于1957年2月，籍贯贵阳，布依族，高中学历，中共党员。1983年5月在花溪乡镇企业局及下属企业工作；1995年3月在花溪联社青岩信用社任记账员、信贷员；1997年1月在燕楼信用社任负责人；2000年4月在花溪信用社任副主任；2001年5月在孟关信用社任主任；2003年11月在万达分社及紫光分社任负责人；2005年10月在花溪合行信贷科工作；2006年4月在石板支行任行长；2008年4月在稽核审计部任稽核员；2010年6月在华宇支行任信贷员；2013年11月在清分中心工作；2015年6月至2016年12月，在监控中心工作。

王晓云 女，汉族，出生于1974年3月，籍贯贵阳，本科学历，中共党员。1998年6月在花溪联社青岩信用社任记帐员；2000年1月在清溪分理处任记帐员；2000年10月在花溪信用社任主办会计、柜长；2003年11月在花溪联社营业部任记帐员；2005年6月在花溪合行紫光支行任主办会计；2005年11月在平桥分理处任主任；2011年6月小微企业服务中任拓展部经理；2016年3月至12月在花溪农商行事后监督中心任监督员。

越红 女，出生于1969年11月，籍贯贵阳，汉族，本科学历，群众。1990年7月进入花溪供销贸易中心工作；1998年5月在花溪联社党武分社任出纳员；1999年5月在花溪联社营业部任记帐员；2000年7月在朝阳分社任记帐员；2002年5月在霞晖分理处工作，2003年4月任霞晖分理处主任；2005年5月在花溪合行明珠支行任副行长；2007年5月在麒鑫分理处任内勤主管兼会计和农贷会计；2012年1月在孟关支行任柜员；2015年6月至2016年12月，在华宇支行任柜员。

张凯 女，汉族，出生于1971年9月，籍贯湖北，本科学历。1994年4月在花溪信用社工作；1999年6月在花溪联社霞晖分社工作；2000年8月在朝阳分社工作；2001年6月在大寨分社任负责人；2004年6月在花溪合行业务发展部工作；2006年6月在稽核审计部工作；2006年9月至2016年12月，在风险管理部工作。

部分调出人员

江弘 男，汉族，出生于1974年9月，籍贯贵州榕江，1995年7月参加工作，2003年11月加入中国共产党。毕业于电子科技大学软件工程专业，硕士研究生学历。1991年9月贵州省供销学校财务会计专业学生。1995年7月任花溪联社记账员。1996年3月任贵阳市花溪区青岩农村信用合作社记账员。1997年4月在花溪联社会计出纳科工作。1998年9月在湖南农村金融职工大学大专班计算机应用专业学习。2000年6月在花溪联社会计出纳科工作。2001年1月任花溪联社会计出纳科副科长（主持工作）。2001年9月任花溪联社会计出纳科科长。2002年4月任花溪联社会出科技科科长。2003年4月任花溪联社会计信息部经理（其间：2002年3月至2005年6月在中央广播电视大学本科班法学专业学习）。2004年5月任花溪合行监事长。2007年11月任花溪合行副行长（其间：2009年3月至2012年12月在电子科技大学硕士学位软件工程专业学习）。2009年5月任花溪合行副行长、党委委员。2014年1月至2016年3月，任花溪农商行行长、党委委员。现任清镇农商行党委书记、理事长。

邢昉 男，汉族，出生于1974年6月，籍贯重庆，1996年9月参加工作，2002年11月加入中国共产党。毕业于武汉大学行政管理专业，管理学博士。1996年9月任贵州省纪律检查委员会纪检监察二室任办事员。1997年10月任贵州省纪律检查委员会纪检监察二室任科员。2000年9月在贵州大学民商法学专业学习。2003年7任中国人民银行成都分行贵阳金融监管办事处工作人员。2003年10月任中国银行业监督管理委员会贵州监管局政策法规处工作人员。2004年4月任中国银行业监督管理委员会贵州监管局政策法规处副主任科员。2007年8月任中国银行业监督管理委员会贵州监管局政策法规处科长。2008年11月任中国银行业监督管理委员会贵州监管局市场准入二处科长。2009年11月任中国银行业监督管理委员会贵州监管局市场准入二处监管副调研员。2010年8月任中国银行业监督管理委员会贵州监管局市场准入二处副处长（其间：2006年9月至2012年12月在武汉大学行政管理专业学习）。2012年12月任中国银行业监督管理委员会贵州监管局股份制银行监管处副处长。2013年10月任中国银行业监督管理委员会贵州监管局办公室、党委办公室副主任。2014年1月任花溪农商行监事长，2015年12月，调任修文联社理事长。

龙浩 男，侗族，出生于1977年5月，籍贯贵州天柱，2000年10月加入中国共产党。软件工程（电子商务）专业硕士研究生。2001年3月参加工作。2001年7月任花溪联社青岩信用社信贷员。2002年9月任花溪联社久安信用社农贷会计兼信贷员。2003年2月任花溪联社营业部信贷员。2003年12月任花溪联社华宇分社经理。2004年6月任花溪合行华宇支行副行长（主持工作）。2005年12月任花溪合行行长助理（其间：2005年9月至2007年6月于武汉大学软件工程专业就读在职研究生，并获得硕士学位）。2010 年 2 月任花溪合行副行长。2012 年 2 月任惠水县农村信用合作联社理事长。

肖沛军　男，汉族，出生于 1981 年 8 月，籍贯湖南安化，2003 年 3 月加入中国共产党，2003 年 8 月参加工作。毕业于重庆通信学院计算机应用专业，大学工学学位。2000 年 9 月至 2003 年 6 月就读于湖南农业大学金融与保险专业。2003 年 6 至 8 月待业。2003 年 8 月在贵阳市息烽县西山乡政府、县委宣传部息烽集中营二期工程办公室工作（“大学生西部志愿者”）。2005 年 8 月在贵阳市乌当区农村信用合作联社营业部、新场信用社、业务发展部实习。2006 年 3 月任贵阳市乌当区农村信用合作联社业务发展部信贷员（其间：2005 年 9 月至 2008 年 6 月在重庆通信学院计算机应用专业读大学）。2007 年 8 月在贵阳市乌当区农村信用合作联社风险部工作。2008 年 3 月任乌当区农村信用合作联社业务发展部副经理。2010 年 3 月任乌当区农村信用合作联社业务发展部总经理。2013 年 11 月至 2015 年 6 月，任花溪农商行风险总监。2015 年 7 月任都匀农商行副行长（主持工作）。

蒋楷　女，汉族，出生于 1980 年 8 月，籍贯贵州贵阳，1998 年 6 月参加工作，2009 年 6 月加入中国共产党，毕业于中央党校法律专业和厦门大学软件工程领域工程专业，工程硕士。1995 年 9 月就读于贵阳市经济贸易学校计算机（会计电算化）专业。1998 年 6 月任贵州花溪联社花溪分社柜员。2000 年 3 月任贵州花溪联社办公室工作人员。2006 年 2 月任花溪合行麒鑫分理处主任助理。2007 年 3 月任花溪合行办公室副主任。2009 年 10 月任花溪合行人力资源部负责人。2011 年 8 月任花溪合行办公室主任兼人力资源部经理。2012 年 2 月任花溪合行人力资源部经理。2012 年 7 月任花溪合行人力资源部经理兼共青团花溪合行委员会书记。2013 年 12 月至 2016 年 8 月，任花溪农商行人力资源部经理兼共青团花溪农商行委员会书记。现任清镇农商行副行长。

周治　男，汉族，出生于 1977 年 1 月，籍贯贵州贵阳。1995 年 7 月参加工作，1996 年 7 月加入中国共产党。毕业于四川大学会计学，本科学历。1993 年 9 月贵州银行学校金融专业学生。1995 年 7 月任燕楼农村信用合作社信贷员。1998 年 5 月任青岩农村信用合作社信贷员。2002 年 4 月在花溪联社营业部工作（其间：2002 年 6 月于贵州大学自学考试专科班法律专业毕业）。2003 年 4 月，任花溪联社营业部副经理。2003 年 8 月任青岩农村信用合作社副主任（主持工作）。2004 年 6 月任花溪合行青岩支行副行长（主持工作）。2006 年 2 月任花溪合行青岩支行行长（其间：2004 年 3 月至 2006 年 12 月在四川大学本科班会计学专业学习）。2008 年 4 月任花溪合行业务发展部经理。2009 年 4 月任花溪合行业务发展部经理兼农经业务部经理。2010 年 7 月任花溪合行业务发展部经理。2011 年 11 月任花溪合行业务发展部经理兼资金营运部经理。2012 年 2 月任花溪合行小微企业金融服务中心主任。2013 年 11 月任清镇市农村信用合作联社风险总监。

李榛　男，苗族，出生于 1978 年 8 月，籍贯贵州水城，2004 年 9 月参加工作，2002 年 4 月加入中国共产党。毕业于贵州民族学院法学系法学专业，法学硕士。1999 年 9 月在贵州民族学院法学系法律专业学习。2003 年 7 月在贵阳市贵达律师事务所从事法律工作，兼职贵州省高等商业专专科学校法律教学工作。2004 年 9 月任花溪合行高坡支行记账员、信贷员。2006 年 5 月任花溪合行风险管理部员工。2007 年 3 月任花溪合行风险管理部经理助理。2008 年 4 月任花溪合行风险管理部副经理。2009 年 4 月任花溪合行风险管理部副经理、合规审计部副经理。2010 年 7 月任花溪合行风险管理部经理、合规管理部经理。2013 年 11 月任乌当区农村信用合作联社风险总监。

成勇　男，汉族，出生于 1973 年 10 月，籍贯江苏张家港，1993 年 10 月参加工作，1997 年 11 月加入中国共产党。毕业于中央广播电视大学法学专业，大学学历。1993 年 10 月任乌当区农村信用合作联社营业部记账员（其间：1997 年 4 月至 1998 年 3 月在乌当区野鸭乡政府挂职工作；1998 年 9 月至 1999 年 7 月在湖南农村金融职工大学计算机应用专业证书班学习）。1999 年 7 月任乌当区农村信用合作联社会计科职员。2000 年 3 月至 2001 年 1 月，任乌当区农村信用合作联社会计科副科长。2001 年 1 月任乌当区野鸭信用社临时负责人。2002 年 6 月任乌当区农村信用合作联社监事长。2004 年 11 月任乌当区农村信用合作联社办公室职员（其间：2003 年 9 月至 2005 年 5 月在中央广播电视大学法学专业学习）。2005 年 4 月任乌当区信用合作联社永乐信用社信贷员。2007 年 9 月任乌当区信用合作联社营业部顺海分社柜员。2008 年 1 月任花溪合行小碧支行信贷员。2008 年 4 月任花溪合行稽核审计部副经理（主持工作）。2009 年 10 月任花溪合行办公室负责人。2010 年 7 月任花溪合行霞晖分理处副主任（主持工作）。2012 年 2 月任花溪合行营业部负责人。2013 年 11 月任中共盘县农村信用合作联社党委委员。2014 年 1 月任中共盘县农村信用合作联社党委委员、副主任（主持经营层工作）。2015 年 12 月任贵州省六枝特区农村信用合作联社党委委员。2016 年 6 月任贵州省六枝特区农村信用合作联社党委委员、党委书记、主任。

杜旭　女，汉族，出生于 1983 年 7 月，籍贯贵州织金，2005 年 8 月参加工作，2004 年 12 月加入中国共产党。毕业于贵州民族学院公共管理学院行政管理专业，管理学硕士。2005 年 8 月任贵州花溪区委组织部远程教育办公室职工（参加大学生志愿服务西部计划）。2006 年 8 月任花溪合行青岩支行职工。2007 年 8 月任花溪合行办公室职工。2008 年 4 月任花溪合行人力资源部职工。2011 年 8 月任花溪合行紫光支行职工。2012 年 2 月任花溪合行党委办公室副主任。2012 年 12 月任修文县农村信用合作联社副主任。

部分退休人员

（曾任中层管理职位以上）

吴正北 男，汉族，1936年5月生，贵阳市花溪区石板镇芦荻村人，中共党员。1954年，高小毕业后被石板区推荐参加贵筑县人民银行举办的农村信用社培训班学习。1955年在芦荻信用社工作。1956年，转入人民银行石板营业所任农金员。1957年，调党武营业所任会计。1961年，调孟关信用社任副主任。1973年，调石板营业所任主任。1977年至1978年，参加区人民银行整顿农村信用社工作组任组长。1980年，任农行花溪支行副行长，分管农村信用社金融业务。1989年，花溪联社成立，被选任联社副主任。1990年，任联社主任兼工会主席。1996年，回农行花溪支行后退休。

张兴惠 女，汉族，1944年12月生，贵州贵阳人，初中文化。1993年被聘为经济师，2000年9月正式退休。于1965年10月在花溪信用社工作，担任出纳员，1982年8月从事信贷工作，1992年起兼任花溪区农金系统工会女职工委员会主席。

郭福芳 女，汉族，1944年3月生，贵阳市花溪区人，初中文化，1993年被聘为经济师，1999年3月正式退休。于1961年1月参加工作，1962年由乌当阿粟卫生所调入花溪信用社工作，曾从事出纳、会计、信贷等工作，1988年任花溪信用社主任，1990年1月任联社副主任，1997年10月，贵阳市农村金融体制改革领导小组发文：“花溪联社副主任郭福芳在任职期间有违规违纪和不廉洁自律行为，决定撤销其联社副主任职务”。1999年郭福芳以工作人员职位退休。

罗来苇 女，汉族，1948年7月生，重庆市人，高中文化，1993年被聘为会计师，2001年5月正式退休。于1968年参加工作，1978年调金竹信用社任出纳，1980年调花溪信用社任记账员，1985年任主办会计，1992年9月调花溪联社任会计稽核股股长，1993年6月被聘为会计师，1995年3月任会计出纳科科长，1998年12月任花溪联社监事长兼稽核监察科科长。

徐勇 女，汉族，1951年8月生，贵阳市花溪区人，初中文化，1995年12月加入中国共产党，1995年被聘为助理经济师，2001年7月正式退休。于1971年5月在正安县百货公司工作，1987年11月调燕楼信用社任会计，1991年1月任燕楼信用社主任，1996年1月任花溪信用社主任，1997年4月调花溪联社从事稽核工作。

王文秀 女，汉族，1954年2月生，贵州贵阳人，初中文化，1991年11月加入中国共产党，1996年7月被聘为会计师。1970年4月至1972年11月在贵阳市花溪区党武乡瓮岗当知青。1973年1月任贵阳市花溪区红阳厂职工。1976年1月任青岩信用社主办会计、副主任。1994年1月任贵阳市花溪联社营业部副主任。1997年11月任贵阳市花溪联社信贷科副科长（主持工作）。1999年1月任贵阳市花溪联社营业部主任。2000年3月至2006年12月，先后在营业部、清溪分社、大寨分社、明珠支行工作。王文秀参加工作36年，从事金融工作31年，于2007年1月退休。

王光裕 男，布依族，1939年12月生，花溪区黔陶乡人，高小文化，中共党员，助理经济师。

1959年1月参军，1964年4月在黔陶乡关口大队任保管员，1966年9月任黔陶信用社主任，1988年8月任燕楼信用社主任，1991年4月任黔陶信用社主任，1996年4月任信贷员，1999年12月办理退休。

陈文银 男，苗族，1940年2月生，花溪区湖潮乡人，初中文化，助理经济师。1964年在湖潮信用社工作，1984年任湖潮信用社主任，1988年后在湖潮信用社从事信贷工作，1999年12月退休。

李中伟 男，汉族，1946年5月生，贵州贵阳人，初中文化，1993年6月加入中国共产党，1988年6月被聘为经济师。1963年6月任孟关信用社信贷员。1973年8月任孟关信用社主办会计。1983年5月任孟关信用社副主任（主持工作）。2001年9月任孟关信用社信贷员。李中伟从事金融工作41年，于2004年8月退休。

黄作仁 男，汉族，1934年9月生，贵州贵阳人，高小文化，无党派人士。1954年5月参加工作，从事金融工作48年，在信用社工作期间，曾担任党武信用社出纳、会计、副主任等职务，1988年主持党武信用社工作的黄作仁不执行责任制，信用社连续两年亏损2.2万元，农行花溪支行发文全区通报，免去黄作仁理事会副主任职务。黄作仁于2002年5月退休。

王友华 男，布依族，1943年11月生，贵阳市南明区云关乡人，高小文化，1966年3月加入中国共产党，1966年4月在小碧信用社工作，1989年8月任小碧信用社负责人，退休前岗位为信贷员，2003年12月退休。

张启祥 男，汉族，1942年3月生，贵州贵阳人，高小文化，无党派人士，1993年5月被聘为助理经济师。1960年11月在青岩信用社工作，曾担任会计、出纳、信贷、负责人等工作，从事金融工作43年，于2002年3月正式退休。

谢菊英 女，汉族，1956年12月生，四川达县人，初中文化，1975年5月加入中国共产党，1988年5月被聘为经济员。1974年12月参加工作，在花溪乡桐木岭花溪砖瓦厂当知青，1982年1月调麦坪信用社任出纳，1987年1月任麦坪信用社主办会计，1998年9月任麦坪信用社副理事长兼副主任，2001年9月至1998年9月，任麦坪信用社副主任，2007年1月办理内退，2011年12月办理退休。

翁昌顺 男，汉族，1935年7月生，花溪区高坡乡人，初中文化，1988年被聘为经济员，2002年5月正式退休。1958年3月在高坡信用社工作，曾担任会计、农金员等职务，1964年5月担任高坡信用社主任，1988年1月调花溪联社查账，1990年3月担任高坡信用社信贷员。

杨文信 男，苗族，1939年2月生，花溪区高坡乡云顶村人，高小文化，助理经济师职称。1960年3月在高坡邮电所工作，1963年调高坡信用社从事农金工作，1984年任高坡信用社副主任，1989年在高坡信用社从事信贷工作，直至1999年9月退休。

胡敏 女，土家族，1957年3月生，贵州铜仁人，中专文化，1975年8月在铜仁市城关区八街当知青，1996年12月调入联社工作，2000年4月任联社营业部主任，2001年1月任联社工会办公室主任，2002年4月任联社办公室副主任，2003年4月调联社会计部工作，2007年4月办理内退，2012年3月退休。

先进人物名录

国家级表彰先进人物

姓名	荣誉称号	授予单位	授予时间（年）
吴　勇	中国十大最具社会责任银行家	中国金融研究院	2010. 1
吴　勇	激荡·60 载—新中国成立 60 周年中国农村金融 60 人 60 事先锋人物	经济日报等报业集团	2010. 1
吴　勇	2009 中国农村金融年度人物	中国金融年会	2011. 2
吴　勇	中国最具社会责任银行家	中国金融研究院	2011. 2
吴　勇	2010 年中国农村金融年度人物	中国金融网、中国金融研究院、中央电视台财经频道	2011. 5
吴　勇	2010 年中国农村金融年度人物	中国金融年会	2012. 3
吴　勇	农信银杯第二届中国农村金融品牌价值榜·十大品牌创新人物	中国银行业协会	2013. 2
谢必玉	2011 年度全国银行业金融机构小微企业金融服务先进个人	中国银行业协会	2013. 2
肖艳华	2013 年度银行从业人员消费者权益保护知识竞赛优秀个人奖	中国银行业协会、中国银行业监督管委会、银行业消费者权益保护司	2014. 3
陈　紫	2013 年度银行从业人员消费者权益保护知识竞赛优秀个人奖	中国银行业协会、中国银行业监督管委会、银行业消费者权益保护司	2014. 3
吴　勇	2014 年度品牌人物——贵州十大品牌人物	中国国际商会	2014. 12
吴　勇	全国五一劳动奖	全国总工会	2017. 4

省级表彰先进人物

姓名	荣誉称号	授予单位	授予时间（年）
蒋　婕	全省农村信用社十佳形象大使	贵州省联社	2008. 2
吴　勇	2009 年都市年度人物	贵州都市报	2010. 1
吴　勇	2008—2009 年度优秀党务工作者	贵州省联社党委	2010. 3
王　刚	2008 年度信息工作先进个人	贵州省联社	2010. 3
徐　燕	贵州省银行业形象大使比赛优秀奖	贵州省联社	2010. 3
吴　勇	贵州省金融机构空白乡镇便民服务点建设先进个人	贵州省银监局	2011. 3
李　辉	2009—2010 年度“六先”共产党员	贵州省联社	2011. 3
吴　勇	2011 年贵州省优秀企业家	贵州省企联、贵州省企协	2012. 3
江　弘	2010—2011 年度“六先”共产党员	贵州省联社党委	2012. 3
杜　旭	2010—2011 年度优秀通讯员	贵州省银协	2012. 3
向　燕	2010 年度全省农村信用社信息工作先进个人	贵州省联社	2012. 3
王　刚 杜　旭 李锦艳	2010 年度全省农村信用社宣传报道先进个人	贵州省联社	2012. 3
王云鑫	2011 年兴黔人才市场首届职工劳动职业技能点钞竞赛单指单张点钞竞赛三等奖	兴黔人才市场	2012. 3
蒋　婕	2011 年度全省农村信用社信息先进个人	贵州省联社	2013. 4
周　治	2011—2012 年度贵州省农村信用社“六先”共产党员	贵州省联社	2013. 4
李　榛	2012 年《贵州农信》内刊稿件报送优秀信息员	贵州省联社	2013. 4
吴　勇	2012—2013 年度优秀党务作者	贵州省联社	2014. 3
吴　勇	服务信合三十年奖	贵州省联社	2014. 3
吴　勇	十佳管理之星	贵州省联社	2014. 3
向　燕	2012 年度全省农村信用社信息工作先进个人	贵州省联社	2014. 3
黄　毅	2013 年支农服务先进个人	贵州省联社	2014. 3

续表

姓名	荣誉称号	授予单位	授予时间（年）
杨 敏	2013 年小微企业金融服务先进个人	贵州省联社	2014. 3
吴学敏	最美信合人	贵州省联社	2014. 3
吴 勇	五一劳动奖章	贵州省总工会	2014. 4
吴 勇	2014 贵州省明礼知耻、崇德向善行业道德标兵	中共贵州省委宣传部、贵州省精神文明建设指导委员会办公室、贵州省总工会	2015. 2
江 弘	2013—2014 年度优秀党务工作者	贵州省联社	2015. 2
王卫涛	2014 年第一期安保人员集训优秀学员	贵州省联社安全保卫部、武警贵州省总队第一支队军训办公室	2015. 2
未永强 杨 祺	2014 年第二期安保人员集训优秀学员	贵州省联社安全保卫部、武警贵州省总队第一支队军训办公室	2015. 2
陈英俊 龙章忠	贵州省农村信用社 2014 年支农先进个人	贵州省联社	2015. 2
张振华	贵州省农村信用社 2014 年支小先进个人	贵州省联社	2015. 2
周 兰 李 诚	2014 年度“诚者信合、春天助农行动”先进个人	贵州省联社	2015. 2
吴 勇	2014 年贵州省优秀企业家	贵州省企联、贵州省企协	2015. 3
吴 勇	贵州省劳动模范	贵州省总工会	2015. 4
肖艳华	贵州省银行业协会优秀通联人员	贵州省银协	2015. 6
江 弘	2014—2015 年度“六先”共产党员	贵州省联社	2015. 7
邢 昉	2014—2015 年度优秀党务工作者	贵州省联社	2015. 7
吴 俊	2015 年度安保人员集训优秀学员	贵州省联社安全保卫部、武警贵州总队训练基地国防教育中心	2015. 10
曾应遐	“2016 年全省金融系统银行证券保险综合业务技能竞赛银行类比赛”零售业务赛一等奖	贵州省金融工会	2016. 2
江 弘	“明理知耻、崇德向善”贵州省第二届行业道德标兵	贵州省文明办	2016. 2
向 燕	2015 年度优秀通联人员	贵州省银协	2016. 5
王宇成	2015 年度信息工作先进个人	贵州省联社	2016. 6
肖艳华	2015 年度宣传工作优秀通讯员	贵州省联社	2016. 6

续表

姓名	荣誉称号	授予单位	授予时间（年）
陈忠祥	2015 年度不良贷款清收工作先进个人	贵州省联社	2016.6
晏荣荣 曾彬彬	2015 年度支农先进个人	贵州省联社	2016.6
王玉亭	2015 年度支小先进个人	贵州省联社	2016.6
王　刚	2015—2016 年度优秀党务工作者	贵州省联社	2016.7
王　莉	2015—2016 年度“六先”共产党员	贵州省联社	2016.7
徐智扬	金融夜校“金牌讲师”一等奖、农信金牌讲师	贵州省联社	2017.1

市级表彰先进人物

姓名	荣誉称号	授予单位	授予时间（年）
廖　建 王安俊	2011 年度贵阳市银行业单位安全评估工作先进个人	贵阳办事处	2012.3
吴　勇	先进劳动者	贵阳市总工会	2013.4
王安俊	2012 年度金融安全保卫工作先进个人	贵阳办事处	2013.4
彭　勇	最美“和谐家庭”	贵阳办事处	2014.3
王　婷	最美“五心”员工	贵阳办事处	2014.3
周华献	2013 年度金融安全保卫工作先进个人	贵阳办事处	2015.2
杨　敏	2014 年“五一巾帼标兵”	贵阳市总工会	2016.4

县级表彰先进人物

姓　名	荣誉称号	授予单位	授予时间（年）
班建益、杨光初、李中伟、陈灿富、刘万民、蓬兴武、罗来苇、张兴惠、王晓菜、王文秀、吴勇、谢菊英、迟焕明、邓绍容、杨萍、金帮芬、刘贤华、翁昌顺、杨文信、张启忠、徐勇、魏峥嵘、郭先德、李国恩、袁丽、周正碧、罗国云、王虎、曾霖、姚祖平、陈庆林、黎文、王银霖、金梅珍、帅刚、陈林昌	花溪区 1991 年度农金系统先进工作者	花溪农行	1992.2

续表

姓　名	荣誉称号	授予单位	授予时间（年）
陈林昌、王兴和、罗来苇、邓绍荣、王文秀、白兰琼、杨光珍、袁丽、王虎、李琼英、陈恒学、徐海、任吉祥、金帮芬、刘贤华、陈灿富、金梅珍、杨应发、罗廷锦、王俊英、王银霖、吴培义、刘万民、谢菊英、李恒森、游廷栋、陈文银、周正碧、班建益	花溪区1992年农金系统度先进工作者	花溪农行	1993.1
班建益、龙超林、谢必玉、班勤山、王银霖、陈忠祥、唐登福、周兴雄、李显潮、游廷栋、李发武、胡如华、张启祥、唐世忠、卢俊俄、张启忠、蓬必芳、翁昌顺、雷太勇、杨应发、陈伟、周平、曾霖、帅刚、邓绍荣、王惠琴、张兴惠、陈学菊、金帮芬、谢菊英、张本云、袁丽、沈以君、杨文年、王晓菜、周正碧、徐勇	1994年度先进工作者	花溪联社	1995.1
王银霖、徐金涛、王忠林、葛必明、李恒森、陈伟、周平、于林、吴勇、张振华、王安俊、翁国政、雷太勇、杨继军、张启忠、袁恒明、陈文银、蓬兴武、王虎、徐勇、黎文、文光霞、白兰琴、王文秀、邓绍荣、罗来苇、张兴惠、张凯、金邦芬、匡文、周天芬、吴丹、贾幼玲、谢菊英、袁丽、沈以君、邱启兰、张本云、王俊英	1995年度先进工作者	花溪联社	1996.1
谢碧玉、班勤山、杨宗伟、李发武、胡如华、陈秋平、杨继军、陈伟、周平、王虎、帅刚、陈恒学、杨文信、黄明林、王安俊、龙超林、张启忠、邓绍荣、金帮芬、唐郡、杨光珍、徐书桓、王晓菜、项朝凤、周兴芳、周天芬、潘敏、张本云、袁丽、沈以君、罗延绵、王惠琴、陈雪菊、黎文、周正碧、周文敏	1996年度先进工作者	花溪联社	1997.1
葛必明、金帮芬、吴云峰、谢碧玉、杨文年、杨蕴忠、李碧、匡文、马然、卢俊俄、王明亮、唐世忠、王虎、曾霖、于林、邓绍荣、申晓燕、李小刚、王晓菜、张启忠、文光霞、唐德祥、贾幼玲、罗秋秋、蓬兴武、袁丽、胡敏、陈佳、杨明显、李显朝、谢菊英、黎文、江弘、陈林昌、王惠琴、迟焕明、陈忠祥、周兴芳、周天芬、张本云、尹忠斌、陈恒学、苏玉琼	1997年度先进工作者	花溪联社	1998.1
贾幼玲	1998年会计结算工作第一名	花溪联社工会	1999.1
文光霞	1998年会计结算工作第二名	花溪联社工会	1999.1
袁　丽	1998年会计结算工作第三名	花溪联社工会	1999.1
陈灿富、王忠福	1998年度优秀共产党员	花溪联社工会	1999.1
陈　佳	1998年度安全保卫技能第一名	花溪联社工会	1999.1
蔡茂林	1998年度安全保卫技能第二名	花溪联社工会	1999.1
陈恒学	1998年度安全保卫技能第三名	花溪联社工会	1999.1
吴勇、陈伟、金帮芬、李发武、王明亮、邓绍荣、班勤山、唐登福、周天芬、张本云、金涛、杨文年、文光霞、李显朝、杨文信、陈恒学、黄明林、胡敏、白兰琼、张兴惠、徐勇、王银霖、杨继军、杨光珍、卢俊俄	1998年度先进工作者	花溪联社工会	1999.1

续表

姓　名	荣誉称号	授予单位	授予时间（年）
蒋婕、徐书萍、葛如美、周兴芳、马然、徐金涛、杨宗伟、项朝凤、陈忠祥、唐永文、张本云、杨文年、刘芳、沈以君、王俊英、帅刚、李晓刚、李碧、王晓菜、饶骏、黎文、龙超林、曾霖	1999 年度先进工作者	花溪联社工会	2000.1
于林、周治、张启祥、苏玉琼、罗孝友、吴云峰、唐德祥、陈渠、谢菊英、吴学敏、吴丹、唐登福、金涛、帅刚、徐金涛、沈以君、李金发、邓绍容、班勤山、王晓云、龙超林、蒋婕、张兴惠、陈永峰	2000 年度先进工作者	花溪联社工会	2001.1
李祥林、周治、王虎、杨梅、罗孝友、周乐佳、文光霞、张本云、谢菊英、项朝凤、杨宗伟、杨蕴忠、沈以君、周平、陈永峰、曾霖、黎文、王晓菜、安丽、王慧琼、袁丽、杨乐媛、龙超林、饶骏	2001 年度先进工作者	花溪联社	2002.1
王虎、马征平、汪涛、吴学敏、杨梅、周乐佳、文光霞、陈果、杨宗伟、胡如华、李枝恒、黄明林、沈以君、陈永峰、曾霖、陈情、王晓菜、周兴芳、龙超林、徐书伟、白兰琼、张晓玲、杨乐媛、黄毅、饶骏	2002 年度先进工作者	花溪联社	2003.1
刘洋、李辉、项朝凤、申厚斌、蒋婕、黄毅、饶骏、陈忠祥、黄明林、文光霞、何静、陈娟、金开国、彭东志、杨蕴忠、龙超林、潘敏、陈情、袁丽、王晓菜、王晓云、班勤山、沈以君、黎文、陈永峰、周兴芳	2003 年度“信合之星”优秀员工	花溪联社	2004.1
梁晓远、王洲、袁丽、吴丹、王刚、王晓云、沈以君、刘远刚、陈罡、文光霞、周天芬、张本云、李晓刚、刘晓庆、杨宗伟、王俊英、刘芳、杨昌志、唐郡、安丽、王惠琼、杨文年、周兴芳、白兰琼、迟小梅、袁恒明、金涛、黎文、周珏	2004 年度“合行之星”优秀员工	花溪合行	2005.3
王晓云、陈情、卢俊俄、张婷婷、李朝叶、陈娟、周兴芳、周玲	2004 年“合行之星”揽存能手	花溪合行	2005.3
李枝恒、黄明林、徐金涛	2004 年“合行之星”清收不良贷款能手	花溪合行	2005.3
王伟、陈秋平、覃珂、吴丹、王晓菜、沈以君、班勤山、陈情、宴荣荣、王刚、周治、文光霞、罗章伟、唐德祥、杨宗伟、唐登福、卢俊俄、张婷婷、周玲、韩莉、李朝叶、王惠琼、周文敏、白兰琼、徐书伟、周碧玉、秦建飞、董春媛、潘敏、罗孝友、李枝恒、李家凤	2005 年“合行之星”优秀员工	花溪合行	2006.1
梁　洁	2005 年“合行之星”揽存能手	花溪合行	2006.1
徐金涛	2005 年“合行之星”清收不良贷款能手	花溪合行	2006.1
张启忠、王刚、王文秀、金帮芬、谢菊英、黄明林、周治	2005 年优秀共产党员	花溪合行党委	2006.7
张振华、蓬兴武	2005 年优秀党务工作者	花溪合行党委	2006.7

续表

姓 名	荣誉称号	授予单位	授予时间（年）
张清、彭燕、宴荣荣、孙燕、杨宗伟、王惠琴、陈娟、周珏、谭娟、李晓刚、周碧玉、罗秋秋、徐书伟、文光霞、王俊英、孙付惠、刘远刚、梁洁、吴丹、陈秋平、杨雄、代文林、沈以君、于林、雷佳、陈沛、兰兵、李家凤、王婷婷、潘敏、秦建飞、周玲、袁丽、夏艳、张达丽、卢俊俄	2006年“合行之星”优秀员工	花溪合行	2007.3
张达丽、王刚、黄明林、杨昌志、沈以君、胡如华、何中良	2006年优秀共产党员	花溪合行党委	2007.7
周乐佳、陈林昌、王安俊、谢必玉、张启忠、周治、陈庆林	2006年优秀党务工作者	花溪合行党委	2007.7
陈沛、沈以君、兰兵、万官明、滕江、冉景海、刘文举、邱启兰、王瑞红、申宇宇、罗章伟、梅剑、潘敏、徐燕、罗秋秋、王惠琴、罗祥金、金英、徐书伟、雷成敏、雷琳、龚子琪、安丽、韩莉、滕建丽、曾霖、未永强、杨昌志、刘远刚、吴丹、杨明伟、张达丽、司福海	2007年“合行之星”优秀员工	花溪合行	2008.2
陈娟、雷成敏	2007年“合行之星”揽储先进工作者	花溪合行	2008.2
彭东志、龙章忠、袁恒明、覃汝森	2007年“合行之星”信贷先进工作者	花溪合行	2008.2
王旭、曹佳、雷太勇	2007年“合行之星”安全保卫先进工作者	花溪合行	2008.2
李影	2007年“合行之星”统计工作先进工作者	花溪合行	2008.2
夏艳、滕江、梁国超	2008年“合行之星”统计工作先进工作者	花溪合行	2009.3
覃汝森、宴荣荣、刘文举	2008年“合行之星”信贷先进工作者	花溪合行	2009.3
王旭、王启术、刘丹	2008年“合行之星”安全保卫先进工作者	花溪合行	2009.3
杨乐媛、周治、王刚、钟世霞、王菊、邱啟佳、谢必玉、彭莹、许蓓宁、蒋婕、张达丽、徐燕	2008年“合行之星”优秀干部	花溪合行	2009.3
罗秀锋、杜旭、杨明伟、张凯、吴丹、龙华瑜、孔令黔、石晓洁、朱家燕、周华献、班勤山、李毅、覃珂、杨君军、刘朝彬、王惠琼、彭燕、周文敏、叶秀娟、李祖林、向燕、王婷、杨梅、朱丽玲、袁君、朱永康、唐永文、李晓刚、袁恒明、李学圣、张勇、徐飞、文艳、皮定飞、胡睿、雷成敏、杨文年	2008年“合行之星”优秀员工	花溪合行	2009.3
迟小梅、杨宇峰	2008年“合行之星”会计先进工作者	花溪总工会	2009.3
江弘、陈永峰、陈林昌、成勇、王伟、张达丽、龙华瑜、杨昌志、饶骏、金帮芬、沈以君、皮定飞、邹霞、杨文年、朱薇娜、陈庆林、黄锐、胡如华、卢俊俄、唐永文	2008年“六先”共产党员	花溪合行党委	2009.7

续表

姓　名	荣誉称号	授予单位	授予时间（年）
周乐佳、王刚、梁洁、刘朝彬、田华、张启忠、谢必玉、廖胜男	2008年优秀党务工作者	花溪合行党委	2009.7
李　璜	2008年"合行之星"揽储先进工作者	花溪合行	2009.3
廖　健	花溪区总工会2005——2009年度优秀工会之友	花溪合行	2010.3
杨乐媛	花溪区总工会2005——2009年度优秀工会工作者	花溪总工会	2010.3
蒋　婕	花溪区总工会2005——2009年度优秀工会积极分子	花溪总工会	2010.3
夏　艳	花溪区第二次全国经济普查先进个人	花溪区政府	2010.3
王刚、成勇、蒋婕、陈明鸣、饶骏、张振华、周兴雄、杨敏、陈永峰、吴丹、李碧、代文林	2009年"合行之星"优秀干部	花溪合行	2010.3
杜旭、王伟、夏艳、孔令黔、王卫涛、朱家燕、杨政、王优、杨丽、吴学敏、金帮芬、迟小梅、何俐佳、李璜、张海、陆海勇、沈殿彬、金英、杨娇、杨园媛、陈鹏、李家凤、周天芬、周霞、于林、梁国超、袁恒明、王瑞红、张春梅、王宝权、龙丽丹、潘丽娟、李光琴、韩莉	2009年"合行之星"优秀员工	花溪合行	2010.3
梁洁、王婷婷、李晓刚	2009年"合行之星"会计先进工作者	花溪合行	2010.3
张凯、张婷、王婷	2009年"合行之星"统计先进工作者	花溪合行	2010.3
孙强、晏荣荣、陈忠祥	2009年"合行之星"信贷先进工作者	花溪合行	2010.3
徐金涛、曾霖、黄明林、杨顺林、钱俊、胡睿	2009年"合行之星"安全保卫先进工作者	花溪合行	2010.3
朱永康、董春媛	2009年"合行之星"揽储先进工作者	花溪合行	2010.3
王欢、陈娟、郭海、杨明伟	2009年"合行之星"文工团先进个人	花溪合行	2010.3
王革清、林元园、刘颖、何俐佳	2009年"合行之星"篮球队先进个人	花溪合行	2010.3
陈林昌、张达丽、杜旭、杨昌志、黄明林、朱家燕、钱俊、迟小梅、黄锐、赵莉、周兴雄、于林、兰兵	2009年"六先"共产党员	花溪合行党委	2010.7
江弘、周乐佳、申厚斌、王安俊、王晓云、马然、袁君、张启忠、刘远刚	2009年优秀党务工作者	花溪合行党委	2010.7

续表

姓 名	荣誉称号	授予单位	授予时间(年)
吴勇	第二届花溪区优秀中国特色社会主义事业建设者	区工商联	2011.1
王刚、张达丽、申厚斌、饶骏、王安俊、李榛、唐荣仁、周兴雄、张振华、陈凯、杨敏、刘远刚	2010年“合行之星”优秀干部	花溪合行	2011.3
杜旭、向燕、付子凯、徐金涛、刘露露、李毅、汪宇、张凯、廖毓美、朱家燕、杨祺、周国庆、张婷婷、雷佳、兰兵、梁洁、班勤山、秦建飞、雷蕾、陈娟、石慧、叶秀娟、曹兴燕、张春梅、吴丹(小)、杨倩、卢颖、杨越、潘丽娟、唐敏、龙丽丹、兰科芳、赵欢、孙燕、孙强、谢孟娥、尹静、李壁羽、刘小庆、杨玉兰、荀小红	2010年“合行之星”优秀员工	花溪合行	2011.3
王婷婷	2010年“合行之星”会计先进工作者	花溪合行	2011.3
夏艳、杨君军、金英、赵静、滕建丽	2010年“合行之星”统计先进工作者	花溪合行	2011.3
刘文举、龚子琪、冉景海、李枝恒、覃汝森、于林、李影、孙黔、方嘉奇	2010年“合行之星”信贷先进工作者	花溪合行	2011.3
胡睿、赵磊克、黄明林、杨堂、曾霖、王卫涛	2010年“合行之星”安全保卫先进工作者	花溪合行	2011.3
金涛、雷成敏	2010年“合行之星”揽储先进工作者	花溪合行	2011.3
廖建、王伟、龙华瑜、廖毓美、陈沛、金帮芬、芦颖、杨文年、卢俊俄、叶秀娟、冉景海、陈庆林、周国庆、张春梅、龙沛伊	2010年“六先”共产党员	花溪合行党委	2011.7
周乐佳、杜旭、陈娟、马然、荀小红、梁晓远、廖胜男、徐燕、张振华、钱俊	2010年优秀党务工作者	花溪合行党委	2011.7
陈庆林、成勇、何中良、李榛、申厚斌、王刚、周兴雄、张振华、刘远刚、陈明鸣、陈永峰、李晓刚	2011年“合行之星”优秀干部	花溪合行	2012.3
郭海、杨明伟、刘鑫、曹利、文光霞、黄明林、夏艳、吴俊、杨祺、张婷婷、吴学敏、金帮芬、赵莉、雷佳、曹佳、尹娜娜、王惠琴、杨国萍、覃轲、李慧、王婷、王春婵、刘小庆、潘丽娟、田松、韩莉、杨丽、兰科芳、李学圣、朱永康、孙强、雷琳、孙燕、房建谊、李丹丹、罗章伟、刘丹、刘芳、于勇、龙沛伊、彭东志、周燮玉、蒋毅、何俐佳、汪健、毛健璋、秦建飞	2011年“合行之星”优秀员工	花溪合行	2012.3
梁洁、周珏、叶秀娟	2011年“合行之星”会计先进工作者	花溪合行	2012.3
张凯、沈以君、周文敏、龚子琪、兰科芳、陈罡、石慧	2011年“合行之星”统计先进工作者	花溪合行	2012.3
李璜、陈沛、刘鸿超、刘文举、于林、刘朝彬、李影	2011年“合行之星”信贷先进工作者	花溪合行	2012.3
曾霖、石晓洁、杨顺林、未永强、班勤山	2011年“合行之星”安全保卫先进工作者	花溪合行	2012.3

续表

姓　名	荣誉称号	授予单位	授予时间（年）
卢俊俄、李枝恒	2011年“合行之星”清收不良贷款先进工作者	花溪合行	2012.3
王刚、蒋婕、廖毓美、吴丹、陈娟、刘朝彬、杨文年、龙章忠、谢孟娥、唐永文、冉景海、石晓洁、于林、龙沛伊	2011年“六先”共产党员	花溪合行党委	2012.7
张达丽、梁洁、卢颖、荀小红、谢必玉、刘远刚、王安俊、周兴雄、王岚	2011年优秀党务工作者	花溪合行党委	2012.7
冉景海、赵磊克、尹中斌	2012年“合行之星”信贷先进工作者	花溪合行	2013.4
王卫涛、曾霖、石晓洁、吴学敏、王明亮、孙泽忠	2012年“合行之星”安全保卫先进工作者	花溪合行	2013.4
赵莉、曹佳、陈英俊	2012年“合行之星”揽储先进工作者	花溪合行	2013.4
梁洁、杨梅、张婧	2012年“合行之星”会计先进工作者	花溪合行	2013.4
夏艳、杨倩、陈罡	2012年“合行之星”统计先进工作者	花溪合行	2013.4
陈庆林、蒋婕、王刚、李榛	2012年“合行之星”优秀干部	花溪合行	2013.4
刘鑫、汪子靖、迟小梅、张凯、杨宇峰、曹莉、吴丹(小)、黄明林、杨祺、罗章伟、金帮芬、徐书伟、吴俊、张婷婷、沈殿彬、韩莉、周洁、秦建飞、荀开妍、刘小庆、吴澜婷、杨国萍、席艺玲、任芬芬、尹娜娜、张琳、王欢、何琳、张应杰、何俐佳、李祖林、曾彬彬、周友维、王瑾漩、彭东志、于勇、余佐艳、胡娟、杨越、刘萍、王菊(小)、吴姗姗、孙燕、徐文亮	2012年“合行之星”优秀员工	花溪合行	2013.4
周乐佳、张达丽、杨堂、张婷婷、徐燕、刘朝彬、杨文年、冉景海、蒙光英、何俐佳、孙晓莉、杨玉兰、谢孟娥、王婷、于林、许易曼、李辉	2012年“六先”共产党员	花溪合行党委	2013.7
唐永文、王刚、廖毓美、汪子婧、吴澜婷	2012年优秀党务工作者	花溪合行党委	2013.7
邱啟佳、杨敏、陈沛	2013年突出贡献奖	花溪农商行	2014.3
肖艳华、伍雪梅、丰云、袁晓琳、张凯、李蓓、荀小红、未永强、石晓洁、张婷婷、吴澜婷、陈静、周洁、何俐佳、余佐艳、于勇、唐光廷、吴姗姗、胡莎莎	2013年先进工作者	花溪农商行	2014.3
鲍凌、司福海、刘鑫、刘芳、杨宇峰、王瑞红、金开国、钱俊、吴学敏、班勤山、杨丹、覃轲、宋思诗、王春婵、张静宜、杨国萍、万官明、曾彬彬、房建谊、蒙光英、周夔玉、龙沛伊、李学圣、杨君军、彭芸、任芬芬、李琪、程竹、张应杰、周文敏、周予洁、兰科芳	2013年优秀工作者	花溪农商行	2014.3
梁洁、李朝叶、蒙光英	2013年会计先进工作者	花溪农商行	2014.3

续表

姓 名	荣誉称号	授予单位	授予时间（年）
夏艳、沈以君、陈罡	2013 年统计先进工作者	花溪农商行	2014.3
沈殿彬、龙超林、于林	2013 年客户经理先进工作者	花溪农商行	2014.3
曾霖、周国庆、王卫涛、金英、吴元军、郭海	2013 年安全保卫先进工作者	花溪农商行	2014.3
金帮芬、刘开明、曾玺璇	2013 年百亿工程先进个人	花溪农商行	2014.3
张达丽、王竟婧、石晓洁、张婷婷、吴丹(小)、喻媛、席艺玲、王岚、陈紫、石慧、龙沛伊、谢孟娥、张应杰、胡莎莎、李枝恒、郭海、李辉	2013 年“六先”共产党员	花溪农商行党委	2014.7
周华献、曹兴燕、赵磊克、汪子婧、唐永文	2013 年优秀党务工作者	花溪农商行党委	2014.7
杨继军、邱啟佳、杨敏、李诚、刘远刚、蒋婕	2014 年突出贡献奖	花溪农商行	2015.2
鲍凌、伍雪梅、魏添翼、赵方、刘鑫、吴丹(小)、洪燕玲、丰云、文光霞、杨雄、王卫涛、未永强、吴学敏、秦晴、邱启兰、王振平、李磊、赵颖、吴澜婷、刘丹、喻媛、王春婵、杨倩、周冰、杨梅、程竹、胡孟竹、周文敏、冉景海、宋世贵、于勇、龙沛伊、付宇、周茜、蒋毅、王革清、张应杰、李壁羽、李琪、毛健璋、蒋丹、石慧、曾彬彬、崔锐、房建谊、王怡沣、于林、罗涛涛、荀开妍、王朝琴、洪瑜、周予洁、朱永康	2014 先进工作者	花溪农商行	2015.2
迟小梅、李朝叶、赵欢	2014 会计先进工作者	花溪农商行	2015.2
沈以君、周文敏、尹静	2014 统计先进工作者	花溪农商行	2015.2
沈殿彬、席艺玲、王岚	2014 客户经理先进工作者	花溪农商行	2015.2
陆海勇、杨铭、袁洪图、何鸣、杨丹、王启术	2014 安全保卫先进工作者	花溪农商行	2015.2
王帅、陈英俊、田松、曾玺璇	2014 揽存先进工作者	花溪农商行	2015.2
肖艳华、喻媛、伍雪梅、吴丹(小)、陈发勇	2014 信息工作先进个人	花溪农商行	2015.2
马康康、雍朝玉	2014 文工团优秀团员	花溪农商行	2015.2
马康康、鲍凌、王莉、荀小红、王卫涛、朱薇娜、陈晓、王欢、徐彧、王革清、王朝琴、许曼易、孙晓莉、王婷、聂宗武、荀开妍	2014 年“六先”共产党员	花溪农商行党委	2015.7
张达丽、冉景海、袁君、刘远刚、张婷婷	2014 年优秀党务工作者	花溪农商行党委	2015.7

续表

姓　名	荣誉称号	授予单位	授予时间（年）
孙付惠、王竞婧、鲍凌、李毅（财务统计部）、魏添翼、荀小红、陶源、刘鑫、洪燕玲、丰云、金开国、付子凯、杨铭、黄诗琴、肖潇、刘璐、陈睿、班勤山、吴世焰、周天芬、周平、兰晓茜、李蓓、杨国萍、曹兴燕、王春婵、杨仁、杨园媛、冉景海、周予洁、王欢、周文敏、胡梦竹、邓晓、于勇、张勇、王道政、王悦、李睿、杨波、李学圣、王岚、唐宏伟、杨梅、徐书伟、周伟、胡璇、李益澜、何元芳、汪健、周燮玉、郭海、陈英俊、陈思、张鑫磊、潘丽娟、罗涛涛、晏荣荣、王朝琴、朱永康、荀开妍、聂瑛	2015 年优秀员工	花溪农商行	2016. 4
迟小梅、滕建丽、张婷婷	2015 年会计先进工作者	花溪农商行	2016. 4
夏艳、沈以君、陈静	2015 年统计先进工作者	花溪农商行	2016. 4
蒋毅、徐文亮、曾彬彬	2015 年信贷先进工作者	花溪农商行	2016. 4
曾霖、朱永强、王卫涛、依云忠、饶田、郭海	2015 年安保先进工作者	花溪农商行	2016. 4
王帅、李倩、王旭峰	2015 年揽储先进工作者	花溪农商行	2016. 4
朱家燕	2015 年安全行驶奖	花溪农商行	2016. 4
王朝琴、王竞婧、向燕、王彪、陈发勇	2015 年信息工作先进个人	花溪农商行	2016. 4
陈娟、赵磊克、胡琳	2015 年文工团优秀团员	花溪农商行	2016. 4
何中良	花溪区 2015 年度花溪金融系统安全保卫先进个人	花溪农商行	2016. 7
鲍凌、马康康、王竟婧、洪燕玲、吴丹（小微中心）、荀小红、杨祺、周茜、陈晓、席艺玲、郑炜、曹兴燕、徐彧、王瑾漩、罗茜、何俐佳、王朝琴、雍朝玉、刘敏、龙沛伊、徐燕、李璧羽、吴馨、王聪	2015 年“六先”共产党员	花溪农商行党委	2016. 7
王宇成、赵莉、何中良、吴澜婷、王菊（平桥支行）、杨仁、兰兵、唐永文、周珏、赵磊克、张婷婷、杨潇	2015 年优秀党务工作者	花溪农商行党委	2016. 7
陈发勇、吴雨薇、钟华煌、李灿、王健、刘鑫、杨顺林、王实、洪燕玲、曾玺璇、司福海、曹利、马艺铭、陈紫、陈罡、付子凯、陆海勇、杨铭、周茜、吴澜婷、吴述萍、兰晓茜、刘璐、陈睿、周洁、朱薇娜、依云忠、王春婵、杨发宁、徐杨、杨仁、金英、王欢、石慧、胡孟竹、周予洁、罗涛涛、刘敏、邓晓、于勇、佘佐艳、孙晓莉、李祖林、胡宏宇、王贺、胡娅、李学圣、胡屹微、李琪、袁利群、徐书伟、王瑞淋、胡莎莎、何可乐、谭小花、田松、何俐佳、汪建、杨凯、梁龙燕、申修祥、张鑫磊、周波、陈英俊、吴元军、晏荣荣、马强、王朝琴、杜西前、吴馨、秦晴、杨潇、席艺玲、黄文峰	2016 年度优秀员工	花溪农商行	2017. 2
何俐佳、张婷婷、王云鑫	2016 年度会计先进工作者	花溪农商行	2017. 2
陶源、李璧羽、陈静	2016 年度统计先进工作者	花溪农商行	2017. 2
杨君军、曾彬彬、毛健璋	2016 年度信贷先进工作者	花溪农商行	2017. 2

续表

姓　名	荣誉称号	授予单位	授予时间（年）
王卫涛、陈恩益、金开国、吴学敏、饶田、越红、何中良	2016年度安保先进工作者	花溪农商行	2017.2
曾玺璇、申燕、雷蕾	2016年度揽储先进工作者	花溪农商行	2017.2
孙冲、贺宜潇、饶田	2016年度文工团优秀团员	花溪农商行	2017.2
王朝琴、李嫚、王彪、黄文锋	2016年度信息工作先进个人	花溪农商行	2017.2
曾彬彬、王怡沣、孙泽忠、吴元军、陈鹏昆、石彬、陈忠祥、卢苇江、唐光廷、龙仲勋	2016年度支农优秀客户经理	花溪农商行	2017.2
马康康、陈发勇、刘鑫、丰云、王健、王卫涛、阮明轩、迟小梅、黄文锋、文晶、刘萍、徐彧、杨玉兰、李娟、王朝琴、赵磊克、兰科芳、杜西前、李辰、王聪	2016年“六先”共产党员	花溪农商行党委	2017.7
汪子婧、赵莉、饶田、龙沛伊、杨潇	2016年优秀党务工作者	花溪农商行党委	2017.7

1996年1月26日，花溪联社召开1995年度工作总结暨双先表彰会

退休员工名单

张兴惠	郭福芳	罗来苇	邓绍蓉	徐　勇	王文秀	王光裕	苏玉琼
陈文银	魏汤周	周正碧	李中伟	李琼英	黄作仁	吴章益	王友华
杨光珍	张启祥	陈贤帮	李显朝	谢菊英	翁昌顺	罗廷锦	杨文信
王俊英	白兰琼	胡　敏	王晓菜	项朝凤	张本云	罗章伟	杨应发
李发武	李国恩	陈灿富	王朝学	班建益	钱永隆	杨光初	王忠福
陈运玺	项树芝	吴培玉	赵国志	张玉仲	郑时选	朱明江	吴定西
杨春培	杨少华	陈继宗	龙玉荣	何敢顺	王心和	王锡恩	蓬必芳
杨锡惠	唐登福						

文献

1998年12月9日，花溪联社召开第三届社员代表大会

民国贵筑县合作社联合社章程

（民国31年3月15日贵筑县合作社联合社社员代表大会通过）

第一章　总　则

第一条　本联社定名为贵筑县合作社联合社。

第二条　本联社以协助社员社改善其业务，助长其发展，并谋其互相联络为宗旨。

第三条　本联社为保证责任组织，各社员之保证金额为其所认股额二十倍，为以其所认股额及保证金为限负其责任。

第四条　本联社以贵筑县为业务区域。

第五条　本联社社址设于贵筑县内花溪镇，在区得设办事处。

第六条　本联社应公告之事项，除在本联社揭示处公告外，并在贵州日报公布之。

第二章　社　员

第七条　凡在在本联社服务区域内，或附近曾经登记之乡镇合作社专营合作社，或其联合社愿入本联社者，应填具入社（志）愿书，缴呈该社社章、最近资产负债表、社务概要表，经本联社理事会审查，报告于本联社代表大会。各社员加入县联合社，其社股（及保证金）总额必须达所认本联社社股及保证金额之合计额以上。

第八条　专营业服之合作社或其联合社，如另组织联合社时，得请求出社。

第九条　社员社有左列情形之一者丧失社员资格。

1、破产。2、解散。3、与其合作社合并。4、其他。

第十条　本联社专营社社员，须于年度终了六个月以前提交理事会，并须于年度终了前将欠本联社债务，及本联社代该社员社保证之债务完全清偿。

第十一条　本联社社员有左列情事之一者，得经社务会出席理监事四分之三之决议，予以除名报告于本联社代表大会，以书面通知被除名之社。

（一）不遵照本联社章则及代表决议履行其义务者。

（二）有妨碍本联社社务业务之行为者。

（三）其业务无继续可能者。

（四）有违反法令之行为或丧失信用之行为者。

第十二条　出社社员对于出社前本联社所负之债务，自决定出社之日起，经过一年得解除，但本联社于该社员出社后六个月内解散时，该社员社视为未出社。

第十三条　出社社员得请求退还其已缴股款，前项股款之退还于年度终了，结算后决定之。

第三章　社　股

第十四条　本联社社股每股定为国币十元，每社员社至少须认购五百股，入社后并得随时添购社股。

第十五条　社员社不得以其对于本联社或其他社员社之债权抵消其已认未缴之社股，金额亦不得以其已缴之社股款金额，抵消其对本联社或其他社员社之债务。

第十六条 社员社非经本联社同意，不得让其所有之社股，或以之担保债务。

第十七条 凡受让或继承社股之社，或联社应继承让社，或被继承社之权利义务，其受让社或继承社、联社、非本联社社员社时，应按照第七条之规定加入之。

第四章 组 织

第十八条 本联社理事会，由理事七人组织之，执行本联社社务。监事会由监事七人组织之，监察本联社社务理事及监事，均由代表大会就代表中选举之，前项理事之任期定位三年，监事定期为一年。

第十九条 理事会监事会各设主席一人，由理事监事分别推选之，理事主席总理社务代表本社，监事主席负责监督本社一切事务。

第二十条 理监事违反法令或章程时，得由代表大会全体代表过半数之决议解除其职权，其失职时亦同。

第二十一条 理事会得设文书及司库，掌理文件及财产事项由理事推选之。

第二十二条 本社设经理一人，由理事聘任之，总揽全社业务及对外文件之处理事项，下设会计股总务业务股，每股设股长一人，营业员、出纳员、事务员、会计员若干人，由经理选用，报请县政府核委。

第二十三条 本社因业务需要得分部经营，各部设主任一人，由经理选用提请理事会任之，受经理及业务股长之督导进行专司之业务。

第二十四条 理监事会每月开例会一次，各该会由主席召集之，必须时得召集临时会。

第二十五条 理事会处理下列事务：

（一）决定向外借款对社员社放款。

（二）决定保证社员社之债务。

（三）分配查账员及聘任职员。

（四）处理社员社所出之问题。

（五）调解社员社间之纠纷。

（六）讨论合作区域内发展事业之方法。

（七）代表业务区域内合作办理登记。

（八）代表大会决议交办事务，其他理事监事提出之事务。

第二十六条 监事不得兼任本联社其他事务。

第二十七条 监事监察本联社财产状况，业务执行状况，当联合社与其理事订立契约或为诉讼上之行为时代表联合社，监事为执行前项职务认为必要时，并得召集临时代表大会。

第二十八条 本联社设社务会由理事监事共同组织之。

第二十九条 本联社每年一月、四月、七月、十月各召集社务会、议例会一次，社务会由理事会召集之，其主席由理事监事主选之。社务会议应有全体理事会监事三分之二出席始得开会，出席理事监事过半数之同意始得决议。社务会开会时，经理或经理以下其他职员得列席陈述意见。

第三十条 本联社在区所社办事处，得设主任一人，事务员若干人，依联合社章程及理事会之决议办理各项事项。

第三十一条 本联社遇有必要时，得设特种委员一人，（如为调解社员社之纠纷而设仲裁委员是）其章程另定之。

第三十二条 理事监事得津贴公务费由理事会认可支付，惟理事兼经理、副经理、各部主任及事务员、会计员时得酌支薪，至特种委员会之委员皆属义务职，但有必须公务费用时得理事会之许可支付之。

第三十三条 理事监事非有正当理由不得辞职。

民国33年(1944年)贵筑县青岩镇合作社章程(节录)

第一条 本社定名保证责任贵筑县青岩镇合作社。

第二条 本社以谋社员经济之利益，与生活之改善为目的。

第三条 本社为保证责任组职，各社员所负保证金额，为其所认社股金额之二十倍。

第四条 本社以乡镇为业务区域。

第五条 本社社址设于本镇东街第十七门牌。

第六条 本社社员分个人社员，与社员社两种。

甲 个人社员：凡本乡镇保内各户具有公民资格之户长均应直接加入本社为社员，如该户长无公民资格时，公民资格者一人入社。具有前款资格，其年龄不合规定而有行为能力者亦得入社。

乙 社员社：凡本社业务区域内各保合作社均应加入本社为社员。本社业务区域内专营业务合作社，亦得加入本社为社员社。

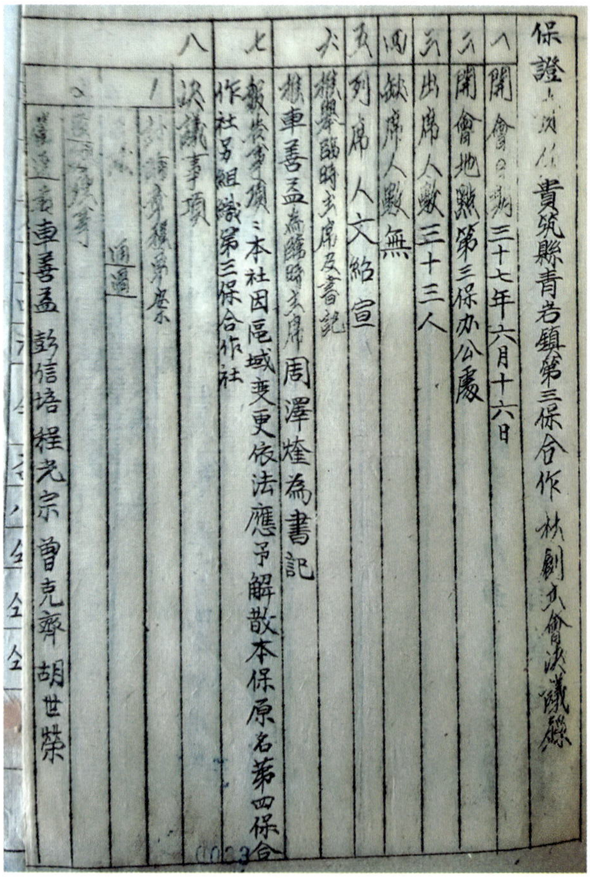
贵筑縣青岩鎮第三保合作社創立會議決議錄
一 開會日期 三十七年六月十六日
二 開會地點 第三保办公處
三 出席人數 三十三人
四 缺席人數 無
五 列席人文紹宣
六 推舉臨時主席及書記
推車善孟為臨時主席 周澤煃為書記
七 報告事項 本社因區域變更依法應予解散本保原名第四保合作社另組織第三保合作社
八 決議事項
車善孟 彭信培 程光宗 曾克齊 胡世榮

民国37年青岩镇第3保合作社成立会议记录

花溪区农村信用联社合作章程

（一九八九年十二月十日通过）

第一章 总 则

第一条 为了适应农村经济体制改革和商品发展的需要，深化农村信用社管理体制改革，健全发展我区信用合作联社（以下简称区联社）充分发挥区联社的职能作用，特制定本章程。

第二条 区联社是各乡、镇信用社自愿入股组织起来的经营管理服务型联合体，其财产、资金和其它一切合法权益受国家法律保护，任何部门和个人不得侵占。

第三条 区联社在区委、区政府的统一领导下，受区农业银行政策领导和业务指导，区联社既要充分发挥营业部基层信用社独立经营业务的主权，又必须在国家政策、法令、计划指导下活动。

第二章 任务与职责

第四条 区联社的主要任务是根据党和国家有关方针、政策和信用社的各项规章制度及社员代表大会的决议指导、协调和管理本辖区的信用合作工作，为基层社服务。

第五条 区联社的主要职责是：

一、检查信用社执行金融方针、政策的情况下，稽核、辅导信用社业务、财务工作；

二、综合平衡信用社各项计划，检查考核各项计划的执行情况，向农业银行报送信贷计划，提供有关数字资料；

三、管理全区信用社职工（含合同制职工）及职工培训教育工作；

四、组织信用社之间资金余缺的调剂；

五、管理全区信用社上交的各项基金、管理经费；

六、组织信用社经验与信息交流，做好承上启下的各项服务工作；

七、直接管理业务部的经营；

八、检查全区信用社的工作（含合同制职工）违法违纪行为，查处经济案件；

九、组织基层信用社实行经营目标责任制；

十、加强思想政治工作，推动业务全面发展；

第三章 经营范围

第六条 联社经营部经营下列业务：

一、办理城乡个人储蓄，国营、集体、个体工商户存款；

二、办理城镇集、个体工商户贷款、农村承包户贷款、乡镇企业贷款、国营企业贷款；

三、投资及租赁房地产业务；

四、省辖结算业务；

五、按人民银行规定，代办国家银行及其他单位委托的业务；

六、经中国人民银行批准的证券交易及其他业务；

第七条 联社办理存贷款业务，应遵守下列规定：

一、保护存款人的合法权益不受任何单位和个人侵犯；

二、坚持存款自愿、取款自由、为储户保密的原则；

三、认真执行国家产业信贷政策，坚持区别对待、择优扶持的原则；

四、贯彻国家规定的信贷基本原则，遵守《借款合同条例》；

五、以提高经济效益为目的,实行贷款规范化管理,依法办理贷款,确保贷款的安全性和周转性；

六、享有贷款自主权。任何单位和个人不得强令发放贷款，不得阻扰收回贷款；

第八条 信用社为区联社的社员社。

第九条 社员社(代表)享有下列权利和义务：

（一）权 利

一、社员社（代表）享有选择权和被选择权；

二、有向区联社及工作人员提出建议、表扬、批评和质询的权利；

三、享有股金分红；

（二）义 务

一、遵守党和国家的金融政策，认真执行有关规章制度；

二、遵守联社章程，执行社员大会和管理委员会的决议；

三、维护区联社的合法权益，关心区联社的发展;按信用社财务管理规定缴纳各种基金和管理费；

第五章 社员代表大会

第十条 社员代表大会是区联社的最高权力机构，每届期限为三年。

第十一条 社员代表大会由管理委员会召开，一般每年召开一次，必要时可临时召开。

第十二条 社员代表大会必须有三分之二以上的社员代表出席方可开会。会议表决时，必须要有应参加会议的半数以上的社员代表通过才能有效。

第十三条 社员代表大会的主要职权是：

一、选举和罢免管理委员会成员；

二、审查和通过管理委员会的工作计划和工作报告；

三、审查和通过联社的财务预、决算（联社提取各项基金、管理费使用情况）；

四、通过和修改区联社章程；

五、其它重大问题的讨论和决定；

第十四条 区联社对每次社员代表大会的时间、地点、出席人员、讨论通过的决议等，要认真记录，并由会议主持人签字，归档保管。

第六章 管理委员会

第十五条 区联社管理委员会（以下简称管委会）由社员代表大会民主选举产生。

第十六条 管委会由七至九人组成。设主任一人（由市中心支行委派区支行行长或副行长担任），设副主任一至二人，由管委会推荐候选人选举产生。

第十七条 管委会行使下列职权：

一、召集社员代表大会；

二、执行社员代表大会决议；

三、聘请区联社经济师、会计师、法律顾问和其他人员；

四、拟定区联社的（含全辖）业务计划、财务计划和决算方案等；

五、处理对外重大事项；

六、社员代表大会授予办理的其它重大事项；

第十八条 区联社主任为区联社法定代表人，行使以下职权：

一、执行管委会决议；

二、组织和领导区联社日常工作；

三、对外代表区联社处理其业务，对内聘任联社办事人员及社员社管理人员；

四、决定区联社人员的奖惩；

五、行驶区联社管委会授予的其它职权；

区联社副主任协助主任工作，主人不能履行职责时，可授权副主任代理行使职权。

第十九条 区联社内部办事机构设置：设办公室（办公室设监察人保、工会、社务专职人员）、会计稽核股、计划信贷股和贷款审批小组。区联社的管理人员，其编制在全区信用社职工人数的10%左右，营业部人员按业务量而定员。

第七章 财务管理

第二十条 区联社应是一级核算单位，其会计核算、财务管理及财务组织，均按中国农业银行总行《信用合作财务会计基本制度》执行，并制定其实施细则。

第二十一条 区联社的各项费用开支，列入营业部成本，费用开支要本着勤俭节约的精神，对开支情况实行“两公开一监督”定期审计。

第二十二条 信用合作发展基金的使用方案，必须经社员代表大会民主讨论通过，并报同级农业银行审批。

第二十三条 银行干部在区联社专职工作的，全民干部的性质不变，其工资福利待遇不变。

第八章 劳动人事管理

第二十四条 区联社工作人员社员社管理实行聘任制。在工作人员不称职时，区联社主任有权做好解聘决定，系固定工的可退回原单位安排工作，系合同制职工或临时工的可进行直接解聘另谋职业。

第二十五条 区联社对基层信用社职工按照《职工暂行管理条例》进行管理。信用社招工实行合同制，并接受农业银行下达的指标管理。由区联社根据有关规定，组织统一考核，择优录取，报同级和上级农业银行备案。

第二十六条 区联社及基层社工作人员犯错误时，视情节轻重可分别给予警告、记过、记大过、解聘或开除等处分。违反国家法律者提交司法机关依法处理。

第九章 附 则

第二十七条 本章程用于管理型机制。

第二十八条 本章程由社员代表大会讨论通过。自公布之日起执行。

1989年12月10日，花溪联社首届社员代表大会通过合作章程

贵州花溪农村合作银行章程

（2004年4月23日股东代表大会通过）

第一章　总　则

第一条　了维护花溪农村合作银行（以下简称“本行”）、股东和债权人的合法权益，规范本行的组织和行为，根据《深化农村信用社改革试点方案》和《农村合作银行管理暂行规定》，制定本章程。

第二条　本行注册名称：花溪农村合作银行（简称：花溪银行）

英文名称：Guiyang Huaxi Rural Cooperative Bank

本行住所：贵阳市花溪区清溪路110号 邮编：550025

第三条　本行是由辖内自然人、企业法人和其它经济组织入股组成的股份合作制社区性地方金融机构。

第四条　本行是独立的企业法人，享有由股东入股投资形成的全部法人财产权，依法享有民事权利，并以全部法人资产独立承担民事责任；其财产、合法权益及依法经营受国家法律保护，任何单位和个人不得侵犯和非法干预。

本行股东按其所持股份享有所有者的资产收益、参与重大决策和选择管理者等权利，并以所持股份为限对本行的债务承担责任。

第五条　本行下设的支行、分理处、储蓄所不具备法人资格，在本行授权范围内依法开展业务，其民事责任由本行承担。

第六条　本章程自生效之日起，即成为规范本行的组织与行为、本行与股东、股东与股东之间权利义务关系的具有法律约束力的文件。

第七条　本行依法执行国家有关法律、法规和行政规章，执行国家金融方针和政策，依法接受银行业监督管理机构的监督管理。

第二章　经营宗旨和业务范围

第八条　本行的经营宗旨是：依据国家有关法律、法规，自主开展各项业务，主要为当地农民、农业和农村经济发展提供金融服务。

第九条　本行以安全性、流动性、效益性为经营原则，实行自主经营，自担风险，自负盈亏，自我约束。

第十条　经中国银行业监督管理委员会批准，本行的经营范围是：

（一）吸收公众存款；

（二）发放短期、中期和长期贷款；

（三）办理国内结算；

（四）办理票据贴现业务；

（五）代理发行、代理兑付、承销政府债券；

（六）买卖政府债券、金融债券；

（七）从事同业拆借；

（八）代理收付款项及代理保险业务；

（九）提供保管箱服务

（十）经中国银行业监督管理委员会批准的其它业务。

第三章 注册资本和股本构成

第十一条 本行注册资本金为人民币3447万元。

第十二条 本行股本构成分为自然人股和法人股，自然人股和法人股又分别设定资格股和投资股两种。资格股是取得本行股东资格必须缴纳的基础股金。投资股是由股东在基础股金外投资形成的股份。

第十三条 本行股份中，除1642.57万元为原农村信用社社员将其股金按照自愿的原则以1：1的比例转为本行股份外，其余股份采取社区内公开募集方式认购，新募集的股本必须为实收货币资金，新投资人股的资金必须一次足额到位。

第十四条 本行股份每股金额为人民币1元。自然人认购资格股最低限额为500股。法人认购资格股最低限额为10000股。投资股金额由股东自行决定。

资格股实行一人一票。

自然人股东每增加2000股投资股增加一个投票权，法人股东每增加20000股投资股增加一个投票权。

第十五条 本行法人股东名单如下：

名　称	地　址	股金（元）	占总股本比例
贵州华宇房屋开发有限公司	南明区翠薇巷	1500000	4.35%
贵州麒鑫地产开发有限责任公司	花溪区清溪路	510000	1.48%
贵州大学化工厂	贵州大学校内	300000	0.87%
贵阳半边街旅行社	花溪区霞晖路	100000	0.29%
贵州紫光房地产开发有限公司	花溪水泥厂	50000	0.14%
贵阳宏信畜牧发展有限责任公司	花溪养牛村	40000	0.11%
贵阳文人食品有限公司	孟关街上	30000	0.08%
贵州振中玻璃有限公司	花溪区思丫工业区	30000	0.08%
贵州双骆五金电器有限公司	花溪区养牛村	30000	0.08%
花溪供销社	花溪区民主路	20500	0.06%
贵阳市花溪区国有资本投资经营有限公司	花溪朝阳村	20000	0.05%
贵阳八达铸造有限公司	花溪区孟关乡	20000	0.05%
贵阳市花溪区粮食局直属仓库	花溪新村86号	10000	0.02%

本行前十名自然人股东名单如下：

股东姓名	住　址	身份证号码	股金(元)	持股比例(%)
刘天琼	花溪南大街春风巷	520111701011122	150000	0.44

续表

股东姓名	住　　址	身份证号码	股金(元)	持股比例(%)
李德荣	花溪徐家冲	520111401213002	150000	0.44
刘兴国	花溪南大街春风巷	520111440606003	150000	0.44
张　红	花溪南大街春风巷	520111660626244	150000	0.44
刘　帅	花溪徐家冲	520111197004290016	150000	0.44
刘大芬	花溪徐家冲	520103680904523	150000	0.44
漆长学	贵阳市温心路	520103590609163	150000	0.44
沈会清	花溪供电局	520111670815001	150000	0.44
王尔芬	花溪养牛村	520111196109051527	150000	0.44
蒙国洗	花溪西苑山庄	520102600216121	150000	0.44

第十六条　本行单个自然人股东（包括职工）持股比例（包括资格股和投资股）不得超过本行股本总额的5‰。本行职工的持股总额不得超过股本总额的25%，职工之外的自然人股东持股总额不得低于股本总额的30%。

单个法人及其关联企业持股总和不得超过总股本的10%，持股比例超过5%的，应报当地银行业监督管理机构审批。

第十七条　本行根据业务发展需要，由董事会提议，经股东代表大会通过，报银行业监督管理机构批准后，可以增资扩股。

第十八条　注册资本变化，本行须按照有关规定，向工商行政管理机关申请变更登记。

第十九条　本行置备股东名册，股东名册载明下列事项：

（一）股东的姓名或名称、住所；

（二）股东所持股份数、投票权确认数及股权类别；

（三）股东所持股权证书的编号；

（四）股东取得股份的日期。

第二十条　股东持有的股份，经董事会同意，并按规定办理登记手续后，可依法转让、继承和赠予。

第二十一条　股东持有的投资股不能办理退股，资格股满足以下全部条件，可以办理退股：

1、股东提出退股申请；

2、不存在章程第二十二条所列情况；

3、持满三年并转让所持全部投资股；

4、经董事会同意。

第二十二条　股东持有的资格股，存在下列情况之一的不得办理退股：

1、本行当年亏损；

2、本行资本充足率未达到规定要求，或退股后达不到规定要求。

资格股退股原则上应在当年年底财务决算后办理，在年底财务决算前办理退股的，不支付当年股金红利。

第二十三条　本行董事、监事、高中级管理人员在任职期间和离职后6个月内不得退股或转让股份（包括资格股和投资股）。其他员工在本行工作期间不得退股或转让股份（包括资格股和投资股）。

第二十四条　本行印发记名股权证，以人民币标明面值，作为入股股东的所有权凭证。

第二十五条 本行的股权证书不得设定权利质押。

本行股东以本行股份为本人或他人担保的应当事先告知并征得董事会同意。

第二十六条 股东持有的股权证书发生被盗、遗失、灭失或毁损，法人股东持介绍信、自然人股东持有效身份证明到本行按规定办理挂失手续。

第四章 股东和股东代表大会

第二十七条 本行股东为依法持有本行股份的法人和自然人。股东按其所持有股份的种类享有同等权利，承担同种义务。

第二十八条 本行股东享有以下权利：

（一）参加或委派代理人参加股东会议，依照其所持有的股份份额并按有关规定行使表决权；

（二）享有选举权和被选举权；

（三）对本行的经营行为进行监督，提出建议和质询；

（四）获得本行金融服务的优先权和优惠权；

（五）依照其所持有的股份种类和份额获得股利和其他形式的利益分配；

（六）依照国家法律、法规、行政规章和本章程的规定转让股份、优先认购股份；

（七）依照法律、法规、行政规章和本章程的规定获得有关信息，包括：

1. 可免费索取本章程；

2. 缴付成本费用后有权查阅和复印：

（1）本人持股资料；

（2）股东代表大会会议记录；

（3）年度财务报告；

（4）管理制度。

（八）本行终止或清算后依法参加本行剩余财产的分配；

（九）国家法律、法规、行政规章和本章程所规定的其他权利。

第二十九条 股东提出查阅前条所述有关信息或索取资料的，应向本行提供证明其持有本行股份的书面文件，本行经核实股东身份后按照股东的要求予以提供。

第三十条 股东大会、董事会决议违反法律、法规和行政规章，侵犯股东合法权益的，股东有权向人民法院提起要求停止该违法行为的诉讼。

第三十一条 股东承担如下义务：

（一）承认并遵守本行章程；

（二）按其所认购的股份缴纳股金；

（三）按规定以所持股份为限对本行债务承担责任；

（四）维护本行的利益和信誉，支持本行合法开展各项业务；

（五）服从和履行股东代表大会决议；

（六）当法人股东的法定代表人、公司名称、营业地点、经营范围、隶属关系及其他重大事项发生变更时，以及公司解散、被撤销或与其他公司合并、被其他公司兼并时，法人股东应提前30天书面通知本行；

（七）法律、法规、行政规章和本章程规定应承担的其他义务。

第三十二条 本行的权力机构是股东代表大会。股东代表大

会的代表由员工股东、其他自然人股东和法人股东分别根据3：6：1的比例，按资格股一人一票、自然人投资股每2000股一票、法人投资股每20000股一票选举产生。其中自然人和中小企业股东代表应不低于80%。股东代表人数99人。股东代表每届任期三年，可连选连任。

第三十三条 股东代表大会行使下列职权：

（一）制订或修改章程；

（二）审议通过股东代表大会议事规则；

（三）选举、更换董事和由股东代表出任的监事，决定有关董事、监事的报酬事项；

（四）审议、批准董事会和监事会工作报告；

（五）审议、批准本行的发展规划，决定本行的经营方针和投资计划；

（六）审议、批准本行年度财务预、决算方案、利润分配方案和亏损弥补方案；

（七）对本行增加或减少注册资本做出决议；

（八）对本行的分立、合并、解散和清算等事

项做出决议；

（九）决定其他重大事项。

第三十四条 股东代表大会在每一会计年度结束后6个月内召开，召开股东代表大会必须有50%以上的股东代表出席。有下列情形之一的，应随时召开临时股东代表大会。

（一）董事会人数不足本行章程规定人数三分之二时；

（二）本行未弥补的亏损达到本行股本总额的三分之一时；

（三）经1/2以上股东代表提议或者2/3监事提议时；

（四）董事会认为必要时；

第三十五条 股东代表大会由董事会依法召集，董事长主持。

董事长因特殊原因不能履行职责时，由董事长指定副董事长或其他董事主持。

第三十六条 召开股东代表大会，董事会应当将会议召开时间、地点及审议事项于会议召开30日前书面通知股东代表。

第三十七条 股东代表因故不能出席股东代表大会，可以委托代理人代为出席和表决。股东代表委托代理人的，代理人应当向本行提交股东代表授权委托书，并在授权范围内行使表决权。

第三十八条 股东代表大会实行一人一票。股东代表大会作出的决议，必须经过出席会议的股东代表（含代理人）所持投票权的半数通过。股东代表大会对增加或减少本行注册资本金、修改章程、本行的合并、分立或解散等重大事项做出决议，必须经出席会议的股东代表所持投票权的三分之二以上通过。

第三十九条 股东可以向股东代表大会提出提案，董事会应按规定对提案进行审议。对不能列入股东代表大会会议议程的提案，董事会应在该次股东代表大会上解释和说明。

第四十条 股东代表大会采取不记名方式表决，当场公布表决结果。股东代表大会应当对所议事项及决议作成会议记录，由出席会议的董事签名。会议记录应当与出席股东代表大会的签名册及授权委托书一并保管。

第四十一条 股东代表大会审议有关关联交易事项时，关联股东代表应当回避，不参与表决。

第四十二条 本行股东代表大会实行律师见证制度，并由律师出具法律意见书。

第五章　董事和董事会

第四十三条 董事由股东代表大会选举或更换，并经银行业监督管理机构任职资格审查后行使职责。董事每届任期三年，任期届满，可连选连任。

第四十四条 存在《公司法》第57条、第58条规定的情形以及中国银行业监督管理机构确定为市场禁入者，并且禁入尚未解除的人员不得担任本行的董事 。

第四十五条 董事应遵守法律、法规、行政规章和本章程的规定，忠实履行职责，维护本行利益。当其自身利益与本行和股东利益相冲突时，应以本行和股东的最大利益为行为准则，并保证：

（一）在其职责范围内行使权利，不得越权；

（二）不得利用内幕信息为自己或他人谋取利益；

（三）不得利用职权收受贿赂或其他非法收入，不得侵占本行的财产；

（四）不得挪用本行资金；

（五）未经股东大会在知情的情况下批准，不得接受与本行交易有关的佣金；

（六）不得将本行资产以其个人名义或其他个人名义开立帐户储存；

（七）不得以本行资产为本行的股东或其他个人债务提供担保；

（八）不得以任何其他方式恶意损害本行利益。

第四十六条 董事应谨慎、认真、勤勉地行使本行所赋予的权利，以保证：

（一）本行的经营行为符合国家的法律、行政法规以及国家各项经济政策的要求，经营活动不超越营业执照规定的业务范围；

（二）公平对待所有股东；

（三）认真阅读本行的各项业务、财务报告，及时了解本行业务经营管理状况；

（四）接受监事会对其履行职责的合法监督和合理建议。

第四十七条 未经本章程规定或董事会合法授权，任何董事不得以个人名义代表本行或董事会行事；董事以个人名义行事时，在第三方合理地认为该董事在代表本行或董事会行事的情况下，该董事应事先声明其立场和身份，未声明其立场和身份的发言不代表本行或董事会。

第四十八条 董事个人或其所任职的其他企业直接或间接与本行已有的或计划中的合同、交易、安排有关联关系时，应向董事会披露。否则，本行有权撤销该合同、交易或安排，对方为善意第三人者除外。

第四十九条 本行董事（包括独立董事）每年应至少亲自参加两次董事会。否则，视为不能履行职责，董事会可建议股东代表大会予以更换。

第五十条 董事在任期届满以前提出辞职，应向董事会提出书面辞职报告。如因董事的辞职导致本行董事会低于法定最低人数时，该董事的辞职报告应在下任董事填补因其辞职产生的缺额后方能生效。董事在任期届满以前，股东代表大会不得无故解除其职务。

第五十一条 以上有关董事义务的规定，适用于本行监事、行长和其他高级管理人员。

第五十二条 本行设董事会，成员为 7 至 19 人。其中农户、农村工商户股东担任董事的人数不得少于董事人数的 1/3。本行职工股东担任董事的人数不得超过董事人数的 1/3。

第五十三条 董事会对股东代表大会负责，行使下列职权：

（一）负责召集股东代表大会，并向股东代表大会报告工作；

（二）执行股东代表大会决议；

（三）决定本行的经营计划和入股及投资方案；

（四）制订本行的年度财务预算方案、决算方案、利润分配方案和亏损弥补方案；

（五）制订本行增加或减少注册资本的方案；

（六）决定本行的内部管理机构设置；

（七）制订本行的基本管理制度；

（八）聘任和解聘本行行长，根据行长的提名，聘任或者解聘副行长、财务负责人，并决定其报酬；

（九）拟订本行的合并、分立和解散方案；

（十）章程规定和股东代表大会授予的其它权利。

第五十四条 董事会设董事长 1 人，副董事长 1 人，董事长为法定代表人。董事长、副董事长由董事提名，以全体董事过半数选举产生，经银行业监督管理部门核准任职资格后履行职责。董事长、副董事长每届任期 3 年，可连选连任，离任时须进行离任审计。

第五十五条 董事长行使下列职权：

（一）主持股东代表大会，召集和主持董事会会议；

（二）检查董事会决议的实施情况，并向董事会报告；

（三）签署本行股权证书和签发董事会决议；

（四）行使法定代表人的职权；

（五）在董事会闭会期间行使由董事会授权的部分职权。

董事长因故不能履行职权时，由董事长指定的副董事长或其他董事行使其职权。

第五十六条 董事会在聘任期限内解除行长职务，应当及时告知监事会和银行业监督管理机构，并作出书面说明。未经行长提名，董事会不得直接聘任或解聘副行长、财务和信贷负责人。

第五十七条 本行董事会应当建立规范公开的董事选举程序，经股东代表大会批准后实施。在股东代表大会召开前一个月，董事会应向股东披露董事候选人详细资料。

第五十八条 本行董事会例会每年应至少召开 4 次，经 1/3 以上董事提议，可以召开临时董事会。

董事会由董事长召集和主持，董事长因故不

能履行职责时，由董事长指定副董事长或其它董事召集和主持董事会。

董事会应当通知监事会派员列席董事会会议。

第五十九条 董事会会议应由董事本人出席，董事因故不能出席，可以书面委托其他董事代为出席，委托书中应载明授权范围，出席会议的受托董事应在授权范围内行使权利。

第六十条 董事会会议应有二分之一以上的董事出席方可举行。董事会实行一人一票的表决制度。董事会作出决议，必须经出席会议的全体董事签字并过半数通过，重大事项须经全体董事三分之二以上通过。

第六十一条 董事会决议表决方式为记名投票表决（对人事问题可采用无记名投票表决）。董事会应对会议所议事项及决议作出会议记录，出席会议的董事和记录员在会议记录上签名。出席会议的董事有权要求在记录上对其在会议上的发言作出说明性的记载。

董事会审议有关关联交易事项时，关联董事应回避，不参与表决。关联董事可以自行回避，也可以由任何其他参加董事会的董事提出回避请求。

第六十二条 董事应对董事会决议承担责任。

董事会的决议违反法律、法规、行政规章或本章程，致使本行遭受严重损失的，参与决策且未表示异议的董事承担相应赔偿责任。但经证明在表决时曾表明异议并记载于会议记录的，该董事可以免除责任。

第六十三条 本行设立独立董事1人，独立董事不得由下列人员担任：

（一）持有本行1%以上股份的股东或在该股东单位任职的人员；

（二）本行的内部人员；

（三）与本行关联人或本行管理层有利益关系的人员。

独立董事与本行及其主要股东之间不应存在影响其独立判断的关系。独立董事履行职责时尤其要关注农民股东的利益。

第六章　监事会

第六十四条 本行设监事会，监事会是本行的监督机构，对股东代表大会负责。

监事会成员由职工代表和股东代表组成，监事会由5至9人组成，其中职工担任的监事不得超过监事总数的三分之一。

第六十五条 《公司法》第57条、58条规定的情形以及被中国银行业监督管理机构确定为市场禁入者，并且禁入尚未解除的，不得担任本行监事。

董事、行长和其他高级管理人员不得兼任监事。

第六十六条 监事会中的非职工监事由股东代表大会选举产生，职工监事由职工代表大会选举产生。监事任期三年，可连选连任。

第六十七条 监事会行使以下职权：

（一）监督董事会、高级管理层履行职责情况；

（二）要求董事、董事长及高级管理人员纠正其损害银行利益的行为；

（三）对董事和高级管理层成员进行专项审计和离任审计；

（四）检查监督本行的财务活动；

（五）对本行的经营决策、风险管理和内部控制等进行审计并指导本行内部稽核工作；

（六）对董事、董事长及高级管理人员进行质询；

（七）其他法律、法规、行政规章及本章程规定应当由监事会行使的职权。

第六十八条 对监事会提出的纠正措施、整改建议等，董事会和高级管理层拒绝或者拖延执行的，监事会必须向银行业监督管理机构和股东代表大会报告。

第六十九条 监事会设监事长1人，由监事提名经全体监事过半数通过选举产生，经银行业监督管理部门核准任职资格后履行职责。监事长应由专职人员担任。

第七十条 监事会每年至少召开两次，监事长、三分之一以上监事提议时可召开临时监事会。监事会会议应有二分之一以上监事出席方可召开。会议由监事长召集和主持。当监事长因特殊原因不能履行职责时，可委托其他监事召集和主持。

第七十一条 监事会会议应由监事本人出席，实行一人一票的表决制度。监事会决议须经全体监事过半数通过，重大事项须经全体监事三分之二以上通过。

第七十二条 监事长行使以下职权：

（一）召集和主持监事会会议；

（二）向股东代表大会报告工作；

（三）组织监事会落实职责。

第七十三条 监事会应按照监事会职责对监事进行适当分工，并将监事履行职责情况向股东代表大会报告。监事有权向本行相关人员及机构了解情况，相关人员及机构应予以配合。监事会行使职权必要时可聘请社会中介机构给予帮助，由此发生的费用由本行承担。

第七十四条 本行内部稽核部门的稽核报告应当及时报送监事会，监事会对稽核结果有疑问的，有权要求高级管理层和稽核部门作出解释。

第七十五条 监事会决议表决方式为无记名或记名投票表决。监事会应当对会议所议事项及决议作成会议记录，出席会议的监事和记录员在会议记录上签名。出席会议的监事有权要求在记录上对其在会议上的发言作出说明性的记载。

第七章 行 长

第七十六条 本行设行长 1 人，副行长 1 至 3 人。行长由董事会提名，副行长由行长提名，经董事会通过，报银行业监督管理部门核准任职资格后，由董事会聘任。行长、副行长每届任期 3 年，期满后可以连任。连任须报银行业监督管理机构进行任职资格审查。

第七十七条 行长对董事会负责，行使以下职权：

（一）提请董事会聘任或者解聘副行长、财务负责人等高级管理层成员；

（二）聘任或者解聘应由董事会聘任或者解聘以外的本行内部各职能部门及分支机构负责人；

（三）代表高级管理层向董事会提交经营计划和投资方案，经董事会批准后组织实施；

（四）授权高级管理层成员、内部各职能部门及分支机构负责人从事经营活动；

（五）在本行发生挤兑等重大突发事件时，采取紧急措施，并立即向银行业监督管理机构和董事会、监事会报告；

（六）其它依据法律、法规、行政规章和本章程规定应由行长行使的职权。

本行行长不得由董事长兼任。

第七十八条 本行行长每年接受监事会的专项审计，审计结果向董事会和股东代表大会报告。行长、副行长离任时，须进行离任审计。

第七十九条 本行行长、副行长超出董事会授权范围或违反法律、法规或者章程作出经营决策，致使本行遭受严重损失的，参与决策的行长、副行长应承担相应责任。

第八章 财务管理

第八十条 本行执行有关部门颁布的统一的农村信用社会计基本制度和财务管理实施办法，按照国家有关规定建立健全财务会计制度，真实记录并全面反映其业务活动和财务状况，遵守国家和地方税法，依法纳税。

第八十一条 本行会计年度为公历 1 月 1 日至 12 月 31 日。本行应当在每一会计年度终了时制作财务会计报告，并经有资格的中介机构审查验证。本行的财务会计报告应当在召开股东代表大会的 20 日前置备于本行，供股东查阅。

第八十二条 本行按照有关规定进行信息披露，定期公布经营业绩和审计报告。

第八十三条 本行的税后利润按下列顺利分配：

（一）弥补以前年度亏损；

（二）提取法定盈余公积金。提取比例不低于税后利润（扣除第一项后）的10%；

（三）提取公益金。提取比例原则上按税后利润（扣除第一项后）的5%；

取任意盈余公积金；

（四）按股份向股东支付红利和按交易量返还利润。

第八十四条　本行除法定会计帐册外，不得另立会计帐册。

第九章　终止与清算

第八十五条　本行因下列情形而终止：

（一）自行解散；

（二）因分立、合并需要解散；

（三）被依法撤销；

（四）被依法宣告破产。

第八十六条　本行清算依据国家有关法律法规进行。

第十章　附　则

第八十七条　本行股东代表大会通过的章程修改、补充规定，经批准后视为本章程的组成部分。

第八十八条　本章程未尽事宜依照国家有关政策、法律、法规及银行监管部门的有关规定办理。

第八十九条　本章程的解释权属董事会，修改权属股东代表大会。

第九十条　本章程经股东代表大会通过，经批准并依法注册之日起生效。

2004年4月22日，花溪合行成立大会，花溪区长田平（主席台左四）等领导人应邀参加

贵州花溪农村商业银行股份有限公司章程

（花农商银发〔2014〕1号 2014年1月3日）

第一章 总 则

第一条 为维护贵州花溪农村商业银行股份有限公司（以下简称本行）股东和债权人的合法权益，规范本行的组织和行为，根据《中华人民共和国公司法》（以下简称《公司法》）、《中华人民共和国商业银行法》（以下简称《商业银行法》）、《农村商业银行管理暂行规定》和其他有关法律法规，制定本章程。

第二条 本行是经中国银行业监督管理委员会批准，由境内自然人、企业法人依照《公司法》、《商业银行法》等法律法规共同以发起设立方式成立的股份制地方金融机构。

本行经贵阳市工商行政管理局注册登记，取得营业执照。

本行设立后，原贵州花溪农村合作银行自行终止，其债权债务及一切法律责任均由本行承担。

第三条 本行住所：贵州省贵阳市花溪区清溪路209号。

第四条 本行注册名称：贵州花溪农村商业银行股份有限公司。

简称：花溪农商银行

英文名称：Guizhou Huaxi Rural Commercial Bank Company Limited。

英文简称：Huaxi Rural Commercial Bank 。

第五条 本行为永久存续的股份有限公司。

第六条 董事长为本行的法定代表人。

第七条 本行是独立的企业法人，享有由股东投资入股形成的全部法人财产权，依法享有民事权利，并以全部法人财产独立承担民事责任，本行财产、合法权益及依法经营受国家有关法律法规保护，任何单位和个人不得侵犯和非法干涉。

本行股东依法享有资产收益、参与重大决策和选择管理者等权利，并以其所持股份为限对本行的财务承担责任。

第八条 本行下设的分支机构不具备法人资格，在本行授权范围内依法开展业务，其民事责任由本行承担。

第九条 本行章程自生效之日起，即成为规范本行的组织与行为、本行与股东、股东与股东之间权利义务关系的具有法律约束力的文件。

第十条 本行执行国家有关法律法规，执行国家金融方针和政策，依法接受银行业监督管理机构的监督管理和贵州省农村信用社联合社的行业管理。

第二章 经营宗旨和业务范围

第十一条 本行的经营宗旨：依照国家有关法律、行政法规，自主开展各项银行业务，为广大城乡居民和经济发展提供优质的金融服务，积极服务“三农”，服务社区，服务中小企业。

第十二条 本行以安全性、流动性、效益性为经营原则，实行自主经营，自担风险，自负盈亏，自我约束。

第十三条 本行业务经营与管理应符合《商业银行法》等法律法规和银行业监督管理机构颁布的有关行政规章的规定。

第十四条 本行根据当地经济发展状况及监

管部门的相关规定，确定本行新增贷款中涉农贷款的比例。

第十五条 经中国银行业监督管理机构批准，本行的经营范围是：

（一）吸收公众存款；

（二）发放短期、中期和长期贷款；

（三）办理国内结算；

（四）办理票据承兑与贴现；

（五）代理发行、代理兑付、承销政府债券；

（六）买卖政府债券、金融债券；

（七）从事同业拆借；

（八）从事银行卡业务；

（九）代理收付款项及代理保险业务；

（十）提供保管箱服务；

（十一）经国务院银行业监督管理机构批准的其他业务。

第三章　注册资本和股份

第一节　股　份

第十六条 本行注册资本为人民币50000万元。

第十七条 本行根据股本金来源和归属设自然人股和法人股。

第十八条 本行股份均为人民币普通股，全部资本划分为等额股份，每股面值为人民币1元，每一股份享有一个表决权。本行股份同股同权，同股同利，承担相同的义务。

第十九条 本行股份总数为50000万股，全部为普通股。其中，25370.91万股由原贵州花溪农村合作银行股金折股，其余24629.09万股由发起人以货币资金认购。

第二十条 本行单个自然人股东、单个法人股东及其关联企业，以及本行职工持股份额占本行股份总额的比例应当符合银行业监督管理机构的有关规定。

股东持有本行股份总额5%以上的，应事先报经银行业监督管理机构审批。

第二十一条 本行股本结构：法人股25050万股，占股份总额的50.1%；自然人股24950万股，占股份总额的49.9%，其中：本行职工持股5253.28万股，占股份总额的10.51%。

本行前十名法人股东名单如下：

单位：万元，%

序号	股东名称	住　所	法定代表人	持股金额	占总股本比例
1	贵州亨特房地产开发有限公司	贵阳市中华中路8号	杨中安	5000	10%
2	贵州麒鑫房地产开发有限责任公司	贵阳市花溪区清溪路139号兰馨桂馥花园20栋	郭福兰	4000	8%
3	贵阳金龙水泥有限公司	贵阳市花溪区溪北办事处养牛村	胡斌	3000	6%
4	浙江丽美工艺品有限公司	浙江省义乌市城西特色工业小区	王芳	2500	5%
5	贵州恒润焊网科技发展有限公司	贵阳市花溪区孟关乡改貌村（贵阳市富源南路1号）	徐琳	2000	4%
6	贵阳吉麟投资有限公司	贵阳市花溪区溪北办事处吉麟村村云林路	周旭	2000	4%
7	贵州华宇地产集团有限公司	贵阳市花溪区清溪路华宇商住楼1层20号	顾德斌	2000	4%

续表

序号	股东名称	住 所	法定代表人	持股金额	占总股本比例
8	贵州亚泰职业学院	贵阳市花溪区鸿源路 8 号马路寨（贵阳矿灯厂内）	周鸿静	1220	2.44%
9	贵州众拓房地产开发有限公司	贵阳市大理石路 83 号	何倩	1152	2.30%
10	贵州利尔房地产开发有限公司	贵阳市小河区珠江路 66 号	李修平	770	1.54%

本行前十户自然人股东名单如下：

单位：万元,%

序号	姓 名	身份证号码	住所	持股金额	占总股本比例
1	黄云昌	51022219581112291X	重庆沙坪坝区青木关镇关口村长无间组 29 号	1000	2%
2	郭 李	520111195704210014	贵阳市花溪区蟠龙巷 1 栋 1 单元 6 号	1000	2%
3	吴 刚	520111197311120412	贵州省贵阳市花溪区青岩镇南街 73 号	980	1.96%
4	刘实鹏	440923195607073475	广东省茂名市茂港区七迳镇河林下河林村 45 号	850	1.70%
5	熊懋鑫	520103194611051611	贵阳市云岩区中山西路办事处贡院巷 17 号 2 单元附 9 号	500	1%
6	彭 勇	520103197006210016	贵州省贵阳市云岩区交通街 8 号 7 单元附 28 号	403.82	0.81%
7	苏 华	520111195910121813	贵阳市花溪区农院路 2 号 3 单元 7 号	400	0.8%
8	陈廷英	520111195202050620	贵阳市花溪区吉林村吉林小学 5 号附 1 号	325	0.65%
9	张旭窗	520102197004192022	贵阳市云岩区安云路 20 号 A 栋	320	0.64%
10	吴 勇	520111196510310417	贵州省贵阳市花溪区清华路 40 号 2 栋 1 单元 4 楼 8 号	300	0.60%

第二十二条 本行印发记名股权证书，以人民币标明面值，作为股东的所有权凭证和参加利益分配的依据。

第二十三条 本行发行的股权证，采取一户一证，载明下列事项：

（一）本行名称；

（二）本行登记成立日期；

（三）股权证书的编号；

（四）股东姓名（名称）；

（五）股权证书票面金额及代表的股份数额。

第二十四条 本行依据法定验资机构出具的验资报告建立股东名册，股东名册记载下列事项：

（一）股东的姓名或名称、住所，自然人股东身份证号码，法人股东组织机构代码及法定代表人姓名、身份证号码；

（二）股东所持股份数额；

（三）股东所持记名式股权证的编号；

（四）股东取得其股份的日期；

（五）股权转让、质押情况；

（六）法律法规需载明的其他事项。

股东名册是本行向股东履行义务的依据，股东权利变更未记载于股东名册的，不得对抗本行。

第二十五条 本行股东持有的股权证书被盗、遗失、灭失或毁损，可持有效证件申请办理挂失，补发手续。

第二节 股份增减与回购

第二十六条 本行根据经营和发展的需要，依照法律法规的规定，经股东大会决议并经银行业监督管理机构以及其他有关主管部门批准，可以采用下列方式增加注册资本：

（一）向社会投资者定向募股；

（二）向现有股东派送红股；

（三）以公积金转增股本；

（四）法律法规规定以及监管部门批准的其他方式。

第二十七条 本行可以减少注册资本。本行减少注册资本，应当经银行业监督管理机构批准，并按照《公司法》、《商业银行法》以及其他有关法律法规和本章程规定的程序办理。

第二十八条 本行在下列情况下，可以依照法律法规和本章程的规定，经本行审议通过，报银行业监督管理机构批准后，收购本行的股份：

（一）减少本行注册资本；

（二）与持有本行股份的其他银行业金融机构合并；

（三）将股份奖励给本行员工；

（四）股东因对股东大会作出的本行合并、分立决议持异议，要求本行收购其持有股份的；

（五）法律法规及国家有关主管部门批准的其他情形。

除上述情形外，本行不进行买卖本行股份的活动。

第二十九条 本行因本章程第二十八条第（一）项至第（三）项的原因收购本行股份的，应当经股东大会决议。

本行依照第二十八条规定收购本行股份后，属于第（一）项情形的，应当自收购之日起10日内注销；属于第（二）项、第（四）项情形的，应当在六个月内转让或者注销。

属于第二十八条第（三）项情形的，不得超过本行股份总额的百分之五；用于收购的资金应当从本行的税后利润中支出；所收购的股份应当在一年内转让给职工。

股东依第二十八条第（四）项要求本行回购其股份的，股份回购价格不得高于本行上一年度经审计的每股净资产值.

第三十条 本行发行新股，应由董事会提议，并由股东大会对以下事项作出决议：

（一）新股发行对象；

（二）新股种类及数额；

（三）新股发行价格；

（四）新股发行的起止日期。

第三十一条 本行回购股份，可以按下列方式之一进行：

（一）通过要约方式回购；

（二）通过协议方式回购；

（三）法律法规规定的其他情形。

第三节 股份转让和质押

第三十二条 本行股东所持的股份不得退股。但经本行同意，并按规定办理登记手续，可依法转让、继承和赠予。

股东变更或转让本行股份总额1%以下股份的，可以由董事会授权董事长审批；变更或转让本行股份总额1%以上股份的，由董事会审议通过。

受股份转让人应符合金融法律法规对银行股东资格条件的有关要求。

本行股份变更、转让以后的持有人（受让人），股东资格及持股比例必须符合银行业监督管理机构有关向农村商业银行入股的规定，其持股总额、持股比例、持股方式等必须符合本章程的有关规定。

第三十三条 本行不接受以本行股份作为质

押标的。

以本行股份为自己或他人担保的，应当事前向本行董事会提交书面申请，并征得董事会同意。

第三十四条 本行股东自身或由其提供保证的其他借款人在本行的借款本息未全部结清之前，其持有的本行股份不得转让、继承、赠予或质押。

第三十五条 发起人持有的本行股份，自本行注册成立之日起3年内不得转让，其中持股比例在5%以上的发起人5年内不得转让。

本行董事、监事、高级管理人员应当向本行申报所持有的本行的股份及其变动情况，上述人员在任职期间及离职后6个月内，不得转让其所持有的本行股份，在任职期间不得质押其所持有的本行股份。

第三十六条 本行股东大会召开20日内或者本行决定分配股利的基准日前5日内，不得进行股东名册的变更登记。

第三十七条 本行前10名法人股东、前10名自然人股东持股情况发生变更的，本行应对本章程的记载作相应修改，该项修改不需再由股东大会作出决议。并按相关法律法规要求及时到工商部门备案。

第四章 股东和股东大会

第一节 股 东

第三十八条 本行股东是指依法持有本行股份，并且登记在股东名册上的自然人和法人。股东按其所持有的股份享有权利，承担义务。本行股东应当符合中国银行业监督管理机构规定的向农村商业银行入股的条件。

第三十九条 本行股东享有下列权利：

（一）依法请求、召集、主持、参加或者委托代理人参加股东大会，并依照其所持有的股份份额行使表决权；

（二）依法享有选举权和被选举权；

（三）对本行的经营行为进行监督，提出建议或质询；

（四）依照其所持有的股份份额获得股利和其他形式的利益分配；

（五）依照法律法规及本章程的规定转让、赠予或质押其所持有的股份；

（六）查阅本章程、股东名册、股东大会会议记录、董事会会议记录、监事会会议记录、年度财务报告；

（七）本行终止或清算时，按其所持有的股份份额参加本行剩余财产的分配；

（八）对股东大会做出的本行合并、分立决议持异议的股东，可要求本行收购其股份；

（九）法律法规、行政规章和本章程所赋予的其他权利。

第四十条 股东查阅前条第（六）项所列有关信息或者索取资料的，应当向本行提供书面申请和股权证书原件，本行经核实股东身份后按照股东的要求予以提供。股东对获取本行的有关资料及其内容负有保密责任。

第四十一条 本行股东大会、董事会的会议召集程序、表决方式违反法律、行政法规或者本章程，或者决议内容违反本章程的，股东可以自决议作出之日起60日内，请求人民法院撤销。

第四十二条 董事、高级管理人员执行本行职务时违反法律法规或者本章程规定，给本行造成损失的，连续180日以上单独或合计持有本行1%以上股份的股东有权书面请求监事会向人民法院提起诉讼；监事执行本行职务时违反法律法规或者本章程的规定，给本行造成损失的，前述股东可以书面请求董事会向人民法院提起诉讼。

监事会、董事会收到前款规定的股东书面请求后拒绝提起诉讼，或者自收到请求之日起30日内未提起诉讼，或者情况紧急、不立即提起诉讼将会使本行利益受到难以弥补的损害的，前款规定的股东有权为了本行的利益以自己的名义直接向人民法院提起诉讼。

他人侵犯本行合法权益，给本行造成损失的，本条第一款规定的股东可以依照前两款的规定向人民法院提起诉讼。

第四十三条 董事、监事、高级管理人员违反法律法规或者本章程的规定，损害股东利益的，股东可以依法向人民法院提起要求赔偿的诉讼。

第四十四条 本行股东承担下列义务：

（一）遵守法律法规和本章程；

（二）依其所认购的股份和入股方式缴纳股款；

（三）除法律法规规定的情形外，不得退股；

（四）维护本行的利益和信誉，支持本行合法开展各项业务；

（五）服从和履行股东大会决议；

（六）不得滥用股东权利损害本行或者其他股东的利益；不得滥用本行法人独立地位和股东有限责任损害本行债权人的利益；

（七）本行可能出现流动性困难时，在本行有借款的股东应立即归还到期借款，未到期的借款应提前偿还；

（八）法律法规及本章程规定应当承担的其他义务。

本条第（七）项所述流动性困难应当根据法律法规确定，法律法规没有规定的，由本行董事会决议确定。

第四十五条 本行股东以其持有的本行股份为自己或他人担保的，应当事先告知并征得董事会同意。

第四十六条 本行资本充足率低于法定标准或银行业监督管理机构要求的最低资本充足率标准时，应支持董事会提出的提高资本充足率的措施。

第四十七条 本行对股东贷款的条件不得优于其他借款人同类贷款条件。有关股东贷款关联交易具体办法由董事会另行制定。

第四十八条 本行不得为股东及其关联企业提供融资性担保，但股东以银行存单或国债提供反担保的除外。前述所称融资性担保是指本行为股东及其关联企业的融资行为提供的担保。

第四十九条 股东在本行有借款的，其表决权应按贷款额度相应扣减直至暂停行使，但银行存单或质押担保的借款除外。

股东在本行借款逾期未还期间内，不得就其持有的本行股份行使表决权，本行应将前述情形在股东大会会议记录中载明。

第二节 股东大会的一般规定

第五十条 股东大会是本行的权力机构，由全体股东组成。

第五十一条 股东大会依法行使下列职权：

（一）审议批准本行的发展规划，决定本行经营方针和投资计划；

（二）选举和更换董事、由股东担任的监事，决定其报酬事项；

（三）审议批准董事会、监事会工作报告；

（四）审议批准本行年度财务预算方案、决算方案、利润分配方案和亏损弥补方案；

（五）对本行增加或减少注册资本、发行债券作出决议；

（六）对本行合并、分立、解散、清算及变更公司组织形式等事项作出决议；

（七）修改本行章程、审议通过股东大会议事规则；

（八）审议单独或合并持有本行股份总额3%以上的股东提案；

（九）听取银行业监督管理机构对本行的监管意见及本行执行整改情况的通报；

（十）审议批准董事会对董事的评价报告；监事会对监事的评价报告；

（十一）审议批准法律、行政法规和本章程规定的应当由股东大会决定的其他事项。

第五十二条 股东大会分为年度股东大会和临时股东大会。年度股东大会每年召开一次，于上一个会计年度结束后的6个月内召开。因特殊情况需延期召开的，应当及时向银行业监督管理机构报告，说明延期召开的理由并公告。

第五十三条 有下列情形之一的，本行应当在事实发生之日起的2个月内召开临时股东大会：

（一）董事人数少于本章程规定的董事人数的2/3或不足《公司法》规定的法定最低人数时；

（二）本行未弥补的亏损达实收股本总额的1/3时；

（三）单独或者合并持有本行股份总数10%以上的股东书面请求时；

（四）董事会认为必要时；

（五）监事会提议召开时；

（六）全部独立董事提请召开时；

（七）法律法规、行政规章和本章程规定的其他情形。

第五十四条 本行股东大会采取现场会议方式召开，本行股东大会设置会场，召开股东大会的地点为本行住所或股东大会通知中列明的其他地点。

第五十五条 本行召开股东大会时应聘请律师对股东大会召开程序、出席股东大会的股东资格、股东大会的决议内容等事项的合法性发表意见。

第三节 股东大会的召集

第五十六条 股东大会由董事会负责召集。董事会不能履行职责或者不履行职责的，监事会应当及时召集；监事会不召集的，连续持股90日以上单独或者合并持有本行10%以上的股份的股东可以自行召集。

第五十七条 监事会或者股东要求召集临时股东大会，应当按照下列程序办理。

（一）监事会向董事会提议召开临时股东大会，应当向董事会提出书面请求和拟召集的股东大会的提案。董事会应当根据法律法规和本章程的规定，在收到书面请求和提案后10日内做出同意或不同意召开临时股东大会的决议并书面反馈监事会。

董事会同意召开临时股东大会的，应当在做出董事会决议后的5日内发出召开股东大会的通知，通知中对原提议的提案内容变更，应征得监事会的同意。

董事会不同意召开临时股东大会，或者在收到提议后10日内未作出反馈的，或者董事会同意召开股东大会但未在作出决议后10日内发出召开股东大会通知的，视为董事会不能履行或者不履行召集股东大会职责，监事会可以自行召集和主持。

（二）连续90日以上单独或者合并持有本行10%以上有表决权股份的股东向董事会请求召开临时股东大会，应当向董事会提出书面请求和拟召集的股东大会的提案。董事会应当根据法律法规和本章程的规定，在收到请求和提案后10日内作出同意或不同意召开临时股东大会的决议并书面反馈提案股东。

董事会同意召开临时股东大会的，应当在作出董事会决议后的5日内发出召开股东大会的通知，通知中有对原请求的提案内容变更的，应当征得提案股东的同意。

董事会不同意召开临时股东大会，或者在收到请求后10日内未作出反馈的，或者董事会同意召开股东大会但未在作出决议后的5日内发出召开股东大会通知的，连续90日以上单独或者合并持有本行10%以上有表决权股份的股东有权向监事会提议召开临时股东大会，并应当以书面形式向监事会提出召开请求。

监事会同意召开临时股东大会的，应在收到请求5日内发出召开股东大会通知，通知中对原提案变更的，应当征得提案股东的同意。

监事会未在规定的期限内发出股东大会通知的，视为监事会不召集和主持股东大会，连续90日以上单独或者合并持有本行10%以上有表决权股份的股东可以自行召集和主持。

（三）监事会或提议股东决定自行召开临时股东大会的，应当书面通知董事会，同时报银行业监督管理机构备案。

（四）监事会或者提议股东自行召集临时股东大会，董事会应予配合，会议所必须的合理费用由本行承担。

第四节 股东大会的提案与通知

第五十八条 股东大会提案的内容应当属于股东大会职权范围，有明确议题和具体决议事项，并且符合法律法规和本章程的有关规定。

第五十九条 本行召开股东大会，董事会、监事会以及单独或合并持有本行3%以上股份的股东，有权向本行提出提案。

第六十条 连续90日以上单独或者合计持有本行3%以上有表决权股份的股东，可以在股东大会召开10日前提出临时提案并书面提交召集人；召集人应当在收到提案后2日内通知其他股东，并将该临时提案提交股东大会审议。除上述情形外，在召集人发出股东大会通知公告后，不得修改股东大会通知中已列明的提案或增加新的提案。

第六十一条 董事会应按规定对提案进行审议，对不能列入股东大会会议议程的提案，董事会应在该次股东大会上进行解释和说明，并将提案内容和董事会的说明与股东大会决议一并存档。

第六十二条 股东大会审议提案时，不得对提案进行修改，否则，有关变更应当被视为一个新的提案且不得在本次股东大会上进行表决。

第六十三条 本行召开年度股东大会，董事会应当在会议召开20日前通知所有在册股东；召开临时股东大会会议的，召集人应当在会议召开15日前通知所有在册股东。

第六十四条 拟出席股东大会的股东，应当于会议召开5日前回复本行。拟出席会议的股东所代表的有表决权的股份数达到本行有表决权的股份总数1/2以上时，本行可以召开股东大会。

第六十五条 股东大会通知一般以公告方式进行。

第六十六条 股东大会的通知应当符合下列要求：

（一）会议时间、地点和会议期限；

（二）提交会议审议的事项和提案；

（三）以明显的文字说明，全体股东有权出席会议，并可以委托代理人代为出席和表决，该股东代理人不必是本行的股东；

（四）对董事、监事、行长和其他高级管理人员与将讨论的事项有利害关系的性质和程度进行披露；

（五）代理委托书的送达时间和地点；

（六）会务常设联系人姓名和联系电话。

第六十七条 股东大会拟讨论董事、监事选举事项的，召集人应以适当方式披露董事、监事候选人的详细资料，包括以下内容：

（一）教育背景、工作经历、兼职等个人情况；

（二）与本行或本行的控股股东及实际控制人是否存在关联关系；

（三）披露持有本行股份数量；

（四）是否受过有关监管部门的处罚和惩戒。

第六十八条 发出股东大会通知后，无正当理由的，股东大会不应延期或取消，股东大会通知中列明的审议事项不应取消。一旦出现延期或取消的情形，召集人应当在原定召开日前至少2个工作日通知股东并说明原因。

第五节 股东大会的召开

第六十九条 本行董事会和其他召集人应采取必要措施，保证股东大会的正常秩序。对干扰股东大会、寻衅滋事和侵犯股东合法权益的行为，应采取措施加以制止并及时报告有关部门查处。

第七十条 股东名册上记载的所有股东，均有权出席股东大会，并依照有关法律法规及本章程行使表决权。

股东可以亲自出席股东大会，也可以委托代理人代为出席和表决。

第七十一条 自然人股东亲自出席会议的，应出示本人身份证或其他能够表明其身份的有效证件或证明、股权凭证；委托代理人出席会议的，代理人应出示本人有效身份证件、股东身份证复印件、股东授权委托书、股权凭证。

法人股东应由法定代表人或者法定代表人委托的代理人出席会议。法定代表人出席会议的，应出示本人身份证、能证明其具有法定代表人资格的有效证明、股权凭证；委托代理人出席会议的，代理人应出示本人身份证、法人股东单位的法定代表人依法出具的授权委托书、股权凭证。

第七十二条 股东出具的委托他人出席股东大会的授权委托书应当载明下列内容：

（一）代理人的姓名；

（二）授权的范围；

（三）委托书签发日期和有效期限；

（四）委托人签名（或盖章）。委托人为法人股东的，应加盖法人单位印章。

第七十三条 股东大会召开时，本行全体董事、监事和董事会秘书应当出席会议，行长、副行长和其他高级管理人员应当列席会议。

第七十四条 股东大会由董事长主持。董事长不能履行职务或不履行职务时，由半数以上董事共同推举一名董事主持。

监事会自行召集的股东大会，由监事长主持。监事长不能履行职务或不履行职务时，由半数以上监事共同推举的一名监事主持。

股东自行召集的股东大会，由召集人推举代表主持。

召开股东大会时，会议主持人违反议事规则使股东大会无法继续进行的，经现场出席股东大会有表决权过半数的股东同意，股东大会可推举一人担任会议主持人，继续开会。

第七十五条 本行制定股东大会议事规则，详细规定股东大会的召开和表决程序，以及股东大会对董事会的授权原则。

第七十六条 在年度股东大会上，董事会、监事会应当就其过去一年的工作向股东大会作出报告。

第七十七条 董事、监事、高级管理人员在股东大会上就股东的质询和建议作出解释和说明。

第七十八条 会议主持人应当在表决前宣布现场出席会议的股东和代理人人数及所持有表决权的股份总数，现场出席会议的股东和代理人人数及所持有表决权的股份总数以会议登记为准。

第七十九条 股东大会应有会议记录，记载以下内容：

（一）会议时间、地点、议程和召集人姓名或名称；

（二）会议主持人以及出席或列席会议的董事、监事、行长和其他高级管理人员姓名；

（三）出席会议的股东和代理人人数、所持有表决权的股份总数及占本行股份总数的比例；

（四）对每一提案的审议经过、发言要点和表决结果；

（五）股东的质询意见或建议以及相应的答复或说明；

（六）律师及计票人、监票人姓名；

（七）本章程规定应当载入会议记录的其他内容。

第八十条 召集人应当保证会议记录内容真实、准确和完整。出席会议的董事、监事、董事会秘书、召集人或其代表、会议主持人应当在会议记录上签名。会议记录应当与现场出席股东的登记册及代理出席的委托书一并保存，保存期限为10年。

第八十一条 召集人应当保证股东大会连续举行，直至形成最终决议。因不可抗力等特殊原因导致股东大会中止或不能作出决议的，应采取必要措施尽快恢复召开股东大会或直接终止本次股东大会，并及时通知。

第六节 股东大会的表决和决议

第八十二条 股东大会决议分为普通决议和特别决议。

股东大会作出普通决议，应当由出席股东大会的股东（包括股东代理人）所持表决权过半数通过。

股东大会作出特别决议，应当由出席股东大会的股东（包括股东代理人）所持表决权的2/3以上通过。

第八十三条 下列事项由股东大会以普通决议通过：

（一）董事会和监事会的工作报告；

（二）董事会拟定的利润分配方案和弥补亏损方案；

（三）董事会和监事会成员的选举及其报酬和支付方法；

（四）本行年度预算方案、决算方案；

（五）本行年度报告；

（六）除法律法规或者本章程规定应当以特别决议通过以外的其他事项。

第八十四条 下列事项由股东大会以特别决

议通过：

（一）本行增加或减少注册资本；

（二）本行合并、分立、解散、清算和变更公司形式；

（三）修改本行章程；

（四）发行公司债券；

（五）本行重大收购事宜及回购股份；

（六）法律法规或本章程规定的，以及股东大会以普通决议认定会对本行产生重大影响、需要以特别决议通过的其他事项。

第八十五条 股东（包括股东代理人）以其所代表的有表决权的股份数额行使表决权，每一股份享有一票表决权。

第八十六条 本行应在保证股东大会合法、有效的前提下，通过各种方式和途径，为股东参加股东大会提供便利。

第八十七条 除本行处于危机等特殊情况外，非经股东大会以特别决议批准，本行不与董事、行长和其他高级管理人员以外的人订立将本行全部或者重要业务的管理交予该人负责的合同。

第八十八条 董事、监事候选人名单以提案的方式提请股东大会表决，可以实行差额选举。

同一股东及其关联方不得向股东大会同时提名董事和监事的人选。同一股东及其关联方提名的董事（监事）人选已担任董事（监事）职务，在该董事（监事）任职届满或更换前，该股东及其关联方不得再提名监事（董事）候选人；同一股东及其关联方提名董事原则上不得超过董事会成员总数的1/3。国家另有规定的除外。

第八十九条 股东大会应对所有提案进行逐项表决，对同一事项有不同提案的，应按提案提出的时间顺序进行表决。除因不可抗力等特殊原因导致股东大会中止或不能作出决议外，股东大会不应对提案进行搁置或不予表决。

第九十条 股东大会采取无记名方式投票表决。

第九十一条 股东大会对提案进行表决前，应当推举2名股东代表和1名监事参加计票和监票。审议事项与股东有利害关系的，相关股东及代理人不得参加计票、监票。

股东大会对提案进行表决时，应当由律师、股东代表与监事代表共同负责计票、监票，并当场公布表决结果，决议的表决结果载入会议记录。

第九十二条 出席股东大会的股东，应当对提交表决的提案发表以下意见之一：赞成、反对或弃权。

未填、错填、字迹无法辨认的表决票、未投的表决票均视为投票人放弃表决权利，其所持股份数的表决结果应计为“弃权”。

第九十三条 董事会应在股东大会结束后10日内将股东大会记录、股东大会决议等文件复印件报中国银行业监督管理机构备案。

第九十四条 本行股东大会会议实行律师见证制度，并由律师就股东大会召集的程序、出席会议的股东资格、表决程序及决议内容和结果是否合法有效等事项出具法律意见书。

第五章　董事和董事会

第一节　董　事

第九十五条 本行董事为自然人，本行董事应当符合法律法规和银行业监督管理机构要求的任职资格条件。

第九十六条 不符合《中国银行业监督管理委员会农村中小金融机构行政事项许可实施办法》（银监会2008年第3号令）第一百三十九条、一百四十条规定情形之一的人员不得担任本行的董事。

违反前款规定选举、聘任董事的，该选举或者聘任无效。董事在任职期间出现前款所列情形的，本行解除其职务。

第九十七条 董事由股东大会选举或更换，任期3年。董事任期届满，连选可以连任。董事在任期届满以前，股东大会不得无故解除其职务。

董事任期从就任之日起计算，至本届董事会任期届满时为止。董事任期届满未及时改选，在改选出的董事就任前，原董事仍应当依照法律、行政法规和本章程的规定，履行董事职务。

本行设独立董事，独立董事的人数不少于2人。

第九十八条 董事的提名方式和程序为：

（一）本行首届董事会董事候选人由本行筹建工作小组提名，经股东大会选举产生。董事候选人的提名应以书面提案方式向股东大会提出；

（二）在本行章程规定的董事会人数范围内，按照拟选任人数，可以由董事会提名委员会提出董事候选人名单；单独或者合计持有本行有表决权股份总数3%以上股东可以向董事会提出董事候选人；

（三）董事会提名委员会对董事候选人的任职资格和条件进行初步审核，合格人选提交董事会审议；经董事会审议通过后，以书面提案方式向股东大会提出董事候选人；

（四）董事候选人应当在股东大会召开之前作出书面承诺，同意接受提名，承诺公开披露的资料真实、完整并保证当选后切实履行董事义务；

（五）董事会应当在股东大会召开前依照法律法规和本行章程规定向股东披露董事候选人详细料，保证股东在投票时对候选人有足够的了解；

（六）股东大会对每位董事候选人逐一进行表决；

（七）遇有临时增补董事，由董事会提名委员会或符合提名条件的股东提出并提交董事会审议，股东大会予以选举或更换。

第九十九条 董事应当遵守法律法规、行政规章和本章程的规定，忠实履行职责，维护本行利益。当其自身利益与本行、本行股东利益相冲突时，应以本行和本行股东的最大利益为行为准则，并保证：

（一）在其职责范围内行使权利，不得越权；

（二）除经本行章程规定或者股东大会在知情的情况下批准，不得同本行订立合同或者进行交易；

（三）不得利用内幕信息为自己或他人谋取利益；

（四）未经股东大会在知情的情况下批准，不得自营或者为他人经营与本行同类的业务或者从事损害本行利益的活动；

（五）不得利用职权收受贿赂或其他非法收入，不得侵占本行的财产；

（六）不得挪用本行资金；

（七）不得接受与本行交易有关的佣金；

（八）不得利用职务便利为自己或他人侵占或者接受应属于本行的商业机会；

（九）不得将本行资产以其个人名义或其他个人名义开立账户储存；

（十）不得以本行资产为本行的股东或其他个人债务提供担保；

（十一）不得擅自披露本行的商业信息。

董事违反前款规定所得的收入应当归本行所有；给本行造成损失的，应当承担赔偿责任。

第一百条 董事应谨慎、认真、勤勉地行使本行所赋予的权利，并保证：

（一）本行的经营行为符合国家有关法律法规、行政规章以及国家各项经济政策的要求，经营活动不超越营业执照规定的业务范围；

（二）公平对待所有股东；

（三）认真阅读本行的各项业务、财务报告，及时了解本行业务经营管理状况；

（四）接受监事会对其履行职责的合法监督和合理建议；

（五）向董事会和监事会报告其关联业务的相关情况。

第一百零一条 未经本章程规定或董事会合法授权，任何董事不得以个人名义代表本行或董事会行事；董事以个人名义行事时，在第三方合理地认为该董事在代表本行或董事会行事的情况下，该董事应事先声明其立场和身份，未声明其立场和身份的发言不代表本行或董事会，因此而给本行造成损失的，应当承担赔偿责任。

第一百零二条 未经股东大会同意，任何董事不得泄露其在任职期间所获得的涉及本行的机密信息。

第一百零三条 董事个人或其所任职的其他企业直接或间接与本行已有的或计划中的合同、

交易、安排有关联关系时，不论有关事项在一般情况下是否需要董事会批准同意，应向董事会披露该关联关系的性质和程度。

除非有关联关系的董事按照本条前述的要求向董事会作了披露，并依法回避了该事项的表决，否则，董事会有权撤销该合同、交易或安排。

第一百零四条 如果董事在本行首次考虑订立有关合同、交易或安排前以书面形式通知董事会，声明由于通知所列的内容，本行日后达成的合同、交易或安排与其有利益关系，则在通知阐明的范围内，有关董事视为作了其关联关系的披露。

第一百零五条 董事应当投入足够的时间履行职责。董事连续 2 次未能亲自出席，也不委托其他董事出席董事会会议，或者 1 年内亲自出席董事会会议的次数少于董事会会议总数的 2/3，视为不能履行其职责，董事会应当建议股东大会予以罢免。

第一百零六条 董事在董事会会议上应当独立、专业、客观地发表意见，并应当持续地了解和关注本行的情况，对本行事务通过董事会或其专门委员会提出意见、建议。

第一百零七条 董事在任期届满以前提出辞职，应向董事会提出书面辞职报告。独立董事辞职时应在书面辞职报告中对任何与其辞职有关或其认为有必要引起本行股东和债权人注意的事项进行说明。如因董事的辞职导致本行董事会董事低于法定最低人数时，该董事的辞职报告应在补选出新的董事填补因其辞职产生的缺额后方能生效。

除前款所列明情形外，董事辞职自辞职报告送达董事会时生效。

第一百零八条 董事任期届满未及时改选或者董事在任期内辞职导致本行董事会成员低于法定最低人数的，在改选出的董事就任前，原董事仍应当依照法律法规和本章程的规定，履行董事职责。

第一百零九条 董事辞职或者任期届满，其对本行和股东负有的义务在其辞职报告尚未生效或者生效后的合理期间内，以及在任期结束后的合理期间内并不解除，其对本行商业秘密保密的义务在其任职结束后仍然有效，直至该秘密成为公开信息。其他义务的持续期间应当根据公平的原则决定，视事件发生与离任之间时间的长短，以及与本行的关系在何种情况和条件下结束而定。

第一百一十条 董事执行本行职务时违反法律、法规或者本章程的规定，给本行造成损失的，应当承担赔偿责任。

第一百一十一条 董事在任职期间擅自离职给本行造成的损失，应当承担赔偿责任。

第一百一十二条 董事执行本行职务时违反法律、行政法规或本章程的规定，给本行造成损失的，应当承担赔偿责任。

第一百一十三条 本节有关董事义务的规定，同时适用于本行监事、行长和其他高级管理人员。

第二节　独立董事

第一百一十四条 本行董事会设独立董事 2 名。独立董事是指不在本行担任除董事外的其他职务，并与本行及主要股东不存在可能妨碍其进行独立客观判断关系的董事。

第一百一十五条 董事会提名委员会、单独或者合计持有本行有表决权股份总数 1% 以上股东可以向董事会提出独立董事候人，已经提名董事的股东不得再提名独立董事。

被提名的独立董事候选人应当由董事会提名委员会进行资质审查，审查重点包括独立性、专业知识、经验和能力等。

第一百一十六条 独立董事每届任期三年，期满后可以继续担任本行董事，但不得再担任独立董事。

第一百一十七条 独立董事应当具备较高的专业素质和良好信誉，且同时应当满足以下条件：

（一）具有本科（含本科）以上学历或相关专业中级以上职称；

（二）具有 5 年以上的法律、经济、金融、财务或其他有利于履行独立董事职责的工作经历；

（三）熟悉商业银行经营管理相关的法律法

规、行政规章、本行公司治理、章程以及本行董事会职责；

（四）能够根据本行的财务报表和统计报表判断本行的经营管理和风险状况；

（五）符合银行业监督管理机构规定的其他条件。

第一百一十八条 下列人员不得担任独立董事：

（一）本人或其近亲属持有本行1%以上股份或股权；

（二）本人或其近亲属在持有本行1%以上股份或股权的股东单位任职；

（三）本人或其近亲属在本行、本行控股或者实际控制的机构任职；

（四）本人或其近亲属在不能按期偿还本行贷款的机构任职；

（五）本人或其近亲属任职的机构与本行之间存在法律、会计、审计、管理咨询等方面的业务联系或债权债务等方面的利益关系；

（六）本人或其近亲属可能被本行大股东、高管层控制或施加重大影响，以致于妨碍其履职独立性的其他情形。

本条所称近亲属包括夫妻、父母、子女、祖父母、外祖父母、兄弟姐妹。

第一百一十九条 国家机关工作人员不得兼任本行独立董事。本行独立董事不得在超过两家商业银行同时任职。

第一百二十条 独立董事对本行及全体股东负有诚信与勤勉义务。独立董事应按照相关法律法规、行政规章、本章程的要求，认真履行职责，维护本行整体利益，尤其要关注本行存款人及中小股东的合法权益不受损害。独立董事不受本行主要股东、实际控制人以及其他与本行存在利害关系的单位或个人的影响。

第一百二十一条 独立董事履行职责时应当独立对董事会审议事项发表客观、公正的意见，并重点关注以下事项：

（一）重大关联交易的合法性和公允性；

（二）利润分配方案；

（三）高级管理人员的聘任和解聘；

（四）可能造成本行重大损失的事项；

（五）可能损害存款人、中小股东和其他利益相关者合法权益的事项；

（六）外部审计师的聘任。

（七）法律法规规定的其他事项。

第一百二十二条 除具有《公司法》和其他法律法规、行政规章、本章程赋予董事的职权外，独立董事还具有下述职权：

（一）应当对重大关联交易的公允性以及内部审批程序履行情况发表书面意见；

（二）向董事会提议聘用或解聘会计师事务所；

（三）向董事会提请召开临时股东大会；

（四）提议召开董事会会议；

（五）独立聘请外部审计机构和咨询机构。

第一百二十三条 为了保证独立董事有效行使职权，本行应保证其享有与其他董事同等的知情权并提供必需的工作条件以保证其独立行使职权。独立董事行使职权时，本行有关人员应积极配合，不得拒绝、阻碍或隐瞒，不得干预其独立行使职权。

第一百二十四条 独立董事在履行职责过程中，如果发现本行董事会、董事、高级管理层成员及本行机构和人员有违反法律法规、行政规章、本章程规定情形的，应及时要求予以纠正并向银行业监督管理机构报告。

第一百二十五条 确保有足够的时间和精力有效地履行独立董事的职责，每年为本行工作的时间不得少于15个工作日。

第一百二十六条 股东大会审议的独立董事评价报告应当至少包括该独立董事参加董事会会议次数、历次参加董事会会议的主要情况，独立董事提出的反对意见以及董事会所作的处理情况等内容。

第一百二十七条 董事会决议违反法律法规、行政规章、本章程，致使本行遭受严重损失，独立董事未发表反对意见的，应依法承担赔偿责任。

第一百二十八条 独立董事有下列情形之一

的，由监事会提请股东大会予以罢免：

（一）因职务变动不符合独立董事任职资格条件且本人未提出辞职的；

（二）1 年内亲自出席董事会会议的次数少于董事会会议总数的 2/3 的；

（三）法律法规、行政规章规定不适合继续担任独立董事的其他情形。

第三节 董事会

第一百二十九条 本行设董事会，董事会是股东大会的执行机构和本行的经营决策机构，对股东大会负责。

第一百三十条 本行董事会由 15 名董事组成，其中本行职工董事人数不少于董事会成员总数的 1/4，但不超过董事会成员总数的 1/3。

本行第一届董事会由 15 名董事组成，设董事长 1 名。其中：本行职工董事 4 名、外部董事 11 名（其中独立董事 2 名）。董事会规模和人员构成应符合有关法律法规及公司治理的有关要求，确保董事会专业、高效地履行职能。

第一百三十一条 董事会依据董事会议事规则议事，以确保董事会落实股东大会决议，提高工作效率，保证科学决策。董事会议事规则由董事会拟定、股东大会审议。

第一百三十二条 董事会依法履行以下职责：

（一）召集股东大会，并向股东大会报告工作；

（二）执行股东大会的决议；

（三）决定本行的经营计划和投资方案，确定本行的经营发展战略；

（四）制定本行的年度财务预算方案、决算方案、利润分配方案和弥补亏损方案；

（五）制定本行增加或者减少注册资本方案以及发行债券方案；

（六）决定本行内部管理机构和分支机构设置；

（七）审定本行的基本管理制度；

（八）制订本行章程的修改方案；

（九）根据董事长提名，聘任或解聘本行行长、董事会秘书、风险总监、财务总监、首席合规官，确定各专门委员会主任委员及委员；根据行长提名，聘任或解聘副行长、营业部、财务、稽核、合规、各支行负责人；

（十）审议批准本行重大贷款、重大资产处置及重大关联交易等事项；

（十一）拟订本行合并、分立、解散、清算或变更公司组织形式方案；

（十二）决定本行的风险管理和内部控制政策；

（十三）负责定期评估并完善本行的公司治理状况；

（十四）管理本行的信息披露事项；聘请或更换承办本行审计业务的会计师事务所；

（十五）听取并审议本行行长的工作汇报，检查行长的工作；

（十六）对董事的履职情况作出评价，并向股东大会报告；

（十七）修订本行股东大会议事规则、董事会议事规则和制定、修改董事会各专门委员会工作制度；

（十八）法律法规、行政规章及本章程授予的其他职权。

第一百三十三条 董事会和高级管理层的权利和责任应当以书面形式清晰界定，并作为董事会和高级管理层有效履行职责的依据。

第一百三十四条 董事会承担本行资本充足率管理的最终责任，确保本行在测算、衡量资本与业务发展匹配状况的基础上，拟定合理的经营发展战略。

本行的资本不能满足经营发展的需要或不能达到监管要求时，董事会应当制定资本补充计划并监督执行。

第一百三十五条 董事会应当定期对本行风险状况进行评估，确定本行面临的主要风险，确定适当的风险限额，并根据风险评估情况，确定并调整本行可以接受的风险水平。

第一百三十六条 董事会应当定期开展对本行财务状况的审计，持续关注本行会计及财务管理体系的健全性和有效性，及时发现可能导致财务报告不准确的因素，并向高级管理层提出纠正意见。

第一百三十七条 董事会应当定期评估本行的经营状况，包括财务指标和非财务指标，并以此全面评价高级管理人员的履职情况。

第一百三十八条 董事会应当建立信息报告制度，要求高级管理层定期向董事会报告本行经营事项。

第一百三十九条 董事会应当定期听取本行内部审计部门和合规部门关于内部审计和检查结果的报告。

第一百四十条 董事会在履行职责时可以聘请专业机构或专业人员提出意见。

第一百四十一条 董事会会议包括董事会定期会议和董事会临时会议。董事会定期会议每年至少召开 4 次，由董事长召集，会议通知和会议文件应于会议召开 10 日前送达全体董事。

董事会应当通知监事会派员列席董事会会议。非董事会成员的本行高级管理人员、审议事项涉及的相关部门负责人或其他相关人员可以列席董事会会议。

第一百四十二条 有下列情形之一的，董事会应在 10 日内召开董事会临时会议：

（一）董事长认为必要时；

（二）代表 1/10 以上表决权的股东提议时；

（三）1/3 以上董事联名提议时；

（四）全部独立董事提议时；

（五）监事会提议时；

（六）行长提议时。

召开临时董事会会议的通知和会议文件应于会议召开 5 日前送达全体董事。但有紧急事项时，召开临时董事会会议可不受前述会议通知时间的限制。

第一百四十三条 董事会会议由董事长负责召集和主持；董事长不能履行职务或者不履行职务的，由半数以上董事共同推举一名董事召集并主持。

第一百四十四条 董事会会议应当由董事本人亲自出席。董事因故不能出席的，可以书面委托其他董事代为出席；独立董事可以委托其他独立董事代为出席。

代为出席会议的董事应当在授权范围内行使委托董事的权利。董事未能亲自出席董事会会议又未委托其他董事代为出席的，视为放弃在该次董事会上的投票权，但仍对董事会决议承担相应的法律责任。

第一百四十五条 向董事会提出的提案应当事先说明需要董事会审议的具体事由、方案和内容，并提供相关的资料，由董事长确定交由相关的董事会专门委员会先行审议或者将该提案直接提交董事会进行表决。

第一百四十六条 董事会会议原则上为现场会议方式，表决方式为举手表决或记名投票表决。

第一百四十七条 董事会会议对审议的事项采取逐项表决的原则，即提案审议完毕后开始表决，一项提案未表决完毕，不得表决下项提案。

第一百四十八条 董事会会议应有过半数的董事出席方可举行。

董事会决议的表决，实行一人一票。

董事会作出决议，必须经全体董事的过半数通过，但下列重大事项应经董事会 2/3 以上董事通过：

（一）审议关于本行的利润分配方案、重大投资、重大资产处置方案、聘任或解聘高级管理人员、资本补充方案、重大股权变动以及财务重组等重大事项，且不得采取通讯表决方式；

（二）制订合并或分立计划；

（三）制订发行公司债券的方案；

（四）制订新股发行或首次公开发行的方案；

（五）制订弥补亏损方案；

（六）本章程第七十七条规定的重大事项。

第一百四十九条 董事与董事会会议决议事项有关联关系的，不得对该项决议行使表决权，也不得代理其他董事行使表决权。董事会会议由过半数的无关联关系董事出席方可举行，董事会会议所作决议须经无关联关系董事过半数通过。出席董事会的无关联董事人数不足 3 人的，应将该事项提交股东大会审议。

关联董事可以自行回避，也可以由其他参加董事会的董事提出回避请求。

第一百五十条 董事应当在董事会决议上签字并对董事会的决议承担责任。董事会决议违反法律法规、本章程或股东大会决议，致使本行遭受损失的，参与决议的董事对本行负赔偿责任。但经证明在表决时曾表明异议并记载于会议记录的，该董事可以免除责任。

第一百五十一条 董事会会议记录应当有会议主持人、出席会议的董事、记录人员签名。出席会议的董事有权要求在记录上对其在会议上的发言做出说明性记载。会议记录作为本行档案按本行档案管理制度由董事会负责保存。

第一百五十二条 董事会决议及会议记录等资料应当在会议结束后10日内报中国银行业监督管理机构备案。

第一百五十三条 本行董事会下设办公室，作为董事会的办事机构，负责股东大会、董事会、董事会各专门委员会会议的筹备、信息披露以及其他日常事务。

第四节 董事长

第一百五十四条 本行董事会设董事长1人。

第一百五十五条 董事长由董事提名，经全体董事过半数以上选举产生，经银行业监督管理机构核准任职资格后履行职责。董事长每届任期3年，可连选连任，离任时须进行离任审计。

第一百五十六条 董事长行使下列职权：

（一）主持股东大会和召集、主持董事会会议；

（二）督促、检查董事会决议的执行，并向董事会报告；

（三）签署本行股权证、本行债券及其他有价证券；

（四）签署董事会重要文件和应由本行法定代表人签署的其他文件；

（五）行使法定代表人的职权；

（六）在发生特大自然灾害等不可抗力的紧急情况下，对本行事务行使符合法律规定和本行利益的特别处置权，并在事后向本行董事会和股东大会报告；

（七）董事会闭会期间行使董事会授予的其他职权。

第五节 董事会秘书

第一百五十七条 本行董事会设董事会秘书1人。董事会秘书是本行高级管理人员。

第一百五十八条 本行董事或者其他高级管理人员（行长除外）可以兼任本行董事会秘书。但本行监事不得兼任本行董事会秘书。本行聘请的会计师事务所的注册会计师和律师事务所的律师，不得兼任本行董事会秘书。

第一百五十九条 董事会秘书由董事长提名，经董事会聘任或者解聘，对董事会负责。董事兼任董事会秘书的，如某一行为需由董事、董事会秘书分别作出时，则该兼任董事不得以双重身份作出。

第一百六十条 董事会秘书应具备本科以上学历，从事金融工作6年以上，或从事相关经济工作10年以上（其中从事金融工作3年以上），掌握履行其职责所应具备的相关知识，具备良好的个人品质和职业道德，并具有良好的处理公共事务的能力。

第一百六十一条 董事会秘书的主要职责：

（一）负责本行与银行业监督管理机构的沟通和联络；

（二）准备和递交国家有关部门要求的董事会和股东大会出具的报告和文件；

（三）协调本行与投资者的关系，接待投资者来访，回答投资者咨询；

（四）筹备董事会会议和股东大会，并负责会议的记录和会议文件、记录的保管；

（五）负责本行信息披露事务；

（六）保证有权获得本行有关记录和文件的人及时得到有关文件和记录；

（七）负责保管股东名册、董事会印章及相关资料，负责处理本行股权管理方面的事务；

（八）协助董事会行使职权。在董事会决议违反法律、规章、政策、本章程有关规定时，应及时提出异议，并报告银行业监督管理机构；

（九）负责董事会、董事会各专门委员会的其他日常事务；

（十）为本行的重大决策提供咨询和建议；

（十一）本章程所规定的其他职责。

第六节　董事会专门委员会

第一百六十二条　根据本行经营管理的需要，董事会下设战略发展委员会、风险管理委员会、提名与薪酬委员会、关联交易控制委员会、审计委员会以及董事会认为适当的其他委员会。董事会也可根据本行自身情况确定下设专门委员会的数量和名称，但不应妨碍各专门委员会职能的履行。

各专门委员会成员不应少于 3 人，具体的工作规则由董事会制定。

第一百六十三条　各专门委员会经董事会明确授权，向董事会提供专业意见或根据董事会授权就专业事项进行决策。

董事会的相关拟决议事项应当先提交相应的专门委员会进行审议，由该专门委员会提出审议意见。除董事会依法授权外，专门委员会的审议意见不能代替董事会的表决意见。

第一百六十四条　各专门委员会主任委员、委员由董事长提名，董事会决定，对董事会负责。

第一百六十五条　战略发展委员会负责制定本行长期发展战略和经营管理目标，监督、检查年度经营计划、投资方案的执行情况。

第一百六十六条　风险管理委员会负责监督高级管理层关于资本和信用风险、流动性风险、市场风险、操作风险、合规风险和声誉风险等风险的控制情况，对本行风险政策、管理状况及风险承受能力进行定期评估，提出完善本行风险管理和内部控制的意见。

第一百六十七条　提名与薪酬委员会负责拟定董事和高级管理层成员的选任程序和标准，对董事和高级管理层成员的任职资格进行初步审核，并向董事会提出建议，负责审议全行薪酬管理制度和政策，拟定董事和高级管理层的薪酬方案，并向董事会提出薪酬方案建议，监督方案实施。

第一百六十八条　关联交易控制委员会由负责本行关联交易管理，及时审查和批准关联交易，控制关联交易风险。

第一百六十九条　审计委员会由负责检查本行风险及合规状况、会计政策、财务状况和财务报告程序；负责本行年度审计工作，并就审计后的财务报告信息真实性、准确性、完整性和及时性作出判断性报告，提交董事会审议。

第一百七十条　各专门委员会应当定期与高级管理层及部门负责人交流本行的经营和风险状况，并提出意见和建议。

第六章　监事和监事会

第一节　监　事

第一百七十一条　本行监事由股东代表和本行职工代表担任，也可以聘请外部监事。股东监事和外部监事由股东大会选举、罢免和更换；职工代表出任的监事由职工代表大会选举、罢免和更换；监事在任期届满前，股东大会和职工代表大会不得无故解除其职务。

第一百七十二条　本章程有关董事的提名和程序适用于股东代表担任的监事和外部监事。

第一百七十三条　监事每届任期 3 年，任期届满，可连选连任。外部监事在同一家商业银行的任职时间累计不得超过 6 年。

第一百七十四条　本章程九十六条，关于不得担任董事的情形，同时适用于监事。

本行董事、行长和其他高级管理人员不得兼任本行监事。

第一百七十五条　监事应当投入足够的时间履行其职责。监事连续两次未能亲自出席、也不委托其他监事代为出席监事会会议，或每年未能亲自出席至少 2/3 的监事会会议的，视为不能履职，监事会应当建议股东大会或股东会、职工代表大会等予以罢免。

股东监事和外部监事每年在本行工作的时间不得少于15个工作日。

职工监事享有参与制定涉及员工切身利益的规章制度的权利，并应当积极参与制度执行情况的监督检查。

第一百七十六条 监事可以在任期届满前提出辞职，本章程有关董事辞职的规定，适用于监事。

第一百七十七条 监事任期届满未及时改选，或者监事在任期内辞职导致监事会成员低于法定人数的，在改选出的监事就任前，原监事仍应当依照法律、行政法规和本章程的规定，履行监事职务。

第一百七十八条 监事应当保证本行披露的信息真实、准确、完整。

第一百七十九条 监事可以列席董事会会议，并对董事会决议事项提出质询或者建议。

第一百八十条 监事不得利用其关联关系损害本行利益，违反规定，给本行造成损失的，应当承担赔偿责任。监事执行本行职务时违反法律、行政法规或本章程的规定，给本行造成损失的，应当承担赔偿责任。

第二节 监事会

第一百八十一条 本行设监事会。监事会由职工代表出任的监事、股东大会选举的外部监事和股东监事组成，监事会是本行的监督机构，对股东大会负责。

第一百八十二条 本行监事会由9名监事组成，其中：职工担任的监事不低于监事总数的1/3。

本行第一届监事会由9名监事组成，其中：职工监事3名，股东监事6名。根据业务发展和监督管理需要，本行监事会人数可以调整。

第一百八十三条 监事应当遵守法律、行政法规和本章程，对本行负有忠实义务和勤勉义务，不得利用职权收受贿赂或者其他非法收入，不得侵占本行的财产。

第一百八十四条 监事会行使下列职权：

（一）监督董事会、高级管理人员履行职责情况；

（二）要求董事、高级管理人员纠正损害本行利益的行为；

（三）检查、监督本行的财务活动；

（四）根据需要对董事、行长和高级管理人员进行专项审计和离任审计；

（五）对本行的经营决策、风险管理和内部控制等进行审计，并指导本行内部稽核工作；

（六）对董事、董事长和高级管理人员进行质询；

（七）对监事的履职情况作出评价，并向股东大会报告；

（八）监事长列席董事会会议；

（九））提议召开临时股东大会，在董事会不履行召集和主持股东大会职责时召集和主持股东大会；

（十）提请股东大会罢免不能履行职责的董事和高级管理人员；

（十一）拟定监事会议事规则的修订方案；

（十二）制定、修改监事会各专门委员工作规则；

（十三）法律法规及本章程规定，以及股东大会授予的其他职权。

第一百八十五条 监事会发现本行经营情况异常，可以进行调查或向董事会和高级管理层提出询问。必要时，可以聘请会计师事务所等专业机构协助其工作，费用由本行承担。

第一百八十六条 对监事会提出的纠正措施、整改建议等，董事会和高级管理层拒绝或者拖延执行的，监事会须向银行业监督管理机构和股东大会报告。

第一百八十七条 监事会有权要求本行的董事、行长及其他高级管理人员、相关部门提供有关资料和说明；有权随时查阅本行的账簿、记录或者凭证，并向本行相关人员和机构了解情况，相关人员和机构应予以配合。

第一百八十八条 本行内部审计部门的审计

报告应当及时报送监事会，监事会对审计结果有疑问的，有权要求高级管理层和审计部门作出解释。

第一百八十九条 董事会拟订的分红方案应当抄送监事会，监事会应在5日内发表意见，逾期未发表意见视为同意。

第一百九十条 监事会每季度至少召开一次会议，会议书面通知及会议文件应当在会议召开10日送达全体监事。监事长或1/3以上的监事提议时，可召开临时监事会会议，会议书面通知及会议文件应当在会议召开5日送达全体监事。但有紧急事项时，召开临时监事会会议可不受前述会议通知时间的限制。

第一百九十一条 监事会会议由监事长负责召集和主持；监事长不能履行职务或者不履行职务的，由半数以上监事共同推举一名监事召集并主持。

第一百九十二条 监事会会议应有半数以上的监事出席方可举行。

第一百九十三条 监事应亲自出席监事会会议。监事因故不能亲自出席的，可以书面委托其他监事代为出席。委托出席的授权书应载明授权范围。代为出席会议的监事应当在授权范围内行使监事的权利。监事未出席监事会会议，亦未委托代表出席的，视为放弃在该次监事会会议上 的投票权，但仍对监事会决议承担相应的法律责任。

第一百九十四条 监事会会议原则上为现场会议方式。

第一百九十五条 监事会可要求本行董事、高级管理人员和内部及外部审计人员出席监事会会议，回答监事所关注的问题。

第一百九十六条 监事会会议对审议的事项采取逐项表决的原则，每一位监事享有一票表决权。监事会作出的决议，必须经监事会全体监事1/2以上通过有效。

第一百九十七条 监事会会议以举手或记名投票方式进行表决。

第一百九十八条 监事会会议应当有会议记录，监事会主持人、出席会议的监事、记录人员应当在会议记录上签字。监事有权要求在记录上对其在会议上的发言做出某种说明性记载。

监事会会议记录应作为本行档案按本行档案管理制度保存。

第一百九十九条 监事应在监事会决议上签字并对监事会决议承担责任。但经证明在表决时曾表明异议并记载于会议记录的，该监事可以免除责任。

第二百条 监事会决议及会议记录等应当在会议结束后10日内报中国银行业监督管理机构备案。

第二百零一条 监事会行使职权所必需的合理费用由本行承担。

第二百零二条 监事会可下设办公室，作为监事会的办事机构，负责监事会、监事会各专门委员会会议的筹备以及其他日常事务。

第三节 监事长

第二百零三条 本行监事会设监事长1名，以全体监事过半数以上选举产生，经中国银行业监督管理机构核准任职资格后履行职责。监事长每届任期3年，可连选连任，离任时须进行离任审计。

第二百零四条 监事长应当由专职人员担任，至少应具有财务、审计、金融、法律等某一方面的专业知识和工作经验。

第二百零五条 监事长行使下列职权：

（一）召集、主持监事会会议；

（二）组织履行监事会的职责；

（三）审定、签署监事会报告、决议和其他重要文件；

（四）代表监事会向股东大会报告工作；

（五）依照法律法规和本章程规定，应该履行的其他职权。

第二百零六条 监事长在履行职责过程中，对应当发现而未发现董事会、高级管理层违反法律、法规、规章和本章程行为的，应当追究其责任。

第七章 高级管理人员

第二百零七条 本行高级管理人员包括行长、副行长、董事会秘书、财务、审计、合规等部门负责人和本行董事会确定的其他人员。

第二百零八条 本行设行长1名，副行长若干名，必要时可设其他高级管理人员协助行长工作。行长由董事长提名，副行长由行长提名，董事会聘任，报银行业监督管理机构核准任职资格后履行职责。行长、副行长每届任期3年，期满后可以连任。本行行长不得由董事长兼任。行长、副行长离任时，须接受离任审计。

第二百零九条 行长对董事会负责，在董事会授权下行使经营管理权，并行使下列职权：

（一）主持本行的经营管理工作，并向董事会报告工作；

（二）组织实施董事会决议、本行经营计划和投资方案；

（三）拟订本行内部管理机构设置方案；

（四）拟订本行的基本管理制度；

（五）拟定本行的具体规章；

（六）提请董事会聘任或解聘应由董事会聘任或解聘的其他高级管理人员；

（七）聘任或解聘除应由董事会聘任或解聘以外的本行各职能部门和分支机构负责人；

（八）授权其他高级管理人员、内部职能部门及分支机构负责人从事经营活动；

（九）提议召开临时董事会会议；

（十）拟定本行职工的工资、福利、奖惩和解聘方案；

（十一）在本行发生挤兑等重大突发事件时，采取紧急措施，并立即向董事会、监事会、人民银行和银行业监督管理机构等部门报告；

（十二）法律法规和本章程规定，以及董事会授予的其它职权。

第二百一十条 行长拟定有关职工工资、福利、劳动保险、解聘本行职工等涉及职工切身利益的重大事项时，应当事先听取工会或职工代表大会的意见。

第二百一十一条 副行长及其他高级管理人员协助行长工作；在行长不能履行职权时，由本行董事会指定1名副行长代为行使职权。

第二百一十二条 行长应当根据本行经营活动需要，建立健全以内部规章制度、经营风险控制系统等为主要内容的内部控制机制。

第二百一十三条 行长应当定期向董事会报告本行经营业绩、重要合同、财务状况、风险状况和经营前景等，并接受董事会及其各专门委员会的质询。

第二百一十四条 行长应当接受监事会的监督，定期向监事会提供有关本行经营业绩、重要合同、财务状况、风险状况和经营前景等情况的信息，不得阻挠、妨碍监事会有权进行的检查、审计等活动。

第二百一十五条 行长列席董事会会议，非董事行长在董事会上没有表决权。

第二百一十六条 行长每年接受监事会的专项审计，审计结果向股东大会报告，并告知董事会。

第二百一十七条 行长履行职责时，可以召开行长办公会议。行长办公会议由行长、副行长和其他相关人员组成。

第二百一十八条 行长及其他高级管理人员可以在任期届满前辞职，其辞职的具体程序和办法由前述人员与本行之间的聘用合同规定办理。前述人员须在完成离任审计后方可离任。

第二百一十九条 行长及其他高级管理人员因违反法律法规和严重失职造成本行经济损失的，应当承担经济和法律责任。

第八章 经营管理

第二百二十条 本行根据银行业监督管理机构规定，按照核准的业务范围开展经营活动。本行实行一级法人、统一核算、分级管理、授权经营的管理体制。

第二百二十一条 本行根据经营管理和业务

发展需要设置内部职能部门和分支机构。各职能部门和分支机构在本行行长领导下根据授权实施管理和经营。

第二百二十二条 本行资产负债比例管理、向关系人发放贷款等按照《商业银行法》及其他有关规定执行。

第二百二十三条 本行执行中国人民银行制定的利率政策和结算制度。

第二百二十四条 本行应当建立健全存款、贷款、结算等各项业务的内部管理和控制制度，建立薪酬与本行效益和个人业绩相联系的激励约束机制。

第二百二十五条 本行按照法律、法规的规定及时向银行业监督管理机构和行业管理部门报送会计报表、统计报表及银行业监督管理机构和行业管理部门要求报送的其他资料，本行对所报报表资料的真实性、准确性、完整性负责。

第九章　财务会计制度、利润分配和审计

第一节　财务会计制度

第二百二十六条 本行执行国家统一的金融企业财务会计制度，依照法律和国家统一的会计制度以及国务院银行业监督管理机构的有关规定，建立、健全财务会计制度，真实记录并全面反映其业务活动和财务状况，遵守国家和地方税收法规，依法纳税。

第二百二十七条 本行会计年度为公历 1 月 1 日至 12 月 31 日。本行应当在每一会计年度终了及时编制年度财务会计报告，并依法经本行聘请的会计师事务所审计。

本行的年度财务报告应当在召开股东大会年会的 20 日前置备于本行营业场所，供股东查阅。

第二百二十八条 本行除法定的会计账册外，不另立会计账册。

第二百二十九条 本行交纳所得税后的净利润，按下列顺序分配：

（一）弥补以前年度的亏损；

（二）提取法定公积金。法定公积金按照税后利润（减弥补亏损）10% 的比例提取；

（三）提取一般准备；

（四）提取任意公积金，具体比例由股东大会决定；

（五）支付股东股利。

本行法定公积金累计额为注册资本的 50% 以上时，可不再提取。

本行公积金可用于弥补亏损或转增资本，但法定公积金转为资本时，所留存的该项公积金不得少于转增前注册资本的 25%。

第二百三十条 股东大会决议将法定公积金转为股本时，按股东原有股份比例派送新股。

第二百三十一条 本行在弥补亏损和提取法定公积金之前，不向股东分配利润。

本行股东大会违反前款规定，在本行弥补亏损和提取法定公积金之前，向股东分配利润的，股东必须将违反规定分配的利润退还本行。

第二百三十二条 本行可采取现金或股份方式分配股利。本行股东大会对利润分配方案作出决议后，本行董事会须在股东大会召开后 2 个月内完成股利派发事项。

第二百三十三条 本行应于董事会通过有关利润分配预案之日起 10 日内将利润分配预案报银行业监督管理机构备案。

第二节　内部审计

第二百三十四条 本行实行内部审计制度，配备专职审计人员，对本行财务收支和经济活动进行内部审计监督。

第二百三十五条 本行董事会负责建立和维护健全有效的内部审计体系，确保内部审计具有充分的独立性。

第二百三十六条 本行内部审计制度和审计人员的职责，应当经董事会批准后实施。审计负责人向董事会负责并报告工作。

第三节　会计师事务所的聘任

第二百三十七条　本行聘用有资质的会计师事务所进行会计报表审计、净资产验证及其他相关的咨询服务等业务。

第二百三十八条　本行聘用、解聘或续聘会计师事务所由董事会决定。

第二百三十九条　本行应当向聘用的会计师事务所提供真实、完整的会计凭证、会计账薄、财务会计报告及其他会计资料。

第二百四十条　董事会解聘或者不再续聘会计师事务所时，应当允许会计师事务所陈述意见。

第十章　信息披露

第二百四十一条　本行按照法律法规、行政规章、本章程规定制订信息披露制度。

第二百四十二条　董事会负责管理本行的信息披露事务。

第二百四十三条　本行遵循真实性、准确性、完整性、可比性、及时性和公平性原则，规范地披露信息，无虚假记载、无误导性陈述或重大遗漏。

第二百四十四条　本行在必要时可向股东通告信息披露事宜，本行信息披露要体现公开、公正、公平对待股东的原则。

第二百四十五条　本行内部及相关各方信息知情人士对未公开披露的信息负有保密义务。

第二百四十六条　本行对外披露的信息一般以本行全行性的数据为主，包括财务会计报告、各类风险管理状况、公司治理、年度重大事项等信息。

第二百四十七条　本行信息披露的时间按有关法律法规、行政规章规定的时间要求执行。

第十一章　通知和公告

第二百四十八条　本行的通知以下列形式发出：

（一）以专人送出；

（二）以当面口头通知、电话、邮寄、传真、电子邮件方式发出；

（三）以媒体公告或本行网站披露、网点张贴方式进行；

（四）本章程规定的其他形式。

第二百四十九条　本行发出的通知，以公告方式进行的，一经公告，视为所有相关人员收到通知。

第二百五十条　本行召开股东大会的会议通知，以媒体公告或本行网站披露、网点张贴、电话或邮寄、传真等方式发出。

第二百五十一条　本行召开董事会的会议通知，以专人送出或以邮寄、传真、电子邮件方式发出。

第二百五十二条　本行召开监事会的会议通知，以专人送出或以邮寄、传真、电子邮件的方式发出。

第二百五十三条　本行通知以专人送出的，由被送达人在送达回执上签名（或盖章），被送达人签收日期为送达日期；本行通知以邮寄方式发出的，自交付邮局之日起第五个工作日为送达日期；本行通知以媒体公告或本行网站披露、网点张贴方式发出的，第一次公告刊登日或第一次网站披露日、第一次网点张贴日为送达日期；本行通知以电话或通知方式进行的，通知之日为送达日期。

第二百五十四条　因意外遗漏未向某有权得到通知的人送出会议通知或者该人没有收到会议通知，会议及会议作出的决议并不因此无效。

第十二章　合并、分立、解散和清算

第一节　合并或分立

第二百五十五条　本行可以依法进行合并或者分立。本行合并可以采取吸收合并和新设合并两种形式。

第二百五十六条　本行合并或者分立，按照下列程序办理：

（一）董事会拟订合并或者分立方案；

（二）股东大会依照本章程的规定作出决议；

（三）各方当事人签订合并或者分立合同；

（四）依法办理有关审批手续；

（五）处理债权、债务等各项合并或者分立事宜；

（六）办理解散登记或者变更登记。

第二百五十七条 本行合并或者分立，合并或者分立各方应当编制资产负债表和财产清单。本行自股东大会做出合并或者分立决议之日起10日内通知债权人，并于30日内公告。

第二百五十八条 本行合并时，债权人自接到通知书之日起30日内，未接到通知书的自公告之日起45日内，可以要求本行清偿债务或者提供相应的担保。本行不能清偿债务或者提供相应担保的，不得进行合并。

第二百五十九条 本行合并或者分立时，本行董事会应当采取必要的措施保护反对本行合并或者分立的股东的合法权益。

第二百六十条 本行合并或者分立各方的资产、债权、债务的处理，通过签订合同加以明确规定。

本行合并时，合并各方的债权、债务由合并后存续的公司或者新设的公司承继。

本行分立时，分立前的债务由分立后的公司承担连带责任。但本行在分立前与债权人就债务清偿达成的书面协议另有约定的除外。

第二百六十一条 本行合并或者分立，须经银行业监督管理机构批准。如本行登记事项发生变更的，依法向本行登记机关办理变更登记；本行解散的，依法办理注销登记；设立新公司的，依法办理公司设立登记。

第二节 解散和清算

第二百六十二条 有下列情形之一的，本行应当解散并依法进行清算：

（一）股东大会决议解散；

（二）因本行合并或分立需要解散；

（三）本行依法被吊销营业执照、责令关闭或者被撤销；

（四）本行因经营管理发生严重困难，继续存续会使股东利益受到重大损失，通过其他途径不能解决的，持有本行全部股东表决权10%以上的股东，可以请求人民法院解散本行。

本行解散须报银行业监督管理机构批准。

第二百六十三条 本行因本节前条第（一）项规定而解散的，应当在解散事由出现之日起15日内成立清算组。清算组人员由股东大会以普通决议的方式决定。

本行因本节前条第（二）项规定而解散的，清算工作由合并或者分立各方当事人依照合并或者分立时签订的合同办理。

本行因本节前条第（三）项规定而解散的，由银行业监督管理机构组织股东、有关机关及专业人员成立清算组，进行清算。

本行因本节前条第（四）项规定而解散的，由人民法院依照有关法律的规定，组织股东、有关机关及专业人员成立清算组，进行清算。

第二百六十四条 清算组成立后，董事会、高级管理层的职权立即停止。清算期间，本行续存，但不得开展与清算无关的经营活动。

第二百六十五条 清算组在清算期间行使下列职权：

（一）清理本行财产，分别编制资产负债表和财产清单；

（二）通知或者公告债权人；

（三）处理与清算有关的本行未了结的业务；

（四）清缴所欠税款以及清算过程中产生的税款；

（五）清理债权、债务；

（六）处理本行清偿债务后的剩余财产；

（七）代表本行参与民事诉讼活动。

第二百六十六条 清算组应当自成立之日起10日内通知债权人，并于60日内在报纸上公告。债权人自接到通知书之日起30日内，未接到通知书的自公告之日起45日内，向清算组申报其债权。

债权人申报债权时，应当说明债权的有关事项，并提供证明材料。清算组应当对债权进行登记。

在申报债权期间，清算组不得对债权人进行清偿。

第二百六十七条 清算组在清理本行财产、编制资产负债表和财产清单后，应当制定清算方案，并报股东大会或者人民法院确认。

第二百六十八条 本行财产按下列顺序清偿：

（一）支付清算费用；

（二）支付本行职工工资、劳动保险费用和法定补偿金；

（三）支付个人储蓄存款的本金和利息；

（四）缴纳所欠税款；

（五）清偿本行其他债务；

（六）按股东持有的股份比例分配。

本行财产按前款第（一）至（五）项规定清偿前，不得分配给股东。本行财产不足清偿同一顺序的清偿要求的，按照比例分配。

第二百六十九条 清算组在清理本行财产、编制资产负债表和财产清单后，发现本行财产不足清偿债务的，应当依法向人民法院申请宣告破产。本行经人民法院裁定宣告破产后，清算组应当将清算事务移交给人民法院。

第二百七十条 清算结束后，清算组应当制作清算报告，报股东大会或者人民法院确认，并报送本行登记机关，申请注销登记，公告本行终止。

第二百七十一条 清算组人员应忠于职守，依法履行清算义务，不得利用职权收受贿赂或其他非法收入，不得侵占本行财产。清算组人员因故意或者重大过失给本行或者债权人造成损失的，应当承担赔偿责任。

第十三章 修改章程

第二百七十二条 有下列情形之一的，本行应当修改章程：

（一）《公司法》、《商业银行法》或有关法律法规修改后，章程规定的事项与修改后的法律法规相抵触；

（二）本行的情况发生变化，与章程记载的事项不一致；

（三）股东大会决定修改章程。

第二百七十三条 股东大会决议通过的章程修改事项，应经银行业监督管理机构审批，涉及本行登记事项的，依法办理变更登记。

第二百七十四条 修改本章程应由董事会提出修改方案，经股东大会表决通过。本行股东大会通过的章程修改、补充决定，经批准后视为本章程的组成部分。

第二百七十五条 董事会依照股东大会修改章程的决议和监管部门的审批意见修改章程，无需再由股东大会作出决议。

第二百七十六条 章程修改事项属于法律法规要求披露的信息，按规定予以公告。

第十四章 附 则

第二百七十七条 本章程所称下列术语具有以下含义：

（一）“实际控制人”指虽不是本行股东，但通过投资关系、协议或者其他安排，能够实际支配本行行为的人。

（二）“重大关联交易”指本行与一个关联方之间单笔交易金额占本行最近一期经审计的资本净额1%以上，或本行与一个关联方发生交易后本行与该关联方的交易余额占本行近一期经审计的资本净额5%以上的交易。

（三）“小股东”是指持股总数在本行总股份数1%以下的股东。

第二百七十八条 本章程未尽事宜或本章程生效后颁布、修改的法律法规、行政规章与本章程相冲突的，以法律法规、行政规章的规定为准。

第二百七十九条 本章程所称“以上”含本数，“不足”、“过”、“超过”、“少于”均不含本数。

第二百八十条 本章程修改权属本行股东大会。由本行董事会负责解释与修改。

第二百八十一条 本章程自股东大会通过，经批准并依法注册之日起生效，修改时亦同。

贵州花溪农村合作银行2013年综合目标考核办法

为进一步建立和完善我行的绩效考核体系和激励约束机制，对各级干部和员工创造的业绩进行客观、公正的评价，并通过此评价合理地进行价值分配，实现干部的薪酬多少、职位升降与考核结果紧密结合，促进员工与合行共同发展，特制定本办法。

第一部分　月考核

一、考核指标

分为定性指标和定量指标

（一）定性指标（40分）

为便于考核，每季度由业务部门根据各支行、分理处、营业部内部管理执行制度及发生差错情况进行打分。以上季度考核得分作为本季度绩效考核依据。

1、会计规范化及计算机管理（12分）；

由财务管理部、电子银行部、科技部提供考核结果。考核内容主要包括会计规范化管理工作及计算机管理、银行卡、POS机、ATM机完成进度等，具体内容参见相关部门各阶段考核要求；

2、业务规范管理及统计工作（15分）；

由业务发展部、农金业务部、资金营运部、小微企业金融服务中心提供考核结果；考核内容主要包括行政事业单位职工和小微企业建档、评级、发卡户情况及薪适贷发卡情况，具体内容参见相关部门各阶段考核要求；

3、合规文化建设、案件专项治理及安全保卫工作（10分）；

由稽核审计部、风险管理部、合规审计部、保卫部、纪检监察室提供考核结果；具体内容参见相关部门各阶段考核要求；

4、综合规范化管理及企业文化建设（3分）；

由办公室供考核结果。综合规范化管理主要考核内部环境、柜面服务、形象建设等内容，具体内容参见相关部门各阶段考核要求；

企业文化建设考核主要内容为参加活动及报送信息、投稿（按月统计、计分）情况。

（1）各网点每月至少向办公室报送1篇信息（经采用）得2分，否则不得分；每增加1篇被采用信息加1分，加分最多不超过2分；

（2）各网点每月向行刊至少投稿2篇有效稿件，分值为2分，采用1篇得1分，报送不到2篇或未被采用的不得分；每增加投稿并被采用1篇加1分，加分最多不超过3分。

（3）各部门每月必须向行刊投稿1篇（经采用）得1分，增加1篇被采用稿件加1分，加分最多不超过2分。

（4）各网点优秀干部、优秀员工（单项奖除外）每人全年须被采用1篇行刊；

（5）各部门撰写的总行工作信息不作为行刊加分稿件；

（6）当月积极组织员工参加本行的各项活动，每人次加1分，最高不超过5分。对党办、工会、团委安排的工作纳入此项考核计算。

（二）定量指标（60分）

城区网点（营业部、平桥片区、学士路片区、明珠片区、紫光片区、小碧支行、石板支行、孟关支行、青岩支行、党武分理处）指标结构：

1、存款（25 分）；

（1）定期存款（含储蓄）增长（5 分）；

（2）其它存款增长（20 分）。

2、不良贷款率（10 分）.

3、收入（12 分）

4、利润（8 分）

5、业务量（5 分）

6、加分项目。

乡镇网点（除上述城区网点以外）指标结构：

1、存款（20 分）；

（1）定期存款（含储蓄）增长（4 分）；

（2）其它存款增长（16 分）。

2、不良贷款率（10 分）

3、收入（15 分）

4、利润（10 分）

5、业务量（5 分）

6、加分项目。

二、考核方法

（一）由总行成立考评领导小组，负责根据本办法实施考核，并监督相关部门按照考核结果进行打分及工资分配，各部门应根据各阶段工作要求提前下发考核细则。

（二）各单位人数以实际在岗人数计算，即工资册人数扣除借调、脱产学习等人员后的人数，青岩支行扣除2 人、小碧支行扣除3 人（负责下属分理处金融业务）。

（三）对绩效工资的发放采取二级考核的形式，即总行考核到单位（含部门）、单位（含部门）考核到个人，合并管理的网点以片区综合指标完成情况（含加分项目）进行考核。具体考核方式如下：

1、存款。按月完成存款增长任务进行考核，1、2 月份持平，3 月份完成存款增长任务的 10%，4 月份完成存款增长任务的 25%，5 月份完成 40%，6 月份完成 50%，7 月份完成 60%，8 月份完成 70%，9 月份完成 80%，10 月份完成 90%，11 月份完成 95%，12 月份完成 100%。出现负增长此项以 0 分计，正增长的按公式计算得分，当存款总量、不良贷款、利润按月完成计划任务时，定期存款得分不设上限，其它存款得分不超过该项的分 1 倍；当存款总量、不良贷款、利润其中一项未完成计划任务时，定期存款、其它存款不加分。对行领导协调、组织或因当地政策影响引入的大额存款在考核中给予适当扣除，酌情得分。计算公式如下：

（1）定期存款。

实际完成比例 =（旬平均存款余额 - 年初存款余额）/存款任务数

城区支行、分理处、营业部按以下公式计算：

当实际完成比例≤计划完成比例时：

实际得分 = 基准分 × 实际完成比例/计划完成比例

当实际完成比例 > 计划完成比例时：

实际得分 = 基准分 + 10 ×（旬平均存款余额 - 年初存款数 - 全年存款任务数 × 本月计划完成比例）/（旬平均人数 ×1000000）

乡镇支行、分理处按以下公式计算：

当实际完成比例≤计划完成比例时：

实际得分 = 基准分 × 实际完成比例/计划完成比例

当实际完成比例 > 计划完成比例时：

实际得分 = 基准分 ×（旬平均存款余额 - 年初存款数 - 全年存款任务数 × 本月计划完成比例）/（旬平均人数 ×500000）

（2）其它存款。

实际完成比例 =（旬平均存款余额 - 年初存款余额）/存款任务数

城区支行、分理处、营业部按以下公式计算：

当实际完成比例≤计划完成比例时：

实际得分 = 基准分 × 实际完成比例/计划完成比例

当实际完成比例 > 计划完成比例时：

实际得分 = 基准分 + 10 ×（旬平均存款余额 - 年初存款数 - 全年存款任务数 × 本月计划完成比例）/（旬平均人数 ×1500000）

乡镇支行、分理处按以下公式计算：

当实际完成比例≤计划完成比例时：

实际得分 = 基准分 × 实际完成比例/计划完成比例

当实际完成比例 > 计划完成比例时：

实际得分 = 基准分 + 10 ×（旬平均存款余额 - 年初存款数 - 全年存款任务数 × 本月计划完成比例）/（旬平均人数 ×1000000）

计算说明：根据资产负债比例管理办法规定，保证金存款纳入其它存款计算，比例原则上不得超过存款总量的 30%。为实现结构调整、增强实力，未超比例的，保证金存款全额计算；保证金存款比例占存款总量 30 - 50% 的部分按 50% 折算；保证金存款比例占存款总量 50% 以上的部分按 30% 折算；单位定期存款纳入其它存款计算。

2、不良贷款率（按五级分类）。

根据不良贷款压降任务和不良率指标落实情况，不良贷款率指标分两类完成情况进行考核，具体如下：

（1）对无容忍度的考核

无容忍度考核即为对不良率目标任务较年初要求下降的考核。办法如下：

1—6 月当月不良率较年初下降的得 10 分，等于或大于年初不良率的不得分，不良率超额下降可加分，但最高加分不得超过 5 分。考核得分计算公式为：

不良率得分 = 10 +（年初不良率 - 当期不良率）/（年初不良率 - 目标任务不良率）×5

7—12 月当月不良率较目标任务不良率下降的得 10 分，等于或大于目标任务不良率的不得分，超额下降的每下降 10 万元加 1 分，最高不得超过 5 分。考核得分计算公式为：

不良率得分 = 10 +（年初不良贷款余额 - 当期不良余额）/10 ×1

（2）对有容忍度的考核

有容忍度考核即为对不良率目标任务较年初上升的考核，办法如下：

当期不良率等于或低于不良率目标任务的，得 10 分；大于目标任务的不得分；不良率保持在 1% 以内的可加分，即为每下降 0.2 个百分点加 1 分，但是年内有贷款新暴露为不良的，不良率较年初每上升 0.2 个百分点扣 1 分。最高加/减分不得超过 5 分。考核得分计算公式为：

不良率得分 = 10 +（目标任务不良率 - 当期不良率）/0.2

（3）有关部门现场检查不良贷款偏离度超过 0.5% 的，连续三个月不良贷款考核结果为 0 分。

3、收入。要求：1 - 2 月不作考核（以满分计算），3 月份完成全年收入的 15%，4 月份完成全年收入的 20%，5 月份完成全年收入的 30%、6 月份完成全年收入的 50%，7 月份完成全年收入的 55%、8 月份完成全年收入的 60%、9 月份完成全年收入的 70%，10 月份完成全年收入的 80%、11 月份完成全年收入的 90%、12 月份完成全年收入的 100%。1 - 8 月乡（镇）分支机构或上年末小额农贷占贷款余额 50% 以上的机构在每月完成任务比例相应减 5%。收入的考核方法为每增加或降低收入 5%，相应增加或扣减 2 分。最高加分不超过 5 分。

得分 =（实际收入/计划数 - 计划完成比例）×100 ×2 + 基准分

4、利润。要求：1 - 2 月不作考核（以满分计算），3 月份完成全年利润的 15%，4 月份完成全年利润的 20%，5 月份完成全年利润的 30%、6 月份完成全年利润的 50%，7 月份完成全年利润的 55%、8 月份完成全年利润的 60%、9 月份完成全年利润的 70%，10 月份完成全年利润的 80%、11 月份完成全年利润的 90%、12 月份完成全年利润的 100%。每增加或降低利润 5%，相应增加或扣减 2 分。最高加分不超过 5 分，存款总量未完成的该项不加分。

得分 =（实际利润/计划数 - 计划完成比例）×100 ×2 + 基准分

5、业务量。针对各网点的业务量多少进行考核。日均业务量达到 450 笔（含）得满分，每增加或减少业务量 100 笔，相应增加或扣减 1 分（不扣负分）。最高不超过 8 分。此项目在考核中，出现虚增业务量情况时，一经查实，不得分。

得分＝基准分＋（日均业务量－450）/100×1

6、加分。

（1）对提前完成小额农贷业务覆盖面的，从次月起每月加2分；

（2）有贷款无不良贷款余额加2分。

根据不同阶段的工作重点或专项工作，由行长办公会研究设定加分项目及分值。

三、绩效考核

（一）绩效考核实行下不保底、上不封顶、适度控制，按月考核发放的原则。

（二）各单位可参照“员工考核指导意见”，结合本单位实际情况制定二级考核办法，每月对员工进行考核打分，根据考核得分发放当月绩效工资，以此为依据发放各项奖金，报人力资源部备案，由纪检监察部进行督察核实，对未实行二级考核或对考级考核走形式的单位，次月只发放基本工资。

（三）绩效工资发放总额的核定以各单位综合指标完成情况为发放依据，计算方法为：

绩效工资发放总额＝本月职工系数和×绩效工资基数×本月单位考核得分。

（四）单位员工绩效工资计算方法为：

员工绩效工资实得数＝员工系数×绩效工资基数×本月个人考核得分

四、其他规定

凡出现违规违纪、投诉事件、经有关部门认定为重大责任事故的，直接从该单位考核总分进行，并连续扣分3个月以上。

第二部分　季考核

季考核主要指在各项指标均完成的条件下，对每季度超额完成存款指标的单位进行奖励，按超额完成金额进行不同比例奖励，具体考核方法根据每季末全行完成情况另行制定。

第三部分　考核工作的组织实施

一、成立考核领导小组，负责组织和领导本年度考核工作。

二、各支行、分理处、营业部必须真实反映经营成果，影响考核结果的，从严处罚，当月考核发现的，剔除不真实部份进行考核，总分扣5分，此月发现的，剔除不真实部份考核得分，并扣处罚分5分。

三、严禁不正当竞争，严禁高息揽存，严禁违规调整存款结构。

四、每月由财务信息部、风险管理部将各机构上月任务完成情况汇总报人力资源部，每月由办公室将考核结果及绩效工资分配情况以文件形式下发各家支行、分理处、部室，各单位按文件列支绩效工资。

五、绩效工资、奖金、福利等每次发放时由总行提供发放标准指导线，各单位可结合本单位所得绩效、奖金、福利总额及员工考核得分，参照发放标准指导线拟定分配方案，于发放次日报人力资源部备案。

六、行领导及机关各部室、小微企业贷款中心考核。

1、行领导及机关各部室得分

董事长、行长（含主持工作副行长）、监事长得分＝全行平均分×60%＋营业部考核得分×40%＋机关综合管理分

副行长、行长助理得分＝全行平均分×40%＋营业部考核得分×30%＋分管部门得分×30%＋机关综合管理分

部门得分＝全行平均分×40%＋营业部考核得分×30%＋管理职能得分×30%＋机关综合管理分

2、机关综合管理分计算方法为：

机关综合管理分＝全行平均分×综合管理系数（见附件）

3、机关管理职能得分由存款（20分）、政治及业务学习情况（10分）、形象建设（10分）、内

部管理（10分）、职能履行情况（40分）、工作目标考核（10分）六个部分组成，由分管领导根据每季工作情况进行评分；各部门每月完成存款情况在存入支行、分理处存款任务中减半计算；部门的存款任务考核办法参照支行、分理处存款完成比例和方法以旬平均余额计算、按季考核；对超额完成部分按季考核办法进行奖励；

4、各部门存款任务完成情况，由存入支行、分理处填写部门存款完成统计表，各部门自行收集于每月3日前交报人力资源部，逾期未交的视为未完成存款任务；

5、押运中心、监控中心、事后监督中心、远程授权中心、车友俱乐部、车队由隶属部门进行考核管理。

第四部分　附　则

一、本办法由花溪农村合作银行制定、修改、解释，在考核过程中由于客观条件在考核时明显出现偏差的由总行研究决定。

二、本办法执行时间为2013年1月1日起至2013年12月31日止。

附件：1. 职能部门考核

1—1 办公室考核办法

1—2 董事会办公室考核办法

1—3 人力资源部考核办法

1—4 财务统计部考核办法

1—5 业务发展部考核办法

1—6 风险管理部考核办法

1—7 合规管理部考核办法

1—8 资金营运部考核办法

1—9 保卫部考核办法

1—10 稽核审计部考核办法

1—11 农经业务部考核办法

1—12 科技信息部考核办法

1—13 纪检监察室考核办法

1—14 党委办公室考核办法

1—15 工会办公室考核办法

1—16 小微企业贷款中心考核办法

1—17 培训中心考核办法

1—18 固定资产管理办公室考核办法

1—19 电子银行部考核办法

1—20 后勤服务部考核办法

2. 网点员工考核指导意见

3. 部室考核操作细则

4. 机关综合管理系数表

5. 考核领导小组名单

6. 部门存款完成情况统计表

贵州花溪农村商业银行2016年综合目标考核办法

为进一步建立和完善我行的绩效考核体系和激励约束机制，对各级干部和员工创造的业绩进行客观、公正的评价，并通过此评价合理地进行价值分配，实现干部的薪酬多少、职位升降与考核结果紧密结合，促进员工与企业共同发展，特制定本办法。

2016年度综合目标考核按总、分考核模式，即以全年度业务指标为总考核目标，以各专项及阶段性工作为分考核目标，按月、按季、按年考核。分考核目标由各分管领导牵头相关职能部门制定分考核办法，在总考核目标结果中进行加减分，最终实现业务指标与专项及阶段性工作共同达标。

第一部分　月考核

一、考核指标

分为定性指标和定量指标

（一）定性指标

1、反向打分项

各部门根据总行规范化管理标准、业务发展方向、阶段性工作要求，按月对各支行、营业部、部室的内部管理执行制度及发生差错情况进行反向打分，打分结果直接在定量指标考核得分结果中扣减，按季实施（季末与业务指标合并考核），并根据各全行各阶段工作要求实时调整实施细则。

2、正向打分项

企业文化建设情况为正向打分项，为各支行、营业部、部室参加活动及报送信息（按月统计、计分）、行刊投稿（按季度统计、计分）情况。评分标准如下：

（1）各网点每月至少向办公室报送2篇信息，经采用得2分，低于2篇不得分；每增加1篇被采用信息加1分，加分最多不超过2分；

（2）各部室每月至少向办公室报送2篇信息，经采用得2分，低于2篇不得分；每增加1篇采用信息加1分，加分最多不超过1分；办公室每月至少向外部报送我行3篇信息，经采用得2分（同一稿件不得累计）或内部自行编写发送信息5篇得2分，外部报送每增加1篇加1分，内部每增加2篇加1分，加分最多不超过1分；

（3）各网点每季度至少向行刊投稿6篇有效稿件，分值为6分，采用1篇得1分，报送不到2篇或未被采用的不得分；每增加投稿并被采用1篇加1分，加分最多不超过3分。

（4）各部室每季度必须向行刊投稿3篇（常规信息外），分值为3分，采用1篇得1分，报送不到2篇或未被采用的不得分；增加1篇被采用稿件加1分，加分最多不超过2分；

（5）多部门合作稿件平均计算加分，办公室稿件参与部门外送稿件加分；

（6）各网点优秀干部、优秀员工（单项奖除外）每人全年须被采用1篇行刊；

（7）各部门、网点撰写的工作信息不作为行刊加分稿件；

（8）为积极做好我行的对外宣传工作，各部门、网点积极鼓励员工向外部门媒体和上级单位投递我行业务宣传稿件（含图片、调研、纪实、通讯类作品），采用后经考评领导小组审定，每篇加1分，总分不超过2分，同一内容多投重复刊登的按1篇计算；

（9）当月积极组织员工（含文体员工）参加

对外宣传活动，经考评领导小组评定后，每人次加1分，最高不超过5分。对党办、工会、团委安排的工作纳入此项考核计算。

（10）员工或单位受到上级部门或外单位书面通报表扬的（表扬中要特别提及是对支行或部室员工进行表扬）按类别区级加1分，市级加2分，省级加3分，同项表扬的按最高级加分；

3. 其它加分项。根据发展需要，由行党委制定阶段性工作激励考核项目，按具体工作情况加分。

（二）定量指标（100分）

1. 存款（35分）。月目标任务为：1月份完成存款增长任务的5%，2月份完成存款增长任务的10%，3月份完成存款增长任务的20%，4月份完成存款增长任务的30%，5月份完成存款增长任务的40%，6月份完成45%，7月份完成50%，8月份完成60%，9月份完成70%，10月份完成80%，11月份完成90%，12月份完成100%。对行领导协调、组织或因当地政策影响引入的大额存款在考核中给予适当扣除，酌情得分。

（1）月末存款余额（15分）；

（2）日均存款（10分）；

（3）月末定期存款余额（10分）。

2. 信贷业务指标（12分）

（1）小微企业“三个不低于”增速（2分）；

（2）小微企业“三个不低于”增量（2分）；

（3）小微企业（含个体工商户）贷款户数（2分）；

（4）涉农贷款“两个不低于”增量、增速（6分）。

3. 不良贷款（18分）

4. 收入（15分）。月目标任务为：1、2月不作考核。3月份完成全年收入的15%，4月份完成全年收入的20%，5月份完成全年收入的30%、6月份完成全年收入的50%，7月份完成全年收入的55%、8月份完成全年收入的60%、9月份完成全年收入的70%，10月份完成全年收入的80%、11月份完成全年收入的90%、12月份完成全年收入的100%。

（1）各项收入（6分）；

（2）人均收入（7分）；

（3）金融机构往来收入（2分）。

5. 利润（20分）。月目标任务为：1、2月不作考核。3月份完成全年利润的15%，4月份完成全年利润的20%，5月份完成全年利润的30%、6月份完成全年利润的50%，7月份完成全年利润的55%、8月份完成全年利润的60%、9月份完成全年利润的70%，10月份完成全年利润的80%、11月份完成全年利润的90%、12月份完成全年利润的100%。

（1）网点利润（10分）；

（2）人均利润（10分）；

6、加减分项（不纳入总行平均分）。加分项由各部门按不同阶段的工作目标，结合各支行完成情况、完成效果、重视程度每月向全行下发考核标准，并进行打分，人力资源部综合通报结果后，在月考核中相应加减分。

（1）网上银行+手机银行（户）；

（2）优惠商户（台）；

（3）ATM（笔数）；

（4）POS机（笔数）；

（5）网上银行（笔数）；

（6）手机银行（笔数）；

（7）村村通活跃率；

（8）建档立卡贫困户和低收入困难户建档率；

（9）保管箱；

（10）其它。

7、其它。网点无涉及考核项目时，与同类项合并考核。

二、考核办法

（一）由总行成立考评领导小组，负责根据本办法实施考核，并监督相关部门按照考核结果进行打分及工资分配，各部门应根据各阶段工作要求提前下发考核细则。

（二）各单位人数以实际在岗人数计算，即工资册人数扣除借调、脱产学习等人员后的人数。

（三）对绩效工资的发放采取二级考核的形式，即总行考核到单位（含部门）、单位（含部门）考核到个人，合并管理的网点以片区综合指标完成情况（含加分项目）进行考核（具体计算公式和考核指标说明见附件1），由科技信息部每月向支行提供柜员业务量明细作为柜员业务量二级考核依据，三农业务部按季向支行提供信贷岗位数据明细作为信贷岗位人员二级考核依据。

三、绩效考核

（一）绩效考核实行下不保底、上不封顶、适度控制，按月考核发放的原则。

（二）各单位可参照“员工考核指导意见”，结合本单位实际情况制定二级考核办法，每月对员工进行考核打分，根据考核得分发放当月绩效工资，以此为依据发放各项奖金，报人力资源部备案，由纪检监察室进行督察核实，对未实行二级考核或对考级考核走形式的单位，次月只发放基本工资。

（三）绩效工资发放总额的核定以各单位综合指标完成情况为发放依据，

计算方法为：绩效工资发放总额 = 本月职工系数和 × 绩效工资基数 × 本月单位考核得分。

（四）单位员工绩效工资计算方法为：

员工绩效工资实得数 = 员工系数 × 绩效工资基数 × 本月个人考核得分

四、其他规定

凡出现违规违纪、投诉事件、经有关部门认定为重大责任事故的，直接从该单位考核总分扣减，并连续扣分3个月以上。

第二部分　季和年考核

季和年考核主要指在各项指标均完成的条件下，对每季度和年度超额完成存款指标的单位进行奖励，按超额完成金额进行不同比例奖励，具体考核方法根据每季末和年度末全行完成情况另行制定。

第三部分　考核工作的组织实施

一、成立考核领导小组，负责组织和领导本年度考核工作。

二、各支行、营业部必须真实反映经营成果，影响考核结果的，从严处罚，当月考核发现的，剔除不真实部份进行考核，总分扣5分，此月发现的，剔除不真实部份考核得分，并扣处罚分5分。

三、每月由财务统计部、风险管理部、业务发展部等相关部室将各机构上月任务完成情况汇总报人力资源部，每月由办公室将考核结果及绩效工资分配情况以文件形式下发各家支行、部室，各单位按文件列支绩效工资。

四、绩效工资、奖金、福利等每次发放时由总行提供发放标准指导线，各单位可结合本单位所得绩效、奖金、福利总额及员工考核得分，参照发放标准指导线拟定分配方案，于发放次日报人力资源部备案。

五、行领导及机关各部室、小微企业贷款中心考核。

1、行领导及机关各部室得分

董事长、行长（含主持工作副行长）、监事长得分 = 全行平均分 ×60% + 营业部考核得分 ×40% + 机关综合管理分

副行长、行长助理得分 = 全行平均分 ×40% + 营业部考核得分 ×30% + 分管部门得分 ×30% + 机关综合管理分

部门得分 = 全行平均分 ×40% + 营业部考核得分 ×30% + 管理职能得分 ×30% + 机关综合管理分

2、机关综合管理分计算方法为：

机关综合管理分 = 全行平均分 × 综合管理系数（见附件5）

第四部分　附　则

一、本办法由花溪农村商业银行制定、修改、解释，在考核过程中由于客观条件在考核时明显出现偏差的由总行研究决定。

二、本办法执行时间为2016年1月1日起至2016年12月31日止。

附件：1. 考核计算公式及说明
2. 规范化管理反向打分细则
3. 网点员工考核指导意见
4. 部室考核操作细则
5. 机关综合管理系数表
6. 考核领导小组名单

贵州花溪农村商业银行股份有限公司

2016年6月13日

花溪农商行财务收支管理办法

一、收入管理

（一）根据权责发生制的原则及有关计息规定，各项利息收入，应坚持按月、按季、按年结息，做到应收尽收，不能无故截留。

（二）根据《财政部国家税务总关于延续并完善支持农村金融发展有关税收政策的通知》财税〔2014〕102号，对10万元（含）以下的农户贷款利息收入应单独建账。

（三）严格区分收入来源，根据收入渠道做好账务核算。严格区分手续费及工本费，是手续费的应纳入手续费及佣金收入科目核算，是工本费的应纳入其他业务收入科目核算；我行委托他行代理开票需支付的手续费，应用收取的客户手续费来支付，不能将收取的客户手续费作为我行手续费收入。

（四）营业部与各网点间资金往来利息的计算，根据各项存款日平均余额的2.5%按同业往来资金利率计算利息，存款日平均余额的13.5%按法定准备金利率计算利息，剩余部分（指行社内部资金积数和－各项存款日平均余额的2.5%积数－存款日平均余额的13.5%积数）按2.1%计算利息；调剂资金积数如小于片区行社内部清算往来积数和，该调剂资金利息按2.1%计算利息；调剂资金积数如大于片区社内部清算往来积数和，该调剂资金利息按1年期贷款基准利率打九折计算利息。

二、支出管理

（一）活期存款（含活储）、定期存款（含定储）等发生的利息支出均按规定进入当期损益。GRBC系统能自动计提的，从其计提，不能自动计提的，采用手工计提。

（二）业务及管理费

为做好费用开支，本年度费用增幅不得高于经营利润增幅。各网点负责人、财务人员、财务审批小组、总行财务审批委员会、后勤服务部、培训中心、总行采购管理委员会等应认真履行职责，按“节约归公，超支自付”的原则严控费用开支，任何费用必须逻辑严谨，真实、准确反映各项费用开支情况。

根据《金融企业财务规则》（财政部令第42号）、《国家税务总局关于企业工资薪金及职工福利费扣除问题的通知》（国税函〔2009〕3号）和有关财税政策及规定，做好费用的核算与管理。

1. 业务招待费：各网点本年度的业务招待费列支不得超过营业收入的5‰，在业务招待时严格控制招待标准；

2. 业务宣传费：各网点本年度的业务宣传费列支不得超过营业收入（扣除金融机构往来利息收入）的5‰，属于业务宣传活动的在列支宣传费时除相应的材料佐证外，还应有宣传的现场照片；

3. 职工福利费：按职工工资总额（含雇佣季节工、临时工、实习生、返聘离退休人员以及接受外部劳务派遣用工的工资薪金支出）的14%范围内控制使用，据实列支。

根据《金融企业财务规则》、《财政部关于企业加强职工福利费财务管理的通知》（财企〔2009〕242号）和《省联社办公室关于印发贵州省农村信用社职工福利费管理暂行办法的通知》（黔农信办发〔2015〕43号）等规章制度有关精神，职工福利费列支的范围：一是为职工卫生保健、生活等发放或支付的各项现金补贴和非货币性福利，包括职工体检费、职工因公外地就医费用、职工供养直系亲属医疗补贴、自办职工食堂经费补贴或未办职工食堂统一供应的餐费支出、符合国家有关财务规定的供暖费补贴、防暑降温费等；二是为职工提供集体福利所购置的设备、设施和人员的费用，包括职工食堂、集体宿舍等集体福利设备、设施的折旧、维修保养费用，以及为集体福利所提供服务工作人员的工资薪金、社会保险费、住房公积金、劳务费等人工费用；三是离退休人员统筹外费用和养老保障基金支出；四是按规定发生的其他职工福利费，包括职工困难补助、丧葬补助费、抚恤费、职工异地安家费、独生子女费、探亲假路费，以及其他符合国家、地方政府和省联社有关政策规定的其他福利支出。

4. 工会经费：按职工工资总额（含雇佣季节工、临时工、实习生、返聘离退休人员以及接受外部劳务派遣用工的工资薪金支出）的2%计提，按季上缴上级工会，由总行财务统计部统一提取。

5. 职工教育经费：按职工工资总额（含雇佣季节工、临时工、实习生、返聘离退休人员以及接受外部劳务派遣用工的工资薪金支出）的2.5%范围内控制使用。

6. 会议费：按财务预算严格执行。会议请示应在会议召开15日前报批，会议请示审批权一律按本意见“第二大项中第（十）小项下第3点”的规定执行，未经审批不得召开会议。

会议费用应先按费用权限审批后再行列支，并将发票、会议请示、会议开支预算、会议通知、出席人签到册、会议记录（会议纪要或会议议程）等作费用列支传票附件。

7. 邮电费：邮电费中的通讯费，固定电话费有一门电话的，每月费用不超过300元（办公室、财务统计部每月400元）；有两门以上（含两门）电话的每月每门不超过250元。移动电话费遵循“节约归公、超支自付”的原则。总行董事长、行长每月不超过500元（如有特殊情况据实列支）；监事长、副行长（含享受待遇）每月不超过400元；各部室、支行主要负责人每月不超过300元；副职每月不超过200元；各网点、部门助理及主办会计每月不超过150元。

8. 对固定资产、低值易耗品及其他大宗物品等的购置等，各网点、各部室应加强管理，杜绝违规违纪行为的发生，在购置前应先将书面请示报后勤部备案或审批后购置，凡预计费用在10万元（不含10万元）以上的必须召开采购会进行采购，采购会事宜结束即出具采购会议纪要。

预计费用在1万元（含1万元）以下不需申报，根据需求自行采购；

预计费用在1万元（不含1万元）以上至3万元以下（含3万元）的，应事先报后勤部备案后自行采购；

预计费用在3万元以上至5万元（含5万元）的，报后勤部、财务统计部审批后采购。后勤部、财务统计部需购置的，应报采购委员会主任同意后采购；

预计费用在5万元以上至10万元（含10万元）的，报后勤部、财务统计部、采购委员会主任审批后采购；

预计费用在10万元以上至50万元（含50万元）的，由后勤部审核，采购委员会审查，再提交行长办公会或党委会同意后，由采购委员会或采购委员会指定采购小组进行采购；

预计费用单笔（单项）在50万元以上的，由后勤部审核，采购委员会审查，财务审批委员会审议，行党委会或董事会审议同意后由采购委员会进行采购。

9. 修理费（含装修费）：比照前一款的规定执行。

10. 差旅费：因公出差必须经分管领导签署意见批准或附有相关出差文件、通知等。

（三）审批程序

1. 不需申报和召开财审会的费用：

（1）各网点下列款项不需申报和召开财审会；各网点由网点会计审核，片区负责人签批后方可列支。

工资性支出、职工福利性支出、总行分摊费

用、劳保费、保安费、保洁费、绿化费、水电费、邮电费（含网络通信费）、车改费用、保险费、年审费、过户费、物管费、劳务派遣费、各类保险金（含存款保险保费）、各种税金、省中心划款（含手续费支出系统自动生成需扣划费用）、省联社服务费分摊、每季提留等。

（2）总行各部室下列款项不需申报和召开财审会，在审批时由财务部经理审批后方可列支。

总行分摊费用、劳保费、保安费、保洁费、绿化费、水电费、邮电费（含网络通信费）、车改费用、保险费、年审费、过户费、物管费、每月固定划拨培训中心使用的培训经费、一万以下（含）职工福利性支出、一万元（含）以下各类保险金、各种税金、省中心划款（含手续费支出系统自动生成需扣划费用）、省联社服务费分摊、每季提留、一万元（含）以下手续费及佣金支出（指金融市场业务按交易笔数金额支付费用）等。

（3）总行各部室下列款项不需申报和召开财审会，在审批时由分管财务负责人审批后方可列支。

工资性支出、一万以上（不含）职工福利性支出、劳务派遣费、一万以上（不含）各类保险金、一万元（含）以上手续费及佣金支出（指金融市场业务按交易笔数金额支付费用）等。

2. 总行统一安排的费用：根据业务发展需要由总行统一安排的大宗物品采购、装修（修理）、活动、会议等，由相关部室整理资料并完善手续报审后，交由网点按审批流程做好相应账务处理。

3. 因业务发展需要自行开支的费用：凡超权限的均应先申报后办理再列支，金额在十万元（不含）以上至三十万元（含）应经行长办公会同意，金额在三十万元（不含）以上对固定资产、低值易耗品及其他大宗物品等的购置等应经党委会或董事会同意，未经相关会议同意不得办理和列支。

（1）总行业务及管理费用、营业外支出、手续费及佣金支出（系统自动生成需扣划及金融市场业务按交易笔数金额支付的除外）和其他应收款（指修理费〈含装修费〉、固定资产、低值易耗品及其他大宗物品购置等垫付款）的审批。

1 万元以下（含 1 万元）由财务统计部经理审批；

1 万元以上至 5 万元（含 5 万元）由财务统计部经理审核，报分管财务负责人审批；

5 万元以上至 10 万元（含 10 万元）由财务统计部经理、分管财务负责人审核，报行长审批；

10 万元以上至 30 万元（含 30 万元）（除修理费（含装修费）及业务宣传费、固定资产、低值易耗品及其他大宗物品等的购置审批）由财务统计部经理、分管财务负责人审核报财务审批委员会主任审批；

10 万元以上至 50 万元（含 50 万元）（指修理费（含装修费）及业务宣传费、固定资产、低值易耗品及其他大宗物品等的购置审批）由财务统计部经理、分管财务负责人审核报财务审批委员会主任审批；

30 万元以上（除修理费（含装修费）及业务宣传费、固定资产、低值易耗品及其他大宗物品等的购置审批），由财务统计部、分管财务负责人审核，财务审批委员会签署意见后报董事长审批。

50 万元以上（指业务及管理费－修理费及业务宣传费、固定资产、低值易耗品及其他大宗物品等的购置审批），由财务统计部、分管财务负责人审核，财务审批委员会签署意见后报董事长审批。

（2）各网点营业费用、营业外支出、手续费支出（除系统自动生成需扣划的外）和其他应收款（指修理费（含装修费）、固定资产、低值易耗品及其他大宗物品购置等垫付款）审批。

未实行片区管理的网点，1 万元以下（含 1 万元）由会计审核，报主要负责人审批；除“第二大项中第（十）小项下第 1 款”规定的有权审批人直接审批外的其他费用：1 万元以上至 3 万元（含 3 万元）由会计审核，报财务审批小组审批；3 万元以上由会计审核，财务审批小组审批后按程序报总行审批。

实行片区管理的网点，不需申报和召开财审

会的费用:

1. 总行分摊费用、劳保费、保安工资、保洁员工资、各种税金、总行划款、总行服务费分摊、每季提留、固定资产折旧、长期待摊费用摊销类、系统自动生成需扣划手续费支出由各网点会计(含B角)审核,网点负责人审批列支。

2. 水电费、邮电费、车改费、保险费、年审费、过户费、物管费、营业外支出和其他应收款(指修理费(含装修费)、固定资产、低质易耗品及其他大宗物品购置等垫付款)的审批:金额3000元以下(含3000元)由网点会计(含B角)审核,网点负责人审批;金额3000元以上1万元以下(含1万元)由会计审核,报片区主要负责人审批;除"第二大项中第(十)小项下第1款"规定的有权审批人审批外的其他费用:1万元以上至5万元(含5万元)由会计审核,报财务审批小组审批,5万元以上由会计审核,财务审批小组审批后按程序报总行审批。

稳字当头　增进信心　改中求活　转中向好

——在2017年业务工作会议暨贯彻落实全省农信工作会议精神专题会议上的讲话

花溪农商银行党委书记、董事长　吴　勇

（2017年2月21日）

同志们：

历时一天的会议就要结束了。这次会议，内容丰富、主题明确、时间紧凑、会风良好，圆满完成了会议任务。会议回顾了过去2016年各项工作，传达了全省农信工作会议精神专题会议上宋锐理事长的理事会工作报告、蔡湘主任的经营管理层工作报告，明确了今年工作思路和目标，安排部署了全年工作重点，全体干部员工一定要认真学习；会议听取了业务发展工作意见、党风廉政建设、财务工作、案件防控工作安排，希望大家务必抓好落实；会议表彰了先进，也认领了任务，希望大家主动对标，主动作为，奋发赶超，确保完成年度各项工作任务。在下午的讨论中，大家积极建言献策，都提出了很好的建设性意见，有一些建议，是基层反映的新情况，我们将充分吸纳，认真研究，会后充实到相关文件中去；有一些建议，已在今天的几个报告中涉及到，说明这些工作充分体现了基层的迫切愿望，我们一定抓实抓好，尽快见到成效。

在刚刚过去的2016年，我们走过了花溪农商银行挂牌开业的三周岁，也为第一个三年战略发展划上了圆满的句号。这三年，全行坚持服务“三农”市场定位，立足“小”字做文章，加紧开展实施富民惠农金融创新工程，积极建立与“三农”、社区居民、中小微企业紧密互动、互惠共荣的新型客户关系；这三年，我们经受住了极其错综复杂的内外部发展环境和艰巨繁重的改革发展考验，实现了主要经营指标三年翻番，顺利完成“321”工作总目标，确立了花溪农商银行又好又快发展态势；这三年，我们改变了环境，调整了思路，赢得了赞誉，焕发的生机让花溪农商银行品牌价值和社会形象在中国金融界光彩闪耀。今天，我们可以骄傲的说一句，花溪农商银行用短短三年时间迎来了核准上市的“入场券”！成绩的取得来源于各级党委政府、省联社的正确领导，得益于人民银行、监管部门以及社会各界的关心支持，更汇聚了全体员工的“洪荒之力”，彰显了全体员工的“工匠精神”。在此，我代表行党委向三年来凝心聚力，砥砺开拓的全体职工干部表示衷心感谢和诚挚敬意！面对2017年更加复杂的形式、更加严峻的挑战，在百尺竿头、奋力爬坡的关键时期，我想送给全体干部、职工一句话：“希望大家一直牢记来时的根，一同走好现在的路，一心坚定未来的梦”。

在2016年中央经济工作会议上，中央明确将稳中求进工作总基调作为治国理政的重要原则，这也是做好农村经济工作的方法论。2017年，全行干部职工要在省联社“三个不变”和“两大战略”下，继续坚持“一转三提做四行”，以“稳中求进，改革转型，科学发展”为工作总基调，做好“稳”、“进”、“改”、“转”四个重点，知难而进、奋发有为、以进促稳、以改促转，以深度融合实现花溪农商银行科学发展。下面结合会议精神，我讲四点意见：

一、认清形势，增强信心，牢牢把握住加快上市的历史契机

当前及今后的一段时间，我们要将筹备上市工作作为开展一切工作的核心来抓，充分认识自身发展的优势和不足，按照上市公司标准，进一步完善法人治理结构，实现业务多元化、拓宽经营格局，加快转型发展，进一步做大做强做优，提高行业影响力。我们要将借助登录资本市场机遇，力争在3至5年内成为中国西部首家登录国内主板市场的县域农村金融机构，为此，全体干部员工务必要“认清三种形势，增强三个信心”。

（一）要认清经济新常态下机遇与挑战并存的形势，树立加快发展信心。当前经济下行压力持续加大，银行发展速度放缓、盈利能力下降、资产质量恶化，作为基础薄弱、起步较晚的农村中小金融机构，到底怎么看？应该怎么干？结合自身发展阶段和大环境背景，我们就要做到“争与不增”。一是“争市场抢领地”。从经济环境上看，贵州在全国率先启动供给侧结构性改革，获批建设国家大数据综合试验区、国家生态文明试验区和国家内陆开放型经济试验区，花溪区正面临建成国家级文化旅游创新区和千亿级开放创新平台的良好开局，要发展壮大，就要继续做到农村市场寸土不让、城区市场寸土必争。二是“不增加大额贷款”。从自身发展上看，作为中小金融机构，要开展和我们自身对等、对称、对位的业务，加上当前经济环境、行业发展等因素，这决定不容许我们发放大额、超额贷款，我们要认清形势、准确定位，才能在变化中抢抓机遇，在克服困难中转化为危机，不断创造条件，赢得新的发展。

（二）要认清金融新业态下瓶颈与突破并存的形势，树立转型信心。十年前，当花溪合行逐步收紧和退出政府平台贷款时，很多人担忧我们的发展将会困难重重，但是，我却认为这是我们发展史上最成功的“转型案例”。时至今日，利率市场化已经完成“临门一脚”，利率风险进一步凸显，存款保险制度的实施和银行破产制度出台，互联网金融、直接融资等金融新业态快速挺进传统银行领域，对金融服务提出了更高要求。转型，是金融机构的当务之急，我们总结这十余年的基本经验，管理和科技的滞后必将“挨打”，正所谓“知耻而后勇”，唯有改革，才能前行，深化改革，企业才有出路。为此花溪先试先行，在全省率先申报“科技示范行”，搭建电商平台开展互联网金融“线下业务线上化”转型，深化资金业务和中间业务，拓宽利润来源。

（三）要认清竞争新动态下困难与希望并存的形势，树立道路信心。随着金融体制改革力度加大，国有银行、股份制商业银行纷纷入驻农村市场，加速冲击农信社（农商行）的发展根基。城商行分支机构和村镇银行实现县域全覆盖，不断挑战农商行县域金融主力军的市场地位，农村金融机构“内外交困”、“四面楚歌”、“危在旦夕”。回首花溪农商银行发展道路，我们从弱小中起步，从困境中走出，在艰难中前行，最终走出一条特色发展道路。我们得以“突出重围”的制胜法宝正是立足“小”字上做文章。为此，今年行党委采取“三严方针”，即严审新增200万以上贷款、严控新增1000万元以上贷款、严管新增5000万元以上贷款，其目的就是要回归到小、微、精、细的本源上来，希望全行上下要把思想和行动统一到行党委的决策部署上来，统一到“稳中求进、改革转型、科学发展”的工作总基调上来，确保认识到位、方法对路、工作得力，在改革发展新阶段不断创造新业绩。

二、着力“稳”，奋力“进”，把谋发展作为第一要务

稳中求进，要在夯实“稳”的基础上下力气，在积蓄“进”的力量上出实招，巩固持续向好发展的势头，为此必须强化全体干部职工干事创业的忠诚度、上传下达的大局观，保持严谨细致的责任心，增强马上就办的执行力，保持政治定力、战略定力、实干定力推动工作顺利开展。

（一）将坚持党的领导作为全行发展的政治定力。要坚持将党的领导融入花溪农商银行治理机制，有效发挥党委领导核心和政治核心作用、发挥基层党组织的战斗堡垒作用、发挥广大党员的先锋模范作用。花溪农商银行要实现持之以恒、科学发展离不开一支“特别能奉献、特别能吃苦、特别能战斗”的职工队伍，这就需要充分发挥全体党员，尤其是发挥党员干部在知难而进、奋发有为、以进促稳中的作用，引导党员增强先进性意识，牢记党员第一身份，冲锋在前，享乐在后，用坚定的政治觉悟确保业务领先地位。为此，2017年要强化政治学习、业务学习，党委班子要深入基层带头学习，分管领导要定期组织部门学习讨论，各单位每周学习时间不低于三小时，要做到有计划、有笔记、有检查、有成果。同时，要把工作层层落实到位，建立起“日工作安排动态”，把每天何时、何地、何事记录到位，形成高效办事的良好氛围。

（二）将支农支小做作为全行发展的战略定力。花溪农商银行“因农而生，因小而长”，增强支农支小的战略定力，牢记过去、不忘初心，谱好支农曲、念好支小经，是应对当前复杂多变形势最有效的手段和办法。稳中求进，贵在有“进”，“进”的一个重要途径，就是保持并扩大各项业务优势，今年新增存款要在30亿元以上，新增贷款要17亿元以上，实现收入18.3个亿，利润3亿元以上。要实现这个目标，就要将支农支小作为保持并扩大各项业务优势的出发点、着力点和归宿点。在2016年的工作中，我们提出了“万元增贷”工程，将农户贷款面提升至63%，今年这样工作还要持之以恒的做下去，通过助农流动服务车、“服务三农微信群”、“农户理财产品”等方式，将农户贷款面提升至80%以上；同样在服务小微方面，要继续发挥网点优势和“人亲地熟”的商缘优势，深化市场、银行、商户三方合作模式，在创新产品上下功夫。尤其是在以石板、孟关支行为两翼的小微新格局下，要做表率、立新功，助力花溪农商银行2017年事业腾飞。

（三）将工匠精神作为全行发展的实干定力。要实现稳中求进，进中取胜，是否持之以恒的抓落实是关键。针对市场中出现的困境，工作中出现的难点，党委班子每年都会提出战略指导方向，经营班子都会提出具体的举措。在座的各位首先问问自己，一线网点的同志们有没有将每一笔业务办好，控制每一笔贷款的风险，机关的同志们有没有践行马上就办的工作精神服务好基层的需要？2016年全行各岗位开展了比学赶超、岗位大练兵活动，目的在于学技术、练本领、展风采，练就坚不可摧的工匠精神，今年这样的活动还要继续开展下去，继续依靠提升劳动效率，形成丰厚的劳动成果。我认为工匠精神正是我们农商行挎包精神、“三铁”精神在新时期的传承，还要大力宣传，围绕工匠精神，树立求真、务实、重干的实干意识。同时，随着国家二胎生育政策的制定，行党委积极响应国家号召，除拟定花溪农商银行二胎补贴办法外，决定在总行和有条件的支行建立“爱心母婴室”，维护广大女职工特殊权益，实现女职工体面劳动的暖心工程。

三、坚定“转”，扎实“改”，把建机制作为根本途径

“凡为过去，皆为序章”，我们虽然用短短三年的时间迎来了上市的“入场券”，但经营机制不健全、机构功能不完善、基础建设不配套等因素仍然成为当前制约全行发展的关键因素。同志们，历史从不等待一切犹豫者、观望者、懈怠者和软弱者。按照上市公司的规划，花溪农商银行各项内控管理已经到了不得不改、急需大改的时刻。要在“改革体制、创新业务、搭建平台”三个方面提升效益。

（一）借力机构改革，提升工作效能。2017年，全行要继续按照转型，提质提速提效的思路，重点围绕转变职能和理顺职责关系，稳步推进大部门制改革和分支机构管理模式，重点以考核人均利润为突破口，终结“大锅饭”现状。一是转变机关服务效能，实行大部制管理。一方面按照上市企业和法人治理结构要求，补充完善建立职能部门，另一方面将职能相近、归口领域相同的机关部室进行归并重组，以达到精简机构（人员）降低人力成本，减少部门之间博弈或扯皮带来间接成本降低的目的；二是改变片区管模式，实行分类管理。通过实行不同的岗位目标绩效工资标准设定，不断提高营业网点管理水平和运营效率，调动网点员工的积极性和主动性，有效发挥营业

网点零售业务主渠道作用。2017年，行党委也首次推出了部分支行“无存款任务”的考核模式，发挥区域优势，重点把管理量化到个人身上，激发支行活起来、员工动起来。而对于新设支行或直属支行，总行也给予“新生儿”三年的宽松成长保护期，但不要因此而怠慢工作，事不关己高高挂起，要通过主动作为、开源节流、减员增效将“伸出去的手”发挥出更好作用；三是改变绩效考核方式，实行数据量化。今年，行党委下决心、花大力气调整薪酬结构，定岗定员定编，即将全面上线绩效考核系统，根据各岗位具体内容、专业特点，通过对每项工作的技术要求、劳动强度、工作时间等要素的衡量，合理确定每项工作的工分定额、绩效成绩得分。逐步达到多劳多得、奖勤罚懒、奖优罚劣和优胜劣汰的目的。要通过以上改变，来达到花溪农商银行不养一个闲人，不留一个懒人，不用一个庸人，不亏一个能人的目的，真正让劳动创造幸福的企业精神找到落地的抓手。

（二）借力资金业务，实现差异化发展。我常说，“只要精神不滑坡、办法总比困难多”，经过几年的发展历练，花溪农商银行人坦然正视困难、积极克服困难，勇于闯关越险、爬坡过坎，一点一点攻坚破冰，一年一年发展壮大，一步一步走了过来。尤其在资金业务发展上，取得了一定成绩，实现了一定效益，但仍存在很大差距。当前全行上下还要立足经济新常态这个时代大背景，准确研判资金业务发展新趋势，看到发展机遇，找准比较优势，主动适应金融业混合经营新业态。一方面要按照既定的战略理念和思路，继续做大资金业务总量，加大理财产品发行频率和范围。新设投资银行部、票据中心，要为集团客户和大型项目提供资产管理、资产证券化等专业的综合金融服务，要为中小微企业提供贴现、转贴现、再贴现相关金融服务。为花溪农商银行综合发展寻找新的增长突破。另一方面，有针对的实施差别化政策，对理财产品要科学规范销售范围，努力实现经营效益最大化；对收费优惠活动要科学制定推广期，减少“一刀切”的粗放式收费。

（三）借力电商平台，实现创新发展。要加快互联网金融转型，借鉴他行有利经验，打造花溪农商银行电子商务平台，逐步构筑融合物理网点、网上银行、自助银行、手机银行为一体的完整的客户销售和服务体系。要研发并推出“薪e贷”互联网渠道贷款产品，增强个人贷款产品竞争力，要实现农户金融服务线上化，结合助农流动服务站，将花溪农商银行的贷款、理财产品送到田间地头，提升我行的社会认知度和群众满意度。

四、提质量，增效益，把控风险作为重要保障

站在更高的起点上，无论是深化改革转型还是促进发展，我们的基础更坚实，条件更完备，机遇更明显，考验也更严峻。正视困难、直面挑战、趋利避害，是处事克难的成功之道，我们有应对经济下行、同业竞争的经验，区域经济又有着巨大的潜能和韧性，我们有能力也有条件使今年业务增长保持在合理区间。要珍惜来之不易的大好形势，抓住千载难逢的历史机遇，关键的关键就是要将科学发展、可持续发展作为“生命线”，要做到坚守“三个底线”，捍卫花溪农商银行风清气正的良好环境。

（一）坚守规矩和纪律的底线。守纪律、讲规矩是对党员干部党性和忠诚度的重要考验。纪律和规矩不仅包括党纪国法，还包括花溪农商银行多年累积的并被实践证明行之有效的好制度、好办法、好措施。必须时刻谨记银行是高风险行业，要时刻把立规矩、讲规矩、守规矩排在首要位置。要不断强化强化党委党风廉政建设主体责任和纪委监督责任，全面深化廉政风险和案件防控，不断加强惩防体系建设，保持案件高压态势。全行干部职工要统一意志、统一行动，要立‘明规矩’，破‘潜规则’”，做到“心有所畏、言有所戒、行有所止”，时刻记得“举头三尺有纲纪”，把安全合规、风险内控放在更加重要的位置上。去年全行上下开展机关效能提升和网点服务标准化建设，一些长期存在的“慵、懒、散、漫、浮”弊病不断的暴露出来，我们通过持续的理论学习、实际操作、循环检查提升建设成果。当下有些干部缺会、代会、迟到、早退，还有些不请假、玩

手机、打瞌睡，罚款也罚了，该通报也通报了，还是屡教不改、屡禁不止；还有的同志上班不按时到岗代打考勤，准时下班跑专车找第二职业，同志们，花溪农商银行的发展还在起步阶段，不要安于现状，成功总在8小时之外，要善于利用时间，不要把“空闲”变成“空白”。全体员工必须时刻牢记，好作风是战斗力，也是推动力，更是凝聚力，要进一步巩固干部清正、政治清明的良好局面，为业务发展扫清精神障碍。

（二）坚守依法合规底线。依法合规经营是法定职责，更是可持续发展的根本保障。一是要巩固扩大信贷规范整治成果，对担保类业务进行专项检查，回归信贷资金“三性”和“三查”要求，进一步健全制度管人、系统管人、培训管人、机制激励人和问责约束人的信贷管理长效机制；二是要深入开展会计基础工作整治，彻底排查有章不循等问题，增强履职能力，强化“三铁”意识，防范案件风险，切实提高财会基础工作水平；三是切实做好各项专项检查和内控评价工作，加强对稽核审计结果的运用，时刻绷紧安全这根弦，堵塞漏洞，消除隐患，确保平安银行建设。

（三）坚守风险防控底线。防控风险是银行永恒主题，要加快风险管理体系，坚决守住不发生系统性区域风险的底线。一方面要严禁新增不良贷款，强化不良贷款清收处置。继续扎实开展风险排查，多维度识别、评估和化解风险，切实加强押品管理，防控担保圈风险蔓延。业务发展与风险与生俱来，在发展的过程中遭遇风险不可避免。去年，我们在不良资产处置探索了一些新路径，也带来了一些意想不到的新问题，以前我们是摸着石头过河，而现在河深了，水流急了，石头摸不着了，而且水里暗流涌动、乱流丛生，险滩也多了，想过河的难度也大了，不仅要建立风险防范机制，还要建立纠错机制和问责机制，希望同志们多些担当和责任，多一些真抓实干，少一些坐而论道，理性看待当前的一些问题。另一方面要强化运营管理，提高运营效率。防控流动性风险，利率风险和各类操作风险。同时，加强声誉风险防控，要加强舆情监测，完善负面舆情应急处理机制，确保不发生较大影响的负面舆情和声誉风险。

一分部署，九分落实，各支行要以奋发有为的精神状态，扎实有效的工作措施，结合本地实际，创造性的开展工作，坚持抓早抓细抓重点，增强系统性和针对性，务求落实效果。各支行要将会议精神传达到每位员工，要积极向地方政府、村支两委汇报沟通，争取得到理解支持，创造良好干事环境。机关各部室要结合会议抓紧下发各自线条管理工作要点，办公室要尽快分解任务，抓好督察督办，确保会议部署落到实处。

同志们，“坐而论道，不如起而行之”，习近平总书记在今年新年贺词中号召大家“撸起袖子加油干”，2017年是党的十九大胜利召开之年，也是实施“十三五”规划的重要之年，更是花溪农商银行上市道路的起步之年，花溪农商银行改革发展任务繁重，使命光荣，全行上下要在各级党委政府和省联社的正确领导下，牢牢把握“稳中求进、改革转型、科学发展”的战略布局，认清新常态、理清新思路、拿出新举措、走出新路子、闯出新市场、实现新跨越，真抓实干、务实苦干、科学巧干，为实现花溪农商银行上市银行梦不断做出更新、更大、更加卓越的贡献！

谢谢大家！

“小”机构服务“大”市场

——2017年11月7日董事长吴勇在全国小微服务经验交流电视电话会议上的讲话稿

贵州花溪农村商业银行“因农而生、因小而长”，在各级党委政府和金融管理部门指导下，以“小”为先，立足“小”字做文章，以小产品服务大市场、小金融搭建大平台、小队伍提升大服务，实现了银行、小微企业和地方经济发展共赢。现将主要做法汇报如下：

一、创新金融产品，满足小微企业多样化信贷需求

我行开发“金纽带”系列小微企业贷款产品，采取贷款金额可高可低、期限可长可短、押品可有可无、利率可上可下的灵活方式，满足小微企业多样化融资需求。其中，“商汇通”产品以商圈信誉担保解决辖内特色园区商户抵押难问题；“商循通”产品以无还本续贷方式，解决企业回款期与偿还期不匹配问题；“商誉通”产品以企业主或合伙人信用贷款方式，解决企业短期流动资金不足问题。截至2017年9月末，我行已对全辖1.35万户小微企业（含个体工商户）进行授信评级，覆盖率超过90%；小微企业贷款余额79.3亿元，占全部贷款余额的69.32%，连续三年平均增速超过28%。

二、搭建小微企业专营服务体系，打造半小时金融服务圈

我行构建“小微中心+小微支行+园区小微金融服务办+农村金融服务站”的小微服务体系，通过与行业协会、市场管理方、村支两委、贷款企业建立互联互通机制，缩短贷款流程，扩大服务覆盖面。2011年，我行成立贵州农信系统首家小微金融中心，实现对小微企业的集中管理、专项审批。设立4家小微支行，集中办理500万元以下的小微企业贷款，并开辟绿色通道，对符合条件的小微企业随到随办。在小微企业集中的市场、产业园区设立8个金融服务办公室，配备专职人员，与市场管理方密切配合，及时掌握企业经营动态，提高贷前调查、贷后管理效率。建设新型“农村综合服务站”，在为涉农小微企业提供小额信贷、支付结算等传统服务基础上，探索“农村金融+农村电商”模式，助力打通“黔货出山”渠道。同时，自主研发全省第一台自助贷款服务终端，为客户提供7×24小时自助贷款服务。利用“黔农e贷”移动平台推广“商誉通”产品，实行线上申请、审批和放款。通过运用大数据技术，贷款办理速度提升50%以上，让“贷款像取钱一样方便”。

三、组建流动服务队进企入园，为小微企业提供精准金融服务

针对辖内市场和园区“大集中、小分散”特点，组建三支小队伍，提供“点对点”专属金融服务。自行车金融服务队组织80余名客户经理携带平板电脑、无线网卡等设备骑自行车上门服务，面对面了解企业信贷需求、采集基本信息、现场授信评级，扫除服务盲区；12辆流动金融服务车队在辖内园区、市场、乡镇循环穿梭，招手即停，实现“存、取、汇”等基础业务服务上门。金融宣传队开办微企金融夜校，利用行业淡季和商户空余时间，组织员工进园、进村、进企，及时宣讲金融支持政策，帮助企业“学金融、懂金融、用金融”。截至2017年9月末，已累计开展金融夜校1676场，受益人数22.3万人次。此外，我行以“金额小、户数多”为考核导向，引导员工聚焦小企业，重拾农信社“挎包精神”，为小微企业提供“精准、及时、贴心”的“亲情服务”。

下一步，我行将深入贯彻党的十九大精神，按照全国金融工作会议和本次会议要求，总结经验成效，创新机制做法，持续加大对小微领域支持力度，写好“小”字这篇“大”文章，做一家值得信赖的百姓银行。

附录

花溪农商行营业大厅

花溪概况

花溪区位于黔中腹地，是贵阳市城区之一，东南邻黔南州龙里县、西接贵安新区、南接黔南州惠水县、长顺县、北与南明区、观山湖区接壤，距贵阳市中心17公里。全区土地面积964.32平方公里。

花溪区明代隶属贵州卫、贵阳府。明万历十四年（1586年）置新贵县，花溪区境属新贵县，隶属贵阳府。清康熙二十六年（1687年），置贵筑县，县署驻贵阳。民国3年（1914年），废贵阳府，置贵阳县，贵筑县署移至息烽城，更名息烽县，花溪改属贵阳县。民国30年（1941年），贵阳设市，市郊置贵筑县，县治于民国31年（1942年）7月从市府路移至花溪河北岸蟠龙山南麓，辖今花溪区、白云区、乌当区及观山湖区部分，贵筑县县治花溪一直至1958年2月。

1949年11月，贵筑县隶属于贵阳专署，1952年7月，贵阳专署由花溪迁贵定县城，贵筑县隶属于贵定专署。1956年贵定专署撤销，置安顺专署，贵筑县隶属安顺专署，县辖7个区40个乡镇。同年10月，高坡苗族自治区划归黔南州惠水县。

1958年2月，贵筑县撤销，所辖乡镇划归贵阳市，以原市郊黔滇、黔桂公路分界，以南置花溪区，以北置乌当区。花溪区辖2镇23乡，7月调整为13乡，9月2镇13乡组建12个人民公社，称管理委员会。1959年1月，12个公社先后并为花溪、青岩、石板、孟关4个大公社。1961年，高坡人民公社由惠水划回花溪区。4大公社解体，恢复为青岩、燕楼、马铃、石板、湖潮、麦坪、久安、花溪、党武、中曹、孟关、小碧、黔陶13个人民公社。青岩、花溪恢复镇建制。1966年，13个人民公社和2个镇又分别组成花溪、石板、青岩、小河4大公社。1966年8月，花溪、乌当组建为贵阳市郊区，移交区人民委员会。1967年2月，造反派夺权，花溪区恢复为14个公社和2个镇建制。1981年至1984年，区、公社、镇革命委员会逐步改为区、乡、镇人民政府。

1993年，小河镇划归贵阳小河经济技术开发区管理。2000年，金竹镇划归小河区。花溪区辖11乡、165个行政村，19个居委会。2005年，花溪区撤花溪镇、花溪乡，建贵筑、溪北、清溪3个办事处，至此，花溪区辖2镇10乡、3个办事处。同年，小碧乡划归南明区，花溪区辖2镇9个乡、3个办事处，151个行政村。2012年，撤3个办事处，建贵筑、清溪、溪北、阳光、明珠5个新型社区。同年撤销小河区、花溪区，合并成立新花溪区，辖2镇9乡、18个社区、151个村、52个居委会。

2013年12月，党武、湖潮布依族苗族乡托管贵安新区（行政区划仍属花溪区），花溪辖2个镇7个乡、18个社区。2014年9月，燕楼、麦坪两乡撤乡建镇，花溪辖4镇5乡、18个社区、122个村、52个居委会。

花溪区地处云贵高原东部，地势中高、南北低，最高海拔为1656米，最低海拔999米。花溪区地貌为侵蚀——溶蚀成因的中低山、低山、峰丛洼地、槽谷、谷地等。属亚热带季风湿润区，有高原性季风气候，夏无酷暑、冬无严寒，年平均气温16℃，冬季平均气温7℃，夏季平均气温23.7℃。全区有河流16条，其中花溪河等5条汇入长江水系，青岩河等7条汇入珠江水系，河流总长273.9公里，年平均流量25.32立方米每秒。有大小水库18座，塘坝238座，有水资源总量8.345亿立方米。区境内矿藏有煤、硅石、大理石、石灰石及多种沙石。森林覆盖率达41.53%。

2016年全区常住人口64.21万人，有汉族、苗族、布依族等40个民族，少数民族人口15.14万人，占全区总人口的31%。世居少数民族主要有苗族5.88万人，占少数民族人口总数39%；布依族人口5.76万人，占少数民族人口总数38%。全区有4个民族乡，30个民族村。有学校259所，中小学、幼儿园学生101349人。

2002年花溪区财政收入累计2.16亿元，2016年财政收入71.08亿元。2013年城镇居民人均可支配收入达22608元，农民人均纯收入达10034元，2016城镇居民人均可支配收入28874元，农村常住居民人均可支配收入12414元，人民生活水平逐年提高。

花溪旅游资源丰富，素有高原明珠美誉。1990年，花溪为贵州第一批省级名胜区。全区景区面积222平方公里，占全区面积23%。有自然景观56个，人文景观25个，国家级特等景观4个，国内一等景观18个，国内二等景观32个，国内三等景观27个。花溪集自然风光、生态环境、历史文化、古镇文化、民族风情、乡村文化、地质地理为一体，经全国旅游资源规划开发质量评委通报，2015年全区有天河潭景区、湿地公园（孔学堂）为国家AAAA级旅游景区，青岩古镇进入国家AAAAA级旅游景区。花溪将建成文化旅游创新区，首个全域旅游示范区。全区全年旅游总人数2182.18万人次，其中入境旅游人数3.96万人次，旅游总收入197.79亿元。

全区2015年粮食总产量4.55万吨，油产籽总产量4595吨。农业增加值17.92亿元。蔬菜播种面积22.18万亩次，建标准化基地1140亩，蔬菜产量40.59万吨。新增茶叶面积2040亩，茶叶产量1520吨，水果产量8250吨，新增果树面积1100亩，中药材种植面积550亩，产量112吨，建畜禽产品基地1家，生猪出栏142103头，家禽出栏1203000羽，肉类总产量17635吨，禽蛋产量5074吨，新增农机总动力0.22万千瓦。

全年规模以上工业总产值达630.55亿元，社会消费品零售总额235.76亿元。全区公路通车路程达1080余公里，实现100%的村通油路或水泥路。全年组织实施招呼站建设60个。全区金融机构各项存款余额924.64亿元，各项贷款余额602.39亿元。

青岩古镇

媒体看花溪农商行

践行群众路线　保护消费者权益

（贵州银行业协会网站 2014－03－21）

对于银行金融服务行业来说，金融消费者权益的维护与保障，关系到银行的切身利益。作为金融服务机构，只有真正做到“诚者信合”，践行群众路线，才能在广大消费者心中树立优质的品牌服务形象，才能提高客户对其的认同感和忠诚度，花溪农商银行成立了由董事长吴勇任组长的金融消费者权益保护活动领导小组，制定印发了《金融消费者权益保护活动实施方案》，对活动主题、活动时间、活动内容、活动方式和时间安排及相关工作要求进行明确。

2014 年 3 月 15 日，花溪农商银行在花溪十字街组织开展了金融消费者权益保护活动。总行法律合规部、三农服务部、财务管理部、小微中心等部门的工作人员从消费者维权、假币识别、信贷业务、银行卡业务等多个方面的金融知识或产品展开广泛宣传，传播花溪农商银行“以客户为中心”的服务理念，突出花溪农商银行品牌形象，提升花溪农商银行的知名度。

一、反假币宣传活动倡导安全使用人民币

在活动现场，指定专门人员负责对办理业务的客户进行货币知识宣传，对相关疑问进行解答。重点介绍、讲明第五套人民币的防伪知识以及只要特点、识别假币的集中简易方法，日常生活中关于假币的处理方法和相关的法律、法规等知识。

二、提高服务质量，为客户营造良好的环境

在活动现场，参与活动的工作人员统一着装，工作和服务时使用文明用语，并规范地使用各类服务用语，全面改善客户的感受。

三、宣传投诉渠道

在活动现场，工作人员介绍了花溪农商银行处理投诉的工作流程，并提示客户，无论哪种途径解决纠纷，相关证据凭证都对于合法权益的维护具有重要的作用，因此在交易时就应当注意保存相关单证。

四、充分向客户提示产品特性、注意事项及风险点

在活动现场，工作人员对花溪农商银行的各类产品的特性、注意事项及风险进行了揭示。

五、明确我行的服务收费标准

在活动现场，工作人员在接受客户咨询的过程中，充分向客户披露了我行收费实行依法合规、统一定价、分类管理、质价相符、公开透明、减费让利的原则。

在集中宣传日活动中，工作人员对前来咨询的市民进行了详尽解答，让市民获益良多。活动期间，前来咨询的市民近 500 人，累计发放宣传材料 1200 余份。

（张　海）

国务院副总理马凯一行视察贵州花溪农村商业银行

（贵州银行业协会网站 2014－04－18）

2014年4月9日上午，中共中央政治局委员、国务院副总理、国务院安全生产委员会主任马凯、工业和信息化部长苗圩、中国银监会副主席周慕冰等一行在中共贵州省委常委、常务副省长谌贻琴、中共贵州省委常委、省委秘书长廖国勋、中共贵州省委常委、贵阳市委书记陈刚等省、市领导的陪同下来到贵州花溪农村商业银行平桥支行、小微金融服务中心视察，调研我行支持“三农”发展、小微企业情况并做重要指示。

马凯副总理一行在视察过程中认真听取了贵州花溪农村商业银行党委书记、董事长吴勇有关我行服务三农、支持小微企业的情况介绍，并在视察过程中详细了解三农、小微企业金融产品，询问我行改制组建农商行后的困难，还亲切与客户交谈，了解农户、小微企业主生产经营情况。

马凯副总理对花溪农商银行“立足三农、面向社区、支持小微”的服务理念以及取得的成绩予以了充分肯定，高度赞扬了我行金融服务产品、企业文化和人才队伍建设，并鼓励花溪农商银行再接再厉，锐意进取，继续抓好“支农支小”工作，要紧紧围绕以客户为中心，在防范金融风险的前提下，创新金融产品，创新服务模式，提高服务水平，要牢固树立为实体经济服务的理念，在转方式、调结构、促转型、惠民生上作出积极贡献。他强调，“花溪农商银行要在‘小’字上做好‘大’文章”，实现地方经济、“三农、小微”和自身发展的多方共赢。 （王宇成）

银行搬到村里头　服务送到家门口

——花溪农商行创新服务模式服务“三农”一瞥

（贵阳新闻网 2014年9月18日）

9月16日早上9点，花溪区龙井村村民龙德树走出家门，步行100米，来到位于村委会的花溪农商行龙井便民服务支行网点，不到两分钟的时间，就办理了存款业务。“以前办个业务要到镇里的支行，如今在家门口就可以享受到同样的服务，方便多咯。”龙德树笑着说。

为了方便农民办理相关业务，今年，花溪农商行在龙井、山王庙等经济条件较好，交通较为便利的17个村开设了便民支行。“便民服务支行功能齐全。老百姓在家门口就能够办理现金、存折业务。”花溪农商行行长江弘说。

事实上，开设便民服务支行只是花溪农商行创新服务模式服务“三农”的举措之一。针对农民的不同需求，花溪农商行还实施了信用工程建设，开发“小康卡”系列产品；实施信合村村通工程，建立驻村金融服务班，成立自行车金融服务队，将服务送到农民“家门口”。

农村金融成本高、收益小，历来是金融服务的薄弱环节。为确保涉农贷款健康发展，花溪农商行在村一级成立农村信用工程创建服务队，与村支两委一起共同推进评级授信工作；以“村村通”为抓手，对辖区内的种植大户、小微企业、涉农企业、园区企业、市场商户进行全面调查；对辖区内所有农户进行建档、评级、授信，大力创建信用乡镇、村组，对信用乡镇的农户实施利率优惠政策。目前，全区信用村占比80%，信用乡占比60%，每年为农户节约融资成本约4000万元。

在江弘看来，“三农”小客户是花溪农商行发展最坚实的基础。作为农商行，花溪农商行要为农民提供便捷完善的金融服务。针对部分村寨地处偏远、交通不便的问题，花溪农商行在行政村增设小额取款POS机200余台，实现了POS终端村村覆盖。同时，花溪农商行加快ATM自助机具下村的安装，向农户提供小额存、取、汇等基础金融服务。农民足不出村，即可享受到便利的金融服务。

为了拉近服务距离，今年以来，花溪农商行还花费13万元，购买了200多辆自行车，成立了“自行车金融服务队”。这些自行车被发给乡镇支行的信贷员，并分别放置在各个村庄。信贷员入村后，就能骑着自行车走村串户，彻底扫清服务盲区。

（唐　胜）

普及金融知识　花溪农商银行在行动

（贵州银行业协会网站2014－11－27）

为有效普及农村金融知识，提高社会公众金融素质，大力促进农村经济持续快速健康发展，花溪农商银行充分发挥服务“三农”的优势，努力当好农村金融主力军。2014年11月20日，花溪农商银行湖潮支行在湖潮乡政府的大力支持下，针对湖潮乡农户金融知识普遍欠缺的实际问题，在湖潮乡政府为村民作了一次颇有成效的金融知识讲座。

本次活动以“树立正确金钱观念、培养科学理财方法”为主题展开，针对当地很多农户因征地、拆迁而获得大量征拨款但却无法合理利用的问题，通过开办讲座的方式，从“如何用好自己的钱”谈起，深入浅出，有效地为前来参加活动的近200名各村村民代表讲述了正确的金钱观念和科学的理财方法。活动主要由以下几个环节构成。

一、通过发放纸质宣传资料，介绍我行的金融产品和服务

在讲座开始前，工作人员向各位在场村民发放了我行有关信合卡、村村通、网上银行、手机银行、快捷支付、定期存款、小康卡、残钞兑换和假币识别等的纸质宣传资料，让大家对我行的金融产品和提供的金融服务有个初步的了解。

二、通过讲座面授，讲授新的理财观念和科学的理财方法

2015年8月9日，花溪农商行普及金融知识万里行活动，工作人员为麦坪乡群众讲解金融知识

花溪农商行工作人员通过精心准备，制作了丰富而实用的PPT宣传课件。通过播放视频、讲解发生在农民身边的真实案例等，深入剖析了赌博、高利贷等违法行为的危害。同时，对电信诈骗、非法集资诈骗等常见的诈骗方式作了深入的分析，让群众真正了解并自觉远离这些违法行为，树立勤劳致富的思想观念，以保障自身资金财产安全。此外，我行讲解员还就各种理财产品进行了对比分析，帮助大家规划合理的投资方法和策略。

三、理财面对面，为村民答疑解惑

讲授结束后，我行工作人员认真听取了村民

们在金融安全和理财投资等方面的疑惑，并尽可能详细地为农民朋友们答疑解惑，消除了大家在这些方面的诸多疑虑。例如：为其解释贵州农信系统存款利率上浮的真实性和好处、以及“村村通”助农取款服务的安全性和操作流程等。

此次惠农金融知识讲座紧紧围绕主题，深入剖析发生在大家身边的真实案例，生动贴切，让大家听得懂、有感受。持续一个多小时的讲座，现场气氛活跃，群众反应热烈，纷纷表示希望以后多推出此类的活动。（李纯璞　陈发勇）

贵州首家自助贷款服务在花溪农商银行试点成功

（人民网《贵州频道》财经新闻2015年08月10日）

人民网贵阳8月10日讯，贵州省农村信用联社信贷开发组项目经理潘永昭、花溪农商银行行长江弘及三农服务部经理黄毅在花溪农商银行平桥支行的自助贷款服务终端上，为大家成功演示了贷款、还款以及查询等自助贷款服务，这标志着贵州农信朝着“做值得尊敬的百姓银行”目标又迈进了坚实的一步，也标志着大数据背景下贵州省自助贷款业务正式开始运行。

时至今日，随着科技水平的不断提高，互联网金融的突飞猛进，大数据云计算时代的到来，自助银行已不是什么新鲜事，各大银行充分利用现代科技手段，开启了以科技化为核心的转型之路，网上银行、电子银行、ATM机等自助设备已落户广大城乡，然而，自助贷款服务在广袤的农村却一直是处于空白，亟需开发。

多年来，花溪农商银行致力于打造“老百姓自己的银行”，为实现老百姓“贷款像取钱一样方便”的梦想而不懈努力着。经过多年的战略部署和科技储备。今天8月初，花溪农商银行三农服务部在省联社业务发展部信贷开发组的精心指导下，创新开发出全省第一台“自助贷款终端”，广大贷款户可以在自助贷款服务终端上自主完成贷款、还款以及查询等服务功能，既省时、省力、省息又缓减了柜面服务压力，不仅进一步增强了市场竞争力，还促使贵州农信服务客户水准再上新台阶。

目前，自助贷款服务已在农户信用贷款客户中试运行，在机具投放上，将发挥村村通助农服务点的作用，在各村寨服务点上设立一台自助贷款服务终端，实现自助贷款服务进村入寨，行政村100%覆盖。“村村通+自助贷款服务”的组合利用云端技术实现了农户足不出户取款、汇款、存款、贷款“四位一体”，为农户提供对等的普惠金融服务。（荀小红）

花溪农商行吴勇劳模创新工作室挂牌运行

（贵州银行业协会网站2015-09-23）

为进一步弘扬劳模精神，充分发挥全区劳动模范的先锋模范作用，增强党员队伍的凝聚力，2015年6月29日，我行吴勇劳模创新工作室正式挂牌运行，花溪区劳动模范爱心协会及党支部在吴勇劳模创新工作室落户并举行揭牌仪式，花溪副区长秦永康、花溪区工会主席廖俊文、劳模党支部成员及花溪农商银行各支行、部室中层干部60余人参加了授牌仪式。

为宣传推广劳模的先进经验，组织开展技术交流，2012年3月17日花溪区总工会拨出专项经费，率先在全省探索推行“劳模爱心协会”，并于同年9月17日挂牌成立区总工会劳动模范爱心协会党支部，花溪农商银行党委书记、董事长吴勇同志当选为劳模爱心协会支部书记。为进一步发挥劳模爱心协会党支部的凝聚力和影响力，在党委书记、董事长吴勇同志的倡议下，贵阳市花溪区劳动模范爱心协会党支部办公活动地点正式迁入在我行吴勇劳模创新工作室，此举不仅搭建起了劳模党员的活动展示平台，更为将花溪农商银行打造成为推动普惠金融服务事业平台、强化专业培训与“双培养”平台、开展爱心工程规范化、常态化平台、拓展党组织 联系职工群众的平台找到了抓手。

在当天的揭牌仪式中，花溪副区长秦永康、花溪区工会主席廖俊文及党委书记、董事长吴勇共同参加了揭牌，并在吴勇劳模创新工作室中召开了劳动模范爱心协会党支部首次“三严三实”专题学习活动，并依次发言就学习心得进行讨论。学习过程中秦永康表示，劳动模范爱心协会党支部在花溪区乃至全省都是一个创举，劳模的示范带头作用为中国改革开放30所取得的成就找到了答案，也为花溪区后发赶超、创新发展找到了答案，希望该支部继续讲劳动模范的声、影传播得更广，全面推进花溪区各项工作取得进步。党支部书记吴勇同志表示劳模不仅是头衔更是一种义务，建议要尽快完善该支部相关议事规则，使得劳模党支部真正发挥作用。

花溪农商银行在下一步工作中还将依托吴勇劳模工作室在促进“支农支小”金融服务中发挥积极推动作用，将求真务实的劳模精神作为全行职工干事创业的精神引领，致力于继续讲花溪农商银行建设成为值得百姓尊敬的银行。（肖艳华）

花溪农商银行湖潮支行推出“金融夜摊”

（人民网、贵州频道2015年11月18日）

自贵州省农村信用联社2015年初在全省推广“金融夜校”普惠金融活动以来，贵州花溪农村商业银行各部门、各网点都积极行动了起来，并不断实践和创新“金融夜校”的开办形式，以期取得更好的活动推行效果，为建设良好的农村金融生态环境作出更大贡献。花溪农商银行湖潮支行为更好地实现“金融夜校”的普惠效果，争取更多群众参与其中，在前半年近30场次的“金融夜校”活动中不断摸索和调整讲堂活动的开展时段、空间场所和讲授形式等，通过不断的尝试、淘汰和优选，创造出了“金融夜校”的“夜摊模式”（简称：“金融夜摊”）群众参与度大为提高。

湖潮支行的“金融夜摊”主要体现在贵安新区辖内开展“金融夜校”的三个显著特征：一是开办时间是在晚上；二是开办场所在室外；三是讲授方式自由灵活。

为了探索出一种大家喜闻乐见的活动开办方式，湖潮支行进行过很多尝试。第一次讲堂选址在汤庄村委会，时间是下午3点多钟，效果不是很好。首先是参与人数不多，只有近30人，传播面很小。一方面是因为在村委会开讲，很多群众以为是普通的开大会，不太敢来，也不太愿来；另一方面是因为白天很多农户都在从事生产劳动，没时间来参加。其次是参与的村民多是村组的干部，很多简单的知识他们不屑于听，互动性不好，知识传播效果不佳。

因为效果不佳，后来尝试着改在晚上开办，但场所同样是在室内。参与人数是多了些，有50人左右了，也有不少普通村民到场听课，但是很多村民不喜欢那种正式的场面，半小时后就开始坐不住了，想活动又怕影响不好，干脆借机走人，现场出现人越来越少的尴尬。2015年4月14日，湖潮支行在上午村的讲堂首次改在室外进行，时间在下午3点左右，虽然刚开始参与的人数也不是太多，但是有一个意料之外的大好情况，就是路过的行人很多都驻足下来听完了讲堂，参与人数是越来越多，而且听众结构更全面，男女老少都有。发现了这个情况后，湖潮支行在中八片区6个村的讲堂中积极运用了这个特点，又继续在室外开办了几场，效果确实不错，参与的人基本不会中途离场，而且会越来越多，有时开始只有30人，结束是也会有100多人参与，场面氛围非常好。另外，因为空间大，即使部分听众在过程中对话交流也不会对讲解员的讲授产生较大的影响，整体效果较最初有了很大的改善和提高。

湖潮支行在贵安新区展开真正的“金融夜摊”模式是从2015年6月11日在广兴村的讲堂开始的，就在村里的路灯下面挂上“金融夜校·小康讲堂”的横幅，利用可移动的音响设备，像摆地摊一样，用更轻松自由的方式给大家讲解金融知识，大家也很轻松自由地认真听讲，有的坐着，有的站着，有的蹲着，不拘一格。因为是晚上，村民晚饭后喜欢在户外休闲纳凉，所以讲座一开始，大家也都纷纷闻声赶来，现场不一会儿就站满了人，老老少少，男男女女，足有100多号人，大家都专心听讲，积极互动，达到了“金融夜校·小康讲堂”活动开办以来的最佳效果。

鉴于“金融夜摊”的明显效果，湖潮支行6月18日芦官村、6月25日车田村和7月2日岐山村的讲堂活动都是安排在晚上举行，参与的人很多，效果很好，特别是7月2日晚在岐山村开办的“金融夜摊”，现场更是热闹非凡，足有200人参与。这是湖潮支行“金融夜摊”创下的一个传奇。

“鞋子合脚了，路自然好走。”湖潮支行的“金融夜摊”利用了群众晚饭结束后的娱乐放松时间，人员相对集中，劳心事务较少，心理上有耐心听讲的基础，以至于听众喊得来，也留得住。其次在空间上，“金融夜摊”给大家创设了一个宽松开放式的学习环境，无拘束感，无压力感，加上“凑热闹”的心理作用，人员召集效果远远超过村干部任务式的安排，克服了任务式安排中逆反心理的阻力作用。讲授人善用激励的方式增强互动，留得住听众。内容避深就浅，避虚就实，用浅显的言语讲密码管理，讲假币识别，讲账户安全，讲非法集资陷阱，讲科学的理财技巧，讲贷款条件和程序，讲金融新工具，讲信用的价值，等等。每一样都是听众看得见摸得着的东西，并通过剖析听众身边的真实案例来唤起听众的思考，克服填鸭式灌输和教条式的说教，增强了讲堂的可听性和趣味性。（陈发勇）

花溪农商行力推普惠金融助当地脱贫

《工人日报》（2016年05月15日）

本报讯　银行降低贷款利息、贷款门槛，且农民工最高可贷款50万元。仅此项政策，以花溪区100多个行政村测算，每年对农户贷款支持的优惠利率不低于2000万元。2015年以来，贵州省劳模、花溪农村商业银行董事长吴勇和他的同事，在花溪区172个村设立普惠金融服务办，按照“一乡一特”的金融服务模式，大力支持当地蔬菜、精品水果、茶叶等特色种植业发展，形成农业产业化。

贵阳市花溪区石板镇的合朋村，此前村民多以种地为生。但由于村里土地石漠化严重，全村3000多名村民，一度有7成在温饱线上挣扎。2007年，贵州“小额农贷”的春风全面吹开，吴勇把他的公益情怀，首次融入到了金融扶贫工作的试验中。他对合朋村进行了长达半年的考察，经过协商，在合朋村成立了贵阳市合朋经济开发有限公司，以土地入股的形式，陆续开发平整土地，用于招商引资。

此后，吴勇专门带领团队驻村，将480万元贷款发放给全村农民，正是这笔资金，推动了合朋村的产业化进程。

如今的合朋村，已成了贵州知名的民营经济集聚地。村民人均纯收入从2009年不到3000元迅速增至2万多元，1000多名村民在家门口就了业。

多年来，吴勇和他的同事们，把公益事业当作了重要职责，共同捐款成立了花溪农商银行爱心协会，奉献爱心：向贵阳市环卫工人节等公益活动捐款60余万元；向花溪区碧水蓝天行动捐助20万元；向贵阳“劳模示范林”捐款50万元；向贵阳市职工互助医疗基金捐款100万元……

（李丰）

花溪农商银行小孟片区支部开展“三送”和“党的声音进万家、总书记话儿记心上”宣讲活动

（贵州银行业协会网站 2016－07－27）

7月26日，应党办“两学一做”学习教育活动安排，小孟片区支部开展了“三送”（送党章、送纪律、送规矩）和“党的声音进万家、总书记话儿记心上”宣讲活动。

上午9点，支部书记周兰带领四名支部成员来到孟关支行，为陈思等党员同志送去了《党章》《党支部实务问答》、《中国共产党纪律处分条例》、《中国共产党廉洁自律条例》等读本，鼓励他们利用业余时间坚持政治理论学习，不忘初心，爱岗敬业，做守党规、明党纪的合格党员。

上午10点半，支部书记周兰一行人顶着炎炎烈日，来到了退休党员李宗伟的家里。支部书记向李宗伟讲明了来意，并将党员知识读本送到他的手中。随后，支部书记询问起老人的身体状况和生活情况，询问需要哪些帮助等。李宗伟激动得握着书记的手，重复着：“党的政策好呀！”，脸上挂满了温暖的笑容。

从老党员家出来后，小孟片区支部驱车来到孟关乡石龙村党支部，采用“金融夜校”的形式，开展了“党的声音进万家、总书记话儿记心上”宣讲活动。

此次宣讲会上，小孟片区支部不仅宣传了党的好政策、好声音，还结合我行工作实际，向广大农户讲解了“特惠贷”的贷款条件和优惠政策，以及我行新推的两款储蓄产品，并提醒广大农户，远离非法集资，确保资金安全。党员们的宣讲思路明确，深入浅出，博得了村民阵阵掌声。

（李嫚）

民国花溪地区信用合作社轶事

乡保信用合作社

20世纪30年代前，花溪地区民间金融流通主要存在私人之间借贷与数人组织的“合会”（也称炸会、约会）两种形式。官方认可备案的信用合作组织，是民国26年（1937年）后才开始出现的。

1936年7月，贵州省政府成立农村合作委员会，要求贵州各县建立农村信用合作社，建社工作由当地政府和中国农民银行组织实施。当时，花溪地区属贵阳县（1941年花溪镇改贵筑县治）。1937年，贵阳县成立农村合作指导室，万文渊、胡士俊、赵升阶先后担任指导室主任。当时花溪地区的农村，中国农民银行贵阳分行以自然村寨为单位，组织农民试办乡、保（村）农村信用合作社，花溪境内较大乡村开始出现农村信用合作社组织。花溪档案馆民国档案卷宗记载：1937年12月，农民银行贵阳分行在贵阳县境内建立的农村合作社有百余个，第二年达280余个，第三年达322个，有社员8928人，社股金额22021元。

民国政府组建乡镇村寨信用社的目的，是以谋社员的经济利益与生活之改善，但信用社成立以后，发生各种困难，使信用社难以为继。如股金的收取及业务的开展很不顺利，经常出现信用社成立了，原社员承诺的股金大都难于收齐，或者以乡保信用社名义向银行的贷款，逾期不能还款的问题。中国农民银行花溪支行就曾呈报贵阳县政府：“有信用社逾期不还农行贷款，屡次催还均置之不理，特请县政府协助催偿”。又如1942年5月，花溪镇合作社因多数保（村）社股金未按代表大会决议缴纳，特呈请花溪镇公所派兵警两名分赴各保催缴。乡镇收不齐股金，还有的乡镇长被县政府批评甚至撤职。1943年1月26日，贵筑县长吴椿签发指令：固增乡（今马铃乡谷中村）乡长黄玉廷不负责任催收合作股金影响业务，给予撤职处分；令副乡长汤毓麒限于2月5日以前，将应收股金收齐。3月16日，青岩镇因没有完成股金收取工作，青岩镇长杨继炎收到贵筑县长吴椿签发的政府训令，批评其对合作事业推进全不负责，指出合作事业系发展国民经济之基层组织，与抗战工作互相配合进行，该镇长竟敢漠视政令殊属非是，应予申斥。兹再限于本月底前将镇合作社股金如数收齐，开始业务。

有不少乡保自发成立信用合作社，其目的是有资格能向银行低息贷款。1943年6月5日，孟关乡水头寨数十家农户呈报贵筑县政府：“因生活高昂，与私人借债利息重，申请批准成立土地信用合作社，并请求借贷国币128万元，作还债、开荒等资金用”。一月后，贵筑县长胡哲先指令：准予水头寨土地信用社成立登记，并函转花溪农民银行，请予核贷。

1945年抗日战争胜利后到1948年3年时间中，贵筑县农村土地信用合作社断断续续都有建立，光是1948年5月间，就有中曹乡第7保、青岩镇第1保、青岩镇第3保、彭官乡湖潮保相继召开合作社创立大会。

1948年10月，贵州省政府发文贵筑县，“训令：查保（村）合作社为直接民众之基层经济组成，办理之良窳关系民生至钜。本省保合作社已达3700之余社，如能善为运用，发挥应有之效能，不仅可完成养之使命，其余管教卫之间接裨益亦必良多，各县亟应以全力健全其组织，积极开拓其合法之各种业务”。这期间省政府虽重视发展合作社，但因物价飞涨，货币贬值，花溪地区大多数农村信用合作社名存实亡，或宣布变更，或宣布解散。

公务员消费合作社

1942年6月，贵筑县政府筹备成立公务员消费合作社，县长吴椿主持召开筹备会议。7月5日，贵筑县政府公务员消费合作社召开成立大会，县长吴椿任会议临时主席。会议公推万文渊为理事会主席，罗浮仙为监事会主席，蹇炯才为经理。议定合作社社员担负保证责任，责任金额为股金额之10倍。消费合作社有社员146人，入会会费每人10元，股金每股100元，成立之时已认股874股。社员认股大多为1－3股，有2人各50股。7月17日，有少数区署、乡公所违背消费合作社章程，“以行政力量分摊他人”认购股金。县政府收到举报，马上发文严厉制止，强调“合作社股金应由社员认购，不得取之于民”。8月，贵筑县公务员消费合作社在花溪镇开办食堂、旅社，方便社员食宿。1942年，贵阳到花溪公交车每天只有早中晚3班次，县政府公务员乘车也感到困难，公务员消费合作社遂向贵州公路管理局申请：提出代理花溪车站车票发售业务，不久公路管理局发函：同意代理花溪车站车票发售业务。

1943年3月，花溪镇市场发生居民购买菜油困难，贵筑县政府特从外地购进一批菜油，令公务员消费合作社在花溪市面凭居民户口牌限价定量出售。此举有效缓解花溪市场的菜油危机，花溪市民感谢消费合作社为百姓做了一件善事。

贵筑县合作社联合社

1943年2月27日，贵州省合作事业管理处电令贵筑县长吴椿：“查各县乡镇社业经成立，应积极筹备县联合社。”3月1日，县长吴椿签发文各乡镇：“奉令筹组县联合社仰知照，”并令县政府合作股指导员赵良栋前往花溪镇合作社指导筹备建县联社工作。3月15日，贵筑县合作社联合社召开创立大会，讨论通过章程；选举理事会，选出理事主席赵良栋（县政府职员）；选举监事会，选出监事主席杨安盛（国民党贵筑县党部书记）。联合社有团体社员18个，股金每股10元，认股9000股。社址设花溪镇中正路（今花阁路）36号。

贵筑县联社以协助社员改善其业务、帮助其发展、促进其互相联络为宗旨，以贵筑县为业务区域，设理事会和监事会。理事会由理事7人组成，执行联社社务。监事会由监事7人组成，监察联社社务、理事及监事。理事及监事均由代表大会在代表中选举，理事任期三年，监事任期一年。理事会、监事会各设主席一人，由理事、监事分别推选，理事主席总理社务、代表联社，监事主席负责监督联社一切事务。联社设经理一人，由理事聘任，总揽全社业务及对外文件的处理事项，下设会计股、总务业务股，每股设股长一人，营业员、出纳员、事务员、会计员若干人，由经理选用，并报请县政府核委。联社因业务需要分部经营，各部设主任一人，由经理选用并提请理事会聘任，受经理及业务股长的督导。

1943年4月，贵筑县合作社联合社召开第一次理监事联席会，商讨联社应推进事宜。7月，贵筑县合作社联合社清理账目显示：26个乡镇合作社应认股本金13万元，除花溪、黔陶、燕楼等8乡镇社已缴1．95万元外，其他青岩、石板、中曹等18个乡镇社尚未缴纳。县联合社创立半年就出现难以为继的局面，10月18日，县联合社向县政府呈报：因物价高，资金不敷周转，拟将食堂部分暂停营业。贵筑县政府指令：准予该社食堂部分暂停营业。

贵筑县合作社联合社从成立到1949年，股金大都收不齐，经营管理不善，再加上后几年时局动荡，通货恶性膨胀，联合社大多时间惨淡经营，甚至名存实亡。

（孙厚琦）

贵安新区发展村镇银行股份有限公司简介

贵州花溪农村商业银行股份有限公司于2014年10月向中国银行业监督管理委员会书面提出发起设立村镇银行的申请，2015年2月获得银监会农村金融部备案通知书（中国银监会农村金融部〔2015〕5号），同意贵州花溪农村商业银行股份有限公司在贵安新区等地，主发起设立村镇银行。2015年8月6日向贵州省银监局递交贵安新区发展村镇银行股份有限公司（以下简称“贵安新区发展村镇银行”）筹建请示，8月17日获得筹建批复同意筹建贵安新区发展村镇银行，12月3日递交开业请示，12月10日获得贵安新区发展村镇银行开业批复同意开业，12月15日贵安新区发展村镇银行顺利挂牌。

2015年11月26日，贵安新区发展村镇银行第一届董事会成员合照

一、基本情况

2015年12月10日，贵安新区发展村镇银行获《贵州银监局关于贵安新区发展村镇银行股份有限公司开业的批复》（黔银监复〔2015〕290号），于12月15日正式挂牌营业，注册资本为60900万元。主要经营范围：吸收公众存款；发放短期、中期和长期贷款；办理国内结算；办理票据承兑与贴现；从事同业拆借；从事银行卡业务；代理发行、代理兑付、承销政府债券；代理收付款项及代理保险业务；经银行业监督管理机构批准的其他业务等。

二、内部机构设置情况

2016年，贵安新区发展村镇银行内设办公室、合规风险部、安全保卫部、人力资源部、后勤服务部、财务统计部、科技信息部、业务发展部、授信审批部、三农服务部、稽核审计部、小微企业金融服务中心、金融市场部13个职能部门。设有营业部、迎宾、金石三个营业网点。有员工120人（其中派遣员工2人），其中本科学历及以上员工 84 人，占在岗员工的 70%；大专学历员工 24 人，占在岗员工的 20%；中专及以下学历的员工 12 人，占在岗员工的 10%。

三、固定资产情况

贵安新区发展村镇银行购置房产 3 处，分别位于贵安新区夏云镇云湖商业广场，面积 1964.8 平方米；花溪甲秀南路花溪段溪山御景，面积 2067.08 平方米；花溪区洛平村，面积 524.67 平方米。租赁房产 3 处：贵州花溪大学城贵州师范大学南大门栋青路 1 号，面积 3031 平方米，用于总行及营业部营业办公；石板镇合朋村金石清水城 2 号楼，1461.86 平方米，用于金石支行营业办公；花溪甲秀南路花溪段溪山御景，521.38 平方米，用于迎宾支行营业办公。购置大众进口迈特威车辆一辆，价格 38.80 万元。

四、主要业务开展情况及各项指标情况

贵安新区发展村镇银行主要开展业务有吸收公众存款，发放短期、中期、长期贷款，办理国内结算，从事银行卡业务，代理收付款业务等。其中存款有“开门红”“惠农存”“安月享”“财富通”等产品，贷款有“安薪贷”“安速贷”“安农贷”等产品。除此之外，贵安新区发展村镇银行还开通了银行卡、网上银行、手机银行、微信银行等业务。

2016 年 12 月 31 日，贵安新区发展村镇银行资产总计 233,215 万元，其中：存放同业 127,236 万元，各项贷款 85,485 万元；各项存款 90,799 万元；同业存放 79,304 万元；全年无不良贷款；实现利润总额 1,667 万元；实现净利润 1,196 万元；上缴各类税收 919 万元。

《花溪普惠金融》员工作品选

中层干部要做好经常性思想工作

经常性思想工作是对思想政治工作集中教育的深化与补充。做好经常性思想工作，尤其是做好基层员工的经常性思想政治工作，无论对加强精神文明建设，保证我行各项业务的顺利开展，还是对加强内部管理、提高服务水平、促进增存揽储都具有十分重要的意义。但在我行的实际工作中，轻视和忽视经常性思想工作的现象还在一些基层网点及部门普遍存在着，其主要表现在：重视集中教育、专题教育等上级统一部署的普遍性教育，忽视一人一事的经常性思想工作，使思想政治工作在一定程度上存在着“热在上层，冷在基层”的现象。特别是一线的部分中层干部不重视、不愿做、不会做经常性思想工作，导致经常性思想工作比较薄弱，进而导致基层网点或部门的整体工作水平无法得以提高。如果这种情况无法得以改变，思想政治工作的服务保证作用也就难以在基层得到真正的落实。我行的种种实际也表明：凡是重视经常性思想工作、善于把思想工作结合到业务工作之中的部门及网点，其工作就开展得比较好。反之，就会在工作中表现得成绩平平或出现问题较多。在此，谨就中层干部如何做好经常性思想工作试谈几点建议：

一、必须树立“主角”意识

中层干部必须把做经常性思想工作作为自己工作的一个重要内容，要与业务工作一样下大力气去抓，中层干部要成为本部门及网点思想工作的组织者与实施者，即在经常性思想工作中唱“主角”。

首先，这是由中层干部的地位和作用所决定的。中层干部处于一线“兵头将尾”的位置，是部门及基层网点全面工作的组织者、管理者、协调者，在我行的各项工作中都发挥着骨干作用、带头作用、桥梁作用、连接作用、上传下达作用。这种地位和作用决定了中层干部必须把经常性思想工作作为自己所肩负的重大责任，要既抓业务工作的圆满完成，也重点抓思想工作的全面到位。一切的工作都是由人来完成的，而人的一切自觉的行为都是由其自身的思想动态而支配的。那种只抓业务，不管思想的“单打一式”做法，把业务工作与思想工作对立起来的做法，在认识上是片面的、有害的，在实践上也只能是既误了思想工作的“地”，终究也荒了业务工作的“田”。由此，也自然会降低和削弱中层干部的地位和作用。

其次，这是由经常性思想工作的特点所决定的。经常性思想工作较之集中教育，具有下列四个非常显著的特点。第一，具体性：即主要针对具体的“一人一事”来开展思想工作。第二，及时性：指对员工中存在的思想问题能及时发现、及时了解，及时解决。第三，灵活性：即指无需以开大会的方式进行，无需特定场合来进行，也无需长篇大论地进行教育，而是随时随地就可以通过谈心等灵活、便捷的方式开展思想工作。第四，民主性：思想工作绝不仅仅是“我讲你听、我打你通”式添鸭式教育，而是人人可讲，人人可听，人人可参与的重在相互交流与沟通的“民主协商”式教育。以上这些特点都要求教育者与被教育者必须在时间上接触频繁，在空间上距离拉得很近才行。中层干部每日与基层员工朝夕相处，时间与空间上的天然优势决定了其必然是经常性思想工作的“主角”。

再次，这是由基层工作的特殊性决定的。基层工作具有以下两个特点：一是点多线长、人员分散不易集中；二是身处一线的干部员工直接面向最广大的客户及群众团体，直接代表着本行的对外社会形象。以上两个特点皆表明：第一，由行领导对基层人员采取集中教育的形式开展思想政治工作有一定的客观困难，幻想完全依靠上级领导来进行一人一事的有具体针对性的思想工作也并不现实，因此，必须将经常性思想工作层层落实到各个基层网点及部门。第二，基层人员的思想问题解决不好会直接影响服务水平、影响本行形象。要让基层员工不带思想问题、思想包袱临柜工作，必须随时随地做好思想工作，这也决定了中层干部必须责无旁贷地肩负起本部门或网点基层员工经常性思想工作的重任。

二、必须注意工作方法

有效开展经常性思想工作的方法有很多，要根据不同的情况采取不同的方法来进行。结合我行的实际情况，中层干部应注意运用以下几种方法开展经常性思想工作。

1.“结合渗透”法。思想是客观实际的最直接的反映，员工的许多思想问题都是在工作中产生并得以最终表现出来的。因而，中层干部要将经常性思想工作与各项日常性业务工作相紧密结合，才能真正增强思想工作的及时性、针对性和有效性。结合渗透法就是把经常性思想工作的内容渗透到具体的内部管理、服务管理、业务管理、人员管理、制度管理之中，起到“点滴入土，春风化雨”的作用。如：针对差错事故和服务投诉，不能只是扣罚、批评、埋怨了事，而应以事论理，引导犯了错误的员工从思想的根基处牢牢树立爱岗敬业精神和职业道德意识。从具体业务工作入手，用“以事论理”的疏导式教育代替单纯的惩罚和空洞的说教。

2.“沟通商讨”法。思想政治工作的威力并不是来自于掌握的权力，中层干部绝不能以权压人。思想政治工作的威力来自于真理的力量，因此，要以理服人。当员工出现思想问题或犯了错误时，要以关心、关怀、平等的态度与其交流思想，耐心听取职工的解释或想法。诚恳地帮助其分析出现问题或产生错误的根本原因，并善意地提出批评改正意见。只有这样，才能使其心服口服，达到提高思想认识的最终目的。

3.“行为示范”法。中层干部与员工朝夕相处，一言一行都会对员工产生或大或小、或强或弱的影响。这就要求中层干部要在思想上严格自律，在工作上率先垂范。凡是要求员工做到的自己必须首先做到，凡是要求员工不可做的自己则坚决不做，坚持用自己的模范行为影响员工、带动员工，这是最具有权威性的思想工作。若仅仅语言上是巨人、而行动上是矮子，就不可能做一名好的中层干部，所做的思想工作也不可能取得任何显著的成效。

4.“点到为止”法。随着我行人才引入力度的不断加大，员工的思想、文化素质也不断得以提升，一般的道理往往一说就通。“响鼓不用重锤”，对一般性的思想问题不宜采用“摆现象、挖根源、论危害”的方式，也不宜长篇大论讲道理，而应点到即可，也就是我们常说的“提个醒”。特别是对自尊心比较强的员工同志，用点到为止的方法效果会更好。

5.“穿针引线”法。经常性思想工作的作用之一是调整内部关系。一个部门、网点的同志长期相处，有时难免会产生矛盾，中层干部既不能不管，任矛盾发展下去，影响工作；又不宜直接干涉充当“裁判员”来判别是非。此时，应采用“穿针引线”的方法，发挥情感桥梁作用，利用适当的时机和方式，巧妙而自然地消除员工之间的误会与隔阂。

6. “关心体贴”法。关心体贴员工，既是方法问题，也是态度问题。中层干部要视员工如亲人，在思想上给予关心、在工作上给予帮助、在生活上给予爱护，当员工生病或家庭有困难时，要主动关心，登门慰问，当员工有错误时，不能埋怨嫌弃，而应满腔热情给以帮助，只有这样，才能与员工感情上相近、思想上相通。

7. “见缝插针”法。基层工作业务繁忙，大多一人一岗，中层干部也很难抽出专门的大块时间做思想工作，因此，必须采取“见缝插针”的方法，利用班前班后，岗前岗后或业务间歇等零碎时间去做思想工作，三言两语不嫌少、十分八分不嫌短，化整为零、积零为整，见缝插针地把思想工作渗透到工作的全过程、渗透到业务工作的每个环节、落实到每个基层员工，要做到发现什么问题就立刻解决什么问题，哪里有问题就在哪里做工作。

三、必须依靠群众的力量

一个篱笆三个桩，一个好汉三个帮。中层干部要在经常性思想工作中唱“主角”，是指中层干部必须成为本部门或网点经常性思想工作的组织者，管理者与实施者，而并不意味着只能由其一人“单枪匹马”去做工作。不应把唱“主角”理解成唱“独角戏”。任何一项工作离开群众的理解、支持与肯定都是做不好的。经常性思想工作更不例外，只有发动大家共同参与，方能有声有色、扎实有效。

1. 发动基层员工一同做。基层网点和部门是员工的第二个家。员工之间朝夕相处、相互了解，也更容易沟通。中层干部要善于依靠骨干开展工作。要注意选拔政治强、业务精、作风正、威信高的同志作为思想骨干，给他们交任务、压担子，充分发挥其骨干作用开展经常性思想工作。二是开展群众性思想互助活动，要努力在本部门、本网点营造一个“比工作、比服务、比奉献”的优良环境，形成“先进人人学、后进人人帮”的良好互助氛围。

2. 动员家庭力量一同做。家庭是以婚姻或血缘关系联系起来的社会的基本细胞，家庭对每个人来说都非常重要。“血浓于水”，亲情的感召最能打动人的心。有些员工的思想疙瘩，领导和同志解不开，往往只需其父母或配偶几句埋怨、几句劝慰，就会烟消云散。中层干部要善于动员家庭的力量开展经常性思想工作。要定期家访，与员工家庭建立稳定联系，特别是对未婚的青年员工，更要与其父母保持经常性联系，及时向其父母介绍其本人在单位成长进步的情况，争取家庭对工作的理解、支持与关心。

3. 借助社会力量一同做。每个人生活在单位、家庭的小环境的同时，也生活在社会的大环境之中。社会环境对人的影响是多方面的，既有正面的、积极的，也有负面的、消极的。中层干部要善于借助社会环境中正面的、有积极意义的事例及力量开展工作。一要借助客户的反映及评价：要经常征求客户对服务工作的意见并适时反馈给员工，使大家在客户的反馈中看到自己的成绩与不足，明确努力方向。二要借助社会舆论的引导作用：利用学习时间组织员工重点学习党的路线、方针、政策及英模人物事迹，加强正面引导。三要借助社会活动的熏陶作用：通过组织影视欣赏、社会参观、献爱心等活动，让员工多了解、多接触有积极意义的事物，以提高辨别是非及美丑的能力，不断树立正确的人生观、世界观、价值观。

经常性思想工作难在“经常”、贵在“经常”。相信我行的中层干部只要树立了唱“主角”的意识、掌握了正确的方法并善于依靠群众，坚持“经常抓、抓经常”，就一定会把我行的经常性思想工作做得有声有色，使思想政治工作的服务保证作用在部门及基层网点得到真正的落实，从而有效促进我行的全面建设。

（吴 勇）

合作创新谋良计，多管齐下提效率

——提高金融服务实体经济效率刍议

实体经济的健康有序发展是国民经济的重要基础和组成部分，是中国乃至全球经济稳定良性发展的有力保障。实体经济的繁荣发展，对于促进国家繁荣、社会和谐进步起着至关重要的作用。21世纪以来，世界各国实体经济的萎靡不振，引发了2008年国际金融危机。改革开放三十多年，我国实体经济蓬勃发展，取得了举世瞩目的成就。近几年，中国虚拟经济发展势头强劲，实体经济发展却乏善可陈，引起了政府、银行业、实体经济行业的关注。

据相关报道，2016年我国一季度国内生产总值158526亿元，按可比价格计算，同比增长6.7%，此数据创28个季度以来新低，由此可以看出，我国正处于经济结构转型升级的关键时期，经济发展所面临的下行压力不容忽视。党的十八大报告强调要牢牢把握发展实体经济这一坚实基础，实行更加有利于实体经济发展的政策措施。同时提到要深化金融体制改革，健全促进宏观经济稳定、支持实体经济发展的现代金融体系，并在多次会议中强调要增强金融运行效率和服务实体经济能力。“十三五”规划建议和纲要都明确提出加快金融体制改革，提高金融服务实体经济效率。健全商业性金融、开发性金融、政策性金融、合作性金融分工合理、相互补充的金融机构体系。构建多层次、广覆盖、有差异的银行机构体系，扩大民间资本进入银行业，发展普惠金融，着力加强对中小微企业、农村特别是贫困地区金融服务。如何适应和把握经济发展新常态，提高金融服务实体经济的能力和效率，至关重要。作为贵州花溪农村商业银行城北片区支行行长，接下来我将谈几点关于银行业如何合作创新、多管齐下，提高金融服务实体经济效率，为实体经济的复苏做好金融服务的建议。

一、推进银政合作

推进银行与地方政府合作机制，为实体经济融资服务。实体经济的良好发展，离不开地方政府的大力支持和政策优惠。如贵阳市“3个20万元”微企扶持政策，助力实体经济发展，该政策包含财政补助、税收奖励和融资担保3个方面，由投资者出资10万元，审核通过之后由政府给予财政补助10万元，可获得20万元税收奖励和银行20万元贷款支持。这一政策自2012年实施以来，取得了显著成效。在“3个20万元”财政补助政策中，由财政部门从其中提取1万元，统一建立融资担保风险基金，用以提高银行、担保机构对微型企业贷款业务支持的力度和积极性，这一方案在实际操作中值得深入贯彻实施，建立完善的政府风险补偿金贷款制度。据调查，全国许多地方政府已经设立小微企业转贷应急周转金，这一措施可让实体经济行业中一些市场前景发展较好、流动资金临时周转困难的小微企业在银行获得续贷支持，避免资金链发生断裂。此外，政府可以出台小微企业流动资金贷款贴息相关政策，和银行共同合作，对政府主导行业按实际贷款利息给予一定比例的财政贴息，为实体经济良好发展提供服务。2011年花溪农商银行率先在全省农信系统成立首家小微企业金融服务中心，创新推出“商誉通”、“商富通”、“商宝通”、“商循通”、“商汇通”等系列特色产品，切实满足了小微企业“短、快、频、急”的资金需求。大力支持辖内个体工商户、行政事业单位职工、小微企业和园区商户及“5个100工程”项目、大型商圈，“3个20万”微企发展。截至2015年末，在花溪农商银行开立基本账户的“3个20万元”客户达1075户，已评级授信911户，授信金额达17034万元，发放“3个20万元”扶持政策贷款317户，累计发放贷款金额1.4亿元，实现监管部门“三个不低于”要求。

（小微企业贷款增速、户数、申贷获得率不低于各项贷款平均增速，不低于上年同期户数，不低于上年同期水平。）

二、推进银担合作

积极完善银行与担保公司合作机制。在风险可控的前提下，银行业要与担保机构加深合作，为融资困难、信用等级较低的小微企业提供信贷支持，帮助其拓宽融资渠道，起到外部增信作用。金融机构与担保公司加强合作，可降低金融机构信贷风险，担保公司与金融机构积极协商，探索市场化的行业合作新模式，适当降低保证金比例，提高担保公司担保放大倍数，增强其担保能力，为担保机构更好地服务实体经济小微企业和“三农”提供保障。让获得金融服务的小微企业数量更多，实体经济服务面更广。

三、推进银保合作

建立银行与保险公司合作、风险共担机制。贵州花溪农村商业银行已同中国人寿保险、中国太平洋保险达成合作协议，对在我行办理贷款业务的农户、小微企业法人及股东，鼓励其购买人身意外保险，为农户和小微企业信贷提供保险服务。此外，银行和保险机构可合作创新开展小微企业保证保险小额贷款工作。十三五规划建议中，政府对保险行业十分重视，强调开放保险业稳步推进，在农业现代化进程中发挥农业保险的作用，为社会经济良好发展提供保障。保险业在实体经济融资贷款市场潜力巨大，保险机构更应该积极创新保险产品，开拓业务市场范围。银行与保险机构合作，风险共担，开发贷款保证保险、信用保险产品，创新小微金融服务模式，为实体经济行业融资提供服务。

四、推进银市合作

创新银行与实体经济行业市场管理方合作机制。实体经济中大多数小微企业行业分散、良莠不齐。银行可与市场管理方深入合作，对市场内商户统一评定授信额度，通过市场方推荐等合作方式，为小微企业建立融资专属服务通道。西部大开发战略和国发2号文件贯彻实施以来，贵州省各级政府大力招商引资，许多工业园区如雨后春笋般蓬勃发展，贵州经济取得了可喜的进展和成效，贵阳市花溪区石板镇合朋村即为享受改革政策红利，经济飞速发展的典型。合朋村金石产业园涵盖农副产品物流、石材深加工、五金机电、石文化观赏等产业板块，入驻各类大中型企业100多家，小微企业商户约3000余家，贵州花溪农村商业银行与其中部分专业市场业主方签订了战略合作协议，专门开发小微金融产品“商汇通”，市场内商户通过业主方评审向我行推荐，并由业主方承担连带保证责任。“商汇通”信贷产品的出台，大大降低了普通小微企业的融资难度，享受了普惠金融政策福利。我支行与该地区西部建材城、天利机电城两大市场开展深入合作，取得了明显成效，实体经济小微企业融资成本高、抵押担保不足等难题得到有效解决。

五、推进金融产品创新

积极推进银行业信贷产品创新研发机制，完善金融产品功能，力争让金融产品覆盖到实体经济每一个行业和小微企业发展的每一个环节，充分发挥产品驱动力的作用。贷款品种方面，丰富完善信贷服务产品，抵押、担保方式灵活多样。还款期限方面，为匹配实体经济行业生产经营周期，银行可合理适当延长贷款期限。还款方式方面，采取分期还本等灵活还款方式，可减轻实体经济行业许多企业贷款到期一次性还款压力。贵州花溪农村商业银行自主开发的多款信贷产品，自推行以来，市场成效显著，极大地改善了小微企业融资难的问题，更好地为实体经济和农村普惠金融服务。如以市场方为合作担保方的“商汇通”产品，以担保公司为合作担保方的“商宝通”产品，担保方式为信用保证的“商誉通”产品。其中，“商誉通”小微企业金融贷款产品，荣获了全国银行业“2014年服务小微企业二十佳金融产品”殊荣。此外，我行积极推行农业经营主体信用体系建设，对辖区内农业经营主体进行信用等级评定，根据经营主体不同信用等级分别给予不同额度的信用贷款支持。花溪农商银行多年来总结出的“三小四可”（小产品、小队伍、小客户，金额可高可低、期限可长可短、押品可有可无、利率可上可下）扶贫小额信贷模式受到国家扶贫办主任刘永富高度赞誉，在全国范围内获得同业认可。我行专为农村金融服务开发的“小康卡”系列产品，获得全国三农双十佳金融产品荣誉称号，该产品主要依靠农户信用发放贷款，无需提供抵押担保，广泛满足了农村实体经济生产经营的资金需求。全行已累计发放小额农贷超过65亿元，惠及5万余户农户，通过信用利率优惠，历年来累计金额达4000万元以上。

六、推进金融服务渠道创新

积极推进银行业服务模式与渠道创新机制。通过拓宽金融服务渠道，构建多元服务体系，例如积极鼓励银行业金融机构发起成立村镇银行、研发互联网金融产品等，扩大实体经济小微企业融资渠道。在政府引导下规范发展民间金融，推动公益性小额信贷组织、社区基金、农村资金互助社的成立和发展。金融机构要在现有服务基础上，加大服务设施建设，拓宽金融服务渠道。贵州花溪农村商业银行自改制成立以来，在稳健经营的前提下，主要经营指标和金融创新等方面在同业中始终位于前列，实现了国内和省内多个第一。2015年8月，贵州首家自助贷款服务终端在我行试点成功，农户和个体工商户可在自助贷款服务终端自主办理信贷业务信息查询、贷款、还款等金融服务，极大地方便了客户，同时还降低了银行经营成本。贵州花溪农村商业银行建立了“物理网点+自助银行+村村通金融惠农工程+互联网金融”四位一体的新型服务渠道体系，为小微企业、农村实体经济提供更为便捷、更为完善的普惠金融服务。

综上所述，实体经济的复苏以及健康有序的发展，离不开政府、银行业、市场、担保公司等多方的大力支持。银行业在帮扶小微企业，助推实体经济复苏和转型方面发挥着不可替代的关键作用。如何更好地对接实体经济小微企业需求，着力打造便民普惠金融，服务地方经济社会发展，这就要求银行金融机构进一步加强银政合作、银担合作、银保合作、银市合作、积极创新，探索合作新模式，健全金融服务体系、拓宽企业融资渠道，解决企业融资难题，助推实体经济发展，提高金融服务实体经济效率和服务水平，促进多方达成共识、抱团取暖、多管齐下、多方共赢。

（杨　敏）

浅谈我行理财业务发展的几个问题

2015年12月3日，我行“惠民通”第1期理财产品发行成功。本期理财销售情况理想，募集期未到已售罄。作为全省农信系统第一只理财产品。“惠民通”第1期理财产品的成功发行标志着我行正由单一信贷业务逐步向综合经营模式转型。随着利率市场化的推进，商业银行面临净息差收窄、盈利能力增速放缓、资本充足率下降的三重压力，资产管理业务是商业银行转型的必要方向。在我行客户投资需求不断增长的情况下，理财业务成为我行探索资产管理之路的前沿阵地。我行将通过理财业务逐步拓展，分散风险。将客户需求和金融市场有效的对接起来，主动管理，使客户风险收益的管理需要得以满足，增强我行专业化经营的实力。

一、商业银行理财业务的发展现状

2015年理财产品按银行分类占比图

2015年，以国有商业银行和股份制商业银行为代表的全国性商业银行的理财产品发行数量急剧萎缩，均出现较大幅度下滑，而以农村商业银行和城市商业银行为代表的区域性商业银行的理财产品发行数量继续增长。

2008年至2015年理财产品发行数量

2015年（统计时间：2015年1月1日至12月31日）银行理财产品总计发行61401款，较2014年小幅增长0.8%。根据银率网数据库统计，2015年总计有185家商业银行共发行61401款理财产品，较2014年小幅增长0.8%。

根据银率网数据库统计，2015年总计有185家商业银行共发行61401款理财产品，较2014年增长0.8%。其中，人民币非结构性理财产品总计发行56813款，较2014年增长3.29%。靓丽的数据背后我们也要看到，中小银行理财的高速增长，但是起步晚、基数低、产品相对单一。在产品端、投资端和人员配备等方面在日常的业务发展中也日益突显。目前我行提供的理财产品和理财服务正处于起步阶段，作为一家定位农村、服务三农的金融机构，经营体制、管理体制都具有局限性，在同业竞争中处于劣势，在个人理财业务方面尤为明显。伴随着中国利率市场化，经济快速发展社会全民财富积累的整个宏观大背景下，拓展理财业务成为我行发展创新的最佳选择，也将成为新的利润增长点和核心竞争力的关键。

二、制约我行理财业务发展的几个问题

1. 理财产品单一、研发能力不足

我行理财业务正处于起步阶段，因为自身资产规模较小、创新产品研发力不足，导致投资范围较窄，现发行的理财产品同质化严重，多为保证收益类的封闭式理财产品。还不能真正做到对客户的需要进行个性化的设计，相比在市场上被追捧的"宝宝"类开放式理财和符合市场趋势的净值型理财市场热销产品，我们缺乏市场竞争力。

2. 自身的投资能力和投资范围有限

我行开展同业业务较晚，相关的业务经验、人才储备、投资机会的把握和后台风险管理还不成熟，理财投资能力有待提高。投资端目前也以货币市场和同业业务为主导，对权益类产品、金融衍生对冲工具我们还不能把控风险有效运用，合理配置。

3. 理财业务配套系统跟不上

理财业务的发展，离不开科技系统的支持，目前我行还没有一套完善的理财销售系统，目前对个人和机构类客户的销售还采用手工形势，增大了人力成本和操作风险。科技手段滞后影响了我行理财产品的发行效率和客户认可度。从长远来看将制约我行理财业务的发展。

4. 理财销售客户经理人员缺乏

受原有传统业务模式的影响，我行现行的理财业务从业人员大多来源于信贷客户经理、储蓄柜员，理财销售人员身份是多重的，只经过短期培训考取银行理财从业资格证书，后期未能持续接受有针对性的培训教育，缺乏扎实的理财知识基础和实战操作经验。目前还只能对标准化的理财产品进行销售，还不能真正做到与客户沟通，根据客户需求提供相应的理财服务。

三、我行发展理财业务的相关建议

1. 把握好理财资产的投资方向

2015年人民币非结构性理财产品平均预期收益率呈下跌趋势，年初到年尾，下跌近0. 9个百分点。据银率网数据库统计，人民币非结构性理财产品的平均预期收益率在2015年延续了2014年的下跌趋势，但跌幅较2014年更大，尤其是2015年6月份至年底，下跌超0. 7个百分点，12月份止跌企稳，主要与年末因素有关，但难以持续。2016年经济仍呈下行之势，传统的高收益资产难寻，利率整体下行，在这样的情形下理财资产的配置我们要做好布局：一是加强对宏观经济形势和金融政策的研究与跟踪，把握国家经济发展的动向、债券市场走势以及央行货币政策取向，以投资者的眼光和思维判断经济走势，促进资金业务的健康、快速发展。二是降低货币市场业务的风险集中度，不要把鸡蛋放在同一个篮子，通过投放不同期限的银行存款、债券等各类产品分散投资，使期限、种类相互配合、互相补充，降低市场风险的集中度。三是严格把控好风险，限制高风险业务种类和产品，严禁投资高耗能公司类债券。四是把握好政策许可的与证券、信托、基金、保险的合作机遇，增加理财业务的主动性和灵活性。

2. 健全风控管理体系

业务的拓展要与风险管理相平衡，合规风控是资产管理业务稳健运行的内在要求，我们应该将风控理念融入到日常的工作中。

一是综合考虑农村信用社现状、业务发展需要和监管要求，制订一整套行之有效的风险管理制度，在理财业务操作和管理过程中实现前后台

严格分离，做到相互监督、相互审核、相互制约，强化风控环节和流程环节。二是培养合规风控文化的经营意识，设立良好的合规风控文化基调，大力倡导和支持合规风控管理工作，形成全行上下的合规风控文化传导机制，解决好各部门之间的信息交流和制度执行问题，把合规风控从决策、执行、监督有机的结合起来，保证合规风控管理得到彻底贯彻。

3. 注重流动性管理

流动性管理是理财业务面临的严峻问题。随着理财规模不断增长，我们就需要高度关注理财投资中的期限错配，我们需要不停的借新还旧，目前很多商业银行会通过开放式净值型产品的运作来应付流动性的压力，通过投资流动性较好的债券和方便及时变现的资产来应付赎回。这对债券投研能力和操盘能力要求很高，对于我们这样的中小金融机构是有压力的，所以我行目前作为起步阶段还是以封闭期次型产品代表的理财产品为主，在没有真正实现滚动发行时，基本没有实行期限错配。理财资金的投向主要以货币市场和同业业务为主，循序渐进的丰富投资品种，可将部分理财资金投向债券和非标准化债权资产，采取多渠道、多模式的投资方式，以分散风险，稳中求胜。

4. 加强队伍建设和人才培养

资产管理的基石是品牌和团队，人才队伍的建设是重中之重。我们可以采取“外引内培”相结合的方式，一方面，定期引进有成熟经验的管理人员和培训师，加强培训，让从业人员适应资金市场业务的发展，及时更新知识结构，正确把握市场动态，逐步提高对经济走势的分析和研判能力。另一方面，加大人才培养力度，建立正向的激励机制，增强人才储备，培养一批具有理论基础扎实、实践经验丰富、具备创新能力的高素质业务人员。

5. 重视同业交流与合作

随着“利率市场化、存款理财化、贷款债权化”趋势的不断发展，转变经营理念、加强同业合作已然成为银行业可持续发展的必然选择。我们本着“抱团发展、合作共赢、共同超越”的宗旨和目标加大与兄弟单位合作，利用规模聚合效应提高农信系统的话语权，走出一条“由小到大、由弱到强、强强联合、逐步深入”的合作路径。另外我们还要通过同业交流，研究同行产品，加大自身理财业务创新，紧随市场步伐。积极参与各类金融机构举办的政策解读和策略分析会，学习在产品、服务、渠道、管理等方面的经验，提升管理水平和盈利水平；还可尝试外派从业人员学习或聘请同业顾问的方式，强化标准化资产投资的研究，学习专业投资技术，提高从业人员素质。

（刘　丹）

员工日记

2015 年 1 月 21 日　星期三　雨

今年的冬天不是很冷，我以为这个冬天就这样过去了，可谁知进入大寒，气温突然急转直下，冬天还是来了。

今天不用临柜，五寨村有几位村民贷款即将到期了，信贷员小唐要去他们家里了解情况，我正好也想去感受信贷员的生活，于是在寒风中我们出发了。

驱车来到五寨村村民王伟总小卖部前，他没在店里，他妻子王大姐热情地招呼我们，然后很熟练地拿出“村村通”POS 机，我和小唐都拿出自己的银行卡分别取了一百块钱，很快就打出票给我们签字，“恩，机子一切正常。大姐，这两天来取钱的人多吗?”小唐对 POS 机进行例行检查，顺便跟主人拉起了家常，“多，这两天外出打工的村民都陆陆续续回来了，前来取钱和买东西的人不少，昨天刚发了养老金，来取钱的人就更多了。”王大姐正说着话，几位老人家结伴走进小店里来，他们都举着信合卡要求取养老金，王大姐热情地招呼大家。看着她忙碌的身影，我们不便打扰，悄悄离开了。

离开王大姐家，小唐拿出五寨村的贷款户名单，一户一户地对照着，二月份即将到期的是王家其、王国兴、唐正权、唐正奎、王国石这几户，竹林组的只有王家其这一家，我们决定先去竹林组。

刚进寨就遇见了这个组的组长，问明来意，他主动要求给我们带路。穿过弯弯曲曲的小道，我们来到了王家其家。由于我们来得太早，主人家刚刚起床，尚未生火，高原上下雨的冬天，屋里格外冷。王家其夫妇都没在家，一个十来岁的小孩在看电视，对我们的到访并未显出过多惊奇。也对，信贷员常年在村里走访，加之我们花溪农商行员工特有的穿着，大家看的多了，也很熟悉了。小孩到邻居家叫回了父亲，这个四十几岁的男人，得知我们的到访目的后，满脸羞愧，一个劲地赔“不是”，他再三保证一定赶紧想办法把逾期的贷款还上，不让大家为难。

告别了竹林组组长和村民王家其，顺着山路往上爬，我们来到了石板组。坐落在半山腰的石板组，一级级台阶是全村寨唯一的通道，下雨的天气，石梯更滑了，我俩喘着气埋头自顾往上爬，差点撞上迎面往下走的村民。“小唐，你到这来了，我还正准备出门到银行去找你呢，来来来，上面这就是我家，你看我房子都修好了，就差点钱装修，你给我看看，能不能支持我一些。正好，顺便帮我看看我的资料齐不齐全。”差点被我们撞上的村民一个劲儿地将我们往他家里拽：“老婆，来客人了，快快快，把我们结婚证、身份证、户口簿拿出来。”面对主人家铺满一桌子的证件，刚缓过神的我俩只得立马埋头核对，果然还是存在错误的地方，由于结婚证是八十代手工填写的版本，以前的工作人员习惯写繁体字，结婚证上是“啟”字，可二代身份证上却是“启”，主人王正林不停地说着“感谢”，他自己从来没有注意过这个问题，幸亏我们帮他发现了，要不又要白跑一趟，他决定先去民政局，把错误的结婚证改正了再到银行贷款。

离开王正林家，接着我们又走访了王国兴、唐正权、唐正奎、王国石等几家，各家都诉说着自己的不易，但都一再保证定会想办法，赶紧把逾期的贷款和利息分文不差地还上。

一户一户走来，很快就到了午饭时间，我们不便再在村里打扰，这时雨稍许小了一些，我们决定先吃午饭，下午还有好几个村要接着走呢。

（王朝琴）

2015年2月2日　星期一　雪

这两天下了雪，一直还没开门营业的云顶滑雪场迎来了好时机，想来，情况应该不错吧。这可是我们的贷款大户，我和小唐决定去看看他们的营业情况。

坐落在云顶草场中央的滑雪场热闹非凡，来自四面八方的游客尽情享受着贵阳这座少雪城市难得的欢愉。售票大厅里处处都是忙碌的身影，经常到银行来办理业务的出纳小陈来不及招呼我们，甩下一句“下午要去你们那存大钱”，一溜烟跑得没踪影。眼前这一番景象，小唐不禁感慨：“这笔款，看来放得没错。”

离开滑雪场，我们驱车来到甲定村，这是一个信用村，村民信用意识普遍都很强，鲜有本金逾期的情况发生。我们例行巡查了“村村通”，然后走访了几家利息稍有超期的农户。

临近中午，甲定这边基本走完。我们驱车往回走，经过五寨村，抬头遥看坐落在对面山间的苏亚组，家家户户都冒起了青烟，人们开始准备午饭了。趁着午饭时间，这会村民都应该在家，有几家去了很多次，都没见到过主人，于是我们临时决定改变行车路线，绕道到苏亚去走一圈，再去吃午饭。

走在村里的小道上，不时路遇外出归家的村民，大家都热情地跟我们打着招呼，还盛情邀饭，我们一一回绝，突然觉得午饭时间来实在是不明之举。“咦，王家兴家门怎么是开着的，”我们喜出望外。他家 8000 元的贷款已经逾期一年了，还有近三年利息没有付，我们隔三差五就会来他们家一趟，每次都是大门紧闭，家门口已经长满了野草，邻居、村干都不知道他们家去向，一家人犹如凭空消失一般。我俩手脚并用，爬上他们家高出路面一大截的院落。接待我们的是女主人，女主人一个劲地道歉，说他们一家都在外面打工，好几年都没回来了，今年孩子长大了，想回来考驾照学开车，这才乘着过年举家返乡。好一会，男主人和大儿子闻讯才匆匆赶来，全家当即拍板，儿子暂时不考驾照了，先还贷款，诚信为重。

王家兴家屋后就是王国才家了，同样接待我们的还是女主人，这个村的男人们都喜欢挨家串户，只留妻子孩子看家。当我们说明来意，妻子异常羞愧，她承认老公确实在前几天给她说过这个事，只是一直忙于其他事务，一时半会忘记了，她以为拖着拖着可能大家都会忘记，银行自己也可能会淡忘。经过我们一番耐心劝导，这位农村女人慢慢平复了心情，她说："其实我是知道的，欠银行的钱肯定是要还的，只是仍然怀有一丝侥幸，现在知道那时的想法是那么可笑，真的很抱歉，让你们一次又一次来，你们给算算，到明天连本带息是多少，明天一早我一定和王国才亲自到银行还钱。"

（王朝琴）

如何提高柜面服务效率

柜台是一家银行最繁忙的地方，从早上 8：30 分营业开始到中午，是银行营业的早高峰，前来办理业务的客户较多，容易造成长时间排队现象，让客户对于银行的满意度降低。在 2015 年，大部分支行实行标准化服务，我认为在提升服务质量的同时也应提高服务效率。在平时工作中，我总结了一点可以提高服务效率的方法，供大家参考。

一、做好班前准备

早上来到单位，先整理好自己的仪容仪表，开好晨会后，再做好一些班前准备工作。比如把需要检查登记的登记本先登记；把业务用章调到今天的日期；检查个人名章的油墨量；切好打印身份证核查的纸张。不要小瞧这些班前准备工作，可以极大的缩短办理业务的时间。如果没有切好纸张，在打印核查时用一张完整 A4 纸张打印，会浪费十几秒的时间来裁切适合，三个十几秒可以完成一笔一般现金存取业务，节约的时间就可以多办一笔业务了。

二、内外协作，完善客户填写的单据

在早高峰时，大堂经理应指导办理定期存单转存、农信银汇款、行内转账、活期开户等业务的客户填写单据、准备相关证件。如果客户没有在办理业务之前填好定期存单背书，以及新的一份开户申请书。在办理此类客户的定期存单转存业务时，会浪费掉许多时间在客户填单上，这种情况，可以争取获得客户谅解，让客户在填单台填写好相关单据后，再直接拿过来办理业务，腾出时间为下一个客户办理业务，一般定单转存业务的填单时间可以办理三笔左右的一般现金存取业务。

三、加强清点零钞、残损币的能力

在早上经常会遇到来存大量残损币和零钞的客户。面对较大数量的残损币，并不要怕。按照面额大小，逐一清点，一般大面额的残币较少，对于小面额人民币，先剔除不能过机清点的残币，将可以过机的零钞清点成把过后，再手工清点残损严重的残币。存完以后，并不要忙把这些钱整理成腰与钱箱的残币汇总放好，可以先记好金额单独扎好，等早高峰过后在日中扎帐时再处理。还有一种情况是在家里存了许久干涩、容易连张的人民币，我认为可以将不容易过机的几张挑出来，在清点完其他的好币后，将这几张单独过机或者通过人工双人复核识别其真假，在实际操作中，这样可以节约很多时间。

四、全面提升业务能力，训练左右手协同作

战能力

从我进行的第一天起，我的师父就教导我，办理柜面业务时，跟客户说话要肯定，不能模棱两可，对于客户提出的问题，要及时明确回答，比如客户对于电汇手续费、定期利率的询问，一定要回答得准确，这样才能凸显出我们的专业性。这就需要让我们在平时加强对业务和最新政策规定的学习；对于一些常用的跨行汇款收款行，不妨背住对方行的行号，会省去许多时间；在办理许多业务时，利用等待授权，等待客户签字，等待打印机打印凭证等的时间，可以进行双线的其他操作，不一定要等到一项完成过后再做另外一项。如办理换折业务，在授权拍照完成后，可将存折递给客户签字，在客户递进来签好字的旧存折后，准备好需要盖在上面的几颗印张：附件章，换折章，签收章，在打印新存折的时候将这几颗章盖上并当着客户面将存折磁条减掉，在打印表外付出时将新存折盖章并折叠好旧存折封面，表外付出传票打印成功后粘贴好附件即可。再如在办理取款业务时，在客户开始输入密码时即可为客户准备钞票，5000 元以下我采用手工点钞备钞，机器点钞复核的方式，有时候遇到粘连的钞票，容易造成短款。在客户输入密码和签字的这段时间，一般能够完成5000 以下的钞票清点。这样才能够保证一笔取款交易在一分钟之内完成。以标准化的服务礼仪服务客户，以专业熟练的业务办理技能为客户节约时间，才能全面提升客户的满意度。

（王彪）

成长蜕变

当今社会，企业之间的竞争就是人才的竞争，谁在人才的竞争中拔得头筹，就会在未来占尽先机而立于不败之地。合行的领导层敏锐地洞察到了这一点，适时地再一次为我准备了一顿“培训大餐”，此次培训使我受益良多。

“千里之行，始于足下；合抱之木，生于毫末；九层之台，起于累土；千里之行，始于足下。”走一千里路，是从迈第一步开始的。从《银行如何打造一支优秀的团队》、《银行服务礼仪》到《金融基础知识》、《内部规章制度》、《银行会计基础》、《珠算基础知识及训练》、以及《商业银行中间业务管理》等，课程安排丰富紧凑、有声有色。用这些最普通，但又最实在的钥匙打开了这扇门，步入了全新金融世界，领略金融无限风光。

作为新员工中的老员工，在培训期间的学习中，努力学习并掌握了平时在工作中欠缺、不足的知识。善于发现问题的我在开始培训的第一天就根据教学日程安排表，将《银行会计基础》、《商业银行信贷业务》、《珠算基础知识及训练》作为本次培训学习的重难点，合理安排课余休息时间，利用从讲课老师处拷贝来的课件作为复习资料，逐步攻克了这三个“碉堡”。

曾经工作中，行领导多次开展组织学习“案件专项治理工作”、“内部规章制度”以及“合规文化”，此次培训，再一次学习了《内部规章制度》、《银行合规风险管理》，讲师精心准备的课件和课堂中互动的教学模式，使合规风险管理和内部规章制度在脑海中的印象更加深刻。

来培训前，总是自认为在出纳储蓄业务操作方面还算熟悉。可是，在学习了《银行业操作风险认识与防范》后，发现自己对操作也还是很陌生，还应该在今后的工作学习中更好的自我学习。

进行一年多的我，在新员工眼前，犹如刚破壳而出的小鸡看见母鸡一样，在自以为没什么，不经意的举手投足时，说不定新员工就会模仿。尤其是在学习及和新同事交流，谈自己的工作经验时，生怕一个不小心误导了他们，处处都很留心。虽说我比他们大两、三岁，可是没有一点的隔阂，就像董事长说的那样，“我们是一家人，都是兄弟姐妹”。平时生活中，大家互敬互爱。

培训期间，作为行篮球队员，并没有因为培训就放松对身体的训练。虽然膝伤还没有痊愈，打不了篮球，可天天坚持在培训楼对面的游泳池游泳，恢复和加强了肺活量，也让受伤的膝盖得到了适量的恢复训练。

知识的积累是一个循序渐进的过程，不可一蹴而就。古人云：“活到老，学到老”。因此，应该秉承先训，孜孜不倦，不断提升自己。在培训的这些日子里，讲师们深入浅出的讲解方式，生动有趣的案例点析让我在知识的海洋里舒畅地遨游，理论知识得到巩固，实践技能日臻完善。通过学习我完成了作为金融工作者一次新的蜕变，经受了诸多洗礼的我更加成熟、更加稳重、更加自信。

（黄　玮）

银行柜员心得

我与花溪农商银行共同走过了十个春秋。入行以来，我一直在基层从事柜面业务工作，感受颇多。

一年之季在与春，一天之季在与晨，早上8：30，忙碌的一天就要开始了，柜面的工作是连续不断的，有时候吃饭、上厕所、喝水都顾不上。我们一定要做好准备工作，提前查看一下安全设施是否正常；监控录像是否正常；所有登记簿是否在指定位置；所有的传票是否能正常使用（包括各种开户资料，储蓄业务凭条、利息清单、贷款收回凭证、记账凭证、挂失申请书等等）；各种重要空白凭证（存折、信合卡、订单、一折通，一本通等等）。所有的准备工作做好后我们这一天的效益将会大大的提高！

统筹安排业务的先后顺序。取钱时，客户输入密码，我们就数钱，客户签字时，就盖好身份核查章并折好，等签好字打印存折时我们提醒客户看屏幕再点一下钱，同时粘好附件；随后递交给客户。很多业务都需要授权，在授权期间我们也不能坐着不动，看看要填的资料，没盖的章，传票要素等等。针对农户的征收补偿款，在激活存折时还可以与农户沟通一下，动员他把活期转入定期，这样他的利息会更高。

对公业务如果不统筹好时间，一天很难把所有的业务处理完毕。对公开户需要录入3个系统的资料，首先审核客户提供的资料，CCIS开出账号，把机构信用代码申请表打印出来客户签字。人民银行开户系统可以等到每周的周四一起录入。

做每一步工作都要为下一步做好准备，比如我们征地款存折比较多的网点，在打印存折时必须写好存折磁条，因为每一张存折都需要激活，如果磁条读不上，我们又要花时间重写磁条，很浪费时间。

残币的整理要及时，残币需要我们稍微空隙时间处理。兑换残损币时，一定要按照残损人民币管理办法兑换。残损人民币的上交要填写污损人民币兑换单，污损人民币盖好全额或半额章，用残损人民币信封专用袋装好，粘上污损人民币兑换单，盖章齐全后上交总行。

做好服务是根本。我们必须要化解在办理业务过程中的各种矛盾，我们经常都会碰到一些比较棘手的问题，比如ATM吞卡、电脑故障、没收假币等，有时也会遇到一些“刁民”，特别是存款人本人已过世，亲属拿着存折也不知道密码来取钱，并且对柜员大吼大闹。在这种情况下，首先要记住不要与客户争吵。俗话说“伸手不打笑脸人”我们多笑一笑，以友好的态度，耐心倾听，冷静解释，得理让人，在本职岗位职权内满足其合理要求。

总的来说，我们要以热情的服务，饱满的工作状态，高度的责任心，统筹时间安排，充分的准备工作来完成我们的柜面业务！　（兰科芳）

媒体报道花溪农商行一览表

全国级媒体

刊载媒体	标 题	作 者	时 间
参考消息	小小《资信卡》铺就致富路花溪农村信用社推行农户小额农贷《资信卡》见成效	贵阳中心支行	2002. 3. 30
金融时报	最是春雨黎花处－花溪农村信用联社的故事	陈子牧 思 慰	2002. 4. 16
人民日报	黄菊考察贵州农村信用社	人民日报记者	2004. 1. 5
农民日报	全国农村信用社改革试点迈出实步，首家农村合作银行挂牌贵州	记肖克 刘久锋	2004. 6. 2
市场报	花溪农村合作银行行长吴勇获国际名人交流中心金融保险成就奖	国际名人交流中心	2005. 1. 14
金融时报	责任重于泰山－为恢复生产重建家园农信社担起重任。	刘焕钦	2008. 2. 28
中华合作时报	拓展思路 助力“农家乐”－贵州花溪合作银行石板支行信贷支持镇山村旅游经济发展侧记	王 刚 杜 旭	2008. 11. 12
中华合作时报	五年改革风雨兼程，倾情支农任道重远－贵州省农村信用社改革五周年发展纪实	王良明	2008. 12. 24
中华合作时报	花溪农合行获殊荣	蒋 婕 思 慰	2009. 1. 8
名牌时报中国金融	改革创新，奋勇争先－记贵州花溪农村合作银行党委书记、董事长吴勇	王 刚 杜 旭	2009. 3. 4
中华合作时报	建国 60 年农村金融 60 人 60 事	范 旷	2009. 8. 14
中华合作时报	便民金融背后的信合支农情况	杜 旭	2009. 9. 18

续表

刊载媒体	标　　题	作　者	时　间
名牌时报	“为农户提供方便快捷的金融服务” - 中国银监会副主席蒋定之在贵州花溪农合行调研侧记	杜　旭	2009. 9. 23
名牌时报	贵州花溪农村合作银行举办“欢乐合行—2010 春节联欢晚会”	王　刚 杜　旭	2010. 2. 24
商务时报	改革创新 奋勇争先—记贵州花溪农村合作银行党委书记、董事长吴勇	米声平	2010. 4. 20
中华合作时报	“农信银杯”第二届中国农村金融品牌价值榜今起投票。吴勇为候选品牌创新人物	杜弘林	2012. 2. 24
中华合作时报	贵州花溪农村合作银行董事长吴勇获中国农村金融品牌价值榜、十大品牌创新人物称号	杜弘林	2012. 6. 15
中华合作时报	贵州农信:创“交互式”金融服务新模式	杜弘林	2012. 7. 10
中国县域经济报	贵州花溪农村合作银行获中国最具影响力十佳县域银行称号	阚　琨 王庆生	2012. 12. 13
中国县域经济报	让“云贵高原明珠”更加璀璨 - 花溪农合行支持地方经济发展纪实	申厚斌 阚　琨	2013. 1. 3
中国农村金融网、经济参考报	花溪农商银行组建自行车服务队为群众办实事	肖艳华	2014. 3. 12
中国信合网	自行车队低碳出行、走村串寨助农发展	荀小红	2014. 4. 3
中国金融网	花溪农商银行资产规模贵州第一		2014. 4. 14
金融时报	深山苗寨有了惠农金色通道	肖艳华	2014. 4. 16?
新华网	服务"三农"探"新路"—看大小银行如何服务"三农"	刘诗平	2014. 4. 22
农民日报、中国网	做农民“身边的银行”	李锐	2014. 4. 22
人民网	花溪农商行吴勇获贵州省五一劳动奖章	王宇成	2014. 5. 1
中央电视台 7 频道“聚焦三农”栏目	CCTV7[聚焦三农]贵州花溪:大山里的自行车金融服务队		2014. 5. 6
人民日报	贵阳花溪农商银行创新服务模式“自行车银行真新鲜”	肖艳华	2014. 9. 21
人民网	花溪农村商业银行董事长吴勇荣膺“2014 贵州十大品牌人物”	王宇成	2014. 12. 22
人民网	花溪农商银行向“碧水蓝天”志愿服务行动捐赠 20 万元	王宇成	2014. 12. 25

续表

刊载媒体	标 题	作 者	时 间
人民网	贵州花溪农村商业银行学士路支行喜获“五星网点”称号	向燕	2015. 1. 15
人民网	花溪农商银行荣获 2014 年度中国银行业安全管理先进单位的称号	周华献	2015. 1. 21
人民网	花溪农商银行举行首届迎新春职工自行车比赛	王宇成	2015. 2. 1
人民网	劳模支部走访慰问倾听民声传递温暖——花溪区劳模爱心协会慰问全区劳模	王宇成	2015. 2. 7
人民网	花溪农商银行:把新春慰问送到敬老院	王宇成	2015. 2. 15
中工网	贵州花溪农商银行深入敬老院开展新春慰问活动	王宇成	2015. 2. 15
人民网、网易新闻	花溪农村商业银行荣获“全国文明单位”称号	王宇成	2015. 3. 4
光明网(转载)	第四届全国文明村镇、文明单位评选揭晓 青岩镇及花溪农商行榜上有名	帅弋	2015. 3. 12
中工网	贵阳市总营建“劳模示范林” 6 年种树 500 余棵	王宇成	2015. 3. 24
人民网	花溪农商银行荣获 2014 年贵州省优秀企业称号	王宇成	2015. 3. 26
人民网	董事长吴勇荣获 2014 年贵州省优秀企业家称号	王宇成	2015. 3. 26
人民网	花溪农商银行董事长吴勇当选贵州省劳模	王宇成	2015. 5. 2
中国农村信用合作报	金融“小事”不出镇——花溪农商行便民支行服务旅游经济	肖艳华	2015. 6. 9
人民网	贵州首家自助贷款服务在花溪农商银行试点成功	荀小红	2015. 8. 10
人民网	花溪农商银行推出贵州首台自助贷款终端,村民足不出户享服务	王宇成	2015. 8. 15
新华网、新华每日电讯、光明网、中工网、人民网	多家媒体报道:贵州首台自助贷款终端机亮相花溪农商银行	王宇成	2015. 8. 15
人民网	花溪农商银行孟关支行收到最美“七夕”礼物	张鑫磊	2015. 8. 20
人民网	贵州省农村信用联社帮扶小组赴花溪农商银行调研	王竞婧	2015. 8. 21
人民网	花溪农商银行召开“普惠金融”服务推进会	陈胜男	2015. 8. 21

续表

刊载媒体	标　题	作　者	时　间
人民网	践行“三严三实” 做实做好金融一线工作——党委委员、副行长黎希霆为基层网点上党课	向燕	2015. 8. 21
人民网	花溪农商银行召开“三严三实”教育动员会暨“金融夜校”推进会	向燕	2015. 8. 21
人民网	立足“言、行、律” 争当“三严三实”好干部——花溪农商银行党委委员、行长 江弘为基层员工上党课	肖艳华	2015. 8. 21
人民网	践行“三严三实” 汇聚改革发展正能量——在花溪农商银行“三严三实”专题党课上的报告	吴勇	2015. 8. 21
人民网	“严实”修心明“方寸”“廉洁”正身知“荣辱”——在庆祝建党 94 周年暨七一表彰大会上的讲话	吴勇	2015. 8. 21
人民网	践行“三严三实” 适应新常态 谋求新发展——在 2015 年一季度业务分析会上的讲话	吴勇	2015. 8. 21
人民网	暴雨来袭，党员干部“战”在抗洪救灾最前沿	王宇成	2015. 8. 21
人民网	践行“三严三实” 列好“三份清单”	王宇成	2015. 8. 21
人民网	花溪农商银行：全体党员干部要量好“长”“宽”“高”	王竞婧	2015. 8. 21
人民网	花溪农商银行开展“多彩贵州文明行动”倡议活动	王宇成	2015. 8. 21
人民网	监事长邢昉到基层网点上“三严三实”专题党课	吴馨	2015. 8. 21
人民网	花溪农商银行全体党员集中观看《建党伟业》	周俐杉	2015. 8. 21
人民网	湖潮片区支行深入开展“三严三实”党课	陈发勇	2015. 8. 21
人民网	立足“三严三实”，打造流程化、规范化银行——党委副书记王贵为基层党员上党课	张鑫磊	2015. 8. 21
人民网	王刚副行长开展“三严三实”专题党课	王竞婧	2015. 8. 21
人民网	贵州省农村信用联社主任蔡湘到花溪农商银行调研	司福海	2015. 8. 21
人民网	学习三严三实心得体会	杨文年	2015. 8. 21
人民网	“严”字当头，“实”字落地——学习开展“三严三实”教育实践活动心得体会	梁晓远	2015. 8. 21
人民网	践行“三严三实” 做好本职工作	李强	2015. 8. 21

续表

刊载媒体	标　　题	作　者	时　间
人民网	花溪农商行全省首推“自助贷款一体机”	王宇成	2015. 8. 27
人民网	2015 年花溪农商银行“三严三实”专题教育活动	王宇成	2015. 9. 1
工人日报、中工网	贵州首台农村“自助贷款终端”亮相	王宇成	2015. 9. 5
经济日报出版社	书写改革创新的金融篇章——记贵州省劳动模范花溪农商银行党委书记、董事长吴勇	王宇成	2015. 10. 28
人民网	花溪农商银行“四位一体”打造农村普惠金融升级版	肖艳华	2015. 11. 9
人民网	花溪农商银行湖潮支行推出“金融夜摊”	陈发勇	2015. 11. 18
中工网	贵州花溪农商行“四小工程”聚人心		2015. 11. 21
人民网	吴勇劳模创新工作室获省级表彰	王宇成	2015. 11. 23
人民网	全国注册资本金最高的村镇银行落户贵安新区	王宇成	2015. 11. 27
人民网	花溪农商银行 480 万“解渴”资金助合朋村化茧成蝶	王宇成	2015. 12. 2
人民网	贵安新区有了第一家“自己的银行”	王宇成	2015. 12. 16
人民网	贵安发展村镇银行正式挂牌营业啦	王宇成	2015. 12. 16
中国农村信用合作报	花溪农商行银政合作推进精准扶贫、帮农户搭乘电商平台致富	肖艳华	2016. 3. 8
人民网	贵州花溪农业商业银行携手 10 多家企业帮扶砚山镇	王宇成	2016. 3. 11
中国农村信用合作报	花溪农商银行联手企业家“引企帮扶”架政企合作“连心桥”	王宇成	2016. 3. 29
工人日报	花溪农商行力推普惠金融助当地脱贫	王宇成	2016. 5. 15
人民网	贵州省劳模花溪农村商业银行董事长吴勇的公益情怀	王宇成	2016. 6. 8
《中国工人》杂志	坚持党建带工建、构建劳动关系和谐企业	王宇成	2016. 7. 10
中工网	工会牵线——贵州花溪农商银行向山区学子捐赠课桌 200 套	李献波	2016. 8. 3

续表

刊载媒体	标　　题	作　者	时　间
中国农村信用合作报	贵州花溪农商银行大力开展普惠金融服务，走访贫困户	向燕、王朝琴	2016. 8. 23
中国农村信用合作报	花溪农商银行探索金融服务新模式——支持新型农村经营主体发展	苟小红	2016. 10. 11
中国农村信用合作报	花溪农商行为回龙村打造升级卫生室	苟小红	2016. 11. 22

省级媒体

刊载媒体	标　　题	作　者	时　间
经济信息时报	发挥金融纽带作用，促进农村经济发展——贵阳花溪农村信用合作社联合社“支农”纪实	吴勇、张振华、张仕琴、罗紫	2001. 8. 7
贵州日报	花溪农民信用户不为资金发愁	斯慰、苏金陵	2003. 3
贵州工人报	省银行业协会表彰先进 49 颗“银行之星”光彩照人——吴勇获“银行之星”称号	柴晓佩	2003. 7. 15
贵州工人报	吴勇：三年迈出五大步，步步坚实	辛连华	2003. 8. 14
贵州工人报	思潜、新哨村借农贷之力，走致富之路	苟小红	2003. 9. 19
贵州日报	面向农村、服务农民、壮大自身，花溪区农信社撑起农村经济一片天	沈卉兵	2003. 12. 7
贵州日报	热烈祝贺花溪农村合作银行隆重开业	本报通讯员	2004. 5. 28
贵州日报	增强信贷支农实力，提升服务三农水平，花溪农村合作银行挂牌，钱运录祝贺，石秀诗揭牌，黄瑶等出席挂牌仪式	姜久伦 王　斌	2004. 5. 29
贵州日报	花溪农信社小额扶贫贷款惠泽 3 万农户	姜久伦	2004. 6. 8
贵州日报	贵州骄傲——贵州改革开放 30 年 30 事 30 人候选事件候选人物简介	贵州日报报业集团	2008. 11. 17
贵州都市报	花溪镇山村 950 万元贷款火了“农家乐”	黄爱东、袁有良	2008. 11. 19
经济信息时报	从田间地头开始，做中国的“尤努斯”“小额农贷”催生花溪农信社成为中国首家农村合作银行	胡燕妮、肖敏	2008. 12. 26

续表

刊载媒体	标 题	作 者	时 间
贵州日报	花溪农村合作银行5亿元贷款支持"三农"	田 晓	2009.3.6
贵州日报	我省首家金融服务办进驻花溪党武乡营业，村民可就近办理信贷业务	孙定学、郑强、周静	2009.4.23
贵州政协报	中国农村金融年度人物出炉，花溪农村合作银行董事长上榜	李姗姗	2009.5.15
经济信息时报	心须坚持三农，中小企业，社区三个市场	胡燕妮	2009.6.5
经济信息时报	宽瞻未来，纵横跨越——贵州花溪农村合作银行成立五周年综述	冯 艳	2009.6.5
贵州都市报	贵州之最——贵州第一家农村合作银行	张传保	2009.9.30
贵州都市报	花溪农村合作银行10年帮助孤老	李 昊	2009.10.29
贵州日报	新中国成立60周年中国农村金融60人60事评选花溪农村合作银行获两项殊荣	江 元	2009.12.11
贵州都市报	贵州"草根银行家"荣获中国农村金融60年先锋人物	李 阳	2009.12.11
贵州商报	"小额农货"成就花溪农民创业梦，花溪农合行培育小企业个案调查	胡燕妮	2009.12.21
经济信息时报	从农民到小企业主的"孵化器"——对花溪农合行培育小企业的个案调查	胡燕妮	2009.12.30
贵州都市报	花溪农村合作银行行长吴勇当选中国农村金融年度人物	李 昊	2010.5.7
贵州日报	花溪农村合作银行首创全国金融服务新模式 全区37个村寨建立金融合作办，农民办贷方便快捷	张 乔	2010.5.12
贵州日报	花溪农村合作银行捐款30万元支持"三创一办"	张艳敏 王太师	2010.6.3
贵州都市报	2009年都市年度人物候选人银行之星引领风云吴勇	兰 岗	2010.6.10
贵州都市报	2009年都市报年度人物评选揭晓，吴勇榜上有名	兰 岗	2010.6.22
贵州都市报	吴勇：这是我向往奋斗的事业	李 昊	2010.6.30
贵州商报	一位银行董事长和五万农户的西部开发——十年，他们同步成长	胡燕妮	2010.8.5
贵州日报	花溪农村合作银行获殊荣	袁天志 高 蕾	2010.11.9

续表

刊载媒体	标　题	作　者	时　间
法制生活报	送文化下乡搭金融平台 贵州花溪农村合作银行启动普及金融知识暨送文艺下乡活动	王刚、杜旭	2010. 11. 12
贵州都市报	花溪合行获“最具社会责任农村金融机构”	李　阳	2010. 11. 20
法制生活报	保住农民“血汗钱”花溪农村合作银行成功堵截系列诈骗案	王刚、杜旭	2010. 12. 9
法制生话报	打造金融服务平台 构建融资快捷通道——贵州农村信用社花溪合作银行成立小微企业金融服务中心侧记	黄祖祥、孙斌、陈新	2011. 11. 8
法制生活报	全省农信系统第一家小微企业金融服务中心成立	黄祖祥、孙斌、陈新	2011. 11. 8
法制生活报	5 万张“小康卡”持有者的小康生活——贵州花溪农村合作银行的阳光“惠农”路径	周泓浩、孙斌、黄毅	2012. 2. 21
法制生活报	抓文明建设，树合行形象——贵州花溪农村合作银行企业文化建设纪实	钱农信	2012. 5. 3
劳动时报	情为三农系 改革做先锋——记贵阳市“五一劳动奖状”先进单位贵州花溪农村合作银行	向　燕 刘贵生	2012. 5. 30
贵州都市报	吴勇荣获农村金融创新人物奖	李　昊	2012. 6. 15
贵州日报	贵州花溪农村合作银行董事长吴勇获全国农村金融十大品牌创新人物奖	千江东	2012. 6. 18
法制生活报	创新“六项”长效机制、创新“六型”党组织贵州花溪农村合作银行以党的建设新成效推进业务工作新提高	靳晓星 杜　旭	2012. 6. 29
劳动时报	劳动创造辛福——访践行农村金融新模式的贵州花溪农村合作银行	张　沛 肖立博	2012. 10. 24
劳动时报	贵州花溪农村合作银行捐款 28000 元助贫困生	申厚斌	2013. 2. 6
劳动时报	花溪农村合作银行负责人下乡慰问贫困农户	申厚斌	2013. 2. 9
劳动时报	坚持值守 快乐工作——花溪农村合作银行春节工作见闻	张　沛 徐家敢	2013. 2. 20
法制生活报	民生金融 责任银行 情暖花溪——贵州花溪农村合作银行春节期间开展系列“走基层送温暖”活动纪实	申厚斌 向　燕	2013. 2. 26
劳动时报	花溪农合行关注老龄事业	向　燕	2013. 7. 18
劳动时报	助农实现小康梦，新征途上共跨越——贵州花溪合作银行富民惠农创新工作掠影	张沛	2013. 8. 2
贵州银行业协会网站	践行群众路线 保护消费者权益	张　海	2014. 3. 21

续表

刊载媒体	标　　题	作　者	时　间
贵州银行业协会网站	花溪农商银行高坡支行设立苗语服务窗口“接地气”服务温暖苗族群众	肖艳华	2014. 3. 21
贵州银行业协会网站	花溪农商银行“访、宣、听、督”组合拳 切实开展群众路线教育实践活动	王宇成	2014. 3. 21
劳动时报	四个“最”背后的领头人——访贵州花溪农村商业银行党委书记、董事长吴勇	张沛、徐忠田	2014. 3. 29
贵州银行业协会网站	贵州花溪农村商业银行举办“践行党的群众路线 共筑花溪中国梦”演讲比赛	肖艳华	2014. 4. 18
贵州银行业协会网站	花溪农村商业银行特邀贵阳市花溪区地方税务局领导来我行进行税法知识普及培训	伍雪梅	2014. 4. 18
贵州银行业协会网站	齐下田间访民情 共献爱心解民困	王宇成	2014. 4. 18
贵州银行业协会网站	国务院副总理马凯一行视察贵州花溪农村商业银行	王宇成	2014. 4. 18
贵州日报	骑自行车服务送上门——花溪农商银行重拾“挎包”精神	肖艳华	2014. 4. 21
贵州银行业协会网站	花溪农商银行群众路线调研 亮出三张承诺牌	肖艳华	2014. 5. 7
贵州银行业协会网站	花溪农商银行湖潮支行提升窗口服务质量 为高龄客户开辟绿色服务通道	陈发勇	2014. 5. 7
贵州银行业协会网站	我行组织全行员工集中观看电影《焦裕禄》，深化党的群众路线教育实践活动	肖艳华	2014. 5. 7
贵州银行业协会网站	贵州举行五一劳动节表彰大会 吴勇董事长荣获“贵州省五一劳动奖章”	王宇成	2014. 5. 7
贵州日报	“小”字上做出“大”文章——花溪农村商业银行创新贷款小产品服务“三农”	王宇成	2014. 5. 8
贵州新闻联播	“花溪农商行——小字上做大文章”		2014. 5. 9
贵州日报	三农“小”天地、闯出大乾坤——花溪农商行以“三农”为基加快发展观察	王宇成	2014. 5. 26
劳动时报	农村金融改革先行者——记省“五一劳动奖章”获得者吴勇	代后攀	2014. 5. 29
贵州银行业协会网站	花溪农商行在全国农村金融服务经验交流会上作汇报发言	王宇成	2014. 6. 5
贵州银行业协会杂志	中央媒体到花溪农商银行采访 深度聚焦农村金融服务情况	肖艳华	2014. 6
贵州银行业协会杂志	“诚者信合村村通”实现 100% 全覆盖	夏嘉微	2014. 6

续表

刊载媒体	标　题	作　者	时　间
贵州银行业协会杂志	反假货币、人人有责——花溪农商行深入东客运站开展反假币宣传	龙沛伊	2014.6
贵州银行业协会杂志	花溪农商银行清溪分理处协助当地公安机关成功抓获在逃通缉犯	周华献	2014.6
贵州银行业协会杂志	开展送文化下乡慰问演出活动	弓岩	2014.6
贵州银行业协会杂志	吴勇董事长荣获“贵州省五一劳动奖章”	王宇成	2014.6
贵州银行业协会杂志	苗寨里的“小银行”	肖艳华	2014.6
贵州扶贫开发办公室网站	国务院扶贫办刘永富主任高度肯定贵州小额扶贫信贷工作		2014.7.18
贵州都市报	“银行之星”吴勇为小微企业“输血”	姚东	2014.7.21
贵州新闻联播	报道花溪农商银行支农支小金融改革情况		2014.8.21
劳动时报	助农发展及时雨——记花溪农商银行自行车金融服务队	王宇成、向燕	2014.9.23
劳动时报	牢记总理嘱托 践行普惠金融——贵州花溪农村商业银行高坡支行存款突破1亿元	王宇成	2014.9.23
劳动时报	国务院扶贫办主任刘永富赴花溪农商银行调研信贷扶贫工作	肖艳华	2014.9.30
劳动时报	花溪农商行自行车队走村串寨助农发展	荀小红、肖艳华	2014.9.30
劳动时报	走小巷、进社区——花溪农商银行上门服务温暖社区老人	兰小茜、向燕	2014.10.9
劳动时报	既是服务员又是辅导员——花溪农商银行大力支持湖潮乡元方村草莓种植	陈发勇	2014.10.14
劳动时报	花溪农商银行签订普惠金融目标责任书	肖艳华	2014.10.14
劳动时报	孟关支行上门为高龄客户办理授权业务	陈情	2014.10.14
劳动时报	花溪农商行小额农户贷款助推党武乡辣椒种植户走上富裕路	肖艳华、周伟	2014.10.21
劳动时报	践行党群路线、助推“三农发展”——贵州花溪农村商业银行强力践行服务“三农”之路	荀小红	2014.10.21
劳动时报	花溪农商银行开展金融服务进校园活动	魏添翼、向燕	2014.10.28

续表

刊载媒体	标　题	作　者	时　间
贵州银行业协会	花溪农商银行积极争创2014年工人先锋号荣誉称号	于子晴	2014. 11. 11
劳动时报	体制、产品、服务一个都不能少－－花溪农商银行打造特色小微企业金融服务模式支持小微企业发展	吴丹	2014. 11. 11
劳动时报	花溪农商银行家定存便民服务支行隆重开业	王宇成、王朝琴	2014. 11. 11
劳动时报	花溪农村商业银行三家便民服务支行开业	王宇成	2014. 11. 18
劳动时报	花溪农商行助客户识骗局保资金安全	陈发勇	2014. 11. 18
贵州银行业协会网站	花溪农商银行金融支持苗乡新农村建设		2014. 11. 26
劳动时报、贵州银行业协会网站	普及金融知识花溪农商银行在行动	陈发勇、李纯璞	2014. 12. 2
劳动时报	花溪农商银行支持苗乡新农村建设	王朝琴	2014. 12. 2
劳动时报	家门口也可以取钱了	陈光廷	2014. 12. 2
贵州银行业协会网站	普惠金融路上的花溪农商银行“新农村产业发展”模式	王宇成	2014. 12. 12
贵州银行业协会网站	2014年度中国银行业安全管理先进单位与安全防范先进个人的表彰决定（贵州花溪农村商业银行被评为“2014年度中国银行业安全管理先进单位”的称号）		2014. 12. 24
劳动时报	以小搏大展雄略——贵州花溪农村商业银行改革发展新观察	王宇成、向燕	2014. 12.
《当代贵州》杂志	因农而生、因小而长——普惠金融路上的贵州花溪农村商业银行	王宇成	2015. 1. 1
贵州电视台第二频道	“百姓关注”栏目播出了我行新春前夕到青岩敬老院进行慰问的新闻报道		2015. 2. 14
贵州日报	花溪区农商行开展新春敬老慰问活动	王宇成	2015. 2. 25
当代先锋网	贵阳市再次荣获“全国文明城市”称号（文章中提及贵州花溪农村商业银行获得全国文明单位称号）	佘崇忠、樊兵	2015. 3. 3
贵州日报	花溪农商银行 荣获全国安全管理先进	王宇成	2015. 3. 12
贵州商报	一个挎包、一辆自行车走村入户	肖艳华	2015. 3. 30
贵州商报	花溪农商银行荣膺贵州优秀企业	肖艳华	2015. 3. 30

续表

刊载媒体	标　题	作　者	时　间
贵州日报	花溪农商行建设农村信用工程体系	杨　静	2015.4.29
贵州银行业协会网站	花溪农商银行成功发行二级资本债	陈　紫	2015.8.7
贵州基层党建网、多彩贵州网	贵州首台自助贷款终端机亮相花溪农商银行	王宇成	2015.8.15
贵州日报	花溪农商行推出自助贷款业务	王宇成	2015.8.19
贵州商报	贵州首台“自助贷款终端”闪亮登场	王宇成	2015.8.19
贵州银行业协会网站	贵州农信代表队在贵州省九运会职工组篮球赛项目决赛中分获男女冠军	肖艳华	2015.8.27
贵州银行业协会网站	花溪农商银行进村寨开展普及金融知识万里行活动	向　燕	2015.9.8
贵州银行业协会网站	花溪农村商业银行首期同业存单发行成功	刘开明	2015.9.15
贵州商报	花溪农村商业银行首期同业存单发行	金融市场部	2015.9.22
贵州银行业协会网站	花溪农商银行开展信贷规范管理专项整治活动	吴　丹	2015.9.29
贵州银行业协会网站	花溪农商行吴勇劳模创新工作室挂牌运行	肖艳华	2015.9.23
贵州银行业协会网站	中国普惠金融联席会刘克崮会长一行赴花溪农商银行调研金融扶贫情况	王宇成	2015.10.21
贵州银行业协会网站	贵州花溪农村商业银行荣获“全国文明单位”荣誉称号	王宇成	2015.10.29
劳动时报	贵州花溪农商行“四小工程”聚人心		2015.11.21
贵州银行业协会网站	国资委党委委员、纪委书记申勇一行赴花溪农商行开展党风建设情况调研	王竞婧	2015.11.25
贵州银行业协会网站	花溪农商银行成功召开“立于信?诺于行”客户座谈会	王竞婧	2015.12.11
贵州都市报	贵安新区有了第一家“自己的银行”	王宇成	2015.12.16
贵州都市报	贵安新区发展村镇银行昨日正式“开门接客”	王宇成	2015.12.16
多彩贵州网	“行业道德标兵”江弘：从普通员工到行长的蜕变	王宇成	2015.12.26

续表

刊载媒体	标　题	作　者	时　间
多彩贵州网	〔最美人物〕弘扬劳模精神 助力普惠金融——花溪农商银行吴勇	王宇成	2015. 12. 30
贵州银行业协会网站	花溪农商银行推行“三张表” 提升机关效能建设	肖艳华	2016. 1. 4
贵州银行业协会网站	花溪农商银行组织工作人员到天河谭大道征收现场服务拆迁农户	郑　鹏	2016. 1. 12
贵州银行业协会网站	以“争做精神”提升信贷服务水平	晏荣荣	2016. 1. 14
贵州银行业协会网站	花溪农商银行邀专家开展《准则》和《条例》专题学习培训会	杨　鹏	2016. 2. 1
贵州银行业协会网站	花溪农商银行第一期同业理财发售成功	刘开明	2016. 2. 22
贵州银行业协会网站	花溪农商银行立足“四个规范” 增强服务基层自觉性	肖艳华	2016. 3. 11
贵州银行业协会网站	普及金融法规 维护金融和谐	王朝琴、胡娅、马胜涛	2016. 3. 22
贵州银行业协会网站	花溪农商银行联手企业家“引企帮扶”架政企合作“连心桥”	王宇成	2016. 4. 22
贵州银行业协会网站	花溪农村商业银行爱心再暖敬老院	陈发勇	2016. 3. 31
贵州商报	银企联手打造信用共同体 花溪农商行向珠宝商会授信两亿元	冯　艳	2016. 4. 7
贵州银行业协会网站	花溪农商银行荣获2016年全国五一劳动奖状荣誉称号	肖艳华	2016. 5. 4
贵州银行业协会网站	电商当“监工” 为小商户作保	杨　潇	2016. 5. 20
贵州日报、多彩贵州网	贵州省劳模花溪农村商业银行董事长吴勇的公益情怀	王宇成	2016. 6. 8
贵州银行业协会网站	花溪农商行“村村通”助农取款代办商户“变身”业务能手	荀小红	2016. 6. 17
贵州银行业协会网站	银企携手打造信用商圈	杨　潇	2016. 6. 28
贵州日报、银行业协会网站	花溪农商银行资产规模突破400亿元_存款突破200亿元_贷款突破100亿元	向燕、办公室	2016. 7. 16
银行业协会网站	花溪农商银行小孟片区支部开展“三送”和“党的声音进万家、总书记话儿记心上”宣讲活动	李嫚、华宇支行	2016. 7. 27
贵州银行业协会网站	细水长流“花钱月享” 收益即享“锦上添花”	陈发勇	2016. 8. 11

续表

刊载媒体	标　　题	作　者	时　间
贵州银行业协会网站	春播一把种 夏收万里绿	陈发勇	2016. 8. 18
贵州银行业协会网站	贵州花溪农村商业银行获贵州“双百强”企业称号	苏杨眉	2016. 11. 3

市级媒体

刊载媒体	标　　题	作　者	时　间
贵阳日报	小额农贷资信卡简便易行花溪2万农户得实惠	靳斯慰、李萍	2000. 3
贵阳日报	领域宽——花溪区开展小额农贷资信卡综述	邓相丰	2000. 6. 5
贵阳日报	“花溪模式”凸现贵州“信改”——贵阳市花溪区农村信用社改革纪实	孙珩、卢兆鸿	2004. 4. 12
贵阳日报	小额农贷为农民带来实惠	罗万超、彭婷	2004. 4. 15
贵阳日报	热烈祝贺花溪农村合作银行隆重开业	本报通讯员	2004. 5. 28
贵阳日报	全国首家农村合作银行运作一年，花溪农合行示范效应凸现	王　华	2004. 5. 28
贵阳日报	小额贷款催生出农民的银行——贵州花溪农村合作银行诞生记	孙海涛	2004. 6. 1
贵阳日报	打造品牌业务 服务“三农”——记花溪农村合作银行党总支	肖　燕	2004. 7. 13
贵阳日报	花溪农村合作银行推出“受灾农户应急贷款”，两亿贷款支持灾后重建	孙定学	2008. 2. 21
贵阳晚报	贵州改革开放30年30事30人	曾　锋	2008. 12. 23
贵阳晚报	“贵州骄傲”最具影响力30事件揭晓，花溪农合银行上榜	孙定学、陈睿	2008. 12. 24
贵阳晚报	贵州花溪农村合作银行燃情五周年征文、摄影、书画大赛启事	花溪农合行	2009. 3. 28
贵阳日报	足不出村即可咨询贷款业务，花溪设立我省首家驻村金融服务办	郑　强	2009. 4. 11

续表

刊载媒体	标 题	作 者	时 间
贵阳日报	我国“最具成长力农村金融机构”出炉，花溪农合行上榜	郑 强	2009. 4. 16
贵阳日报	贵州花溪农村合作银行2004年至2010年连续六年荣获市级“守合同，重信用”单位称号	市工商银行管理局	2010. 5. 28
贵阳日报	省农信系统打造服务平台解决小微企业融资难题，首家服务中心昨日落户花溪	王丹丹	2011. 11. 8
贵阳日报	争做支农惠农“排头兵”——花溪农村合作银行创新经营思路扶持农企发展一瞥	王丹丹	2012. 10. 18
贵阳日报	贵州花溪农村合作银行获贵阳市五一劳动奖状，吴勇获贵阳市先进劳动者称号	市总工会	2013
贵阳日报	花溪农商银行股份公司挂牌	本报通讯员	2014. 1. 3
贵阳日报	全国农村金融服务经验交流电视电话会召开，花溪农商行作交流发言	本报通讯员	2014. 4. 23
贵阳日报	农村金融改革先行者——记省五一劳动奖章获得者吴勇	杨 涛	2014
贵阳日报	全国农村金融服务经验交流电视电话会议召开，花溪农商行作交流发言	本报通讯员	2014. 4. 23
贵阳网	家住偏远山沟也有“身边银行”——花溪区打通农村金融服务“最后一公里”探索	本站通讯员	2014. 5. 18
贵阳日报	银行搬到村里头，服务送到家门口——花溪农商银行创新服务模式服务“三农”一瞥	本报通讯员	2014. 9. 18
贵阳日报	“帮助别人是人生最幸福的事——记花溪农村商业银行高坡支行工作人员王朝琴	本报通讯员	2014. 9. 25
贵阳日报	第四届全国文明村镇、文明单位评选揭晓，花溪农商行榜上有名	本报通讯员	2015. 3. 15
贵阳日报	花溪区劳模工作室在花溪农商银行挂牌成立	王宇成	2015. 7. 2
贵阳日报	为农户提供对等的金融服务——花溪农村商业银行助力农村经济发展小记	王宇成	2015. 8. 21
贵阳网	花溪农村商业银行合唱团入围“多彩贵州各民族合唱”贵阳赛区决赛	本站通讯员	2015. 9. 23
贵阳晚报	花溪农商行获评“三星”档案单位	本报通讯员	2015. 11. 23
贵阳网	青岩镇及花溪农商行获评全国文明村镇文明单位	帅 弋	2015. 3. 11
贵阳晚报	贵阳市总营建“劳模示范林” 6年种树500余棵	王宇成	2015. 3. 24
贵阳网	贵州省、市总工会开展“劳模示范林”营建活动	王宇成	2015. 3. 24

续表

刊载媒体	标　　题	作　者	时　间
贵阳日报、贵阳网	劳模代表花溪河畔造林	王宇成	2015. 3. 25
贵阳晚报	多家媒体报道：贵州首台自助贷款终端机亮相花溪农商银行	王宇成	2015. 8. 16
贵阳网	贵安新区发展村镇银行昨日正式“开门接客”	王宇成	2015. 12. 16
贵阳晚报	贵州省劳模花溪农村商业银行董事长吴勇的公益情怀	王宇成	2016. 6. 8

区级媒体

刊载媒体	标　　题	作　者	时　间
花溪报	小额农贷助小碧农民致富	刘小庆	1999
花溪报	石板信用社助农民生产自救	周乐佳	1999. 9
花溪报	“小额农贷”润民心——区信用联社“实践”“三个代表”支农纪实	杨定乾	2001. 10. 30
花溪报	中国人民银行总行将向花溪信用联社投入再贷款资金八千万	杨　静	2002. 5. 14
花溪报	党武乡信用社深入村寨办贷款，让农民感到党和政府的温暖	代淑兰	2002. 8. 9
花溪报	三年迈出五大步，步步坚实	本报通讯员	2003
花溪报	信用社就是我们自己的银行	周乐佳	2003. 3
花溪报	农民贷款不用愁区信用联社集中资金支持春耕生产	周乐佳	2003. 4. 8
花溪报	打造农村信用联社精品银行	张翎子	2003. 5. 29
花溪报	中国银监会副主席李伟率队到我区青岩信用社实地调研	记者：周贵平	2003. 7. 4
花溪报	踏上网络服务快车道花溪信用联社举办网络银行知识培训	苟小红	2003. 7. 11

续表

刊载媒体	标 题	作 者	时 间
花溪报	全省首届“银行之星”表彰会在贵阳举行，花溪区农村信用社榜上有名	周乐佳	2003. 7. 25
花溪报	小额农贷帮农民发展，助农民致富	张 艺	2003. 8. 15
花溪报	成绩换来农村合作银行试点	吴 勇	2003. 11. 7
花溪报	积极推进农村信用社改革试点工作	索美英	2003. 11. 7
花溪报	洛平村农户信赖小额农贷	张翎子	2003. 11. 28
花溪报	支农帮农添新翼——区信用联社华宇分社隆重开业	何昱辉	2003. 12. 19
高原明珠报	农村合作银行两亿贷款支持重建	记者：孙定学	2008. 2. 22
高原明珠报	花溪合行再次向灾区捐款	记者：孙定学	2008. 5. 30
高原明珠报	贵州花溪农村合作银行燃情五周年征文、摄影、书画大赛启事	花溪农合行	2009. 3. 27
高原明珠报	农村合作银行 700 余万元贷款支持农村危房改造	郑 强	2009. 8. 21
高原明珠报	花溪农村合作银行获亚州银行业影响力品牌	孙定学	2009. 9. 1
花溪人民政府公众信息网	花溪农商行获评“三星”档案单位		2015. 11. 23

花溪农商银行行歌

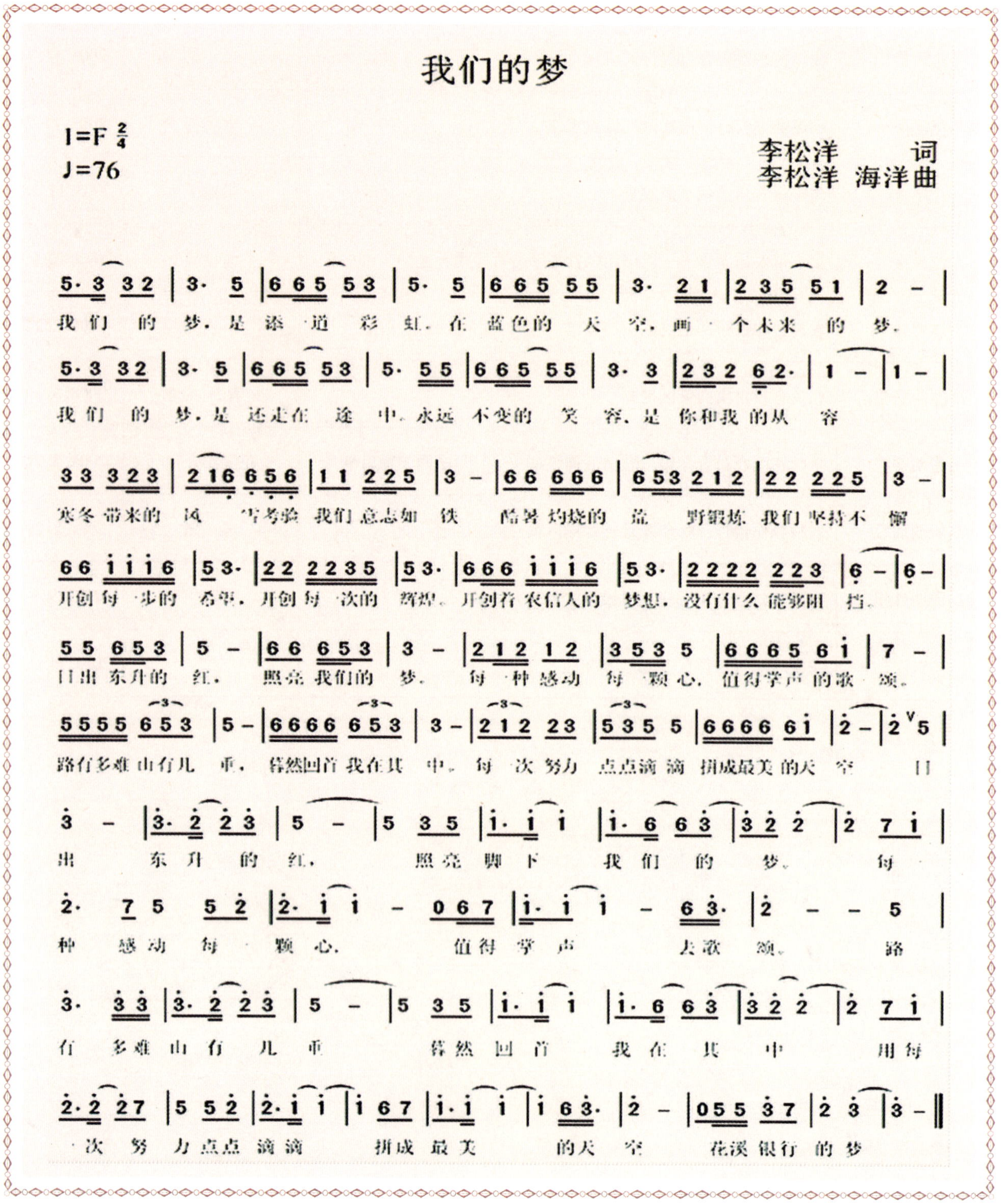
我们的梦
1=F 2/4
♩=76
李松洋 词
李松洋 海洋曲
我们的梦，是添一道彩虹。在蓝色的天空，画一个未来的梦。
我们的梦，是还走在途中。永远不变的笑容，是你和我的从容
寒冬带来的风雪考验我们意志如铁 酷暑灼烧的流野锻炼我们坚持不懈
开创每一步的希望，开创每一次的辉煌。开创着农信人的梦想，没有什么能够阻挡。
日出东升的红，照亮我们的梦。每一种感动每一颗心，值得掌声的歌颂。
路有多难山有几重，蓦然回首我在其中。每一次努力点点滴滴 拼成最美的天空 日
出东升的红，照亮脚下我们的梦。每
种感动每一颗心，值得掌声去歌颂。路
有多难山有几重 蓦然回首 我在其中 用每
一次努力点点滴滴 拼成最美的天空 花溪银行的梦

修志始末

2016 年 10 月 13 日，花溪农商行根据国务院《地方志工作条例》和黔农信办发〔2016〕314 号文件要求，行党委书记、董事长吴勇主持召开党委会，研究成立《花溪农商银行志》编纂委员会和《花溪农商银行志》编纂工作方案。编纂委员会由行领导吴勇、周乐佳、杨照刚、王刚、黎希霆、余冰、廖建、王银霖及各部室、支行负责人组成，下设修志办公室，主任：王银霖，副主任兼总收发：张达丽，成员有蓬兴武，另聘数名编纂人员。编纂工作方案提出《花溪农商银行志》编纂要以邓小平理论和三个代表重要思想、科学发展观为指导，贯彻党的十八大精神，坚持省联社统一指挥和部署，全面反映花溪信合事业的历史与现状，弘扬花溪信合的历史智慧。

2016 年 11 月 25 日，召开花溪农商行修志工作启动会，邀请区地方志办公室主任杨忠、《花溪区志》执行主编徐开新出席，农商行中层以上领导人员、各支行主办会计 100 余人参加。行长周乐佳主持会议，董事长吴勇作总结，吴勇讲话说：修志工作必须做到“一纳入、五到位”，即领导到位、机构到位、经费到位、人员到位、工作条件到位；众手修志，各支行、部办室的负责人都是本部门志的责任人，要统筹安排，做到工作和修志两不误；又特别提出：为配合农商行明年申办上市工作进程，志书的编纂出版工作必须一年时间完成。会后第二天，行修志办编辑部开始篇目确定、资料搜集工作。花溪文史、方志老编辑人徐开新、夏秦豫、周年辉、姚毅及省民族大学文学博士、教授张乡里等参加编纂工作。

2017 年 2 月 8 日，行修志办主任王银霖主持召开征集资料阶段小结会，行长周乐佳、监事长杨照刚等编委会领导及行修志办全体编纂人员参加。会上行党委委员周乐佳宣布：行党委研究决定，为加强修志工作领导力量，行纪委书记、监事长杨照刚具体分管行的修志工作；王银霖传达省联社修志工作有关文件和汇报当前修志进度；杨照刚强调修志工作的重要意义，希望大家抓紧时间，按时完成修志工作；周乐佳最后指出：花溪农商行修志工作现在处于全省中等水平，当前是攻坚阶段，修志责任人要落实责任，抢救花溪信合历史资料，要趁那些八九十岁的老信合人还健在，搜集资料程序要先远后近和先找活人采访再查死档案。

2 月 14 日，花溪农商行召开行志撰稿人员培训会，各支行、部室 40 余名员工参加，修志办公室主任王银霖主持，党委委员、纪委书记、监事长、分管修志的行高层管理人杨照刚出席，并向所有编纂人员提出具体的工作要求。花溪区志执行主编徐开新就花溪农商行修志资料收集有关问题进行讲解、答疑。

搜集花溪农村信合资料期间，修志办主任王银霖率蓬兴武、姚毅、夏秦豫等人在各支行的协助下，走遍花溪 9 个乡镇和部分社区，采访 47 位信合人或家属，获得 3 万余字的口述历史资料。被采访人中有 93 岁的张绍成、80 多岁的陈贤邦、魏汤周、黄作仁等老信合人，有农行信合股长 84 岁高龄的赵沛霖、72

岁的杨云书及曾任信用联社领导的郭福芳、罗来苇等。

编辑人员孙焰炜、余小泽数次到花溪档案馆，查阅到贵筑县民国时期和花溪区1954－1989年的行档案中心没收藏的农村信合史料600余条目，弥补花溪联社成立前的许多珍贵史料，为《花溪农商银行志》增色不少。

3月中旬，修志办在行档案中心和大部分支行、行部办室积极配合下，修志资料搜集完成80%，少数未按时缴资料的单位，编委主任、董事长吴勇发话“到时间还未完成撰写任务的，停下工作来写。”月底，资料基本收齐。

3月31日召开第三次编纂人员会议，修志办主任王银霖、副主任张达丽出席会议。徐开新就《花溪农商银行志》资料长篇改写志初稿可能会出现的困难，如志稿的体例、行文规范等11个方面问题，进行讲解，提请编纂人员在纂稿时加以注意，以保证稿件质量。

7月21日，编委主任、党委书记、董事长吴勇与修志办编辑人员座谈，了解志书编纂进程，询问存在困难和需要何帮助，勉励编辑人员再接再厉，按时按质完成志书编纂、印刷、出版工作。

8月下旬，省联社修志工作督导组组长候连灿一行到花溪农商行，进行修志工作督导，行领导吴勇、周乐佳，部分部办室负责人及修志办全体编纂人员参加。修志办主任王银霖汇报修志工作开展情况。督导组长候连灿指出：“花溪农商行修志工作力度很大，领导重视，员工积极参与，目前编纂工作已完成90%，值得学习。花溪农商行有一亮点，就是党和国家领导人多次到行视察，指导工作，要把这事作为重要内容写进志书。”

9月，《花溪农商银行志》完成送审稿，修志办将稿件分各部办室、支行审改。编委主任吴勇强调：审稿要责任到人，出现问题将追究责任。全行部办室、支行遵照领导要求认真审稿、改稿，发现不少不足甚至错误的地方，补充许多有价值的意见。值得一提的是编委会副主任、行长周乐佳通阅送审稿，指出19处错误或重要遗漏。

10月编纂委员会主任吴勇对志稿再次提出修改意见，根据意见修志办王银霖、张达丽、蓬兴武等，反复对志稿图片、文字资料等部分内容进行审改、替换、补充和完善，减少志稿差错。

11月初，志稿交付刊印，由国家方志出版社公开出版发行。